# 西方政治思想史

(上册)

陈伟 —— 著

*A History of Western Political Thought*

中国社会科学出版社

## 图书在版编目(CIP)数据

西方政治思想史：全2册/陈伟著.—北京：中国社会科学出版社，2020.1（2020.11重印）

ISBN 978-7-5203-5645-9

Ⅰ.①西… Ⅱ.①陈… Ⅲ.①政治思想史—西方国家 Ⅳ.①D091

中国版本图书馆 CIP 数据核字（2019）第 247782 号

| | |
|---|---|
| 出 版 人 | 赵剑英 |
| 责任编辑 | 王 琪 |
| 责任校对 | 王 磊 |
| 责任印制 | 王 超 |
| 插 图 | 程帅亿 |

| | |
|---|---|
| 出 版 | 中国社会科学出版社 |
| 社 址 | 北京鼓楼西大街甲 158 号 |
| 邮 编 | 100720 |
| 网 址 | http://www.csspw.cn |
| 发 行 部 | 010-84083685 |
| 门 市 部 | 010-84029450 |
| 经 销 | 新华书店及其他书店 |
| 印 刷 | 北京君升印刷有限公司 |
| 装 订 | 廊坊市广阳区广增装订厂 |
| 版 次 | 2020 年 1 月第 1 版 |
| 印 次 | 2020 年 11 月第 5 次印刷 |
| 开 本 | 787×1092 1/16 |
| 印 张 | 80 |
| 字 数 | 1396 千字 |
| 定 价 | 358.00 元（全二册） |

凡购买中国社会科学出版社图书，如有质量问题请与本社营销中心联系调换
电话：010-84083683
版权所有　侵权必究

# 序　言

李　强

　　陈伟博士的新作《西方政治思想史》付梓，邀为作序。我作为他研究生期间的导师，很高兴看到这部重要著作面世。

　　政治思想史是政治学最基础的分支学科。按照当代著名政治哲学家埃里克·沃格林的说法，任何人类群体为了维系其生存都必须创建并维持一套政治秩序，而作为对各种政治秩序理论化的尝试，形形色色的政治思想或观念便随之而生。研究不同群体在不同时期的政治思想，不仅对于理解该群体的政治秩序必不可少，而且也是探讨规范性政治理论的必要前提。如果我们对理性的傲慢有所警惕，我们便不会相信从抽象的哲学理念中能够导出规范性政治哲学的原则。人类对理想政治秩序的探索是一个永无止境的过程。在这个过程中，不同社会对政治秩序的理论探索也许是我们最可靠的教师。可以毫不夸张地说，了解、研究不同人类群体在历史上产生的政治思想或观念，乃是我们理解政治必做的功课。

　　在不同群体政治思想或观念的历史中，西方政治思想史尤为重要。尽管我们可能会对西方政治思想所包含的理念持或褒或贬的态度，但有一点似乎不应质疑：今天政治学的基本概念、范畴、理论框架主要都来自西方，我们所熟悉的社会主义、自由主义、保守主义等意识形态最早都源于西方，或者更准确地说，它们都是最早在西方思想中得到理论化。正是在这个意义上，西方政治思想史研究，成为政治学研究之基础。

　　正缘于此，自晚清开始创建现代高等教育以及政治学学科以来，介绍乃至研究西方政治思想史一直是国内政治学者孜孜不倦的事业。民国期间，高一涵、萨孟武、浦薛凤等学者深耕西方政治思想史，他们的开拓性研究成为中国政治学发展史上弥足珍贵的财富。改革开放以来，政治学在被取消多年后重建，西方政治思想史领域出版了数量可观的教科书、专著及研究文章。

## 序　言

西方政治思想史研究为我国政治学学科的发展，为我国政治社会改革的理论思考，做出了不可磨灭的贡献。

陈伟博士作为国内政治学界的后起之秀，多年来勤于笔耕，在西方政治思想史领域已有令人赞誉的成果。他的《阿伦特与政治的复归》已成为国内了解汉娜·阿伦特这位著名共和主义思想家的必读之书。他关于卡尔·施米特的专著深入分析了施米特政治学说的写作语境、内在逻辑及理论局限，厘清了学界对施米特的不少误读。现在，他多年努力的成果、洋洋百万字的《西方政治思想史》问世，对国内西方政治思想史研究来说无疑是一项十分重要的贡献。

这是一次对西方政治思想史的全景式展示。作者从西方政治思想的源头古希腊开始，中经罗马共和国与帝国、中世纪、近代，一直论述到当代政治思想。与国内常见的西方政治思想史著作相比，作者大大拓展了思想史的研究视野，涵盖了诸多颇有理论价值或历史影响，但在传统思想史研究中着墨不多甚至极少提及的思想家。譬如，作者在讨论中世纪思想史时，不仅关注基督教世界的思想家，也关注一些重要的伊斯兰教和犹太教思想家，如阿尔法拉比、迈蒙尼德等。这些思想家不仅对伊斯兰教和犹太教政治思想的发展有不可磨灭的贡献，而且对稍后欧洲政治思想的复兴和发展产生过重大影响。离开这些思想家，很难理解欧洲近代思想的演进。作者对文艺复兴和宗教改革时期思想的介绍大大超越了传统政治思想史的范围。作者基于此前对公民人文主义和共和主义的研究基础，以公民人文主义为主轴，展示出一幅生动多彩的文艺复兴时期政治思想的图画。作者以"国家理性的悖论"为标题，不仅讨论了博丹、格劳秀斯的思想，还分析了通常不受政治思想史关注的蒙田的思想，对读者从理论和制度相结合的角度理解欧洲现代国家的兴起有重要的启迪意义。作者对英国从大宪章到光荣革命时期政治思想的讨论，也大大拓展了传统政治思想史的范围。读者不仅可以领略福蒂斯丘关于英国政体的经典解释，还可以对英国内战时期不同派别的政治思想有全面的了解。此外，这部著作还涵盖了20世纪一些在政治思想领域有重要贡献的思想家，如凯尔森、沃格林、阿隆、盖尔纳等。由于作者这种全景式的书写，西方政治思想史就不再是一些所谓经典作家之间的对话，而是不同时代的思想家面对纷繁复杂的政治问题探索解决方案的生动画面。

在全景式展示西方政治思想史的过程中，作者还试图从多重视角把握思想的变迁，把政治思想家的理论和社会政治的历史演变、不同时代面临的政治问题、一时的社会风气及精神状态等结合起来加以探讨。如此多视角的探讨大大拓展了政治的内涵。政治思想研究不再仅仅局限于研究自由、平等、民主等理念或国家、政体等议题，而是对宽泛意义上的政治秩序进行理论探索。这种探索既包括对现实政治秩序的分析，也包括对理想政治秩序的思考。它必然涉及对人性的特征、政治秩序的本质与结构、权威的合法性、秩序与历史、现代性等广泛议题的思考。而如此多视角地处理理论问题便需要引入宗教学、历史学、哲学、社会学、经济学、法学等多个学科的知识。应该说，作者展示了运用多学科知识分析政治思想的能力。

以如此全景式和多视角的方式书写西方政治思想史，有着独特的方法论价值。假如我们信奉辉格派的研究方法或其他类型的目的论及进化论的方法，对西方政治思想史的书写就可能采取全然不同的、颇具选择性的手法，就会将那些从某种目的论角度看有所贡献的思想家纳入书写范围，而不符合此一标准的思想家便会被排除在外。在这种方法论下，西方政治思想的历史可能就是沿着某种方向进化或退化的历史，政治思想的丰富性与复杂性便会被阉割。或者，假如我们以纯粹政治哲学的方法书写思想史，那么，只有那些在今天看来对政治哲学有重要贡献的伟大著作可列入关注范围，其他作者便可置之不顾。这些方法论如果说在启蒙运动以来的很长时期内有一定合理性，那么今天，在启蒙运动所开启的政治思想与制度受到普遍挑战的时代，传统思想史叙事框架的缺憾便日益明显了。采取一种全景式、多视角的思想史书写方式，不仅可以让我们从纷繁复杂的思想史中观察不同时代的政治变迁及思想激荡，从而以史为鉴，更好地理解当今世界，而且，我们也可以从不同时代伟大思想家的理论思考中汲取政治智慧，达到政治理论的升华。

强调这部著作的历史书写特点，并不意味着否认它对理论的探索。政治思想史不同于一般的智识史（intellectual history）。它不仅需要阐述思想的历史演变，而且需要以理论的视角、批判的眼光研读重要思想家的经典著作，从中汲取政治智慧。在这个意义讲，政治思想史研究本身的确具有政治哲学探讨的内涵。实现如此目标，需要有深厚的政治哲学理论基础，需要对经典著作仔细研读。施特劳斯学派在文本解读方面的努力显然值得借鉴。陈伟的著作在描述政治思想历史发展的同时，对重要思想家文本的解读也颇为到位。无论是柏拉图、亚里士多德这样的古典思想家，还是马基雅维里、霍布斯等西方近代政治思想的奠基人物，作者的解释都能达到颇为专业的水平。而且，令人欣赏的是，作者不仅对思想史上众多思想家的理论有专业的分析，还有不少颇为创新的解释。譬如，作者对柏拉图思想的解读不仅概括了

# 序 言

传统柏拉图研究的成果，而且还借鉴阿伦特的观点，分析柏拉图对政治经验的扭曲，就教育乌托邦问题进行了辨析；借鉴沃格林学派的柏拉图研究，对柏拉图的《第七封信》给予特殊关注。又如，作者在阐释霍布斯的理论时不仅展示了霍布斯对现代政治哲学以及自由主义的贡献，而且还对比斯宾诺莎的哲学来解释霍布斯"利维坦"的缺口。这样的例子不胜枚举。令人赞叹的还有，全书所涉及的思想史中重要作者如此之多，以一人之力对诸多思想家的著作、思想做出颇为专业的概括实属不易。作者对几乎所有思想家的分析都不是简单地参考二手著作加以概括，而是基于对原著以及中外文研究专著的认真阅读展开，这就使得对诸多思想家的分析充满新意。

无论是西方还是中国，历史书写往往会包含教育功能。施特劳斯评价修昔底德的史学著述是"不动声色的政治教育"。陈伟的著作也有这样的特征。作者虽然是书写思想史，但纵观全书，作者对一个开放而宽容、个人既有自由又有公民责任的社会的向往跃然纸上。作者在写作方法上并不完全拘泥于中性的描述，而是不时对一些问题有所评议。这些评议不少简洁而中肯，它们与中性的分析浑然一体，丝毫不令人感到生硬。

最近一些年来，随着政治学学科教学、科研的迅速发展，国内关于西方政治思想史的著作颇多。不过，像陈伟博士这样以一己之努力，把握如此浩瀚之资料，梳理如此长时段的发展，展示如此众多思想家的观点，而且能够达到如此之水平，实在是难能可贵。

这部著作对于中国学术界的贡献是不言而喻的。对于政治学或相关专业的学生而言，它是一部很好的教科书。全书条理清晰，文字流畅。几千年的思想发展一气呵成，娓娓道来。作为这门学问的入门书籍，本书应当说颇为合适。对于专门从事西方政治思想史研究的学者来说，这部著作也具有相当的参考价值。它的优点之一是涵盖内容丰富，历史叙述与思想分析皆有依据，参考书目广泛且有权威性，对于研究者有不错的参考价值。对于专业之外的读者，这部著作则可以为读者敞开一个新的知识领域，读者可以从中领略西方政治思考的跌宕起伏以及其中包含的智慧。一个人可以不参与政治，但没有人能够躲开政治。了解一些政治知识，对所有人都有重要价值。

基于上述理由，我希望向读者推荐这部著作，希望它能够成为读者了解西方政治思想史的重要读本。

2019 年 12 月于北京大学燕园

# 总目录

## 上 册

导论 ····································································· (1)
第一章 古希腊人与政治生活的最初体验 ································· (9)
第二章 古罗马人的政治实践 ············································· (72)
第三章 上帝光照下的中世纪政治 ······································· (107)
第四章 近代政治思想的基础 ············································ (180)
第五章 国家理性的悖论 ················································· (283)
第六章 英国的自由传统 ················································· (315)
第七章 苏格兰启蒙运动时期的经济与政治 ···························· (440)
第八章 美国的共和之路 ················································· (523)

## 下 册

第九章 法国的革命与反革命 ············································ (573)
第十章 德意志的心灵、社会与国家 ···································· (725)
第十一章 从功利主义到进化论 ········································· (801)
第十二章 社会主义者的希望 ············································ (870)
第十三章 代议制民主的危机 ············································ (899)
第十四章 极权主义之思 ················································ (1000)
第十五章 自由主义的复兴 ·············································· (1135)
结束语 ··································································· (1213)

参考文献 ································································· (1216)
后记 ······································································ (1250)

# 目 录

(上册)

导 论 ································································· (1)

**第一章 古希腊人与政治生活的最初体验** ················ (9)
    莱库古为斯巴达立法 ········································ (11)
    雅典人发明民主 ·············································· (13)
    梭伦改革 ······················································· (14)
    克里斯梯尼的措施 ··········································· (16)
    伯里克利：古代民主能支撑大帝国吗？ ············· (17)
    政治哲学的诞生 ·············································· (21)
    智者的活动 ···················································· (23)
    苏格拉底：美德即知识 ···································· (25)
    苏格拉底之死 ················································· (29)
    柏拉图："反政治"的政治哲学家 ······················ (34)
    "洞穴"内外 ··················································· (35)
    正义的人，正义的城 ······································· (37)
    城邦的诞生 ···················································· (38)
    柏拉图命题：治国者需有关于治国的知识 ········· (40)
    哲学家治国需要谎言 ······································· (43)
    《第七封信》：柏拉图揭秘柏拉图 ····················· (45)
    政治经验的扭曲与教育乌托邦的滥觞 ··············· (47)
    亚里士多德与政治学 ······································· (50)
    人是"政治动物"，处于神、兽之间 ·················· (53)

"四因说"与目的论的宇宙观 ……………………………………… (54)
"波里德亚"与中产阶级的美德 …………………………………… (56)
沉思生活的高贵 …………………………………………………… (57)
从柏拉图到亚里士多德 …………………………………………… (58)
亚里士多德学说中的"政治"与"非政治" ……………………… (59)
亚历山大的帝国事业 ……………………………………………… (60)
希腊化时期：由城邦到世界 ……………………………………… (63)
以犬为师的犬儒学派 ……………………………………………… (64)
斯多葛学派 ………………………………………………………… (65)
伊壁鸠鲁的花园乌托邦 …………………………………………… (67)
怀疑主义两种 ……………………………………………………… (69)

## 第二章　古罗马人的政治实践 …………………………………… (72)

罗慕路斯建城 ……………………………………………………… (73)
波利比乌斯：揭开罗马强大的奥秘 ……………………………… (76)
他们都是爱国者 …………………………………………………… (80)
罗马共和制的危机 ………………………………………………… (82)
奥古斯都与罗马帝制的定型 ……………………………………… (85)
帝国对行省的统治 ………………………………………………… (89)
罗马的暴君们 ……………………………………………………… (90)
帝国的逻辑 ………………………………………………………… (92)
罗马帝国的衰亡 …………………………………………………… (94)
古典西方文明衰落的社会原因 …………………………………… (96)
共和卫士西塞罗 …………………………………………………… (98)
塞涅卡：帝王师的下场 …………………………………………… (101)
"君王宝鉴"第一书 ………………………………………………… (102)
帝制时代，自由而幸福的生活何以可能？ ……………………… (103)

## 第三章　上帝光照下的中世纪政治 ……………………………… (107)

此"封建"非彼"封建" …………………………………………… (108)
骑士风度 …………………………………………………………… (112)
封建制与现代西方宪政的起源 …………………………………… (113)

从多神信仰到一神教 …………………………………………（113）
　　基督教：信、望、爱 …………………………………………（118）
　　大学：中世纪"最高而最良的出产物" ………………………（127）
　　新柏拉图主义 …………………………………………………（130）
　　奥古斯丁：希波的主教 ………………………………………（131）
　　寻求"幸福生活" ………………………………………………（134）
　　专注于现在 ……………………………………………………（136）
　　"恶"的问题与自由意志 ………………………………………（139）
　　大城大爱，小城小爱 …………………………………………（140）
　　"上帝之城"与基督教共和国 …………………………………（141）
　　克努特大帝在海边 ……………………………………………（143）
　　菲尔热的约阿希姆 ……………………………………………（145）
　　伊斯兰与中世纪政治思想的发展 ……………………………（150）
　　阿尔法拉比：宗教与哲学的综合 ……………………………（153）
　　阿威洛依及阿威洛依运动 ……………………………………（156）
　　迈蒙尼德：犹太哲学家 ………………………………………（158）
　　经院哲学家阿奎那 ……………………………………………（161）
　　哲学—神学 ……………………………………………………（164）
　　政体论 …………………………………………………………（167）
　　叙拉古老妪的祈祷 ……………………………………………（167）
　　君主当尽职，暴政必亡 ………………………………………（169）
　　永恒法、自然法、人法、神法 ………………………………（169）
　　为亚里士多德施洗 ……………………………………………（170）
　　马西利乌斯：保卫和平 ………………………………………（172）
　　唯名论革命与现代性的神学起源 ……………………………（174）
　　奥卡姆的威廉与近世个人主义 ………………………………（175）
　　中世纪的城市 …………………………………………………（177）

**第四章　近代政治思想的基础** ……………………………………（180）
　　文艺复兴 ………………………………………………………（180）
　　彼得拉克：文艺复兴之父 ……………………………………（183）
　　彼得拉克的塞涅卡主义 ………………………………………（186）

· 3 ·

| 条目 | 页码 |
|---|---|
| "公民人文主义"的意涵 | (187) |
| 萨卢塔蒂：公民人文主义第一人 | (192) |
| 利奥纳多·布鲁尼：礼赞佛罗伦萨 | (194) |
| 帕尔米埃里：倡导公民生活 | (199) |
| 阿尔贝蒂与晚期公民人文主义 | (200) |
| 佛罗伦萨公民人文主义的兴衰 | (203) |
| 15世纪柏拉图主义的复兴 | (205) |
| 人文主义者，名声不大好 | (209) |
| 佛罗伦萨政体的演变 | (210) |
| 萨伏纳罗拉："没有武装的先知" | (212) |
| 萨伏纳罗拉的人民共和论 | (215) |
| 世俗政治领域的勾画 | (216) |
| 马基雅维里与马基雅维里主义 | (217) |
| 隐退乡间，雄心未泯 | (220) |
| 君王宝鉴之奇葩 | (221) |
| 新君主创建新共和 | (224) |
| 我爱我的祖国，胜于爱我的灵魂 | (225) |
| 马基雅维里与道德 | (227) |
| 马基雅维里学说之特色 | (228) |
| 圭恰迪尼：佛罗伦萨一位保守的共和论者 | (231) |
| 贵族共和论 | (233) |
| 共和的理据 | (234) |
| 圭恰迪尼思想的保守性 | (235) |
| 圭恰迪尼与马基雅维里之比较 | (237) |
| 托马斯·莫尔：成功的文人，失败的政治家 | (239) |
| 乌托邦：无为有处有还无 | (242) |
| 与路德神甫斗法 | (245) |
| 作为社会运动的宗教改革 | (247) |
| 路德改教：这就是我的立场！ | (249) |
| 路德神学与天主教神学 | (257) |
| 教会与政治权威的分立 | (262) |
| 服从世俗权威 | (264) |

与伊拉斯谟论战 …………………………………………………（265）
　　伊拉斯谟：人与上帝的合作 ……………………………………（267）
　　受奴役的意志 ……………………………………………………（268）
　　路德改教之后 ……………………………………………………（270）
　　加尔文：荣耀属于上帝 …………………………………………（273）
　　加尔文宗与路德宗之异 …………………………………………（275）
　　加尔文与西方宪政主义 …………………………………………（279）
　　加尔文教与现代资本主义 ………………………………………（282）

## 第五章　国家理性的悖论 …………………………………………（283）
　　16世纪法国宗教战争 ……………………………………………（283）
　　蒙田与法国文艺复兴 ……………………………………………（286）
　　我知道什么？ ……………………………………………………（288）
　　功利与诚实的冲突 ………………………………………………（290）
　　政体：没有最好，只有合适 ……………………………………（294）
　　蒙田思想中的"保守"因素 ………………………………………（295）
　　世界主义与多元主义 ……………………………………………（297）
　　博丹：地中海现代性的卓越理论家 ……………………………（299）
　　界定"主权" ………………………………………………………（301）
　　混合政体的谬误 …………………………………………………（302）
　　君主与臣民各自的义务 …………………………………………（304）
　　以神秘主义化解宗教战争 ………………………………………（304）
　　博丹与时代新经验 ………………………………………………（306）
　　"神童"格劳秀斯 …………………………………………………（307）
　　商业共和主义 ……………………………………………………（309）
　　自然法即正确的理性 ……………………………………………（310）
　　财产权：先占先得，海洋自由 …………………………………（311）
　　战争亦当遵守国际法 ……………………………………………（313）

## 第六章　英国的自由传统 …………………………………………（315）
　　1215年大宪章传奇 ………………………………………………（316）
　　福蒂斯丘：流亡路上的御前大法官 ……………………………（319）

君民共治的英格兰：既"国王"，又"政治" …… （320）
托马斯·史密斯与16世纪英国公民人文主义 …… （322）
"共和国"是自由人之联合 …… （322）
培根：知识就是力量 …… （324）
技术造就天堂 …… （326）
英国清教徒革命 …… （327）
国王詹姆斯一世的王权神授论 …… （330）
议会、国王与第一次内战 …… （332）
李尔本与平等派 …… （335）
第二次内战与残缺国会 …… （337）
审判查理一世 …… （338）
查理一世上断头台，共和国成立 …… （339）
温斯坦莱与掘地派 …… （341）
克伦威尔称"护国主" …… （343）
斯图亚特王朝的复辟 …… （345）
1688年"光荣革命" …… （347）
罗伯特·菲尔默：王权如父权 …… （348）
亨利·帕克：议会绝对主义 …… （350）
英国共和主义 …… （352）
哈林顿：为共和立法 …… （353）
古今经纶之道 …… （354）
两个小姑娘分蛋糕，透露共和奥秘 …… （355）
弥尔顿：为共和建言 …… （357）
为英国人处死国王声辩 …… （362）
谁是英国人民？ …… （363）
英国适合共和制而非君主制 …… （364）
共和之捷径：永不休会的最高议事会 …… （366）
尼德汉姆：改变立场如换衬衣 …… （369）
自由国家的好处，共和国的恰当宪章 …… （372）
以马基雅维里为师 …… （372）
悉德尼：为共和献身 …… （374）
法治理念 …… （377）

法律的本质是正义 ……………………………………………… (378)
　　自由释义 ………………………………………………………… (379)
　　政府旨在追求公共的善 ………………………………………… (381)
　　悉德尼学说之特色 ……………………………………………… (383)
　　悉德尼与共和主义 ……………………………………………… (383)
　　霍布斯：自由主义的奠基人 …………………………………… (386)
　　人造的"人" …………………………………………………… (392)
　　政治的人学基础 ………………………………………………… (393)
　　内战的根源 ……………………………………………………… (395)
　　"利维坦"：以服从换取保护 ………………………………… (397)
　　绝对主权论 ……………………………………………………… (399)
　　恶政府愈于无政府 ……………………………………………… (402)
　　自由的定义与臣民的自由 ……………………………………… (403)
　　个人主义的真精神 ……………………………………………… (406)
　　教随国定，良心自由 …………………………………………… (407)
　　霍布斯与现代社会 ……………………………………………… (411)
　　西方文明梦想之华章 …………………………………………… (413)
　　斯宾诺莎：发现"利维坦"的缺口 …………………………… (415)
　　《圣经》解释学、上帝观、信仰与哲学的分手 ……………… (417)
　　神学—政治论 …………………………………………………… (418)
　　洛克与现代政府理论 …………………………………………… (423)
　　驳菲尔默的绝对王权论 ………………………………………… (426)
　　政府基于同意，权力有限，人民不必感激 …………………… (429)
　　摘苹果，说产权 ………………………………………………… (433)
　　宗教宽容 ………………………………………………………… (435)
　　人权卫士，还是奴隶贩子？ …………………………………… (438)

## 第七章　苏格兰启蒙运动时期的经济与政治 ……………………… (440)
　　卡默斯法官与苏格兰启蒙运动 ………………………………… (443)
　　人的进步与神意 ………………………………………………… (446)
　　"社会性"与"反社会性" …………………………………… (447)
　　混合政体 ………………………………………………………… (449)

和平与奢侈：慢性毒药 …………………………………………（450）
追寻法律的统一 ………………………………………………（452）
言行方式之变 …………………………………………………（453）
大卫·休谟：开启西方认识论大革命 ………………………（456）
休谟式怀疑：太阳明天还会升起吗？ ………………………（460）
约定俗成、正义与财产 ………………………………………（462）
基于人民同意，无法建立起政府 ……………………………（463）
谴责"贸易的猜忌" ……………………………………………（464）
商业社会孕育自由政府 ………………………………………（465）
亚当·斯密：解开国富之谜 …………………………………（467）
人有同情心 ……………………………………………………（470）
正义：支撑社会大厦的支柱 …………………………………（472）
"屠户、酿酒家或烙面师"的利己与利他 ……………………（473）
曼德维尔"蜜蜂的寓言"：私人之恶，公共之善 ……………（474）
现代政府三职能 ………………………………………………（479）
交换倾向与分工 ………………………………………………（480）
商业社会的好处 ………………………………………………（483）
必以国民教育，弥补文明社会的缺陷 ………………………（486）
亚当·弗格森：市民社会 ……………………………………（490）
社会在分阶段向前进化 ………………………………………（493）
人普遍的天性是什么？ ………………………………………（494）
美德强国 ………………………………………………………（495）
"优雅年代"的隐忧 ……………………………………………（497）
罗马兴衰之鉴 …………………………………………………（501）
法国革命与欧洲的未来 ………………………………………（502）
从斯密到米勒 …………………………………………………（503）
等级区分的起源及消亡 ………………………………………（505）
商业社会对人知识状况的影响 ………………………………（507）
商业社会对道德的影响 ………………………………………（509）
商业与财富对法律与政府的影响 ……………………………（510）
自由比财富更有价值 …………………………………………（512）
英式保守主义 …………………………………………………（513）

资深议员柏克 …………………………………… (514)
　　抽象原则能指导政治实践吗？ ………………… (516)
　　只存在"英国人的权利" ………………………… (517)
　　柏克的代际思维 ………………………………… (518)
　　议员不是"代表" ………………………………… (518)
　　国际法与干预主义 ……………………………… (520)

## 第八章　美国的共和之路 …………………………… (523)
　　清教与美国的起源 ……………………………… (524)
　　走向共和 ………………………………………… (526)
　　《独立宣言》：自由的美国 …………………… (529)
　　"常识先生"潘恩 ………………………………… (531)
　　政府的起源和目的 ……………………………… (533)
　　共和政体优于君主政体 ………………………… (534)
　　国父华盛顿 ……………………………………… (536)
　　联邦党人：为"大共和国"辩护 ………………… (538)
　　通过联邦制构建现代"国家" …………………… (539)
　　大共和，新共和 ………………………………… (541)
　　邦联时期自由事业的危机 ……………………… (544)
　　费城制宪 ………………………………………… (546)
　　汉密尔顿：死于决斗的开国元勋 ……………… (550)
　　强国家理念 ……………………………………… (553)
　　政治经济学 ……………………………………… (555)
　　汉密尔顿主义 …………………………………… (556)
　　宪法之父麦迪逊 ………………………………… (557)
　　麦迪逊政治思想之独特方面 …………………… (558)
　　反联邦党人与古典共和主义 …………………… (559)
　　杰斐逊与共和帝国 ……………………………… (563)
　　人民是政府唯一可靠的保护人 ………………… (565)
　　意见自由的理据 ………………………………… (567)
　　代议制民主、街区制度与联邦主义 …………… (569)

# 导　　论

　　政治现象本身极为复杂，所谓国家大事，非下一番功夫，不能抓住其要害。面对若干不同的、冲突的意见与政策建言，如何评估，如何抉择，是人们经常遇到的问题。20世纪美国哲人乔治·桑塔亚纳（George Santayana）曾言，现代社会如要良好运转，公民必须个个是贵族。这句话实际上是说，现代社会对公民有一定的美德和学识上的要求，公民必须如从前的贵族一样，具有一定的政治知识、政治分析能力与判断力。

　　人们生活在国家之中，与政治不可能完全隔绝。公共政策会影响到人们的日常生活，政治体制变迁更是关涉一代人的命运。政治至高而广涵。即使是一个纯粹以获利为目标的商人，也会接触政治。因为交易的公平、契约的履行、投资所需的和平环境，无不以强有力的现代国家为前提，现代国家甚至直接干预经济活动。环顾世界，列国之间的竞争与合作、战争与和平，更是诠释着民族国家间政治的意涵。

　　政治回避不了，也不必回避。相反，我们应以积极的姿态去关心它。以共和主义视角观之，一个合格的公民，应时刻准备着为政治世界的建设做贡献，由旁观者、思考者变为参与者、活动家。而这种参与，又会反过来丰富公民的政治经验，拓宽公民的眼界，提升公民参政议政之水平。19世纪德国宰相俾斯麦经常说："只有坐在鞍上，才能学会骑马。"[①] 政治素养需要在实践中造就。事实上，一个仅仅追求私人幸福、全然不关心政治者，不过是搭了他人的"便车"。诚然，现代社会政治、经济、文化、宗教诸领域的分化，社会分工的发展，使这种非政治人生成为可能。但是，选择过一种非政治的生活的自由，有其前提条件。利己主义冰水浸淫的庸俗市侩主义与高调口

---

[①] ［德］奥托·冯·俾斯麦：《思考与回忆》第二卷，杨德友、同鸿印等译，生活·读书·新知三联书店2006年版，第51页。

号、极端教条煽起的政治上的狂热，是一个硬币的两面，它们都是缺乏健全公民意识与良好政治心灵的表现。

在西方政治思想史上，对政治意涵的论述千差万别；政治的概念，可谓人言人殊。在这里，笔者不打算列举"政治"的种种定义。古希腊思想家亚里士多德关于"政治动物"的界定，[①] 受制于古希腊城邦背景。古今世界的变迁，伴随着政治概念的变化。不过，理解"政治"，实有多个维度。

其一，在空间结构上，原始部落、城邦、封建制、帝国、民族国家、联邦、邦联、大空间，体现着不同的政治观念，反映着不同形态的政治成就，又各自面临着不同的问题。由此，也引申出颇为不同的政治思想。这些具有特定空间指向的政治思想，并不能简化为一组清晰的命题，构成某种政治学原理或公民科学。

其二，将政治置于时间之中，我们可以看出政治社会的另一面。20世纪政治思想家埃里克·沃格林（Eric Voegelin）说，人的存在是一种历史性的存在，政治理论在根本的意义上，必定是一种关于历史的理论。[②] 沃格林后期的政治思想史研究即致力于从"秩序的历史"中探讨"历史的秩序"之本质。[③] 英国史学家爱德华·弗里曼（Edward Augustus Freeman）尝言："历史是过去的政治，政治是现在的历史。"[④] 法国思想家雷蒙·阿隆（Raymond Aron）亦云："我们的政治意识是，而且不可能不是一种历史意识。"[⑤] 历史主义是19世纪欧洲大陆兴起的学说，但人的历史意识，也就是人对昨天、今天、明天的意识，在部落时代，即已萌生。古人结绳记事，或以壁画描绘某个场景，或以文字写史，更发展出多种占卜、预测的技术，以克服对不确定未来的恐惧。而各种神话、传说、宗教，正是对此种生存焦虑的系统回应。

如若沃格林对作为历史性存在的人的描述有理，那么，由人构成的政治社会，必定是一个历史性的社会。如同人类的生存焦虑呼唤出宗教一样，历

---

[①] [古希腊]亚里士多德：《政治学》，吴寿彭译，商务印书馆1965年版，第7页。
[②] Eric Voegelin, *The Collected Works of Eric Voegelin*, Vol. 5, Columbia and London: University of Missouri Press, 2000, p. 88.
[③] [美]埃里克·沃格林：《秩序与历史》卷一，霍伟岸、叶颖译，译林出版社2010年版，第19页。
[④] [美]格林斯坦、波尔斯比编：《政治学手册精选》，竺乾威等译，商务印书馆1996年版，第37页。
[⑤] [法]雷蒙·阿隆：《历史意识的维度》，董子云译，华东师范大学出版社2017年版，第26页。

史性社会的兴衰,同样(但并不必定)刺激着某种政治宗教的产生。在此种历史意识的光照下,人及其所处的政治世界,便不是一个抽象的、机械的存在。人们背负着"过去"的重担,这些重担包括民族文化、传统、宗教、经典、先祖遗训,等等。人们又发明出各种希望、愿景,对当下的人提出规约或要求。传统主义对"昔日权威"的遵从,浪漫主义对"黄金时代"的眷恋,形形色色面向美好未来的乌托邦主义、千禧年主义,"既不归结为过去,也不归结为未来",只是关注当下的政治存在论,展示了时间与历史意识洗礼下政治学说之丰富多彩,与之相连的,则是历史中目标各异的政治行动。

其三,我们还需要在世俗与神圣的对照中,将政治观念与宗教信仰联系起来予以理解。古希腊视人为神与兽之间的"中间性"存在,基督教视人为神依据自身形象而创造的作品,诺斯替主义(Gnosticism)①对上帝的谋杀,现代西方的政教分离与世俗化运动,无不影响着人们对政治事务的理解。19世纪西班牙天主教政治思想家多诺索·柯特斯(Juan Donoso Cortés)认为,上帝观与国家观之间存在着内在的对应关系。具有人格的上帝对应于王权,泛神论对应于共和制,无神论则对应于无政府主义与革命理想。② 20世纪德国政治思想家卡尔·施米特(Carl Schmitt)甚至说:"现代国家理论中的所有重要概念都是世俗化了的神学概念。"③ 政治思想家关于政治的思考并不必定涉及宗教,也不一定与他本人所持的宗教信仰相一致。但是,一个社会某种流行的政治"观念"或政治社会的"自我理解",则必定与它对神的态度相吻合。英国古典学家简·艾伦·赫丽生(Jane Ellen Harrison)说:"要了解一个民族的思想,一条线索——也许是最可靠的线索——就是考察这个民族为其所敬奉的神所做的一切。"④ 实际上,有的民族强制神为人服务,以符咒驾驭、指挥神,甚至恐吓神;有的民族想象着精灵附体,神人合一,因神而获得神奇力量;有的民族以献祭的方式,换取神的眷顾;有的民族提倡一

---

① 诺斯替主义或译为灵知主义,原为古代世界基督教内部的异端教派。关于诺斯替主义及其对上帝的谋杀,参见[美]保罗·蒂利希《基督教思想史》,尹大贻译,东方出版社2008年版,第37页;[美]埃里克·沃格林《没有约束的现代性》,张新樟、刘景联译,华东师范大学出版社2007年版,第47页。

② Juan Donoso Cortés, *Selected Works of Juan Donoso Cortés*, translated, edited and introduced by Jeffrey P. Johnson, London: Greenwood Press, 2000, p. 81.

③ [德]卡尔·施米特:《政治的神学》,载[德]卡尔·施米特《政治的概念》,刘宗坤等译,上海人民出版社2003年版,第31页。

④ [英]简·艾伦·赫丽生:《希腊宗教研究导论》,谢世坚译,广西师范大学出版社2006年版,第4页。

心一意地敬拜神，视神为万有、至尊、元一。当然，也有民族视神为人想象出来的虚构之物。就西方世界而论，从古希腊诸神世界、人神共处，古罗马的万神殿，中世纪正统的基督教，到近代早期的宗教改革，自然神论，泛神论，无神论，西人宗教上的变动，与政治世界的变化，携手并进。宗教权威与政治权威的分离，精神事务与世俗事务的区分，是文明发达的标志。在一定意义上，政治与宗教的联系，源于人对超越价值的追求，源于人特定的精神体验。这种体验只要超出个人修炼的范围，与他人发生公共联系，便有可能产生"政治"问题。

其四，政治与法律之关联，要求我们在考察西方政治思想时，必须涉及对西方法律观念的理解。古希腊政治哲学家柏拉图既写《政治家》，亦写《法律篇》。近代法国启蒙思想家孟德斯鸠的代表作为《论法的精神》。不少政治思想家本身也是法学家，甚至主要作为法学家而在学术史上留名。不过，在古希腊人的思想世界中，法是前政治的事。在近代法律知识体系中，法哲学与政治哲学是一回事，它们集中探讨的是支配的形式及基础。不同的政治社会，与不同的法律体系相联系。从17世纪英国政治思想家托马斯·霍布斯的立场来看，法本身离不开政治之前提，法是主权者意志的体现。法的制定、解释以及执行，皆赖于政治权威。霍布斯反复强调的是，政治当局而非真理决定对或错；离开刀剑与大炮，法律不过是一纸空文。而洛克式自由主义则将法置于政治权威之上，以期实现法治理想，确保公民之天赋人权。20世纪著名法学家汉斯·凯尔森（Hans Kelson）构建了一个排除政治、基于基本规范而按理性推论展开的纯粹法理学，其本质是为法治国与世界和平提供抽象基础。同时期的卡尔·施米特则言，一个理性的法治国体系固然不错，然而，谁要这个体系，谁愿意支持这个体系，服从这个体系，则是政治问题，它们涉及一个民族之人民根本的政治决断。

其五，政治思想必须虑及社会与经济事务。一种政治理论要有现实意义，必须着眼于所处的社会形态。柏拉图、亚里士多德都讨论过城邦土地与财产的处置，洛克以来的诸多思想家也曾讨论财产问题，苏格兰启蒙运动的思想家们，更是关注着社会从传统到现代的转变。工业革命、大机器生产、无产阶级的诞生及劳工运动，催生了19世纪中后期的社会主义学说。工业化成为现代国家的一项基本任务，经济的持续增长成为现代政府政策成功的主要标志。现代政府不能坐视民众陷于贫困而无动于衷。如何实现工业化，如何保持经济的持续增长，又如何处理其间产生的新问题，现代政治理论实难回避。

政治总是意指某种具有公共性的事物。从事政治活动，意指离开私人领域走进公共领域。在古希腊城邦时代，政治是自由人专有的活动，奴隶、妇女、外邦人没有机会参与政治。在中国古代，儒家特别鼓励人步入仕途。中国古代教育要求读书人不仅要格物、致知、修身、齐家，还要治国、平天下。所谓"天下兴亡，匹夫有责"。明末东林书院的儒者奉"家事、国事、天下事，事事关心"为治学宗旨。不过，在传统王朝体系下，普天之下，莫非王土，率土之滨，莫非王臣，原始儒家生生不息、积极用世的态度，往往蜕化为庸俗的官本位思想，儒学也成了粉饰专制皇权、钳制士子思想、奴化民众精神的工具。黎民百姓的父母官，不过是皇家的奴才。电视剧《大明王朝》中的嘉靖皇帝曾厚颜无耻地说，朝廷的清流也好、浊流也好，都是他的工具。内阁议政时，权臣严嵩反复强调的就是，大明只有一个主子，那就是皇上。尽管如此，在中国古代，追求功名多少还是为人们提供了一条展示自己的途径。个体的存在，需要他人的见证。荣归故里，衣锦还乡，只有在"故里"存在的情况下才有意义。有一个关于普鲁士国王腓特烈大帝的故事，十分经典。腓特烈大帝遇到一个人向他讨要官职，而腓特烈大帝根本看不上他。于是，腓特烈大帝对求官者说：可以，但是有一个条件。求官者说：什么条件都可以。国王说：我给你一个国王顾问的职位，条件是你不得告诉任何别的人。求官者听了很失望，因为对他来说，当官最重要的价值，就在于让别人知道他，从而羡慕他。[①]

在没有公共空间的地方，人们只有向国王求官，才有机会"展示"自己。在现代社会，人们展示自己的渠道大为拓展，一个人可以通过自身的努力成为业界达人，这在一定程度上赋予个体生活以公共性。雁过留声，人过留名。或名垂青史，或遗臭万年，只有在历史见证的前提下才有可能。它们都体现着生命有限的个体对湮没于时间洪流之中不留下一点痕迹的恐惧。"轻轻地我走了，正如我轻轻地来"，绝不是一个政治人的生活态度。随着现代社会生活的日益丰富，政治在人们生活中的地位下降了。而现代文官制度中，专业行政管理人员在庞大的官僚机器中作为一个零件，默默无闻地发挥作用，其荣誉感与责任感均不如从前。在现代西方社会中，政治家与官僚是

---

[①] [美]乔治·H.米德：《十九世纪的思想运动》，陈虎平、刘芳念译，中国城市出版社2003年版，第36—37页。

截然不同的两种人，普通公民也不是仅仅作为消极、被动的服从者而存在，现代人可以自行决定自己在多大程度上、以何种方式参与政治。不同的政治社会中，个人可做的事情，个人做事的方式，个人的活动范围，差别极大。

政治社会的形成，是人类文明史上的伟大一页。[①] 它标志着人类从此摆脱了动物性存在的状态。政治社会是人们为解决实际冲突、破解生存困境做出的发明。通过制定法律、建立秩序，它使得不完美的人能够和平共存，继而谋求生存的意义。早期政治社会，亦与宗教祭祀活动密切联系在一起。因为政治社会的成型，实以特定的精神秩序为依据。政治社会一旦形成，便不是一个，而是多个。于是，不同的政治社会之间便发生关系，或战或和。而政治社会内部，也有着不同的构造。政治社会中的人，按不同的方式组成一个整体，其间贯穿着不同的原则，由此，不同的政体得以形成，其利弊优劣，也不尽相同。如同乐谱不同，曲子也就大不一样。同一个政治社会，其政体也会发生变化，出现政权的更替。

政治事务，是指事关公众的事情，是"众人之事"（孙中山语）。人们对政治事务的思考，产生了政治思想，或曰政治理论，在古典的意义上，它就是政治学。政治思想毕竟是一个关乎理性的事情，政治思想来源于对政治事务、政治现象的理性化处理，这与普通民众持有的朴素的政治观念或未经反思的政治信条完全不同，与现代社会特有的意识形态也不是一回事。政治思想有深刻与肤浅、有害与有益之分。这取决于它在实践中可能带来的后果。在宽泛的意义上，政治思想、政治哲学、政治理论、政治学是一回事。

政治思想是政治思想家的智力成果。它源于思想家对政治问题的持续思考。无疑，严重的政治危机、重大的历史事件、深刻的时代变迁，往往更易激发起深刻而严肃的政治思考，促使人们探寻迫在眉睫的出路，思考疗救时代危机的方案。而在相对和平的年代，人们同样能够就何为"美好生活""良善政治""正义制度"进行缜密细致的思考，由此产生另一种风格的政治思想。政治思想本身，能够对现实产生巨大而深远的影响。它可以唤起某种意识、觉悟，激起人们对美好未来的期许，也可以动摇社会的信仰，摧毁既有的精神秩序。它可以促进人类的文明、解放事业，推进人与人之间、群体与群体之间的相互尊重与理解，也可以呼唤出恶魔，煽动人们起来从事杀

---

[①] ［美］埃里克·沃格林：《政治观念史稿》卷一，谢华育译，华东师范大学出版社2007年版，第71页。

人的勾当，给世界带来战争、血腥与动荡。它可以成为政治行动的合法化说明，成为某个业已存在的政治秩序的诠释者与辩护者，也可以成为政治变革的依据，成为人们构建新社会、创造新生活、走进新时代的指南。

西方政治思想史，属于西学之主要部分。以理性的方法检讨政治事务、对政治事务分门别类进行研究的政治学，是古希腊政治思想家的杰出创造。西方政治思想颇为重要，乃因作为一种自由平等公民间生活的"政治"本身，正是西人首创，而理性主义，在西方亦源远流长。严格说来，试图理解政治现象的政治学不分中西。实际上，西方人无论是在实践中还是在制度、思想方面，都不是铁板一块。古希腊与古罗马的政治思想，可以看作两个不同的传统；而古希腊、古罗马与中世纪相比，又可以看作两个截然不同的传统；进一步，前现代的思想与17世纪以来的现代西方思想相比，表现出明显的古今之异；而在现代西方政治思想中，人们不难发现英美传统与欧陆传统的不同；在欧陆政治思想中，自由主义、保守主义、激进主义，同样泾渭分明。西方有自由的传统，也有反自由的传统；有个人主义的理论，也有集体主义的理论。

一般说来，西方政治思想史可分为古希腊、古罗马、中世纪、近现代、当代几个时期。本书致力于提供一部适合中国读者阅读、易于理解把握，又能深入西方政治思想之内里的读物，期望它既可作为公众通识教育读物，亦可作为专业学者科研之参考书。

在本书写作中，笔者较为注重如下几点：其一，在内容方面，笔者有意重点介绍既有西方政治思想史著作中未曾或极少论述的若干人物与思潮，这些人物与思潮，对于勾画整个西方政治思想历史图景，不乏其重要性。例如，对于近代早期意大利公民人文主义和17世纪英国共和主义、19世纪德国浪漫主义、历史主义，笔者进行了若干尝试性探讨。对于19世纪、20世纪之交西方关于议会制民主的争论，笔者也予以了重点关注。其二，本书注重考查各个时期的社会政治结构以及基本政治制度，对城邦秩序、罗马共和政体、帝国、中世纪封建制度和教会制度、大学制度、近代民族国家、极权主义政体，有专门的分析，俾使政治思想能够与当时的政治制度、社会秩序结合在一起被理解。其三，本书对重大历史事件的始末，例如英国内战、法国大革命、德国纳粹主义的兴亡，有较为详细的铺陈。这些历史事件，激荡着各自时代的思想界，往往也在不同程度上受到思想潮流的引领与形塑。

笔者在写作过程中，并不刻意追求叙述线索与理论框架。西方政治思想史上，不同的思想家常常在某个或某些方面讲出了十分精妙的东西，它们给我们以启迪、以激发。这些思想家虽然已经故去，但他们思想的光芒，仍然会穿越时空，照亮今日人们前行的路。他们并不直接告诉我们该怎么走，但其智慧之光，足以破除我们眼前的黑暗，让我们不至于茫然不知所措。如此，则本书虽名为"西方政治思想史"，但过去与未来之间的政治思考，才是笔者的立足点。

陈 伟

2016 年 8 月 12 日于北京双榆树（初稿）

2018 年 10 月 23 日于北京南城永兴河畔（定稿）

# 第一章　古希腊人与政治生活的最初体验

落日的余晖将一个个岛屿镀上了金边。爱琴海的风，带着咸味，轻轻地吹来。常春藤和桃金娘的叶子在风中摇曳，发出沙沙的声响。橄榄树旁，女诗人吟唱着悲伤的恋曲。战场上归来的英雄，拨动起竖琴的丝弦。山花为之动容，野鹿因之神迷。奥利匹斯山上的诸神，是否已经沉醉？载着金羊毛的大船，不知靠岸了否？比尼阿斯河水，静静地流着、流着，永不停息。美丽的希腊群岛，演绎着战争与和平、生存与死亡的故事。古希腊，是我们寻访西方政治思想的第一站。

古希腊文明与希伯来文明，构成了西方文明的两大源头。要理解什么是今日之西方，首先要理解古代之希腊。古希腊人发明了"政治"——politics，他们不仅以城邦生活实践之，也以政治哲学诠释之。世界古代诸文明中，似只有古希腊人可以自豪地宣称：人是政治动物。古希腊政治是城邦政治，这是我们理解西方政治思想的起点。对古希腊政治的态度，甚至可以看作人们政治立场的试金石。19世纪初英国浪漫派诗人雪莱（Percy Bysshe Shelley）在诗剧《希腊》（*Hellas*）的序曲中写道："我们都是希腊人。我们的法律，我们的文学，我们的宗教，我们的艺术，皆有着希腊根源。"意大利政治理论家莫斯卡（Gaetano Mosca）在比较不同类型的早期政治组织后发现，只有古希腊人区分了自由与专制。他写道："只有在古希腊，人类第一次认为，服从大多数公民同意的法律、服从大多数公民在确定时间给予确定权力的行政官的人们在政治上才是自由的。只有在希腊，权力第一次不是从上往下传递，不是从居于政治等级制顶端的人们传递到那些臣服者手中，而是从那些被行使权力的人中传递到那些行使权力的人手中。换句话说，希腊文明第一次声称，与王权神授不同的是，各民族的人民有权统治他们自己。希腊文明第一次不再把法律看作出自神意，或出自执行神意的人，而是把它当作对一个民族意志人本的、可变的解释。"①20世纪法国著名知识分子瓦尔特·本雅明（Walter Benjamin）说，希腊的城邦（polis），只要我们还使用"政治"一词，就会在我们政治生活的底部继续存在。②

古希腊文明的源头是爱琴文明。荷马史诗时期（前12世纪—前8世纪）是希腊城邦的孕育时期；古风时期（前8世纪—前6世纪）是城邦的形成时期；而所谓的古典时期（前5世纪—前4世纪中叶）则是城邦从繁荣直至衰落的时期。

城邦起源于卫城，但它并不局限于城市，它是城市连同其周围一片乡村区域内的居民所构成的自治、自主的政治共同体。"不是雅典城，而是雅典人，构成了城邦。"③（Not Athens, but the Athenians, were the polis.）城邦主要不是地域概念，它指的是一种特定的人类结合之形态。这些城邦有征服者建立的，也有自然形成的。古希腊本土有600—700个城邦，加上殖民地城邦，总数在1500个左右。每个城邦一般有几千人，最大的有近40万人。城邦制度并非古希腊人首创，在早期的印度，即有雅利安移民建立的若干独立城邦。但这些城邦，很快被临近的君主国吞并。唯有在希腊，城邦制度持续存在达数个世纪。④古希腊诸城邦，虽不乏类似于王政的城邦，但大多数鼓励公民直接参与政治生活。这对探索王权之外的人类处理公共事务的方式做出了巨大贡献。古希腊人视城邦生活为一种弥足珍贵的自由生活，在与东方社会接触的过程中，他们对此种生活方式有着明确的意识。古希腊剧作中，即有"自由之邦""自由的土地"等字样。⑤众多城邦长时期并存，不同于东方人钟情的"大一统"，亦激发了最早的关于不同政治社会间关系（类似于民族国家间关系）的实践及思考。在古希腊城邦中，雅典和斯巴达是最引人注目的两个城邦，它们代表了两种不同风格的政治设计。

---

① [意] 加塔诺·莫斯卡：《统治阶级》，贾鹤鹏译，译林出版社2002年版，第432页。
② 参见 [美] 汉娜·阿伦特《黑暗时代的人们》，王凌云译，江苏教育出版社2006年版，第192页。
③ Hannah Arendt, *The Human Condition*, Chicago and London: The University of Chicago Press, 1998, p.195.
④ [美] 斯塔夫里阿诺斯：《全球通史：1500年以前的世界》，吴象婴、梁赤民译，上海社会科学院出版社1988年版，第211页。
⑤ [法] 雅克利娜·德·罗米伊：《探求自由的古希腊》，张竝译，华东师范大学出版社2015年版，第28页。

## 莱库古为斯巴达立法

斯巴达（古称拉西第蒙）人是多利亚人的一支。他们在公元前1200年左右从巴尔干西北部伊里利亚侵入希腊半岛，最后占据了伯罗奔尼撒东南部拉哥尼亚地区，并由此发展壮大。公元前8世纪，斯巴达统一了拉哥尼亚；后来，斯巴达为掠夺肥沃土地又从拉哥尼亚向西扩张而征服了美塞尼亚。

18世纪的法国思想家夏多布里昂（François-René de Chateaubriand）写道："斯巴达似乎是政治界的一个奇迹。在那里，我们从最伟大的天才身上而并非从事态的变化中，发现了共和政体存在的原因。一个人的智慧力量孕育了新的制度，而新制度又创造出一个新天地。"[1] 夏多布里昂所说的"最伟大的天才"，就是立法家莱库古（Lycurgus）。莱库古被认为是斯巴达政体的创设者，他生活简朴，为人严肃而宽厚。相传，他的立法活动发生在公元前10世纪末到公元前9世纪中叶（一说公元前7世纪到公元前6世纪）。当时斯巴达面临严重的政治危机，国王懦弱。莱库古获得实权后，进行了许多革新。他的革新中，第一个也是最重要的一个设计，就是创建了元老院（即长老的会议），由此造就以稳定为特征的混合政体。元老院的创建使斯巴达政体变得节制、平衡而富于智慧。如果把斯巴达比作一条船，那么元老院就像船上的压舱物。当需要抑制民主以免它走向极端时，元老便站在国王一边；当需要防止国王滥用权力时，他们便支援人民的行动。[2]

莱库古看到城邦里穷人负担沉重，财富集中在少数人手里，于是他采取果断措施消除贫富差别。他将土地和奴隶均分给每个斯巴达公民，但禁止买卖，原则上归城邦所有；取消商品交换，采用产品供给制；取消不必要的技艺，由此，奢侈渐渐失去了土壤。为禁止酗酒，他规定不允许种葡萄。此外，他还创立了公共食堂制度。这样，斯巴达政体便按平均主义与集体主义的原则来运行，公民中实行严格的平等，财富的积累在斯巴达对个人而言毫无意义。显然，莱库古立法中充满了对商业及其可能带来的奢侈腐化坚决抵制的精神。

莱库古的措施激怒了富人，一位鲁莽的年轻人用棍棒打瞎了他一只眼

---

[1] ［法］夏多布里昂：《试论古今革命》，王伊林译，华夏出版社2015年版，第63页。
[2] ［古罗马］普鲁塔克：《希腊罗马名人传》（上），陈永庭等译，商务印书馆1990年版，第92页。

睛，但莱库古并没有被吓倒，反而宽厚地对待这位年轻人。人民因此更加尊敬他，据说这一事件发生之后，斯巴达人带着棍棒参加集会的惯例就被废除了。

在斯巴达，农业劳动与生产由被征服民族承担。这些劳动者在人数上数倍于斯巴达公民，构成一个庞大的奴隶群体。斯巴达公民则摆脱了生产劳动的负担，他们专门从事政治统治与军事活动。为了保证他们在政治上的优势，斯巴达把城邦全面军事化，城邦控制着个人生活的一切方面。在斯巴达，新郎不能随便去看他的新娘。新郎、新娘交合的时间，城邦都有严格的规定。斯巴达男子一生都要参加军事训练，他们的私生活也高度军事化。妇女和男子地位平等，一同参加体育锻炼，外邦人甚至说"斯巴达妇女是唯一统治自己丈夫的女人"。

对于后代，莱库古希望人们按优生的原则来组织婚姻，他说有些地方注重动物优良品种的最佳组合，对于人的繁衍反而忘记了这一点。斯巴达的儿童是城邦的公有财产，由保姆抚养，他们从小就要锻炼身体，在恶劣的环境中锻炼生存能力。他们每年要受一次棒打，这一活动在神坛前举行，目的是锻炼他们的意志。据说儿童有忍痛至死仍不哭喊者。七岁后他们被编入连队，在那里接受统一的训练。斯巴达少年的生活严肃有余而没有欢笑，但他们并不感到痛苦。

在斯巴达，城邦注重培养公民美德。斯巴达既以战争中的勇敢来训练公民，那些在艰苦的军事训练中不能达标的人处境就非常不妙了。他们会被迫身着彩色补丁衣服，剃掉一半胡须，以标示他们是懦夫，在公共场合，他们便成为众人耻笑的对象。女人们不愿意嫁给他们，他们的姐妹也因此而嫁不出去。斯巴达母亲在儿子出征前，会亲手送他一块盾牌，然后对他说，要么将它带回，要么躺在上面回来（指牺牲）。一位年青战士从战场上失败而归，他母亲问，你的战友呢？儿子告诉她牺牲在战场上了。这位母亲羞于面对这个懦弱的儿子，竟搬起大石头，当场将他砸死。斯巴达人讲究纪律。出席奥运会开幕式，队列最整齐、步伐最一致的，就是斯巴达代表团。斯巴达人诚信而质朴。他们被安提帕特挫败后即将签订条约时曾言："你们可以随心所欲地命令我们干繁重、有伤身体的苦活；但是要我们去做可耻、不诚实的勾当，那是在白费时间。"[1]

---

[1] 参见［法］蒙田《蒙田随笔集》，马振骋译，上海译文出版社2014年版，第192页。

斯巴达人也有他们的音乐、诗歌,但风格古朴,不矫揉造作,主题催人奋进。例如,斯巴达人庆祝盛大节日时,会通过三重唱来表示相应的三代人的心声。代表老年人的歌唱队首先唱道:"我们曾经强壮、年轻,事迹英勇。"随即,代表年轻人的歌唱队应声而起:"我们现在就是这样,不信请看看我们的风采。"最后,第三组代表少年的歌唱队唱道:"我们将比你们两代人都更强!"①

斯巴达的婚姻习俗及政治制度,虽足以维持稳定,长远来看,却也带来消极的后果。这些后果包括:斯巴达人缺乏个性、创造性,因而在文明成就方面对人类贡献甚少;斯巴达的政治中心除了少数的政府建筑、神庙与健身场馆外,呈乡村风貌;斯巴达的人口有不断下降的趋势。斯巴达人既作为终身战士来培养,他们多不愿意结婚。由于长期军营式集体生活,男子长期在外征战,男女同性恋遂大量存在,尽管这在莱库古立法中不被允许。史学家研究称,古风时代斯巴达男性公民约为9000人,公元前479年男性公民约为8000人,到公元前330年人数已下降到1000人左右。罗马时代,仅有少量斯巴达遗民存在,他们靠为游客表演当年苦训的场景和斯巴达独特的宗教仪式谋生。②

## 雅典人发明民主

雅典位于希腊东南的阿提卡半岛。阿提卡北有山脉与彼阿提亚相隔,西北有科林斯地峡而与伯罗奔尼撒分开,东南与西南岸均远远地伸入爱琴海中。雅典的地理位置使它成为通向东方的门户,希腊人可以从这里流入小亚细亚的城市,而那些古老的城市则可以从这里把它们的奢侈品输入年轻的希腊。天然良港比里犹斯港,更是为舟楫提供了一个躲避狂风恶浪的停泊之处。

与以农立邦的斯巴达不同,雅典文明是海洋文明、商业文明。雅典人的职业观念十分开放,他们很早就认识到所有工作都很体面,没有哪一种行业是贱业;而且,雅典人认为从事商业贸易活动是十分光荣的事情,商人能把外国的货物带回本国,能有机会和外国国王交友,经商能让人获得丰富的人

---

① [古罗马]普鲁塔克:《希腊罗马名人传》(上),陈永庭等译,商务印书馆1990年版,第113页。
② [美]萨拉·B. 波默罗伊等:《古希腊政治、社会和文化史》,傅洁莹、龚萍、周平译,上海三联书店2010年版,第171页。

生经验。[①] 古希腊哲学家泰勒斯（Thales）曾做过生意，梭伦年轻时也外出经商，并由此积下不菲的财富，而柏拉图旅行埃及时则曾卖油以筹集旅费。斯巴达人实干，雅典人好辩。斯巴达人在搬石头，雅典人在练舌头。雅典修辞术的发达，与他们的政体有关。

雅典政体的演变，体现了希腊城邦制度演变的典型过程。这就是从"王政"，经贵族政治、僭主政治，再到民主政治。推动这种政体变更的直接动力是不同政治力量的斗争，或称城邦的"内乱"。梭伦改革发生于雅典贵族政治出现危机之时。在梭伦改革前，公元前621年法官德拉古（Draco）制定了法典，史称"德拉古法典"。他推行改革，暂时在土地贵族与新兴商业贵族之间实现了利益上的妥协。但德拉古改革并未充分考虑平民的利益。从德拉古以后到公元前6世纪末克里斯提尼时代，社会动荡不安，新旧贵族之间的矛盾逐步让位于平民与贵族之间的矛盾，梭伦改革应运而生。

## 梭伦改革

伟大的立法家梭伦（Solon）出身于贵族之家，却怀怜悯穷人之心，他是诗人、哲人、商人。他平易近人，富有政治智慧。他见雅典平民和贵族争斗以致发生流血惨剧，于是劝告双方，用和平的方式解决纠纷。梭伦的口号是"平等不会产生战争"，他试图"把强力和正义结合在一起"。公元前584年，他得到公民的授权，当选为执政官及调停人，对雅典进行改革，订立新法，是为"梭伦改革"。

梭伦改革包括多个方面：

在经济上，他首先宣布取消农民的一切债务和抵押，恢复债务奴隶的自由；农田里所有债务碑石一律拆除；归还农民因债务而被没收的土地；被卖到异乡为奴者一律由城邦备款赎回。他颁布法律禁止因债务将人抵押，遂使农民免于沦为奴隶。这就维护了作为城邦基础的公民团体。他限制个人占有土地的最大数量，但也抵制了农民分地的激进要求。

在政治方面，梭伦综合考虑自由身份、公民资格和财富等因素，一方面使每个公民享有基本平等的政治权利，另一方面使为城邦承担较多义务的富

---

[①] ［古罗马］普鲁塔克：《希腊罗马名人传》卷1，席代岳译，吉林出版集团有限责任公司2011年版，第149页。

有者占有一定的优势。他把民众大会扩大至400人规模，准许贫困的底层公民参与政治，设立由底层公民组成的法庭，法庭可以复判执政官的判决案，并可追究退职官员在任期间的不法行为；但同时，他也保证富人担任城邦高级公职的特权，出任高级官员的财产标准并没有降低，事实上，当时一般公务人员没有薪给，贫困者往往因生计问题很少担任公职。梭伦不无自豪地说：

> 我给了一般人民以恰好足够的权力，
> 不使他们失掉尊严，也不给他们太多；
> 即使那些既有势力而又豪富的人们，
> 我也设法不使他们受到损害。
> 我手执一个有力的盾牌，站在两派之间，
> 不许他们任何一方不公平地占着优势。①

在私人生活方面，梭伦也立法加以约束，有些法律，即使是身处古代的普鲁塔克（Plutarchus），也感到奇怪。梭伦规定，女子的丈夫不能生育，可以要求与丈夫的亲属发生关系，以求生养；年轻男子不能娶老年妇女为妻；禁止诋毁死者；遗产处理要遵遗嘱。妇女外出穿衣不得超过3件，手提篮子长度不能超过一肘的尺寸；守丧不能痛哭流涕，以免过于娇弱。② 法国革命时期的政治思想家邦雅曼·贡斯当（Benjamin Constant）所谓古代人在私人生活领域没有自由，③ 正是此意。

梭伦立法中，有一条很特别。他规定，面临叛乱活动时，所有保持中立者皆要罚没家产。梭伦认为，公民不应对公共事务抱漠不关心、置身事外的态度，不应对社会骚乱毫无知觉。公民应当立即加入好的党派，协助他们，采取勇敢行动，这比超然于世外，或者带着投机的眼光视情况再做决定，要高尚很多。④ 此条法律体现了梭伦对公民责任的理解。20世纪的汉娜·阿伦

---

① ［古罗马］普鲁塔克：《希腊罗马名人传》（上），陈永庭等译，商务印书馆1990年版，第185页。译文略有修正。
② ［古罗马］普鲁塔克：《希腊罗马名人传》卷1，席代岳译，吉林出版集团有限责任公司2011年版，第167—168页。
③ 参见［法］邦雅曼·贡斯当《古代人的自由与现代人的自由》，阎克文、刘满贵译，商务印书馆1999年版，第27页。
④ ［古罗马］普鲁塔克：《希腊罗马名人传》卷1，席代岳译，吉林出版集团有限责任公司2011年版，第166页。

特（Hannah Arendt），对梭伦立法中的这一条，甚为赞赏。①

梭伦改革总体上是"保守"的，但它为雅典民主时代的到来做了制度上的准备。他关于"中道""均衡""公民责任"的思想，体现出古典共和主义的基本精神。

不过，梭伦改革并未带来社会稳定。尽管沿海居民十分满意，但贵族势力因利益受损而不满，山地贫穷居民则因没能分到土地而表示失望。他们直接找到梭伦家中，或者赞美梭伦，或者指责梭伦，梭伦不堪其扰。新法颁行后，他离开了雅典，长达10年之久。后来，各政治势力间矛盾激化，内乱再起。最终，梭伦的"恋人"庇西特拉图（Peisistratus）②得到山地居民的推举，成为领袖。他利用民众反对贵族的激进情绪，武力夺权，建立了"僭主政体"。他和他的儿子在位约40年。"僭主"并不一定是暴君，其统治也未必残暴，其特征仅在于政权依靠武力夺得，没有经过合法程序，由此僭主政体往往蕴含统治危机，很容易被反对力量推翻。不过，雅典这一时期的僭主统治，却有一个好处，就是它破除了原来的贵族社会结构。庇西特拉图父子在平息内乱的过程中，削弱了贵族的权力，他们又采取了一系列有益于平民的举措，还通过设立公共节日、建设神庙及其他公共建筑等手段，增强了雅典城的凝聚力。它们是未来变革的关键条件。③

## 克里斯梯尼的措施

希腊僭主政体于公元前510年结束，雅典贵族们卷土重来。他们为削弱反对派的力量，把从梭伦时代以来取得公民权的人都从公民册上清除，然而，平民的力量已经足够强大，贵族社会的基础没有了。政治家克里斯梯尼（Cleisthenes）带领民众，推翻了贵族的统治。他执政后，便着手制度上

---

① 参见[美]汉娜·阿伦特《责任与判断》，陈联营译，上海人民出版社2011年版，第38、126页。

② 庇西特拉图洒脱英俊，气质高贵，他还是梭伦的亲戚。据说梭伦深爱着他，即使二人政治上有严重分歧，庇西特拉图当了僭主，梭伦也不把他看作敌人，与之绝交。而庇西特拉图当僭主后，并不因梭伦批评他而迫害梭伦，反而十分尊敬梭伦，大事必向梭伦咨询。普鲁塔克说他们的爱意是"曾经沧海相思苦，死灰复燃情义浓"。参见[古罗马]普鲁塔克《希腊罗马名人传》卷1，席代岳译，吉林出版集团有限责任公司2011年版，第147页。

③ Kurt A. Raaflaub, "Why Greek Democracy? Its Emergence and Nature in Context", in *A Companion to Greek Democracy and the Roman Republic*, edited by Dean Hammer, M. A.: John Wiley & Sons Ltd., 2015, p. 31.

的变革。① 克里斯梯尼将梭伦时代的四百人会议扩大为五百人会议，又创陶片放逐法（ostracism）。陶片放逐法，是指每年春季召开一次公民大会，公民中的任何人均可用一块陶片，弹劾他认为对城邦有危害的人。如所投票数不满 6000，则弹劾无效，如超过 6000，再进行检查，得票最多者即被认为对城邦有危害，他将被放逐离开城邦十年，但其财产不被没收，期满回来，一切权利恢复。雅典在僭主统治前后曾多次发生内战，失败的一方往往惨遭杀戮。陶片放逐法可以避免大规模的屠杀，失败的一方仅领袖一人被放逐；另外，这种方法也可以用来驱逐公民眼中的"害群之马"，防止僭主政体的建立。不过，这种方法到伯罗奔尼撒战争时期，便被控告惩罚制度所取代了。

克里斯梯尼改革，以"人为的"制度设计克服血缘、地理等自然因素的限制，为雅典民主政治奠定了基础。雅典人摆脱僭主统治，得享自由，公民之间实现了平等（isonomia）②，又有固定的制度与程序，确保公民可以共议城邦事务。广泛的参与，培养了公民的政治认同，而能克服公民因社会身份造成的疏离。人人皆视公事为己事，便可形成强大的力量，共同行动，做出一番大事。雅典民主政治的全盛期，是伯里克利时代。

## 伯里克利：古代民主能支撑大帝国吗？

希腊在与薛西斯领导的波斯帝国的战争中获胜后，迅速发展起来。雅典拥有希腊盟邦中最强大的海军，确立了海上霸权，成为雅典帝国。雅典利用海上霸权，保证了粮食来源，并把爱琴海和黑海一带的贸易集中在自己手中，一切商业道路都被雅典垄断，雅典成为全希腊最繁荣的城邦。凭借其丰厚的物质基础，雅典的民主政治也发展到了顶峰。它带来了文化艺术的繁荣，也滋生了一种侵略性的帝国主义。

伯里克利（Pericles）自公元前 461 年至公元前 429 年，在雅典执政 32 年。他出身贵族家庭，是阿尔克迈尼家族的成员。他的父亲是希波战争期间指挥希腊海军大败波斯人的将军之一。伯里克利受过良好的教育，曾跟芝诺学过自然哲学。他善于演说，极具个人魅力。他是雅典著名的政治家，在人

---

① 参见顾准《顾准文集》，贵州人民出版社 1994 年版，第 179—180 页；陈同燮编著《希腊罗马简史》，山东教育出版社 1982 年版，第 53 页。
② isonomia 意为公民法律面前一律平等，尤指政治上的平等。

民中有很高的威信。

传记作家普鲁塔克曾如此描述伯里克利："伯里克利的面部表情，沉着严肃，从不放声大笑；他的举止庄重文雅，衣着整齐，从不因为说话激动而扰乱全身的宁静；他说话声调很柔和，从不大嚷大叫，凡此种种性格特点，都能令人倾倒。有一次，一个毫无教养的人，整天辱骂他，他在广场上正有要紧事要办，他就忍耐着，一声不吭。到了傍晚，他从容不迫地走回家，那家伙仍旧跟在他后头，辱骂不休。他进屋时，天已经黑下来，他就吩咐一个仆人，打起火把，让他好生送那人回家去休息。"①

伯里克利采取一系列积极的内政外交措施，促进雅典的繁荣富强，巩固和发展直接民主。在外交方面，他倡导海上霸权的理念，但强调雅典人必须立足于希腊本土。在内政方面，为了保证下层公民参与政治生活，伯里克利推行公职津贴制度。依此制度，参加公民大会、陪审法庭以及担任公职的人，能够得到相当于普通工匠一天收入的津贴，这带来了极高的政治参与。伯里克利的措施使雅典民主成为千百年来人们尊奉的民主实践的范本。积极参与政治生活的热情，良好的立法所带来的清晰的权力关系，体现着民主与法治的辩证。而自由观念在雅典人那里，正是指一种进入公共领域、参与政治生活的自由，一种政治自由。

不过，伯里克利也有遭人诟病的地方。美国开国元勋亚历山大·汉密尔顿（Alexander Hamilton）就曾举伯里克利的例子，来说明个人可能滥用人民对他的信任为私利或个人欲望而牺牲城邦的安定去发动战争。汉密尔顿写道："大名鼎鼎的希腊政治家伯里克利，依从一个妓女的愤怒要求，不惜牺牲自己同胞的大量鲜血和财富，攻打沙姆宁城，攻克后又把该城毁灭。就是这个人，因为对另一个希腊城邦米加伦兴人的私怨，或者为了逃避菲狄亚斯雕像偷窃案的同谋犯嫌疑，或者为了摆脱对他提出的滥用城邦基金收买人心的控诉，或者由于这一切原因的总和，发动了一场著名的悲惨战争——希腊史上有名的伯罗奔尼撒战争，这场战争经过种种变化、中断和恢复以后，以雅典的毁灭而告终。"②

伯罗奔尼撒战争伊始（公元前431年）伯里克利在雅典阵亡将士国葬典

---

① [古罗马]普鲁塔克：《希腊罗马名人传》（上），陈永庭等译，商务印书馆1990年版，第465页。

② [美]汉密尔顿、杰伊、麦迪逊：《联邦党人文集》，程逢如、在汉、舒逊译，商务印书馆1980年版，第24页。

**图1 伯里克利在雅典阵亡将士国葬典礼上发表演说**

礼上的著名演说,对雅典民主政治做了最为清楚的表述。他的激情演说不仅揭示了雅典民主的精神,也讴歌了雅典公民的美德,同时充分体现出雅典帝国主义的政治理想。伯里克利通过演说激励雅典人民继续战斗,并且回应那些反战的人们,战争的目的是保卫雅典人独特的生活方式。他自豪地宣称雅典是"全希腊的学校"。

伯里克利如此描述了雅典的民主政体:"我要说,我们的政治制度不是从我们邻人的制度中模仿得来的。我们的制度是别人的模范,而不是我们模仿任何其他的人的。我们的制度之所以被称为民主政治,因为政权是在全体公民手中,而不是在少数人手中。解决私人争执的时候,每个人在法律上都是平等的;让一个人负担公职优先于他人的时候,所考虑的不是某一个特殊阶级的成员,而是他们具有的真正的才能。任何人,只要他能够对城邦有所贡献,绝对不会因为贫穷而在政治上湮没无闻。"[①]

关于雅典公民的美德,伯里克利亦有描述,他说:"我们爱好美丽的东

---

① [古希腊]修昔底德:《伯罗奔尼撒战争史》,谢德风译,商务印书馆1960年版,第130页。

西，但是没有因此而至于奢侈；我们爱好智慧，但是没有因此而至于柔弱。①我们把财富当作可以适当利用的东西，而没有把它当作可以自己夸耀的东西。至于贫穷，谁也不必以承认自己的贫穷为耻；真正的耻辱是不择手段以避免贫穷。在我们这里，每一个人所关心的，不仅有他自己的事务，而且也有城邦的事务：就是那些最忙于他们自己事务的人，对于一般政治也很熟悉——这就是我们的特点：一个不关心政治的人，我们不说他是一个注意自己事务的人，而说他根本没有事务。我们雅典人自己决定我们的政策，或者把决议提交适当的讨论；因为我们认为言论和行动间是没有矛盾的；最坏的是没有适当地讨论其后果，就冒失开始行动。这一点又是我们和其他人民不同的地方。我们能够冒险；同时又能够对于这个冒险，事先深思熟虑。他人的勇敢，由于无知；当他们停下来思考的时候，他们就开始疑惧了。但是真的算得勇敢的人是那个最了解人生的幸福和灾难、然后勇往直前、担当起将来会发生的事故的人。"②

伯里克利说，雅典人是伟大的，为城邦捐躯，将得到永远的赞美，永垂不朽。关于阵亡将士，他说："他们贡献了他们的生命给城邦和我们全体；至于他们自己，他们获得了永远长青的赞美，最光辉灿烂的坟墓——不是他们的遗体所安葬的坟墓，而是他们的光荣永远留在人心的地方；每到适当的时机，永远激动他人的言论或行动的地方。因为著名的人们是把整个世界作他们的纪念物的：他们的纪念物不仅是在自己的祖国内他们的坟墓上记录他们的铭刻，而且也在外国；他们的英名是生根在人们的心灵中，而不是雕刻在有形的石碑上。"③

伯里克利的演说是西方政治思想史上关于雅典民主政治的千古绝唱。雅典民主固然有其局限性，例如将奴隶、妇女、外邦人排除在公民之外，但它跨越时空，激励着数代人对民主、自由、法治的热烈追求。伯里克利时代之后，旷日持久（持续了27年）的伯罗奔尼撒战争使雅典最终被斯巴达打败，雅典没落了。雅典的没落，似乎表明雅典的民主政体不足以支撑起一个大帝国。而苏格拉底之死，也体现出雅典民主另一个层面的问题。城邦的民主与哲人的自由，原来是有冲突的。

---

① 此处体现的是雅典人"节制"的美德。
② ［古希腊］修昔底德：《伯罗奔尼撒战争史》，谢德风译，商务印书馆1960年版，第132页。译文略有修正。
③ ［古希腊］修昔底德：《伯罗奔尼撒战争史》，谢德风译，商务印书馆1960年版，第135页。

## 政治哲学的诞生

人们通常把政治哲学的诞生看作苏格拉底的功劳。按照这种习见，政治哲学与智者学派的观点是对立的，苏格拉底与智者学派是对立的。所谓政治哲学，如20世纪政治哲学史家列奥·施特劳斯（Leo Strauss）所言，它是要用关于政治的"知识"取代关于政治纷繁冗杂的"意见"。① 而智者学派的观点，不过停留在"意见"层面。这种观点，描述了苏格拉底式政治哲学的诞生，却不是政治哲学的诞生。因为智者学派的观点，并不像柏拉图等人所刻画的那样，与苏格拉底截然对立。更为重要的是，智者学派的观点，肯定"意见"的多样，反而比苏格拉底学派的政治"知识"，更具政治性。苏格拉底学派的政治哲学，则通往一条"王者"之路，它在本质上反城邦、反民主，这尤其见于柏拉图的学说。故而，我们在考察古希腊政治思想时，不能仅仅从柏拉图开始，而应在更为开阔的视野中，看待多样的政治思想。

古希腊政治思想，本质上是关于城邦的思想。作为一种理论，它是古希腊人理性思考政治的结果。政治哲学的诞生，与古希腊理性主义的发达是一致的。这个时代，用卡尔·雅斯贝尔斯（Karl Jaspers）的术语言之，乃是人类文明的"轴心时代"，此间人类摆脱了初民混沌蒙昧的状态，产生了对超越价值的追求，自觉地思考个人在宇宙中的位置，探寻生命的意义。②

古希腊政治哲学，所涉议题主要包括：

（1）世界的流变与永恒。在这个时候，产生了关于万物皆流变的学说，例如赫拉克利特（Heraclitus）即言："人不能两次走下同一条河流，也不能在同一状况之下两次接触到一件变灭的东西。"③ 与之相对立的，则是柏拉图政治哲学的努力。柏拉图的理想国，是要探求流变世界中能否有一个固定的空间，超越流变之外。与之相联系，就产生了20世纪政治思想家卡尔·波普尔（Karl Popper）所说的开放社会与封闭社会的对立。柏拉图设计的共产

---

① ［美］列奥·施特劳斯：《什么是政治哲学》，李世祥等译，华夏出版社2011年版，第3页。
② ［德］卡尔·雅斯贝尔斯：《卡尔·雅斯贝尔斯文集》，朱更生译，青海人民出版社2003年版，第133页。
③ ［古希腊］赫拉克利特：《赫拉克利特残篇》，王太庆译，转引自《世界哲学史文献选集》，内部资料，1957年版，第65页。

主义理想国,在波普尔看来,表达的不过是对原始封闭部落社会的浪漫怀念,是一种文明史上的"返祖"现象。①

(2) phusis(自然)与 nomos(律法)。phusis 翻译为自然、天性,nomos 则可译为律法、秩序、制作②、礼法,有时也被不恰当地翻译成习俗、传统。phusis,指的是非人力所为之事,起初还与神的安排联系在一起。nomos 则是人手创作之事物,是"人造物",是"约定"之结果。nomos 在古希腊,最初还与土地的占领、分配联系在一起。亚里士多德《政治学》中的"法治"③,并非现代人所理解的法治,它是指中等阶级的统治,与平民统治或僭主统治相区分,nomos 在这里,清晰地指"原初的土地分配"④。nomos 本身也与城邦建城联系在一起,它意味着一个开端,nomos 确立了一个公共空间,它是城邦生活展开的前提。它使得城邦与自然的领土区别开来。

phusis 与 nomos 的区分,最早是由智者提出的。⑤ 城邦的建立,文明的飞跃,是 nomos 从 phusis 中凸显的结果。然而,nomos 是否要接受自然标准检讨的问题,也随之产生,特别是在伯罗奔尼撒战争开始后。战争绵延既久,给希腊世界以前所未有的冲击,战争习惯改变了,古法旧礼被抛弃在一边。大战时期,礼崩乐坏,道德沦丧,人心不古。此时,思想家中鲜有捍卫 nomos 者,因为 nomos 已经不能成为安全与秩序的来源。⑥ 诉诸自然,反思检讨城邦政治与律法本身,便是苏格拉底等人政治哲学的基本倾向。

(3) 民主制与寡头制/贵族制。与上述自然与律法的区分相对应,坚持自然标准者,是寡头革命的支持者;站在维护律法一边的,则是民主派。在城邦内部,有民主派与反民主派的斗争,在伯罗奔尼撒战争中,则有雅典与斯巴达的对立。尽管大战的爆发原因众多,绝不仅仅是两种生活方式的较

---

① [英]卡尔·波普尔:《开放社会及其敌人》第一卷,陆衡等译,中国社会科学出版社1999年版,第167页。
② 此为朱光潜的译法,它有法律、契约、规范、人为的制度等含义。参见[意]维柯《新科学》,朱光潜译,人民文学出版社1986年版,第18页。
③ 亚里士多德论"法治",参见[古希腊]亚里士多德《政治学》,吴寿彭译,商务印书馆1965年版,第191、199、273页。
④ Carl Schmitt, *The Nomos of the Earth in the International Law of the Jus Publicum Europaeum*, New York: Telos Press Publishing, 2006, p. 68.
⑤ R. I. 温顿、彼得·加恩西:《政治理论》,载[英]芬利主编《希腊的遗产》,张强等译,上海人民出版社2004年版,第43页。
⑥ Ryan Balot, *Greek Political Thought*, M. A.: Blackwell Publishing, 2006, p. 101.

量，因为两种生活方式本可以相安无事。但获胜的一方试图把自己的政体强加给另一方，亦是事实。而柏拉图设计的贤者统治的等级制共和国，样板正是斯巴达，尽管是雅典化了的斯巴达。①

（4）哲思生活与城邦生活。在古希腊，产生了对于两种生活方式孰优孰劣的讨论。因为哲学家的沉思生活与公民的城邦生活，毕竟不同。而哲学家的思考，必定与既有的秩序发生冲突。传统的宗教，城邦的律法，政府的决策，很难接受哲学家的不断质疑。并且，哲学毕竟是少数人的事，他们的见解多与众不同。更重要的是，哲学本身是对普遍、抽象、整体的思考，大多数民众是不能做到这一点的。这样，关于政治的哲学，必定与流行的意见不符。由此，哲学家在城邦中就处于危险的境地了。此种对立，因苏格拉底被处死而得到强化，它深刻地影响了柏拉图所开启的西方政治哲学传统，使之带上了对公民政治的不信任、贬低乃至敌意。②

## 智者的活动

智者活动兴盛的时代是公元前5世纪中叶。智者（sophist）有时被翻译为诡辩家、智术师，这些译法多受柏拉图著作的影响，含有明显的贬义。人们对智者思想的极大偏见，也源于柏拉图对智者不遗余力的批判。柏拉图在《泰阿泰德篇》中，把普罗泰戈拉（Protagoras of Abdera）描绘成只讲"人是万物尺度"的彻头彻尾的价值相对主义者，认为普罗泰戈拉同赫拉克利特一样皆视一切处于流变中。③ 在《智者篇》中，对话中人则如此描述智者：智者是跟在年轻人与富人后面的逐利之徒；是出售论文的商人；是演讲比赛中的运动员，擅长论辩；是没有灵魂的人；是江湖术士、骗子。④ 在《理想国》中，智者色拉叙马霍斯则是一个粗鄙蛮横的人。然而，历史上的智者，绝不同于柏拉图著作中予以丑化的智者。

智者的活动展开时，希腊和波斯的战争刚刚结束，希腊世界正处于走向繁盛之时。智者的活动，代表了当时人们思想的活跃和解放，后人甚至将它

---

① 卡尔·波普尔称柏拉图为"斯巴达的伟大神话"最成功的宣传者。参见［英］卡尔·波普尔《开放社会及其敌人》第一卷，陆衡等译，中国社会科学出版社1999年版，第85页。
② Hannah Arendt, *The Human Condition*, Chicago and London: The University of Chicago Press, 1998, p. 12.
③ Plato, *Theaetetus*, 152A—D.
④ Plato, *Sophist*, 231D.

与近代启蒙运动相比拟。智者不仅传授知识与技能，而且提出了很多重要的议题，他们频繁往来于希腊多个城邦，促进了信息的流通。他们的说理方式、思考问题的方式，与之前的传统截然不同，他们是对传统进行大胆质疑的一批人。只是柏拉图的著作为了凸显苏格拉底的独特性，把苏格拉底与其他智者区分开来，认为只有苏格拉底探讨知识问题、探讨什么是正义，智者只是贩卖论辩伎俩，顶多算修辞学教师，奉行相对主义的道德信条。其实，对于"习俗"与"自然"的区分，批评习俗而探讨"自然"，并非苏格拉底的独创，很多智者早有类似的思考。智者对传统和习俗的批判，在当时常常引起僭主的不满；他们并非像柏拉图《理想国》中所刻画的智者色拉叙马霍斯那样信奉"强权即公理"。[1] 智者也有对知识与意见的区分，例如高尔吉亚就指出"真理比意见更值得信任"，"人不该信持有意见的人，该信真知道的人"[2]。

  智者不能算一个学派，他们的思想并不相同。"智者"一语最早指的是诗人。智者是一种职业，他们基本上可以被看作收费的教师。据说跟智者学习所交的学费是不菲的，由此，只有少数富家子弟有机会接受教育。智者并不只教修辞术，智者所教，涉及一切他们感兴趣的话题，包括数学、科学、历史、演说等，甚至有智者教授制鞋这样的实践技艺。总体上，智者排斥形而上学空谈。他们的教育活动，多为青年人参与公共政治生活提供必需的训练。因而，他们的活动在民主制城邦中更活跃。实行贵族制的斯巴达显然不太需要智者。

  苏格拉底与智者的不同在于：苏格拉底不收学费（然而他的学生同智者的学生一样，也多为不必劳动生产的富家子弟）；苏格拉底一生几乎都在雅典，不四处游历；苏格拉底喜欢形而上学玄思。

  著名的智者有普罗泰戈拉、希皮亚斯（Hippias of Elis）、普罗迪克斯（Prodicus of Ceos）、色拉叙马霍斯（Thrasymachus of Chalcedon）、高尔吉亚（Gorgias of Leontini）、安提丰（Antiphon of Athens）等。

  普罗泰戈拉相信人的自然本性是存在的，他教导学生要正确地使用语言，不要把习俗当作对错的标准。这与柏拉图著作中的普罗泰戈拉的观点是对立的。

---

[1] ［古希腊］柏拉图：《理想国》，郭斌和、张竹明译，商务印书馆1986年版，第18页。
[2] ［美］迈克尔·加加林、保罗·伍德拉夫编译：《早期希腊政治思想：从荷马到智者》，蒋栋元译，中国政法大学出版社2013年版，第245页。

对于"善",普罗泰戈拉认为,善因人因情况而异。他说:"我知道很多东西对人一无是处——吃的、喝的、药物还有其他千万种东西——另一些对人大有裨益。还有些对人无益也无害,但对马有益;有些只对牛有好处,再有些对狗有好处。有些对它们来说都不是好的,可对树木是好的。有些对树根好,对树枝有害;比如肥料,施在所有植物的根上就好,但如果你想把它用在幼苗和嫩枝上,就会把它们全毁了。……好这个东西,如此多样,如此多面。"① 他说:"个人是万物的尺度,是存在者存在的尺度,是不存在者不存在的尺度。"② 智者重视动人演说的力量,关注如何在控告与被控告的论辩中获胜,这在当时的城邦政治生活中十分重要,因为论辩成败可能涉及一个人是否要承担罪名甚至被判死刑。

智者在政治上有的倾向于民主制,有的倾向于僭主制,立场不一。但智者更多地与民主制联系在一起。"事实上,智者们教授的演讲术从来就不是僭主的武器;毕竟,僭主有更有力的工具来说服别人:全副武装的士兵。"③

## 苏格拉底:美德即知识

苏格拉底说:未经检讨的生活是不值得过的生活。④ 苏格拉底的外表据说极为丑陋,但却具有足够的魅力使他受到学生们的尊敬。年轻俊朗、充满爱欲⑤、富有魅力的万人迷阿基比亚德就是他著名的学生之一,也曾经是他的"恋人"。人们不难想象苏格拉底的标准形象:身着常年不换的破旧短袍,赤着脚,悠然地穿过广场或闹市,时而凝视天空,逢人便侃侃而谈,周围经常簇拥着一群爱好哲思的年轻人。

苏格拉底性情温和,具有幽默感,对辩论情有独钟。因为他在辩论中非常激烈,不免惹恼对方,于是人们就对他拳打脚踢,甚至揪他的头发、撕他的衣服;他总是受俗人的嘲弄,然而他耐心地承受着这些虐待。一位朋友对

---

① [美]迈克尔·加加林、保罗·伍德拉夫编译:《早期希腊政治思想:从荷马到智者》,蒋栋元译,中国政法大学出版社2013年版,第227页。
② 同上书,第228页。
③ 同上书,第31页。
④ [古希腊]柏拉图:《申辩篇》,载[古希腊]柏拉图《柏拉图全集》第一卷,王晓朝译,人民出版社2002年版,第27页。
⑤ 阿基比亚德对爱情很执着,据说他在战斗中所持的盾牌上面画着持弓箭的丘比特。参见[意]阿尔贝蒂《论家庭》,梁禾译,西安出版社1998年版,第81页。

他被踢却平静承受感到惊讶，苏格拉底说："难道我应当遵守驴子的法律吗，假如它踢了我的话？"① 苏格拉底的妻子克珊西帕据说是个泼妇。有一次克珊西帕骂他，并把水泼到他身上，他回答说："难道我没说过，克珊西帕的雷声将会在雨中结束吗？"对于苏格拉底妻子对他喋喋不休的责骂，阿基比亚德表示难以容忍。苏格拉底说："我已经习惯了，就好像已经习惯了绞盘断断续续的咔嗒声一样。而你也不会介意鹅嘎嘎地叫。"阿基比亚德反驳说："不，鹅带给我鹅蛋和小鹅。"苏格拉底回答："克珊西帕也是我孩子的母亲。"他还说和泼妇生活在一起，"能使我学会调整自己，以适应世界上的其他人"②。

苏格拉底生活简朴，饮食粗陋，但朋友请客，他也会大吃一顿。阿基比亚德送给他一大块地建房子，他回答说："假定我需要鞋子，而你送我一张兽皮，以用它制作一双鞋，那么让我去接受它不是很可笑吗？"他经常引这样的诗句："那紫色的长袍和银子的光亮，更合演员所取，而非吾所需要。"他曾说，世界上其他人是为了吃而活，而他是为了活而吃。

苏格拉底乐于和年轻人交往，启发他们进行哲学思考。有人问他自己是否应当结婚，苏格拉底回答："无论你选择哪一个都会后悔。"苏格拉底建议年轻人坚持使用镜子，以使英俊者获至善行、丑陋者通过教育隐藏自己的缺陷。③

苏格拉底并非五谷不分的迂腐哲人，他不仅有生活经验、商业智慧，还有实际的政治与军事经验。他曾作为重装步兵参加过伯罗奔尼撒战争中的几次战役，表现勇敢，还立过功。在德立昂之战中，史学家或曰军旅作家色诺芬（Xenophon）从马上摔下，苏格拉底救了他的性命。④ 不过在一次战斗中，幸好阿基比亚德出手相救，苏格拉底才没有牺牲。

苏格拉底是践行正义、敢于说"不"的典范。他用行动教导人们不可与恶势力媾和，不可苟且偷生。色诺芬如此描写苏格拉底：

> 关于正义，苏格拉底并不隐瞒自己的看法，而总是通过他的行为把

---

① ［古希腊］第欧根尼·拉尔修：《名哲言行录》（上），马永翔等译，吉林人民出版社2003年版，第98页。
② 同上书，第106页。
③ 同上书，第104页。
④ 同上书，第99页。

自己的心意显示出来。在他的私人生活方面，他严格遵守法律并热情帮助别人；在公众生活方面，在法律所规定的一切事上他都服从首长的领导，无论是在国内或是从军远征，他都以严格遵守纪律而显著地高出于别人之上。当他做议会主席的时候，他不让群众作出违反法律的决议来，为了维护法律，他抵抗了别人所无法忍受的来自群众的攻击。当三十僭主命令他做违背法律的事时，他曾拒绝服从他们。当他们禁止他同青年人谈话并吩咐他和另外一些公民把一个人带去处死的时候，只有他一个人因这个命令与法律不合而拒绝执行。当他因米利托斯的指控而受审的时候，别的被告都习惯于在庭上说讨好法官的话，违法地去谄媚他们、乞求他们，许多人常常由于这种做法而获得了法官的释放，但苏格拉底在受审的时候却绝不肯做任何违法的事情，尽管如果他稍微适当地从俗一点，就可以被法官释放，但他却宁愿守法而死，也不愿违法偷生。①

苏格拉底忠于雅典，他说："城邦外面的事与己无关。"② 此点其实体现了苏格拉底政治哲学在视野上的局限。苏格拉底学派的柏拉图、亚里士多德局限于城邦讨论问题，实与此有关。政治哲学，即城邦哲学。惟其如此，才有苏格拉底式政治哲学的诞生。

苏格拉底善于以提问的方式鼓励旁人思考，而很少直接给出答案。他极其谦虚，他说他唯一知道的是自己的无知。③ 面对伯罗奔尼撒战争后社会道德的普遍堕落，他把自己比作神赐给雅典的"牛虻"，自觉承担起蜇刺城邦这匹"马"、提升雅典人精神境界的使命。④ 他强调道德是城邦的基础，知识和教育是城邦的根本。他抨击智者反复无常，也批评伯里克利等政治家将雅典公民培养成了骄纵的人。他提出著名的论断：美德即知识。他认为，人们作恶，是因为他们对追求之事的认识有问题。知识就是关于美德的知识，只有知道了什么是善，人才能避免作恶。由此，政治家的首要任务就是使公民有知识、有教养，过一种理性的、善的生活。

---

① ［古希腊］色诺芬：《回忆苏格拉底》，吴永泉译，商务印书馆1984年版，第161—162页。
② 转引自［意］加林《意大利人文主义》，李玉成译，生活·读书·新知三联书店1998年版，第40页。
③ ［古希腊］柏拉图：《申辩篇》，载［古希腊］柏拉图《柏拉图全集》第一卷，王晓朝译，人民出版社2002年版，第9页。
④ 同上书，第19页。

图 2　古希腊的教育活动

20世纪美国学者谢尔登·沃林（Sheldon Wolin）曾把古希腊思想的发展分为三个时期：神话时期（公元前6世纪以前）、自然哲学时期（公元前6至公元前5世纪）、政治哲学时期（公元前5至公元前4世纪），苏格拉底便是政治哲学时期开始的标志。苏格拉底区分了自然和社会，并围绕人与社会的问题进行了思考。苏格拉底说自己年轻时也是喜欢自然哲学的，但后来他对自然哲学深感失望，因为自然哲学家未区分自然与社会、自然哲学与伦理学，不思考人该怎么活、人从哪里来、到哪里去等重要问题。按照苏格拉底的区分，既然政治社会与自然是不同的，那么，政治现象自身有无独特逻辑？它与自然有无关联？城邦能否用违背自然的法则来治理？在更为深层的意义上，政治世界是否与一个普遍的道德秩序有关？如果有关，什么样的秩序才算正当的、好的、道德的秩序？构建这种秩序，又是否需要特定的知识？此种知识如何获得？何人拥有？凡此种种，便催生了苏格拉底式的政治哲学。①

苏格拉底对"人"的关注，开古希腊人文主义之先河，对自然科学与哲学做了区分。古罗马的西塞罗说："由于前苏格拉底时期的自然哲学家关注于数字与运动，探究事物来自何方去向何处，苏格拉底是第一个将哲学从天上唤到尘世之人，他甚至把哲学引入寻常人家，迫使哲学追问生命与风俗习惯，追问好与坏，从而把哲学的中心主题定义为人的活动，不仅关注生活问

---

① ［美］谢尔登·S.沃林：《政治与构想：西方政治思想的延续与创新》，辛亨复译，上海人民出版社2009年版，第33页。

题，而且关注人类有目的的生活。"①

文艺复兴时期，随着柏拉图著作的译介，苏格拉底也受到一些人文主义者的推崇。萨卢塔蒂（Salutati）极其欣赏苏格拉底，他以类似于西塞罗的口吻说：

> 彼时，希腊人耽于物理学研究久矣，智者——甚至包括哲学家们——皆潜心于探讨自然哲学之原则，苏格拉底做的是一种新的研究，它是对真正的、道德的哲学之考察，这种哲学，被称作"智慧"。起初，失望地放弃旨在寻求关于自然物体真理之自然科学，如人们所言，他被良好行为的有用性吸引，被叫做"伦理学"的科学之优秀吸引，或（更可靠的是）由于物理学的困难，也由于伦理学的有用，他投身于伦理学，始论灵魂的力量与能力，美德之养成，人类行为的目的或诸多目的。关于目的和手段，荣誉的本质，良好行为与有序生活之美，他首创一套新的教义。他不仅探究何物适合于个体，此部哲学他们称为修身学问，而且以卓越的推理考察如何齐家，即经济学，以及如何治国，即政治学。柏拉图说，此等精彩之新学盈希腊，以至于（一如西塞罗云）若未意识到此职责，无人敢自称是个哲学家。[其后]则余人皆被称作自然科学家，而非哲学家。②

## 苏格拉底之死

苏格拉底的哲学，引起了一些人的不满。他忠于城邦，但民主制中的人们却不能容忍他的特立独行。雅典衰败的局势，让人把责任归到苏格拉底的学生身上。据传言，阿基比亚德破坏了神像，在战争中背叛雅典，苏格拉底的另一个学生克里底亚也长期亲斯巴达，是民主派的敌人。苏格拉底最终遭到控告。控告者有三个年轻人：阿尼图斯、吕孔和美勒托，阿尼图斯代表工匠和政治家，吕孔代表修辞学家，美勒托代表诗人。这些人都曾经遭到苏格拉底的讽刺。指控书写道："苏格拉底所犯罪行是：拒绝承认国家认可的神，引进新神。他的另一罪行是：腐蚀年轻人。要求给予他的惩罚是：

---

① Cicero, *Tusculanae Disputations*, V. 10.
② Novati, 3: 587, 转引自 James Hankins, *Plato in the Italian Renaissance*, Leiden, New York, Köln: E. J. Brill, 1994, p. 36。

死刑。"

在审判苏格拉底的过程中，他的学生柏拉图爬上审判台，刚开始说："雅典人啊，尽管在所有曾经起来向你们发表演说的人中，我是最小的一个……"话还没说完，法官们便大叫："下去！下去！"这样，苏格拉底最终以281票被判有罪。最后通过死刑的判决时，还多了80张赞成票。① 面对死刑判决，苏格拉底当场为自己做了辩护，虽然他明知雅典人已经闭目塞听、心智蒙昏，不可能接受他的申辩。他申明自己并没有犯下法庭所指控的罪，他是被冤枉的。但他并不想逃避惩罚，他尊重雅典的法律，不想做不义之事。对于死，他尤其有自己的看法。苏格拉底说：

> 雅典人：你们把我苏格拉底这样一个哲学家处死，你们的敌人也会谴责你们的。即使你们愿意等待，我的日子也不会长久了，因为我已经老了。我对于判我罪的人要说几句话，我所以被判罪，不是因为我没有理由可说，而是因为我没用逢迎谄媚诸位而侮辱我自己品格的方式来求饶。
>
> 对于投票主张释放我的公正的法官们，在我们能谈话的时候我也要说几句话。我必须告诉诸位，我的保护神绝没有阻挡我所走的道路，原因肯定是由于我所做的事是最好的事情，这样便获得了神的保佑，死完全不是什么坏事，因为死就像进入了无梦的睡乡，一切感觉都终止了，这不算什么损失，要不然就是进入和死去的人共聚的地方，古时候的诗人、英雄和哲人都在那里，和他们交谈问难，该是多么可贵的美事啊！
>
> 各位对于死应当满怀希望，因为一个善良的人无论是活着还是死去，都没有任何东西能够伤害他。至于对我自己来说，我相信死去比活着好。因此，我对那些置我于死地的人一点也不怨恨。现在我们分手了，我走向死，诸位走向生。但究竟谁好，那只有神知道了。②

苏格拉底与其说是在为自己辩护，不如说是在给雅典人上最后一课。他不仅以言、更以行诠释着义与不义、生与死的含义。

苏格拉底被投进了监狱，等待他的是毒汁。苏格拉底泰然处之。他拒绝

---

① ［古希腊］第欧根尼·拉尔修：《名哲言行录》（上），马永翔等译，吉林人民出版社2003年版，第108页。
② ［英］汉默顿编：《西方名著提要》，何宁译，中国青年出版社1957年版，第12—13页。

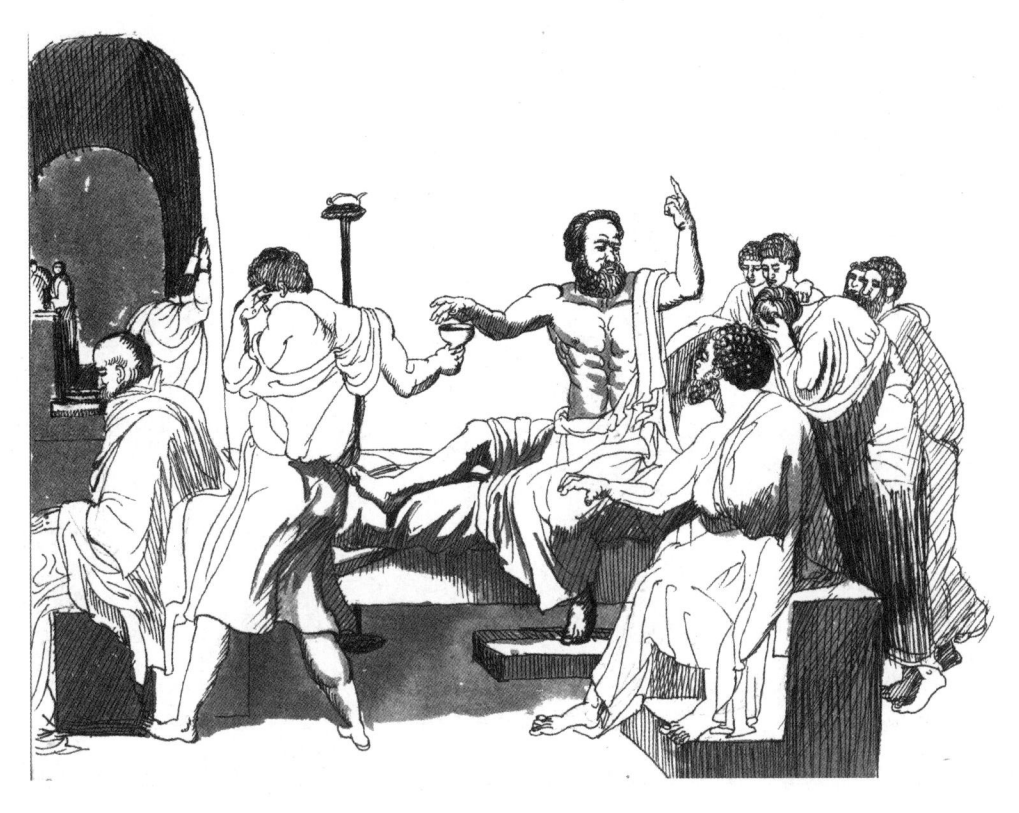

图 3　苏格拉底之死

逃跑，尽管友人已帮他买通狱卒。或许年逾古稀的他认为这样死去，是死得其所。柏拉图在《斐多篇》中以感人的文字描绘了这位哲人仙去的情景：①

> 他站起身来，叫我们稍候，就和克里同一块儿走进浴室去了。我们一边等候，一边说着话，大家都沉浸在巨大的悲痛之中。他就像一位我们正在失去的父亲，而我们就要作为孤儿去度过自己的余生了……太阳落山的时刻临近了，他在里面已经待了很长时间。终于，他出来了，又和我们坐在一起……大家只是相对无言。很快，狱卒走了进来，站在他的身边，说道："苏格拉底，在所有来过这里的人当中，您要算最高尚、最温和、最善良的一个了。我每次服从当局的命令，吩咐其他犯人服毒，他们就像发了疯似地把我骂个狗血淋头，您是不会和他们一样的。

---

① 柏拉图本人是否在苏格拉底临终现场，有争议。斐多是柏拉图的恋人。苏格拉底死时斐多在现场是无疑的，参见［古希腊］第欧根尼·拉尔修《名哲言行录》（上），马永翔等译，吉林人民出版社2003年版，第191页。

其实我明白您不会生我的气，因为您知道错在他人，不在我。我这就向您告别，死生有命，请您尽量想开点。我这份差事，您是知道的。"说罢，只见他眼泪夺眶而出，转身出去了。

苏格拉底望着他的背影说："您的好意我心领了，我听您的吩咐。"然后他转过身对我们说："这个人多可爱啊，这些天来，他没少来看我……看看刚才他向我表示遗憾时是多么慷慨吧。我们必须按照他的吩咐行事，克里同，看看毒汁准备好了没有，如果准备就绪，就叫人端来。"

"可太阳还在山头上呢，"克里同说，"许多人都是一拖再拖，就是宣布叫他们就死之后，他们也要大吃大喝，寻欢作乐一通才肯罢休。您又何必这么忙，还有的是时间哩。"

苏格拉底回答说："是的，克里同，你说的那些人这样做是对的，因为他们认为通过拖延可以有所得。不过我不这样做，也是对的，因为我不认为晚死一会儿自己就能得到什么。我吝惜和挽救的生命已经奄奄一息了，要是那么做，我只能感到自己可笑。请按照我的话去做吧，不要拒绝我。"

听见这话，克里同朝仆人做了个手势。仆人走进内室，过了一会儿，便和端着一杯毒汁的狱卒出来了。苏格拉底说："您，我的好朋友，是有经验的，就请教教我这事儿该怎么进行吧。"狱卒回答说："您只要来回走动，等到走不动了，再躺下来，那时毒性就发作了。"说着，他把杯子递给苏格拉底。苏格拉底轻松地接过杯子，毫无惧色地说："您说我可以用这杯酒来祭奠神灵吗？能还是不能？"狱卒回答说："我们就准备了这么多，苏格拉底，再也没有了。""我明白了，"他说，"不过我可以而且必须祈求众神保佑我在去另一个世界的旅途中一路平安——但愿我的祈求能得到满足。"说完，他把杯子举到唇边，高高兴兴地将毒汁一饮而尽。

至此，我们尚能节制自己的悲哀。然而，当我们眼见他一口气把毒汁喝完时，都禁不住潸然泪下。我用双手捂住脸，泪水却像泉水般从指缝间涌流出来，我是在为我自己哭泣。因为我确实不是在为他哭泣，而是一想到自己就要失去这样一位良师益友，一种大难临头的感觉便使我悲恸不已。不独我这样，克里同也止不住泪如雨下，忙起身躲到一边去了。这时，一直在一旁啜泣的阿波罗多罗斯突然失声痛哭起来，于是大家顿时都失去了勇气。只有苏格拉底泰然自若："你们哭哭啼啼是干什

## 第一章 古希腊人与政治生活的最初体验

么?"他说,"我不让女人待在这里,就是怕她们来这一手。你们也许知道人应该在平静中死去这个道理吧。那就安静耐心一点儿吧。"

听见这话,我们都感到羞愧,于是便忍住了眼泪。他在房间里来来回回地踱起步来,直到走不动了,才遵照指示,躺下身来。给他送来毒汁的狱卒不时地查看着他的双脚和双腿。少顷,他使劲在苏格拉底脚上捏了一把,问他有没有感觉。苏格拉底回答说:"没有。"就这样,狱卒顺着脚踝一路捏上来,向我们表明苏格拉底已经僵硬冰凉了。苏格拉底自己也感到了,他说:"毒汁一到心脏,一切就结束了。"

他的下腹周围开始变凉了,这时他撩开盖在身上的被单,露出脸来说——这成了他的临终遗言——"克里同,我们必须向阿斯克勒庇俄斯祭献一只公鸡。注意,千万别忘了。""不会忘,我们一定会这样做的。"克里同说,"您还有其他吩咐吗?"没有回音,一切又复寂静。过了一会儿,我们听见他动弹了一下,狱卒掀开被单,只见他的目光已经凝滞了。克里同替他合上了双眼和嘴巴。

英国学者厄奈斯特·巴克(Ernest Barker)如此写道:"多少个世纪以来的思想一直紧扣着苏格拉底的死,而非他的生。的确,几乎可以说他一生最大的教训就是他的死。他通过他的死教育我们,一个人可以为了良心而反对恺撒,但是就其他所有事情而言,他应当把恺撒的归恺撒,甚至以他的生命为代价。如果他被判以无罪,但条件是保持沉默并放弃他的使命,他显然是不会遵命的。比雅典的命令更崇高的是神的命令;比公民义务更崇高的是他对神的义务。这是一种殉教者的气质;把苏格拉底归入殉教者之列也并非错事。毕竟,他遭遇了义务之间的某种冲突,他用死亡最终敲定了他的选择。"①

民众意见反复无常,此一特点,在雅典的民主中,亦充分暴露。雅典人在处死苏格拉底之后不久,便感到后悔了。他们为苏格拉底举行了公开的哀悼,并将愤怒转向那几个指控苏格拉底的人,几个指控者中"一个被民众暴力处死,而另两个则像自愿接受永久流放一样逃跑了"②。

---

① [英]厄奈斯特·巴克:《希腊政治理论:柏拉图及其前人》,卢华萍译,吉林人民出版社2003年版,第134页。
② [古罗马]奥古斯丁:《上帝之城》,王晓朝译,人民出版社2006年版,第310页。

## 柏拉图："反政治"的政治哲学家

柏拉图（公元前427年—前347年）是雅典公民，出身于雅典贵族家庭。他在雅典担任过合唱团的指挥，在地峡运动会上得过名次，也曾致力于绘画与诗歌、悲剧的创作。在20岁左右时他遇到了苏格拉底，由此决意投身于哲学。据说苏格拉底曾梦见一只天鹅站在自己的膝盖上，然后展开翅膀，发出一声悦耳尖鸣后就飞走了。结果第二天有人介绍柏拉图做他的学生，在柏拉图身上，苏格拉底看到了自己梦中的天鹅。[①]

苏格拉底去世后，柏拉图又追随赫拉克里特派哲学家克拉底鲁（Cratylus）以及精通巴门尼德哲学的赫谟根尼学习，之后又去向欧几里得与毕达哥拉斯派哲人学习，博采众长，终成大才。柏拉图生活的时代，希腊城邦正处于迅速衰落时期。伯罗奔尼撒战争之后，雅典和斯巴达均元气大伤。柏拉图年轻时亦曾试图在政治上有所作为，但是，"三十僭主"时期雅典的混乱让他失望；之后，僭主统治结束，民主政体恢复，但老师苏格拉底之死，深深刺痛了柏拉图的心。民主让他的老师丧生！他最终成为雅典民主的激烈批评者，成为卡尔·波普尔所说的"开放社会的敌人"。柏拉图的政治哲学，在本质上是一种"反政治"的政治哲学，其反民主情结，由此可见一斑。柏拉图的政治哲学，其要旨是寻求解决城邦危机之道，在失序的世界重建秩序。

柏拉图热爱真理，多方游历，以丰富自己的知识，并将它们融入自己的学说。他在不惑之年返回雅典，创办"学园"。柏拉图的学园位于雅典西北郊，原是以古希腊英雄阿卡德米命名的花园和运动场，所以又名"阿卡德米学园"。学园传授知识，进行学术研究，提供政治咨询，培养精通哲学的人才。柏拉图的传世著作大多是在学园时期写成的。柏拉图去世后，学园由其门徒主持，代代相传，存在了数百年。

柏拉图晚年过得悠然幸福。在他八十高龄的一天，一个弟子邀请他参加婚宴。柏拉图如约前来，兴高采烈地加入狂欢者行列。快乐时光飞驰而去，哲学老人退到僻静的屋角，找了个地方坐下，想小憩一会。当早晨宴会结束，狂欢过后的人们走过来想唤醒他，发现他已悄然离世。

---

[①] ［古希腊］第欧根尼·拉尔修：《名哲言行录》（上），马永翔等译，吉林人民出版社2003年版，第173页。

拉尔修给柏拉图写的墓志铭是：

>如果日神没有让柏拉图生在希腊，那他怎么可能用文字救治人的心灵呢？阿波罗的儿子阿斯克勒普是肉体的救治者，柏拉图则是不朽灵魂的救治者。①

柏拉图为后世留下许多著作，它们以对话体写成，苏格拉底是他很多对话中的主角。对话体的好处，在于避免独断，也可以生动地展示思辨的过程，所谓"哲学产生于二人相遇之时"（尼采语）。柏拉图的政治哲学，集中见于《理想国》《政治家》《法律篇》。这三本书中，又以《理想国》最为著名。

## "洞穴"内外

在《理想国》第七卷，柏拉图做了一个比喻，即"洞穴喻"。在这个比喻中，柏拉图做了如下设想：有一个洞穴式的地下室，一条长长的通道通向外面，有微弱的阳光从通道外照进来。有一些囚徒从小就住在洞穴中，头颈和腿脚都被绑着，不能走动也不能转头，只能朝前看着洞穴后壁。在他们背后的上方，远远燃烧着一个火炬。在火炬和人的中间有一条隆起的道路，同时有一堵低墙。在这堵墙的后面，向着火光的地方，又有些别的人。他们手中拿着各式各样的假人或假兽，高举过墙，让它们做出动作，这些人时而交谈，时而又不做声。于是，这些囚徒只能看见投射在他们面前的墙壁上的影像。由于囚徒自小就生活在洞穴里，他们便把这些影像当作真实的东西，他们也将回声当成影像所说的话。此时，假如有一个囚徒被解除了桎梏，被迫站起来，可以转头环视，他就可以看见事物本身了，但他却以为他看到的是梦幻，最初看见的影像才是真实的。而假如有人把他从洞穴中带出来，走到阳光下面，他将会因为光线的刺激而觉得眼前金星乱蹦，以至什么也看不见。他就会恨那个把他带到阳光之下的人，认为这人使他看不见东西，而且给他带来了痛苦。

---

① [古希腊]第欧根尼·拉尔修：《名哲言行录》（上），马永翔等译，吉林人民出版社2003年版，第196页。

不过柏拉图认为，只要有一个逐渐习惯的过程，他的视力就可以恢复。首先大概看阴影最容易，其次是看人或事物在水中的倒影，再次是看事物本身，在夜间观察天象，之后就可以在白天看太阳本身了。此时他便明白：造成四季交替和年岁周期的、主宰可见世界一切事物的，正是这个太阳，它也是他们过去通过某种曲折看见的所有那些事物的原因。于是，他回想当初穴居的情形，就会庆幸自己在认识上的变化而对同伴表示遗憾。他既已见到了事物本身，便宁愿忍受各种痛苦，也不愿意再过囚徒生活。然而，如果他复回洞中，那些同伴不仅不信其言，还会觉得他到上面走了一趟，回来眼睛就坏了，对"影像"竟不能如从前那样辨别。他的同伴们不仅不想出去，甚至想把那位带他出洞的人逮住杀掉。①

图4 "洞穴喻"

这就是著名的"洞穴喻"。在这个比喻中，太阳象征善的理念，关于善的理念的知识，也就是真理；洞穴指人们生活的政治世界，当然，它还可以做进一步的理解，如世俗世界或文化。在象征意义上，"每一个文化就是一

---

① ［古希腊］柏拉图：《理想国》，郭斌和、张竹明译，商务印书馆1986年版，第272—276页。

个洞穴"。① 走出洞穴的人,喻指哲学家,只有哲学家,才能洞悉真理;囚徒喻指常人,他们看到的只是影子,他们在影子世界中生活。柏拉图以形象生动的比喻说明:常人为意见所俘获,一生如在梦中,唯有哲学家是真理的代言人。柏拉图首先提醒人们要区分"意见"和"真理","意见"纷纭,各执一端,而"真理"只有一个,它统摄一切。柏拉图事实上是要探求政治的理性基础,他认为,理想的城邦体现了绝对的善,它是按理性的原则组织起来的城邦。哲学家走出洞穴,看到了真理,是理性的化身,他们再回到洞穴,自然最有资格、也有义务担当起统治的使命。这就引出了柏拉图著名的"哲学王"思想。由哲人当国王、按善的理念治理的城邦,才是理想的正义之邦。

## 正义的人,正义的城

正义,是政治哲学的基本议题之一。《理想国》开篇就进入关于"正义"问题的讨论。什么是正义?柏拉图首先列出三种正义观予以批评。第一种正义观强调传统道德,由克法洛斯老人提出,认为正义就是欠债还钱,"正义就是给每个人以适如其份的报答(欠债还债就是正义)"②。第二种观点,认为正义就是助友寡敌,它属于中生代的正义观,由克法洛斯的儿子玻勒马霍斯在对话中提出。第三种观点由色拉叙马霍斯提出,这种正义观认为,正义就是"强者的利益",就是当时政府的利益,③ 强权即公理。柏拉图认为,这些都不是正义的真正含义。由格劳孔和他的弟弟阿德曼托斯代表的年轻人,虽生活在混乱的意见世界中,但他们并未迷失,他们有意继续探讨到底什么是正义。柏拉图提出,正义在城邦是指城邦的三个阶层统治者(guardians/rulers)、护卫者(auxiliaries/warriors)、生产者(producer)各守其位,各司其职,和谐统一;在个人则指人灵魂内部的三部分即理性、激情、欲望的和谐状态。而一个正义之邦中,哲学家代表的是理性,护卫者代表的是激情,生产者代表的则是欲望。

不难看出,柏拉图构想的正义城邦,基础是社会分工。他基于腓尼基人

---

① [美]艾伦·布鲁姆:《走向封闭的美国精神》,缪青、宋丽娜等译,中国社会科学出版社1994年版,第31页。
② [古希腊]柏拉图:《理想国》,郭斌和、张竹明译,商务印书馆1986年版,第7页。
③ 同上书,第18—19页。

（古代腓尼基人以贪恋财富而著称）的传说讲了一个故事，以说明社会分工基于天资。这个故事说：地球是人的母亲，但人们虽然一土所生，彼此是兄弟，却各有差别。"老天铸造他们的时候，在有些人的身上加入了黄金，这些人因而是最可宝贵的，是统治者。在辅助者（军人）的身上加入了白银。在农民以及其他技工身上加入了铁和铜。但是又由于同属一类，虽则父子天赋相承，有时不免金父生银子，银父生金子，错综变化，不一而足。所以上天给统治者的命令最重要的就是他们做后代的好护卫者，要他们极端注意在后代灵魂深处所混合的究竟是哪一种金属。如果他们的孩子心灵里混入了一些废铜烂铁，他们决不能稍存姑息，应当把他们放到恰如其分的位置上去，安置于农民工人之间；如果农民工人的后辈中间发现其天赋中有金有银者，他们就要重视他，把他提升到护卫者或辅助者中间去。"①

这个故事表明，既然人按才能禀赋分等，那么最好的城邦，不是抹平这些差异，而是在这些差异的基础上实现最优结合。柏拉图提出的三个阶层，不是世袭的，而是按禀赋才能确定，其间序列并非固定不变，各阶层中的人根据其实际表现，可以由一个等级上升到另一个等级。当每个人皆处于适合他的才能的阶层时，整个城邦就是正义的。腓尼基人故事的另一层含义是，人们应当相亲相爱、团结协作，而非分裂为不同的派系，此即"一母所生，彼此是兄弟"的含义。柏拉图的正义观，体现了一个充满内讧的混乱时代对和谐秩序的追求。

## 城邦的诞生

为了弄清楚"正义"的含义，《理想国》对话中苏格拉底提议，由关于个人正义的讨论转向关于城邦正义的讨论，这被称作"以大见小"。苏格拉底表示，以这种方法，人们可以通过构想城邦的诞生，去发现正义与不正义的发生。在苏格拉底与青年对话者的交谈中，四种不同类型的城邦秩序被阐发出来。它们由简到繁，分别为原始的城邦、奢侈的城邦、净化了的城邦、理性的城邦。

（1）原始的城邦。城邦之最初出现，源于人们生活之需要，因为个人总是无法自给自足。原始的城邦，便是极简单的城邦，仅能满足人们最基本的

---

① ［古希腊］柏拉图：《理想国》，郭斌和、张竹明译，商务印书馆1986年版，第128—129页。

生活需要，如吃饭、穿衣、住房。这样的城邦，由农夫、瓦匠、木工、鞋匠及商人组成。其中，人们的生活平静俭朴。苏格拉底描述说：在原始的城邦中，"一般说，夏天干活赤膊光脚，冬天穿很多衣服，着很厚的鞋子。他们用大麦片、小麦粉当粮食，煮粥，做成糕点，烙成薄饼，放在苇叶或干净的叶子上。他们斜躺在铺着紫杉和桃金娘叶子的小床上，跟儿女们欢宴畅饮，头戴花冠，高唱颂神的赞美诗。满门团聚，其乐融融，一家数口儿女不多，免受贫困与战争"①。不难看出，这一城邦中存在的是田园牧歌式的生活，而且人们"高唱颂神的赞美诗"，生活在对神的虔信之中。苏格拉底称这一城邦为"健康的城邦"，然而苏格拉底的学生格劳孔却称之为"猪的城邦"。显然，格劳孔不愿意生活在这样一个世外桃源式的原始城邦中。在格劳孔的推动下，苏格拉底描绘了第二种城邦。

（2）奢侈的城邦。奢侈的城邦，是繁华的城邦。在原始城邦的基础上，格劳孔要求引入奢侈品。这些奢侈品包括睡椅、调味品、家具、香料、香水、歌妓、美食、黄金、象牙。奢侈的城邦里面，生活大为丰富，为此增加了猎人、艺术家、音乐家、诗人、理发师、厨师、仆人。人口的繁荣，不免带来与邻邦的战争，这就要求有一个军人阶层，专司守卫城邦的职能。格劳孔对这样一个城邦甚为满意，但苏格拉底却称这样的城邦为"发了烧的城邦"，是一个有病的城邦，它需要引入医生进行医治，医生便是苏格拉底。于是，第三种城邦出现了。

（3）净化了的城邦。城邦中军人阶层的出现，带来了一个问题，即苏格拉底所担心的，"看门狗"的獠牙会反过来伤害人民。如果军人不像牧羊犬，反而像豺狼，那就不妙了。这就需要对军人进行全面的教育，而这个教育，从小就要开始。苏格拉底说，要删改赫西俄德的神话与荷马的诗歌，以让儿童只接触高尚纯洁的故事，要以体育来锻炼其体魄，以音乐来陶冶其性情。并且，军人要实行共产主义制度，"共产共妻"，他们没有家庭与私产概念，也就不会腐化。

（4）理性的城邦。理性的城邦，即哲学家当统治者的城邦。净化了的城邦，貌似已是一个完美的城邦，然而，谁来承担起伟大的教育任务，谁来将理性的秩序付诸现实，这就要求给予哲学家以特殊的地位。在古希腊"知识即美德"的观念中，哲学家堪称德才兼备的贤能。柏拉图说，他们是最合适

---

① ［古希腊］柏拉图：《理想国》，郭斌和、张竹明译，商务印书馆1986年版，第63页。

图5　古希腊音乐教育

的统治者。教育者的任务是要注意鉴定人的资质，要将具有金质灵魂的人挑选出来，并把他们提升到统治者的位置。拥有金质灵魂者，热爱的是智慧，是理性。他们灵魂的眼睛时刻盯着善的理念。他们是"走出洞穴"的人。至此，完美城邦的范型终于构想出来，何谓城邦的正义也得到了揭示，这就是哲人居于统治地位，军人处于护国的地位，工农则从事基本的物质资料的生产，劳心者治人，劳力者治于人，这样的城邦，就是正义的城邦。

## 柏拉图命题：治国者需有关于治国的知识

柏拉图认为，理想的城邦必须由哲学家来统治，这个思想，被称作"哲学王"（即"哲人王""哲学家国王"）思想。他说："只有在某种必然性碰巧迫使当前被称为无用的那些极少数的未腐败的哲学家，出来主管城邦（无论他们出于自愿与否），并使得公民服从他们管理时，或者，只有在正当权的那些人的儿子、国王的儿子或当权者本人、国王本人，受到神的感化，真正爱上了真哲学时——只有这时,无论城市、城邦还是个人才能达到完善。"①

为什么柏拉图认为哲学家国王能够带来完善的城邦呢?柏拉图是这样论证的:正如鞋匠需要关于制鞋的知识,航海家需要关于航海的知识,医生看病需要医学知识,那么政治家也需要关于政治的知识。人们不会找一个夸夸其谈、长得漂亮的医生看病,但却喜欢找一个巧舌如簧、善于煽动的人来治理城邦,这就是雅典民主的问题。柏拉图把城邦比作船,把政治比作航海。这个比喻成了一个经典的比喻,源头就在柏拉图这里。雅典靠海,航海又特别需要专业知识,需要领航员。"大海航行靠舵手"。他说,民主之船上,船长近视、耳背,航海不在行。船员们为了谁掌舵争论不休。航行成了酒醉汉的狂欢会。而真正的领航员研究过星象、风向和季节的变化,只有他才能把船带到目的地。然而其他船员却认为他只会看星星,只会闲谈。②显然,柏拉图有专家治国的思想。他批评的是一种业余者从政的现象。"专业化"是理解《理想国》的关键词之一。③关于谁是哲学家,柏拉图也注意区分真正的哲学家与伪装成哲学家的人,哲学家掌握了关于善的知识,掌握了关于政治的知识,如前所述,他们走出"洞穴",看见了善的理念。

不过,根据20世纪政治思想家汉娜·阿伦特的分析,柏拉图的类比是有问题的,要害在于他把政治活动与工匠等所从事的技艺活动混为一谈,政治活动是公共性的行动生活,而技艺则是私人性的制作活动,柏拉图没有区分"行动"与"制作",把政治看作制作活动,政治家成了社会工程师,其他人则成了材料。柏拉图用"统治"代替了"政治",用哲学家的私人思考代替了公民的商谈。阿伦特认为,从柏拉图那里,我们可以清晰地看到哲学对政治经验的扭曲。④

在笔者看来,把政治比作航海比把政治比作制鞋要更恰当一点,然而问题依然存在,因为这个比喻总是会导向一种反民主的观念。20世纪的迈克

---

① [古希腊]柏拉图:《理想国》,郭斌和、张竹明译,商务印书馆1986年版,第251页。
② 参见[英]罗伊·杰克逊(Roy Jackson)《柏拉图:理想的王国》,倪玉琴译,大连理工大学出版社2008年版,第80—81页。
③ [英]厄奈斯特·巴克:《希腊政治理论:柏拉图及其前人》,卢华萍译,吉林人民出版社2003年版,第212页。
④ Hannah Arendt, *Between Past and Future: Eight Exercises in Political Thought*, New York: The Viking Press, 1968, p. 17; Hannah Arendt, *Essays in Understanding (1930 – 1954)*, edited by Jerome Kohn, New York, San Diego, London: Harcourt Brace & Company, 1994, p. 2.

尔·奥克肖特（Michael Oakeshott）曾用同样的比喻，但他说，这个航行并没有目的，只是维持船不沉，避开恶浪冰山暗礁而已，领航者正确的决定靠的不是柏拉图说的通过智慧之眼发现的知识，而是丰富的航海经验。① 奥克肖特也反对新手、业余者来领航。然而，真正的问题在于，政治并不是航海，城邦或国家也不是大海中的船。政治决策并不能完全被看作知识问题，它涉及每个公民的意愿。柏拉图有时也用牧羊来比喻政治，把政治家比作牧羊人、护卫者比作牧羊犬、老百姓比作羊。② 这些比喻，都是用来论证他的"哲学王"思想的。③ 在中国古代，也有把统治比作"牧"民、养民的，把地方官叫"州牧"，其本意也是保护万民，如同牧羊人照看羊群，然而，这样的统治，都是建立在等级制基础上的统治，皆把被统治者当羊看待，忘记了万民也是一个一个的人，他们活着，并不是为了供人宰杀。

柏拉图的"哲学王"思想，体现了他试图在分崩离析、内乱不断的城邦中确立"理性"当具有的权威，④ 将人们编进一个和谐有序的结构的根本意图。哲学家当国王，并非哲学家贪恋权位，而是惟其如此，城邦才能有救。城邦的整体幸福是他考虑政治问题的出发点，他确信按他所理解的正义原则，可以将个人的幸福与整体的幸福融合在一起。柏拉图的理想国是一个静态的结构，它是针对希腊世界政体衰退的趋势所设计的方案，可谓有的放矢。从哲学王思想中，人们不难看出他的反民主倾向。按照他的思路，政治生活中的意见之争、广场辩论，还是让位于哲学家的真理之治吧！少啰嗦，哲学家说了算，这就是柏拉图的结论！在此，柏拉图要树的是哲学家的权威、理性的权威，而民主社会的问题，正出在其中无人愿意承认谁是权威。在柏拉图那里，理性专断的一面，似亦初见端倪。

关于哲学家当国王的理想国家的实现，柏拉图并不认为不可能，不过，他也表示这样的可能性少之又少。当有实施他的理想国家方案的机会时，他也毫不犹豫地去大胆尝试，他曾经满怀希望地前往西西里，试图把那里的国

---

① 参见［英］奥克肖特《政治中的理性主义》，张汝伦译，上海译文出版社2004年版，第51页，译文有改动。
② ［古希腊］柏拉图：《理想国》，郭斌和、张竹明译，商务印书馆1986年版，第28、29页。
③ 《圣经》中也常以"牧羊"做喻谈国王的统治。《约西结书》（章34）中记载，耶和华曾说："祸哉！以色列的牧人只知牧养自己。牧人岂不当牧养羊群吗？你们吃脂油，穿羊毛，宰肥壮的，却不牧养群羊。……这些牧人只知牧养自己，并不牧养我的羊。……我必立一牧人照管他们，牧养他们，就是我的仆人大卫。"
④ Hannah Arendt, *Between Past and Future: Eight Exercises in Political Thought*, New York: The Viking Press, 1968, p. 105.

王培养成哲学家,不过最终无功而还,据说还曾被卖为奴隶,幸得友人相救,才免此一劫。在后期的著作《法律篇》中,柏拉图强调法律的统治地位,认为在哲学王"可遇不可求"的情况下,有着神圣来源的法律,也能体现理性的权威,作为"神圣的""金的、柔韧的"绳索,将人们组织在一起。① 按此组织起来的国家,是为"第二等好的理想国家"。

## 哲学家治国需要谎言

在柏拉图的政治哲学中,神话是必要的统治工具。有两个神话是最为重要的:一是关于人为地球所生、由金银铜铁等成分构成的腓尼基人的神话,用以说服民众安心于自己在城邦中的位置,为正义之邦的实现提供基础,这在上文已经讲过;第二个神话则是著名的厄洛斯神话。

这个神话说,让我们设想阴阳两界的存在,法官坐在天地之间,判决每个人,正义的人上天堂,不正义的人下地狱。一个人生前做坏事,死后要受十倍的报应;而生前做好事的,死后也会有十倍的报偿。崇拜神灵、孝敬父母者得到的报酬最大,而暴君则被捆住手脚,丢在路边,他们被剥皮,被用荆条抽打。并且灵魂不朽,可以在新的轮回开始前根据自己的意愿选择生活模式,只要做出合乎理性的慎重选择,就可以选到最满意的生活。柏拉图在《理想国》的结尾,充满深情地写道:"不管怎么说,愿大家相信我如下的忠言:灵魂是不死的,它能忍受一切恶和善。让我们永远坚持走向上的路,追求正义和智慧。这样我们才可以得到我们自己的神的爱,无论是今世活在这里,还是在我们死后(像竞赛胜利者领取奖品那样)得到报酬的时候,我们也才可以诸事顺遂,无论今世在这里还是将来在我们刚才所描述的那一千年的旅程中。"②

柏拉图政治哲学中神话的引入提示人们,理想的国家必须以神话和宗教为基础;城邦之创立,统治之维系,在知识、权力力不能及之处,须有宗教加以补充。神话和宗教,是"高贵的谎言"(gennaion pseudos)③,它们以形

---

① [古希腊]柏拉图:《法律篇》,张智仁、何勤华译,上海人民出版社2001年版,第28页。
② [古希腊]柏拉图:《理想国》,郭斌和、张竹明译,商务印书馆1986年版,第426页。
③ 同上书,第127页。埃里克·沃格林认为,该词英译应当作 Big Lie,按此,中文可译为弥天大谎。参见 Michael Franz, *Eric Voegelin and the Politics of Spiritual Revolt*, Baton Rouge and London: Louisiana State University Press, 1992, p. 53.

象生动的方式将正义与善的理念传递给民众,就结果而论,民众"仿佛"已经认识了善的理念。他们按神话所要求的去做,也就是在实际上按善的理念的指导去做。因此,当哲学家按理念世界中真理的指导行事,民众按神话、宗教的指导行为,二者便可和谐地为增进整个国家的福祉而各安其位,各尽其职。在《法律篇》的末尾,柏拉图同样申述了这样的见解。他写道:

> 宇宙监督者安排了每一事物,他的着眼点是使每一事物得以维持并繁荣起来,并且使它的各个部分按照各自不同的能力起着相应的主动或被动的作用。这些部分,直到它们的主动和被动功能的最细小部分,都已经各自处在那种使宇宙最小组成部分都完善起来的主导力量的控制之下。既然如此,你这个刚愎自用的人,只不过是一颗微不足道的粒子,但却不断给整体的善作出贡献。你已经忘记,除了为整个宇宙提供一种繁荣的生活外,什么也不会创造出来。你忘记了,创造事物并不是为了你的利益,而你的存在却是为了宇宙。你知道,每个医生和每个工匠为了作为整体的最终产品而做每一件事情,创造出一个力图取得总的说来是最好的东西的部分。部分是为了整体,而不是整体为了部分。他操作着他的材料,以便这些材料一般能产生最好的效果,并使各个部分对整体的善作出贡献,而不是相反。……神圣的支配者没有别的事情可做,只是把具有命定的特性的灵魂提升至一个好的位置,把坏的灵魂移到另一个坏的位置,所根据的是怎样才对它们有益,以便它们各得其所。①

依据柏拉图的教导,在最佳政体中,哲学家是统治者,然而,这些哲学家必须说谎,因为大多数民众愚昧无知,哲学家如果不说谎,便不足以维持其统治。谎言,在此充当了一种统治工具。确实,"在哲学家撒谎这个议题上,没有哪一部著作比柏拉图的《理想国》讲得更中肯,更真切"②。

关于柏拉图的神话,批判者认为,柏拉图此举暴露了他所构想的秩序基础之脆弱,少数人在不幸中骗人,柏拉图实为宗师。同情者则认为,柏拉图不过是基于大多数人冥顽不化的现实而发,类似于"神道设教"之意。对柏拉图高度赞赏的沃格林说:"最高的真理以难以置信的弥天大谎介绍,是

---

① [古希腊] 柏拉图:《法律篇》,张智仁、何勤华译,上海人民出版社 2001 年版,第 346 页。
② Ralph Lerner, "Introduction", in Averroes, *Averroes on Plato's Republic*, translated with an Introduction and Notes by Ralph Lerner, Ithaca and London: Cornell University Press, 1974, p. xxvii.

《理想国》这部充满如此多的对雅典人的嘲讽的著作中最为痛苦的章节之一。"①

## 《第七封信》：柏拉图揭秘柏拉图

如何解读柏拉图，历来争议重重。晚近以来的柏拉图研究者倾向于认为，柏拉图的《第七封信》，对于理解柏拉图的政治哲学来说最为重要，它是揭开柏拉图奥秘的钥匙。依据这封信，我们会读到一个完全不同的柏拉图。

柏拉图在世时，他已抱怨没有人（包括他的高徒亚里士多德）真正理解他的意思。在《第七封信》中，当时已七十岁的柏拉图说：

> 我确实知道有些人也在就相同的主题写作，但他们是什么人我不得而知。但不管怎么说，我能说的就是所有这些作家或自称写了我所醉心研究的这些主题的人，无论他们如何掌握这方面的知识，无论是从我的教导中得来的，还是从别人那里听来的，还是他们自己发现的，我认为他们都没有真正地掌握这个主题。我肯定没有写过关于这个主题的书，今后也不打算这样做，因为这种学说是无法像其他学问一样见之于文字的。倒不如说，要熟悉它就要长期接受这方面的教导，与之保持亲密关系，然后终有一天，它就像突然迸发的火花在灵魂中生成，并马上成为不证自明的东西。②

柏拉图在《第七封信》中，就自己对政治的看法进行了总结，他说，有四条是最基本的判断：第一，所有的政体都是腐化的，除非它们的法律制度有惊人的改造并伴随好运气，否则难以治理。第二，没有可靠的朋友和支持者什么事情也办不成，而这样的人很难找到。第三，只有正确的哲学才能为我们分辨什么东西对社会和个人是正义的。柏拉图说："我们的城邦已经不依照传统的原则和法制行事了，而要建立一种新的道德标准又极为困难。"③

---

① ［美］埃里克·沃格林：《秩序与历史》卷三，刘曙辉译，译林出版社2014年版，第156页。译文有较大修正。
② ［古希腊］柏拉图：《柏拉图全集》（第四卷），王晓朝译，人民出版社2003年版，第96页。
③ 同上书，第80页。

第四，除非真正的哲学家获得政治权力，或者出于某种神迹，政治家成了真正的哲学家，否则人类就不会有好日子过。①

柏拉图如是说有其特定的政治背景：西西里海岸的希腊城邦叙拉古（Syracuse）僭主叫狄奥尼索斯二世（Dionysius II），他的辅臣叔叔狄翁（Dion）是柏拉图的朋友（恋人）②，狄翁希望建立正义之邦，他邀请柏拉图前往叙拉古教育狄奥尼索斯二世，柏拉图当时已经六十岁。最终，让僭主成为哲学王的努力失败了，柏拉图与狄翁推行的改革破产，狄翁在公元前354年前后亦遭反对派谋杀。柏拉图向狄翁及其朋友描述他的体会，解释他的学说不行于世的原因。

柏拉图在信中谈到了他对"存在的秩序"的理解。他认为，每个事物的存在都具有：（1）名称（name）；（2）定义（definiton）；（3）形象（image）；（4）知识（knowledge）；（5）实在（reality）。③其中，"实在"是我们要认识的对象；知识与实在最接近。同时，一个人如果不以某种方式把握前四样东西，他就绝不会获得对第五样东西的理解。然而，前四样均具有不确定的性质。哲学是对"实在"的一种努力接近。只有获得一种与"实在"的内在"亲缘性"，才能获得对实在的认识。灵魂的爱智部分，"凭着和神圣、不朽、永恒事物之间的近亲关系"，能使自己和它们之间进行交往、获得对它们的理解。柏拉图追求的，正是一种"与存在及本质的统一"。而对正义的"一瞥"，可遇不可求。

柏拉图认为，人们做不正义的事情是诸多因素共同作用的结果，这些因素如非理性、过去的记忆、公众流行意见、习俗，等等。因此，将人从如此之多的束缚中解放出来，颇有必要。但是，仅仅以说理的方式，是无法使灵魂获得解放的。柏拉图的对话，其目的正是要将人首先解放，进而完成整个"灵魂的转向"，使灵魂的眼睛时刻盯着知识与正义。如此，《理想国》的中心，正是教育，而教育，则是"灵魂转向的技巧"④。

柏拉图以对话体写作，实际上是暗示，他的政治哲学无法见诸文字，因为在柏拉图看来，文字一旦写下，就有可能被滥用，而它不能为自己辩护。

---

① [古希腊]柏拉图：《柏拉图全集》（第四卷），王晓朝译，人民出版社2003年版，第80页。
② 柏拉图写给狄翁的祷文中曾有"狄翁，你，使得我心中的爱欲燃烧"的句子。参见[美]埃里克·沃格林《秩序与历史》卷三，刘曙辉译，译林出版社2014年版，第69页。
③ [古希腊]柏拉图：《柏拉图全集》（第四卷），王晓朝译，人民出版社2003年版，第97页。
④ [古希腊]柏拉图：《理想国》，郭斌和、张竹明译，商务印书馆1986年版，第278页。

柏拉图的哲学是"无言的说教",而《理想国》的中心,不是别的,而是苏格拉底对格劳孔的教育。格劳孔是《理想国》中对话参与者之一,原型是柏拉图的弟弟。他的特点是无知、冲动、有权力欲,有许多男女朋友,对金钱、奢侈品和各种新花样很着迷。柏拉图认为,在灵魂未转向之前,贸然从政,将十分危险,何况城邦已是一个腐败的城邦。《理想国》中这个"灵魂转向"故事最后的结局是,苏格拉底对格劳孔的教育没有成功。① 不过,这并不意味着苏格拉底指明的方向有误,它只是说明了灵魂转向之艰难。依柏拉图之意,教育是一个漫长的潜移默化的过程,非一夜长谈即能成就。

## 政治经验的扭曲与教育乌托邦的滥觞

一个致力于哲思的人在其一生中遭遇重大历史事件或人生变故,往往会对其做出回应,从而他的思想便会受其影响,因之带上浓重的时代色彩。这是幸运抑或不幸?思想家的思想是自由的。然而,触目惊心的事件会通过冲击哲人敏感的感官或心灵为其思想设定议题,并从情感上影响乃至左右思想家思考的方向。人们习惯上提倡"独立思考",这主要是针对人云亦云、随意附和、盲目追随权威的做法,它要求的是个人敢于运用自己的心智。它与某种程度的怀疑主义是联系在一起的。然而,"不以物喜,不以己悲"的圣哲其实只是传说,即如柏拉图这样的哲学宗师,亦深受其经历的局限。世间只有反应迟钝、没有灵魂的痴夫愚妇,才能超然于世界。东方的道家,西方的隐修者同样是以他们的方式在回应时代的问题。面对世界,他们选择了逃避、放弃。对柏拉图来说,其老师苏格拉底被雅典公民大会宣判处死,是一件极重大的事情。

恩师饮毒汁而死,死前拒绝逃跑的建议,坚持忠于自己的内心,同学生谈笑风生,讨论灵魂不灭、死后的世界,视死如归,这对柏拉图而言是何等悲痛的经验!不少诠释者由此出发,认为替老师辩护,向雅典人乃至后世表明,苏格拉底死得冤枉,是柏拉图最重要的著作《理想国》主要而直接的意图之一,《理想国》是柏拉图为苏格拉底而做的申辩。然而,这种诠释并不准确。苏格拉底的罪名是不敬神,败坏了青年。柏拉图的《理想国》一开始

---

① 《理想国》中格劳孔与阿德曼托斯都是柏拉图的弟弟。格劳孔后来也是一名哲人,著有《欧里庇得斯》《阿里斯托芬》等多部作品。参见[古希腊]第欧根尼·拉尔修《名哲言行录》(上),马永翔等译,吉林人民出版社2003年版,第156页。

便描述苏格拉底积极祭神:"昨天,我跟阿里斯同的儿子格劳孔一块儿来到比雷埃夫斯港,参加向女神的献祭,同时观看宴会。"① 而整个对话的结尾,苏格拉底讲到"厄洛斯神话"故事,仍然是回到神那里。苏格拉底要格劳孔相信灵魂不灭,死后会有审判的厄洛斯神话,他说:"让我们永远坚持走向上的路,追求正义和智慧。这样我们才可以得到我们自己和神的爱,无论是今世活在这里还是在我们死后得到报酬的时候。"② 表面上看,柏拉图试图说明:苏格拉底没有犯渎神的罪。苏格拉底敬神,他只是拒绝关于诸神的那些荒诞、不健康的传说,例如神克洛诺斯阉割了其父从而成为众神之王,神与神乱伦、三角恋,等等。然而,实际上,柏拉图的辩护,从另一方面,恰恰坐实了苏格拉底渎神的问题。因为雅典人的信仰中,灵魂是随身体死亡而消失的。苏格拉底却坚持说灵魂不朽,这便与民众信仰发生了冲突。对雅典人来说,如果灵魂不死,则人们一定会考虑照料灵魂的问题,如此,参与城邦生活,战场上的荣耀,公民美德,便变得意义不大,而这一切正是雅典人作为城邦动物活着的依据。

《理想国》中柏拉图所虚构的苏格拉底与格劳孔等年轻人的交谈,表明苏格拉底非但没有败坏青年,相反,他在做艰苦的教育工作,致力于提升人,激发青年人对真、善、美的热爱。他以"对话"这种思想的助产术,激发年轻人产生自己的思想。他教导格劳孔由对吃、穿、住的满足上升到对城邦事业的忠诚、对军事荣耀及武功的热爱,并致力于让他更进一步,上升到对完美城邦、良善生活的追求。这怎么能说是毒害青年?这是在做一件引导人向善的大好事。然而,结合城邦时代的公民观,柏拉图同样表明了苏格拉底不为人容的原因。苏格拉底培养了哲学学生,却败坏了"公民"。公民生活靠常识、信念、意见维持,苏格拉底则要对这些意见一一进行检讨。

柏拉图与其说是在为苏格拉底辩护,不如说是在揭示一个困境、一个悲剧。柏拉图在为苏格拉底的长篇辩护中,将哲人与城邦的冲突、哲学与政治的冲突充分揭示了出来。苏格拉底之死表明了这场冲突的悲剧性结果。

并不奇怪的是,政治哲学之宗师柏拉图,却是反政治的人。柏拉图开启了西方政治哲学传统,然而这一传统在其发轫之时便包含了对政治的极度不信任。政治发生于城邦的公民之间,它指向一种自由、平等的公民之间的交

---

① [古希腊]柏拉图:《理想国》,郭斌和、张竹明译,商务印书馆1986年版,第1页。
② 同上书,第426页。

流、互动、协作，从根本上排斥专制、暴力与野蛮。然而柏拉图，因为苏格拉底之死造成的心中的永远的痛，实在不能对它表示赞同。在城邦公开的辩论与集会中，柏拉图看到的是无知者的狂欢、修辞的矫情，是一把把刺向哲人心脏的利剑，演说背后是公民生活与哲人生活的对立。不是哲人容不了城邦，而是城邦容不下哲人。

柏拉图的对策，是取消政治，代之以另一种秩序原则。这就是"权威"秩序的引入。权威的存在意味着一种长幼有序、尊卑分明的等级制，这种观念为古希腊人所缺乏，在东方古国却四处流行。它与王朝统治（君主制）相吻合，在社会不同等级之间确立起命令与服从的关系。在柏拉图的替代方案中，拥有至上权威的，正是哲学家。在哲学家当国王的世界中，存在的是"统治"原则，"政治"则不复存在。公民会议、公民与公民之间的交流互动不复存在。每个人只是成了城邦整体的一部分，承担着他特定的"功能"，或耕田牧羊织造从事贱役，或疆场征战，保家卫国。就连哲人，也为城邦整体的幸福而发挥着他作为"理性"化身的作用，作君作师，俾使城邦不至沉沦。在《法律篇》中，柏拉图更是设计了令人深感恐惧的夜间议事会，对民众言论进行审查。自由不复存在，公共空间不复存在，有的只是"正义"名号下实行的一元统治。

柏拉图何以巧妙地瞒天过海，竟使人服膺于他反政治的君主制主张？柏拉图所为，并非别的，而是将问题转换。通过将政治问题转换为教育问题，柏拉图将人们的注意力从人与人之间的那个空间移开，集中到了个体品德的提升上。"世界"的问题，被"人"的问题所取代。[①]《理想国》或可算不错的教育理论著作，却不过是一部不合格的政治理论著作。或者如近代法国启蒙思想家卢梭更为客气的说法，柏拉图的《理想国》不是"一本讲政治的书"，而是一篇"友好的教育论文"。[②] 柏拉图这种诉诸教化人的方案，就政治实践而言，不过是一种乌托邦，而且是一种披着粉色外衣具有恐怖性质的乌托邦。

教育与政治，实为两种截然不同的活动。前者在老师与学生之间展开，后者则在政治上平等的公民之间展开。当政治被转化为教育时，强制便变得合情合理。正是凭借此一策略，柏拉图为由国家实行的文化审查辩护，理据当然是冠冕堂皇的"保护青少年"。他痛恨一切自由艺术家，要随时清理

---

① 参见［美］汉娜·阿伦特《政治的应许》，张琳译，上海人民出版社2016年版，第101页。
② ［法］卢梭：《爱弥儿》上卷，李平沤译，商务印书馆1978年版，第11页。

"毒草"。柏拉图写道:"我们要不要监督他们,强迫他们在诗篇里培植良好品格的继承……哪个艺人不肯服从,就不让他在我们中间存在下去……"[①]

在东西方,在古代与今天,人们皆不难发现此种思想习惯,就是将政治问题变成教育问题,认为我们面临的公共世界的危机与无序,根源于每个个体素质的低下或知识上的无知、品德上的败坏。由此,改善我们的居住环境,必有待新民,柏拉图阐发的灵魂转向、生存境界提升的学说与传统儒家的"明德,亲民,止于至善",基于致知、诚意、正心、修身去追求"国治""天下平",如出一辙。19世纪法国浪漫派作家米什莱(Jules Michelet)说:"政治的第一部分是什么?教育。第二部分呢?还是教育。第三部分?同样是教育。"[②]确实,当我们看到政治毕竟是人事时,自然会想到个人品性状况对政治生活的影响,然而个人道德与知识的提升,并不能于政治上的改善有多少帮助,因为政治是在人与人之间的空间展开的,涉及的是个体"之外"的事。纵观人类历史,政权交替,王朝兴衰,并不稀奇,而其间人民,果真能在新旧政权交接的那一刻突然有素质上的变化吗?德意志第三帝国几近疯狂的国民,在其"元首"覆灭后,很快成了自由民主事业的支持者,其实德国人口的主体,并无多大变化,很多人生在纳粹的"卍"字旗下,接受的是纳粹化的教育。人们面对政治危机,并不能寄希望于教育。知识上的丰富,个体修养上的温文尔雅,均不能导出良好的政治判断力。在政治生活领域,哲人或技术专家、道德楷模并不具有指挥别人的天然权利,亦不具有高人一等的"优势"。教育活动与政治活动,是在不同的层面上展开的。

柏拉图诉诸人的培养去应对现实世界的问题,这种教育救国的乌托邦主义,影响甚远。有些持这一主张的人未必读过柏拉图的书,但柏拉图将政治转化为教育,从而以追求个人完善代替对公共世界的关爱,在世界诸国多种政治思潮中,皆可见其踪影。以非政治的方式处理政治问题,注定只是徒劳。而在极权主义政体中,教育沦为支配工具,此种堕落的迹象,在柏拉图的《理想国》中,已十分明显。

## 亚里士多德与政治学

公元前384年,亚里士多德出生于希腊北部小城斯塔吉拉(Stagira)一

---

[①] [古希腊]柏拉图:《理想国》,郭斌和、张竹明译,商务印书馆1986年版,第107页。
[②] [法]儒勒·米什莱:《论人民》,袁浩译,吉林出版集团股份有限公司2016年版,第209页。

个较富裕的中产阶级家庭。亚里士多德的父亲是马其顿国王的御医和朋友。

亚里士多德被人们描写为：秃顶，细腿，小眼睛，说话口齿不清，衣着极其讲究。有人说他年轻时过着放荡不羁的生活，以致将祖业挥霍干净，最后为了有口饭吃不得不当兵。① 不过，亚里士多德大概在一段浪荡生活之后，走上了正途，17岁时，他来到雅典，进入了柏拉图的学园，以柏拉图为师，后成为柏拉图最有名的学生。有人说他担任柏拉图的助理教员，在柏拉图的学园中学习、研究近20年，一直到柏拉图去世。不过，第欧根尼·拉尔修说，柏拉图在世时，亚里士多德就离开了学园。据说柏拉图还说："亚里士多德踢开了我，正如小雄驹踢开生养它的母亲一样。"②

图6 亚里士多德担任亚历山大的家庭教师

离开学园后，亚里士多德到外地游历。他得到马其顿国王腓力浦二世的邀请，担任了国王年仅13岁的儿子亚历山大的家庭教师。亚里士多德讲述的内容涉及剧作家，或许也有关于统治者的责任和治理国家的艺术。桀骜不驯的亚历山大虽然尊敬他的老师，但在两年之后，他还是忙他的征服大业去了。

---

① [英] W. D. 罗斯：《亚里士多德》，王路译，商务印书馆1997年版，第9页。
② [古希腊] 第欧根尼·拉尔修：《名哲言行录》（上），马永翔等译，吉林人民出版社2003年版，第269页。

公元前335年，亚里士多德回到雅典，在城外东北部租了一些房子，建立了他的吕克昂学园（Lyceum），在那里著书立说，教书育人。我们今日读到的亚里士多德的著作多为他在学园的授课材料和讲义，它们在亚里士多德去世三百年后由吕克昂学园园长罗德岛的安德罗尼库斯（Andronicus of Rhodes）编辑整理而成。

公元前323年，亚历山大大帝去世，雅典反马其顿情绪高涨，亚里士多德因与马其顿王室的密切交往而常常受到攻击。由于害怕重蹈苏格拉底的覆辙，不使雅典人"两次有罪于哲学"，他把学园交由旁人，回到深受马其顿影响的哈尔基斯，不久辞世。

亚里士多德的著作只有部分留传至今。他早期写过不少对话体著作，有好几篇与柏拉图对话同题，如《政治家》《会饮》。他的政治学说主要见于《政治学》和《尼各马可伦理学》。应该提到的还有《修辞学》和《雅典政制》，前者包括对修辞学与政治学关系的思考，后者则是唯一流传下来的关于雅典城邦制度的杰作。亚里士多德的著作缺乏柏拉图的那种热情，可谓朴实无华。他的箴言是："对什么也不羡慕，对什么也不惊奇。"

亚里士多德把科学分为理论科学、实践科学与制作科学。他认为，政治学作为一门实践科学，研究的是城邦的善及其实现。他说："政治学的功用既在于首先建立一个城邦，同时又在于管理好所建立的城邦。"他指出，政治学的研究对象决定了政治学的地位。他把政治学看作"最高主宰的科学、最有权威的科学"[1]，是"一切学术中最重要的学术"[2]。亚里士多德认为，个人的善和城邦的善是统一的，只有在善的城邦中，才有善的公民。在《尼各马可伦理学》中，亚里士多德讨论的是善的本质；在《政治学》中，他讨论的则是善的实现。如中世纪哲学家阿威洛依所言，这正如医学分两部：一部论健康与疾病，一部论健康的保持与疾病的祛除。[3] 在亚里士多德看来，个人之善，亦即个人之完美，离开了城邦，便无法实现。亚里士多德的理论中不存在私人伦理与公共伦理的冲突。追求与公民完美相反利益的城邦，是"变态"的政体，它没有存在的理据。

---

[1] ［古希腊］亚里士多德：《尼各马可伦理学》，廖申白译，商务印书馆2003年版，第6页。
[2] ［古希腊］亚里士多德：《政治学》，吴寿彭译，商务印书馆1965年版，第148页。
[3] Averroes, *Averroes on Plato's Republic*, translated with an Introduction and Notes by Ralph Lerner, Ithaca and London: Cornell University Press, 1974, p. 4.

## 人是"政治动物",处于神、兽之间

亚里士多德的名言是:"人从天性上说是一种政治动物"①(也常被译为"人是天生的政治动物")。结合城邦政治的背景,亚里士多德本意是说人从本性上适合过城邦的生活。

亚里士多德指出,城邦是一种为了实现共善(共同的善)而形成的结合体。城邦不仅是为了满足基本生活之需,还要在更高的层次上,追求一种美好、高贵的生活。在《政治学》的开篇他就说:"一切社会团体的建立,其目的总是为了完成某些善业——所有人类的每一种作为,在他们自己看来,其本意总是在求取某一善果。既然一切社会团体都以善业为目的,那么我们也可说社会团体中最高而包含最广、发生在公民之间的一种,它所求的善业也一定是最高而最广的;这种至高而广涵的社会团体就是所谓'城邦',即政治社会。"②"至高而广涵"一词揭示了城邦的地位与特性。亚里士多德进而指出,政治关系是一种特定的平等、自由的合作关系,既不是柏拉图所讲的统治者与被统治者的关系,也不是家庭中的主人与奴隶的关系。亚里士多德所说的城邦是一种有着特定目的的联合体。政治自由与专业技能的结合,是他所认为的城邦的本质。

当亚里士多德说人是政治动物时,他并不是要求人人都积极参与政治,他也意识到大多数人关心私人事务的倾向。"人是天生的政治动物"的含义,首先在于人在任何地方都聚合为大于家庭的群体,合群性是人的特征。不过,这种合群性并非人类独有,蜜蜂、蚂蚁、兽群等也是政治动物,但是,他继续指出,人是一种特别的政治动物,因为人会说话,人有理性。他说:"人类所不同于其他动物的特性就在于他对善恶和是否合乎正义以及其他类

---

① [古希腊]亚里士多德:《政治学》,吴寿彭译,商务印书馆1965年版,第7页。
② [古希腊]亚里士多德:《政治学》,吴寿彭译,商务印书馆1965年版,第3页。"政治社会",中译本译作"政治社团"。亚里士多德讲的"政治社会",是16、17世纪英格兰市民社会(civil society)一词的来源。西塞罗最早以 societas civilis 来翻译亚里士多德的"政治社会"一语。13世纪中期最早的亚里士多德《政治学》全译本中,穆尔贝克家族的威廉(Willem van Moerbeke)将之译为 communication politica(政治共同体)。文艺复兴时期,人文主义者布鲁尼沿用西塞罗的译法,以 societas civilis 译之。16、17世纪英语中 civil society 即对应 societas civilis。参见[日]植村邦彦《何谓"市民社会"——基本概念的变迁史》,赵平译,南京大学出版社2014年版,第17页;[英]昆廷·斯金纳《现代政治思想的基础》下卷,奚瑞森、亚方译,译林出版社2011年版,第371页。

似观念的辨认。"① 人是最优秀的政治动物，因为他是理性的、道德的动物。他表示，离群索居的人，"如果不是一只野兽，那就是一位神祇"②。亚里士多德的名言也体现了他从"自然"的角度理解城邦，这与当时流行的一种意见——城邦是反自然的、依赖于武力的社团——形成鲜明的对照。

## "四因说"与目的论的宇宙观

图7 亚里士多德研究动植物

在哲学上，亚里士多德提出了"四因说"。他认为，事物的变化总是包括四个原因，即质料因、形式因、目的因、动力因（又译为运动因）。目的因，又称终极因，因为它是最终的目的，在它之上便没有更高的目的了。关于目的因的思想，与亚里士多德目的论的宇宙观一致。依此，事物皆有其目的（telos），其变化不是混乱无序的，它总是在向一种完美表达其本性的方向前进，并在那个状态下终止，然后走向衰落。例如，橡树籽的终极形态就

---

① ［古希腊］亚里士多德：《政治学》，吴寿彭译，商务印书馆1965年版，第8页。
② 同上书，第9页。

是橡树，橡树是橡树籽本性的"实现"。这是一种自然主义的目的论。它适用于自然，也适用于人以及人类社会。亚里士多德描述从男女配偶到家庭再到村落最后到自足城邦的演变过程，背后便是此种自然主义目的论，这就是说，城邦是自然演化而成，是某种本性的最高实现。亚里士多德写道：

> 城邦的长成出于人类"生活"的发展，而其实际的存在却是为了"善的生活"。早期各级社会团体都是自然地生长起来的，一切城邦既然都是这一生长过程的完成，也该是自然的产物。这又是社会团体发展的终点。无论是一个人或一匹马或一个家庭，当它生长完成以后，我们就见到了它的自然本性；每一自然事物生长的目的就在显明其本性［我们在城邦这个终点也见到了社会的本性］。①

亚里士多德把善作为城邦的目的因，这就排除了财富、肉体享受等作为城邦的目的。财富本身不是善，它只是手段，服务于更高的目的。于个人，于城邦，都是如此。

关于形式因，城邦的形式即为"政制"，或曰"宪法"，也就是政体形式。形式因即政体的构成原则。正是在此点上，一个政体与另一个政体区别开来，政体变革就是政体形式的变革。同样的一群人，可以组成不同的政体。政制是形式因，人是质料因。亚里士多德说：

> 城邦本来是一种社会组织，若干公民集合在一个政治团体以内，就成为一个城邦，那么，倘使这里的政治制度发生了变化，已经转变为另一品种的制度，这个城邦也就不再是同一城邦。以戏剧为喻，一班优伶（合唱队）一会儿扮演着悲剧的角色，合唱了一出慷慨凄凉的哀歌，隔一会却又改为喜剧人物而登场，合唱一出轻松愉快的乐曲。优伶虽还是原班的优伶，这两出戏剧总不是同一的戏剧了。合唱队这一譬喻，对于其他一切团体，以及一切组合事物都是适用的；凡组合的方式（体制）相异的，就成为不同的组合物。同样一些音符，或编配为杜里调，或编配为萧吕季调，就成了两种不同的乐调。由此说来，决定城邦的同异

---

① ［古希腊］亚里士多德：《政治学》，吴寿彭译，商务印书馆1965年版，第7页。

的，主要地应当是政制的同异。①

而动力因，则是政体运行、变化的原因。亚里士多德专门讨论了政体的变革。他认为政体变革的原因可以分为一般原因与因政体自身不同而导致的特殊原因。通常来说，追求平等与正义导致了政体的变革。亚里士多德说，有些确信优秀的人看到不能和自己平起平坐的人所得与自己相等，心中就会感到不平，而有些人看到别人所得胜于自己所得，也会愤愤不平，这两种不平，都是革命家的情绪。发难者的动机则包括名、利、放纵、恐惧等多种可能。② 关于各种政体何以发生变革的特殊原因，亚里士多德也有仔细的分析。例如，他谈到民主政体多因其中领袖放肆，寡头政体则多因执政者虐待平民，或寡头之间发生倾轧。

## "波里德亚"与中产阶级的美德

亚里士多德对政体进行了分类。他同时按两个标准来区分政体：一是政体的宗旨，即政体是否致力于追求公共善，按此标准，他区分出正常政体与变态政体（即腐化了的政体）；二是统治者的人数，按此标准，政体可分为一人统治、少数人统治、多数人统治。两个标准结合，就形成了六种政体。正常政体包括君主政体（monarchy）、贵族政体（aristocracy）和"波里德亚"（politeia/polity）③；变态政体包括僭主政体（tyranny）、寡头政体（oligarchy）和民主政体（democracy）。亚里士多德认为，政体科学就像体育教练的学问一样。体育教练不仅要关心适用于最好体质的训练，也要关心适用于大量不完善体质的最好或可接受的训练。政体科学不仅要探讨绝对好的政体，也要探讨适用于特定城邦的最好政体以及既是最好的又是可以接受和可以实现的政体。他指出应当重视对既有政体的改造，而不是凭空创造一个全新政体。④ 在理论上，由有德之君统治的君主政体是最佳政体；但在实践上，则以"波里德亚"最为可取。

亚里士多德所谓的"波里德亚"，即混合政体。此种混合政体的思想，

---

① ［古希腊］亚里士多德：《政治学》，吴寿彭译，商务印书馆1965年版，第119页。
② 同上书，第237页。
③ 中译多作"共和政体"，笔者取其音译。
④ ［古希腊］亚里士多德：《政治学》，吴寿彭译，商务印书馆1965年版，第176—177页。

在他的老师柏拉图那里是找不到的。柏拉图的观点是:"每一种政体都有一种特别的声音,就好像一种动物似的。政体有民主制,还有寡头制,第三种是君主制。……任何形式的政体都会对神和人发出自己的声音,也会采取与自己的声音和谐一致的行动,这样的政体才能保持繁荣昌盛,经久不衰。但若模仿其他政体的声音和行为,它就会灭亡。"① 亚里士多德则说:"凡能包含较多要素的总是较完善的政体,所以那些混合多种政体的思想应是比较切合于事理。"② 亚里士多德认为,一种"寡头政体与民主政体混合"的政体("波里德亚"),能集中二者的优点而避免各自的弊端。

亚里士多德的政治智慧中不乏这种"执中""调和"的精神。他特别提到了在城邦中中产阶级对于城邦稳定的价值所在。他指出,中产阶级比巨富和赤贫者更倾向于理性。巨富者倾向于傲慢和自负的卑鄙,赤贫者则倾向于恶毒和下贱的卑鄙,而不正义的行为正是由于傲慢或恶毒而产生。③ 他指出,中产阶级的强大对于缓和、平衡富人与穷人的冲突从而保持社会的稳定具有重要作用。亚里士多德所揭示的这一道理,为大量现实案例所证实,至今仍被人们视为政治学中的至理。

希腊城邦上百个,亚里士多德将它们分为六类,体现了将政治经验"理论化"的努力。他的政体分类思想,为后人区分政体提供了理论工具。然而,这一理论亦有其不足,例如,关于政体是否致力于追求公共善,此种"目的"意义上的标准等于没说,因为不仅大多政体的统治者都公开宣称追求公共善,而且即便视之为客观标准,从事实上考察一政体是否致力于追求公共善抑或是统治者的私利,也不那么容易。更为重要的是,政体之优劣与统治者人数固然有关,但更为关键的,是统治者按何种原则行事、其权力如何运行、统治者权力范围怎样等涉及"统治方式"的问题。这些问题是亚里士多德政体学说中所付之阙如的。

## 沉思生活的高贵

尽管《政治学》通篇围绕城邦展开,但人的完善才是亚里士多德思想的

---

① [古希腊]柏拉图:《第5封信》,载《柏拉图全集》第四卷,王晓朝译,人民出版社2003年版,第76页。
② [古希腊]亚里士多德:《政治学》,吴寿彭译,商务印书馆1965年版,第66—67页。
③ 同上书,第205页。

中心关怀。探讨什么是好的城邦，比较政体的优劣，只是服从于如何实现人的完善这一根本性的任务。政体优劣，关乎这一根本性任务。因为，在朽坏的、蜕化的政体中，"好人"的理想是难以实现的。

亚里士多德描绘了三种生活，它们分别是享乐的生活、政治的生活、沉思的生活。他视三种生活皆有其合理性，并不否定其中的一种，但他明确指出，沉思的生活，即哲人的生活，是最高级的生活，是最幸福的生活。他给出六点理由：（1）沉思的生活，是理性充分活跃的生活，理性本身为我们灵魂中最高贵的部分，沉思的对象也是高贵的东西；（2）它最为连续，比其他任何活动都更持久；（3）它最能让人感到快乐，此种快乐纯粹而又持久；（4）它是自足的，无须他人帮助，一个人单独就能够进行沉思；（5）它几乎是唯一因其自身而被人喜爱的活动，"它除了所沉思的问题外不产生任何东西，而在实践的活动中，我们或多或少总要从行为中寻求得到某种东西"①；（6）拥有闲暇，故而幸福，而在政治或其他生活中，我们都没有闲暇时光。

## 从柏拉图到亚里士多德

亚里士多德被视为政治学之宗师，因其著作直接以"政治学"命名，且对政治学的性质、地位、目的皆有明确的说明，其著作在形式上符合今人对政治学著作的想象，而柏拉图只是创作了一篇又一篇的对话（其实亚里士多德早期亦写了不少对话，只是已经失传）。实际上，柏拉图、亚里士多德师生二人在阐发政治理论方面，并无实质性的差别。一种常见的说法是柏拉图代表理想主义，专注于探求理想中的最佳政体，亚里士多德代表现实主义，基于对现实世界中若干城邦的观察、分析，做的是今人所谓的经验研究。此种说法，实为大谬。在以哲学的方式表明人追求完美、永恒、神圣的精神体验方面，亚里士多德大体继承了其师柏拉图。当然，在柏拉图那里，此种表达充分利用了神话、比喻，更显丰满、生动，而在亚里士多德那里，则多为刻板的逻辑推演。至于对人的完美的追求，则为二者所共有。

当然，亚里士多德对柏拉图学说的修正也是明显的。《政治学》卷二，即有对柏拉图"哲学家国王"及共产主义思想的批评。亚里士多德说，哲学

---

① ［古希腊］亚里士多德：《尼各马可伦理学》，廖申白译，商务印书馆2003年版，第306页。

家统治的君主政体，追求整齐划一，不合城邦的本性，因为城邦的本性即在于它由多样的、有差异的个体组成。我们必须保持那种多样性。再者，共产主义方案则会导致乱伦，还会削弱公民之间的"友爱"。公民间没有了"友爱"，便会产生内讧，从而危及城邦的存在。此外，财产公有均分比财产私有更易产生纠纷。最后，柏拉图没有说明适用于护卫者的规则有哪些能适用于一般公民。统治者与被统治者的关系，亦未有明确的说明。① 柏拉图那里的最佳政体是君主制（哲学家当国王），它是一种近似于神权统治的政体，亚里士多德那里的最佳政体则是六种政体中的"波里德亚"。此点差别具有重要意义。因为柏拉图"哲学家国王"所确立的秩序，本质上是一个理性帝国。它可以局限于一个城邦，也可以运用于整个希腊世界乃至天下。例如，在柏拉图的语境中，希腊人的特点就是爱智，他们是理性民族的代表，色雷斯人和西徐亚人的特点是活泼，他们是激情的代表；腓尼基人和埃及人的特点则是爱财富，他们是欲望的代表。② 而亚里士多德则拒斥关于帝国的理念。帝国之特点在于有一个中心，垄断权力，垄断真理，其好处在于维持和平，建立秩序。然而其建立与维持，皆依靠暴力与强制。亚里士多德目睹了一个大帝国的兴起，他对建立在征战基础上的帝国不能认同，因为这与他对有道德的人及良善生活的追求相冲突。在柏拉图生活的时代，城邦即已岌岌可危，至亚里士多德著书立说之时，城邦早已解体，但他并不因此而放弃对"好的城邦"的探讨。他视城邦生活为符合人本性的生活，在《政治学》中反复表明城邦是历史上"至高而广涵"的公民结合形式。柏拉图借助于东方世界的君主制经验提出对希腊城邦秩序的超越时，亚里士多德则表示坚守城邦秩序。沃格林称之为亚里士多德"保守"之体现，而此种"保守"，正是亚里士多德思想之特性。③

## 亚里士多德学说中的"政治"与"非政治"

亚里士多德的《政治学》，为后人保存了关于城邦生活的记忆。"人在天性上是政治动物"的说法，广为流传。然而，正如前文已经指出的，亚里士

---

① [古希腊]亚里士多德：《政治学》，吴寿彭译，商务印书馆1965年版，第44—68页。
② [美]埃里克·沃格林：《秩序与历史》卷三，刘曙辉译，译林出版社2014年版，第159—160页。
③ 同上书，第338页。

多德并不视政治生活为最高级的生活。亚里士多德对"沉思生活"的推崇，体现了他思想的"非政治"特点。"过沉思的生活"，要求人从城邦生活中撤退出来。这便意味着对公民责任的放弃。"理论"（theory）一词源于亚里士多德，本意即为旁观（theoria）——在一旁观看。雅典的政治家十分清楚，提倡沉思生活，必对城邦的维系造成毁灭性打击。苏格拉底被判死刑，正是由于他鼓动着一种非政治的生活。苏格拉底在《申辩篇》中自言："如果我很久以前就去搞政治，那我一定老早就送命了……正义的斗士，如果想要活下来，哪怕是很短的时间，也一定要把自己限制在私人生活中，远离政治。"[①] 至柏拉图、亚里士多德时期，学园的存在，更是一种异于城邦广场的新空间的开辟。苏格拉底尚与公民在广场上直接交流，柏拉图及其弟子则躲进了他们的"学园"，那里再无菜贩的叫卖与公民的喧闹。事实上，沉思生活的兴起，也是加速城邦衰败的动因。而从另一个方面看，亚里士多德学说的"非政治"却也有其意义，那就是它发现了城邦之外生活诸领域的价值。从前人们认为政治生活为自由人幸福生活的标记，现在人们则可以在精神生活中追求幸福。

沉思生活——追求至真、至善、至美，"探求第一因、关注神圣事物"，此种体验，与后来基督教时代信仰唯一真神的宗教体验，甚为契合。这便是亚里士多德学说的"宗教后果"[②]。

## 亚历山大的帝国事业

亚历山大大帝是亚里士多德的学生。不过，从亚历山大所为来看，亚里士多德的政治思想对他几乎没有什么影响。

公元前4世纪，希腊世界衰败，北方马其顿王国兴起，获得了希腊霸权。亚历山大于公元前336年继承父亲的王位时，年方二十。亚历山大情感丰富，骁勇善战，热爱荣誉，思想开明，喜欢探险，对异国风情充满兴趣。他青春年少，却从不淫乱放纵。他躺在床上害怕瞌睡妨碍其阅读与思考，便让人在他床边放一只水盆。他一手拿了一个铜球垂在床外，要是瞌睡了，手指松开，铜球落盆，发出的声音和溅起的水花就会把他惊醒。军事生活，构

---

[①] ［古希腊］柏拉图：《申辩篇》，载［古希腊］柏拉图《柏拉图全集》第一卷，王晓朝译，人民出版社2000年版，第20页。

[②] ［美］埃里克·沃格林：《秩序与历史》卷三，刘曙辉译，译林出版社2014年版，第350页。

成了亚历山大短暂人生的大部分内容。他激励军士时说过这样的话："我每天比你们早起，为的是让你们安安静静地在床上多睡一会。"① 他还说，他的全身，至少是前面，没有一个地方没有伤。没有哪一种武器没有伤害过他。亚历山大大帝喜欢诗才，他对荷马史诗爱之若狂，且以找不到荷马那样的诗人来书写他的丰功伟绩而感到遗憾。

亚历山大进行了东征，荡平了各地叛乱，征服了叙利亚、埃及、巴比伦，消灭了当时世界上最富的波斯，然后进兵印度。他在进兵印度时出了问题，战士思乡心切，不愿跟他继续打仗，多次哗变。亚历山大就回到巴比伦准备进攻阿拉伯野蛮部落。他因平时饮酒过量，身体状况本来不佳，在阿拉伯沼泽地带与野蛮人对阵时，他染了热毒，不治而亡，死时才33岁。亚历山大死后，他的部下各自为政，被征服地区趁机反抗，帝国不复存在，他的部将建立了多个王朝，这些王朝继续存在了三个世纪之久，直到被罗马人征服。

传说在进兵印度的时候，有一天，亚历山大大帝来到恒河前。他想要跨越恒河继续征战。

"这条神奇河流的东方是什么？"亚历山大问他的部下。

"只是蔓藤缠绕的森林，"部下回答道，"一里又一里，一里又一里，一直延伸到世界的最远方，其他什么也没有。"

于是，亚历山大下令造船，船载着他的军队顺流驶向大海。

"更远的地方是什么呢？"他问道。

"只是没有人迹的水域，"部下回答道。"一里又一里，一里又一里，一直延伸到世界的最远方，除了浩瀚的大海，其他什么也没有。"

"真的，"亚历山大说道，"世界上有人居住的地方都是我的领土。西方、北方、东方、南方，再没有可以征服的地方了。但是，这个王国还是太小了！"

说罢，亚历山大大帝坐下，哭了起来，因为世界上已经没有地方可以让他征服了。

还有一个故事。一次亚历山大行军时遇到几个印度智者。那些智者平时都是聚在那块草地上讨论问题的。见到亚历山大和他的部队过来，就停止了讨论，只是各自站着，在那里不停地跺脚。亚历山大不解其意，叫翻译上去

---

① ［古希腊］阿里安：《亚历山大远征记》，李活译，商务印书馆1979年版，第265页。

图8 亚历山大大帝哭了

询问。智者回答说："啊，亚历山大大帝，我们每个人在大地上只有他脚下踩的这一点地方。你也不过是跟别人一样。只不过你特别好动，特别狠心。老远离开自己的家乡，在这大地上到处游荡，给你自己找了不少麻烦，也给别人添了不少麻烦。可是，过不了多久你就要死去。死后，你在这大地上所能占领的，最多也不过是你的坟头所占的那一小块土地而已。"① 亚历山大并没有发怒，反而对印度智者的话大加赞扬。

亚历山大去世的第二年，他的老师亚里士多德去世。这两人的去世被有的学者称为西方政治思想发展的转折点。美国学者乔治·霍兰·萨拜因（George Holland Sabine）在《政治学说史》中写道：

> 在政治哲学史中，亚里士多德于公元前322年的逝世标志着一个时代的结束，正如他那位比他早去世一年的伟大学生的一生标志着一个新的政治学时代的开始以及欧洲文明史的开始。城邦的失败是划在政治思想史上的十分清楚的一条线，而从这时开始，它的历史就一直不断地延

---

① ［古希腊］阿里安：《亚历山大远征记》，李活译，商务印书馆1979年版，第255页。

续到今天。

……

作为政治动物，作为城邦或自治的城市国家一分子的人已经随着亚里士多德一道完结了；作为一个个人的人则是同亚历山大一道开始的。这个个人既要考虑如何安排他自己的生活，又要考虑同其他个人的关系（他就是同这些个人构成了人们居住的世界）；为了满足前一需要，就产生了研究行为的种种哲学，而为了满足后一需要，则产生了有关四海之内皆兄弟的某些新思想。①

不过，萨拜因的这一描述，常常引起人们的误解。作为个体的人取代了城邦的一分子，并不是说现代个人主义自此发端。因为希腊化时期的个人观念，并不同于现代个人主义中的个人观念。因为个人在那时虽不再局限于城邦来界定，但它是放置在整个宇宙秩序中来界定的。现代个人主义主张解放个人，视个人为独立的存在，个人拥有主权，个人被看作社会政治秩序的起点。这种观念，在希腊化时期并不存在。

## 希腊化时期：由城邦到世界

亚历山大的帝国事业，使古典希腊文化普及至整个中东，它带来了东西方文明的融合，史家通常称公元前336年至公元前31年为"希腊化时期"。城邦，已经成为记忆，权力已经转移到马其顿人手里。人们现在要面对的是一个杂合多个人种的世界。个人不再是"城邦动物"，他要独立地在世界中确定自己的位置，寻找活着的依据和意义。亚历山大大帝死后，帝国分为多块。希腊人的智慧，不足以建立秩序。无序、混乱、痛苦、绝望、缺乏安全感，是这个时期的特点。混乱引起了知识的衰退，引起了道德的败坏。此时，哲学也"不再是引导着少数一些大无畏的真理追求者们前进的火炬；它毋宁是跟在生存斗争的后面收拾病弱与伤残的一辆'救护车'"②。

就政治理论的视野而言，此时，"世界"代替了"城邦"。这一时期，传统的雅典学派（柏拉图和亚里士多德的学园），继续存在着。但他们的学

---

① [美]乔治·霍兰·萨拜因：《政治学说史》（上），盛葵阳、崔妙因译，商务印书馆1986年版，第178页。

② [英]罗素：《西方哲学史》，何兆武、李约瑟译，商务印书馆1963年版，第292页。

说，面临着越来越多的挑战。引人注目的是这个时期出现的新学派。这些学派中，比较重要的包括：犬儒学派（Cynicism）、斯多葛学派（Stoicism）、伊壁鸠鲁学派和怀疑主义。

## 以犬为师的犬儒学派

犬儒学派由第欧根尼（Diogenes of Sinope）创立。柏拉图曾说第欧根尼是"发了疯的苏格拉底"①。一个广为流传的故事说，亚历山大大帝曾来到他跟前，问他想要什么恩赐，他回答说："只要你别挡住我的阳光。"②

犬儒学派以讽刺、幽默、唱歌、说笑的方式与当时严肃的哲学（如柏拉图的哲学）进行论辩，虽然他们不提倡写作，但他们仍然写下了若干哲思随笔、剧作、小品文，其形式十分贴近底层民众。并且，自第欧根尼始，犬儒主义者即以他们大胆出格乃至荒诞的生活方式来宣扬其哲学，堪称最早的行为艺术家。第欧根尼即在广场上公然自慰，他的弟子克拉特斯与妻子希帕基娅竟然在广场上行男女之事，旁若无人。据说有的犬儒主义者在大庭广众之下交媾时不举，就以棍子代替。古罗马帝国晚期的奥古斯丁论及犬儒学派的"恶行"时还说："至今仍有犬儒学派的哲学家，他们不仅披着斗篷，而且手里拿着棍棒。"③他们就是这样"不知羞耻"，就是这样有个性！他们既然推崇像狗那样去生活，时人便赠第欧根尼一个昵称——狗（cynic 在古希腊就是指狗，希腊人认为狗代表无耻）。他和他的追随者们所形成的学派，也被称作"狗派"。该派中译为犬儒学派，是为了使之听起来更雅一些。犬儒学派的主要思想有：

（1）"抛弃礼法（nomisma/nomos）"。④ 犬儒学派主张抛弃一切礼法，丢掉一切习俗。家庭、族群、城邦、财富，统统放弃。法律上固定的夫妻观念，为他们所抛弃，他们的思想中也不存在"乱伦"二字。他们靠行乞、偷窃为生，自然贫穷不堪。他们到神庙里去偷吃供品，却不认为是亵渎神明、违规犯法，他们为自己的行为辩护，自有一套"歪理"。例如，他们偷吃了神庙里的供品，被人发现了，他们就辩护说："万物皆属于众神，儒者为众

---

① Ryan Balot, *Greek Political Thought*, M. A.：Blackwell Publishing, 2006, p. 280.
② [古希腊] 阿里安：《亚历山大远征记》，李活译，商务印书馆1979年版，第255页。
③ [古罗马] 奥古斯丁：《上帝之城》，王晓朝译，人民出版社2006年版，第619页。
④ Ryan Balot, *Greek Political Thought*, M. A.：Blackwell Publishing, 2006, p. 280.

神之朋友；朋友之资财可共享；故万物皆属于儒者。"①

（2）"顺从天性（nature）"。他们主张凡事要遵从人的天然性情（phusis/nature），提倡师法儿童、师法动物，认为那样的生活才是一种有道德的生活。按照他们的哲学，人的生活应当效仿狗。狗怎么做，人就该怎么做。从狗身上，可以看见人没有被扭曲的天性。无疑，犬儒学派是彼时崇尚原始社会生活方式的一批人。他们以"返璞归真"号召人们过一种有道德的生活，古希腊流行关于逝去的"黄金时代"的神话，犬儒主义的主张与此在精神上甚为一致。

（3）精神上的自主。犬儒主义者不在乎别人的议论，只关心自己精神上的追求，他们的哲学，包含的是一种激进的个人自由观念。这自由，是摆脱社会礼俗的自由，是率性而生的自由。他们倡导的自由，是一种非政治的自由，也是一种具有积极意涵的自由，因为它要求个人自己做自己的主人，要求个人大胆与习俗决裂，与世界相抗衡。

（4）"世界公民"。犬儒主义者最早提出了"世界公民"（kosmopolites）的概念。第欧根尼即称他无家无国，是一个世界公民。这种理念，不仅意味着对城邦政治的远离，也意味着对一切统治形式的拒斥。犬儒主义者是最早的世界主义者，但他们并不持有"世界帝国"的理想。他们认为，城邦是人们创造出来的虚假的宇宙。无论其政体是哪种形式，是君主统治，还是人民统治，都不值得人们去追求。真正的城邦，只有一个，那就是宇宙。

与苏格拉底学派相比，苏格拉底学派试图提升城邦、疗救城邦，而犬儒学派则对城邦采取了"放弃治疗"的办法。犬儒主义者并非无神论者，他们承认神的存在，并不主张拆除神庙。他们自称神的使者、神的朋友。犬儒主义者以类似传教士的方式生活在底层人中间，身体力行地宣扬其独特的哲学。他们虽然行为乖张，但并非提倡粗鄙野蛮。暴力相残、明争暗斗，皆非犬儒主义所推崇。

## 斯多葛学派

斯多葛派渊源于犬儒学派。斯多葛学派的创立者是西提雍的芝诺（Zeno of Citium）。他的老师是犬儒学派的克拉提（Crates）。他和他的追随者经常

---

① D. L. 6.37. 转引自 Ryan Balot, *Greek Political Thought*, M. A.：Blackwell Publishing, 2006, p. 282。

聚集在雅典的"画廊"（斯多葛）那里讨论问题，故而得名斯多葛学派，即画廊学派。芝诺钦佩苏格拉底，熟悉亚里士多德的著作，他的学说，受苏格拉底学派的影响也是很深的，是故斯多葛派哲人更愿意被归入苏格拉底学派。① 与犬儒学派甚为不同的是，斯多葛学派提倡人们参与政治生活，以服务于全人类共同利益。芝诺即言："他将走进公共生活，除非有什么阻止他。"② 芝诺后来自杀了，该派很流行自杀这种死法，认为这是人自主控制自己命运的体现。

斯多葛学派的理论要点有：

（1）天意论：斯多葛学派主张基于整个宇宙秩序来定位个人，认为每个人都是宇宙的一个缩影，而宇宙背后，是一个上帝，上帝代表普遍理性（logos/ratio），世间秩序都是由上帝决定的。这就是斯多葛派的"天意论"。此种理论，渊源于柏拉图的《蒂迈欧篇》（*Timaeus*）。而且，斯多葛学派认为，天意还可以通过占卜来发现。例如乌鸦在左边聒噪，预示灾害，等等。③ 斯多葛派讲"理性"，然而这种"理性"，并不排除在今人看来是"迷信"的东西。

（2）自然法理论：斯多葛学派提出了自然法的思想，故而也被称作自然法学派。他们认为，自然法是"真正的法，是正确的理性，与自然相一致，充斥宇宙之间，持续而永恒"④。斯多葛派的自然法观念，经由罗马法学家而发扬光大。自然法理论成为西方思想传统中重要的一支，一直延续到当今。

（3）世界城邦的理想：斯多葛学派沿袭了犬儒学派对城邦政治的拒绝，也持有"世界城邦"的思想。在斯多葛派所展望的世界城邦中，人们服从的是普遍理性，而非某一个政府权威或某一种实在法。这种普遍理性，似于良心的声音。所谓美德，就是依据理性去生活，人生的目标就是发展此种美德。在我们依据正确的理性（自然法）生活时，我们就进入了一个宇宙共同体（世界城邦）。斯多葛主义是一种普遍主义的政治哲学，它主张四海之内皆兄弟，不分高下。城邦时代对主人与奴隶、公民与外邦人、希腊人与野蛮

---

① David Sedley, "The School, from Zeno to Arius Didymus", in *The Cambridge Companion to the Stoics*, edited by Brad Inwood, Cambridge: Cambridge University Press, 2003, p. 11.
② 转引自 Seneca, *Moral and Political Essays*, 中国政法大学出版社2003年版, 第174页。
③ [英] 休谟：《宗教的自然史》，曾晓平译，商务印书馆2014年版，第77页。
④ Cicero, Republic, 3.33. 转引自 Ryan Balot, *Greek Political Thought*, M. A.：Blackwell Publishing, 2006, p. 288。

人的区别，在这里被取消了。

（4）圣人理想：斯多葛主义强调理性的运用，认为理性是人与神分享的东西，人与神一样拥有理性能力。斯多葛主义提出，人要学会抑制自己的激情，控制自己的欲望，存天理，灭人欲，远离爱恨情仇，不迷恋财色，唯理性是从，由此做一个"圣人"。斯多葛主义认为，此种通过精神修炼而成的"圣人"最富有、最自由，他们是王者，是不死的神。

斯多葛学派存在既久，延续600年，对罗马法产生了重要影响。罗马的小加图、塞涅卡、帝国时期的皇帝马可·奥勒留，都是斯多葛学派的思想家。

希腊化时期的斯多葛主义者是亲马其顿的人。斯多葛派思想十分类似于焦虑时代的心灵鸡汤。西塞罗曾不无讽刺地说："从芝诺学派出来的是野人。"① 罗素则说："斯多葛主义里有着一种酸葡萄的成分。我们不能有福，但是我们却可以有善；所以只要我们有善，就让我们装成是对于不幸不加计较吧！这种学说是英勇的，并且在一个恶劣的世界里是有用的；但是它却既不是真实的，而且从一种根本的意义上来说，也不是真诚的。"②

## 伊壁鸠鲁的花园乌托邦

伊壁鸠鲁学派的代表人物是雅典人伊壁鸠鲁（Epicurus）。该学派与柏拉图、亚里士多德、斯多葛学派的观点相对立。伊壁鸠鲁的著作有《论生活的模式》。罗马共和国晚期的卢克莱修，也是伊壁鸠鲁主义者，他著有《物性论》。由于伊壁鸠鲁严格规定学派教义，禁止学生发挥改造，故而该派学说流传多年而能保持大体不变。从《物性论》，可见古罗马时期人们心目中的伊壁鸠鲁学派之要义。伊壁鸠鲁主义亦受到犬儒学派的影响。有学者认为，在一定意义上，伊壁鸠鲁主义即为冲淡了的犬儒主义。③

伊壁鸠鲁学派思想包括：

（1）原子论：伊壁鸠鲁主义者是唯物主义者。他们认为，宇宙是由原子与虚空组成的。一切事物都是由原子构成。包括诸神，也是由真实存在的有

---

① 转引自［法］蒙田《蒙田随笔集》，马振骋译，上海译文出版社2014年版，第39页。
② ［英］罗素：《西方哲学史》，何兆武、李约瑟译，商务印书馆1963年版，第346页。
③ ［英］克里斯托弗·罗、马尔科姆·斯科菲尔德主编：《剑桥希腊罗马政治思想史》，晏绍祥译，商务印书馆2016年版，第413页。

形的粒子构成的。构成诸神的粒子，与构成人的粒子一样。神无法摧毁，但也是一种物质性的存在。① 伊壁鸠鲁学派认为，原子的聚合毫无目的，它们的聚合只取决于功用、算计与需求。这就构成了对亚里士多德主义目的论以及自然主义的拒绝。

（2）快乐主义伦理学与道德上的相对主义：伊壁鸠鲁学派追求的，是个人内心的平静与快乐。内心的平静，就是要免除不必要的恐惧所导致的困扰，快乐也由此而来。伊壁鸠鲁说："我们宣布快乐是可期许的生活的起点与终点；因为我们已经认识到，快乐是第一位的、天然的善，我们的每个选择或回避皆由此出发，我们制定我们的目标，以我们的感受作为判断每一件善事的准则。"② 伊壁鸠鲁所言的快乐，只指精神上的某种怡然自得。不过其后人以及罗马的伊壁鸠鲁主义者皆把快乐曲解成了肉体的快乐，由此使得伊壁鸠鲁主义成为一种追求低级感官刺激与欲望的肤浅学说。按照此种伊壁鸠鲁主义，快乐即是善，痛苦就是恶。快乐本身有其自身的价值。人们所追求的，不外是消除痛苦、获取快乐。他们否定存在自然正义，认为正义和其他美德是因为它们对共同体有用才存在，是实现个人、社会目标的手段。伊壁鸠鲁学派既然着眼于个人的体验去看待善恶，导向一种道德上的相对主义便不难理解。

（3）远离政治：伊壁鸠鲁主义者的特点在于，他们否定了"人从天性上来说是政治动物"的预设，不把人的完善与城邦联系在一起。他们否定城邦生活的意义，主张从城邦政治生活中隐退。甚至家庭，时人认为组建家庭是为城邦做贡献，伊壁鸠鲁主义者也予以否定。③ 他们认为，圣人的生活要摆脱政治生活，除非在紧急情况下，正如伊壁鸠鲁主义的神一般不参与人间事务一样。④

伊壁鸠鲁在远离闹市的偏僻地方建立的"花园"，是十分著名的。他认为，可以有一种新的生活方式，可以有一种新型的共同体。伊壁鸠鲁主义者

---

① David Konstan, "Epicurus on The Gods", in *Epicurus and the Epicurean Tradition*, edited by Jeffrey and Kirk R. Sanders, Cambridge: Cambridge University Press, 2011, p. 69.
② Epicurus, Men, 转引自 *The Cambridge History of Hellenistic Philosophy*, edited by Keimpe Algra, Jonathan Barnes, Jaap Mansfeld, Malcolm Schofield, Cambridge: Cambridge University Press, 1999, p. 649。
③ Eric Brown, "Politics and Society", in *The Cambridge Companion to Epicureanism*, edited by James Warren, Cambridge: Cambridge University Press, 2009, p. 179.
④ Jeffrey Fish, "Not All Politicans are Sisyphus: What Roman Epicureans Were Taught about Politics", in *Epicurus and the Epicurean Tradition*, edited by Jeffrey and Kirk R. Sanders, Cambridge: Cambridge University Press, 2011, p. 92.

在一起生活，只吃面包和水，食物来源由伊壁鸠鲁的朋友捐赠。伊壁鸠鲁经常写信，向他的朋友们要食物。伊壁鸠鲁待人平等，他的花园里的朋友中有奴隶，有妓女。妓女列奥琪娅，就是伊壁鸠鲁的情人。[①] 伊壁鸠鲁主义者不参与政治，他们的这种做法，常被人指责为"搭便车"[②]，因为他们享受的生活资料与安全，是由城邦提供的，他们的花园并不能完全摆脱城邦。不过，这种说法，真是对哲人的苛责了。更何况，伊壁鸠鲁主义者并非真的要人们放弃一切政治生活，他们只是对传统城邦绝望，而致力于探求一种新的共同体。这个共同体，是友谊的共同体。

（4）社会契约论。伊壁鸠鲁学派最早提出了理性契约论。他们认为，社会并非自然演化而成，它本来是建立在邻居间的契约之上，是为了防止相互伤害。在理性算计的基础上，明智的人制定了法律。这些法律，只是用来提醒和惩戒一些不谨慎、健忘的人的；有良好判断力的人，无需法律。[③]

伊壁鸠鲁主义者在当时名声不佳。"在古希腊罗马社会里，称呼某人为一位伊壁鸠鲁主义者，就正如在美国政治的麦卡锡时代称某人为共产主义者一样。它给人无神论者的印象，其工作就是破坏社会。"[④]

## 怀疑主义两种

彼时实有两种完全不同的怀疑主义：一种是埃利斯的皮浪的怀疑主义；另一种是塞利尼的卡涅阿德斯所代表的怀疑主义。

埃利斯的皮浪并未留下著作，亦未有意识地创建一个学派，他的生活是离群索居、与世隔绝的，然而正是这种独特的生活方式，体现着他的思想特色。皮浪不仅要从城邦政治生活中撤离，还从哲学团体中撤离。皮浪的怀疑主义，不仅否定人的认识能力，亦怀疑真理本身的存在。此种怀疑主义，是一种存在论的怀疑主义。

皮浪认为，人们既不要相信某些人已拥有真理，亦不必纠缠于真理是否存在，人们应将此类问题予以"悬搁"。心灵既不要向着善热情地飞奔，也不要因找不到善而焦虑，它应当保持一种"宁静的状态"。如此，才能获得

---

① [意] 阿尔贝蒂：《论家庭》，梁禾译，西安出版社1998年版，第85页。
② Ryan Balot, *Greek Political Thought*, M. A. : Blackwell Publishing, 2006, p. 293.
③ Ibid. , p. 291.
④ [美] 科林·布朗：《基督教与西方思想》卷一，查常平译，北京大学出版社2005年版，第62页。

幸福。譬如在风浪中颠簸起伏的海船上，人感到害怕，猪却十分平静。① 皮浪的哲学，源于印度的神秘主义。据说皮浪曾与亚历山大大帝一起前往印度见那里的智慧之人。皮浪所谓灵魂的宁静，即为印度神秘主义者所提倡的宁静。

另一种怀疑主义，则与卡涅阿德斯的名字联系在一起。卡涅阿德斯是后来柏拉图学园的主持者，活动在公元前2至公元前1世纪，他是一名很受欢迎的演说家，同时还是职业拳师，不过并未留下著作。卡涅阿德斯在罗马演讲，第一天按斯多葛派的观点，论证宇宙间有自然法。第二天，他按照伊壁鸠鲁的哲学讲，认为宇宙仅仅是原子的集合，根本没有什么自然法。结果两场演说都博得了人们的喝彩。卡涅阿德斯遭到了罗马当局的驱逐，因为他的思想被认为对青年人的道德观有腐蚀作用。② 他的怀疑主义否定了人类获取绝对确定知识的可能性。他认为，正反两方面的道理同样正确，分不出高下。传说在地中海东部一个奴隶市场，各派哲人向主人兜售自己的哲学，轮到怀疑主义者上场，主人问他为何带着一个天平。怀疑主义者回答说："我用它来衡量各种论证，使它们相互平衡，当我发现他们重量完全相等时，啊哈！我就不知道哪一个是真的了。"③ 卡涅阿德斯不相信自然法，不相信普遍道德准则的存在，认为一切法律都只是人为创造出来的。卡涅阿德斯的怀疑主义，为认识论的怀疑主义。它针对的是亚里士多德、伊壁鸠鲁和斯多葛学派的教条主义哲学，因为这些学派都相信自己找到了通往真理之路，甚至已拥有真理。

怀疑主义者不执着于任何教义，避开各种争议，只寻求自我内在的平静，在事实上，他们可以在任何习俗与法律中"幸福地生活"，故而在政治上，其学说具有"保守"的性格。④

古希腊哲学以怀疑主义为终点，具有深刻寓意，它意味着个人追求幸福的徒劳，意味着古典理性主义的终结。围绕何为幸福生活、如何求得幸福生活，古代世界中后期的哲学流派，依古罗马学者瓦罗之见，竟然可分为28种。哲学对真理的追求、探询，并不能导向某种确定的幸福生活，走向怀

---

① 参见［法］蒙田《蒙田随笔全集》上卷，潘丽珍等译，译林出版社1996年版，第57页。
② ［英］安东尼·帕戈登：《启蒙运动》，王丽慧等，上海交通大学出版社2017年版，第41页。
③ 此典故出自公元2世纪卢奇安（Lucian）的讽刺对话体著作《兜售哲学》。
④ ［美］埃里克·沃格林：《秩序与历史》卷三，刘曙辉译，译林出版社2014年版，第412—413页。

疑，是为必然。这又为一种确定信仰的引入，做了充分准备。美国学者保罗·蒂利希（Paul Tillich）说："英雄的古希腊人企图在哲理性的基础上建立一个世界，却以怀疑主义达到一个灾难性的终结；从企图用本质的学说建立一个新世界开始，却以怀疑主义告终。"①

希腊化时期政治思想家的特点是，他们大体都持平等主义、世界主义的观点。对照柏拉图、亚里士多德的学说，我们可以看到他们在"非政治"的方向上继续向前推进。他们的思想，离现代人更近，离柏拉图、亚里士多德反而更远。犬儒学派，堪称最早的世界主义者。斯多葛学派，对后世政治法律思想的发展，影响甚大。自然法的观念，直到当代，仍不乏追随者。伊壁鸠鲁主义，是17世纪霍布斯的政治哲学基础之一。某种形式的怀疑主义，在近代早期法国思想家蒙田那里再次被唤起，用来为一种新的政治伦理辩护。

---

① ［美］保罗·蒂利希：《基督教思想史》，尹大贻译，东方出版社2008年版，第103页。

# 第二章　古罗马人的政治实践

告别了古希腊城邦世界，我们来到了一个庄严豪气的世俗之城——亚平宁半岛的古罗马。历来讲西方历史，总是先讲古希腊，再讲古罗马，这让人产生了一个印象，以为古希腊与古罗马是先后相继的不同朝代，其实，这个印象是错误的。在古希腊文明繁荣发展的时候，古罗马文明早已展开。古罗马文明是古代西方文明的又一个高峰。古希腊世界在伯罗奔尼撒战争之后，呈现没落景象，最终为罗马人所征服。西方古代文明的重心，转移到了罗马。

探访西方政治思想，考察西人的政治经验，古罗马是重要的一节。罗马起源于一个小城邦，后来发展成为一个超级大帝国，且维持持久。虽然帝国于5世纪衰亡，但东罗马帝国一直持续到1453年。公元800年，查理大帝创立的神圣罗马帝国，至拿破仑时期才宣告覆灭。古往今来，不少学者毫不掩饰地表达了对罗马人事功的向往，崇罗马而贬希腊。罗马法世界著名，对人类文明影响深远，古罗马的兴衰历来是很多学者津津乐道的话题。与古希腊人相比，古罗马人自有其鲜明的特点。古希腊人能言善辩，追求卓越，创造的艺术作品美轮美奂，古希腊也为人们贡献了苏格拉底、柏拉图、亚里士多德等哲学大家，但希腊世界弹丸之地，常年战争，争讼不已，不能形成一个稳定、和平、持久的秩序。古罗马人却不然。古代世界最懂政治的民族，大抵就是罗马人了。罗马人懂政治，但很少把政治的奥秘讲出来；罗马人的伟大政治是"做"出来的。罗马立国千年，但罗马的思想家寥寥无几。最有名气的西塞罗，讲的许多道理也都是希腊人的，人们至多称赞他拉丁文写得不错。玄思冥想，阐发精妙的理论，罗马人历来不擅此道。

美国学者德怀特·沃尔多（Dwight Waldo）在概括古罗马时期对西方政治传统的贡献时，特别提出了两点。他写道："一是在中世纪向现代的过渡中，罗马的样板不断被研究和援引。……另一个，对现代政治词汇的回顾表明，罗马人同许多主要概念有联系，这些概念包括国家、民族、政府、共和国、帝国、宪法、公民和自由等。"[1] 关于沃尔多所说的第一点，我们可以想到马基雅维里对李维《罗马史》前十卷的评注，可以想到近代公民人文主义对古罗马经验的诠释。《联邦党人文集》的作者以及美国独立时期的"爱国者"们，都十分熟悉古罗马，并尊之为伟大的榜样。轰轰烈烈的法国大革命被视为"披着罗马人的外衣"进行。当代英国学者昆廷·斯金纳（Quentin Skinner）的研究表明，自由主义之前的自由观念是由一批"新罗马"作家阐发的。[2] 在沃尔多所说的第二个方面，我们还可以给他列出的概念清单继续追加几个名词，如权威、文化、传统、独裁。

历史上的罗马人，是混合种族的后裔，但主要是拉丁人的血统。罗马政治发展的历史，通常认为有三个时代：（1）王政时代（公元前753—前509年）；（2）共和时代（公元前509—前30年）；（3）帝制时代（公元前27年—公元476年）。

## 罗慕路斯建城

罗马城的创立者是罗慕路斯（Romulus）。关于罗马建城，还有一段传说，普鲁塔克的《希腊罗马名人传》、李维的《罗马建城以来的历史》都提到过这个传说。这个传说为罗马提供了一个神圣起源。根据传说，罗慕路斯还有一个同胞兄弟，名叫勒慕斯（Remus），他们的母亲是阿尔巴国王努弥托的女儿，但是她生孩子的时候，父亲的王位已被僭主阿穆略夺取。她自称与战神交合而受孕。罗慕路斯和勒慕斯出生后，国王阿穆略担心他们长大会复仇，便下令将这两个婴儿溺死，执行王命的人动了恻隐之心，没有遵守阿穆略的命令，而是将二子放在木盆中，让木盆随水漂走。木盆漂到水边的一棵无花果树旁时，婴儿的哭声引来了一只母狼。母狼非但不予加害，反而有意抚养他们，它把木盆叼到洞中，给他们喂奶，附近的啄木鸟也叼来食物，一口一口地喂给他们。就这样过了七八个月，他们被阿穆略的一位牧民发现了，牧民收养了他们，一直到他们长大，还让他们学文化。据说牧民发现他

---

[1] ［美］格林斯坦、波尔斯比编：《政治学手册精选》上卷，竺乾威等译，商务印书馆1996年版，第7—8页。

[2] Quentin Skinner, *Liberty Before Liberalism*, Cambridge: Cambridge University Press, 1998.

们时，他们正在吮吸母狼的奶头，所以牧民就给他们取名字叫"ruma"（古罗马人把奶头叫作 ruma）。[①] 罗慕路斯和勒慕斯体格健美，气宇轩昂，为人做事受人称道，尤其是罗慕路斯，在处理事务方面，思虑甚捷，颇有远见，判断能力在他兄弟之上。

图 9　罗马的起源

有一次，努弥托和阿穆略的牧人之间为放牧发生了冲突，罗慕路斯兄弟积极参与其中。在斗争中，罗慕路斯兄弟被努弥托抓住，讯问之间，他们的身世真相大白。原来，兄弟二人是努弥托的外孙。于是，罗慕路斯兄弟杀死了僭主阿穆略，帮努弥托重新夺回了王位。他们不想抢外祖父的王位，拜别母亲后，他们决定到别处去建新城，开拓新生活。那时，他们身边已聚集了许多听他们号令的奴隶和流浪汉，无处安身，建新城看来也是形势所迫。

但是，兄弟二人刚着手建城，就在城址问题上发生了争执。罗慕路斯选

---

[①] ［古希腊］普鲁塔克：《希腊罗马名人传》，陈永庭等译，商务印书馆1990年版，第42页。

址于平地，主张修筑罗马广场，勒慕斯则主张选址于山上。兄弟二人同意通过飞鸟占卜来定输赢。他们约定分处两地，谁看见的秃鹫多就依谁。罗慕路斯素有谋略，在他看来，建城一事如此重大，岂可凭飞鸟多少而定？他决意依他的建城方案，于是派人做了手脚。最后的结果是，勒慕斯看见了6只秃鹫，罗慕路斯看见了12只。罗慕路斯胜了。事后，有人告诉勒慕斯这是个骗局，勒慕斯十分气愤。一天，他来找他的兄弟罗慕路斯，罗慕路斯正在修筑城墙，勒慕斯在一旁讽刺挖苦，还从城墙的一边跳到另一边，这惹怒了罗慕路斯，罗慕路斯当场杀死了他的亲兄弟（一说他手下人杀死）。在这场冲突中，他的养父，那个牧民，也被杀死。① 罗马城至此只有一个王了。这便是罗马建城的传说，这个传说有神圣的一面，也有血腥、暴力的一面。

罗慕路斯是罗马城的创建者，他具有"卡理斯玛"②，他是罗马社会政治秩序的创设者。"建城"，不仅是筑起围墙、建立城市的意思，它更意味着建立城邦，建立起一个具有政治意涵的共同体。建城是一个伟大的创举，罗慕路斯是建城者，是罗马的立法家。"立法家"在古代不仅指通晓法律、制定法律的人，它更指创造秩序、设计政体的人。这里的"法"远比今天人们所讲的"法律"含义丰富。我们前面提到的梭伦、莱库古，作为新秩序的设计师，都是这样的立法家。

罗慕路斯建城的故事，文艺复兴时期的马基雅维里曾有精彩的点评。马基雅维里是十分推崇罗慕路斯的。罗慕路斯杀死亲兄弟与养父，显然不合传统道德训诫，但他既致力于创立一个新的城邦，便要有政治家的果敢，抛弃道德陈见。马基雅维里评论说："以下所言可视为一条通则：任何共和国或王国的创建，或抛开旧制的全盘改造，只能是一人所为，要不然他绝无可能秩序井然，即或有成，亦属凤毛麟角。确实，必须由单独一人赋予它模式，制度的建立端赖他的智慧。因此，共和国的精明的缔造者，意欲增进共同福祉而非一己私利，不计个人存废而为大家的祖国着想，就应当尽量大权独揽。……行为使他蒙羞，结果将给予宽宥，此谓当然之理。如罗慕路斯之所为，只要结果为善，行为总会得到宽宥。因为应受到责难的，不是严厉的改良者，而是强取豪夺者。……罗慕路斯便属于这样的人，对于其弟和王权分享者的殒命，当予宽宥；他之所为，乃是出于公益，而非个人野心。有此为证：他

---

① ［古希腊］普鲁塔克：《希腊罗马名人传》，陈永庭等译，商务印书馆1990年版，第50页。
② 德国思想家马克斯·韦伯（Max Weber）曾重点阐发的一个社会学术语，意指杰出人物所拥有的超凡脱俗的魔力。

立即组建元老院以襄国是，每有决断，便参酌他们的意见。细察罗慕路斯为自己保留的权力可知，那不过是临战时的军权和元老院会议的召集权而已。"①

马基雅维里认为罗慕路斯应当得到宽宥。其实，罗慕路斯为公益而不在乎人生有道德污点的例子还有。比如建城后，罗马城中只有男人，没有女人，不能繁衍后代，但邻近的萨宾人不愿意与他们通婚。于是，罗慕路斯一干人便策划了抢新娘的计谋，他们先以举行赛会为名，把萨宾人的年轻女子吸引过来，然后一声号令，所有的罗马男子上前抢夺女子，碰到谁就把谁带回家，当然，最美丽的要留给元老院。他们并不是出于满足淫欲而抢女人，而是为了促进两个部族间的融合，他们不为难萨宾的男人，只是把他们赶走。据说一共抢了五六百名萨宾少女，只有一名已婚女子，她最后可能成了罗慕路斯的夫人，还为罗慕路斯生下一男一女。罗慕路斯之后发布诏令，称只是因为她们的父亲阻挠部族间的通婚，才把她们抢过来，他们会尊重她们、善待她们，只需她们纺纱织布、生儿育女。木已成舟，萨宾少女也只有接受这一结果。

## 波利比乌斯：揭开罗马强大的奥秘

罗马建城既充满传奇色彩，其后表现也果然不同凡响。自公元前509年罗马人废王政建共和之后，罗马的发展亦步入快车道。罗马共和，维持近五百年，其政权之稳固，令人称奇，而共和时期成就的霸业，更令世人瞩目。罗马帝国时期，帝制取代了共和制，但帝国所拥有的领土实际是在共和时期取得的。帝国时期，罗马开始走向衰落，故共和时期的罗马，是最为辉煌的罗马，是罗马史上最壮丽的一段。罗马从公元前264年与迦太基人发生第一次布匿战争（罗马人称迦太基人为"布匿"，因此得名）开始，仅用短短53年时间，便建成了一个横跨欧、亚、非三大洲的大国。罗马人成功的奥秘在哪里？有一位叫波利比乌斯的人，他将为您揭开罗马强大的秘密。

波利比乌斯（Polybius，或译作波里比阿）是希腊史学家。他天资聪慧，"是真正的学问家，是人类事物的敏锐观察者"。罗马人征服希腊的时候，他作为人质被押送到罗马，那时他37岁。他的同伴被禁止入意大利，他却得

---

① ［意］尼科洛·马基雅维里：《论李维》，冯克利译，上海世纪出版集团2005年版，第71—72页。

到了优待。在罗马，他和西皮奥（Scipio Aemilianus）[①]建立了亲密的关系，是西皮奥的家庭教师。他在罗马生活了17年后，重返希腊故里，在那里著书立说。他希望向世人（既包括希腊人，也包括罗马人，但主要是他的希腊同胞[②]）揭示罗马人成功的奥秘。波利比乌斯有着希腊人特有的敏锐，他生活在罗马多年，又与许多罗马政要有往来，这使他有条件为罗马人写史。他在希腊写作，便无谄媚的必要，况且他本人也不是那样的人，所以，他写作的《历史》（*Histories*，中译为《罗马帝国的崛起》），主观上不会去做美化历史的工作，事实上，他赞扬过罗马人的敌人迦太基的汉尼拔。波利比乌斯是罗马共和的见证人，是了不起的史学家，也是一位政治哲学家。关于写作《历史》的目的，他在该书第六卷说：

> 历史最好及最有用的目标是能够向我的读者解释：究竟是以何种方法和凭借何种政体（宪法），让几乎整个世界都落入一个强权亦即罗马的统治之下，这绝对史无前例。[③]

波利比乌斯给出的答案并不复杂，他认为，罗马强大的奥秘，就在于罗马的混合政体（mixed regime）。罗马共和之中心要义，便是混合政体。混合政体的理念可以向前追溯到亚里士多德，但真正将之落实者，首推罗马。波利比乌斯把罗马的政体与雅典、斯巴达及迦太基的政体做了比较。他发现，罗马的政体是最优良的。罗马政体的特点在于同时混合几种不同政体的因素，从而克服了纯粹某一形式的政体之弊病。

波利比乌斯说，纯粹的君主制、贵族制、民主制，皆易腐化。他没有明说的是，权力易使人腐化，绝对的权力绝对地使人腐化。最初君主凭其才德，创设政体，热心公益，但不久以后，他便堕落为僭主，贵族于是联手将之推翻，确立贵族政体。贵族当政，最初亦励精图治，然几代人之后，其不肖子孙便仅为私利着想，骄奢淫逸，沦为寡头，于是激起人民的反抗。人民推翻寡头政体，确立民主政体，经过几代，自由、平等不再受人重视，人民亦腐化不堪，只想挥霍享乐，任由野心家煽动，结果是强人出现，重新恢复

---

[①] 西皮奥五十岁时入元老院。
[②] F. W. Walbank, *Polybius*, Berkeley, Los Angeles, London: University of California Press, 1972, p. 6.
[③] ［古罗马］波里比阿：《罗马帝国的崛起》，翁嘉声译，社会科学文献出版社2013年版，第394页。

秩序，重回君主制。单一的政体便如此前后相继，循环往复。人民饱受政体频繁更迭之苦，产业亦无从繁盛。罗马人则建立起了兼具几种政体要素的政体，这些要素相互制约平衡而成为一个整体。

罗马共和政体有三个最核心的设计：它有两个执政官，相当于君主的统治；它设有元老院，相当于贵族的统治；还设立了平民大会和保民官，它们代表平民。在罗马共和国重大政治问题的议决中，这三方同时发挥作用，相互制约。

第一，罗马共和政体中设立了两个执政官。波利比乌斯特别强调了执政官的重要性。罗马的执政官由民众会议任命产生，可以是贵族，也可以是平民，任期是一年。两位执政官之间是同僚关系，决策实行一致同意的原则。他们拥有最高治权，这种治权包括指挥军队、管理城邦、进行审判等各个方面，还有召集人民和元老的权力。他们拥有12名侍从官。侍从官手执中间插有斧头的棒束，这种仪仗，罗马人称为"法西斯"（法西斯主义一词中的"法西斯"渊源就在于此）。这种仪仗是象征性的，但在古代，它们有实际的用途：棒束用来打人，斧子用来砍头。执政官还拥有以他的名字纪年的荣誉。执政官的存在，体现了罗马政体中君主制的因素，执政官在一些重大问题上做出决断，这些决断有可能不受民众欢迎。

第二，罗马有一个元老院。元老院由一些具有卓越功勋者及世系贵族充任，后来也有德才兼备的平民进入元老院，它体现了精英在政体中的作用，其构成人员相对固定，终身任职，保证了政体的稳定与延续。加图、西塞罗都曾入元老院，他们具有美德和智慧，德高望重。他们不拥有权力，但拥有权威。西塞罗在其《论法律》中即云："权力在人民，权威在元老院（potestas in populo, auctoritas in senatu）。"[①] 元老院在议决问题时有建议权，他们的建议，诚如蒙森（Theodor Mommsen）所言，乃介于忠告（advice）与命令（order）之间。[②] 元老院提出的建议，不具法律效力，却不容忽略。事实上，他们拥有某种不令而行的影响力。元老院靠"影响力"发挥作用，其权威体现的是类似于"领导（leadership）"的原则。[③] 元老最初由参与建立城邦的

---

[①] 中译本作"最高权力给予人民而实际权力给予元老院"，未能区分 power 与 authority。参见［古罗马］西塞罗《国家篇 法律篇》，沈叔平、苏力译，商务印书馆1999年版，第229页。

[②] 参见［德］特奥多尔·蒙森《罗马史》第二卷，李稼年译，商务印书馆2004年版，第66页。

[③] Malcolm Schofield, "Liberty, Equality, and Authority: A Political Discourse in the Later Roman Republic", in *A Companion to Greek Democracy and the Roman Republic*, edited by Dean Hammer, M. A. : John Wiley & Sons Ltd. , 2015, p. 123.

功臣组成，后来的元老亦从最早的功臣那里继承了"卡理斯玛"，而罗马人之重视建城经验，也使他们愿意承认元老的权威。承认权威，是罗马人卓越政治智慧的标志之一。20世纪政治思想家汉娜·阿伦特曾写过《什么是权威》一文，阿伦特指出，权威（authority）与作者（author）在词源上同根，都有"创建者"的意思。罗马人对于政治理论中"权威"的观念功不可没，这一观念对希腊民众来说是陌生的。柏拉图看清了雅典人不懂"权威"的弱点，提出了一个理想国的设计。这个理想国的中心要义，正是要确立起一种权威，所谓哲学家统治，确立的正是理性的权威。① 柏拉图企盼的理性的权威，罗马人以元老院这一制度形式将它付诸实践，不过，他们如此做是出于政治上的天赋，而非读了柏拉图的书。

第三，罗马共和政体的重要组成部分之一是平民大会。从法律上讲，罗马的每个公民都可以参加平民大会，拥有投票权。平民大会代表人民的意志，所谓"权力在人民"。为了有效地保护平民的利益，抵制贵族阶层可能施行的恶政，在长期的制度演化中，出现了由平民选举产生的保民官。保民官最初不过二三人，后来发展到十人。原则上，他们代表人民，具有神圣地位，他们拥有法定的否决权，其职责是"保护平民不受执政官治权的侵害"。法律规定，保民官发言时，打断者要判死刑，因为那意味着对人民的冒犯。

波利比乌斯认为，罗马此种混合政体，比希腊任何一种政体都优秀。希腊只有斯巴达比较成功，它延续了大约800年，斯巴达的统治也体现了美德与智慧，但它缺乏足够的民主成分，因而缺乏创造力。雅典作为一个民主制城邦，只在少数时候比较成功，比如梭伦立法时期、伯里克利时期，在其他大部分时间，雅典政治乏善可陈。波利比乌斯又将罗马和迦太基进行了比较，他的结论是，迦太基过分商业化，人们没有美德。

波利比乌斯写作时，罗马共和政体已经运行了三百年。他把罗马人的实践上升为一种政体理论，这种理论概括自然会略去许多枝节。罗马混合政体的基本架构，固然在共和时期最为典型，却并非仅为这一时期所有。实际上，罗马人在王政时代已有国王、元老院、平民大会三者混合的制度安排。至后来进入帝制时期后，这种混合政体的基本格局依然存在，只是三者间力量的状况有了变化，均衡的格局或被打破，论者也有认为，这种均衡格局的

---

① Hannah Arendt, *Between Past and Future: Eight Exercises in Political Thought*, New York: The Viking Press, 1968, p. 118.

打破是罗马帝国衰亡的重要原因。

罗马人拥有此等精良的政体，并非出于罗马人的理性设计，它是政治实践的产物，其中包括了罗马平民与贵族、穷人与富人之间长期的斗争。不过，罗马人的成功之处在于，这种斗争反倒维护并促进了罗马人的自由。

罗马的混合政体对后世有极大的影响。现代英国、美国的政体，都是典型的混合政体。英国有国王、上议院与下议院，美国有总统、参议院与众议院，君主、贵族、人民的因素皆有体现。

## 他们都是爱国者

英国学者肯尼斯·米诺格（Kenneth Minogue）指出，古罗马人的突出特点是向人们揭示了"爱国主义的真正涵义"，"希腊政治的基础是理性，罗马政治的基础是爱国主义——爱祖国，爱罗马"①。

罗马人以爱国而闻名，他们热爱自己的祖国，愿意为她战斗，为她牺牲，为她争光。"我和我的祖国，一刻也不能分离。"这句歌词大概最适用于描述罗马人了。罗马人不仅爱国，也热爱家乡。他们不论走到哪里，都不忘故土。疆域的扩展、殖民地的开拓，从未隔断罗马人与罗马城的联系。罗马人在打完一次仗后，最大的理想就是回家，与亲人团聚，重操种田的旧业。

罗马人亦兵亦农，他们战时出征，平时务农，既不是纯粹的士兵，也不是纯粹的农民。在长期的耕战生活中，罗马人形成了自己独特的品格。除爱国之外，罗马人还有许多受人称颂的美德。罗马文明之繁盛，固然归功于他们精良的制度，但再好的制度，如果制度中人没有美德，势必也难以运转。法国启蒙思想家孟德斯鸠尝言，共和政体的原则是美德。② 古典时代，人们很重视美德，而罗马人在践行美德方面，做得极为出色。罗马共和后期，腐化的苗头已十分明显，但罗马人总体的操行等第，大体还说得过去。

罗马人忠诚，他们忠于祖国。据说一个罗马小孩被敌人抓住，要他说出他知道的罗马人的作战计划，不然就烧他的手，这个小孩竟毫无畏惧地将他的小手伸向火堆。③ 罗马人有纪律，懂得什么是服从。他们种地，学会了与天合作；他们打仗，学会了与人合作。罗马人勇敢，他们鄙视懦夫，认为

---

① [英]肯尼斯·米诺格：《政治学》，龚人译，辽宁教育出版社1998年版，第19页。
② [法]孟德斯鸠：《论法的精神》（上），张雁深译，商务印书馆1961年版，第26页。
③ [美]依迪丝·汉密尔顿：《罗马精神》，王昆译，华夏出版社2008年版，第179页。

"美德"总意味着男子气概，他们的娱乐包括观看人与人、人与兽的搏斗，这在今人看来血腥、野蛮而不人道，但罗马人以此作为公民教育的一种形式，旨在激发尚武的精神。罗马人质朴，他们不喜欢矫揉造作，也不迷恋哲思，他们会让自己的子女去希腊学知识，但他们并不欣赏希腊人的许多做法。西塞罗就曾对他在希腊学习的儿子告诫说，你在希腊，要学好文化，但切勿沾染希腊人那种机巧好辩、夸夸其谈的习气。加图则曾主张要驱赶在罗马的希腊哲学家。《论语》上说："质胜文则野，文胜质则史。文质彬彬，然后君子。"[1] 如果说雅典人太"文"，斯巴达人太"质"，罗马人则算得上"文质彬彬"。亚当·斯密（Adam Smith）曾说，罗马人的道德远较希腊人为优。古罗马党派间有争执，他们不发脾气，不走极端，不像希腊人动辄上演流血惨剧。罗马人特别著名的，还有他们对誓约的尊重。[2] 守信这一点以今天的话语言之，反映古罗马"社会资本"的发达。罗马人重法，且不论罗马法学家对人类法律文明的贡献，罗马人历来就有重合同、守信用的传统，罗马的官员权力再大，也不能随意处死一个普通公民。

罗马人坚韧、忠诚、爱国……类似的美德还可以继续往下开列。这些美德，总体上不外是公德，是武德，是世俗之德，阳刚有余而阴柔不足。罗马人崇尚的，与古希腊人不一样，也与后来基督教所宣扬的"打右脸，把左脸给他"[3] 的那种主张恬退隐忍的"德"不一样。罗马人关心的不是私人的幸福，亦非灵魂的得救，而是共和国的荣耀。

罗马人有服从"权威"的习惯，实际上，罗马人还尊重传统，并且，他们有十分明确的"文化"意识。阿伦特认为，"传统""权威""文化"都是罗马人的杰作，有其独特的罗马渊源。[4] 罗马人重视文化与他们以种地为生是密切相连的。种地，要注意保存种子，要注意灌溉涵养、精心呵护。文化（culture）最初就是指农业（agriculture），只是后来引申为人的培养。阿伦特称罗马人"也许是我们已知的最懂政治的民族"[5]。

---

[1] 《论语·雍也》。

[2] [英] 亚当·斯密：《国民财富的性质和原因研究》（下卷），郭大力、王亚南译，商务印书馆1997年版，第333、336页。

[3] 《马太福音》。

[4] Hannah Arendt, *Between Past and Future: Eight Exercises in Political Thought*, New York: The Viking Press, 1968, p. 208.

[5] Hannah Arendt, *The Human Condition*, Chicago and London: The University of Chicago Press, 1998, p. 8.

## 罗马共和制的危机

古罗马的混合政体有足够的优点使之利于对外扩张。罗马帝国的版图之大略，是在共和时期的征服中获得的。帝制时期，只有在皇帝图拉真统治时期，帝国的领土有过扩展，余时不过是守成。罗马由台伯河畔一个小邦，成为地中海的主人。希腊人只能将政治组织的范围限于不大的范围。在城邦之间，希腊人采用基于霸权国结成盟邦的模式来构建更为广泛的区内和平。这种做法仅能维持一时。罗马人在两个方面区别于希腊人，从而成就了范围辽阔的大帝国。这两个方面，一是罗马人把公民权给予被征服地区的人民，这克服了希腊城邦公民权的狭隘性；二是罗马共和政体确保了更多的贵族制成分，这使得其决策具有远见而不乏审慎，避免了希腊直接民主制之弊端。[1] 大帝国得以建立，战利品与巨额财富源源不断地流入罗马。然而至公元前1世纪，种种迹象显示着古罗马共和制的危机。

罗马共和政体虽被波利比乌斯理想化地概括为一种混合均衡的完美状态，实则是元老院主导的贵族制。罗马人春天作战，余时务农，原以拥有美德著称。此时，情况发生了大的变化。罗马的贵族开始腐化，他们吃喝玩乐，只知囤积土地、聚集财富；即使像西塞罗这样讲究美德的人，在当时也积累了巨额财富，西塞罗拥有的豪华别墅，即有几十处。在元老中，这还只能算是中等水平。罗马贵族的生活依赖于奴隶，他们已经习惯了骄奢淫逸。由于征服了希腊，受到希腊个人主义的影响，又沾染了希腊哲人所推崇的闲暇沉思，贵族子弟多已不愿意从事征战。共和末期元老院的元老们庸碌不堪，对共和国的前途毫不在意，只关心自己发财。罗马盟邦努米底斯的朱古达到罗马与元老们交往后发现，只要以金钱贿赂，在罗马没有什么办不成的事。离开罗马时，朱古达说："这是一座准备出售的城市，如果它碰到一个买主，必定会很快灭亡！"[2]

罗马此时不是没有想通过改革拯救共和国的明智之士，但一系列事件表明，改革在旧体制下无法进行。帝国领土的扩大，多民族的融入，增加了统治的难度。帝国的城市经济也陷入困境。然而，此时罗马的元老院却处于一

---

[1] [意]加塔诺·莫斯卡：《统治阶级》，贾鹤鹏译，译林出版社2002年版，第434—436页。
[2] [英]撒路斯提乌斯：《朱古达战争》，王以铸、崔妙因译，商务印书馆1995年版，第253页。

种不作为的状态。元老院对罗马城穷人的呼声置若罔闻,对各地的叛乱、奴隶起义,亦拿不出切实的措施。① 在此背景下,贵族出身的提比略·格拉古,决心发起一场消除危机的改革。这一改革,挑战元老院权威,打击贵族势力,以平民大会为靠山。不过,此时平民同样已经腐化,他们宁愿接受贵族给予的小恩小惠,而不愿支持提比略·格拉古的改革。提比略·格拉古是十位保民官之一。他的改革包括打击大地产、让贫民拥有小块土地等措施。元老院行动起来,否决了他的改革方案。当提比略在平民大会发表演说时,元老院议员竟带了暴徒过来,直接将其乱棍打死。改革者受旧势力报复而鲜有好下场,看来不分中西。提比略死后,他的支持者,也遭到迫害。

不过,罗马当时的危机是真实的。十年之后,提比略之弟盖约·格拉古继承其兄事业,在当选为保民官后,再次推行改革。他的措施务实而激进。他的举措包括重新划分土地,把公民权广泛授予罗马城之外的公民,扩大元老院人数(从600人增至900人)以弱化旧贵族的影响。改革取得了卓著的成效。元老院再次反扑,在武装冲突中,盖约·格拉古牺牲。格拉古兄弟的举措,被称为共和末期的"民主化"运动。② 格拉古兄弟的两次失败表明,罗马元老院已成反动势力的堡垒,旧体制中,靠体制内保民官推动的"民主化"改革无望。这是危险的信号。经过一个世纪的冲突,旧体制终于让位给新体制——帝制。以元老院为核心的混合政体,走到了它的尽头。帝制时代,元老院这一机构还保存着,但它已不再发挥实际的作用,权力已悉数由军事统帅拥有。

这种变化,可从帕累托所说的统治精英素质的衰退来做部分解释。③ 共和晚期,元老院里的元老,已不是从前的资深政治家出身,多是因拥有高贵的父辈,得以进入元老院。贵族子弟久不习行伍,他们被送往希腊去留学。他们把大部分时间花在打扮与享受上。在父辈的提携下,他们先去担任地方的财政官,谓之历练。之后,他们靠直接或间接的贿赂,靠家族势力的运作,获得支持,当选为执政官。如此具备一定的资历后,即荣入元老院。这种"官二代",明显缺乏统治素质。平民出身的军事将领或具有军功的贵族,很快从元老院那里接过了统治的任务。

此时,北方游牧民族森布里人和条顿人的入侵,对罗马旧有的公民军制

---

① [英] J. C. 斯托巴特:《伟大属于罗马》,王三义译,上海三联书店2011年版,第104页。
② [苏] 科瓦略夫:《古罗马史》,王以铸译,生活·读书·新知三联书店1957年版,第493页。
③ 参见 [法] 帕累托《普通社会学纲要》,田时纲译,东方出版社2007年版,第241页。

度造成巨大的冲击。战事的吃紧、战争技术的发展、大帝国的巩固迫切要求一支职业化的军队。马略在军事上的改革，加速了罗马共和的覆灭。从前罗马贵族任军事统帅，罗马平民亦农亦兵，但现在贵族子弟耽于享乐，部队在军事方面极不专业，这样，罗马人在与游牧民族作战时，便屡屡失败。有鉴于此，马略不再以财产条件征兵。他治理军队，只以才能、军功论赏。军人在退伍后，不仅可以拥有一块土地，还可以享受一笔退休金。职业化军队的建立，造成了军人对军事首领而非共和国的效忠。这种拥有类似于私家军的军事首领，不久便回师罗马，在政治上发挥作用。从马略，到苏拉，到庞培，到恺撒（Julius Caesar），再到屋大维（奥古斯都），罗马一步一步、不知不觉地进入了皇帝的统治之下。

朱利乌斯·恺撒出身于贵族，但他一直站在平民一边，颇得民心。他虽然患有癫痫，却不乏雄心壮志。对罗马政局的混乱，他深恶痛疾。他勇敢而又有谋略，曾带兵远征高卢，为罗马获得一个新的行省。他还为后人留下了史学名著《高卢战记》，此书据说是他在行军途中坐在马车里口授、由他人记录而成。恺撒还曾是比希尼亚国王尼科美得斯的"情人"。在高卢凯旋仪式上，他的士兵们曾编出歌谣来讲这件事：

> 恺撒征服了高卢呀，尼科美得斯征服了恺撒，
> 请看，恺撒现在凯旋了呀，他把高卢人征服了，
> 尼科美得斯没有凯旋呀，可他征服了恺撒。[①]

在与庞培的争斗中，恺撒希望寻求和解，但元老院与庞培联合起来反对他，宣布他为人民公敌，内战爆发。恺撒当机立断，"渡过卢比孔河"，挥师罗马。经过激烈的战斗，恺撒打败了庞培，成了罗马的新主人。恺撒并未废除元老院与平民大会，他仍然是"执政官"，且自称"第一公民"。他拒绝用 Rex（王）的称号。当人民列队欢迎他、向他致敬时，他说："我是恺撒，不是国王！"当然，他是一位有全权的执政官。

罗马人的教育中，历来说罗马有光荣的共和传统，视反暴君为光荣的事。恺撒胜利后，各种流言纷传，说恺撒要学东方的暴君。恺撒自己的言

---

[①] ［古罗马］苏维托尼乌斯：《罗马十二帝王传》，张竹明、王乃新、蒋平等译，商务印书馆1995年版，第26页。

行，也不得不让人生疑。比如对保民官傲慢，见元老院议员时没有从座椅上起立，椅子上镶金，他的塑像立于罗马古代七王之旁，下令为自己修建神庙，等等。他还曾说："共和国啥也不是，只是一个没有形体的空名。"① 公元前44年3月5日，元老院中一群怀念过去的议员策划了一场阴谋，在元老院将其谋杀。不过，杀死暴君，并不能终结暴君制，何况恺撒并不能算"暴君"。罗马统治结构及其社会基础的改变，使得刺杀者未能成为反暴君的英雄，恺撒死后，元老院对行刺者宽大处理。恺撒的养子，18岁的屋大维继承了帝位。

## 奥古斯都与罗马帝制的定型

帝国不等于帝制，通常所谓罗马帝制，也不是指罗马实行君主制。罗马皇帝，不同于君主，更不同于东方社会的皇帝。中译所谓的罗马"皇帝"，本是一个模糊的译法，不少译本将之译作"元首"，以区别于公元3世纪戴克里先统治时期始有的真正的"皇帝"。那时罗马完全变成了君主制。而在这之前，罗马的政体，虽已不再是从前的共和政体，但也并非君主政体。何以言之？帝国的皇帝到底有多大的权力？他们是如何产生的？其统治集团的权力如何分配，而具体的社会事务管理以及相应的财税管理，又是如何进行的？何种组织结构支撑着如此大的一个帝国？

罗马帝国的政体，有其相当的特殊性。它的定型，并非出于某个立法者的设计，而是经一系列事件、通过一系列法令在实践中逐步完成。不过，屋大维在罗马数十年的统治，对罗马帝制的确立，起到了极重要的作用。

恺撒被刺杀之后，屋大维作为养子由继承而获得帝位。他虽不像恺撒那样精力充沛，具有远见卓识，富有军事指挥天才，却也有自己的特点，那就是理性、冷静、慎重、小心。他是"一个善于为自己选择第一流助手的优秀专家"，他巩固了苏拉和恺撒奠定的新政体基础，由此创立了持续约300年的罗马帝制。② 屋大维其人，古罗马的史家曾诬其为伪君子。现代史家则愿意为其正名，他甚至被尊为"世界历史上最伟大的政治家"③。

---

① [古罗马]苏维托尼乌斯：《罗马十二帝王传》，张竹明、王乃新、蒋平等译，商务印书馆1995年版，第38页。
② [苏]科瓦略夫：《古罗马史》，王以铸译，生活·读书·新知三联书店1957年版，第682页。
③ [英] J. C. 斯托巴特：《伟大属于罗马》，王三义译，上海三联书店2011年版，第188页。

屋大维执政时期采取了多种改革措施，这些措施，都是在保守共和古制的名义下进行的。他这么做，一方面是托古改制，旧瓶装新酒，减少改革阻力，悄悄实现制度的变革；另一方面是吸收了恺撒锋芒毕露而招来杀身之祸的前车之鉴。因为那时罗马虽然政体上在往皇帝制度方向演变，思想上却表现出对共和国传统与公民美德的怀念。

罗马帝制初期，平民大会、元老院、执政官三者依然存在。但平民大会，已不会违反皇帝的意旨。因为此时平民大会中的平民，不再是当初的罗马自由农民，而是城市贫民与流氓无产者。他们"靠富人餐桌上掉下来的面包屑"为生，没有美德与荣誉的概念，谁给他们一些眼前的好处，他们就愿意充当谁的工具。很快，平民既然由皇帝来代表，平民大会便不再召集。元老院是屋大维要重点打击的目标。共和的倾覆，某种意义上可以看作罗马贵族制向寡头制的蜕化。如亚里士多德所言，贵族不再谋求公益，便蜕化成了尚富的寡头。[1] 罗马这时的社会结构，发生了大的变化，随着帝国的繁荣，出现了很多财富造就的新贵族。他们在恺撒时期，被吸收进了元老院，由此元老院不仅成分混杂，人数也达到千人。屋大维通过多次的整肃，清理了那些他认为不够格的元老，使千人变成了 600 人，而这 600 人，大多是他的支持者。屋大维规定，担任元老者，家族中必须已经有两代人做过元老，财产资格的要求，当然一直存在。

屋大维时期的罗马被称为帝制，并非他从形式上废除了元老院与平民大会，而是因为他具有实际的支配权。他是永远的保民官，代表了人民拥有的权力，自称"第一公民"（此称号恺撒已使用过），他是"第一元老"（名列元老名单之首），又是终身的执政官，他还是罗马的祭司长。帝国的各种大权，皆集中于他的手里。不过，就在他大权在握、信心满满时，他却故作姿态，向元老院辞职，称要交出所有的权力。元老院明知他是帝国唯一的核心，却配合演戏，向他表示感激，并赠其称号为"奥古斯都"，意为神明之尊。

我们看待罗马帝国的统治结构时，必须时刻提醒自己罗马帝国不是现代意义上的国家。现代国家理论中的术语如主权、立法权、行政权、司法权一类，不能搬到这里来。罗马帝制时期如同共和时期一样，皆无明文来确定各个机构的权力。而且，罗马的政体中，有一个现代人不容易理解的"权威"

---

[1] ［古希腊］亚里士多德：《政治学》，吴寿彭译，商务印书馆 1965 年版，第 165 页。

概念，这个概念，在现代国家理论中并不存在。共和时期，权力在人民，权威在元老院。帝制时期，权力与权威，皆由皇帝来体现。元老院虽然存在，不过是个摆设，其作用是为皇权提供合法性。新继位的皇帝是谁，元老院无权过问，但他的上任，要有元老院来宣布。而皇帝死后，元老院也需要煞有介事地对他品评一番。元老们没有军权，军事上的事情，任由皇帝一人做出决定。在最好的情况下，皇帝会去向元老们进行咨询。但元老提出的建议听与不听，全由皇帝定夺。

德国史学家特奥多尔·蒙森（Theodor Mommsen）认为，罗马帝制时代实行的是一种"二元统治"（Dyarchia），所谓皇帝与元老院共天下。[①] 这种观点影响极大，得到很多史学家的赞同。蒙森着眼于宪法与法律上权力的分配，指出元老院与皇帝，实际上各拥有一半主权。诚然，我们可以看到这种"二元统治"政体的某些特点。例如，有些官职专门由皇帝授予。皇帝设立了禁军，元老院无权调动。行省分为元老院控制的行省与皇帝控制的行省。恺撒控制的行省有叙利亚、西班牙、高卢和埃及。财政方面，也分为元老院控制的国库与皇帝控制的国库。

不过，另有学者认为，罗马自奥古斯都时期以后，是帝制无疑，只不过它有一个"合乎宪政的外形"。[②] 皇帝终身任军事统帅，拥有发布命令的全权，无须元老院的批准。他拥有禁军。皇帝的家人、情妇、跟班甚至家奴，皆成了帝国最有权势的人物。帝制时期修辞学的衰落，也标示着这个时期"自由"的丧失，因为辩论在帝制时代的政治生活中，已成为多余。

晚近德国学者阿洛伊斯·温特林（Aloys Winterling）指出，蒙森的二元统治论具有极大的误导性。蒙森自己也经常提到古罗马奥古斯都以来法律上应当如何、事实上如何二者之间出现的悖论。罗马帝制的二元特性，按照温特林的考察，关键在于罗马皇帝的统治体系与贵族制等级社会之间的二元。其间关键的问题，不是主权在法理上的分割，而是纵向上皇权对社会的渗透。[③] 显然，温特林关心的是罗马帝国时期国家与社会的整合。这种整合，对于一个大帝国来说，显然是十分重要的。

---

[①] Theodor Mommsen, *Römisches Staatsrecht*, Vol. 3, Leipzig, 1887/1888. 转引自 Aloys Winterling, *Politics and Society in Imperial Rome*, translated by Kathrin Lüddecke, Chichester: John Wiley & Sons Ltd., 2009, p. 13。

[②] ［苏］科瓦略夫：《古罗马史》，王以铸译，生活·读书·新知三联书店1957年版，第661页。

[③] Aloys Winterling, *Politics and Society in Imperial Rome*, translated by Kathrin Lüddecke, Chichester: John Wiley & Sons Ltd., 2009, p. 125.

实际上，我们以马克斯·韦伯（Max Weber）的术语来分析，可以如此去看，奥古斯都的努力，代表着帝国统治体系理性化的努力。他通过法令，允许公民作为个体可以直接向皇帝申诉。平民与外族居民以及数量上激增的释奴（主人破产或在战争中死亡），亦有机会成为骑士，或者充作行政官僚。这些措施在事实上加强了皇权。皇权受到的制约不是来自元老院，而是来自社会中世系贵族对实际特权与利益的维护。

罗马原本就是一个军事社会，由一个小城邦变成大帝国，其军事社会的性质并未改变。罗马帝国不像中华帝国，并非一个官僚制国家。它的统治结构的分化，颇为有限。① 统一的租税征收体系、公共财政以及由中央政府派出的文官组成的官僚队伍，几百年间从未出现，因为罗马帝国靠军事活动支撑。即使在和平时期，其军事制度遗产依然存在。罗马的皇帝制度，本是军事统帅拥兵自重、不受元老院节制而造成。而在罗马几百年的历史上，竟出现二帝甚至四帝共治等现象，且持续多年。对此我们难以理解，中国自秦以来大一统格局下皇帝为帝国中心，天无二日，民无二王，皇帝独断的思想根深蒂固，无法想象"共治"为何物。而中华帝国的专制主义性质，罗马帝国几百年，从未有过。其间差别何在？

罗马的皇帝，并不坐在王宫中享福，他是真正的军事统帅，相当于军队的总司令。而他的统治权又不止于军事，因为古代罗马社会，军事与民政，其间界限并不明确。罗马皇帝要充当各种纠纷的仲裁，甚至还要处理很多琐事，之所以有二帝共治或皇帝与元老院分管行省，正在于皇帝一人任务繁重。有时为了应付紧急状态、快速地做出决定，罗马还设有独裁官一职，此时帝国一切大权皆集中于独裁官一人之手。

罗马的皇帝很少住在罗马城中，他大部分时间在外征战，或到各处巡视。皇帝死后，他指定的继承人继位。王位不一定在某个家族中世袭。不过，帝制时代虽延续近三百年，但并无和平交接权力的宪法或惯例。因为武人干政，常常以剑说了算。"有军队就有王位。"② 罗马有多位和平交班的好皇帝，全在于罗马人的美德没有腐化，重视传统。公元216年，士兵出身、从未当过元老的马克里努斯以武力夺权，开了极坏的先例，帝位继承于是血雨腥风。真是大势已去，衰象毕现。从235年至284年戴克里先登基，约五

---

① 当代以色列学者艾森斯塔得的《帝国的政治体系》对历史上的官僚制帝国有较好的研究。参见［以］艾森斯塔得《帝国的政治体系》，阎步克译，贵州人民出版社1992年版。
② ［英］J. C. 斯托巴特：《伟大属于罗马》，王三义译，上海三联书店2011年版，第207页。

十年内，罗马竟有四十多人争夺帝位。其中有的只做了几天皇帝，而得以善终、没有死于被后来者诛杀的，只有一人。[①]

## 帝国对行省的统治

  帝国的维持，并不容易。武力征服得来的领土，罗马人将其变作新的行省，依其军事需要，派驻军团，以总督治之。而各行省的军团，不能擅自去别的行省。否则，即违反了叛逆法。也有无法征服的地区，只能与之签订和平条约，结为同盟，或者允其较自主地存在，只需在必要时提供士兵以支援罗马。帝国在东扩的过程中，遇到极大的障碍，一次又一次战争，皆未实现帝国边界向东的突破。罗马帝国的边疆经营，并非全然是好战所致，实际上，有好几个皇帝是不主张战争的。

  帝国内部的统治，与东方专制王朝及西方现代国家中的情形极为不同。首先，罗马内部，不存在直接统治，不存在现代国家中政府与公民之间的直接关系。罗马社会，盛行一种庇护的惯例。平民受大人物庇护，由此间接影响帝国政策，平民自身亦获得特别的安全感。罗马的公共工程，以一种十分特别的合同制来进行，不需要政府拨款，亦不需要政府去督办。罗马存在发达的社团，由此罗马公民以团体的方式，推动某个事业，包括对政府提出意见，表达愿望。故而罗马帝国的公民，不是专制政体中孤立的、毫无力量的个体。帝国时期的改革，提供了平民上升的途径，并且罗马人以较灵活的政策对待外族居民，常赠新征服社会中的显贵以公民权，这些做法，皆有助于帝国内部的稳定。新征服地区的居民，从前受部落的控制，活动范围狭窄，现在纳入罗马法律体系，成为罗马人，其权利有一定保障（即使是奴隶，罗马也以法律规定其权利，予以一定保护），生活也大为丰富，自然心悦诚服。

  罗马无发达的官僚制机构，其秩序之维持，更多的是靠"社会文化，而非行政管理"[②]。罗马人对于征服地区的城市，通过条约与特许状，允其按自己的城市章程自治。这些城市有自己的官员、议事会与公民大会，甚至还保留了本土的法律。帝国的活力，跟它的自治制度是联系在一起的。整个帝

---

  ① ［英］约翰·瓦歇尔：《罗马帝国》，袁波、薄海昆译，青海人民出版社2010年版，第41页。
  ② ［英］尼古拉斯·珀塞尔：《政府艺术》，载［英］约翰·博德曼等编《牛津古罗马史》，郭小凌等译，北京师范大学出版社2015年版，第199页。

国,其实是由几百个自治市组成的集合体。① 另外,罗马的军团,在维持基本秩序方面,也常常发挥作用。有时军团会直接承担起征税的任务。最后,诗人与雕塑家、建筑设计师在塑造帝国理想、使罗马征服合法化、使皇帝神圣化方面,也起了不可或缺的作用。他们推出的诗作、雕像、和平神庙,将帝国理想以象征表达出来。诗人方面,贺拉斯、维吉尔的创作与奥古斯都的改革理念相一致。诗人们塑造了承载着世界和平理想的伟大罗马形象,他们甚至宣称罗马是东方社会的救星,罗马必将成为"世界的主人"。就反思罗马社会的道德危机、捍卫罗马的古典美德而言,诗人们也与奥古斯都同步。奥古斯都对元老院的多次"整肃",有着道德与宗教目的。奥古斯都所为,并非完全是个人专权的欲望所致,它是针对罗马上层贵族腐败堕落的整改。②

## 罗马的暴君们

罗马的皇帝们,有通常被称为"暴君"者,如提比略·恺撒、卡里古拉、克劳狄、尼禄。也有后来的五贤帝——内尔瓦、图拉真、哈德良、安东尼·帕斯、马可·奥勒留。但即使是在所谓的"暴君"时期,罗马的和平、繁荣、发展仍持续着。暴君们的恶名,主要来自那些怀念共和、长期受共和传统教育的史学家。③ 其实,罗马皇帝个人的一些荒唐乃至暴虐行为,对于帝国统治本身,并无多大影响。

卡里古拉原名盖乌斯。因为他小时在军中成长,喜欢着军装,穿小长筒军靴,由此得名卡里古拉(意即小长筒军靴)。卡里古拉原先谦恭、慷慨,很受元老院与人民的支持。但一场大病后,他时生妄念,行为失常,俨然成了一个怪人。例如把自己化装成神,在神庙里与众神侃侃而谈;任命他喜欢的马在元老院供职;着女装在大街上行走;夜间,当明月升起时,他常不断地邀请明月入怀,与他共眠。他还梦想成为亚历山大第二,常穿着他从亚历

---

① [英]赫·赫德、德·普·韦利编:《意大利简史》,罗念生、朱海观译,商务印书馆1975年版,第48—49页。
② [德]赫尔弗里德·明克勒:《帝国统治世界的逻辑:从古罗马到美国》,闫振江、孟翰译,中央编译出版社2008年版,第69页。
③ 早期帝国的主要文献史料是古罗马塔西佗的著作《历史》和《编年史》。塔西佗拥护共和,反对帝制。他的历史著作,虽不歪曲事实,但会选择表现皇帝们专横、暴虐、放荡等恶行的材料,对于他们的积极活动,则故意避而不谈。古罗马苏维托尼乌斯的《罗马十二帝王传》,没有塔西佗那样的政治意图,其特点是突出故事性。因此,作者特别喜好描写污秽的色情细节、病态的放荡、血腥的极端行为。参见[苏]科瓦略夫《古罗马史》,王以铸译,生活·读书·新知三联书店1957年版,第653页。

山大的石棺里翻出的亚历山大的胸甲。据说他带兵准备渡过英吉利海峡作战，但到了海边却取消计划，只让士兵们在海滩上捡些美丽的贝壳而回。卡里古拉十分残忍，可以说是嗜杀成性。在一次宴会上，他突然大笑，坐在他身旁的执政官问其缘故，他说："因为只要我一点头，你们两人的喉咙就能被割断！"① 悲惨的是，他后来为禁军士兵所杀，死时年仅29岁，在位不到4年。

再如尼禄，他17岁即做皇帝。如在今天，他一定会成为一个演艺明星。尼禄会多种乐器，酷爱歌唱、舞蹈，学艺用功，曾演各种悲剧，且不断举行个人演唱会。他还专门设了训练有素的五千人啦啦队。他的演唱会，气氛极其热烈。参加歌唱比赛，他也谨守规则。他还喜欢作诗。此外，角斗、赛车也是他的强项。不过，他又是一个以生活奢靡、荒淫无度而出名的皇帝。他认为世间没有贞洁的人，人们只是在掩盖自己的恶行，给它们盖上遮羞布而已。古罗马的苏维托尼乌斯写道：

> 尼禄淫荡竟达到这种程度，几乎身边所有的人均被他玷污过。最后，他竟发明了一种游戏：他身披兽皮，从兽笼中被放出后，攻击缚在木桩上的男人和女人的阴部。当他的兽欲满足之后，又表演被他的获释奴多律弗路斯所征服。为此，他嫁给了多律弗路斯，就像他当初娶斯波鲁斯②一样。他喊叫、痛苦，模仿一个被奸污的少女。③

尼禄同样十分残忍。他为了从母亲那里获得实权，策划了一场阴谋，将其母亲杀死。他迫害皇室亲戚，从老太婆到儿童，皆不放过。他让自己的老师塞涅卡自杀，因为怀疑其有谋反活动。他抛弃原配，将其流放，还迫其自杀，将其头颅割下送给他的情人。当他的情人怀孕后，他竟将其踢死。他还是第一个迫害基督徒的皇帝。

西方人印象中"尼禄"极坏，有个谚语说"罗马城失火，尼禄在弹琴"。据说罗马城失火后，他穿上华服，唱起"特洛亚的陷落"。有人说，

---

① ［古罗马］苏维托尼乌斯：《罗马十二帝王传》，张竹明、王乃新、蒋平等译，商务印书馆1995年版，第174页。
② 斯波鲁斯是一个小男孩，尼禄阉割了他之后，以正式婚礼娶他为妻，并且把他打扮得像女皇，在公共场合还与他频频亲吻。
③ ［古罗马］苏维托尼乌斯：《罗马十二帝王传》，张竹明、王乃新、蒋平等译，商务印书馆1995年版，第241页。

大火（持续了59天）就是尼禄放的，因为他想改造罗马旧城，重建罗马新城。还有人说，尼禄放火，是为了嫁祸于基督徒，以便迫害基督徒。但其实，这些说法都是对他的丑化。实际情况是，尼禄发现火情后，立刻带人赶去救火，发现无济于事后，他便命令开放皇家花园安置伤者。他还不知疲倦、不顾危险，亲自从大火中救人。①

尼禄最后被元老院宣布为"人民公敌"。他走投无路，不得不以匕首自杀，死时仅32岁。他死前曾痛哭流涕慨叹说："一个如此伟大的艺术家就要死了！"尼禄并不缺乏追随者。他死后数十年，人们还不忘去给他扫墓，在他的坟前摆上鲜花。他们在家中摆出尼禄的雕像，展示出他的诏书，仿佛他还活着，不久就会回来对付他的敌人。②

## 帝国的逻辑

在罗马帝国之前，古代西方世界已有亚历山大大帝的帝国。然而，最早的帝国，则是古代近东文明的成就。约公元前2371年，阿卡德王萨尔贡一世建立了世界历史上第一个帝国。公元前约2000年，赫梯人入侵安纳托利亚建立了帝国。③ 公元前1800年，沙马什阿达德亚述帝国建立；公元前约1750年，汉谟拉比建立了巴比伦帝国。帝国是政治社会诸形态中的一种。苏联（西方学者称之为"共产主义帝国"）解体之后，不少学者认为世界上最后一个帝国崩溃了，人类将永远告别帝国时代。但从20世纪美国发动海湾战争以来，学界有人杯弓蛇影，视美国为新帝国，且称美国为新罗马。帝国问题由此重新进入政治理论视野。晚近以来，帝国问题一度引起热议，俨然已成当代西方政治理论研究中颇具前沿性的课题。

帝国区别于帝国主义，不同于民族国家，与霸权国家亦不一样。帝国主义特指19世纪后期随着旧式民族国家解体而出现的政治现象。作为一种意识形态，帝国主义意在为扩张而扩张，有着某种疯狂的本质。帝国，则是在可能的范围内建立起一个具有普世性的政治社会，其宗旨是将凡是有人居住

---

① ［美］埃里克·纳尔逊：《罗马帝国》，邢锡范等译，辽宁教育出版社2006年版，第215页。
② ［古罗马］苏维托尼乌斯：《罗马十二帝王传》，张竹明、王乃新、蒋平译，商务印书馆1995年版，第263页。
③ 《世界史便览》，《泰晤士世界历史地图集》中文版翻译组译，生活·读书·新知三联书店1983年版，第5页。

的地方，皆纳入同一个权威体系之中。在帝国体系中，我们可以看到，语言和文化的差异在其中不具有政治意义。帝国有唯一的权力中心，其统治依赖中央派出的官员。在帝国支配体系中，出现了决策与执行阶层的分化，军事系统往往也从生产生活中分离出来。[①] 帝国的边界是动态的、模糊的，它随时准备往外推进，甚至可以说，帝国没有边界的概念。如古罗马史学家李维所言，罗马没有"护界神"（边界之神）。[②] 民族国家则有明确的疆界。如雷蒙·阿隆给出的定义，"民族国家的理想类型，是一个政治统一体，其所有公民属于同一种文化，并表达了生活在一个自治共同体内的意愿"[③]。在民族国家与帝国的对照中，还需要注意的是，帝国古已有之，中世纪欧洲尚有"神圣罗马帝国"，国家或民族国家则是一个全然近代的概念。近代以来，在世界各地，人们皆可观察到国家如何取代帝国。卡尔·施米特指出："国家概念是帝国概念的真正敌人。"[④] 霸权国家是指诸国家中具有巨大影响力的强国、大国，帝国则致力于以武力吞并其他国家，或将其他国家纳入自己的势力范围。史上帝国颇多，有古老的近东帝国，如波斯帝国、中华帝国、沙俄帝国、奥斯曼帝国、葡萄牙帝国、英帝国、拿破仑帝国、罗马帝国等。帝国可简单分为海洋性帝国与大陆性帝国。这两种帝国构造不一样，其命运也不一样。海洋性帝国靠舰队控制港口与大海，大陆性帝国则致力于开疆裂土，扩大版图。

帝国总是与武力征伐联系在一起。所谓万邦来朝、四方来贺、凭仁义而得到拥戴的天朝，从来只存在于四体不勤、五谷不分、耽于空想的儒者的头脑中。而商业帝国、财富帝国的说法，不过是一种比喻。帝国的理据，常常是和平的缔造、神的召唤、正义的使命或文明的传播。"帝国就是和平"[⑤]，已成西方政治家挂在嘴边的一句口号。其渊源，正是古罗马。Pax 是罗马的和平女神，罗马人把 Pax 写在他们的货币上。自屋大维统治以来，罗马的战神神庙被关闭达 2 个世纪。"罗马和平"，赫赫有名。但追求帝国而导致的战争、奴役、死亡，则具有残酷的一面。帝国的建立，不考虑被征服地区人民的想法。战争发动与否，取决于皇帝的想法。帝国的理念，在根本原则上与

---

[①] 参见［以］艾森斯塔得《帝国的政治体系》，阎步克译，贵州人民出版社1992年版。
[②] ［英］安东尼·派格登：《西方帝国简史》，徐鹏博译，天津人民出版社2007年版，第27页。
[③] ［法］雷蒙·阿隆：《历史意识的维度》，董子云译，华东师范大学出版社2017年版，第160页。
[④] ［德］卡尔·施米特：《论断与概念》，朱雁冰译，上海人民出版社2006年版，第193页。
[⑤] ［英］J. C. 斯托巴特：《伟大属于罗马》，王三义译，上海三联书店2011年版，第192页。

启蒙运动以来民族自决的原则相冲突。近代以来，民族国家体系形成，欧洲政治思想的主流，是主张国与国之间康德式的协议和平，而非帝国带来的和平。①

## 罗马帝国的衰亡

罗马帝国的建立，有其具体的历史条件，很大程度上亦受到古代帝国经验的影响。罗马帝国，是一个大陆性帝国，虽然它后来也建立了海军舰队。罗马人不是海洋民族。罗马的士兵从来没有变成水手。罗马人进行的战争中也没有海战，这或许是因为航海技术所限，部分也由于罗马人的生活习惯。大陆性帝国边防成本极大。版图越扩展，构成帝国人口的民族成分越复杂，帝国维持的成本越高。罗马军队并不是常胜军。陆战胜败，受多种因素制约。它不像海战，主要拼技术。罗马军队的优势是具有高度的纪律性、机动性，其劣势则是不能应付游击战。

帝国的生命，好比一个人的生命。如其终结，往往原因很难明辨。大体上，维持帝国存在的基本要件消失，帝国即告灭亡。而帝国的衰败过程，往往十分缓慢，不易为人察觉。正如西人常说的那样，大英帝国在漫不经心的状态下造成，② 也在漫不经心的状态下消失。

帝国的兴衰涉及多种因素。从罗马帝国的兴衰，我们不难看出，领导者的远见及韬略、政治组织的效率、战争技术的高下、武器装备的先进程度、军事组织的水平、对手的强弱、军队的构成、社会分化状况、人民的精神面貌，凡此种种，皆影响着帝国能否维持。罗马帝国衰亡的原因，历来众说纷纭。有人说是过度扩张，穷兵黩武；有人则说，恰恰是从2世纪始，哈德良改变战略，放弃了对外军事扩张，把运动作战的军团变成了边防军，长久的和平，致使士兵逐渐丧失了战斗力。③ 有人说，帝国亡于内战对帝国力量的消耗，而内战的根源则是罗马帝国元首产生机制的缺陷。有人指出，罗马衰亡源于统治阶级素质的衰退。④ 此外，还有人从使用哥特人组成"雇佣兵"，⑤

---

① [德]赫尔弗里德·明克勒：《帝国统治世界的逻辑：从古罗马到美国》，阎振江、孟翰译，中央编译出版社2008年版，第80页。
② 这是19世纪英国史学家约翰·罗伯特·斯里（John Robert Seely）在1883年说的话。
③ [英]约翰·瓦歇尔：《罗马帝国》，袁波、薄海昆译，青海人民出版社2010年版，第31页。
④ [意]加塔诺·莫斯卡：《统治阶级》，贾鹤鹏译，译林出版社2002年版，第442页。
⑤ [意]尼科洛·马基雅维里：《君主论》，潘汉典译，商务印书馆1985年版，第67页。

图10 罗马步兵砍杀敌舰士兵与水手

从公民美德的丧失，从基督教的流行，从大地产制的产生，从民族混杂带来的人种退化（此种种族主义解释，从未得到过科学上的检验，却极易迷惑人们的心灵），去寻找罗马帝国衰亡的根源。历史事件的发生，历来是多因素推动，其中还包含很多偶然因素，还要考虑到人的自由选择。人们分析历史现象，又极易把结果当作原因。从不同的角度，能看出罗马帝国不同侧面的问题。但把罗马衰亡归结为一个原因，必定会陷入谬误。

罗马帝国历时既久，后来一分为二。西罗马帝国于476年亡于蛮族入侵。东罗马帝国（拜占庭帝国）一直延续到1453年，最后亡于奥斯曼土耳其帝国的入侵。罗马帝国是人类建立巨型政治社会的一个伟大实践。它的影响是巨大的。英国史家安东尼·派格登写道："罗马帝国为所有的欧洲帝国，从近代西班牙到19世纪末期的英国，不断提供灵感、形象和语汇。所有曾是欧洲帝国首都的城市，包括伦敦、维也纳与柏林，都充满了罗马帝国遗留下的宏伟建筑。即使是美国，这样一个由帝国分割出来而建立、在其历史进程中尽可能避免成为另一个帝国角色的国家，也是由一个尽可能复制部分古罗马城的城市所管理。"① 对现代西方人来说，罗马帝国与他们的联系甚为紧密。现代西欧主要国家英、法、荷、卢、比、德国西部与南部，皆因罗马的征服而由原始部落社会进入了文明社会，从而开始了他们的历史。罗马人给那里带去了城市文明，带去了自由理念，带去了希腊文化，带去了罗马法。有的学者甚至说："罗马历史是西方历史的真正开端。"②

## 古典西方文明衰落的社会原因

罗马的混合政体，罗马人的美德，成就了罗马人的伟业。然而，"青山遮不住，毕竟东流去"，罗马毕竟是世俗之城。从共和制变为帝制之后，罗马文明的衰象已十分明显。罗马帝国的灭亡，不过是早已开始的"古典文明衰落"的终点。早在帝国灭亡之前，古典西方文明已开始衰落。这种衰落的原因何在，且看20世纪初德国著名社会理论家马克斯·韦伯的解释。

韦伯被称为社会学家，但他对古罗马有相当深刻的研究。他的导师之一便是罗马史研究权威蒙森。韦伯写过不少罗马农业史、罗马法等方面的作品。他在1896年所做的关于"古典西方文明衰落的社会原因"的演讲，尤其值得关注。

韦伯首先表明，他不仅仅是就罗马谈罗马，他要分析的是罗马所代表的古典西方文明的衰落。韦伯发表这个演说的时候，西方人正处于一种"文明的衰落"的自我意识中，那个时代的标志性著作是奥斯瓦尔德·斯宾格勒（Oswald Spengler）的《西方的没落》。③ 韦伯讲罗马，讲古典西方文明，实

---

① ［英］安东尼·派格登：《西方帝国简史》，徐鹏博译，天津人民出版社2007年版，第15页。
② ［美］罗伯特·E. 勒纳、斯坦迪什·米查姆、爱德华·麦克纳尔·伯恩斯：《西方文明史》卷1，王觉非等译，中国青年出版社2003年版，第196页。
③ ［德］奥斯瓦尔德·斯宾格勒：《西方的没落》，齐世荣等译，商务印书馆1963年版。

有讽喻时代之意。不过，韦伯并未直接点明这一语境，他谦虚地和听众说，他要讲的只是一个故事，不过，他自信这个故事"是有史以来最引人入胜的故事之一"，原因就在于，它"描述了一个古典文明的内在解体"①。韦伯从古典西方社会结构入手来分析问题。

韦伯说，理解古典西方文明，我们需要把握它的三个特质。古典西方文明的三个特质是：第一，它是城市文明；第二，它是沿海文明；第三，它是奴隶文明，以奴隶制为基础。其中，第三点对于理解古典西方文明的衰落最为重要，韦伯指出，奴隶对于古代经济的运行十分关键，古代种植园里的奴隶营需要源源不断的奴隶来源。"古代种植园之消费奴隶，就像现代炼钢需要消费煤炭一样。一个能定期和大量供应人力的奴隶市场，乃是一个从事市场生产的奴隶营得以维持的不可或缺的前提条件。"② 然而，在公元 9 年罗马人与德国人祖先所进行的条顿堡森林之战失败之后，罗马皇帝奥古斯都放弃了扩张的帝国政策，③ 这样一来，奴隶的供应便终止了。为满足种植园经营的需要，奴隶主遂准许奴隶组建家庭，生儿育女，以实现奴隶的再生产，这样，从前没有家庭生活、集体居住的奴隶营便解体了，代之而起的是男女奴隶及其儿女组成的家庭小茅舍。最终，庄园变得自给自足，不再依赖外部奴隶的供应。另一方面，罗马帝国的军队私人化后，也开始自我繁殖，由奴隶贸易所支撑起来的商品经济终于为物物交换的自然经济所代替。韦伯说，罗马帝国的瓦解其实是基本经济结构发展的必然结果。"帝国的瓦解只不过是意味着，帝国之货币化的行政体制和政治上层建筑消失了，因为它们不再适应一个自然经济的下层建筑。"④ "一句话，西欧文明已经全盘农村化，古代西方世界的发展走完了整整一个轮回。"⑤ 西方人进入了通常所谓的"黑暗的中世纪"。

韦伯充满感情地说："面对这样一种景象，谁不感到悲从心来？一个伟

---

① ［德］马克斯·韦伯：《民族国家与经济政策》，甘阳译，生活·读书·新知三联书店 1997 年版，第 5 页。
② 同上书，第 15 页。
③ 罗马帝国边境扩展至多瑙河、莱茵河后，指挥官瓦鲁斯试图将其推进至易北河。他有三个军团被诱入条顿堡森林。切鲁斯奇人在阿米尼乌斯的带领下，利用森林优势，将罗马军团全歼。瓦鲁斯兵败自杀。自此，奥古斯都放弃了把边境延伸到易北河的打算。莱茵河防线成为罗马人在这一带扩张的上限。参见［英］约翰·瓦歇尔《罗马帝国》，袁波、薄海昆译，青海人民出版社 2010 年版，第 210 页。
④ ［德］马克斯·韦伯：《民族国家与经济政策》，甘阳译，生活·读书·新知三联书店 1997 年版，第 29 页。
⑤ 同上书，第 31 页。

大的文明眼看就要达其至善至美的境地，却因物质基础的丧失而枯萎！"[①] 行文至此，韦伯向人们暗示了一个十分重要的道理：文明的维持与繁盛，离不开相应的物质基础。

## 共和卫士西塞罗

西塞罗（Cicero，公元前106—前43年）是古罗马一位重要的思想家。罗马人敏于事而讷于言，但西塞罗却是古代世界最伟大的演说家之一。西塞罗身上所表现出的气质，已经不那么"罗马"，他受希腊文化的影响太深了！从西塞罗那里，可以看到罗马人是如何吸收与消化希腊文化的。西塞罗把毕生的大部分时间都放在了参与政治事务上，他热爱荣耀，曾做过执政官，并创造了出任执政官一职的最低年龄记录。在将近二十年的时间里，西塞罗皆处于政治斗争的风口浪尖。他曾在元老院发表激情演说，揭露聚众哗变的喀提林的阴谋，并亲自领导镇压喀提林及其同伙。西塞罗在罗马共和的末期，试图捍卫共和事业。他对恺撒十分反感。

西塞罗一方面是政治世界中的行动者，另一方面，他也有从政治世界撤离、做一个思想者的时候。他的主要贡献在于将希腊哲学引入罗马。西塞罗自己亦说，他只是个编纂者。不过，在"编纂"的过程中，西塞罗多少也有些取舍修正。例如，希腊人的城邦，斯多葛学派的世界主义，经他之手便成了罗马的实际政治原理。

西塞罗的工作使希腊文化中的许多重要精神得以往下流传，他的著作催生了罗马法学家及早期基督教教父的著作。例如，他的《霍滕修斯》（*Hortensius*），是以对话的方式改写亚里士多德早期的散文《劝勉篇》（"Protrepticus"）。而自然法的观念，亦由西塞罗在罗马世界得到了清晰地转述。

自然法理论是希腊化时期斯多葛学派的重要贡献。如前文所述，斯多葛学派持一种"世界城邦"的理想，这种政治理念乃基于希腊化时期城邦理想的破灭而提出。城邦世界完结了，与城邦同生同死的那种古风公民也一同消失了，取而代之的是脱离城邦而存在的个人。斯多葛学派关于世界城邦的理想，与普遍、抽象的个人理念相联系，也与普遍正义的观念相吻合。这种关

---

[①] ［德］马克斯·韦伯：《民族国家与经济政策》，甘阳译，生活·读书·新知三联书店1997年版，第31页。

于普遍正义之规则的学说，即是自然法学说。

西塞罗继承了斯多葛派的自然法学说，他说："法律是根植于自然、指挥应然行为并禁止相反行为的最高理性。……这一理性，当它在人类的意识中确立并完全展开后，就是法律。……法律是一种自然力，它是聪明人的理性，是衡量正义和非正义的标准。"① 西塞罗认为，成文法发生于自然法之后，一切市民法不过是永恒不变的自然法的具体形式。这也意味着，如果法律有违自然法，则法律虽具法的形式，却已丧失其实质，不能算真正的法律。

西塞罗为后人留下八百多封书信和大量著作，其中又以《论共和国》与《论法律》② 最为著名。《论共和国》标题与该书对话体的写法，明显有意效仿柏拉图。但西塞罗没有"哲学家当国王"的思想，他的主要目的是为政治家辩护，为罗马传统的共和政体辩护。在他看来，罗马的混合政体，便是理想共和国的政体。在这种政体中，"行政长官有足够的权威，杰出公民的意见有足够的影响，人民有足够的自由"③。西塞罗希望这种政体的再造能够使罗马走出困境。但是，罗马当时正处于走向帝制的前夜。西塞罗讲共和，实有保守派的味道。

西塞罗给共和国（res pubilca）下了一个定义，他说："共和国是人民的财产。但是人民并不是随随便便一群人不管以什么方式聚集起来的集合体；而是很多人依据一项关于正义的协议和一个为了共同利益的伙伴关系而联合起来的一个集合体。这种联合体的第一个原因并非出自个体的软弱，更多的是出自自然根植于人的某种社会精神。"④ 这一定义中的人民是指全体公民，而不是仅指底层平民，西塞罗强调共和国的公共性。同时，这一定义还意味着共和国是正义之国，是法律之国，它的目的，是为全体人民谋幸福。人民的幸福是最高的法律。共和之要义，在于"公"，在于"共"。

共和国既为人民全体之组织，则参与政治生活、为共和国服务，便是公民义之所在。西塞罗认为，所谓自由，就是参与政治生活的自由。这种自由，只有在共和国中，人们才可能享受到。而在君主制中，人们只能做奴

---

① ［古罗马］西塞罗：《国家篇 法律篇》，沈叔平、苏力译，商务印书馆1999年版，第151—152页。
② 商务印书馆1999年版中译本译为《国家篇 法律篇》。
③ ［古罗马］西塞罗：《国家篇 法律篇》，沈叔平、苏力译，商务印书馆1999年版，第81页。引文略有修正。
④ 同上书，第34页。引文略有修正。

隶，听命于独夫，处于受奴役的状态。西塞罗进一步指出，个人只有参与政治生活，才能获得荣誉。他说："品德的存在完全依赖于其运用，其最高贵的运用便是治理国家，是哲学家们站在自己的角度絮絮不休地给我们讲述的那些东西在实际上而不是在口头上的实现。"①

不过，尽管西塞罗认为政治生活比哲思生活更重要，但他并不否定哲思生活，毕竟他自己也是喜爱哲思的人。他在《论共和国》中说，完美的政治家除了要拥有丰富的经验与神圣的美德之外，还必须由哲学开阔其眼界，值得推崇的生活是两种生活的结合。②

西塞罗的著作还有"三论"，即《论老年》《论友谊》《论责任》。这些著作是哲学或伦理学著作。③《论责任》是西塞罗写给儿子马尔库斯的，从这本书中我们可以看到西塞罗对晚辈的谆谆告诫。一方面，他勉励马尔库斯要阅读希腊哲学；另一方面他又明确表示，政治方面罗马做得很好，向希腊人学习修辞演说即可。

西塞罗，一个忠诚的共和卫士，一个古罗马爱国者的典范，又是一个罗马世界难得的思想家。西塞罗的著作对奥古斯丁有极大的影响。时在迦太基求学的奥古斯丁无意间读到西塞罗的《霍滕修斯》，深受震撼，发生了人生中决定性的转向，他称此书引起了他对哲学的兴趣，他决定从此告别过去放纵的生活，转向对智慧本身的热爱，转向对上帝的热爱。④ 在著名的《上帝之城》中，奥古斯丁对西塞罗的《论共和国》《论义务》《论占卜》《论神性》《图斯库兰争论集》等皆有参考。他集中讨论了西塞罗对罗马共和国的看法，以证明罗马腐败时日已久，远在基督道成肉身之前。⑤ 西塞罗视人的自由意志与关于未来的知识相对立，奥古斯丁对之做了修正，他接受了西塞罗的意志概念，但将之与关于上帝的知识统一了起来。⑥ 文艺复兴时期的人文主义者以模仿西塞罗的拉丁文写作为能事。英国儿童的绅士教育中，阅读西塞罗的作品是一项重要内容。当代西方关于法治的论述，亦可溯源至西塞罗。

---

① [古罗马]西塞罗：《国家篇 法律篇》，沈叔平、苏力译，商务印书馆1999年版，第12页。引文略有修正。
② 同上书，第91页。
③ [古罗马]西塞罗：《西塞罗三论》，徐奕春译，商务印书馆1998年版。
④ [古罗马]奥古斯丁：《忏悔录》，周士良译，商务印书馆1963年版，第40页。
⑤ [古罗马]奥古斯丁：《上帝之城》，王晓朝译，人民出版社2006年版，第77页。
⑥ 同上书，第194页。

## 塞涅卡：帝王师的下场

帝王统治之下，民众无参政之自由，大臣服务于君主之侧，亦时有丢失性命之虞。然而，总有那文人，梦想着做帝王的老师，试图教化帝王，然后假借帝王之权力，将其理想社会蓝图付诸实施。此种幻想，不仅见于千年帝制之中国，亦见于西方世界君王统治时期。当然，西方人的帝制或君主制，在集中权力方面，历来不及东方。东方人的专制主义，岂是浪得虚名？不过，古罗马帝制时期有几个皇帝，其暴虐、荒淫，绝不输于东方的专制君主。暴君不论中西，终非善类。塞涅卡生活的时代，适逢罗马出了几个暴虐的皇帝，卡里古拉、尼禄更是出了名的残暴。如塞涅卡这样，博学多才，注重品格修为，官至元老院元老、皇帝师傅，仍不免屡次遭难，或流放，或监禁，虽然能活至老年，但几度求隐退而不可得，终至被尼禄赐死，不得不自杀身亡。塞涅卡在尼禄年轻时即担任其师，他苦心规劝皇帝，要仁慈，勿嗜杀，最后，这个暴君，竟杀死了其母亲、兄弟及老师，实在是莫大的讽刺。

塞涅卡（Lucius Annaeus Seneca）出生于罗马帝国西班牙行省南部的科尔多瓦贵族家庭。后来随父亲长期居于罗马，在那里学习、生活，并展开其政治生涯。他接受了良好的修辞学及哲学教育。塞涅卡是当时有名的演说家、诗人、哲学家。约自30岁起，他担任罗马公职，先后成为财务官、副执政，并进入元老院。尼禄13岁时，塞涅卡做了他的老师。快17岁时，尼禄做了皇帝。从尼禄所作所为来看，塞涅卡对尼禄的教育是十分失败的。他没有培养出一名圣王，反而培养了一个毫无人性的暴君。公元65年，塞涅卡被指控参与了一个阴谋，不久即被尼禄下令自杀，于是，塞涅卡割脉而死。

塞涅卡流传下来的主要著作有《论仁慈》《论愤怒》《论个人生活》《论恩惠》《论天意》等，还有悲剧《美狄亚》。其中，《论仁慈》《论天意》对于我们理解其政治思想来说，最为重要。塞涅卡写作比西塞罗晚一百年，他处在罗马帝制时代早期。由于人民的腐化、美德的丧失，共和的基础没有了，帝制于是稳固地确立起来，共和时代一去不复返了。故而塞涅卡不再讨论共和国，只是在帝制前提下讨论政治问题。他对政体与政治制度安排未置一词，而热衷于讨论一个合格的君主要具备哪些美德。这与帝制中国的儒家知识分子好谈君王之有道与无道、圣明与昏聩，而不思考政体本身，十分相似。严格说来，塞涅卡那里没有政治学，只有伦理学。他希望说服皇帝及罗马的上层人士提升自己的美德，以使政治清明一些，然而，此种对权力拥有者的道德说教，几乎毫无用处。

在哲学上，塞涅卡是一名斯多葛主义者。他的思想体现了斯多葛主义对罗马帝制时期意识形态的塑造。罗马帝国，正是应了斯多葛学派所说的"世界城邦"，在理论上，皇帝是人间的神，是普遍理性的化身。在西塞罗那里，只有共和政体才是自由政体，其中人民有自由，塞涅卡则配合已确立的皇帝统治，称帝制之中的人民并未受到奴役，他们也是自由的。这种概念混淆，见于人类历史上各个专制王朝统治时期，其意图在于叫人们安分守己，当个顺民，不必奢望参与政治意义上的公民自由。

## "君王宝鉴"第一书

塞涅卡的《论仁慈》（Declementia）是写给尼禄看的，这在文章题目下已予说明。卷一开头的标题"给君主的一面镜子"，以比喻的方式，表明了此文的劝诫性质。这种规劝君主的文章，也因此得名为"君王宝鉴"。在西方，塞涅卡的《论仁慈》，堪称"君王宝鉴"第一书。中世纪阿奎那的《论君主统治》，文艺复兴时期马基雅维里的《君主论》，都是君王宝鉴类作品。此类作品的共同特点是：承认既有的君主统治的合法性，然后规劝君主当努力，成为一代英主。其中逻辑在于，君主既大权独揽，行人治，则人存政举，人亡政息。国家前途，便系于此一人。故而君主是一个什么样的君主，就成了关键。

塞涅卡希望尼禄具备的首要美德，是仁慈。通常的说法是，此书写于尼禄18岁时，即他刚登帝位不久。这样，《论仁慈》就不仅是一部君王宝鉴，也具有政治宣言书的意义，也就是说，塞涅卡同时向公众写作，他试图说明，本朝将行仁政，他作为尼禄的导师，是以仁慈来教育他的。塞涅卡专讲仁慈，当是他看出了尼禄天性上的残忍。可以设想，如若尼禄软弱怯懦，塞涅卡必定会讲君主要果断、刚强一类的话。

何谓仁慈，塞涅卡给出了几个定义。"仁慈意味着'心智在具有报复之力量的时候做出的自我克制'，或者'在对卑贱者实施惩罚时高大者所体现的温厚'。……它也可以被称为'在实施一项惩罚时心智所具有的温厚倾向'。"仁慈还可以定义为"一种节制，它赦免了一个罪有应得的惩罚中的某些内容"①。仁慈的反面，不是严厉，而是残忍。仁慈就是不到万不得已，出于公益，不去杀人。塞涅卡说：

> 仁慈本身意味着清白无瑕，意味着永远不会沾染一个公民的鲜血，意味着真正的自我克制的能力，意味着关爱人类就如关爱自己，意味着不因为贪婪或是天生的狂躁或是先前暴君的榜样而败坏自己、与民为敌；仁慈，意味着自己掌握帝国权力而不叫它显露锋芒。②

他认为，国王与僭主的最大区别，就在于是否具有仁慈的美德。仁慈不同于宽恕，宽恕是说"免除应得到的惩罚"，它抛弃了公正的原则，而仁慈与公正没有冲突。仁慈也不同于"怜悯"（pity）。怜悯是一种非理性情感，如老妇人见了杀人犯入狱而落泪，此为怜悯。而仁慈，是一个人心灵平静时做出理性决定而体现出的品格。仁慈的君主，是克制自己杀人欲的具有理性的君主。君主仁慈，自身的安全才有保障，人民将爱戴他，而不是憎恨他。塞涅卡把国比喻成身体，君主比喻成心灵，认为二者谁也离不开另一方。③依其斯多葛主义的世界观，他又将君主看成是人间的神、人间的父。他所说的君主对人民的仁慈，与父亲对子女的仁慈，原是一回事。国王的权力，亦可比之于父权。他说，君主命令臣民，正如父亲命令孩子、老师命令学生、军官命令士兵。④这显然是为罗马帝制政府辩护的一种说法。它在当时极不受欢迎，但人们面对已确立多年的帝制，亦无可奈何。

## 帝制时代，自由而幸福的生活何以可能？

塞涅卡写作的时代，罗马共和已终结，但共和的理念，人们并不陌生。共和时代的观念认为，自由是一种公民身份。在罗马法中，自由与奴隶的区

---

① [古罗马] 塞涅卡：《道德和政治论文集》，袁瑜琤译，北京大学出版社2010年版，第218—219页。
② 同上书，第197页。
③ 同上书，第186页。
④ 同上书，第204页。

分，在于自由人服从自己参与制定的法律，奴隶则受他人制定的法律的规约。在受奴役的状态下，谈论个人幸福实不可能。然而，塞涅卡这位体制内高官、皇帝的老师，自有一套说法，证明帝制王政时代，个人同样可以自由而幸福。塞涅卡做此证明的理据，正是斯多葛主义哲学。塞涅卡指出，自由、幸福与否，关键在于我们自己怎么看。并且，这与斯多葛主义的天意观并不冲突。

依据塞涅卡的说法，我们感到不自由、不幸福，在于我们错误地定义了自由与幸福。我们总是从身外之物去看待这一切，而关键在于内心的自由与幸福。所谓的不幸、痛苦、疾病，是神对你的考验，是上天早就注定好的。所有的灾难都是对美德的训练。一个人不应去考虑改变政体、改变外在的境遇，而应着眼于自我道德品质的修炼、着眼于自我内心的转化。他说："真正重要的不是你承受了什么，而是你怎么承受。"① 塞涅卡之论，显然是叫人"遁入内心的城堡"②（以赛亚·伯林语）。这种观点，有时是一种自欺。塞涅卡说，有人要抢我的东西，我抓住不放，当然就构成抢劫，但如果我主动交出，那么我不就不必为被抢而烦恼了吗？③ 苏格拉底被迫喝下毒汁，这是一件不幸的事，他甘愿受刑，因而高高兴兴地喝下了毒汁，这样，我们就不能说苏格拉底不幸福了。④ 这种说教，与君主统治相匹配。当人民失去政治自由、生活在痛苦之中时，此种旨在"疗伤"的似是而非的说法，便会粉墨登场。

塞涅卡在《论天意》中如此写道：

> 我不受任何强迫，任何东西都不会违抗我的意志，我不是神明的奴隶，而是他的追随者；这一点是确定无疑的，因为我知道万事万物都根据固定的和永远有效的法则而发生。命运指导我们：在产生的第一个时辰里就决定了每一个人余下的时间有多长。原因又与原因联结，一切公共的事务和私人事务都由一条长长的事件链条所决定。因此，我们要以

---

① ［古罗马］塞涅卡：《强者的温柔：塞涅卡伦理文选》，包利民等译，中国社会科学出版社2005年版，第327页。

② 参见［英］以赛亚·伯林（Isaiah Berlin）《自由论》，胡传胜译，译林出版社2003年版，第204页。

③ ［古罗马］塞涅卡：《强者的温柔：塞涅卡伦理文选》，包利民等译，中国社会科学出版社2005年版，第338页。

④ 同上书，第333页。

## 第二章　古罗马人的政治实践

坚强的精神承受一切，因为我们认为事情不会仅仅发生——它们都是来到的。很久以前就决定了什么会让你高兴，什么会让你哭泣；而且尽管个体人的生活看起来非常不同，但结果是一样的：我们接受的都是会毁灭的东西，我们自己也将毁灭。所以，我们为什么要恼怒？为什么要抱怨？我们生来就是为了这个的。让自然随其所愿处理质料吧，那是她自己的；让我们面对一切事情都开开心心，保持勇敢，要记住：我们自己的东西是决不会毁灭的。①

不同政体之下，人们的精神面貌相差悬殊。同为罗马人，在共和与帝制时代，判若两个民族。过去的爱国、勇敢等美德不见了，现在，人们在帝制之下，除了奉劝君主仁慈，只有说服自己学会承受。罗马的衰败，亦从帝制时期开启。塞涅卡对君主、对友人、对罗马人民的劝诫，与帝制秩序相联系。从他的著作中，可以窥见罗马公民精神的沦丧。斯多葛主义哲学流行之后，罗马人接受基督教，似乎只是早晚之事。

在斯多葛主义哲学中，理想的人是一个明智的人，他具有完备的理性、完美的道德，他理解什么是共同体的善，并且生来就要献身于共善的提升。对此种完美的人的想象，被塞涅卡运用到了皇帝身上。如同古代中国儒家的圣王理想一样，塞涅卡在罗马皇帝身上，寄托着他对有德之君的期待。理论上，塞涅卡说君主要有德，要仁慈，要服从神意与理性，君权似有所"约束"，然而此种道德说教，根本不能对现实中的暴君起一点作用。相反，它唤起了受奴役的人们心中对圣王的想象，以道德与智慧论证了君权的绝对性，如同变戏法一样，原本对君主的道德训诫，现在则成了王权的道德外衣。这就是说，人们之所以要服从君主，因为君主在理性与道德上是最完美的。

与西塞罗相比较，方可见塞涅卡"有德之君"思想的特点。西塞罗坚决抨击君主制，他认为，君主制就是奴隶制，罗马人拥戴君主，是道德与政治腐化臻于极点的表现。恺撒的独裁与自由势不两立。刺杀恺撒是正义之举。独裁者支配人的意志是非理性的、不正义的，也是不光彩的。帝制意味着法律与自由之死，恺撒以罗马人民的军队压迫罗马，他就是一个暴君。君主制

---

① ［古罗马］塞涅卡：《强者的温柔：塞涅卡伦理文选》，包利民等译，中国社会科学出版社2005年版，第338—339页。

本身，即是对正义的冒犯。由此，"有德之君"一词本身就是一个自相矛盾的说法。① 西塞罗捍卫共和，反对帝制，塞涅卡虽无意于捍卫帝制，但经他之手，"美德""君主"概念之含义发生了根本的改变，与帝制相协调，是甚为清晰了。

---

① Peter Stacey, *Roman Monarchy and the Renaissance Prince*, Cambridge: Cambridge University Press, 2007, pp. 23 – 24.

# 第三章 上帝光照下的中世纪政治

公元476年，西罗马帝国覆灭，东罗马帝国的皇帝成为整个罗马帝国的皇帝。此后一千年，也就是5世纪到15世纪，通常被人们称为中世纪。与罗马人相比，日耳曼人刚刚脱离原始部落的生活，文化水平低，因此他们常常被称为蛮族。这蛮族入主的一千年，也常常被称为"黑暗的中世纪"。

"黑暗的中世纪"的说法来自于文艺复兴及近代启蒙运动。"中世纪"（medium aevum）一词，正是文艺复兴时期人文主义者的创造。① 它最早出现于意大利人文主义史学家弗拉维·比奥温多（Flavio Biondo）的著作中。② 而"启蒙"一词，则是指人类摆脱黑暗、走向光明。中世纪的"黑暗"，既相对于光辉的古典时代（古希腊—古罗马时代），也相对于科学昌明、理性繁盛的近现代。确实，中世纪时期，人们生活条件差，文化生活匮乏，又有对异端施以火刑的宗教裁判所，称之为"黑暗"，不是没有道理。直到今天，人们在批评某种不宽容、愚昧无知的做法时，仍指责其为"中世纪的做法"。

不过，为中世纪正名，同样是由来已久的事。最早致力于彰显中世纪美好一面的，是18世纪末的浪漫派作家。浪漫主义者未必真想回到中世纪，但在他们的笔下，中世纪成了一个田园牧歌式的美好时代，中世纪的古堡、水车、磨坊，中世纪的骑士，都成为他们歌颂的对象。

20世纪以来，不少学者致力于公允地看待中世纪，中世纪对西方政治理论乃至对西方文明的贡献越来越得到重视。中世纪，即从罗马帝国崩溃

---

① ［英］昆廷·斯金纳：《近代政治思想的基础》上卷，奚瑞森、亚方译，商务印书馆2002年版，第179页。

② ［美］科林·布朗：《基督教与西方思想》卷一，查常平译，北京大学出版社2005年版，第77页。

到现代社会诞生的这一千年,被认为是十分重要的一个时期。研究中世纪政治思想的专家沃尔特·厄尔曼(Walter Ullmann)说:"就西方而言,孕育了现代意义上的政治观念的中世纪,就是欧洲学习、成长和成熟的时期。"①"在中世纪占据主导地位的政府与政治观念已经创造了我们所处的这个世界。我们的现代概念,我们的现代制度,我们的政治义务与宪法观念,不是直接起源于中世纪,就是在直接反对中世纪的过程中发展起来的。"②

中世纪与古典时代的划分,并非简单的时间上的断代,而是因为这个时期社会政治结构与以前大不一样,人们的精神状态也与过去不同。城邦时代终结了,古代商业文明解体了,封建制、大地产制以及成为正统的基督教,构成西方这一千年的明显特征。在思想层面,中世纪思想家要处理古代思想遗产与基督教的关系,处理哲学与宗教的关系,处理古希腊异教哲学与犹太教—基督教之间的关系,毕竟,理性反思与启示信仰虽然都发生在人的精神世界,却是截然不同的两种体验,由此产生的生活方式以及日常伦理也各有千秋。有的思想家,还从理论上对现实政治事件做出回应。中世纪思想的主要来源有三:柏拉图主义、亚里士多德主义以及阿拉伯哲学传统。它们给"黑暗的"中世纪带来了理性之光,从而造就了若干基督教世界的大思想家,奥古斯丁、阿奎那是这个时代最杰出的两位。

## 此"封建"非彼"封建"

中世纪大致相当于欧洲的封建时代。这一时期最重要的制度之一就是封建制(Feudalism)。提到"封建",不能不首先廓清一下概念。在今日中文语境中,人们常常用"封建"一词来描述某种保守、封闭、传统、落后的事物。父母干涉子女的婚姻自由,女子穿着落伍,某人不愿接受新事物,都可能被指责为"封建"。而在学术讨论中,又有人将封建与专制混为一谈,甚至将二者连用,说什么"封建专制"。其实,封建与专制指的是完全不同的两种社会政治制度。专制政体中,统治者无法无天,按个人武断意志进行统治,其决策不可预期,被统治者是其臣民;而在封建制度中,统治之维系全在于可以

---

① [英]沃尔特·厄尔曼:《中世纪政治思想史》,夏洞奇译,译林出版社 2011 年版,第 2 页。
② 同上书,第 227 页。

预期的契约。① 封建意味着分封建制，这种制度，以中世纪西欧最为典型。

封建制在欧洲中世纪的蔓延、铺陈经历了一个过程，它与日耳曼人的习惯密切相关，随日耳曼人的军事征服事业而展开，也受制于自然、经济、技术水平等多种因素。封建制背后是日耳曼人的精神文化，与罗马帝国的理念，恰成鲜明对照。在实际情形中，封建制度的具体表现形式有多种多样，但它们总还具备一些构成封建关系的特征。从大的方面来讲，封建格局不同

---

① 西周行封建制，司马迁《史记·周本纪》有记载：武王伐纣之后，"封商纣子禄父殷之余民……封诸侯，班赐宗彝，作《分殷之器物》。武王追思先圣王，乃褒封神农之后于焦，黄帝之后于祝，帝尧之后于蓟，帝舜之后于陈，大禹之后于杞。于是封功臣谋士，而师尚父为首封。封尚父于营丘，曰齐。封弟周公旦于曲阜，曰鲁……余各以次受封"（《史记·周本纪》）。周公及平王时，又有大批分封。清《皇朝文献通考·封建考》中说："列爵曰封，分王为建。"梁启超曾说："武王克殷，广封先王之后，不过承认归部落而已。及'周公吊二叔之不咸，乃众建亲贤，以屏藩周。'……盖一面承认归有之部落，而以新封诸国参错其间，实际上旧部落多为新建国之'附庸'。……封建制度最大之功用：一曰分化，二曰同化"（梁启超：《先秦政治思想史》，东方出版社1996年版，第49—50页）。梁启超认为，秦以后中国即进入漫长的君主专制时期（参见［日］佐藤慎一《近代中国的知识分子与文明》，刘岳兵译，江苏人民出版社2011年版，第244页）。

中国政治思想史上，唐代柳宗元曾作《封建论》。他认为"封建，非圣人意"。"尧舜三王不是不欲废封建，势不可也。"他说封建之发生是由于中央政府势力不够强大，周代封建诸侯，尾大不掉。秦革周制，实行郡县制，有叛民而无叛吏。汉兼封侯王，有叛国而无叛郡。唐委兵于藩镇，有叛将而无叛州。柳宗元反对封建制，主张加强中央政府集权。宋代叶适提出仿照汉制，同时用封建与郡县二制，以克服当时中央过度集权导致的"内外皆柔"之弊。宋代的理学家多重封建而贬郡县。胡宏说："封建也者，帝王所以顺天理、承人心、公天下之大端大本也。不封建也者，霸世暴主所以纵人欲、悖大道、私一身之大孽大贼也。"（胡宏：《知言》卷六）他认为实行封建制可以抵御四夷。明清之际的顾炎武提出"寓封建之意于郡县之中"，给予地方官生财治人之权，罢监司督抚。对于有功勋者予以世官之赏。由此合并封建、郡县二者之长。（顾炎武：《郡县论》）王夫之则认为，封建利于天子，郡县利于人民。封建有如半独立之制度，诸侯得以专权杀人。郡县之中，地方官无杀人之权，职非世袭，可以更换。着眼于公义，应肯定郡县制。（王夫之：《读通鉴论》卷一、卷十五）

基于上述梳理，不难看出古人对于封建制与郡县制的区分十分清晰。将封建制与中央集权相对立，表明中国古代对封建的理解与西方封建制概念大体相仿。

对封建一语的误用、滥用始于近代。以传统中国为封建制度，1912年前为革命党反对清廷统治的口号。推翻清廷之后，民粹派又以封建来称呼北洋军阀。20世纪30年代中国社会史大论战中，关于封建与专制的辨析以及中国历史上何时算封建社会，有过激烈的争论。此时西学东渐，学人一方面要比较中古西欧封建制与中国史上的封建制之异同，另一方面要考虑西人关于封建社会的论述（特别是马克思主义）是否适用于对中国社会历史的分析。论战大体分为两方：一方承传统旧学的说法，或沿袭梁启超之观点，认定西周大封建之说，视秦汉以至明清为专制国家时期；另一方则称秦汉至明清为封建社会，周代为奴隶社会，当时为资本主义社会，由此使中国社会政治演变史符合马克思主义的公式，为当时的无产阶级革命事业张本。前者代表人物有陶希圣、严灵峰、陈邦国、胡秋原、王亚南、戴行轺、李季等。后者则有朱新繁、杜衎（即郭沫若）、张横等。王宜昌的观点比较特别，他认为中国的封建社会只能从五胡十六国时期开始算，因为他认为封建社会的一个重要标志是宗教盛行。（论战各家观点参见王礼锡、陆晶清编著《中国社会史的论战》，神州国光社1932年版）陶希圣稍进一步称西周为"原始封建制"，以凸显其与西欧封建制在经济形态上的区别（一为公有制性质的井田制，一为地主私有制）。（陶希圣：《中国政治思想史》上册，中国大百科全书出版社2009年版，第33页）萧公权宗西周封建说，认为秦之前是封建天下，秦之后是专制天下。（萧公权：《中国政治思想史》，新星出版社2010年版，第7页）

于城邦，不同于帝国，不同于近代民族国家，它为中世纪西方所特有。在封建秩序之下，不存在一个政治上的统一整体，不存在唯一的权力中心，社会与政治组织基本上皆是地方性的组织。放眼望去，封建时代是大小王国、领地、庄园交错纵横、星罗棋布的局面。政治思想史家萨拜因写道：

> 封建体制的关键在于，在一个往往接近于无政府状态的混乱时期里，大的政治和经济单位是不可能存在的。……在一个不断发生动乱而交通手段又极其原始的国家里，一个中央政府甚至不能执行诸如保障生命财产的安全这样一些起码的任务。在这种情况下，小地主和势力弱小的人只有一个办法：他必须投靠一个有力量能帮助他的人。①

小人物为获取保护向大人物提供服务，在这种保护—服从关系中，大小人物的权力与财富都得到了加强，当这种保护—服从关系从上到下逐级铺开时，封建秩序便形成了。确立保护与服从关系，需订立契约。典型的契约格式如下：

> 立约人某地某某人信赖某地某某士人之权威。众所周知，我一无所有，衣食难以为继。因此恳求您怜悯周恤，求您仁慈恩准，使我得以信赖您的保护，您应按我所尽之力，依照我所提供之劳役和劳债，助我保有衣物、衣服。只要我一直尚存，便尽我作为自由人之所能，竭诚效力、服从，绝不脱离大人之权力和保护，我一生每日每时都将在大人权力和保护之下。兹经双方约定，如我们之中有人违反协议，将向另一方赔偿金钱（钱数待定）。并且协议继续有效。②

"保护与服从"关系在这里是关键，这一原则在17世纪英国内战时期政治思想家霍布斯的著作中被再次被唤起，用以论证现代国家的逻辑。③ 中世纪封建秩序与现代国家之不同，在于这种保护—服从关系是一种人格化的关

---

① [美]乔治·霍兰·萨拜因：《政治学说史》（上卷），盛葵阳、崔妙因译，商务印书馆1986年版，第258—259页。
② 《墨洛温王朝和加洛林王朝时代协议格式》，转引自[法]德尼茨·加亚尔等《欧洲史》，蔡鸿滨等译，海南出版社2002年版，第210页。
③ 参见[英]托马斯·霍布斯《利维坦》，黎思复、黎廷弼译，商务印书馆1985年版，第131页。

系。当然，与基于君侯家权力、为了物质性追求而形成的家产制不同①，这种人格化关系是一种基于契约的、固定化的关系。

理想类型的封建制，具有下列特点：

第一，按契约形成秩序。在封建制中，支配者与被支配者之间是一种契约关系，契约规定了二者之间的权利与义务。契约可以修正、终止，契约规定的权利也可以继承。这种自由契约关系，从本质上区别于典型东方家产制支配（例如传统中国）中的隶属关系。封建制下的采邑，乃是"一种产生收益的、各种权利的复合体"②。封建秩序以"契约"形成，此点甚为关键。

第二，与上述特点相联系，封建制中存在的主从关系，无损于封臣的荣誉与身份。荣誉感对于提供军事服务的封臣而言至关重要。中世纪流行的观念是，为领主效忠，提供军事服务，是一件无上光荣的事。封建主关心的，也是封臣的效忠与追随，而非经济上的收益。故而在严格的意义上，领主不能成为地主，因为地产本非领主的中心关怀。

第三，在封建格局中，支配者的权力受到相当的限制。一方面，重要决策要征求封臣、贵族的意见，征求意见虽非法定，却是常例。议会的产生，便是由此而来。另一方面，即使是国王，对封臣的封臣，也无直接的支配权。13世纪法国法律家杜兰（Durandus）在著作中所谓"我的封臣的封臣，并非我的封臣"，是此种关系的经典概括。③

第四，权力分散，存在多个权力中心。在封建制度中，存在着无数并列的权力中心，不存在中央集权政府，所谓国王，不过是最大的封建主，他不能像家产制支配中的皇帝一样大权独揽。这种权力的分散、并列，是支配者阶层权力量上的区分，不是孟德斯鸠意义上的"质"的区分。④

第五，从功能来看，封建制支配的特点是行政功能极小化，司法功能占主导地位。在封建体系中，不存在"官府"的概念。

---

① 依据韦伯的分析，家产制度是家父长制支配的一种特殊变形。家父长制支配基于家父长的权威与传统的规范力量而建立。家产制是分家析产之后的一种状况，其中通过分配土地（有时尚包括农具）给家中年轻男子及其他依附者的方式，将家权力分散化。当君侯以一种人身的强制，而非债主式的支配扩展其政治权力于其家产制之外的地域与人民，然而其权力的行使仍依循家权力的行使方式时，我们即称之为家产制国家。家产制支配中的支配者权力具有随意性、不固定的特点。封建制中则是固定下来的支配与服从关系。相关内容参见［德］马克斯·韦伯《支配社会学》，简惠美译，广西师范大学出版社2004年版，第99、196页。

② ［德］马克斯·韦伯：《支配社会学》，简惠美译，广西师范大学出版社2004年版，第200页。

③ 同上书，第214页。

④ 同上书，第220页。

最后值得一提的是，封建制中往往存在多重效忠的状况，即一个封臣可以同时服务于几个乃至数十个领主。家产制支配中"一臣不事二主"的观念在这里是不存在的。这种"复合主从关系"甚至可以超出国境。严格说来，中世纪不存在近代意义的"国境"概念。莱茵河沿岸的诸侯同时为日耳曼和法国两国国王的封臣，是十分寻常的事。法国北部与英格兰贵族，可以同时服务于英王与法王。① 这种一仆数主的局面对于理解封建制来说，具有典型意义，它势必成为瓦解封建社会的主要因素之一。②

## 骑士风度

与封建制度紧密相连的还有骑士制度（Chivalry）。骑士制度起源于11世纪法国南部，后来则遍及全欧，其发展的全盛时期是12—13世纪。那时出现了骑士团，大小封建主皆参加了骑士团组织。"骑士"字面意思指骑马的人，骑士制度源于战争。骑士拥有自己的马匹和武器，这在当时意味着拥有一定的财富。通常情况是，封臣的子弟在十一二岁时被送去接受训练，到20岁时就有可能被国王册封为骑士。册封骑士要举行隆重的仪式，国王授予他们以绶带与宝剑，新骑士要进行宣誓。成为骑士后，他们会外出探险，过一段流浪的生活。标准的骑士形象，是一个人、一匹马、一把剑、一根矛。战争和比武是骑士的主要活动。作战时，骑士身着沉重的铠甲，手持饰有专门彩色纹印的盾牌，多以方阵推进，并不主张单打独斗。在中世纪基督教占主导地位的情况下，战争常意味着为基督而战，12世纪的一则材料写道：

> 为什么建立骑士制度？为了保护教会，为了与不信教的人进行斗争，为了尊敬教士，为了保护穷人免受不公正的对待，为了生活得到安宁，为了献出自己的鲜血，如果需要，愿为兄弟献出生命。③

骑士的信条，是"忠君、护教、行侠"。所谓骑士风度，正是指勇敢、忠诚、爱荣誉、宽容与节制。优秀的骑士文雅知礼，他们在骑马时不会让马

---

① ［德］马克斯·韦伯：《支配社会学》，简惠美译，广西师范大学出版社2004年版，第225页。
② ［法］马克·布洛赫：《封建社会》上卷，张绪山译，商务印书馆2004年版，第345页。
③ ［德］汉斯·维尔纳·格茨：《欧洲中世纪生活》，王亚平译，东方出版社2002年版，第204—205页。

践踏路边农地里的庄稼。骑士身上体现了某种道德与英雄气概,效忠和保护女主人是他们热衷之事,这里面流行着对贵妇的爱慕与崇拜。女士优先,向女主人献殷勤,在女士面前男子汉恰恰应表现得十分谦卑,堪称骑士文化留给今人的遗产。此点与古典时代以及东方社会蔑视女性的风气,恰成鲜明对照。与之相适应,上流社会的贵妇们则组成了"爱情法庭",她们在一起对骑士的表现品评鉴赏,对宫闱恋爱纠葛做出裁决。此种风气,尤其盛行于南部法国的普罗旺斯地区。骑士制度体现了中世纪人们生活中"游戏"、艺术与审美的一面。从功能上看,骑士锄强扶弱、主持刑狱、缉拿罪犯、敦睦民风,在维护地方治安等方面发挥了重要作用。不过,骑士的形象并非完美无瑕,在商人眼中,骑士很可能是拦路抢劫者的同义语。他们会收取买路钱,或者要求决斗。骑士精神与商业精神之对立,看来是由来已久。骑士称他们的剪径行为是"马咬下了客商的钱包"。[①]

## 封建制与现代西方宪政的起源

中世纪欧洲封建制对现代西方宪政的形成有着重要的意义。前文已经提及,现代西方议会制的前身,即中世纪的议会制度。另外,欧洲封建制强调"一种可以约束统治者的契约观念"[②],此点正是现代西方宪政之灵魂。

马克斯·韦伯亦十分重视中世纪封建制度与现代西方宪政的关联。韦伯指出,基于"社会契约"进行统治的理念,源于中世纪,尽管现代契约论学说中所说的契约与中世纪领主与封臣之间的契约有实质的不同。[③] 韦伯还指出,现代资本主义的发展,得益于日耳曼法,而不是罗马法。封建支配阶层不会支持现代资本主义的发展,骑士的气质也不合现代资本主义伦理,但封建制的边缘、空隙之地恰恰是现代资本主义发展的温床,这与家产制国家的情形恰成鲜明对照。

## 从多神信仰到一神教

中世纪是一个信仰时代、一个神学时代,然而,若以为之前的古代世界

---

[①] [英]托马斯·马丁·林赛:《宗教改革史》,孔祥民等译,商务印书馆2016年版,第88页。
[②] [法]马克·布洛赫:《封建社会》下卷,李增红等译,商务印书馆2004年版,第714页。
[③] [德]马克斯·韦伯:《支配社会学》,简惠美译,广西师范大学出版社2004年版,第220页。

（无论是希腊，还是罗马）是一个世俗时代，那就错了。古代与中世纪的差别不在于有无宗教，而在于它们有着不同的宗教。在前文叙述古希腊、古罗马政治思想时，我们围绕政治社会的兴衰展开讨论，极少涉及那时的宗教状况。然而，无论是在古希腊，还是在古罗马，宗教皆无比重要。在古代希腊与罗马，基本上人人都信神。不仅在历史上宗教先于政治社会而产生，在那时人们的日常生活中，宗教亦具有至高无上的地位。法国学者库朗热关于古代城邦的研究指出，宗教造就了家庭，造就了城邦。他写道："城邦根据宗教而建立，城邦的组织好似教会。正是由于宗教，它获得了自身的力量，总揽一切权力，对民众具有绝对的支配权。……宗教生出城邦，城邦维持宗教，两者互相支持，成为一体。"①

宗教从何而来？现代学者多倾向于从心理上去解释。霍布斯即言，宗教的根源在于人自身，它源于人们对不可见事物的恐惧。② 然而，正如有的学者所言，宗教的心理基础更恰当地说应是敬畏。敬畏包含了恐惧，还包含了惊奇。信奉宗教者并非总是处于某种令人憎恶的恐惧中。宗教体验同时还包含了某种积极的因素，它有激励人的力量。③

苏格兰启蒙运动时期的思想家大卫·休谟认为，原始宗教是多神崇拜，文明社会的宗教则是一神崇拜。一神信仰源于多神信仰，不过这一过程呈交替盛衰的状况。人们摆脱多神信仰，进入一神教，不久又有可能回到多神崇拜，由此形成循环。④ 无疑，一神教晚于多神教出现。但并非所有的宗教都有"神"的概念（例如佛教便没有）。古希腊、古罗马与中世纪，其宗教状况比较起来，确实可见多神教与一神教的差别。

古希腊宗教是多神宗教。荷马史诗中居住在奥利匹斯山上充满人情味的诸神，已经经过了诗人的创作。荷马时代的宗教，是贵族阶层的宗教，对于希腊本土古老的米诺斯宗教来说，它是外来宗教。⑤ 更早的希腊诸神，是令人恐惧的凶神恶煞。希腊诸神来源不一。有的一开始就是神，有的则原先是

---

① [法]库朗热：《古代城邦——古希腊罗马祭祀、权利和政制研究》，谭立铸等译，华东师范大学出版社2006年版，第211页。
② [英]托马斯·霍布斯：《利维坦》，黎思复、黎廷弼译，商务印书馆1985年版，第80页。
③ [英]简·艾伦·赫丽生：《古希腊宗教的社会起源》，谢世坚译，广西师范大学出版社2004年版，第60页。
④ [英]大卫·休谟：《宗教的自然史》，曾晓平译，商务印书馆2014年版，第47页。
⑤ [英]M.J.卡里、[英]T.J.哈阿霍夫：《希腊罗马世界的生活与思想》，郭子林、曹彩霞译，大象出版社2012年版，第266页。

人，先变成半人半神（英雄），再变成真正的神。宗教仪式，最初源于人们在生产与生活中对生存的期许。例如古希腊人春天的祭神仪式，是为了庆祝大自然生机再现。太阳神、风神、雷神、谷神、地母、海神，皆与古代农业生产活动相关。通过祭神，人们期待获得好的收成。一道闪电，一声惊雷，一场森林大火，大洪水，地震，火山喷发，皆令人感到某种力量的存在。人对异己力量、对不受自己控制的神秘力量的感知与敬畏，催生了各种原始崇拜。豪饮产生的陶醉，神庙里的性放纵，祭祀仪式上忘我的载歌载舞，皆是对不由自己控制的力量的体验。宗教仪式上的鼓乐，不过是模拟大自然发出的雷声，再现外在于人的力量显现的场景。在古希腊，各家族有自己的家族神，城邦则有城邦的守护神。雅典的守护神是雅典娜，柯林斯的守护神是波塞冬，米利都的守护神是阿波罗。不同的神，有不同的职责。不过诸神之间的职责，往往重叠，其分工并不明确。古希腊盛行偶像崇拜，他们给神做塑像，在节日里给神献祭牛奶、葡萄酒、动物。献祭仪式的某些环节，是要让人获得"神力"。希腊的悲剧、喜剧、音乐节、运动会，皆源于祭神活动。

古希腊人相信神谕。神谕由一些具有特殊才能的巫师来传达。希腊最有名、最权威的神谕传递者是德尔菲阿波罗神庙的女巫。研究者指出，德尔菲神庙在维持希腊世界的基本道德与和平方面，起了极其重要的作用。因为德尔菲神谕总是教导人，凡事不为已甚，要讲究平衡、节制、和谐。阿波罗"通常会受到拓殖者的咨询，他的赐福被认为赋予了他们在领地上的占有权。他也是早期希腊世界始终困惑的道德问题的仲裁者，主要是在他的影响下，希腊人放弃了血亲复仇，用对杀人犯仪式上的涤罪来代替血亲复仇；他为其他崇拜者的礼拜和仪式问题做出权威决定。因此，德尔菲的阿波罗是最活跃的希腊大神，是混乱的城邦崇拜中最重要的标准化了的中介"[1]。"神谕"能预测未来吗？不能。事实上，古希腊的神谕很少预测未来，古希腊人询问神谕，不同于东方社会的求签问卜。如果要问未来之事，神谕给出的，常常是意义含糊的回答，可做完全相反的解释。

虽然古罗马与古希腊都是多神宗教社会，并且古罗马人的许多神来自古希腊，但古罗马人对神的态度，与古希腊人并不相同。古罗马人祈求神保佑他们，给他们带来好运，他们对神充满敬畏。古罗马人相信存在神意，并且相信

---

[1] ［英］M. J. 卡里、［英］T. J. 哈阿霍夫：《希腊罗马世界的生活与思想》，郭子林、曹彩霞译，大象出版社2012年版，第269—270页。

占卜,例如通过观察飞鸟来发现神意。与古希腊人不同,他们始终拒绝狂迷忘我或神秘主义宗教。[1] 古罗马人的神不是人格化的神,神不与世人生活在一起,也不干预人间发生的事情。神对于古罗马人来说,是一种外在于人的供人崇拜的对象。罗马的守护神首先是朱庇特,次之是女神朱诺,她是朱庇特的妻子。再次之则有米纳发女神。朱庇特、朱诺、米纳发被称为罗马三主神。[2] 此外,还有农神、战神、太阳神、海神、爱神、美神、酒神、月亮神,等等。商人的保护神是墨丘利。妓女的守护神是维纳斯。朱庇特神庙是早期罗马最大的神庙。古罗马人的神庙中,出现了专门的祭司,但他们不构成一个阶层。古罗马宗教最鲜明的特点是万神殿的存在。万神的排序,并不固定。尽管曾有罗马皇帝要抵制来自东方的神,但总体上,古罗马人随时欢迎新神,他们也从不认为其他民族的神是假神。古罗马诸神和平共处。神与神的关系,折射了人与人的关系。团体神之间的关系,则体现了不同团体之间的关系。

基督教的传入改变了古代世界的诸神崇拜状况。古代世界终结的首要标志,便是诸神时代的终结。从古代世界到中世纪,通常被视为从多神教向一神教的转变。这种转变,原因甚多。如果把基督教与古罗马人自己的宗教看作两个相互争夺香火及消费者的公司,最终的结果是,基督教胜出,古罗马人自己的宗教破产。热衷于保守罗马本土文化及宗教的皇帝尽管曾一度对基督教采取禁止、打击、迫害的政策,但终未奏效。在信仰问题上,绞刑架、火堆,素来无所作为。古罗马人的多神宗教,有自身的不足。例如缺乏一致的逻辑,缺乏对来世的清晰说明(尽管罗马宗教中有时也有地狱和天堂的说法),亦不能对人的道德提供指引。至帝国时期,宗教甚至完全成了政治统治的工具。罗马的皇帝在活着时即建了自己的神庙,令人供奉。随着帝国内部交流的频繁,地方神便日益失去其影响力。古罗马斯多葛主义哲学的流行,也为罗马人接受一神教做了准备。[3] 一神教首先要求信徒"除我之外,不能信别的神"。如马克斯·韦伯所言,在严格的意义上,只有犹太教与伊斯兰教是一神教。[4] 基督教因为有精灵、魔鬼等说法,只能看作准一神教。

---

[1] [德]马克斯·韦伯:《宗教社会学》,康乐、简惠美译,广西师范大学出版社2005年版,第13页。
[2] [英]约翰·瓦歇尔:《罗马帝国》,袁波、薄海昆译,青海人民出版社2010年版,第157页。
[3] [英]M. J. 卡里、[英]T. J. 哈阿霍夫:《希腊罗马世界的生活与思想》,郭子林、曹彩霞译,大象出版社2012年版,第277—278页。
[4] [德]马克斯·韦伯:《宗教社会学》,康乐、简惠美译,广西师范大学出版社2005年版,第24页。

一神教常被认为与一个覆盖多民族的普世帝国相联系，其实未必如此。多个不同的独立自主的民族以契约、盟誓的方式共存，同样与一神论相吻合。而信奉多神的罗马人，在政治上则造就了一个普世帝国。① 实际上，宗教对政治社会，在古代，因为社会各部门分化程度极低甚至没有分化，故而影响极大；但到了现代，随着宗教系统与政治系统分离开来，其间联系，也就不那么紧密了。

图11 中世纪基督教

理解基督教，除考虑到它在不严格意义上的"一神论"特点外，还需注意它的另一个特点。那就是基督教是一种包含强烈救世意识的救赎性宗教。对于世间救赎性宗教而言，救赎的途径甚多，如酒神祭典中暂时的迷醉、早期诺斯替教派的黑屋乱交、个人的禁欲苦行、冥思入定。基督教认为，必待救世主降临，才有得救之可能。上帝之子耶稣将把人类从恶魔的支配下解救出来，或者说被钉十字架、通过流自己的血为人类赎罪而把人类从人类自身

---

① ［德］马克斯·韦伯：《宗教社会学》，康乐、简惠美译，广西师范大学出版社2005年版，第28—29页。

彻底的堕落状态中解救出来。不过，基督教的救世冲动对日常生活的影响，因为它的制度、仪式、法规而被抑制。基督教关于救赎方法的理性化之特点与罗马本土宗教对狂迷的排斥一脉相承。在排除巫术、消除偶像崇拜以及区分现实世界与超越世界方面，从古希腊，到古罗马，再到基督教区分灵与肉，最后到近世宗教改革后的新教，西人宗教信仰的理性化程度明显呈日益提高的趋势。随着仪式主义的淡化，非理性狂迷的剔除，高度理性化的宗教对人们的日常生活产生的影响，反而越来越大。

## 基督教：信、望、爱

中世纪是基督教的世纪。基督教兴起于公元1世纪的地中海东岸，相传为耶稣所创立。罗马帝国最初打击、压制基督教的传播，但后来发生了变化，由压制走向默许，由默许走向鼓励，最后干脆于4世纪时将之定为国教。基督教与罗马帝国的结合，使基督教发展壮大为一种世界性的宗教，直至今天，基督教仍与佛教、伊斯兰教并称为世界三大宗教。犹太—基督教启示传统，与古希腊理性主义，共同构成了西方文明的两大源头。

基督教的经典是《圣经》，《圣经》分为《旧约全书》（以下简称《旧约》）和《新约全书》（以下简称《新约》）两部分。《旧约》为基督教从犹太教继承而来，《新约》则是它自己的经典。所谓"约"，指的是上帝与人之间的约定。基督教教义认为，世界是上帝所造，人是上帝的作品，是上帝照着自己的形象造出来的，人类的始祖亚当和夏娃最初快乐地生活在伊甸园里，但在蛇的诱惑下违反天条，偷吃禁果，遂被上帝逐出伊甸园。这样，人便是堕落的产物，人因罪而来到尘世。但上帝爱世人，没有抛弃人，上帝派了圣子耶稣来拯救世人。《圣经》最为人们喜爱的经文之一便是"神爱世人，甚至将祂的独生子赐给他们，叫一切信祂的不至灭亡，反得永生"[①]。由此，世人当信基督教，替上帝守护自己的灵魂，侍奉上帝，等待死后的末日审判。

基督教对信徒的日常行为提出了戒律。根据《旧约》，先知摩西曾在西奈山上接受了上帝赐予的十诫，这十诫通常称为"摩西十诫"。事实上，犹太教徒、基督教徒与穆斯林皆接受它，将它作为行为准则。这十诫包括：

---

① 《约翰福音》章3：16。

第三章　上帝光照下的中世纪政治

图 12　耶稣被钉十字架

（1）除我以外，你不可有别的神；

（2）不可为自己雕刻偶像；

（3）不可妄称耶和华你神的名；

（4）当纪念安息日，守为圣日；

（5）当孝敬父母；

（6）不可杀人；

（7）不可奸淫；

（8）不可偷盗；

（9）不可做伪证陷害人；

（10）不可贪恋人的房屋。

而《新约》中，耶稣则指出他的教义与犹太教之不同在于传统犹太教重视律法，而他的宗教关心的是人的内心，它提倡的是爱。《哥林多前书》第13章写道："爱是恒久忍耐，又有恩慈；爱是不嫉妒，爱是不自夸，不张狂，不作羞羞答答的事，不求自己的益处，不轻易发怒，不计算人的恶，不喜欢不义，只喜欢真理；凡事包容，凡事相信，凡事盼望，凡事忍耐；爱是永不止息。"① "如今常存的有信，有望，有爱；这三样，其中最大的是爱。"② 耶稣称首要的一条是爱上帝，其次是爱邻人如爱自己，甚至要"爱你们的仇敌"③。"你的仇敌若饿了，就给他吃；若渴了，就给他喝；因为这样行，就是把炭火堆在他头上。"④ 他的一次公开布道，其内容被称为登山宝训，所谓"耶稣山上论八福"。《马太福音》第5章中告诉我们，耶稣登山训众，对他的门徒说：

虚心的人有福了！因为天国是他们的。

哀恸的人有福了！因为他们必得安慰。

温柔的人有福了！因为他们必承受土地。

饥渴慕义的人有福了！因为他们必得饱足。

怜恤的人有福了！因为他们必蒙怜恤。

---

① 《哥林多前书》章13。

② 同上。

③ 《马太福音》章5：44。

④ 炭火堆在头上，喻指感到羞愧。本段经文出自《罗马书》章12：20。

清心的人有福了！因为他们必得见神。

使人和睦的人有福了！因为他们必称为神的儿子。

为义受迫的人有福了！因为天国是他们的。

人若因我辱骂你，逼迫你们，捏造各样坏话毁谤你们，你们就有福了！应当欢喜快乐！因为你们在天上的赏赐是大的；在你们以前的先知，人也是这样逼迫他们。

耶稣教人们对上帝要有信心。"信心就如芥草种子一样，虽小而有能力。"① 施舍时，不可在人前，甚至"不要叫左手知道右手所做的"②。基督徒当常常向上帝祈祷。祈祷不是为了做给别人看，而应进屋关上门。上帝在暗中察看，必然报答祷告者。基督徒的祷告文是这样说的：

我们在天上的父：愿人都尊你的名为圣。

愿你的国降临；愿你的旨意行在地上，如同行在天上。

我们日用的饮食，今日赐给我们。

免我们的债，如同我们免了人的债。

不叫我们遇见试探；救我们脱离凶恶。

因为国度、权柄、荣耀，全是你的，直到永远。阿门！③

基督教具有鲜明的非政治特征，耶稣本人不谋求任何世间的权力，他说"恺撒的物当归给恺撒，神的物当归给神"④，又说"我的国不属这世界"⑤。在现实生活中，基督徒形成了一种服从世俗权力的习惯。政府被看作执行上帝意志的工具，上帝则是政府权力的授予者。服从政府、尊敬君上即是服从上帝。使徒彼得说"为主的缘故，要顺服人的一切制度，或是在上的君王，或是君王所派、罚恶赏善的巨宰"⑥，即是此意。

一本基督教宣传手册上名为《帝国与马槽》的诗歌，很能说明基督教对尘世功业的看法。这首诗写道：

---

① 《马太福音》章 17：20。
② 《马太福音》章 6：3。
③ 《马太福音》章 6：9—13。
④ 《马可福音》章 12：17。
⑤ 《约翰福音》章 18：36。
⑥ 《彼得前书》章 2：13。

亚历山大和耶稣都死于三十三岁的英年。
一个为自己而生，为自己而死；
一个为你我而生，为你我而死。
一个死在宝座上，一个却被钉在十字架上，
一个似乎死得轰轰烈烈；一个仿佛死得凄凄惨惨；
一个统率万军，攻城略地，
一个却孤单一人，踽踽独行。
一个流别人的血，以建立自己的帝国；
一个流自己的血，为拯救世人。
一个生时获得了全世界，死时却失丧了一切；
一个献出了自己的生命，却获得了亿万人的心。

亚历山大和耶稣都死于三十三岁的英年。
一个死在巴比伦；一个死在加略山。
一个为自己赚得一切；一个为别人献出所有。
一个是人，却自诩为神；一个是神，却降卑为人。
一个活着为征战；一个活着为祝福。
亚历山大死了，他的功业就此殒殁；
耶稣虽然死了，却又复活，为万王之王。

亚历山大和耶稣都死于三十三岁的英年。
一个奴役人做牛做马；一个却释放人得以自由。
一个把王座建立在血海之上；
一个却建立在和平仁爱之中。
一个在地上升高；一个由天降卑。
一个赢得了属世的荣华富贵，却失去了属天的福分；
一个舍弃了一切，却统管万有。
一个灭亡，一个永存。
抓取的，丧失了一切；给予的，赢得了万有。

　　基督教在罗马成为国教后，教会也日益成为拥有世俗权力的组织。罗马天主教充分吸收了罗马法的精神。作为救赎宗教，它提供的是一种制度性恩宠，区别于"秘迹恩宠"。制度性恩宠意味着：（1）教会之外无救赎，得救须加入教会。（2）恩宠授予是否有效，取决于机构赋予的职权，与祭司个人的"卡理斯玛"资质无关。（3）需要救赎的个人的宗教资质，与宗教机构全然无关。[1] 这些特点，十分利于基督教的传播，它最终促成了欧洲的基督教化。

中世纪初期的教皇不能控制罗马以外的教会，各地教会的上层权贵由自己的牧师团体选出，并由王国政府批准。

公元8世纪时，形成了教皇国——"教会区"。此后数世纪，教皇为争取罗马主教的权力居于所有其他教会之上进行了顽强的斗争。教皇权威的来源，依据的是一种代表理论，它教导信众：教皇是耶稣在人间的代表。教皇不是耶稣，但他直接代表耶稣。至11世纪，教皇的地位大大巩固。教皇格里高利七世与罗马皇帝亨利四世争夺"封圣职权"（主教称号授予及撤换的权力）。他发出通牒宣布教皇有权废除国王，授予和解除主教称号，设立新教区，把教区分开或合并，调动主教，解除臣民对坏君主所做的效忠誓言。这被美国学者哈罗德·伯尔曼（Harold J. Berman）称为"教皇革命"[2]。

12世纪，教会的中央行政机关——罗马教皇厅成立，它由红衣主教团办公厅等机构组成。教皇俨然已成罗马的真正主人。他的使徒署既管财政，也有行政审判的功能，使徒署由宫廷总管领导。宫廷总管对教皇负责，并常常有机会当上教皇。在教会法学家的帮助下，统一的教会法体系也开始形成。教会法体系的形成，使得习惯法让位于自然法。伯尔曼认为，第一个近代法律体系就是从这里诞生的。美国学者托比·胡弗（Toby E. Huff）沿着伯尔曼的研究往前推进，他认为，12、13世纪西方发生了广泛的知识与法律革命，它改变了中世纪社会，使它成为近代科学兴起和发展最合适的土壤。而阿拉伯—伊斯兰文明和中国文明都没有发生过这样的革命。[3] 这场有助于科学兴起的法律革命，推崇理性与良心，提出了社团法人的观念，在法律上把集体当作一个整体来看，由此大学、社团、城市、国家都可以从新的角度去理解。它们在法律上作为整体具有的独立性，对于近代西方科学的发展，具有十分重要的作用。

---

[1] ［德］马克斯·韦伯：《宗教社会学》，康乐、简惠美译，广西师范大学出版社2005年版，第229页。

[2] ［美］哈罗德·J. 伯尔曼：《法律与革命》，贺卫方等译，中国大百科全书出版社1993年版，第127页。

[3] ［美］托比·胡弗：《近代科学为什么诞生在西方》，周程、于霞译，北京大学出版社2010年版，第140页。

就教皇国来说，维持世俗权力组织需要有资费收入。这就涉及现代国家征税权的问题。对教皇国来说，收入来源一是什一税，二是宗教仪式服务费。中世纪经济以实物经济为主。在此条件下，什一税严格来说，应叫什一捐献，因为广大农民或农奴不是以货币而是以实物的方式去缴纳。此种捐献，常令人们产生对教会的反感。一位英国作家写道："教士对谷物、草地、牧场、牧草、木材、马驹、羔羊、鹅和小鸡等所有这一切，都要十中取一。除此之外，还要收取十分之一的羊毛、牛奶、蜂蜜、蜂蜡、干酪、黄油以及每一个仆人的十分之一的工薪；他们追逐私利已无孔不入，以致要穷人的妻子奉献给他们每个鸡蛋的十分之一，否则她们就不准参加复活节并以异教徒论处。"[1] 教会主持宗教仪式，信众需要付费。主持洗礼、婚礼、忏悔礼、涂膏礼、葬礼、追悼祈祷，都是有偿的。有人曾如此描绘教士的贪婪："这是忏悔费，这是弥撒费，这是圣水费，这是祈祷费。甚至老太婆为了使强盗和窃贼找不到起见而藏在头巾布里的最后一枚铜元，也被他们夺去。"[2]

13世纪，出售赎罪券成为教会发财的手段，13世纪神学家亚历山大·茹列斯基首创"过剩神恩宝藏说"，宣称一滴基督的血足以赎取人类所有的罪孽，基督所流的血以及其他圣徒与"德僧"的功绩，组成了神恩的额外部分，它们由教皇负责处理。教皇可以将之施舍或出售给有罪的人，从而保证其进入天国。赎罪券由教士或修士在广场、集市如小贩一样向人兜售。一份15世纪的赎罪券价目表，令人啼笑皆非。

> 饶恕写假证明文书的人——7个格罗斯；
> 饶恕在教堂内接触女人肉体及淫乱行为——6个格罗斯；
> 饶恕强奸少女——6个格罗斯；
> 饶恕弑亲——5或6个格罗斯；
> 饶恕重殴自己妻子以至其流产——5个格罗斯；
> 饶恕对俗人进行掠夺、纵火、凶杀——8个格罗斯。

在教皇地区垄断白矾、食盐、粮食的买卖，也让教会获利不少。此外，

---

[1] [英]托马斯·马丁·林赛：《宗教改革史》，孔祥民等译，商务印书馆2016年版，第100—101页。
[2] [苏]约·拉甫列茨基：《梵蒂冈：宗教、财政与政治》，柔水译，世界知识出版社1959年版，第31页。

图 13  中世纪的集市

教会收入还包括信徒遗赠给教皇的财产珍宝，罗马各教堂祭坛前的捐赠，渎神罚金，代替监禁的罚金，出售贵族称号所得钱财，妓院税，彩票和打赌税（赌教皇的死期，新教皇的名字等）。

教会既已不再是纯粹的信仰共同体，而是具有煊赫世俗权力的建制，它与世俗政府的冲突，便在所难免。中世纪政治思想的一个中心议题，便是教权与政权的关系问题。政教关系，不仅是学者、教士激烈争论的话题，更是现实世界中的实际问题。在这数百年中，有教皇为国王加冕的时候，也有罗马天主教会开除国王教籍的时候。但总体而言，在中世纪，教会与世俗政府之间是一种相互依存、相辅相成的关系。

基督教是一种普世主义的宗教，在吸收信徒方面不存在任何种族、身份等方面的偏见。《约翰福音》中说："凡接待他的，他就赐他们权柄，作神的儿女。"①《保罗达加拉太人书》中说："你们因信基督耶稣，都是神的儿

---

① 《约翰福音》章 1：12。

子。你们受洗归入基督的，都是披戴基督了，并不分犹太人、希利尼人、自主的、为奴的，或男或女，因为你们在基督耶稣里都成为一了。"①《歌罗西书》中说："在此并不分希利尼人、犹太人、受割礼的、未受割礼的、化外人、西古提人、为奴的、自主的。"② 人作为上帝的造物，在上帝面前一律平等。在罗马天主教体系中，通过固定的礼拜、忏悔仪式以及组织化、官僚化的教会管理系统，神恩向每个信徒开放，救赎不局限于具有特定资质与慧根、努力修行的宗教达人。基督教又是一种高度理性化的宗教，它明确拉开了世俗与神圣、此岸与彼岸的距离，排除了各种狂热与巫术，并坚决反对偶像崇拜。这种理性化特点，在罗马天主教中尚不彻底，在宗教改革之后的新教中，则体现得十分明显。基督教以自己的方式为中世纪的人们提供了生存的精神支柱，与其他宗教一样，它致力于解除人生存的焦虑，它在有限与无限、短暂与永恒之间架起了桥梁。与古希腊、古罗马的异教伦理相比，基督教讲的是恬退隐忍，是无疆大爱，是灵魂的永生。而更为重要的一点，则是它重新塑造了西方人的精神世界，对现代西方政治思维发生了重大影响。

法国学者菲利普·尼摩（Philippe Nemo）③ 曾把《圣经》及其"伦理学与末世学"视为西方文明的五大来源之一。④ 尼摩指出，以《圣经》为中心的基督教给西方人的精神带来了三种养料：一是区别于异教的伦理观，在此意义上，《圣经》是道德革命的标志。二是区别于古典时代循环论的直线时间观。人们不再生活于一种往复的循环之中，而是处于过去与未来、起点与终点之间。从此以后，世界将是历史中的世界，人将是历史中的人。三则是改造世界的精神。它体现在犹太—基督教的救世主降临说、末世论、千禧年说以及现代社会关于进步的诸多世俗意识形态中。尼摩认为，就第三点而论，它在现代社会的余绪表现为两个分支，它们都想改造世界，但方式是不一样的。这两个分支是：

（1）一个分支倾向于使用暴力，打算通过一场末世学的终极斗争把

---

① 《保罗达加拉太人书》章3：26—28。
② 《歌罗西书》章3：11。
③ 一译为菲利普·内莫。
④ 尼摩所说的另四大来源分别为：（1）古希腊人创立城邦，并创造了法治自由、科学与学校；（2）古罗马人发明了法律、私有财产、"人格"和人文主义；（3）11世纪至13世纪的"教皇革命"使"雅典""罗马"和"耶路撒冷"首次真正融合；（4）近代重大民主革命带来的自由民主制。参见［法］菲利普·尼摩《什么是西方》，阎雪梅译，广西师范大学出版社2009年版，第3页。

所有的恶人都屠杀掉，以此促进末世的到来，认为在黑暗的前夜之后光辉灿烂的千禧年黎明很快就会来临。这个观点一直延续到近现代的右派和左派的革命主义学说。

（2）另一个分支不希望以暴力和血腥的方式而是希望通过改变心灵和思想、致力于真理的事业、负责任的人类行动，以法律和科学二者所呈现的理性来促进末世和平的来临；这一派坚持认为，末日审判到来不是单凭一两次零星事件，而是要通过一种渐进、开放的过程。这种思想一直延续到近现代的自由民主理想的构想。①

## 大学：中世纪"最高而最良的出产物"

20 世纪伟大的存在主义哲学家卡尔·雅斯贝尔斯在《大学之理念》中尝言：

> 大学是一个由学者与学生组成的、致力于追求真理之事业的共同体。它是一个管理自身事务的团体……就像教会一样，它的自治权——这种自治权甚至得到国家的尊重——是来自一个具有超国家、普世性特点的不朽观念：学术自由。这是大学所要求的，也是它被赋予的。②

雅斯贝尔斯的话，道出了大学的实质。大学，是师生的共同体，是追求真理的地方，是"仰望星空"的圣地，是"国中之国"。现代社会，随着高等教育的逐步普及，读大学已是寻常之事。大学生乃天之骄子，一个人大学毕业意味着他将成为社会精英阶层的一员。然而，今天的大学从制度上来讲，乃起源于通常所谓的黑暗的中世纪。而中世纪能有大学存在，说明"黑暗"之中实有光明之处。美国教育史家格莱夫斯说，大学是"中世纪当中最高而最良的出产物"③。尽管大学的精神或可溯及柏拉图的学园，但就大学制度来讲，它的起步确实在中世纪。从 11 世纪以后，大学陆续出现。到文艺复兴初期，欧洲已有近八十所大学。今天的牛津大学、剑桥大学、海德堡大学诸世界名校，皆创立于中世纪。而我国近代出现的诸大学，也是西学东渐

---

① ［法］菲利普·尼摩：《什么是西方》，阎雪梅译，广西师范大学出版社 2009 年版，第 48 页。
② ［德］卡尔·雅斯贝尔斯：《大学之理念》，邱立波译，上海人民出版社 2007 年版，第 19 页。
③ ［美］格莱夫斯：《中世教育史》，吴康译，华东师范大学出版社 2005 年版，第 75 页。

的产物。

大学之诞生，经历了一个过程，往往是先有大学的实践，再有教皇或国王的文书予以承认。后来则有教会或政府直接创办大学。大学产生于11世纪，在13世纪有大的发展。这要归因于当时社团大量兴起的氛围，因为大学本不过是无数种社团中的一种。所谓大学，就是教师与学生的社团（Universitas Magistrorum et Scholarium）。在当时，Universitas 指一般的合法社团，尚不具有今天人们所赋予的"专业学术机构"这一特定含义。师生组成社团，最初可能是出于反对教会势力，也可能是出于反对世俗政府，其宗旨在于维护学术独立与自由。但后来，教会与政府均发现大学既可为他们输送人才，又可在复杂冲突中充当中立的裁判，于是他们不仅不反对大学，反而支持大学事业，赋予大学各种豁免权与特权。例如，大学生及大学相关从业人员，包括敲钟人、羊皮纸工、书商等人在内，均可免除赋税及当兵的义务。在巴黎，大学生如果在路上受到侵害，任何市民都有义务将伤害大学生的罪犯逮住送交法办。

最古老的大学是意大利的萨勒诺医学院。但中世纪早期大学中最具代表性和影响力的大学，则是南方的博洛尼亚大学与北方的巴黎大学。博洛尼亚大学学生年纪较大，校务由学生参与自治，故称为"学生大学"；巴黎大学学生则以年龄小者为多，校务遂由教授处理，故称为"先生大学"。这两种模式，分别为后来不同的学校效仿。巴黎大学1180年正式得到册封。后来，巴黎大学发生了一场争论，几位不满的教师带着一批学生渡海到泰晤士河畔的牛津，牛津大学由此诞生。又过了若干年，有一批人从牛津大学分出来，自立门户，这便是剑桥大学的诞生。

中世纪的大学，已有清楚的学科划分，一般大学分神学、法学（民法和教会法）、医学、哲学四个大的门类。神学居于最高地位，次之为法学与医学，它们都是为职业做准备的教育。最低等的是哲学，它包括传统的通识学科，分为语法、修辞（历史是其中的一个小分支）、逻辑及数学、几何、音乐与天文学。大学有规定的学制，大概6—16年不等，最后毕业时颁发硕士、博士学位或教授资格证书。当时的硕士、博士并无高下之别，只是考试形式不同，硕士参加考试即可，博士需要参加公开的答辩，有一系列仪式。当时的学士，并非一种学位，它是指教授之前的预备资格。至15世纪，学士成了独立的学位。中世纪大学生的生活不像现代大学生的生活那样丰富，他们就是跟着老师读经典、参与辩论。那时也不鼓励创新。但大学毕竟提供了一个独立追求精神生活的场所，这便为后来人文主义、现代科学的发展做了制度与人才上的准备。

图 14　中世纪大学学位授予

# 新柏拉图主义

柏拉图去世后，学园由其学生主持，薪火相传，好不热闹，至西方进入基督教时代，依然活跃。然而其间几经转折，各个时期思想倾向，并不相同。柏拉图之后的学园派，面对斯多葛学派与伊壁鸠鲁学派的挑战，陷入怀疑论与哲学上的不可知论，耽于空论。这一状况持续既久，至公元前2世纪中叶昔勒尼的卡涅阿德斯（Carneades of Cyrene）主持学园（史称新学园），才得以改正，重新关注人的生活与行动。卡涅阿德斯的学说，被西塞罗接受并发扬光大。① 而西塞罗的著作，激发了奥古斯丁的哲学事业。

新柏拉图主义（Neoplatonism）由柏罗丁（Plotinus）开创，由其诸弟子阐发，该学派存在很久，直到6世纪还在活动。新柏拉图主义者主张回到柏拉图哲学，他们区分肉体与灵魂，强调灵魂之眼瞬间的一瞥，视理念为现实的终极依据。他们自称为"柏拉图主义者"。柏罗丁是出生于埃及的希腊人，他在埃及的亚历山大接受了哲学训练。从244年起，他在罗马当教师，一直到去世。他追求灵魂的永恒，自称以存活于肉体之内为耻。他的著作由其门徒波菲利（Porphyry）编辑，共九篇论文，称为《九章》（Enneads）。柏罗丁的思想围绕着两个主题：现实的根源以及它的命运。他提出"太一"（the One）学说，来解释现实的根源。在他的思想体系中，"太一"具有原始性和超越性，凌驾于一切范畴之上，无法定义，无法成为哲学讨论的对象。故而他讨论的是"太一"的产物及寓意，而非其本质。② 他又有"流溢说"，认为"太一"产生万物，这一产生过程是一个"流溢"的过程，如同容器不断往外溢水一样，但"太一"本身却是永远充盈的，不会耗尽。异教柏拉图主义的著作被译成拉丁文，对基督教思想家发生了重大影响。例如，柏罗丁关于"太一"流溢出万物的思想，即被早期教父们用来阐发上帝创造世间万物的教义。③

奥古斯丁的老师米兰主教安布罗斯是新柏拉图主义者，奥古斯丁精读过已经被译成拉丁文的新柏拉图主义著作。奥古斯丁称"柏罗丁经常对柏拉图

---

① Michael Haren, *Medieval Thought: The Western Intellectual Tradition from Antiquity to the Thirteenth Century*, London: The Macmillan Press, 1992, p. 29.
② Ibid., p. 31.
③ 车铭洲：《西欧中世纪哲学概论》，天津人民出版社1982年版，第22页。

做出深刻的解释",是"伟大的柏拉图主义者"①。对于柏拉图主义者阿普留斯、波菲利的观点,奥古斯丁也极为熟悉。在《上帝之城》中,奥古斯丁对他们的观点皆有详细的讨论。②奥古斯丁虽持坚定"爱上帝"的神学立场,却并不否定某种类型的哲学。在他看来,"真正的哲学家就是热爱上帝的人"③。柏拉图与柏拉图主义哲学家的有些观点,对真正的宗教有益,可以用来捍卫信仰。特别是柏拉图主义者,他们的哲学与基督教所信仰的真理最为接近。④他们的神学,承认创造事物的唯一神,不同于神话神学与公民神学,与基督教的上帝观一致。依据迈克尔·哈伦(Michael Haren)的概括,新柏拉图主义对奥古斯丁的影响,至少包括如下四点:第一,它让奥古斯丁从统一的、非物质的原则出发去看待宇宙。第二,它给奥古斯丁展示了一个存在着客观的、可以理解的秩序的宇宙。第三,它的灵魂观,视灵魂为身体的主宰,为奥古斯丁接受。在此基础上,奥古斯丁阐发出他的位格论、道德论和行动责任论。第四,在风格上,奥古斯丁沿袭了新柏拉图主义的"愿景"式特点。依据新柏拉图主义,像所有的绝对之物一样,完美具有超越性,并非在尘世可得。⑤

## 奥古斯丁:希波的主教

奥古斯丁(Augustine)出生于文化繁荣、经济发达的北非小城塔加斯特(当时属于罗马帝国)的一个并不富裕的小市民家庭,他的父亲是异教徒,母亲是基督徒。奥古斯丁在塔加斯特接受了良好的古典教育。他学习了拉丁文,精读了维吉尔、西塞罗、萨鲁斯特、特伦斯(Terence)等人的文学作品,原本有望成为一名优秀的演说家。事实上,奥古斯丁十分擅长演说。

371年,奥古斯丁得以到迦太基求学。大城市的自由、同学们的放纵,让处于青春期的奥古斯丁一时眼花缭乱。他喜欢去剧院看爱情剧,并交了一个女友,与其未婚而同居,长达15年,还生了一个儿子(不幸在16岁时去世)。奥古斯丁在《忏悔录》中自言他青年时期"放浪形骸",这是相对于

---

① [古罗马]奥古斯丁:《上帝之城》,王晓朝译,人民出版社2006年版,第388页。
② 同上书,第327、398页。
③ 同上书,第306页。
④ 同上书,第319页。
⑤ Michael Haren, *Medieval Thought: the Western Intellectual Tradition from Antiquity to the Thirteenth Century*, London: The Macmillan Press, 1992, pp. 46–47.

图 15 奥古斯丁

基督徒禁欲苦行而言的,其实他当时对自己的情欲已是相当克制。

373年,奥古斯丁19岁,他偶尔读到西塞罗的《霍滕修斯》,萌生了对哲学的兴趣。[①] 西塞罗的《霍滕修斯》中有这样的话:"如果我们所拥有的灵魂是永恒和具有神性的,那我们必然得出这样的结论——在其自然而然的

---

[①] [古罗马] 奥古斯丁:《忏悔录》,周士良译,商务印书馆1963年版,第40页。

活动中，我们让它参与的机会越多，也就是说，如果我们能够让它更多地参与推理与求知，那么它受人类各种罪恶和错误的羁绊就越少，就越容易向天国攀升并回到天国之中。"① "肉体上的种种快乐，也就是被柏拉图非常严肃地描绘为'陷阱和万恶之源'的东西，是可以追求的吗？……在所有冲动中，性冲动是最为强烈的，因此它也是哲学的最大敌人……在这个由最强的感情冲动所构成的桎梏中，又有哪个人能够做到用自己的头脑进行思考，重获理性，或者集中精力来做任何别的事情呢？"②

奥古斯丁对智慧的追寻，其结果是加入了当时迦太基摩尼教徒的小圈子。摩尼教是基督教在美索不达米亚的一个分支，它由摩尼创立。摩尼后来被波斯政府处死。摩尼教流传甚广，绵延千年，古代中国的新疆、福建，均有摩尼教徒活动。3世纪末，摩尼教徒到达北非迦太基。摩尼教以秘密组织非法活动，他们主张禁欲、过理性、俭朴的生活。其说为善恶二元论，要求教徒首先要区分"二宗"（即善神与恶神），认为善神与恶神永远处于斗争之中，光明王国与黑暗王国势不两立，而善神总是不断受到恶神的进攻。在摩尼教中，耶稣是救世主，但他自己也处于苦难之中，需要拯救。摩尼教徒自身，通过苦行，实际是把自己当成了善神的化身。奥古斯丁信摩尼教达9年之久。然而，随着他思考的进一步深入，他遇到了很多摩尼教无法回答的问题。383年，他见到了当时摩尼教最有名的领袖，却发现他知识有限，不能解决他的困惑。奥古斯丁颇为失望，其摩尼教信仰遂发生了根本的动摇。

384年秋，奥古斯丁渡海，到当时的大城市米兰闯世界，他在那里当修辞学教师。在米兰，他初次接触柏罗丁的新柏拉图主义，又听了颇具声望的米兰主教安布罗斯的讲道。安布罗斯精通希腊文，能直接阅读古希腊著作。他布道时展现出的博学、自信，令奥古斯丁十分钦佩，其内容更是让奥古斯丁内心深受震撼。安布罗斯的宗教学说，特色在于其强烈的彼岸色彩。安布罗斯说，人的身体不过是一件破衣，人的本质在于其灵魂。在回归上帝的途中，灵魂须抛弃其他东西，好比要洗去金子上的污泥。安布罗斯的布道，向人的灵魂高喊，叫它振作起来，脱离尘世，向另一个世界飞升。③ 387年，安布罗斯为奥古斯丁举行了洗礼，奥古斯丁正式入基督教。此后不久，奥古

---

① Cicero, *Hertensius*，转引自［美］彼得·布朗《希波的奥古斯丁》，沈小龙译，中国社会科学出版社2013年版，第33—34页。
② 同上书，第45页。
③ ［美］彼得·布朗：《希波的奥古斯丁》，沈小龙译，中国社会科学出版社2013年版，第86页。

斯丁回到北非。他本想过清静的生活，但毕竟名声在外，在地方要人及信众的盛情要求下，他"勉强"出任希波的教士。395年，他被任命为希波主教。在这个不起眼的位置上，奥古斯丁做出了世界性的贡献。他在西方思想史上也以"希波的圣奥古斯丁（St. Augustine of Hippo）"而闻名。

奥古斯丁生活于罗马帝国日薄西山、古代世界行将就木之际。少年时代，他经历了儒略皇帝发起的反对基督教、回到异教的运动，后来则经历了西奥多休斯皇帝支持的基督教复兴。奥古斯丁中年时，阿拉里奇率领哥特人洗劫了罗马。430年，奥古斯丁逝世，此时正值汪达尔人围攻希波。

奥古斯丁著作等身，他的勤奋超乎人的想象。人称他是鹅的天敌，因为他用了无数的鹅毛笔。他为后人留下独立著作百部，近千卷。据说如果将他的作品译成中文，大概能有1500万字。奥古斯丁的著作，洋溢着奔放的热情，这种激情，源于他虔诚的信仰。同时，奥古斯丁又十分擅长思辨，尽管他的思辨最终服务于其基督教事业。雅斯贝尔斯曾将奥古斯丁视为"思辨的集大成者"（其余两位是柏拉图与康德）。[1] 他的著作除《忏悔录》之外，还有《论自由意志》《论三位一体》《上帝之城》，等等。《上帝之城》（旧译为《神都论》《天城论》）一书为奥古斯丁历时十三年（413—426年）完成的巨著，是奥古斯丁作品中最具影响的一部。

## 寻求"幸福生活"

奥古斯丁是伟大的哲学家。他宣扬基督教教理，并非一味煽情、鼓动盲从，相反，他以哲思的方式，启迪人们回归上帝的怀抱。他以为人们若要追求真正幸福的生活，必定要敬拜上帝。

奥古斯丁说，如果询问是否愿意参军，有的人答"愿意"，有的人答"不愿意"，但如果问他是否想过幸福的生活，则无论希腊人、拉丁人，都会毫不犹豫地回答"想"。而是否愿意参军，其实目的仍然是一致的，都是各人为自己的幸福生活而做出的决定。既如此，我们所说的"幸福生活"，到底是怎样的生活呢？奥古斯丁说，我们寻找幸福生活，是否如同寻找失去的物件一样呢？好比一个妇人丢了一文钱，便点了灯四处去找。[2]

---

[1] ［德］卡尔·雅斯贝尔斯：《大哲学家》，李雪涛主译，社会科学文献出版社2005年版，第278页。

[2] 此典故出自《路加福音》章15：8。

如果她记不起这文钱，一定找不到，即使找到，如果记不得，怎能知道是她的钱呢？① 可是，我们的记忆中，能有"幸福生活"的印象吗？奥古斯丁说，幸福生活不是物质，与钱包不同，它不是肉眼能够看见的，它也不是抽象的概念或规则，不是过去的快乐，它只存在于我们爱上帝、与上帝同在的时候。我们的幸福，不能源于我们的回忆，它要求我们从回忆中"跃出"，"超越记忆而寻获"上帝。

爱上帝，即是爱真理，摒弃虚妄，它意味着上帝的光照驱散我们的黑暗。幸福来源于对真理的追求，对上帝的信仰。幸福即灵魂的永生极乐。它要求人们从肉体享受、物质占有上升到对自身灵魂的关爱。然而，各种诱惑时刻阻碍着我们，令我们双眼昏蒙，令我们甘于痴愚冥顽、远离真理。奥古斯丁列出三种诱惑，它们是：（1）肉体的欲望，例如淫欲、对酒食的沉迷、芬芳的诱惑、声音之娱、五色的诱惑。（2）求知名义下的好奇欲。哲学源于好奇，追求知识的工具是眼睛，故而《圣经》称这种欲望为"目欲"。此点显然针对古希腊哲学而言。哲学家所推崇的高贵生活，哲思的生活，理性的生活，奥格斯丁斥之为危险的好奇欲。（3）人自身的狂妄。人对上帝失去了敬畏，骄傲自满，追求虚荣。这同样妨碍了人对上帝的靠近。

奥古斯丁此处的分类，对应于柏拉图《理想国》中对三个阶层生活的描述，分别是生产者欲望主导的生活；哲人理性的生活；护卫者（或战士）追求荣耀的生活。第三种生活，还可以看作异教的古罗马的生活。奥古斯丁认为，此三种生活，皆不能算作幸福的生活，皆不及基督徒的生活高级。

奥古斯丁认为，幸福是一种灵魂祥和、充盈的状态，在这种状态中，灵魂不再焦虑、忧伤、患得患失，这种状态只有通过信仰上帝才能得到。肉体的满足、功名利禄，尘世的荣耀、帝国伟业，都是外在的，短暂的，不能长久；贪婪积累的尘世财富越多，担心失去它们而带来的忧虑、不安全感越大，"他确实为自己积攒了巨大的财产，但同时也为自己堆积了大量的苦难"②，结果反而还不及知足俭朴、品性贞洁、良心安宁的穷人幸福；拥有巨大的权力会幸福吗？"统治的权力也不能算作一种幸福，因为每个人都会死，所有人都会一个个死去，就像水蒸气消散一样。"③ 好奇欲驱使的"哲学"，同样不能让我们满足，可以想象，它带给人的是焦虑，是思考后的迷茫，它根本

---

① ［古罗马］奥古斯丁：《忏悔录》，周士良译，商务印书馆1963年版，第202页。
② ［古罗马］奥古斯丁：《上帝之城》，王晓朝译，人民出版社2006年版，第143页。
③ 同上书，第145页。

不能让我们得到幸福生活。奥古斯丁把握住人们对幸福的追求，基于灵肉二元论，让人们着眼于精神生活而非肉体生活去追求幸福，并明确"短暂的幸福必定不是真正的幸福"，从而自然引出对上帝的信仰与热爱，确实能够抓住大众的心灵。奥古斯丁意谓，离开上帝去追求幸福生活，必定是徒劳。

## 专注于现在

在奥古斯丁的基督教哲学中，上帝是永恒的，爱上帝即是爱永恒。信上帝，得永生。永生，意味着对时间的超越。而一切受造物，有其起点，也有其终点，皆处于时间之流中。它们都是短暂的、易朽的；但上帝以及热爱上帝的灵魂，则是永恒的。所以，问上帝创世之前在做什么，这样的问题就没有意义。因为上帝创世之前，是没有时间的，因此无所谓"之前"。时间，如同世界和人一样，都是上帝的造物。奥古斯丁的时间观，颇具特色。

奥古斯丁说："时间不论如何悠久，也不过是流光的相续，不能同时伸展延留，永恒却没有过去，整个只有现在，而时间不能整个是现在，人们可以看到一切过去都被将来所驱除，一切将来又随过去而过去，而一切过去和将来却出自永远的现在。"①

上帝超越一切过去、一切未来。而对于受造物来说，对于我们人来说，则有过去与未来。何为过去，何为未来？奥古斯丁说，过去是"不再"（no longer）存在，将来是"尚未"（not yet）存在。将来并不是从某个神秘的地方过来，经过现在，飞向过去某个地方。过去与将来，都"不存在"，存在的只有现在。而现在，是不可度量的，它没有长短。我们通常把时间分为过去、现在和未来，其实是一种错误的说法，只是说习惯了，准确说来，我们只能说过去的现在、现在的现在、未来的现在。而这种区分，存在于我们的心灵之中。"过去事物的现在便是记忆，现在事物的现在便是直接感觉，将来事物的现在便是期望。"②

奥古斯丁以唱一支歌为喻，说明了时间与我们心灵的关系：

我要唱一支我所娴熟的歌曲，在开始前，我的期望集中于整个歌

---

① ［古罗马］奥古斯丁：《忏悔录》，周士良译，商务印书馆1963年版，第240页。
② 同上书，第247页。

曲；开始唱后，凡我从期望抛进过去的，记忆都加以接受，因此我的活动向两面展开：对已经唱出的来讲是属于记忆，对未唱的来讲是属于期望；当前则有我的注意力，通过注意把将来引入过去。这活动越在进行，则期望越是缩短，记忆越是延长，直至活动完毕，期望结束，全部转入记忆之中。整个歌曲是如此，每一阕、每一音也都如此；这支歌曲可能是一部戏曲的一部分，则全部戏曲亦然如此；人们的活动不过是人生的一部分，那末对整个人生也是如此；人生不过是人类整个历史的一部分，则整个人类史又何尝不是如此。①

过去、现在、未来，三位一体而成时间，记忆、感觉、期望三位一体而成我们的心灵。没有人的记忆，就没有过去；没有期望，就没有未来；而没有对当下的注意、没有我们直接的感觉，便没有现在。

基督教的时间观与古代世界的时间观不同。在奥古斯丁时代，古代关于世界、时间的观点仍相当活跃。罗马被称作"永恒之城"，罗马人颇以其光荣历史而自豪。尽管罗马城遭到了洗劫，但世界末日未曾来临。罗马城不是永恒的，但世界是永恒的，一个人出生之前，它已经存在，在一个人去世后，它仍将继续存在。时间不过是一种周而复始的运动。如前文所提及的，基督教以其"直线时间观"代替了古代的"循环时间观"。卡尔·洛维特更是指出，基督教的十字架正是一个新的象征，它与象征古代世界的圆圈图形，形成鲜明对照。可见的世界与理论家的智慧之眼有关，不可见的灵魂则纯然依赖于无条件的信仰。② 基督教着眼于未来，它让新事物得以在历史中产生，人虽然肉体上会毁灭，但精神的再生并非不可能，而在古代异教的宇宙观中，历史不过是幸运与不幸无意义、无目的的交替。现在，历史有了目标，有了起点，有了终点。洛维特认为，现代形形色色的历史意识，无不受惠于此种时间观。

不过，奥古斯丁的时间观，并不同于通常所说的基督教的"直线时间观"。洛维特所谓的十字架坐标式的时间观，另有其独特之处。诚然，奥古斯丁承认世俗世界的历史。但在奥古斯丁看来，由各种事件构成的世俗历史并不是为了让人得救。历史的意图只有上帝清楚，上帝可以中止历史，可以

---

① ［古罗马］奥古斯丁：《忏悔录》，周士良译，商务印书馆1963年版，第256页。
② ［德］卡尔·洛维特：《世界历史与救赎历史》，李秋零、田薇译，生活·读书·新知三联书店2002年版，第197页。

放弃这个世界，但上帝至善，他没有这么做，他给人以出路，他从未抛弃人，他希望人与他和好。未来是我们心中期望的现在；过去是记忆中的现在。现在没有长度，我们专注于它的一瞬间，即为现在。这等于是说，实际上，未来灵魂的得救，对于肉身寿命有限的人来说是在期望中的现在发生的事情。由此，期望，是一切问题的关键；我们不应消极地等待末日的来临，任凭时间流逝，因为如果我们心中没有期望，那一刻便不会来临。现在，是人通往天堂的突破口。对于个人来说，他不必苦等到世界末日。随时产生期望，随时即有未来。这期望一旦动摇，未来即动摇，因为未来正是依赖于我们自己的期望而存在的。当然，期望不等于一定实现，灵魂的永生要靠上帝的恩典，它不是我们能决定的事情。但若我们没有这期待，没有与之相联系的信心与爱，则万没有灵魂永生的机会。

我们要看到，对奥古斯丁来说，直线时间观或十字象征的时间象限图，都不具有实质意义。现代人在这一点上常不能做出正确的理解，这是因为现代人的头脑多受了诺斯替教①病毒的感染，要在人间建立天堂，因而视人与世界正在奔向一个美好的未来。也许道路是曲折的，但前途是光明的。在历史的终点处，是由完美的人组成的繁荣、和平的国度。由此产生的进步观念，把今天看作明天的铺垫，把明天看作后天的台阶，如德国启蒙思想家康德以讽刺的口吻所说的，人类仿佛只有最后一代人才能享用文明进步的总成果。②

奥古斯丁的时间观，最终归结的既不是未来，也不是过去，而是没有长度、不可度量的现在，它是永恒的反面，是一种绝对的空无或短暂。由此，每个有肉身的人都可以立时皈依。"醒来吧！"为精神的复活、永生做准备，不是未来的事，而是当下的事。耶稣一直在门的那一边等待着，求则得之。"你们祈求，就给你们；寻找，就寻见；叩门，就给你们开门。"（《马太福音》章7:7;《路加福音》章11:9）奥古斯丁的时间观一方面否定了世俗历史能给个人以荣耀、以永生，另一方面，又没有把历史变成无意义的消极等待。因为历史同样是上帝所造。不是人创造历史，人处于历史之中，历史背后是上帝那不能让人猜透的旨意。

---

① 诺斯替教为古代世界基督教内部的异端。有多种类型的诺斯替教，其中重要的一支，宣称要在尘世建立天堂。
② 参见［英］H. S. 赖斯编《康德政治著作选》，金威中译，中国政法大学出版社2013年版，第6页。

## "恶"的问题与自由意志

奥古斯丁致力于维护基督教,为此,他批评异教哲学(柏拉图主义、斯多葛主义),批判异端(如佩拉纠教、多纳图教、诺斯替教、摩尼教等)。作为教父,他的基督教神学宣扬的内容包括一神论、三位一体论[①]、原罪论、恩典论等。例如在善恶问题上,奥古斯丁批判了摩尼教的善恶二元论。摩尼教认为,至恶与至善一样,有着独立的来源。上帝代表至善,魔鬼代表至恶,世间的恶由魔鬼负责。奥古斯丁则说:"'恶'不过是缺乏'善',彻底地说只是无。"正如失明只是视力的缺乏一样。恶本身不是实在,并不存在恶的源头,魔鬼也是从天使堕落而来的。[②] 奥古斯丁后来又以原罪说与自由意志论来说明人为什么作恶。"原罪说"是讲,人类的始祖亚当和夏娃犯了罪而堕落,因此他们的子孙后代从一出生就承继了始祖的原罪。人之作恶,盖源于人原本就有罪。奥古斯丁也以自由意志论来论证上帝不必为世间罪恶负责,即上帝虽然造了人,但赋予个人以自由意志,人可以选择行善或作恶,并须对自己的选择负责,如此,人之作恶亦无损于上帝的全知全能、至高至善。此种为上帝之正义论证的学说,就是所谓的"神正论"。[③] 奥古斯丁的神正论,充分体现了他卓越的思辨能力。

以奥古斯丁之诠释,基督教教义、律法虽多,但其总纲不外"信、望、爱"。他引用《圣经》中"常存的有信、有望、有爱"[④]之语,宣称此为基督教总纲,上帝是要人们以信、望、爱来敬侍祂的。信就是信上帝,望是指盼望,望与爱是对上帝的祈祷。我们信上帝,也要自觉地把盼望与爱集中在上帝那里。如此,信仰问题便变成了一种情感问题。

奥古斯丁说,基督徒有福,不在于今生。我们信上帝,在盼望中等待幸福,这与异教哲学讲的在今生追求幸福是不同的。奥古斯丁认为,异教哲学家认为幸福与个人有关,但他们所说的幸福,不过是虚幻的幸福。他引用保

---

① 三位一体(trinitas),最早由德尔图良使用。三位一体论是说,父、子、圣灵是一个上帝的三个位格。参见[美]科林·布朗《基督教与西方思想》卷一,查常平译,北京大学出版社2005年版,第69页。
② 奥古斯丁的这一观点,来自于柏罗丁。参见[美]科林·布朗《基督教与西方思想》卷一,查常平译,北京大学出版社2005年版,第64页。
③ [美]沙伦·M.凯、保罗·汤姆森:《奥古斯丁》,周伟驰译,中华书局2002年版,第11页。
④ 《哥林多前书》章13。

罗的话"我们的得救在乎盼望"①,并解释说:

> 我们凭着盼望而得救,在这种盼望中我们被造就为幸福的,由于我们还不享有当前的拯救,而是在等候将来的拯救,所以我们并不享有当前的幸福,而是在耐心地等待将来的幸福。②

## 大城大爱,小城小爱

奥古斯丁的政治哲学,体现在他的双城论中。双城即上帝之城与世俗之城。世俗之城,又译为地上之城,奥古斯丁有时也称它为"人之城"或"鬼之城"。双城的说法,并非奥古斯丁首创,它是当时北非基督教中的老生常谈。此说认为,自亚当堕落之后,人类即被分为两个城:一城侍奉上帝及天使,一城侍奉撒旦及魔鬼。在象征的意义上,前者是耶路撒冷,后者是巴比伦。奥古斯丁说,天下万国,虽语言、风俗、衣冠不同,但将来不外两个城中的人,上帝之城由注定要得救的基督徒组成,余下的人则构成世俗之城。在上帝之城中,人们依精神去生活,爱永恒之物;在世俗之城中,人们依肉欲去生活,爱转瞬即逝之物。"两种爱创建了两座城:爱自己以至轻视上帝的人,组成了世俗之城,爱上帝以至看轻自己的人,组成了上帝之城。"③ 奥古斯丁关于"爱"的区分,不难令人想起柏拉图在《会饮》《斐多》中对肉体之爱与神圣之爱的区分。④

奥古斯丁说,这两座城泾渭分明,但在历史中始终混合在一起,只有到末日审判的时候它们才分开,这就好比麦子与稗子,收割时将彻底分开。⑤ 有人称上帝之城即为教会,奥古斯丁表示否定。他认为,教会只是以权威的立场,就步入上帝之城的途径发言,一个人加入教会并不能保证进入上帝之城,教会中也会存在反对上帝的伪信徒。不过,在教会之外,是断无得救的

---

① 《罗马书》章8:24。
② [古罗马]奥古斯丁:《上帝之城》,王晓朝译,人民出版社2006年版,第911页。
③ 同上书,第631页。译文有改动。
④ Michael Haren, *Medieval Thought: The Western Intellectual Tradition from Antiquity to the Thirteenth Century*, London: The Macmillan Press, 1992, p.54.
⑤ 麦子与稗子的比喻,出自圣经《马太福音》章12:36。麦子是"天国之子",稗子是"恶者之子"。撒麦子的是人子,撒稗子的是魔鬼。世界末日时,稗子将挑出来丢在火炉里焚烧,义人则在天国中像太阳一样发出光来。

可能了。

　　奥古斯丁写作《上帝之城》，其直接的政治背景是 410 年哥特人对罗马城的洗劫。对当时的西方来说，那是一个蛮族入侵的时代。之前两年，哥特人已经两次围困罗马，造成罗马城内断粮，以致出现人相食的惨状。这回罗马城被破，哥特人一路放火，劫掠了三日。在时人心中，罗马原是世界霸主，是人类文明的象征，如今，它却千疮百孔，在哥特人的号角声中摇摇欲坠。罗马城遭劫，使人们关于罗马帝国的想象破灭，前所未有的不安全感四处弥漫。罗马其时崇基督教，按说定有神佑，出了这样的大事，基督徒对他们的神，也不免没了信心。又有异教徒指责说，基督教的流行使罗马人丧失了美德，最终导致了罗马城的沦陷。奥古斯丁的《上帝之城》一开始便是从这件事讲起的。在人心惶惶、杂说纷呈的 4、5 世纪之交，奥古斯丁要为人间精神失序提出疗救方案。一方面，他要驳异教徒的指责，表明罗马之劫不能归咎于基督教；另一方面，他要坚定基督徒对上帝的信心，他试图告诉人们，罗马城被洗劫事小，重要的是人是否处在走向上帝之城的路上。罗马城的灾难，不是针对罗马人的，它不过是上帝给有罪的人类的一个警告，类似于严厉的父亲对孩子的一次惩罚。奥古斯丁更激励基督徒面向未来，不必为已发生的一切而烦恼。他称人们生活的世界正处在它的老年期，人们应满怀信心，去迎接美好的未来。奥古斯丁在一篇关于"上帝之城"的布道中说：

　　　　这个世界正在失控，你对此感到意外吗？对这个世界已经变老感到吃惊吗？想想某个人吧：他出生，成长，变老。老年有它的许多苦处：咳嗽、颤抖、日益衰退的视力、焦虑、极度的疲倦。一个人老了，他满是苦楚；世界老了，它满是不断袭来的苦难……不要指望老人和世界，不要拒绝在基督里重获青春；他对你们说："世界正在逝去，世界正在失控，世界正呼吸困难。不要害怕，他会如鹰返老还童。"[①]

## "上帝之城"与基督教共和国

　　奥古斯丁讲的上帝之城，不能等同于教会，同样，他所谓的世俗之城，

---

[①] 转引自［美］彼得·布朗《希波的奥古斯丁》，沈小龙译，中国社会科学出版社 2013 年版，第 348 页。

也不对应于世俗政府。因为，即使是注定能得救的基督徒，也要生活在政治社会之中。奥古斯丁对政府有相当审慎的看法。他认为教会优先于政府，但他并不因此而否定政府，他也不赞同以暴力反抗政府的做法。依他之见，政府万不可少，如果没有政府，人们的生活将无法想象，政府之存在，是为了保护好人免受恶人的侵害。并且，坏的政府与好的政府没有质的区别，因为它们都不能与上帝之城相比。奥古斯丁批评古希腊—罗马异教的政治哲学。他指出，城邦不是美德的学校，城邦不能使盗贼变为诚实者，人们切莫对它期望过高。不过，奥古斯丁强调，城邦当践行公义，否则就变成了强盗团伙。他讲到亚历山大大帝与海盗的对话。亚历山大大帝抓住了海盗，问他抢占大海意欲何为，海盗大胆而又傲慢地反问：你占领世界是想干什么呢？我用一只小船来做这件事，所以被称作海盗，而你用一支大舰队来做这件事，所以就被称作皇帝。①

与古代世界人在城邦中追求不朽的观念相比，奥古斯丁的神学提供的是一个全新的世界图景。荣耀不再属于罗马的英雄，而是属于上帝之城的成员。奥古斯丁降低了政治在人们生活中的地位，却提高了个人要追求的目标，这就是人要追求"永恒"。古代异教哲学家要人们在尘世追求美好生活，奥古斯丁认为那必然是徒劳。

然而，此类对奥古斯丁的解释，虽然不乏意义，却非奥古斯丁的本意。因为身处基督教世界的奥古斯丁，面对的挑战并非来自异教哲学，而是来自基督教本身。当时，北非的传统主义者反对在基督教中引入理性，他们提出要捍卫基督教的纯洁性。这种态度，以更早时期的德尔图良（Tertullian）的观点为代表。德尔图良来自北非迦太基的一个异教家庭，青年时到罗马学习法律，目睹了基督徒殉道时宁死不屈的场景，大为感动而皈依基督教，回北非做了教父。他致力于捍卫基督教，属于杰出的护教士代表。他认为，不能将基督教视为一种哲学。基督教与异教哲学家"在认识和方法上都没有什么相似之处"，哲人若有真知灼见，也是取自基督教经典。他反问："在基督徒与哲学家之间有何相似之处？在希腊的门徒与上天的门徒之间，在以求名为目的者与以做人为目的者之间，在空问者与实行者之间，在建树者与摧毁者之间，在以错误为友者与以错误为敌者之间，在糟蹋真理者与恢复和宣讲真

---

① [古罗马] 奥古斯丁：《上帝之城》，王晓朝译，人民出版社2006年版，第144页。

理者之间，在真理的蠹贼与其护卫者之间，又有何相似之处呢？"①"雅典与耶路撒冷有何干系？柏拉图学园与教会之间存在一致吗？异教徒和基督徒之间有什么？异端和基督徒之间，又能有什么？……任何试图制造混杂了斯多葛、柏拉图与辩证法的基督教的尝试，都要抛弃。我们占有耶稣基督后，不需要奇怪的论辩，我们享受福音之后，不需要省思！"②奥古斯丁反对的，正是此种论调。

以生活在世俗化时代的今人眼光观之，奥古斯丁的政治观确实不无悲观色彩。奥古斯丁的学说中，包含了对政治的有限性的确认，他要求人们不必对政府寄予太高的期望，也不必对人抱有完美的幻想。这一点对现代宪政思想有十分重要的影响。

而奥古斯丁关于"上帝之城"的论述，不仅仅有基督教神学的意义，还有着丰富的政治哲学意涵。"上帝之城"是真正的永恒之城。它是由虔诚的基督徒、由摆脱了肉体束缚的灵魂组成的一个天上的共和国。西塞罗的异教的共和国，被奥古斯丁改造成了基督教的共和国，不过奥古斯丁只把它建立在天上，建立在末日审判之后。对照奥古斯丁的思想，近代清教徒共和革命，实际上是要把"上帝之城"在人间予以实现。当革命者如此做时，便陷入了诺斯替教的泥潭。

## 克努特大帝在海边

11世纪初，英格兰出现了一位国王，名叫克努特。他来自丹麦，凭雄才大略征服了英格兰。事实上，他后来又做了丹麦、挪威的国王，同时统治着格陵兰等多个自治领，成为北方欧洲海洋帝国的首领。他的统治给英国带来了20年的和平。关于这位伟大的国王，有一个故事流传至今。据说，克努特的朝臣及左右随从经常恭维他。一个说："您是有史以来最伟大的人！"一个说："伟大的克努特国王，世间万物谁敢不听您的号令。"尽管克努特有卓越的文治武功，但他并没有被胜利冲昏头脑。他想教训一下那些奉承他的人。

时机来了。有一天，他和朝臣们一起来到海边吹风。周围的人又开始颂

---

① [古罗马]德尔图良：《护教篇》，涂世华译，商务印书馆2012年版，第104页。
② 转引自 Michael Haren, *Medieval Thought: The Western Intellectual Tradition from Antiquity to the Thirteenth Century*, London: The Macmillan Press, 1992, p. 45。

图 16 克努特大帝在海边

扬他。他便令人搬来一把椅子,放在水边,自己坐在上面。

"我是世上最强大的人吗?"他问。

"哦,大王!"他们齐声应答,"再无人如您那样强大了。"

"所有的事物都听命于我吗?"

"无物敢违抗您,大王!世界向您鞠躬,向您致敬。"

"大海会服从我吗?"国王问。

官员们不解其意。有一个人说:"下命令吧,国王!它会服从您的。"

克努特喊道:"大海,我命令你不要再向前涌了!海浪,停止你的翻滚,不要再碰我的双脚!"

大海当然不会听他的号令,海水越涨越高,不仅淹了他的双脚,连他的袍子也浸着了。

克努特摘下王冠,把它丢弃在沙滩上。

"我再也不戴它了。"他说,"你们从眼前的一切是否学到了一个教训。只有一个王是全能的;他统治着大海,将海洋掌握在他的手中。你们应当称颂他,首先服从于他,而非其他任何人。"

故事的本意或许是讽刺那些阿谀奉承之徒,但我们把故事放在中世纪的背景中去理解,便会发现其中的内涵十分丰富。克努特的话体现了中世纪国王对自己权力的认识。即使像克努特这样伟大的国王,也自知自己能力有限,这种有限是相对全能的上帝而言的。克努特说,首先要颂扬的是那万物的主宰——上帝。克努特本人最初来自异教家庭,但他后来成了虔诚的基督徒,他不仅前往罗马朝圣,悉心听取主教们布道,更慷慨捐助教会,所以教会人士对他十分称道。有一首中世纪歌谣描述了这番情景:

> 当我王克努特乘船而过时,
> 那里的寺僧很愉悦地为歌而颂,
> 船虽不靠岸而只是摇过,
> 我们仍可听见寺僧的歌声。

## 菲尔热的约阿希姆

奥古斯丁的基本思想为罗马教会接受,成为中世纪基督教神学之正统。他对教会、世界、历史的看法,在数百年内皆被视为权威。奥古斯丁去世以后,数百年间西方精神世界皆处于沉寂的状态。在神学问题上,罗马教会有着不可置疑的解释权。然而,此一状况,至12世纪发生了变化。实质性的挑战来自意大利菲尔热的约阿希姆(Joachim of Fiore),他大胆而奇特的主张在基督教世界引起一场争论,犹如在平静的湖面扔下一块巨石。其后引发的一系列理论与实践后果,更是令人惊讶。人们甚至可以在20世纪希特勒的"第三帝国"神话中,再次辨别出约阿希姆主义的幽灵。事实上,"第三帝国"一语,正是约阿希姆首创。①

约阿希姆并无关于政治社会的直接思考,但他对政治社会所发生的时间与空间条件的讨论,势必从根本上引起政治观念的变化。他的著作以神学或哲学的形式写出,但它所提示的则是新的政治观念。

约阿希姆很可能出身于农民家庭。②他早年受教于以清贫与灵修为宗旨、具有民族主义运动特征的息斯特修会,后为南意大利卡布里亚一座修道院的院长。大约在1190年至1195年间的某个清晨,当他在荒野中读到《圣经》中约翰的《启示录》时,他大彻大悟,自言得到启示。他的著作有《〈旧约〉与〈新约〉的一致》《〈启示录〉解说》《十弦琴诗篇》等。

约阿希姆的思想中,最突出的是其历史观。它包含着对尘世生活新的态度以及对末世论的新理解。事实上,他最早提出了"在历史中获得拯救"这一观点。在约阿希姆这里,世俗历史不再如奥古斯丁所讲的那样无结构、无意义,而是参照一个终极目标、自身具有了意义。历史中的个人不再是消极地在那里等待耶稣的再次降临,而是通过禁欲、灵修获得拯救。约阿希姆基于《圣经》叙事,把历史分为三个时期:第一个时期从亚当到耶稣基督,叫作圣父时期;第二个时期从乌西雅王崩(见《以赛亚书》章6)到公元1260年,其中包含42代人,叫作圣子时期;第三个时期从圣本笃(Benedict)在6世纪开始建立修道院起,叫作圣灵时期。第一个时期,人们处于律法之下,过着劳苦的奴隶生活。第二个时期,人们处于有组织的教会之中,律法不再有必要,神职人员对人们的信仰生活做出帮助与指导,个人在精神上稍得自由,但尚不能达到自律的高度。第三个时期,是修道院时期,个人在灵修中达到神圣信仰中的高度自律、自由与自足。在约阿希姆的历史图景中,第三个时期才刚刚开始。他认为,随着历史向未来展开,全世界的人都将进入一

---

① 依据约阿希姆的观点,第三帝国即"圣灵之国",它在"圣父之国""圣子之国"之后出现。20世纪德意志第三帝国是相对于德意志神圣罗马帝国、俾斯麦帝国而言的。1923年,阿瑟·穆勒·凡·登·布鲁克著有《第三帝国》。希特勒于1933年9月宣布国家社会主义国家即"第三帝国",不过他并不喜欢这一概念。1939年,纳粹政权的宣传部下令禁止在官方文件中使用"第三帝国"一词。参见[德]维克多·克莱普勒《第三帝国的语言》,印芝虹译,商务印书馆2013年版,第293页。

② [美]埃里克·沃格林:《政治观念史稿》卷二,叶颖译,华东师范大学出版社2009年版,第143页。

种修道院式的生活。① 约阿希姆写道：

> 最初的时期是探索的状态，第二个时期是智慧的状态；第三个时期则是知性完满的状态。最初，是奴隶所处的受奴役状态；第二个时期，是子女依赖性的状态；第三个时期，则是自由的状态。最初，是在鞭子下展现出来；第二个时期，是在行动的征象中表现出来；第三个时期，则将在默观的状态中展现而出。恐惧是最初的特点；信仰是第二个时期的特点；爱则标志着第三个时期。最初是奴隶的时代；第二是自由人的时代；第三则是朋友的时代。最初是老年人的时代；第二是年轻人的时代；第三，则是儿童的时代。最初居于星夜之下；第二是曙光的时刻；第三则是白昼的时刻。最初是冬天；第二是春天；第三则是夏天。最初生长的是荨麻；第二生长的是玫瑰；第三则将生长百合。最初产生出的是苗；第二给予的是穗；第三提供的则将是麦。最初堪与水相比；第二与酒相比；第三则堪与油相比。②

约阿希姆的历史分期基于他对《圣经》的研读而提出，其说是对三位一体学说的改写。他将三位一体的上帝改写成了三位一体的历史。约阿希姆暗示，历史自身即体现了神意。约阿希姆提出的此一历史图式，包含诸多值得注意的地方。

其一，约阿希姆并不把历史简单地在时间上分割为三个时期，他对历史的划分与其说是时间性的，不如说是理想性的。他认为，三个时期虽先后出现，相邻两个时期却存在着重叠之处。后一个时期实孕育于前一个时期，它虽为新时期，却是在前一个时期的母体中孕育的。这如同母亲生子，总有一个时期二者是一体的。在这里，我们确实瞥见了马克思关于新社会从旧社会中孕育的社会历史观。③ 其二，约阿希姆确认后一个阶段高于前一个阶段，由此人类历史向终极的圆满的目标接近。此种观点，不是循环论，也不是衰落论，它是最早的关于世俗历史向前进步的理论。今人往往以约阿希姆的历史哲学为"历史终结论"之先驱，然而，约阿希姆关心的不是历史的完结、

---

① ［美］保罗·蒂利希：《基督教思想史》，尹大贻译，东方出版社 2008 年版，第 164 页。
② 转引自［法］菲利普·内莫《教会法与神圣帝国的兴衰》，张竝译，华东师范大学出版社 2011 年版，第 421—422 页。译文略有改动。
③ ［美］保罗·蒂利希：《基督教思想史》，尹大贻译，东方出版社 2008 年版，第 163 页。

终止，而是第三个时代的来临。如前所述，这个时代是圣灵的时代，它代表了精神自由、自主的最佳状态。届时，政治社会也将演化为高度自律、具有纯正信仰的圣徒组成的兄弟团体，演化为一个精神觉悟极大提高的爱的世界，天下之人将成为"相亲相爱的一家人"。但凡预言新时代的人，都视自己所处的时代十分特殊。对约阿希姆来说，这个时代开始于他所处的那个时代。他正是新时代的一位先知。约阿希姆说的不是共产主义社会，而是一个修士时代，一个圣徒社会。其三，约阿希姆的历史观包含了对未来的预测。不过，约阿希姆对未来的预测，不是基于启示或直觉，而是基于对过去时代变迁规律的研究。他发现，《旧约》时代出现过的征兆，到《新约》时代均一一实现；依此，《新约》中关于下一个时代的征兆，也必将在未来世代一一实现。约阿希姆做的，是一种具有"实证主义科学"特征的预测。在这里，理论家不再满足于解释历史事件，而是要基于对过去的分析预测未来。后来的黑格尔、马克思、孔德，都曾做过类似的努力。

约阿希姆思想中值得注意的，还有他所持的相对主义真理观，此点后来同样为孔德的实证主义所继承。约阿希姆认为，真理不是绝对的，它们都与各自所处的时代相联系。在一个时代有效者，在另一个时代则无效；有效为真理，无效则不能叫真理。由此，代表真理的教会也不是绝对的，善也因时代而具有不同的意涵。《旧约》的真理性，便不同于《新约》的真理性，但不能说其中哪一个是谬误，不能以《新约》否定《旧约》，也不能以《旧约》否定《新约》。而圣灵时代则有另一种真理，它不同于教会时代（第二个时代）。约阿希姆这一动态的相对的真理观，在当时的革命意义在于否定了"天主教会的绝对主义"。[1] 在约阿希姆那里，教会时期不是历史的最后一个时期，至已经拉开帷幕的圣灵时期，教会将不再代表真理。

由此，约阿希姆表达了他对教会教阶制度的看法。他认为，在未来的圣灵时代，教会体系将失去其存在的理据。基督徒将直接与上帝建立联系。教阶制度将被正在兴起的修道院制度取代。约阿希姆本人关注于个人的灵修，其学说的革命与民主意涵，至稍晚的方济各修会那里，始有充分阐发。他们基于约阿希姆关于圣灵时代的此岸论预言，发起了针对天主教会的造反运动。

以正统罗马天主教立场来看，约阿希姆的神学明显属于"异端"。稍晚

---

[1] ［美］保罗·蒂利希：《基督教思想史》，尹大贻译，东方出版社2008年版，第165页。

的托马斯·阿奎那在《神学大全》中，对这种反教会的思想进行了谴责。约阿希姆关于新时代有新的先知、新的救世主、新的象征，并且终末理想即将在历史的最后一个阶段实现的想法，今人并不陌生。但对于奥古斯丁来说，确是不可容忍的胡言乱语。阿奎那在驳斥约阿希姆时，正是回到了奥古斯丁的立场。阿奎那指出，不存在约阿希姆所说的圣灵时代；天国只能在天上实现。历史或有变化，但兴衰起落，并无明确的方向。教会自亚伯时代即有，它将一直存在，直到世界末日，断言教会即将消失，毫无依据。救赎只与个体有关，与历史无关。① 洛维特认为，约阿希姆的"历史哲学"不同于奥古斯丁的"历史神学"，它将世界历史等同于救赎历史，"点燃了早期基督教曾具有的狂热，间接地规定了近代的进步宗教"，约阿希姆的思想是"神学的历史主义"。② 保罗·蒂利希（Paul Tillich）则指出，"西欧有一个革命思想的传统，它首先出现在约阿希姆的著作中"③。约阿希姆那里出现了一种关于"历史辩证法"的思想。近代以降的诸多教派运动及社会运动，其倡导者未必读过约阿希姆，却与他共享某种思维模式。沃格林同样颇为重视约阿希姆在政治观念史上的意义。他认为，约阿希姆与差不多同一时期的萨尔茨伯里的约翰（John of Salisbury）④，均体现着 12 世纪政治观念之特征。在观念史层面，沃格林以 12 世纪为中世纪与现代的分水岭。换言之，约阿希姆的思想具有鲜明的现代特点，它意味着世俗力量的快速上升，个体自由精神的声张。其特定背景则是当时修道院制度的兴起、灵修生活的流行。不过，约阿希姆思想之局限也因此而来。约阿希姆要求一个由没有缺点的圣徒构成的社会，这势必不能为大多数人提供精神秩序。它虽面向俗世，反对教会，却不能导出某种"民族"观念。⑤

---

① ［法］菲利普·内莫：《教会法与神圣帝国的兴衰》，张竝译，华东师范大学出版社 2011 年版，第 314 页。
② ［德］卡尔·洛维特：《世界历史与救赎历史》，李秋零、田薇译，生活·读书·新知三联书店 2002 年版，第 173 页。
③ ［美］保罗·蒂利希：《基督教思想史》，尹大贻译，东方出版社 2008 年版，第 166 页。
④ 萨尔茨伯里的约翰是 12 世纪英格兰的教士、思想家，生于 1115 年，卒于 1180 年。著有《教廷史》《论政府原理》等。《论政府原理》被称为"中世纪第一部系统性的政治论著"，在当时即具有巨大影响。在该书中，作者第一次明确地为诛杀暴君辩护。伯尔曼甚至称约翰为"西方政治科学的创立者"。伯尔曼认为，《论政府原理》已包含了关于现代国家的理论。参见［美］哈罗德·伯尔曼《法律与革命》，贺卫方等译，中国大百科全书出版社 1993 年版，第 335 页。
⑤ ［美］埃里克·沃格林：《政治观念史》卷 2，叶颖译，华东师范大学出版社 2009 年版，第 144 页。

# 伊斯兰与中世纪政治思想的发展

在漫长的中世纪里，西方政治问题的思考皆是在奥古斯丁的教父学体系中以奥古斯丁的语言来加以讨论的。这种局面至古希腊哲学特别是亚里士多德的学说重新传回欧洲才得以发生变化。这一变化，归功于12世纪以来伊斯兰世界哲人的努力。欧洲人再次接触到的古代哲学著作，皆为阿拉伯与犹太哲学家的注释本。[①] 阿拉伯哲学家与犹太哲学家基于各自的宗教律法与信仰传统，处理希腊异教哲学的冲击，为基督教世界在随后处理类似问题做了铺垫。著名的伊斯兰哲学家有阿尔法拉比、阿维森那、阿威洛依，犹太哲学家则以迈蒙尼德为代表。

伊斯兰教并非轴心时代产生的古老宗教，它的形成是在公元6世纪的阿拉伯半岛。根据其关于真主创世、大洪水、亚当与夏娃为人类始祖等传说，可知它与犹太教及基督教的关系。伊斯兰教同样是一神教，不过，它是由阿拉伯的先知传播的宗教。根据伊斯兰教的说法，得到启示的先知有多位，穆罕默德是最后一位。作为最后一位先知，穆罕默德实际上是伊斯兰教的创立者。

阿拉伯半岛中部有沙漠，也有水源与绿洲，且随季节变换，生存条件也会发生变化。贝都因人是这里的游牧民族。他们大多以部落的方式生活，只是在麦加、雅特里布、塔伊夫建立了城市。他们在绿洲种植谷物，但其商业活动极为频繁。穆罕默德年轻时即随其伯父去远方游历、经商。伊斯兰教从不贬低商人。前伊斯兰教时期，阿拉伯半岛上，各部落散居，处于多神崇拜的时代。他们与其他信原始宗教的民族一样，认为树、石头皆有神明，魔鬼亦值得崇拜。部落之间出于在恶劣条件下生存的需要，常为争夺水源、草场发生激烈争斗。这就要求每个部落必须由杰出的首领来领导，而其成员，勇于为部落而战，对部落完全忠诚，因为战争胜败，关系到每个成员的生存。这些部落中，不存在长子继承制或世袭制，皆因战斗必须由确有才干、富有经验的人指挥才有胜利的希望。这一特点，一直持续到伊斯兰帝国时期，它导致了帝国内部不断发生为争夺统治权而进行的斗争，危害了帝国的稳定，

---

① [英]约翰·马仁邦主编：《中世纪哲学》，孙毅等译，中国人民大学出版社2009年版，第34—35页。

## 第三章 上帝光照下的中世纪政治

不过也防止了统治精英的退化。

穆罕默德创伊斯兰教，实出于创建统一秩序之需。他出生于公元570年，出生时父亲已去世两个月，6岁时母亲亦去世，他成了孤儿，由亲戚养大。他在25岁时结婚，妻子比他大很多。他是个聪明好学、善于思考的人，面对当时麦加的混乱，他希望做出点大事来。

> 有许多事情使他不安：麦加人的轻率方式、愚蠢的偶像崇拜、对邪恶精灵的信仰、不良的恶习、酗酒成风、过分的性关系、卑下的妇女地位、一些部落出于傲慢活埋女婴、各地的分裂和残酷的械斗等。穆罕默德思虑了这一切，忧虑万分。他想：生活肯定不该是这个样子。这是一种毫无意义的恶性循环，一种徒然的虚度。一定存在着创世的理由——一种意义和一种目的。在世界之外一定存在着智慧和更大的宇宙。这个不解之谜一定有个答案，应当找到这把钥匙。他愈加专心思索这些问题。虽然他仍不失为麦加有用的公民，但他已开始他的内心生活了。他开始走出麦加，坐在一个僻静之处，埋头于沉思。他最喜爱的地方是一个名叫希拉的山洞，它位于老城外的一座小山丘上。他一次又一次地独自出城，来到这僻静之地，考虑真主及其奥秘之道。①

40岁时，他终得"启示"，真主的声音不断向他发出召唤，如此多次，持续了几年，他方相信自己是先知，遂决定传播真主的教诲，其妻亦支持其宗教事业。初时，他的宗教只有妻子、堂弟、一个老友相信。但他不屈不挠，克服困难到各处传教，信徒越来越多。630年，穆罕默德被推举为国王，由此奠定了伊斯兰社会神权政体的基本模式。632年，穆罕默德去世。伊斯兰教最终成为一个世界性的大教派，至今仍保持其旺盛的生命力。

"伊斯兰"的词根silm/salm，其含义是和平、服从、健康、纯洁、诚挚。《古兰经》是穆罕默德受赐的经典。有《古兰经》后，之前的三部经典（《讨拉特》《宰逋尔》《引支勒》）作废。伊斯兰教的五大原则为：认主独一；谨守拜功；完纳天课；朝觐圣地（麦加朝圣）；坚持斋戒。伊斯兰清真言为"万物非主，唯有真主；穆罕默德是真主的使者和仆人"。它要求信真

---

① ［巴基斯坦］赛义德·菲亚兹·马茂德：《伊斯兰教简史》，吴云贵、金宜久等译，中国社会科学出版社1981年版，第20页。

主、信天使、信经典、信先知、信后世、信前定。

伊斯兰教认为，人的肉体会朽坏，但灵魂不灭。它认为人生有五个阶段：第一个阶段，人的灵魂得到了塑造；第二个阶段，人在母亲的子宫内得以孕育；第三个阶段，人在今世做短暂的停留；第四个阶段，人待在坟墓里；第五个阶段，人到了后世，或升入天堂，或下到火狱，且要永远待在那里。① 伊斯兰教认为人在今世是一场考验，他必须努力完善自己，敬拜真主，才能得到拯救，否则进入后世，会后悔不已。伊斯兰教相信人生可以变得完美，但不认为可在今生建立天堂，因为身体是会朽坏的。它是启示宗教，但也鼓励人运用理性去思考，通过自己的行动去追求幸福。"思考一小时，超过礼拜60年。"② 它要求尊重有学问的人。穆罕默德曾说，学者与凡夫的差别，就好比他与学者的差别。

伊斯兰教宣称，天下穆斯林皆为一家，穆斯林之间有一种兄弟之爱。麦加朝圣或集体礼拜时，不论地位高低，大家都穿白色无缝教衣，以示平等。不过，伊斯兰教认为女性不够理性，故而将之排除在公共生活之外，认为她们的话不能作为法庭上的证言。此点颇受现代平等主义者诟病。

就社会政治体制而言，伊斯兰政体是政教合一的神权政体，国王亦是宗教领袖，在国王那里，世俗权力与精神权力从未分开。在伊斯兰社会，法律事务由教法家（宗教导师）来裁定。而他们的法律，和他们的宗教教义是融为一体的，实为伊斯兰教的一个中心组成部分。因为伊斯兰教如同犹太教一样，在本质上是一个律法宗教，它规定了信徒的各种义务。故而伊斯兰教法整合了《古兰经》和先知言论。《古兰经》和先知言论被认为神圣而永远不可更改。此外，伊斯兰社会教法家的公议"伊制马仪"，也是伊斯兰法的来源。③ 伊斯兰教法是对特定判例的汇总，因其本质是一个启示系统，它拒绝抽象化、系统化、普遍化、法典化，甚至拒绝清晰的定义，不构成具有严密理性体系的成文法。它也不允许教法学家往里面补充新的条款。到19世纪，伊斯兰社会才出现了职业化的法官。④

对待非穆斯林，伊斯兰教要求和平相处，并不强迫人入教。但是，这种

---

① ［土耳其］奥斯曼·努日·托普巴希：《伊斯兰的精神和形式》，谭卉颖译，宗教文化出版社2015年版，第84页。
② 同上书，第8页。
③ ［法］勒内·达维德：《当代主要法律体系》，漆竹生译，上海译文出版社1984年版，第426页。
④ ［美］托比·胡弗：《近代科学为什么诞生在西方》，周程、于霞译，北京大学出版社2010年版，第89—90页。

和平相处，本质上是伊斯兰教徒对非伊斯兰教徒的支配，后者被视为一个贱民阶层，他们的救赎，伊斯兰教既不提供，亦不在意。与基督教不同，伊斯兰教不是"普世宗教"。① 伊斯兰教认为，穆斯林有义务护教，② 穆斯林要敢于为荣誉而战，牺牲生命，在所不惜，这样的战争，被称为圣战。

公元8世纪，阿拉伯帝国将其统治推进到中亚，伊斯兰教覆盖了原本希腊化的地区。这些希腊化近千年的地区，不乏古希腊著作的翻译者。特别是在公元5—7世纪之间，甚至在伊斯兰教诞生以前，将柏拉图和亚里士多德的著作从希腊语译成古叙利亚语已蔚然成风。在帝国规定阿拉伯语为官方语言后，这些著作被从古叙利亚语翻译成了阿拉伯语。9世纪，巴格达成为巨大的学术中心，那里有学校、图书馆和大量的书店。很多哈里发具有保护、发展科学的想法，尽管他们最初主要是出于对健康的关心而重视医学。从这些哈里发的座右铭，可见当时宫廷崇文之风气："人最美的装饰是知识"，"学者的墨水应像殉难者的血一样受到尊重"③。阿拉伯同拜占庭讲和的条件之一，就是所有有名的希腊著作都要交给阿拉伯人一本。亚里士多德著作集（不包括《政治学》）与各种柏拉图主义著作的翻译，催生了阿拉伯政治哲学。伊斯兰教与古希腊理性主义哲学不期而遇。

## 阿尔法拉比：宗教与哲学的综合

阿尔法拉比（Abu Nasr Muhammad Ibn Muhammad al-Farabi）又称为法拉比，他在阿拉伯哲学家中具有权威地位。他被时人誉为亚里士多德之后的"第二个导师"，其著作激励了阿维森那、阿威洛依和迈蒙尼德等人。他思考什么是完美的城邦，思考哲人与城邦的关系，思考理性与启示的关系，让古希腊理性主义的光芒照进了伊斯兰世界。

阿尔法拉比出生于锡尔河畔土耳其语系的民族，他在巴格达接受了教育，是一位穆斯林，但他对古希腊哲学有浓厚的兴趣，他对柏拉图的政治哲

---

① [德] 马克斯·韦伯：《宗教社会学》，康乐、简惠美译，广西师范大学出版社2005年版，第278页。

② 实际上，伊斯兰教产生时是一种战士宗教，它与战争紧密相连。几代人以后，伊斯兰教"市民化"，成为和平时期的一种市民宗教。参见 [德] 马克斯·韦伯《宗教社会学》，康乐、简惠美译，广西师范大学出版社2005年版，第248页。

③ [苏] 奥·符·特拉赫坦贝尔：《西欧中世纪哲学史纲》，于汤山译，上海人民出版社1960年版，第49页。

学与亚里士多德的逻辑学、形而上学、修辞学皆有研究。他写过《两圣相契》(*The Agreement of The Two Sages*)，认为柏拉图与亚里士多德的学说内在是一致的。他关于亚里士多德的著作，除了考察亚里士多德形而上学涉及的存在、范畴等问题外，还考察了文化、历史与宗教等亚里士多德未涉及的问题。阿尔法拉比还写了逻辑学入门小册子《根据神学家和律师的方法推理的小书》。此外，他的著作有《逻辑学中使用的术语》《字母之书》《科学细目》《幸福的获得》《柏拉图的哲学》《亚里士多德的哲学》《有美德的城邦》《政体论》《卓越城邦居民意见诸原则之书》等。其中，《有美德的城邦》《政体论》《卓越城邦居民意见诸原则之书》是其政治哲学代表作。

阿尔法拉比首先属于穆斯林，他的读者主要是穆斯林。阿尔法拉比试图告诉他们，古典理性哲学对他们的天启宗教不构成伤害。穆斯林社会不仅不必排斥古希腊哲学，相反，还需要古希腊哲学。伊斯兰教与柏拉图的著作在基本方面是一致的。古希腊哲学弘扬的理性有助于解释、保存启示精神，它使得人的信仰不再是盲目的信仰，有助于使人的灵魂摆脱盲从的奴隶状态。阿尔法拉比说，古希腊哲学不光属于希腊人，也属于穆斯林。穆斯林应把它变成自己的东西。在这种调和中，阿尔法拉比实际上把哲学放到了高于启示的位置，而非让哲学成为宗教的婢女，这从他的卓越政体论中可以看出。

阿尔法拉比认为，宇宙间的一切均按某种等级秩序各就其位，城邦类似于一个小宇宙，它的内部同样是一个和谐有序的等级秩序。与柏拉图相仿，他认为卓越城邦是为了总体的幸福而建的，其中每个人一方面共享相同的幸福观，同时又有专属各个阶层的美德。卓越的城邦就像一个健全的身体，要求身体各部分协调工作。卓越城邦，是一个美德之邦。当然，在资质与习性上，公民之间存在差别，但他认为这种差别不是天生的，而是源于自己的意愿。[①] 有的公民能够运用理性认识善，他们拥有关于神、人与自然的知识，居于统治地位。卓越者之外，有些人能够理解并相信哲学家的判断，剩下的大多数人则不能够很好地运用理性，只能通过比喻来认识什么是善。

阿尔法拉比讨论了四种坏政体，它们分别为：(1) 蒙昧之城（无知的政体），其中的居民只追求身体健康、财富、享受、荣誉等低级目的，没有关于美德的知识。蒙昧城邦具体又可分几种："必需城邦"，满足于居民维持肉

---

[①] 法拉比：《论完美城邦——卓越城邦居民意见诸原则之书》，董修元译，华东师范大学出版社2016年版，第68页。

体生活所必需的东西;"淫逸城邦",居民追求饮食男女和戏谑游戏;"荣誉城邦",居民合作以求被其他民族尊崇、赞美,居民热爱荣誉;"征服城邦",其宗旨是享受征服带来的乐趣;"民主城邦",居民追求自由,每个人追求按自己意愿行事,绝不控制自己的欲望。(2)堕落之城(不道德的政体),其目标与卓越城邦无异,其中的居民具有关于神圣或美德的知识,但他们"知而不行",他们的理性无法控制其欲望。(3)变异城邦,它原来是卓越城邦,但后来引入了新神新意见,发生了变异。(4)迷途城邦(误入歧途的政体),其中的居民声称拥有关于神与美德的知识,其实那知识不过是虚妄之见。他们迷失了方向。他们奉错误为真理,其先知或统治者是接受了错误或虚假意见的伪先知。[①]

关于卓越政体中的统治者,阿尔法拉比进一步发挥了柏拉图的"哲学王"思想。他认为,统治者应具备的品质不仅包括哲学家的理性,也包括先知的预言能力。他是一个已经达到完美的人,集理性与想象力、强健的体魄于一身。理性使他能够理解什么是好的城邦,预言的能力使他能够建立起统治,把各个阶层放在恰当的位置,强健的体魄则使他能征善战。统治者要具有预言的能力,这是说他要擅长修辞,以劝说大众去相信善的模仿物。民众需要"律法",需要天启宗教,因为他们达不到理性认识神圣与美德的水平。穆罕默德无疑是先知,但他是否是哲学家,阿尔法拉比没有言明。

阿尔法拉比将完美统治者必需的要求进一步细化为多个条目。它们包括:理性、通晓传统律法、从传统律法中演绎出新法、运用旧律法应对新局面、以言辞引导民众、体魄强壮。他说,同时具备这些要求的统治者一个时代往往只有一个,甚至一个也没有。如果一个也没有,就需要几人合作,以使得这些要素齐聚。在六个条目中,阿尔法拉比说,如果统治者阶层中没有"理性"这一条,城邦必将处于消亡的边缘。[②]可见,"理性"在阿尔法拉比设想的卓越城邦中占有主导地位。这也意味着在阿尔法拉比那里理性优先于启示,哲人高于先知。

以上是阿尔法拉比关于最佳政体的论述,这无疑是一种"综合论"方案。阿尔法拉比说,最佳政体的理想在现实中如不能实现,则民主制反而为优。因为民主制包含了多种善与恶,其目标多元、需求多样,更重要的是,

---

[①] [中古阿拉伯]法拉比:《论完美城邦——卓越城邦居民意见诸原则之书》,董修元译,华东师范大学出版社2016年版,第75页。

[②] 同上书,第73—74页。

只有在民主制中，哲人才可以相对自由地追求他们的理想。①

## 阿威洛依及阿威洛依运动

阿威洛依（Averroes）全名为艾布·瓦利德·穆罕默德·伊本·艾哈迈德·伊本·鲁世德。他读过阿尔法拉比的书，其哲学事业也与阿尔法拉比相仿，均致力于调和理性哲学与伊斯兰天启宗教，不过，阿威洛依的立场比阿尔法拉比更为激进，他促成了伊斯兰哲学的独立化，对保守的伊斯兰教卫道士发起了激烈的批评。在他身后，形成了比他本人立场更为激进的阿威洛依主义。在伊斯兰世界，阿威洛依去世后，他的哲学即遭保守神学家的反对而影响衰微，但在基督教世界，阿威洛依主义运动则导致了一场影响甚大的精神危机。阿奎那对阿威洛依的作品十分熟悉，并专门写过批判阿威洛依的文章。基督教神学家们视阿威洛伊为"异端"，教会曾多次谴责阿威洛依主义。

阿威洛依出生于西班牙科尔多瓦（Cordova）的一个法官家庭，家学颇丰。科尔多瓦当时是穆斯林西班牙的首都，是当时欧洲最大的、最有影响的城市，其文化繁荣与文明发展程度，在欧洲为最。阿威洛依不仅学习了伊斯兰传统的宗教神学及律法，也学习了他那个时代几乎所有的世俗科学，包括数学、天文、医学、哲学。他是杰出的内科医生，曾做过御医，著有《医学通则》，也曾做过律师与宗教法官。在哲学方面，他是柏拉图、亚里士多德著作的注释者，是一名曾得到哈里发器重的宫廷学者。当然，有一个短暂的时期，他被从宫廷中驱逐出来，遭到囚禁，其著作也被焚毁。

阿威洛依推崇亚里士多德的哲学，又注释了柏拉图的《理想国》。他主张将哲学与神学予以分离，以捍卫哲学的纯洁。他不否认宗教信仰与神学、哲学各自存在的理由，但他认为三者不能混淆，它们是三种不同的人获取真理的不同方式。第一种是大多数人，他们借助想象来生活，所以适于以宗教信仰去接近真理；第二种人是神学家，他们同样靠想象生活，但他们试图用理性来说明他们的信仰；第三种人是少数哲学家，他们能够认识可靠的真理。②显然，第三种人最为优秀，这等于是说哲学生活本身最高贵。他这个观点，与柏拉图的哲学王思想甚为一致，阿威洛依堪称"柏拉图忠

---

① ［美］列奥·施特劳斯、约瑟夫·克罗波西主编：《政治哲学史》，李天然等译，河北人民出版社1993年版，第250—251页。

② 车铭洲：《西欧中世纪哲学概论》，天津人民出版社1982年版，第71页。

实的同伴"①。

当时,伊斯兰世界保守的观点认为,哲学是非宗教的,对伊斯兰社会有害。阿威洛依则说,哲学与伊斯兰教及神学一样,均是在追求真理。哲学的公开表述有差别,乃出于哲学家有一个秘密的传统,有些意见哲人在说出时做了保留。他注释柏拉图的《理想国》时,对柏拉图关于"高贵的谎言"、编造神话的观点表示了肯定。他视柏拉图的《理想国》为政治科学,此种政治科学,隶属于实践科学,它关注的是"意愿性的事情",涉及意志与选择,旨在导向行动,这区别于仅仅以知识为目的理论科学,也不同于研究神圣事物的神圣科学,故而柏拉图提议哲学家说谎,是着眼于完美城邦实现这一实践性目标。②

阿威洛依在《古兰经》主导的伊斯兰世界对哲学追求作为一种生活方式进行了辩护,但他反对哲学大众化,认为那样会导致信仰危机,危及政治社会本身。为极少数人掌握的哲学与面向大众的宗教不是一回事。宗教在阿威洛依这里成了发挥某种社会功能的东西。这种观点,伊斯兰教与基督教的护教者自然无法接受。

阿威洛依的追随者将其学说进一步发扬,形成了旨在解放哲学的阿威洛依主义运动。阿威洛依主义具有颠覆性的观点包括:(1)人生活于其中的小宇宙是永恒的,在时间上没有开端和终结,因此,创世是不可能的;(2)人死后,不能再生,复活是哲学家不能承认的,不是理性探讨的对象;(3)灵魂是肉体的形式,随肉体的灭亡而灭亡,灵魂不是不朽的;(4)上帝不能使可朽的事物变得不朽;(5)上帝只认识自己,上帝没有关于个别事物的知识。③

阿威洛依的学说,其特点在于知识论中的"二元论",④这种二元论视哲学与启示皆为获得真理的途径。不过,阿威洛依并不是说存在两个真理。在他看来,真主只有一个,真理也是唯一的,只是认识方式不同。他又提出,在认识真理方面,哲学比宗教更有优势。可见,在阿威洛依的思想体系中,二元并非平等的二元,其中实有高下之分。

---

① Ralph Lerner, "Introduction", in Averroes, *Averroes on Plato's Republic*, translated with an Introduction and Notes by Ralph Lerner, Ithaca and London: Cornell University Press, 1974, p. xxviii.
② Averroes, *Averroes on Plato's Republic*, translated with an Introduction and Notes by Ralph Lerner, Ithaca and London: Cornell University Press, 1974, p. 4.
③ 车铭洲:《西欧中世纪哲学概论》,天津人民出版社1982年版,第73页。
④ [美]唐纳德·坦嫩鲍姆、戴维·舒尔茨:《观念的发明者》,叶颖译,北京大学出版社2008年版,第123页。

不过，阿威洛依毕竟不能完全等同于阿威洛依主义。阿威洛依在不少地方仍然继承了伊斯兰教的传统观点。比如，他对人格化的真主观念并无异议，他支持为推进"文明"而发动圣战，[①] 这些是他思想中的另一面。

## 迈蒙尼德：犹太哲学家

12 世纪犹太哲学家的著作，对基督教世界思想的发展，同样做出了不可磨灭的贡献。此时犹太哲学家处理的问题，与前述阿拉伯哲学家处理的问题相类似。他们都是要厘清古希腊哲学与天启宗教的关系，继而在此前提下思考良善政治社会的问题。迈蒙尼德是那时最著名的犹太哲学家。

犹太人以社团形式散居于世界各地，他们没有自己的祖国，生活在穆斯林或基督教的世界中。虽然犹太人作为非政治的成分而存在，但犹太人中仍然不乏思考政治问题的哲人。这一方面源于犹太传统的观点并不视流散各地为正常，对犹太国的期望一直存在。另一方面，犹太教律法直接对人们的世俗生活做出了规约，这就涉及现实政治秩序的基本问题。[②]

迈蒙尼德（Maimonides）是其拉丁文名字，他的希伯来名为摩西·本·迈蒙（Moses ben Maimon），他出生于 1138 年（一说 1135 年），同阿威洛依一样，也来自西班牙科尔多瓦。他的父亲是一名有拉比身份的法官。迈蒙尼德一家曾几次因宗教迫害从一个地方搬到另一个地方，最后定居于埃及。其间，年轻的迈蒙尼德学习了数学、逻辑、天文学、医学。他也研习《塔木德》，但对科学更感兴趣，因此与穆斯林学者交往甚多。初到埃及的前几年，迈蒙尼德厄运连连，父亲去世，十字军征战中家园被焚毁。对他打击最严重的是他的爱弟大卫在一次去印度的渡海途中丧生。迈蒙尼德因弟弟的去世悲恸成疾，卧床不起，若非因为他对科学和犹太律法学术上的兴趣，他几乎要轻生。弟弟离开八年后，他还情真意切地写道："我怎么能够得到慰藉呢？因为他是我的儿子；他在我膝下长大；他是我的弟弟，是我的学生。正是靠他在市场中做生意，挣生活费养家，我才可以生活无忧。"[③]

---

[①] ［英］约翰·马仁邦主编：《中世纪哲学》，孙毅等译，中国人民大学出版社 2009 年版，第 66 页。

[②] ［美］列奥·施特劳斯、约瑟夫·克罗波西主编：《政治哲学史》，李天然等译，河北人民出版社 1993 年版，第 253—254 页。

[③] Joel L. Kraemer, "Moses Maimonides: An Intellectual Portrait", in *The Cambridge Companion to Maimonides*, edited by Kenneth Seeskin, Cambridge: Cambridge University Press, 2005, p. 27.

迈蒙尼德是有名的内科医生，行医之外也讲授医学，并写了不少医学论文。他是教师，收有学生。迈蒙尼德还对经商有兴趣。他们一家利用不断搬家之机，长期从事珠宝贸易。学者经商，在当时实为风气。他的哲学及政治哲学著作有《第二托拉》（*Mishnah Torah*）①、《迷途指津》（*Guide of the Perplexed*）、《论逻辑的艺术》等。其中《迷途指津》流传最广，它是用阿拉伯化的希伯来语写的。迈蒙尼德精通犹太律法，他作为法律权威、精神领袖而备受犹太人推崇。33 岁时，他已经成为当地犹太人社会的领袖，掌管最高法权，任命各大审判官。他后来与埃及一个官员家庭的女儿结婚，并育有一子。1204 年，迈蒙尼德在开罗（Cairo）去世。他的《迷途指津》在他去世前两周被译成了希伯来文。过了不到十年，他的著作有了拉丁文节选本，后来有了拉丁文全译本。民众盛赞迈蒙尼德的品格与贡献，说"从摩西到摩西，谁也比不上这个摩西"②。但犹太教传统宗教人士对他的书充满恐惧，担心它们会使犹太人的信仰发生动摇。翻译其著作的学者遭到谴责，巴黎发生了焚烧迈蒙尼德著作的事件。然而，随着时间的推移，迈蒙尼德的著作影响越来越大，对基督教经院哲学家们也产生了巨大的影响。托马斯·阿奎那曾仔细研读过《迷途指津》，并在著作中频繁引用迈蒙尼德的观点。③

迈蒙尼德深受阿尔法拉比的影响，他称阿尔法拉比的著作是最好的书，他也了解阿威洛依的著作。迈蒙尼德同样致力于把理性引入宗教，但他认为启示高于理性，神律优于哲学家立的法，先知优于哲学家。当然，他所说的宗教是指犹太教。迈蒙尼德了解柏拉图与亚里士多德的哲学。他批评亚里士多德关于永恒世界的观点，认为它与基督创世以及末日审判的观点相冲突。但他说人是"社会动物"、只有在社会中才能完善时，又十分像亚里士多德了。9 世纪以来，犹太宗教哲学家都是新柏拉图主义者，至 12 世纪中期，亚里士多德主义开始取代新柏拉图主义，主导犹太宗教哲学。迈蒙尼德正是这样的亚里士多德主义者。④

迈蒙尼德致力于解释和整理犹太人的律法。这些律法是由先知摩西传下来的。迈蒙尼德认为，先知是最完美的人，是一切人的导师，当然也是国王

---

① 迈蒙尼德整理了犹太教全部律法，Mishneh Torah 意即律法复习。
② ［以色列］阿巴·埃班：《犹太史》，闫瑞松译，中国社会科学出版社 1986 年版，第 154 页。
③ T. M. Rudavsky, *Maimonides*, West Sussex: John & Sons Ltd. 2010, p. 12.
④ Julius Guttmann, *Philosophies of Judaism: the History of Jewish philosophy from Biblical times to Franz Rosenzweig*, translated by David W. Silverman, introduced by R. J. Zwi Werblowski, New York: Doubleday & Company, INC, 1966, p. 152.

的导师,先知是能够直接把握真理的人,他不必借助于推理。先知一心沉溺于神圣事物,不仅具有强大的理性,还具有丰富的想象力。先知能够做出预言,能够为人间颁布法律。他的使命是建立一个宗教共同体,政治社会与法律皆服务于这一最高使命。

如何理解先知的话呢?迈蒙尼德提出了"隐显二重说"。它是说,先知表面上讲的东西,具有实践作用,它面向的是"头脑简单"的大众,而内在的,则是真理本身,它是神对少数能够运用理性的人讲的。人们在经文中所见到的问题与矛盾,皆源于这种双重表述。例如上帝对摩西说话,上帝怒了,并非指上帝如人一样有口,有情绪。这只是一种比喻,旨在让大众遵守律法。上帝是无形的,祂不能用"属性"来界定,我们不能问上帝是"什么"。上帝是不可言说的存在。根据迈蒙尼德的解释,先知预言时考虑到了听众的不同。而先知的话如同包裹着银丝饰物的金苹果。表面看它是银苹果,实际上它是金苹果。[1]

迈蒙尼德的隐显二重说,是为了化解人们在圣书中所看到的诸多矛盾,给犹太律法提供统一的、理性的基础,使之成为一个一致的体系。迈蒙尼德所谓的先知,就是摩西。摩西既是立法者,又是判官、国王、宗教领袖。迈蒙尼德认为,对于犹太社会的维系来说,这种先知的存在十分关键。

迈蒙尼德的政治理论,着眼的基本点是犹太人社会。不过他的思考,并不区分犹太人和非犹太人。他认为理想的社会是一个统合在最高真理之下的社会。人们应依据真理而行动。政府的责任,不仅要致力于保证社会秩序,也要采取必要的措施确保社会成员学习、接受并践行这些真理。他承认人有选择的自由,否定人的行动是先定的。但是他说,虽然我们个人的目标和行动是自由的,可人类的目标并不由我们决定。我们没有做错事、信仰伪神的自由。错误的信仰和无神论,是无法得到宽宥的。另外,把社会的方向交给大多数民众也是无意义的。因为大多数人把美好生活等同于物质财富的攫取。由此,国家必须运用法律工具,引导民众走在"正确的轨道"上。这样的国家只能由完美的人来领导,普通民众也由此日趋完美,在能力范围内做最好的自己。[2] 从迈蒙尼德的经历来看,或许他自己就是他所说的那种完美

---

[1] [美]列奥·施特劳斯、约瑟夫·克罗波西主编:《政治哲学史》,李天然等译,河北人民出版社1993年版,第263页。

[2] Haim Kreisel, "Maimonides' Political Philosophy", in *The Cambridge Companion to Maimonides*, edited by Kenneth Seeskin, Cambridge: Cambridge University Press, 2005, pp. 215–216.

的领导。

当代政治哲学史家列奥·施特劳斯推崇迈蒙尼德。施特劳斯关于"隐微书写"与"显白书写"的区分，渊源正在于此。施特劳斯曾专门研究过迈蒙尼德的《迷途指津》《论逻辑的艺术》等著作。施特劳斯在20世纪30年代曾著有《哲学与律法》，理性与启示的关系是施特劳斯政治哲学中除"古今之争"外又一个颇为重要的论题。而迈蒙尼德学说对自由、民主的拒斥，对最高真理的捍卫，也为施特劳斯所欣赏。

12世纪前后伊斯兰世界阿拉伯哲学家与犹太哲学家的努力，体现了传统天启宗教面对古希腊哲学时所做出的反应，其本质为启示与理性、宗教与哲学的相遇。这一状况，基督教世界很快就会遇到。同样重要的是，阿拉伯哲学家与犹太教哲学家注释的古希腊著作，起到了保留古代文献的作用。首先通过这些注释本，欧洲人续接上了理性哲学的传统。经由这些注释本，"重新发现亚里士多德"，对基督教世界的精神文化生活不啻一场地震。长远来看，其意义极为深远，它一步步地使人们走出中世纪而步入近现代。

## 经院哲学家阿奎那

"经院哲学"的称谓是文艺复兴时期人文主义者的发明，充满了贬损的意思。① 据说，经院哲学家们关注于一个针尖上能站几个天使跳舞、天堂的玫瑰有没有刺、上帝能否成为黄瓜等无聊问题。其实，所谓经院哲学（scholasticism），通常是指西欧中世纪在查理曼帝国的宫廷学校及基督教修道院和主教辖区的学校中发展起来的基督教哲学。② 经院哲学家不过是大学教授的意思。经院哲学本质上是一种神学。在经院哲学体系中，哲学只是神学的侍女，它服务于对神学命题的论证。经院哲学的基本方法是引经据典加思辨分析。这里所谓的经典，是指《圣经》及奥古斯丁等教父的著作；所谓的思辨方法，是指亚里士多德的形式逻辑或三段论式。

托马斯·阿奎那（Thomas Aquinas）是中世纪最伟大的经院哲学家。阿奎那写作时，奥古斯丁已去世800余年。阿奎那未及半百便逝去，但他为经院哲学的发展做出了无与伦比的贡献。他的事业，是中世纪经院哲学发展的

---

① ［英］阿利斯特·麦格拉思：《宗教改革运动思潮》，蔡锦图、陈佐人译，中国社会科学出版社2009年版，第64页。
② 车铭洲：《西欧中世纪哲学概论》，天津人民出版社1982年版，第62页。

顶峰。

  阿奎那出生于意大利那不勒斯附近罗卡塞卡城堡中的一个叫阿奎诺的世袭贵族家庭之中。神圣罗马帝国霍亨斯陶芬王室的弗雷德里克·巴巴罗沙国王是他的舅舅。阿奎那6岁时被送到卡西诺修道院读书，14岁时入那不勒斯大学学习，19岁时加入了多明我会。1245年，20岁的阿奎那被送到"哲学家之城"巴黎深造，师从著名的神学家大阿尔伯特（Albertus Magnus）。1248年，他随导师大阿尔伯特到科隆，在那里学习了四年，直到1252年才返回巴黎。大阿尔伯特让阿奎那学会了如何欣赏亚里士多德的著作。阿奎那学习用功，性格沉稳，平时沉默寡言，辩论起来则滔滔不绝。他行动迟缓，加之身材魁梧，同学便送其外号"哑牛"。但大阿尔伯特看好阿奎那，他预言道："这头哑牛的吼声将响彻全世界。"[①] 1256年秋，阿奎那获得了巴黎大学神学院颁发的神学硕士学位，并留校任教，由此开始了他的教学生涯。1259年，他受修会之托，回到意大利，创办了罗马大学馆，讲授神学。1267年，《神学大全》开笔。在意大利罗马教神学的时期，阿奎那受到数届教皇的器重。1268年，阿奎那重返巴黎大学任教。1272年，他回到那不勒斯创办了多明我会研修院。阿奎那后来发了福，变得十分肥胖，肚子太大，以至于他的桌子要专门挖掉一块，以容纳他的大肚子。[②] 1274年，他应教皇格里高利十世之邀前往里昂参加宗教会议，不幸客死途中，年仅49岁。

  阿奎那思考问题的知识背景，是亚里士多德学说传入基督教世界。西罗马帝国灭亡后，研究亚里士多德的学者有的死于战乱、有的逃往他乡，亚里士多德著作散失殆尽。有近七百年的时间，欧洲人与亚里士多德失去了联系。从11世纪开始，随着十字军东征带回大量希腊人、阿拉伯人、犹太人的著作，基督教世界备受冲击。那时，亚里士多德的著作被大量翻译，阿拉伯哲学家阿威洛依注释亚里士多德的作品也被译成了拉丁文。在13世纪，亚里士多德的《形而上学》《尼各马可伦理学》《政治学》[③]已有拉丁文译

---

[①] ［英］安东尼·肯尼：《阿奎那》，黄勇译，中国社会科学出版社1987年版，第7页。
[②] ［英］安东尼·帕戈登：《启蒙运动》，王丽慧、郑念、杨蕴真译，上海交通大学出版社2017年版，第30页。
[③] 亚里士多德的《政治学》拉丁文全译本于13世纪50年代初面世，译者为当时杰出的翻译家、多明我会修士穆尔贝克家族的威廉（Willem van Moerbeke）。威廉是神圣罗马帝国皇帝腓特烈二世的宫廷学者。参见［日］植村邦彦《何谓"市民社会"——基本概念的变迁史》，赵平等译，南京大学出版社2014年版，第15页。

## 第三章 上帝光照下的中世纪政治

本。亚里士多德的学说因具有唯物主义色彩,最初被禁止在大学里讲授,但后来,教会不再禁止,而是试图使之为基督教所用。阿奎那的导师大阿尔伯特,就是一位亚里士多德研究专家。在此种思想交汇、天启宗教与理性哲学遭遇的情况下,阿奎那所做的,是基于基督教教会的立场,开辟出一条兼收并蓄却不损其根本信仰的新路。一方面,他反对拒斥新知的方济各派固守的奥古斯丁主义;另一方面,他反对具有明显异端色彩的阿威洛依主义。他走的大致是一种旨在调和理性与启示、综合古希腊哲学与基督教神学的中间路线。不过,这种调和并不是要使二者平分秋色,上帝仍高居于具有理性的人之上。阿奎那将那个时代的哲学与宗教尽收眼底,关于政治与社会的论述,不过是他宏伟学术事业的一个小单元。

阿奎那著有《神学大全》,它包括论文38篇、问题631个、条目3000、异论10000,是中世纪经院哲学之百科全书。后人摘选阿奎那关于政治、法律等问题的论述,汇成了《阿奎那政治著作选》。

阿奎那吸收亚里士多德主义入基督教,使他对奥古斯丁的政治悲观主义进行了修正。奥古斯丁赋予国家以一种相当消极的角色,阿奎那则承认政治生活的价值。他指出,好的政治与坏的政治还是有差别的。在对人的理解方面,阿奎那接受了亚里士多德关于"人从天性上说是政治动物"的说法,强调人的合群性。不过,他在转译亚里士多德此语时沿用了其友人穆尔贝克的威廉的译法,亦即将"政治动物"译成了"社会动物"(animal civile)。① 这种转换,表示阿奎那基于当时社会背景对亚里士多德在希腊城邦语境下所做的论断进行了修正。以汉娜·阿伦特的分析,则是人们丧失对古希腊原有对政治的理解的标志。② 到了马克思那里,人已成了完全的"社会动物",马克思称社会性是人的本质属性。③ 阿奎那认为,亚里士多德对人的界定与基督教对人的理解并不冲突。他指出,每一个人都同时处于神的秩序、自然秩序、政治秩序之中,亚里士多德凸显的是人与政治秩序的联系。

自此,亚里士多德虽来自异教,却成了经院哲学家心目中的权威。在经

---

① 此句中译作"人天然是个社会的和政治的动物,注定比其他一切动物要过更多的合群生活"。参见 [意] 托马斯·阿奎那《阿奎那政治著作选》,马清槐译,商务印书馆1963年版,第44页。
② Hannah Arendt, *The Human Condition*, Chicago and London: The University of Chicago Press, 1998, p. 27.
③ [德] 马克思:《关于费尔巴哈的提纲》,《马克思恩格斯选集》第1卷,人民出版社1972年版,第18页。

院哲学家中，对亚里士多德的推崇达到了狂热地步。不接受亚里士多德即被视为异教徒。当时出现的一部名为《亚里士多德的哲学》的书，干脆直接称亚里士多德是基督教的先驱。① 至霍布斯写作时期，对亚里士多德主义的神学哲学权威地位的攻击，仍然是他著作中的重要议题。②

## 哲学—神学

除亚里士多德著作的分批译注外，13 世纪值得关注的另一个状况是两个新型修道会的出现。它们是方济各会和多明我会，二者皆为托钵行乞僧侣修会，但教义有别。

方济各会由阿西西的弗朗西斯科（Francis of Assisi）所创，其教义基本上忠于奥古斯丁主义，属于基督教神学中意志论传统，会员行乞托钵，意味着走出修道院之高墙，广泛接触自然与社会。在教义上，方济各会主张修士以及平信徒此世的修行，注重个人信仰的内在体验。它强调"爱"，这种爱的对象不仅限于上帝和邻人，还包括其他层次的存在。

弗朗西斯科出生于意大利富商之家，他在一次高烧之后皈依了上帝。有一天，他路遇一个摇铃的麻风病人。按当时规定，麻风病人外出需摇铃，以叫他人避让，防止传染。但弗朗西斯科不仅没有远离，反而上前与其拥抱。奇怪的是，当他回头看时，那麻风病人却突然消失了。弗朗西斯科相信他遇到的是耶稣。自此他决定将余生奉献给上帝。他放弃家中的财富，甘愿过清贫的生活。传说他还向森林中的动物布道。他死后两年，即被罗马教会封为圣徒。然而，他的教义以及传教方式已含挑战既有教会制度的危险因素。极端的方济各会分子，甚至接受了约阿希姆的反教会立场。

多明我会由西班牙的多明我（Dominic）创立。该会重视布道，必要时则运用教会的审判权，对异端采取强制措施，属于"宗教裁判所的修会"。在意志与理性二者间，该会强调理性。大阿尔伯特、托马斯·阿奎那，都是多明我会的成员。阿奎那的神学，给予理性以相当的位置。他的神学不同于护教学，他试图调和理性与启示，让亚里士多德所代表的古希腊理性主义知识成就融入基督教神学。阿奎那与奥古斯丁一致，他仍然要以哲思的形式对

---

① ［英］托马斯·马丁·林赛：《宗教改革史》，孔祥民等译，商务印书馆 2016 年版，第 60 页。
② 霍布斯称他们用语混乱，概念不清，有"颠狂"的毛病。参见［英］托马斯·霍布斯《利维坦》，黎思复、黎廷弼译，商务印书馆 1985 年版，第 60 页。

图17 圣方济各在向动物布道

人们信仰上的疑惑做出回答。但他不是按神正论的思路去诠释上帝之全知全能至高至善，而是借亚里士多德哲学的概念，去推演"上帝存在"这一结论。说阿奎那要证明上帝的存在，并不准确，因为以阿奎那之见，人的自然理性不能完全理解超自然的上帝。我们凭信仰而认识祂。但这种信仰并非盲从，我们能基于理性去得出这一结论。这样，理性便可以服务于信仰的事业。同时，上帝信仰并不否定自然理性，而是要给自然与人世间增加可贵的赠礼。阿奎那说:"恩典并不摧毁自然,而是使之完美。"①

阿奎那关于上帝存在的五个论证,颇为著名。他的论证如下:

(1) 从运动的第一推动力,论证上帝存在。阿奎那说,万物皆在运动,一物的运动是由于另一物的推动,但总要有一个不动的第一推动者,这个不动的第一推动者,便是上帝。

(2) 从万物的第一因,可以论证上帝的存在。因果律告诉我们,每个结果,都有其原因,每一个原因又源于另一个原因。这样,当我们无限向上追溯时,便必定会承认有一个最初的原因。它只是原因,不再是其他原因的结果。一切原因的原因,便是上帝。

(3) 基于偶然性、有限性,可以说明必然性、无限性。阿奎那认为,包括人在内的所有受造物的存在都具有偶然性。也就是说,它们的存在都是偶然的,在时间和空间上都是有限的。它们并不必定是那个样子。它们本可以完全消失。而那个必然的、无限的存在,就是上帝。

(4) 从人与自然的目的,可以说明有一个终极目的。我们按目的行动,万物皆有其目的,那目的之目的是什么?总有一个最后的、终极的目的,这最后一个目的,就是上帝。

(5) 从不完美的世界,可以推知完美的存在。阿奎那说,万事万物在完美性方面,各不相同,皆有缺憾,完美总是相对的。当我们说到绝对的完美,所指便是上帝。

不过,同样需要注意的是,当阿奎那表明理性可以把人们引向上帝必定存在的结论时,他也指出了理性的限度。上帝存在,但我们对上帝的认识只能靠信仰。自然与超自然,属于两个不同的世界。理性与启示不同,启示高于理性,信仰高于哲学。在知识论上,阿奎那提出了如下几个命题:

"心灵不能感知任何未曾被感官感知之物。"

"凡被接受者,皆依接受之存在方式而被接受。"这就是说,不同层次的存在只能以自身存在的方式去接受外界的事物。举例说来,教堂的钟声在人听起来是钟点,在狗听起来不过是一些声音而已。

"凡被知者,皆依知者之存有方式而在其心灵之中。"②

阿奎那强调,人是理性的动物,人高于动物正在于他有理性。理性能力

---

① [意] 托马斯·阿奎那:《神学大全》,转引自 [英] 大卫·瑞尔斯《中世纪思想的演化》,杨选译,商务印书馆2012年版,第342页。

② [英] 大卫·瑞尔斯:《中世纪思想的演化》,杨选译,商务印书馆2012年版,第341—342页。

让人可以抓住事物的本质，认识存在的秩序。我们越重视理性，就越明白为何要相信上帝的存在。理性拉近了人与上帝的距离。

## 政体论

阿奎那关于政治的思考，从属于他的基督教神学。他曾专门讨论过政治问题。另外，他评注亚里士多德的《政治学》，自然要对政治问题进行思考。在一个基督教占统治地位的时代，如此花时间讨论世俗政治生活，已属难得。阿奎那认为，政体有好有坏，理性的人不能不做出判断，政治社会虽然无法令人得永生，但仍然十分重要。好的政体有助于将人们导向天堂至福。一国统治者要履行牧人的职责，致力于公共幸福，立法与统治皆当践行正义。奥古斯丁曾言，由于对正义不可能有共识，因此，按正义原则组织起来的人民共和国便不可能存在，只有出于对共同目标的爱，才可能组成一个共和国。[①]阿奎那则认为，存在自然正义，基于自然正义，才能产生合法的政权。

何为优良的政体？阿奎那认为，理论上，君主政体最佳。正如宇宙间有一个上帝，蜂群中有一个蜂王，一国也应只有一个国王。国王比少数贵族更愿意对国家的安宁负责，而贵族们往往各自为自己家族谋取私利，罔顾公益。至于平民的统治，更是危险。他沿袭亚里士多德的政体理论，指出在平民政体中，平民利用人数上的优势来压迫富人，实为"暴民统治"，此种情况下，整个下层社会已变成一个暴君。

考虑到政体有退化、不再服务于公众福利的危险，阿奎那说，从实践效果来看，混合政体中恶行最少。在《神学大全》中，他承亚里士多德对波里德亚（混合政体）的赞成，对罗马共和政体予以了肯定。他指出，罗马政体混合君主制、贵族制、平民制，战士为公益而非为国王一己之私去战斗，故而甚为强大，至罗马帝制时期，则大多为暴君统治。[②]

## 叙拉古老妪的祈祷

对于君主制中的人民而言，最担心的是遇上暴君。如何对待暴君？臣民

---

① ［古罗马］奥古斯丁：《上帝之城》，王晓朝译，人民出版社 2006 年版，第 945 页。
② ［法］菲利普·内莫：《教会法与神圣帝国的兴衰》，张竝译，华东师范大学出版社 2011 年版，第 331 页。

是否有权反叛、诛杀暴君？阿奎那提醒民众，有诸多理由，要求人们做出反叛决定时要十分慎重，不可贸然。他以叙拉古老妪对暴君祈祷、祝福的故事，来提醒人们注意暴政往往呈现出一浪高过一浪、后一任比前一任更暴虐的现象。

这个故事是说，叙拉古暴君狄奥尼索斯（柏拉图之友）在位时，十分暴虐，时人多诅咒其早日归天，唯有一老妪每日不断祈祷，希望狄奥尼索斯健康长寿，起码要死在她后面。此事蹊跷，连暴君也觉得奇怪，遂问老妪为何如此。老妪回答说：

> 当我还是一个姑娘的时候，我们都受一位暴君的压迫，因此我盼望他死；他被人杀死了，但继承他的人把我们压迫得更厉害；于是我又非常高兴地看到他的政权的垮台。可是接他的位的就是您这个甚至比他还要苛酷的统治者。所以我担心，要是您离开了我们，您的后任会比您更加可怕。①

阿奎那提醒人们反暴君要谨慎，并非出于对人民的恐吓，也不是简单沿袭《圣经》中彼得的教诲——对于国王，好的服从，暴虐的也要服从。② 他分析了几种情况，给出了多个理由。他说，其一，反暴不成，暴君会变得更加暴虐，民众反而遭殃。这好比中国民谚所谓"打蛇不死反被蛇咬"。其二，反暴君如果行动成功，反叛行为本身会引起人们的分歧，由此可能引发内战。其三，反暴成果容易被另一个集团窃取，而接管暴政的集团吸取前任教训，将会采用高压政策，变得更加暴虐。"新的暴君比旧的暴君更坏"，这正是叙拉古老妪的经验之谈。

那么，如遇暴政，人们到底该怎么办呢？阿奎那指出了三种可能的情形。他说，在社会有权选择国王的地方，要诉诸"公众意见"，考虑限制王权或废黜国王；在国王由长老指定的地方，要求助于长老；在没有任何力量可以求助时，只有向上帝求助。他称上帝常常让暴君得到感化，变得仁慈。不过，他又补充说，上帝常"在怒气中"派暴君做人间的统治者，为的是惩

---

① ［意］托马斯·阿奎那：《阿奎那政治著作选》，马清槐译，商务印书馆1963年版，第58页。
② 《圣经》中《彼得前书》章2："你们为主的缘故，要顺服人的一切制度"，"或是在上的君王，或是君王所派、罚恶赏善的臣宰。凡事要存敬畏的心顺服主人，不但顺服那善良温和的，就是那乖僻的也要顺服"。

罚罪孽深重的人民。因此若要求助于上帝，消除暴政，人民自己先要赎罪。

## 君主当尽职，暴政必亡

阿奎那劝人民在做出反叛行为时要谨慎，在劝告君主时，则直言暴政必亡，暴君没有好下场。他警告君主说，人民若诛杀暴君，不能算作不正义，因为暴君损害公共幸福在先。① 他劝君主要仁慈、尽职，保障世间安宁，以获得上帝给予的福报。君主不可短视，沉溺于物质上的好处与肉体欲望的满足。

阿奎那指出，暴君只能靠让臣民"畏惧"来统治。他不能获得臣民的友谊。暴君没有朋友，是名副其实的"孤家寡人"；贤君才能赢得爱戴。对于贤君，臣民甘愿赴汤蹈火；对于暴君，臣民则伺机反抗，推翻他的统治。阿奎那写道："由畏惧造成的基础是脆弱的。当机会和成功的希望自行出现时，以前由于心怀畏惧而始终惟命是从的人们就会起来反抗他们的支配者；他们一向越是单纯由于畏惧而在愿望上受到抑制，那种叛变的声势也就愈加猛烈。正如水一样，如果强加压抑，当它找到一个出口时就会格外锐不可当地喷射出来。而且，畏惧本身也带有其内在的危险；因为，当恐惧太甚时，它会迫使许多人铤而走险。而一个横下心来的人对于任何企图都是格外容易奋不顾身的。暴政决不能维持久远。"②

关于君主的职责，阿奎那写道："君主有责任促进社会的福利，使它能适当地导致天堂的幸福。"③ 君主的任务有三："他必须首先确立他所统治的社会的安宁；第二，他必须保证不让任何事情来破坏这样地建立起来的安宁；第三，他必须费尽心机继续扩大这种福利。"④ 阿奎那说，天堂生活是人生最高目的，社会幸福则是次要目的。前者依赖于教会的帮助，后者则要靠尘世的统治者。

## 永恒法、自然法、人法、神法

阿奎那对后世思想史的贡献还包括他的法律思想。他认为，法"不外乎

---

① ［意］托马斯·阿奎那：《阿奎那政治著作选》，马清槐译，商务印书馆1963年版，第136页。
② 同上书，第75页。
③ 同上书，第87页。
④ 同上。

是对于种种有关公共幸福的事项的合理安排,由任何负有管理社会之责的人予以公布"①。法的目的是公共幸福,法的本质既是理性,也是意志,它是真理之显示,也是意志之表达。

阿奎那把法分为四类,即永恒法、自然法、人法和神法。永恒法是支配宇宙的大法,存在于上帝的精神中。它源于上帝的智慧。自然法是永恒法中理性动物因循之法,"理性动物之参与永恒法,就叫做自然法……自然法不外乎是永恒法对理性动物的关系"②。人法则是人类理性将自然法运用于具体的人世间事而产生的法。除自然法和人法以外,还有神法来指导人类的生活。神法是基督教中的"启示法",它可以弥补人类理性的不足,使人类过得更好。

阿奎那关于法律的分类,有下面几条需要注意:其一,这四种法中,永恒法处于最高位置,永恒法是一切法律的来源,它与其他法律之间不是并列关系,而是主从关系。其二,阿奎那所讲的自然法,并非永恒不变的通则,它可以允许例外发生,也可能有所变化。其三,阿奎那强调,人法不能违背自然法,人法之效力全在于它合乎自然法。人法若不合自然法,便是可以不遵守的败坏之法。

## 为亚里士多德施洗

托马斯·阿奎那对亚里士多德思想的吸收,充实了基督教神学,对理性与启示两套知识进行了较好的综合,从而形成了别具一格的托马斯主义神学。不过,同样要注意的是他对奥古斯丁的继承。在《神学大全》中,奥古斯丁仍然是他常援引的权威作家。阿奎那关于恩典、自由意志的学说,立足于奥古斯丁的基本立场,而又有所发挥。另一方面,哲学—神学中的托马斯主义与奥古斯丁主义,其间差异也十分明显。我们可以从如下诸点去考虑其间差别。

在知识论方面,奥古斯丁有所谓神圣光照说,他强调对上帝的信仰是我们关于世界的知识的根据。我们能对世界有所认识,靠的是灵魂中内在的理性之光。它在根本上源于上帝。奥古斯丁认为,人对上帝的认识是个人参与

---
① [意]托马斯·阿奎那:《阿奎那政治著作选》,马清槐译,商务印书馆1963年版,第106页。
② 同上书,第107页。

神圣存在的一种神秘体验，它凭的是人的一种"直觉"。方济各派的奥古斯丁主义者甚至否定了关于自然与世界的知识之存在。他们与新兴的亚里士多德主义展开了斗争。阿奎那则认为，关于自然与世界的知识是自足的，我们依据对自然与世界的认识达到关于上帝存在的确证。理性归理性，启示归启示，二者分属自然与超自然，分属世俗与神圣两个领域。

关于上帝与人，奥古斯丁的意志论色彩十分明显。奥古斯丁主义的上帝是"意志"着的上帝，人是"意志"着的人。与之相对，托马斯主义的上帝则突出上帝的理性。他界定人，也是"理性的人"。阿奎那之后的奥古斯丁主义者邓斯·司各脱，捍卫的正是意志着的上帝。这样的上帝，想要干什么就干什么，他可以随时叫停天体的运转、可以随时让时间终止。而在托马斯主义神学体系中，上帝是最高理性。上帝体现的是存在与本质的合一，其他一切存在，从天使、人到石头，其存在与本质均处于分离的状态。它们都是以偶然的、特定的方式存在着。

阿奎那关于伦理、政治与法律的思考，均从属于其神学体系。在关于教会与世俗政权的关系上，他坚持教权高于政权。他的著述，在知识上体现了亚里士多德再发现、犹太及阿拉伯哲学传入西方带来的综合，在社会政治现实方面，则体现了此时世俗领域的进一步分化，折射出世俗力量的进一步成长。阿奎那在著作中对新兴股份公司及其投资活动以及专职有息贷款现象，亦有讨论。他的观点较早期基督教，已更为开明。天主教原本谴责逐利的商人，贬低富人，并且颁布法令禁止教士从事高利贷及商业活动。因为现实中高利贷不仅不能帮助穷人，反让穷人走上绝境。纯粹的逐利行为，也损害了基督教提倡的"爱邻人"。按照"爱邻人"这一教义，邻居有难，应直接予以不求回报的捐赠。然而，此种在传统私人生活中的互助伦理，并不适用于专事投资经营的商业活动领域。在阿奎那时代，具有现代资本主义性质的股份公司在意大利已经兴起。阿奎那认为，商人与工匠按新的方式组织起来从事世俗谋利活动，应予以肯定。专门放贷，有违天主教教义，可让犹太人去做。值得注意的是，此时骑士文化的发展，也具有思想史上的象征意义。此种综合两个传统的伦理观，正可由骑士这一文化符号来表示。骑士的美德，已不同于早期基督徒的隐忍、谦卑，骑士除对上帝的信、望、爱之外，还具有勇敢、爱荣誉等美德，而勇敢、爱荣誉等美德，原本是古希腊罗马异教的美德。

承继其师大阿尔伯特以及多明我会的传统，阿奎那援亚里士多德思想入基督教神学。说得形象一点，亚里士多德经阿奎那施洗而入了基督教的教门。此种对新文化的吸收消化，体现了天主教的开放性。亚里士多德主义的引入，使天主教神学有了一种新的形态。天主教神学自此脱离了之前经院哲学的逻辑思辨，转而关注自然与俗世，积极回应现实问题，由此，天主教神学便可以从丰富的生活中获得新的生命力。

然而，亚里士多德所代表的理性主义传统本身具有其独立性。阿奎那的努力事实上为基督教神学植入了一个木马。在阿奎那思想体系中原本和谐并存的精神秩序，很快被破坏。启示与理性之间的缝隙，被后来的思想家扩大为鸿沟。启示与理性的综合崩溃了。邓斯·司各脱、帕多瓦的马西利乌斯，正是此种崩溃的标志性人物。

阿奎那去世时，《神学大全》第三卷还没有写完。他在去世前的1273年，已停止写作。这可能是由于其疾病，也可能是由于某种神秘体验。他的秘书催他继续写作《神学大全》时，他回答说："不！我不能！因为我写过的一切，现在看来，都不值得一提。"① 很有可能，阿奎那意识到了将异教理性主义引入基督教的后果。不过，他没有叫人把他从前的巨著烧掉。

阿奎那死后，他的神学教义遭到了巴黎大学、牛津大学的谴责。至1323年，阿奎那去世50年后，教皇宣布他为圣徒。但他的神学，至19世纪，才得到罗马教会的肯定，成为天主教会认可的神学。

## 马西利乌斯：保卫和平

阿奎那去世那年，意大利伦巴第共和国的帕多瓦，又出了一名基督教亚里士多德主义者。不过，他的基督教亚里士多德主义与阿奎那的有极大的不同。他所做的不是调和理性与启示，而是基于意大利城市国家的兴起，援引亚里士多德为世俗权力辩护，从而反对教皇的权力。他的名作《和平的保卫者》，基于亚里士多德的《政治学》而写成，不过，在核心观点的论证上，他与亚里士多德有本质的不同。他在西方政治思想史上有十分重要的地位。埃里克·沃格林称他的著作"第一次唤起了至高无上之世俗国家组织的观念"②，代表了世俗国家的先声，为马基雅维里的世俗政治学做了铺垫。有学

---

① ［英］安东尼·肯尼：《阿奎那》，黄勇译，中国社会科学出版社1987年版，第47页。
② ［美］埃里克·沃格林：《政治观念史稿》卷三，段保良译，华东师范大学出版社2009年版，第88页。

者将他与同时代的奥卡姆的威廉并列，视其为最早提出权利理论的思想家。①我们说的这个基督教亚里士多德主义者，就是帕多瓦的马西利乌斯（Marsilius of Padua）。

马西利乌斯反对教皇（当时在阿维尼翁）及教会的权力，但不否定基督教，他是以一个高贵、圣洁的教士形象发声的。事实上，他得到了神圣罗马帝国皇帝的庇护。他的观点在很多方面具有后来的宗教改革家马丁·路德的色彩。马西利乌斯断言，教会不是一种能够行使任何法律、政治或其他形式的强制权力的组织，它不具有免除普通赋税的特权，罗马主教及所有神职人员都必须受市民法的约束。②教会只是一个信仰者的聚会，一个"信奉并求助于基督之名的全体信徒"的自愿集会。马西利乌斯之意，是要将教会的世俗权力剥夺，交给世俗统治者。

马西利乌斯将教皇曾拥有的权力概括为五个方面：（1）声称有权界定《圣经》；（2）召开宗教大会；（3）将统治者开除教籍或停止教权；（4）任命世界各地一切神职人员；（5）对天主教礼仪做出规定。马西利乌斯说，这五个方面，没有一项当为教皇拥有。其中（1）（3）（5）三项应当让"由基督徒及其他非宗教人士组成的宗教大会"来决定，而（2）（4）两项则完全是世俗政府之事。他宣称，在每一个独立王国或城市共和国中，只有"信仰坚定的立法者"才拥有最高而完全的强制性权力。这样，教皇及其同谋试图控制意大利的企图，便是对世俗当局权力的"篡夺和侵占"，可不予理会。

马西利乌斯的《和平的保卫者》堪称一篇反教皇的檄文。回到该书题目"和平的保卫者"，马西利乌斯向世人宣告：教皇及教廷对意大利事务的插手造成了意大利的苦难与战争，他们是和平的破坏者，世俗国家通过法律带来秩序与和平，是和平的保卫者。马西利乌斯的著作，将普世主义教会与自由、独立的世俗国家之间的对立上升为一种敌对关系，其潜台词是，所有重视意大利和平事业的人，都要准备与教廷进行决战！

马西利乌斯抛弃了托马斯主义的自然法理论，他认为不存在自然法，所有法律都是人法。他基于对亚里士多德《政治学》卷三的解读指出，立法者

---

① Fred D. Miller, Jr., "Origins of Rights in Ancient Political Thought", in *The Cambridge Companion to Ancient Greek Political Thought*, edited by Stephen Salkever, Cambridge: Cambridge University Press, 2009, p. 301.

② 帕多瓦的马西利乌斯：《和平的保卫者》（小卷），殷冬水等译，吉林人民出版社2004年版，第5页。

应是人民。人民指所有公民或公民中"较重要的"部分之联合。最好的法律源自全体人民，因为全民参与制定法律，将使"共同的善"有保证，否则难免发生特殊的善侵害共同的善。马西利乌斯的这一观点常被解读为"人民主权"论。① 然而莫斯卡指出，马西利乌斯论及人民的时候，他想到的是"它总是被其自然的领导人——男爵们、社团和共和国的领导人——合法地代表着"，这是一种中世纪封建体系中的人民观念，它迥异于卢梭式的每个公民同等分享主权意义上的人民主权概念。② 马西利乌斯主要致力于捍卫世俗权力，反对教皇，故而他对政府形式等问题，不甚关注。不过，他也表明，允许普遍参与的共和政体是最佳政体，但其他形式的政体亦可接受，只要它是由立法者（即人民）创设。③

马西利乌斯虽经常引用"神圣的亚里士多德"，但他关注的不是"美好生活（good life）"，而是"和平"，这种不同，实是时势使然。亚里士多德奏响的是不无道德感伤主义色彩的古代城邦的挽歌，马西利乌斯谱写的则是近代世俗国家的新篇。在马西利乌斯那里，近代政治思想可谓曙光初见。

## 唯名论革命与现代性的神学起源

12世纪开始，欧洲人重新接触亚里士多德的著作，对基督教世界的信仰体系造成了巨大的冲击。

阿奎那以亚里士多德主义来阐发基督教的教义，形成庞大的托马斯主义，是经院哲学的杰出代表。经院哲学家既承认人的理性能力，又不否定对上帝的信仰。他们认为二者之间是一致的，世界是神的理性的展示，自然有其目的，这个目的还是神的目的之体现。然而，至14世纪，托马斯主义开始动摇，西方精神世界中理性与启示的微妙平衡遭到了破坏。在思想史上，这场针对旧的思想体系的发难，被称作唯名论（nominalism）革命。称之为革命，是说它开启了一个全新的思想方向，提出了一种全新的世界观，也极言其影响之深远。如美国学者米歇尔·艾伦·吉莱斯皮（Michael Allen

---

① 19世纪20世纪之交的意大利学者鲁芬尼指出，马西利乌斯是在近代意义上理解人民主权的。参见[意]加塔诺·莫斯卡《统治阶级》，贾鹤鹏译，译林出版社2002年版，第457页。
② [意]加塔诺·莫斯卡：《统治阶级》，贾鹤鹏译，译林出版社2002年版，第457页。
③ James M. Blythe, "'Civic humanism' and Medieval Political Thought", in *Renaissance Civic Humanism*, edited by James Hankins, Cambridge: Cambridge University Press, 2000, p. 65.

Gillespie）所言：西方 17 世纪现代性的诞生经过了长时间的孕育，其渊源实可追溯到 14 世纪的唯名论革命。①

经院哲学一方是实在论（realism），发难的一方是唯名论。争论的焦点是共相与个体哪个是最终的实在。唯名论最杰出的代表是奥卡姆的威廉。

经院哲学的实在论沿柏拉图与亚里士多德的哲学路线，认为共相（柏拉图所说的理念）是真实的、最终的实在。唯名论则认为，只有个体是真实的，共相或抽象普遍概念不过是些名称，是人们虚构出来的符号。基于这一立场，唯名论对神的观念及人的理性与世界均形成了一套迥异于经院哲学的看法。唯名论认为，经院哲学的上帝观感染了大量的阿威洛依主义病毒。唯名论革命是在捍卫基督教信仰的旗号下展开的。唯名论认为，上帝无法被人的理性所理解，上帝的行为不可预测。世界是无序的，没有内在的目的，远不是和谐的理性的图景。实际上，上帝想让世界怎么样世界就怎么样。教会的分裂、百年战争、黑死病、十字军东征的失败，催生了各种焦虑，唯名论描述的那个世界恰好与之相一致。

## 奥卡姆的威廉与近世个人主义

奥卡姆的威廉（William of Ockham，简称奥卡姆）大约于 1280 年至 1285 年出生于英格兰。他曾在牛津大学与巴黎学习，深受邓斯·司各脱的影响。他是神学家，也是积极的政治活动家，他在孩童时便加入方济各会，成为方济各会修士。后来，他作为方济各会的代表与性情暴躁的教皇约翰二十二世进行辩论，也站在皇帝一边抨击教皇。他被教皇传至阿维尼翁去回应异端指控，却反称教皇为异端。在德意志皇帝路德维希的保护下，他后来定居慕尼黑。从 1317 年起，他讲授《箴言书》和《圣经》；他的神学和逻辑学著作写于 1319—1324 年。据说他曾经对皇帝说："你用你的剑保护我，我用我的笔捍卫你。"② 那个时候，站在帝国皇帝一边攻击教皇的还有帕多瓦的马西利乌斯。奥卡姆终被开除教籍，约 1346—1349 年间于慕尼黑去世。奥卡姆的著作，代表唯名论对经院哲学中实在论正统的反叛。奥卡姆对共相与个体孰为实在的讨论，动摇了经院哲学托马斯主义的体系，引出了全新的神学

---

① ［美］米歇尔·艾伦·吉莱斯皮：《现代性的神学起源》，张卜天译，湖南科学技术出版社 2012 年版，第 27 页。

② ［英］大卫·瑙尔斯：《中世纪思想的演化》，杨选译，商务印书馆 2012 年版，第 415 页。

与哲学乃至政治学方面的见解。

奥卡姆认为，上帝的意志是绝对自由的，他想做什么就做什么，他的行为人类无法理解，除非通过启示。不存在关于上帝的知识，上帝不欠人的债，他不受任何约束。不存在理性秩序。上帝按他的意志创造了一切，他创造的是个体而非共相。只有个体是实在的，共相不过是我们理解这个由个体组成的世界时有用的虚构。共相不仅不是实在的，其使用还会歪曲实在。每次抽象概括都使我们离实在变得更为遥远。奥卡姆说："如果没有必要，就不要增加共相。"他主张按"节俭"或"经济"的原则，尽可能少地谈论共相。"我们越少概括，就越接近真理。"奥卡姆的这一主张，即为思想史上著名的"奥卡姆剃刀"。所谓剃刀，就是说要尽可能地剃除抽象的一般性概念，尽可能地关注于特殊或个体。这使得奥卡姆的追随者不再对经院哲学的形而上学论证感兴趣，而是更多地转向现实世界中的个体。其中，许多人致力于科学方面的研究。

奥卡姆认为，人类的知识只是假说。上帝可以推翻任何已确立的东西，可以随时中止人类所认识的因果链条，如果他愿意，他甚至可以重新创世。世界没有什么目的。上帝是无情的，他是否爱我们，我们并不清楚。在奥卡姆这里，关键的是意志，而非理性。人既然是神按他的样子创造的，人也就是一个具有意志的人，主导人的行为的，不是理性，而是意志，不存在什么理性法则供人们遵循。就作为意志者来说，上帝是自由的，与此相类，人也是自由的。

奥卡姆通过否定共相与普遍的真实，否定了教皇所声称的普遍代表性。他的理论属于"上升理论"（自下而上的政府理论），[1] 认为宗教事务应由宗教大会（包括女性基督徒）或信徒代表会议裁决。奥卡姆曾说：教皇已成了暴君。重要的是抑制教皇的专断，虽然宗教大会也可能会犯错误，但比起教皇还是更可靠一些。他的"宗教大会计划"似于一种粗线条的"间接代表制"。某一地区的宗教团体选举其代表入省的宗教会议，省的宗教会议再把代表选入宗教大会。他的计划不是凭空拟制，13世纪中叶，此种方法已被不同的修道会广泛采用，如方济各会、多明我会。[2]

关于财产和政府，奥卡姆也提出了颇具现代精神的看法。他认为，私有

---

[1] ［英］沃尔特·厄尔曼：《中世纪政治思想史》，夏洞奇译，译林出版社2011年版，第8页。
[2] ［美］乔治·霍兰·萨拜因：《政治学说史》上，盛葵阳、崔妙因译，商务印书馆1986年版，第363页。

财产、奴隶制与自然法、神律相矛盾。他认为，人类有三个道德阶段：违背上帝之前、违背上帝之后、不公平状态。堕落前，人按自然的公平原则生活，没有纷争与私利，一切公有，人人自由。逆命后的阶段，正当的理性帮助了人类，向人类提出了种种诫条，如勿奸淫，勿说谎。第三个阶段，是由不公平的财产权开始的，私有财产、世俗统治权在这一阶段发生，主奴关系产生。它们依万民法与市民法而形成，不合乎自然法。私有财产和世俗政府，只有在利于被统治者并且得到被统治者的同意时才是自然的、合法的。它们是否合乎自然法，"完全要以被统治者的同意程度为准"[①]。

奥卡姆去世后，追随者甚多，其势日益上升，托马斯主义的经院哲学正统则日渐衰落。英国的约翰·威克里夫（John Wycliffe）反对教皇、支持世俗王权，他是奥卡姆的追随者，认为王权应统治教会，"上帝也须服从魔鬼"[②]。"路德以前，奥卡姆的思想被称为'近代思想'，以别于托马斯派的'古代思想'。"[③] 他的思想为现代世界的个人主义学说做了铺垫，他的学说也是近代意志主义政治思想的源头。

## 中世纪的城市

城市的兴起是中世纪欧洲十分重要的现象。它是西方由中世纪向现代过渡的桥梁。城市孕育了新的社会阶层，体现了一种新的人际关系及生活方式。古典西方文明衰败后，西欧进入了全盘农村化的时期。封建制的典型结构体现的是领主与扈从、地主与农奴间的关系。城市则是封建体系的缝隙中生长出来的新的文明空间。中世纪的城市使西欧逐步走出了乡村庄园经济的局面。这种城市不同于古罗马城市，它代表着新的东西。中世纪城市，乃是摆脱了封建依附关系、获得人身自由的人组成的共同体。有句谚语说："城市的空气使人自由。"

中世纪城市规模大小不等，小城市几百人、上千人，大城市数万人。1300年人口超过10万的城市，有威尼斯、佛罗伦萨（又译翡冷翠、弗罗棱

---

① 奥卡姆：《哥达斯特修道院对话录》，参见［德］马克斯·比尔《英国社会主义史》，何新舜译，商务印书馆1959年版，第15—16页。
② ［德］马克斯·比尔：《英国社会主义史》，何新舜译，商务印书馆1959年版，第22页。
③ 安希孟：《威廉·奥卡》，载于叶秀山、傅乐安编《西方著名哲学家评传》，山东人民出版社1984年版，第532页。

斯)、米兰和巴黎。

城市居民的来源是乡村。然而绵延的城墙毕竟把城市与乡村区分开来。由巨石筑成的坚固的城墙首先有军事上的防御功能,人可以在城墙上面走动,还有垛口、瞭望塔、城门和吊桥。

中世纪城市为自然形成,多因水路交通便利而建,这与罗马帝国按规划建城截然不同,罗马帝国有庞大的公路网。

中世纪城市的特点是它的自治,这不仅异于罗马帝国的城市,也区别于中国古代的城市。中国古代城市也有城墙及防御体系,但它总是帝国皇权的延伸,缺乏独立性。[1] 中世纪城市则有着相对独立的地位,在有些地方,城市俨然是一个自主、独立的小"国家"。不过,称之为国家是不准确的,准确来说,它是一个高度自治的共同体。城市共同体把人们联结在一起,形成一个法人,这与封建制中的个人效忠关系形成鲜明的对比。

城市有自己的习俗和法律,其源头可溯及最初市民为安全而订的誓约。他们约定有难同当,和平共处。违约者会受到惩罚。这种通过相互立约形成的共同体,使个人可以免受封建势力的侵犯。市民多从封建主的庄园中逃出,仍有可能被遣送回主人那里。后来,不少城市立了一个规定,在城市里居住满一年零一天,便可得到城市市民的自由权,受城市保护,而不必担心被遣回乡下领主的庄园中去。城市有其行政、司法及立法机构等公共部门。

城市获得自由,是斗争的结果,此种斗争,常伴有武力。在追求自由(自治)的过程中,城市往往与君主站在一边,以对抗封建领主。12世纪法国国王曾给法国北部几个城市以自治权,以削弱地方领主的权力。路易九世在给他儿子的训示中说:"我记得很清楚,我刚登基时,巴黎和国内那些良善的城市曾帮我抵制贵族。"[2] 城市市民争取到城市自治的同时,领主也得到相应的补偿。实际上,城市是以固定的税金换来了自由。这项税金对于封建领主来说是一笔可观的收入,封建领主很快发现,原本属于他的领地的城市实行自治,会给他带来莫大的好处。在有些地方,封建领主也搬进城里去居住;在另一些地方,他们则安于在乡间生活。

城市及其周边地区依合约进行统治,私自进行报复遂不允许,而骑士仍主张这种私自开战、决斗的权利。彼时,大家族之间的争斗时常发生,这自

---

[1] [德]马克斯·韦伯:《儒教与道教》,洪天富译,江苏人民出版社1997年版,第19页。
[2] [荷]维姆·布洛克曼、彼得·霍彭布劳沃:《中世纪欧洲史》,乔修峰、卢伟译,花城出版社2012年版,第216页。

然会破坏城市的正常秩序。在意大利的城市中，往往家族之间纷争不断，引起流血事件，城市共同体因家族冲突而失去其公共性，城市行政与司法常为家族集团所控制。不过，有些时候，城市当局亦能着眼于公共秩序而平息这些冲突，因而能够很好地履行其公共职责。

城市有自己的税收体系，以获得维持公共职能、建设公共工程（如修筑城墙、市政厅、钟楼、教堂、喷泉、排水系统、公共浴室）所需的费用。高耸的钟楼成为城市的标记，据说钟楼里放着一个匣子，那里是确立城市权利的各种契约文书。不过，中世纪城市的实际面貌，绝不会像今天的旅行者在古城区漫步时所看到的那般美妙。因为那时缺乏近代才有的环卫基础设施。炎炎烈日下的街道通常是臭不可闻。楼上的粪水、厨余垃圾直接往下泼。一群群的猪走来走去，正好充当清道夫，当然也带来排泄物。圣巴托洛缪大屠杀时，有人从窗户跳下逃命，幸好下面有粪堆缓冲，使得他没有被摔死。街道没有像今天这样用砖石铺得十分整齐，常常泥泞不堪。传说西方绅士的文明棍与礼帽，一则防摔倒，一则防止楼上突然泼下一桶粪便。

城市居民有着不同的背景，但他们的共同点是决意在城市开始独立的新生活。为了对抗封建领主，他们团结一致。"对他们而言，自由就是摆脱无穷无尽的义务，生活和行动不再受限。自由意味着不再是'某人的人'，不再依附别人，无需向他效忠，无需听命于他，无需为他服务。"[①]

从 12 世纪开始，城市居民几乎在各个方面皆为欧洲文明的先驱者。13 世纪的大学与哥特式大教堂，皆为城市发展的产物。没有城市，文艺复兴也是无法想象的。

---

[①] ［荷］维姆·布洛克曼、彼得·霍彭布劳沃：《中世纪欧洲史》，乔修峰、卢伟译，花城出版社 2012 年版，第 221 页。

# 第四章　近代政治思想的基础

西方人走出漫长的中世纪，步入近现代，并非一代人的事，其间经历了数百年。晚近以来，思想史家特别重视对近代早期（early modern）政治思想的关注。雅各布·布克哈特（Jacob Burkhardt）醉心于描绘文艺复兴时期个人的觉醒、个人主义文化的诞生以及作为一种技艺结果的"人为"国家之形成，汉斯·巴荣（Hans Baron）在文艺复兴时期的佛罗伦萨发现了公民人文主义理论传统的起源以及一种具有政治品格的人文主义者典范。列奥·施特劳斯晚年将现代性的"第一次浪潮"放在马基雅维里那里。波考克十分重视近代早期共和主义思想资源对现代革命的影响。昆廷·斯金纳则不仅关注文艺复兴与宗教改革对现代国家与自由概念的贡献，更将其往前追溯到经院哲学时代。如果说"路径依赖"确实存在，文明的基因说多少有几分道理，近代政治思想确实有其基础，那么，这样一个奠基性的时刻，必定是落在15、16世纪。文艺复兴，以及稍晚的宗教改革，返古而开新，改变了西方人的精神结构，改变了西方人对历史、世界与政治的看法，由此拉开了近代政治思想的大幕。

## 文艺复兴

14—16世纪这三百年，是人们通常所说的"文艺复兴"时期。"文艺复兴"的称谓，据称最早是意大利艺术家兼艺术史家乔治奥·瓦萨利（Giorgio Vasari）的发明，瓦萨利在1550年的时候曾称自己所处的时代为"文艺复兴"的时代。"文艺复兴"（Renaissance of Arts）一语所说的"文艺"，不单单指狭义的文学与艺术，它实际上包含了一切人类的杰作。作为一场声势浩大的运动，它涉及人类生活的各个方面。"复兴"，有新生、再造之意。因为那时人们讲的是复兴古希腊、古罗马灿烂而辉煌的成就，故而"文艺复兴"

实有古典西方文明重获新生之意。然而，托古是为了开新，文艺复兴在重新挖掘古代资源的时候实际上开辟了一个新的时代，它意味着与中世纪作别。文艺复兴时期，是近代西方政治思想奠基的重要时期。文艺复兴最初始于意大利，后来传至北方，遍及全欧。尽管各地的文艺复兴表现出民族与地方的特点，但它们共享一些基本的精神。人文主义，便是其中最重要的一点。

图18 文艺复兴时期的文化生活

英国学者阿伦·布洛克（Alan Bullock）曾指出，西方思想史中存在着三种看待人与宇宙的模式："第一种模式是超自然的，即超越宇宙的模式，集焦点于上帝，把人看成是神的创造的一部分。第二种模式是自然的，即科学的模式，集焦点于自然，把人看成是自然秩序的一部分，像其他有机体一样。第三种模式是人文主义的模式，集焦点于人，以人的经验作为人对自己、对上帝、对自然了解的出发点。"[1] 文艺复兴，即意味着从神本主义向人文主义的转变。

---

[1] ［英］阿伦·布洛克：《西方人文主义传统》，董乐山译，生活·读书·新知三联书店1997年版，第12页。

文艺复兴的口号是"以人为本",人文主义是文艺复兴的实质,它代表着人权向教权的挑战,代表着人文对科学的挑战。人文主义者通过回到古代世界,在他们的时代重申了古希腊智者普罗泰戈拉"人是万物的尺度"的信条。

不过,我们在论及文艺复兴时期的人文主义时,仍有几点需要说明。

第一,文艺复兴时期的人文主义,不同于今天思想界流行的人文主义。今天的人文主义思潮包含了一系列对人与社会的特定看法,具有特定的社会政治诉求,但在文艺复兴时期,人文主义只是一个十分宽泛的概念。所谓的人文主义者之间,对待社会政治问题的看法常常千差万别。他们被后人称为人文主义者或人文学者,不在于其道德理想或社会政治哲学,而在于其写作文体、表达方式及所属学科。人文学者,在当时区别于法学家、医学家,他们教授或学习拉丁文法、修辞学、诗学、史学、道德哲学,在写作风格上区别于经院哲学,以模仿西塞罗、塞涅卡为能事。[1] 事实上,"人文主义"一词在文艺复兴时期并没有被使用过。[2]

第二,人文主义固然有意抬高人的地位,以人权挑战神权,但并不构成对上帝的否定或对宗教本身的批判。人文主义者批评的多为教皇与教士阶层的腐败,而不是基督教本身。他们不是无神论者。

第三,人文主义的兴起,针对的是科学兴起带来的挑战。中世纪晚期阿威洛依主义的流行,促进了医学、自然科学的兴起。人文主义提出关注人自身,是关注人的精神内涵,而非关心人身体的保全与肉体的享受。

第四,文艺复兴催生了个体的自我意识,这种意识到宗教改革时得到了进一步发展。文艺复兴时期,人开始审视作为个体的自我。个体自主且独一无二的意识开始形成。[3] 德尔菲神庙的神谕"认识你自己"开始被严肃对待。自传、记录自己生活方方面面的日记开始流行。马基雅维里的父亲贝尔纳多就很喜欢写日记。佛罗伦萨保存下来的文艺复兴时期的日记有百部。礼仪手册也提醒人们注意如何在日常生活中优雅地"展示自我"。[4] 不过,夸

---

[1] [美] 保罗·奥斯卡·克里斯特勒:《文艺复兴时期的思想与艺术》,邵宏译,东方出版社 2008 年版,第 26 页。
[2] [英] 阿利斯特·麦格拉思:《宗教改革运动思潮》,蔡锦图、陈佐人译,中国社会科学出版社 2009 年版,第 39 页。
[3] [瑞士] 雅各布·布克哈特:《意大利文艺复兴时期的文化》,何新译,商务印书馆 1979 年版,第 125 页。
[4] [英] 彼得·伯克:《意大利文艺复兴时期的文化与社会》,刘君译,东方出版社 2007 年版,第 216—218 页。

大文艺复兴时期的"现代"因素，便会犯下浪漫主义美化过去的错误。事实上，文艺复兴时期，即便在商业繁荣的佛罗伦萨，社会生活的基本面貌仍是相当"中世纪"的。而人们的观念中，对家庭、城市的忠诚仍占主导地位。须知，从古代的柏拉图、亚里士多德、西塞罗那里，是殊难发现现代意义上的个人之地位的。

文艺复兴时期的人文主义，就其思想内容而论，可分为四种，此四种类型，大体对应于14—16世纪意大利人文主义特别是佛罗伦萨人文主义发展的四个阶段。它们是斯多葛主义的人文主义（以彼得拉克为代表）、公民人文主义（以布鲁尼、帕尔米埃里为代表）、新柏拉图主义的人文主义（以费奇诺为代表）、反叛的人文主义（以马基雅维里、圭恰迪尼为代表）。在马基雅维里与圭恰迪尼时代，人文主义已经接近尾声。马基雅维里与圭恰迪尼皆对人文主义提出尖锐的批评。不过在笔者看来，他们的思想仍然属于文艺复兴人文主义传统，只不过，他们是反叛的人文主义者而已，其话语体系，仍然在美德、命运、自由的框架内徘徊，他们是人文主义的"末代子孙"。

## 彼得拉克：文艺复兴之父

彼得拉克（Franciso Petrach）被称为"文艺复兴之父"。他出生于佛罗伦萨的名门望族。他的父亲是有名的法律公正人，曾与但丁站在一边参与佛罗伦萨的政治派别斗争，最终二人同时被流放，故而彼得拉克的出生地是阿雷佐。7岁时，他随父亲流亡至法国。自1312年起，彼得拉克与家人侨居于教皇所在地——法国南部普罗旺斯地区的阿维尼翁，那里，大片的薰衣草以其绚丽的色彩与迷人的芳香激发了少年彼得拉克心中的浪漫情愫。1316年起，他遵从父亲的意愿，在法国的蒙特波利大学和意大利的博洛尼亚大学学习法律。然而彼得拉克自幼即喜欢文学，尤其喜欢古罗马作家维吉尔和西塞罗的作品，法律始终未提起他的兴趣。1325年，他购得奥古斯丁的《上帝之城》。之后他对奥古斯丁的著作，一直有浓厚兴趣。1326年，他的父亲去世后，彼得拉克就放弃了法律学习，专心从事文学创作。同年，他进入宗教界，成了一名低级教士。之后近二十年，彼得拉克皆在教廷供职。漫长的教会生活让他对教会的腐败与虚伪有了直观的认识。

1338年起，他利用四年时间，写下了叙事诗《阿非利加》。该诗仿效维吉尔的笔法,以拉丁文写成,描述了第二次布匿战争(罗马人和迦太基人的战争),歌颂了罗马将军西庇阿。因为这首诗,彼得拉克于1341年受罗马大学的邀请,去罗马接受了"桂冠",因而被称为"桂冠诗人"。

1349年,彼得拉克与意大利另一位人文主义者薄伽丘相识。在薄伽丘的推荐下,他去新成立的佛罗伦萨大学讲学。他和薄伽丘共同努力,促成了荷马史诗拉丁文本的翻译。彼得拉克后半生在意大利度过,他时常游历各个城市,为城市国家之间做一些外交工作,希望它们能够团结起来。

彼得拉克写下大量诗歌。他的政治讽刺诗曾尖锐地抨击教会。他在《给教廷》这首诗中写道:

> 悲哀的逆流,恶毒的寺院,
> 异端的教堂和谬误的学校,
> 泪水的泉源,从前伟大的罗马,
> 现在充斥着巴比伦淫妇,
> 各种谎言的熔炉,阴暗的牢狱,
> 在幸福消失的地方,恶魔会大大成长,
> 活着的人直到死亡以前都受着地狱和黑暗的威胁,
> 主真的不会惩治你?[①]

然而,他对教廷的批评,并不导致对基督教的批评,相反,作为教士的彼得拉克,是要捍卫纯洁的信仰的。关心人的灵魂与信仰纯洁,在彼得拉克那里并不矛盾。

鉴于意大利四分五裂、内忧外患的状态,他在《我的意大利》中写道:

> 看吧,
> 我的祖国,
> 你所亲爱的我的故乡,
> 正在为无名原因引起的战争
> 和那不能抑制的纠结,

---

[①] 郭守田主编:《世界通史资料选辑(中古部分)》,商务印书馆1974年版,第239—240页。此处引文略有修正。

受着多么残酷的

折磨和煎熬！

彼得拉克还写有史学著作《名人列传》《大事记》。从 14 世纪 40 年代开始，他也开始了其道德与政治哲学方面的著述。1342 年，他开始写作《论我的焦虑的秘密冲突》。此书受到奥古斯丁《忏悔录》的重大影响，具有自传性质。彼得拉克在其中虚构了奥古斯丁与作者本人以及真理女神的对话，探讨了如何看待尘世幸福、荣耀、肉欲等问题。他的对话集还有《论好和坏的命运的补救办法》《论隐士生活》《论他自己的和许多其他人的无知》等。①

1374 年，彼得拉克去世，据说死时头还埋在维吉尔的诗稿中。教会痛恨彼得拉克，竟将其暴尸示众。

彼得拉克一生着意发掘古典文化中的人文主义思想，并四处搜集古代著作。不过，彼得拉克不懂希腊文，他的收藏，只是某种象征性的爱好。他呼吁要有"古代学术——它的语言、文学风格和道德思想的复兴"②。彼得拉克提出要发现人自身，他这种观点，在当时是针对自然科学而提出的。他的思想，并不像通常所说的那样，是以人学取代神学，而是要以对人心灵的关注对抗自然科学。这是最早的人文与科学之争，不是人学与神学之争。因为当时阿威洛依主义盛行，阿威洛依主义者们热衷于按照亚里士多德的方法去研究自然。彼得拉克反对自然科学，反对医学研究，他写了《对医生的指责》一文，认为医学只关心人的肉体，而对于人的灵魂则冷漠对待。他认为修辞学、哲学是医治心灵疾病的学问。他说："知道飞禽、走兽、鱼蛇的特性，而对人的本性无知，不知道我们从何处来，到何处去，以及为什么生活，这到底有什么好处？"③ 他斥责阿威洛依："阿威洛依是一条疯狗，他怒不可遏地收罗了各种咒骂的语言来进行渎神的狂吠，诽谤基督的圣名，毁坏天主教徒的信仰。"④

彼得拉克称他出生前的一千年是堕落期，是"黑暗时期"，之前则是文化

---

① 郑军：《文艺复兴时代杰出哲学家及其代表作》，中国青年出版社 2015 年版，第 32 页。
② 吴泽义等编：《文艺复兴时代的巨人》，人民出版社 1988 年版，第 48 页。
③ 转引自［意］加林《意大利人文主义》，李玉成译，生活·读书·新知三联书店 1998 年版，第 22—23 页。
④ 同上书，第 25 页。

繁盛的古希腊与古罗马时期。他相信从他所处时代往后将会出现转折，黑暗将被驱散，人们将重新回到光明之中。① 彼得拉克十分喜欢柏拉图的著作，他认为柏拉图的对话，让人的心灵保持开放，是对抗教条主义的武器。彼得拉克的理论著作，即以对话体写成。彼得拉克欣赏奥古斯丁，而奥古斯丁正是柏拉图主义的同情者。彼得拉克无意用柏拉图来对抗亚里士多德，② 但他认为柏拉图比亚里士多德更权威、更重要，彼得拉克自己并无系统的论柏拉图主义的著作，但他的学术偏好为之后柏拉图主义在意大利的复兴做了准备。

## 彼得拉克的塞涅卡主义

在政治上，彼得拉克主张君主制，拒绝共和制，他认为君主权力是绝对的，只需对自己及上帝负责。他是一名塞涅卡主义者，其政治思想多直接取自塞涅卡。③ 与塞涅卡一样，彼得拉克认为，君主要有美德，要摆脱支配他人的野心，要服从于理性，通过自我约束来提升自己的道德，做一个有美德的君主。他说，君主尘世的功业、威名是易逝的、虚幻的，并不重要，而由美德带来的荣耀则是真正持久的、不朽的。美德，是君主统治的基础。而彼得拉克此处所说的美德，是斯多葛主义的美德。

彼得拉克认为，君主统治是保存意大利、让意大利强大的最佳办法，意大利的前途系于有德之君。沿着塞涅卡的思路，彼得拉克说，罗马处在公正的皇帝统治下时，罗马人最幸福。彼得拉克乐于颂圣。那不勒斯的君主罗伯特（Robert），米兰的君主维斯孔蒂（Luchino Visconti），帕多瓦的君主弗兰西斯科（Francesco），都得到了他的称颂，例如，他称那不勒斯的君主罗伯特是欧洲最杰出的君主，是君主的典范，称有此君主是那不勒斯人的幸运。当然，赞颂之余，他也对君主提出了一些道德上的规劝，幻想君主进行道德上的自我审查。他认为，君主要爱民如子女、如亲戚，甚至要做到爱民如爱自己，这样才能得到臣民的爱戴。他说，王权的稳定，不可能建立在恐惧之上。"让众人害怕者，必定也害怕众人。"④

---

① ［英］彼得·沃森：《人类思想史——冲击权威：从阿奎那到杰斐逊》，姜倩等译，中央编译出版社 2011 年版，第 121—122 页。
② ［意］加林：《意大利人文主义》，李玉成译，生活·读书·新知三联书店 1998 年版，第 25 页。
③ Peter Stacey, *Roman Monarchy and the Renaissance Prince*, Cambridge: Cambridge University Press, 2007, p. 121.
④ Ibid., p. 155.

有鉴于此，我们不难理解彼得拉克对西塞罗的厌恶。他说，西塞罗的作品是最低劣的，他甚至"憎恨"西塞罗。彼得拉克指出，西塞罗在恺撒活着时，在元老院称颂恺撒，及至恺撒死后，他就竭力贬损恺撒，这种前后不一的做法，很不光彩。①

彼得拉克的"君王宝鉴"作品，继承了塞涅卡的斯多葛主义，以古罗马的语言，参与了文艺复兴时期君主制意识形态的塑造。彼得拉克之后，则有萨卢塔蒂（Coluccio Salutati）和韦杰里奥（Pier Paolo Vergerio），继续阐发斯多葛主义的"有德之君"理想。

彼得拉克的人文主义，是一种斯多葛主义的人文主义，其特点是不关心现世，缺乏公民精神。不久，此种人文主义，即被具有强烈现实关怀的公民人文主义所取代。

## "公民人文主义"的意涵

1925 年，德国年轻的历史研究者汉斯·巴荣（Hans Baron）② 在评论其导师梅内克的一篇历史论文时，提出了"公民人文主义"（bürger humanismus/civic humanism）一词。③ 该词又被译为"市民人文主义"。巴荣提出这一概念，源于他对文艺复兴时期佛罗伦萨的人文主义者利奥纳多·布鲁尼的研究。在布鲁尼那里，巴荣发现了一种积极入世、具有坚定政治理想和优秀政治品格的人文主义。1955 年，当时已经是美国公民的巴荣以英文出版了《早期意大利文艺复兴的危机：古典主义与暴政时代的公民人文主义与共和自由》，英语世界由此开始接触到"公民人文主义"这个词。1986 年，巴荣出版了论文集《探寻佛罗伦萨公民人文主义》，进一步推进其公民人文主义

---

① Peter Stacey, *Roman Monarchy and the Renaissance Prince*, Cambridge: Cambridge University Press, 2007, p. 151.

② 汉斯·巴荣 1900 年出生于柏林一个犹太人家庭。他是弗里德里希·梅内克、恩斯特·特勒尔奇的学生。不过，巴荣自言他关于公民人文主义的研究，主要受惠于他在莱比锡大学学习时瓦尔特·格茨（Walter Goetz）教授的影响。格茨关心魏玛共和的前途，这让巴荣深受震动。巴荣对意大利 15 世纪一种具有正直人格、坚定政治立场的文人类型——公民人文主义者——的描绘，实是要批评德国当时普遍存在的没有固定立场的投机文人。巴荣原任教于柏林大学，1933 年德国纳粹攫取政权后，巴荣被迫流亡。先后到过意大利、英国、美国，最终于 1949 年就职于美国芝加哥的一个图书馆。巴荣的研究是对布克哈特文艺复兴研究范式的修正。

③ *Renaissance Civic Humanism: Reappraisals and Reflections*, edited by James Hankins, Cambridge: Cambridge University Press, 2000, p. 1.

研究。在巴荣那里，公民人文主义是 15 世纪佛罗伦萨知识界出现的一场具有政治意涵的思想运动。它以古希腊罗马的经典作家为基础，阐发了一种高度肯定世俗政治活动的理想，提倡公民美德与人民政府。

1975 年，剑桥学派的政治思想史家波考克在《马基雅维里时刻》中再次阐释了近代早期西方的"公民人文主义"传统。波考克指出，公民人文主义是一种独特的政治话语，它是佛罗伦萨、英国、美国革命中的主导意识形态。波考克的这一研究改变了学界过去从洛克的契约论及权利话语来解释近代革命的经典做法，让人们得以看到近代革命的共和主义一面。所谓马基雅维里时刻，是指作为共和主义者的马基雅维里探索共和国危机出路的时刻，在象征的意义上，它指的是共和国面临危机的时刻。这个时刻，产生了关于克服腐化、对抗命运、维持独立的思想。在波考克看来，公民人文主义表达的共和理想，关注于偶然性，关注于此岸秩序，表达的是一种与中世纪普世秩序截然不同的"政治末世论"（political eschatology）①，它是新兴世俗政府维护自身存在的意识形态武器。

公民人文主义，有时也被等同于古典共和主义，不过，具体到 15 世纪前后的佛罗伦萨语境，公民人文主义这一表述更为贴切。古典共和主义，重在强调混合政体，并不排斥君主的存在，不及公民人文主义一语更能凸显其"公民性"或曰其反君主制色彩。公民人文主义的基本理念，可从如下几个层面去理解。

第一，专制人文主义与公民人文主义。人文主义在政体主张上的分歧，区分出专制人文主义（despotic humanism）与公民人文主义。② 在此一层面，典型的公民人文主义包含着对共和理想的捍卫，包含着对共和制的捍卫，而与君主制相对立。此点是剑桥学派的学者特别重视的地方。专制人文主义的代表人物是但丁，公民人文主义的代表人物则是布鲁尼等人。但丁主张一种世界君主制帝国，其中君主直接从上帝那里获得统治权，而不必征求教会的意见。他写道："在世界君主的统治下生活是最自由的。"③ 布鲁尼是共和政体的捍卫者。在他所写的《佛罗伦萨颂词》中，他写道，佛罗伦萨是自由共

---

① J. G. A. Pocock, *The Machiavelli Moment: Florentine Political Thought and The Atlantic Republican Tradition*, Princeton and Oxford: Princeton University Press, 1975, p. 34.
② [美] 保罗·奥斯卡·克里斯特勒：《文艺复兴时期的思想与艺术》，邵宏译，东方出版社 2008 年版，第 47 页。
③ [意] 但丁：《论世界帝国》，朱虹译，商务印书馆 1985 年版，第 17 页。

和国的代表，米兰则是君主制的代表。佛罗伦萨人是"暴政最大的克星"①。考察佛罗伦萨政治的演变，引人注目的是两种政体的交替出现，直至君主制的胜利。与此相对应的，是学术上柏拉图主义与亚里士多德主义的分歧，二者皆因人文主义者的功劳而得到复兴。

具体而言，公民人文主义的共和主义内涵，可以从如下几点去理解：

（1）支持共和政体。一般说来，公民人文主义者支持共和政体，反对君主制。② 共和政体，以古罗马、威尼斯为典范，其特征是混合政体，佛罗伦萨亦按其理念制宪。公民人文主义者的独特之处，在于他们强调混合政体的人民基础，也就是希望把人民主权和混合政体结合起来。公民人文主义批评的是一人统治及少数贵族的统治。故而此时的混合政体，是为了体现人民掌握权力。

（2）主张建立公民武装。佛罗伦萨为了抵御外敌，不得不使用雇佣兵，这是由于本城民兵数量严重不足。昆廷·斯金纳写道："由于商业不断复杂化，大多数较为富裕的公民要继续履行他们服兵役的传统义务就日益困难。"③ 然而，雇佣兵使用起来常常不能如意，无法保证城市的安全，有时还带来严重的危害。"他们打了一整天所谓的仗，晚上竟然不沾一点血腥地回到自己的营帐。"④ 萨卢塔蒂批评雇佣兵"根本不算人"，称他们对共和国的自由毫无兴趣，只是想获取战利品和军饷。1424年，在佛罗伦萨对米兰进行战争时，雇佣兵出现了叛变，在其队长带领下，全军投靠了米兰。有鉴于此，公民人文主义者提倡建立市民阶层的独立武装，也就是佛罗伦萨国民军，以取代雇佣兵。马基雅维里在《君主论》中，仍然在批评雇佣兵不可靠。⑤

（3）对自由予以了古典式的界定。公民人文主义复兴的自由是古典意义

---

① Leonado Bruni, "Panegyric to the City of Florence", in *The Earthly Republic: Italian Humanists on Government and Society*, edited by Benjamin G. Kohl & Ronald G. Witt with Elizabeth B. Welles, Pennsylvania: University of Pennsylvania Press, 1978, p. 151.

② 也有特殊情况。所以，詹姆斯·汉金斯反对把公民人文主义与特定的政体主张相联系。James Hankins, "Rhetoric, History, and Ideology: The Civic Panegyrics of Leonardo Bruni", in *Renaissance Civic Humanism: Reappraisals and Reflections*, edited by James Hankins, Cambridge: Cambridge Universtiy Press, 2000, p. 176.

③ [英]昆廷·斯金纳：《近代政治思想的基础》上卷，奚瑞森、亚方译，商务印书馆2002年版，第126页。

④ [英]大卫·休谟：《论政治与经济》，张正萍译，浙江大学出版社2011年版，第150页。

⑤ [意]尼科洛·马基雅维里：《君主论》，潘汉典译，商务印书馆1985年版，第58页。

上的政治自由。不过，公民人文主义的自由概念，有多个相互联系的含义。昆廷·斯金纳称这种自由为新罗马自由、第三种自由。[①] 自由，首先指城市国家的独立自主，不受外来力量的支配；其次，自由指公民参与政治、分享权力的自由。自由在公民人文主义者那里，与政体是联系在一起的。它是一个政治概念。公民人文主义认为，自由只存在于共和政体之中。并且，自由意味着不受奴役。而君主制下，只有奴役，没有自由。

（4）提倡新美德。公民人文主义者主张公民要积极参与政治，参与城市国家的保卫活动，要服务于城市国家、献身于共善。由此，他们界定美德为勇敢、正直、坚毅、诚信，为男子气概，为军事美德，为爱国主义。这与基督教所讲的恬退隐忍、仁慈、爱等美德不同，也与斯多葛主义所讲的服从理性、克制激情和欲望意义上的美德不同。与只追求利益、全然不顾道义的国家理性论者，更是不能同日而语。

第二，非政治的人文主义与政治人文主义。巴荣提出的"公民人文主义"概念，还包含了对政治人文主义与非政治的人文主义的区分。在此意义上，"公民性"意味着政治性，它与城市国家相联系，而佛罗伦萨、威尼斯等城市国家，正好比古典著作中的"城邦"，由此政治的意涵，也自然引申出来。另一方面，它还区分出两种类型的知识分子：一类是政治的旁观者，另一类是政治的参与者。至少，一类具有政治关怀，积极介入佛罗伦萨的现实政治事务；另一类则不具有政治关怀，基本是在人的修养、教育等非政治层面上表达其人文主义理想，当时的很多人文主义者涉足绘画、雕刻、诗歌等领域。公民人文主义者，则是一群具有政治关怀、积极投身实践的人。他们的公共关怀，与新时代理性化国家构建的趋势恰好相反。不过，在提倡发挥人的力量以追求和平有序的世界方面，这些人文主义者与国家理性论者一致，他们自觉或不自觉地远离了中世纪时期神学藩篱中的政治观念。在政治哲学方面，公民人文主义内在地包含了公民性（政治性）与人文主义的冲突，曼斯菲尔德指出，公民人文主义理想化地将政治的逻辑与人文主义相统一，将好公民与好人相统一，与之相对立的，则是马基雅维里对二者冲突的凸显。[②]

第三，市民人文主义与贵族人文主义：巴荣所用的 bürger，在很大程度

---

① Quentin Skinner, *Liberty Before Liberalism*, Cambridge: Cambridge University Press, 1998, p. 83.
② Harvey C. Mansfield, "Bruni and Machiavelli on Humanism", in *Renaissance Civic Humanism*, edited by James Hankins, Cambridge: Cambridge University Press, 2000, p. 244

上可以翻译为"市民性",如果我们用"公民"来翻译 bürger,如目前学界惯用的那样,则需要注意此"公民"与亚里士多德意义上的公民概念的不同。应当看到,该词译为公民人文主义,是采用了共和主义话语,凸显了对政治参与的倡导。然而,这种理解,不能穷尽巴荣的本意。巴荣特别指出了当时佛罗伦萨新兴市民(资产者)的兴起。在笔者看来,以市民性修饰人文主义,包含着对追求私人利益、积累财富的肯定。它与传统对私利的拒斥、对财富的蔑视十分不同。在布鲁尼等公民人文主义者那里,财富积累被认为于城市有利,乃因战争与防卫必得财力的支持。阿尔贝蒂的著作,堪称资产者获利光荣的宣言书。[①] 在这一点上,波考克构建的"美德—腐化"话语,颇不适用。显然,波考克等不重视公民人文主义者虽然举着回到古希腊古罗马、复兴古典的大旗,其对应的社会阶层,却不是古代贵族,不是封建领主阶层,也不是城市贫民,而是城市的新阶层。波考克把公民人文主义等同于亚里士多德主义,罔顾了市民理想与贵族理想的不同,对公民人文主义者托古改制、返古开新的现代特征,不曾予以重视。理解公民人文主义的另一个层面是要注意到它包含的平等、开放观念,公民人文主义并不认为美德附着于某些固定的阶层或群体,亚里士多德"天生的奴隶"一说,[②] 更是与公民人文主义的精神相背离。在此,个人的德性与政体的正义统一在了一起。正义的政体,在于它的职位向所有人敞开,由此,才与德成为社会晋升的唯一依据。

第四,世俗人文主义与基督教人文主义。公民人文主义是一种世俗人文主义,其特点在于对尘世事务的重视,对公共世界的热爱。波考克指出,公民人文主义关注于偶然性、此岸秩序,表达的是一种与中世纪普世秩序截然不同的"政治末世论"。它是世俗政府维护自身存在的意识形态武器。[③] 公民人文主义者可以完全抛开上帝,讨论他们关心的话题。公民人文主义的政治观与中世纪神学视野中的政治观不同,也与萨沃纳罗拉千禧年主义的政治观不同,与稍晚北欧的基督教人文主义(其代表人物是伊拉斯谟)也是不同的。公民人文主义者坚持把政治事务与宗教事务分开,拒绝给予尘世以超越

---

① Hans Baron, *In Search of Florentine Civic Humanism*, Vol. I, Princeton: Princeton University Press, 1988, pp. 261 – 262. 阿尔贝蒂的观点,参见 [意] 阿尔贝蒂《论家庭》,梁禾译,西安出版社 1998 年版,第 172 页。
② [古希腊] 亚里士多德:《政治学》,吴寿彭译,商务印书馆 1965 年版,第 13 页。
③ J. G. A. Pocock, *The Machiavellian Moment*, Princeton and Oxford: Princeton University Press, 1975, p. 6.

之维，且以世俗的眼光看待罗马教廷。人文主义者对人的发现，没有像宗教改革家那样寻找个人主义的圣经基础。他们诉诸的是异教的古希腊和古罗马。公民人文主义的世俗性，同样标志着它在现代性起源中的位置。加拿大学者查尔斯·泰勒（Charles Taylor）即言，近代人文主义是一种自足的或无求于外的人文主义（exclusive humanism）。世俗时代是这样一个时代："自足的人文主义已经成为一种广泛持有的选择，而在古代世界从来不曾如此。"①

佛罗伦萨公民人文主义的代表人物有萨卢塔蒂、利奥纳多·布鲁尼、帕尔米埃里、阿尔贝蒂等。

## 萨卢塔蒂：公民人文主义第一人

萨卢塔蒂（Coluccio Salutati）是佛罗伦萨著名的爱国者。他曾在当时意大利最大的大学城博洛尼亚接受教育，学习书信写作技巧（修辞学），后来曾到托迪、路加、佛罗伦萨等地担任行政秘书官，其间亦曾服务于罗马教廷。1374—1406年，他长期担任佛罗伦萨的国务秘书。1400年，他写了论文《论暴政》。萨卢塔蒂的修辞技艺高超，米兰公爵称，萨卢塔蒂的书信"抵得上一个团的骑兵"②。汉斯·巴荣称他是"公民人文主义者第一人"③。14世纪后半期佛罗伦萨的文化繁荣，萨卢塔蒂有直接的功劳。在他的推动下，1396年，佛罗伦萨大学设立了希腊语教席，由政府出资，延请希腊教师，培养佛罗伦萨的希腊文人才，俾使古希腊著作得以大规模翻译。萨卢塔蒂自己也是一位伟大的教师，他培养了佛罗伦萨新一代人文主义者。利奥纳多·布鲁尼、维尔杰里奥（Pier Paolo Vergerio）、波焦·布拉乔利尼（Poggio Bracciolini），都是萨卢塔蒂的学生。

萨卢塔蒂受彼得拉克的影响巨大，但他与彼得拉克之不同，在于他回到古典时代时，发现了古罗马人卓越的公民精神。而彼得拉克并不赞同西塞罗对政治的参与，彼得拉克认为，西塞罗那样做破坏了他的哲人形象，只能下地狱。萨卢塔蒂则欣赏西塞罗在内战中的参与以及对政治荣耀的渴望。西塞

---

① ［加］查尔斯·泰勒：《世俗时代》，张容南等译，上海三联书店2016年版，第25页。
② *The Earthly Republic: Italian Humanists on Government and Society*, edited by Benjamin G. Kohl & Ronald G. Witt with Elizabeth B. Welles, Pennsylvania: University of Pennsylvania Press, 1978, p. 83.
③ Hans Baron, *In Search of Florentine Civic Humanism*, Vol. I, Princeton: Princeton University Press, 1988, p. 120.

## 第四章 近代政治思想的基础

罗尝言,当公民自由处于存亡之秋时,个人不能只顾他自己的私事。萨卢塔蒂深以为然。萨卢塔蒂指出,正如雅典的梭伦所言,当国内不安宁的时候,一个人继续过私人生活,应当被看作对他的城邦不忠,必须将他驱逐出去。[1] 萨卢塔蒂提倡以西塞罗、布鲁图斯为榜样,因为他们在世界处于危机的时候,不是退缩到独善其身的状态,而是积极介入。

不过,萨卢塔蒂并不否定沉思生活的意义,他实际上是认为,沉思生活与实践生活相互联系,相辅相成,缺一不可。他在表述这一番道理时,并不抛弃当时的宗教背景。在给赞贝卡里(Pellegrino Zambeccari)的信中,萨卢塔蒂指出,一个人服务于城邦,将比他人能做更多的事情,这符合上帝的要求。人既然有才智,就不应埋没,应当好好利用它。不应逃避人群,把自己封闭起来。[2] 他说,上帝更垂青积极实践的人,而非沉思的人。沉思生活固然比实践生活更好、更神圣、更高尚,但只是少数人可为,不能人人都那样生活。并且,虽然在理论上两种生活有别,但在实践中它们是"混合"在一起的。人不能永远维持在思考的高度,思考者需要过世俗的生活,思考必须与行动相伴;过世俗生活,也不可能完全缺乏思考的因素。[3]

萨卢塔蒂虽然是一个人文主义者,但他对政治有着极现实的分析。在揭露时代新政治经验方面,萨卢塔蒂十分敏锐。在其笔下,教皇、神圣罗马帝国,虽然不必予以否定,但皆被视为存而不论之事。他看到的是一种赤裸裸的权力政治。他勾画了一个独立的世俗政治领域,其中一切神学考虑皆被抛弃,国家成了一个自主的、绝对的、历史的现象,它与永恒意义毫无联系。萨卢塔蒂论暴政时举了古罗马恺撒的例子。萨卢塔蒂不认为恺撒是一个暴君,他认为,当时的政治形势使得恺撒的上台不可避免。在内战中,元老院、有产者与平民皆不能挽救局势,共和国中只有派系间的内讧,恺撒的意义在于结束内战带来的恐怖。萨卢塔蒂论证君主制的历史合理性,而不以暴政一语谴责之,此一立场,沃格林称为"不折不扣的历史现实主义"[4]。马基雅维里私下更偏爱人民共和,这种"非历史的心灵",反而更具理想主义色彩。

---

[1] Salutati, "Epistolario", in Hans Baron, *In Search of Florentine Civic Humanism*, Vol. I, Princeton: Princeton University Press, 1988, p. 120.

[2] *The Earthly Republic: Italian Humanists on Government and Society*, edited by Benjamin G. Kohl & Ronald G. Witt with Elizabeth B. Welles, Pennsylvania: University of Pennsylvania Press, 1978, p. 107.

[3] Ibid., pp. 111–112.

[4] Eric Voegelin, "Machiavelli's Prince: Background and Formation", in *Machiavelli*, Vol. I, edited by John Dunn and Ian Harris, Cheletenham, Eduard Elgar Publishing Limited, 1997, p. 262.

# 利奥纳多·布鲁尼：礼赞佛罗伦萨

图 19 布鲁尼

利奥纳多·布鲁尼（Leonardo Bruni）出生于佛罗伦萨东南部亚列佐的一个谷物商家庭，年轻时即梦想当佛罗伦萨的李维[①]。14 岁时，布鲁尼的父亲

---

[①] 李维（Titus Livy），古罗马史学家，生于公元前 59 年，卒于公元 17 年。他出生于帕多瓦，后长期生活在罗马，经历了罗马从共和向帝制的转变。著有《罗马史》。他认为历史著述是一门艺术，应有助于公民美德的提升，劝人为善。

政治斗争失败，布鲁尼跟着被俘虏，一家人被囚禁在库拉托（Quarato）城堡。因为年少，布鲁尼被单独关在一个房间里。这个房间里悬挂着一幅彼得拉克的画像，布鲁尼曾读过他的书。在孤独的囚禁生活中，布鲁尼日夜面对着彼得拉克。研读彼得拉克著作的兴趣，遂油然而生。[①] 16岁时，布鲁尼的父亲去世；两年后，他的母亲也去世了。布鲁尼孤身一人，并不忘求学。他先在亚列佐学习文法，期间研读了亚里士多德的《尼各马可伦理学》。两年后，他到佛罗伦萨的法学院学习，并成为萨卢塔蒂读书会的成员。最终，在萨卢塔蒂的影响下，布鲁尼放弃了法律的学习，潜心古典学研究。他跟随来自希腊的大学者克里索洛斯（Emmanuel Chrysoloras）学习希腊文，学问日进，成了其最出色的学生。

1405—1415年，布鲁尼到罗马为教廷效力，任教皇秘书。1427年起，他任佛罗伦萨共和国的国务秘书，直到1444年去世。布鲁尼注释翻译了大量古希腊著作，其中包括亚里士多德的《尼各马可伦理学》与《政治学》。布鲁尼的思想颇受亚里士多德影响，其文章亦独具希腊古风。他被称作"文艺复兴时期第一位利用古希腊的范例来写自己作品的人"[②]。

布鲁尼著有《佛罗伦萨颂词》（*Laudatio Florentinae Urbis*）。他还是佛罗伦萨第一位伟大的历史学家，著有《意大利史评述》、《佛罗伦萨史》（此书未完成）。他写的但丁、彼得拉克和西塞罗传记，广被传阅。他用世俗的原因解释历史，视历史为人的历史，这与中世纪的思想方式截然不同。而在当时，布鲁尼的《佛罗伦萨史》，主要发挥着对外宣传以获得邻邦尊重、支持的作用。自15世纪中期开始，从那不勒斯到米兰，诸邦皆开始雇人撰写自己城邦的光荣历史。[③] 布鲁尼的史学工作实开风气之先。因《佛罗伦萨史》，他获得佛罗伦萨"荣誉公民"的称号。布鲁尼对佛罗伦萨共和政体所体现的"公民自由与平等"予以了高度的赞扬。他写的西塞罗传记叫《新西塞罗》（*Cicero Novus*）。他笔下的西塞罗，不再是普鲁塔克及中世纪作家所描述的旧西塞罗，不是一个斯多葛主义哲学家，而是践行公民美德、追求荣耀的罗马公民。经过布鲁尼之手，西塞罗成了佛罗伦萨文艺复兴时期公民意识的象

---

① *The Earthly Republic: Italian Humanists on Government and Society*, edited by Benjamin G. Kohl & Ronald G. Witt with Elizabeth B. Welles, Pennsylvania: University of Pennsylvania Press, 1978, p. 121.
② Ibid., p. 123.
③ Eric Voegelin, "Machiavelli's Prince: Background and Formation", in *Machiavelli*, Vol. I, Edited by John Dunn and Ian Harris, Cheletenham, Eduard Elgar Publishing Limited, 1997, p. 262.

征,他激励人们积极参与政治生活。

布鲁尼把文学艺术的成就与政体联系在一起。在意大利文艺复兴时期的政治思想家中,布鲁尼的贡献恰如汉斯·巴荣的研究所强调的,正在于他对"前帝制时代罗马的再发现"[1]。他指出,罗马人在帝制下丧失共和时代拥有的自由后,在文学上再也没有做出什么贡献。罗马衰落始于其建立帝制。自由与创造性联系在一起,没有自由,就不可能有创造性。只有在自由政体中,公民才可以充分发挥他们的才智。另外,共和政体有助于促进美德。君主制下,人们无美德可言。

布鲁尼1428年在佛罗伦萨将军南尼·斯特罗齐(Nanni degli Strozzi)葬礼上的演讲颇为经典,他在演说中说:"当人们有望在国家中获得荣誉时,他们会鼓起勇气,把自己提升到一个更高的平台。如果这个希望破灭,他们就变得懒散而又迟钝。既然这样的希望和机会在我们的共和国中是敞开的,我就不必惊讶,才干和勤奋在这里达到了最高的程度。"[2] 布鲁尼高度赞扬将军南尼·斯特罗齐在佛罗伦萨与米兰的战斗中为国捐躯,指责雇佣军当逃兵、不可靠。

布鲁尼认为,意大利由罗马所代表的普世帝国统治,不是一件好事。罗马作为政治中心,榨干了意大利其他城市的财富。如今,诸城市各自发展,相互竞争,意大利充满活力,能人不断涌现。[3] 然而,意大利北部和南部王国权力的扩张,对诸共和国自由造成了威胁。不过,从总体上来看,布鲁尼的著作中洋溢的仍是15世纪早期公民人文主义的乐观主义。此种乐观主义,到马基雅维里那里,已经很难找到。

《佛罗伦萨颂词》写于1403年左右。当时米兰的詹加莱亚佐(Giangaleazzo)去世,其帝国崩溃。在当时的语境中,布鲁尼赞美佛罗伦萨的共和政体,针对的主要是米兰的君主国。他把佛罗伦萨当成自由共和国的代表,而米兰则是君主制的代表。毫无疑问,布鲁尼赞成共和制,反对君主制。这一立场,比萨卢塔蒂要明确得多。

威特(Ronald G. Witt)指出,布鲁尼的《佛罗伦萨颂词》在两个方面为

---

[1] James M. Blythe, "Civic Humanism and Medieval Political Thought", in *Renaissance Civic Humanism: Reappraisals and Reflections*, edited by James Hankins, Cambridge: Cambridge University Press, 2000, p. 37.

[2] Leonardo Bruni, "Oratio in Funere Johannis Strozzae", in *Stephanus Baluzius*, Miscellanea, recited from Hans Baron, *In Search of Florentine Civic Humanism*, Vol. I, Princeton: Princeton University Press, 1988, p. 33.

[3] Hans Baron, *In Search of Florentine Civic Humanism*, Vol. I, Princeton: Princeton University Press, 1988, p. 38.

西方政治思想史做出了原创性的贡献。一是他提出只有在公民自我统治、自己服从自己的地方，政治自由才有可能存在；二是他通过对历史的分析指出，随着恺撒的冒险，罗马建立了帝制，这导致了有害的结果。这两种观点，皆是中世纪的人们不曾有过的。① 布鲁尼那里，君主制等于暴政，君主制下必定无自由。此种自由观，是西塞罗式的自由观，它在中世纪是不存在的。

布鲁尼在《佛罗伦萨颂词》中写道：佛罗伦萨是一个自由的共和国。它在古罗马共和时期建立，是伟大的罗马共和事业的继承者。佛罗伦萨人热爱自由。"佛罗伦萨人特别地享受着完美的自由，他们是暴政最大的敌人。"② 布鲁尼说，佛罗伦萨人对共和主义的兴趣，并非新事，他们与暴政做斗争，由来已久。

布鲁尼赞美佛罗伦萨，说佛罗伦萨美丽、清洁，地理位置优越，建筑精美，市民勇敢、有美德。佛罗伦萨人身上，不难发现古罗马人的风范。在世界诸城市中，没有哪一个可以与佛罗伦萨相比。

布鲁尼赞美佛罗伦萨在外交方面的美德及成就。"佛罗伦萨没有放弃战斗，它是意大利优秀的领导者。它获得它的支配权以及荣耀，不是靠欺瞒或诡计，不是靠犯罪与诈骗，而是靠英明的政策，靠面对危险时的坚强意志，靠维持虔信、正直与坚定，以及首先，靠保障弱势民众的权利。"③ 佛罗伦萨总是尽力帮助邻邦度过危机。在与其他城市的交往中，它从不违背诺言。佛罗伦萨对外开放、慷慨。它随时准备接纳万民。布鲁尼说，佛罗伦萨成了意大利人共同的家园，成了对每个意大利人来说都十分安全的避难所。"只要佛罗伦萨城继续存在，就没有人会认为他没有家园。"④

布鲁尼对佛罗伦萨的作战能力，也予以了赞美。他说，佛罗伦萨不仅能抵抗进攻，也能运用武力回应从前的进攻。佛罗伦萨不会先去损害别人，但它并非不能发起主动的进攻。佛罗伦萨人总是时刻准备着，为荣耀而战斗。

佛罗伦萨作为独立的共和国对外有如此良好的形象及口碑，其内部秩序又是如何呢？布鲁尼同样给予了赞美。他盛赞佛罗伦萨内部的和谐，高度肯

---

① *The Earthly Republic: Italian Humanists on Government and Society*, edited by Benjamin G. Kohl & Ronald G. Witt with Elizabeth B. Welles, Pennsylvania: University of Pennsylvania Press, 1978, pp. 124 – 125.

② Leonado Bruni, "Panegyric to the City of Florence", in *The Earthly Republic: Italian Humanists on Government and Society*, edited by Benjamin G. Kohl & Ronald G. Witt with Elizabeth B. Welles, Pennsylvania: University of Pennsylvania Press, 1978, p. 151.

③ Ibid., p. 155.

④ Ibid., p. 159.

定其共和体制。他说:"这个十分审慎的城市,各个部分都处于和谐的状态,那里存在着一个伟大而和谐的政体,其和谐赏人心,悦人目。"① 他指出,佛罗伦萨政体对正义与自由极为重视。他写道,佛罗伦萨采取了伟大的举措,以确保正义,认为"无正义即无城市,无正义,则佛罗伦萨甚至连一个城市也不能算"。佛罗伦萨又采取诸多措施,确保公民自由,认为"无自由的生活,不值得过"。这两个原则,融入了佛罗伦萨政府创设的所有制度与法令。② 此外,佛罗伦萨亦重视平等,这平等,不仅体现为法律面前人人平等,还体现为公职向所有公民开放,用人唯贤而不看出身,人人有平等参政之机会。

布鲁尼的共和主义,并非仅仅是文人表达的理想,它在佛罗伦萨当时的实际政治中,具有直接的影响。佛罗伦萨的政治家皆接受布鲁尼的思想,用其说指导他们的政策。③ 讨论问题时,布鲁尼的观点,也成了权威。

值得指出的是,把布鲁尼归为公民人文主义者,只是一个模糊的做法。汉斯·巴荣和约翰·波考克皆以公民人文主义来描述布鲁尼。但晚近的詹姆斯·汉金斯(James Hankins)则认为此种做法并不合适。依据他的解读,布鲁尼并不持反君主制的立场。他不像亚里士多德那样视人为政治动物,把参与城邦活动与人本性的实现联系在一起,而是在工具意义上讲政治参与,视政治参与为保障自由必要的手段。在论教育的著作中,布鲁尼也不谈论公民美德。④ 阿萨那西奥斯·牟腊基斯(Athanasios Moulakis)同样批评波考克,认为布鲁尼的政体理论并非植根于伦理学,与亚里士多德甚为不同。他认为布鲁尼对古代资源的利用是选择性的、意识形态的。布鲁尼的思想,不代表亚里士多德政治哲学之复兴。⑤

---

① Leonado Bruni, "Panegyric to the City of Florence", in *The Earthly Republic: Italian Humanists on Government and Society*, edited by Benjamin G. Kohl & Ronald G. Witt with Elizabeth B. Welles, Pennsylvania: University of Pennsylvania Press, 1978, p. 168.
② Ibid., p. 169.
③ *The Earthly Republic: Italian Humanists on Government and Society*, edited by Benjamin G. Kohl & Ronald G. Witt with Elizabeth B. Welles, Pennsylvania: University of Pennsylvania Press, 1978, p. 130.
④ James Hankins, "Rhetoric, History and Ideology: The Civic Panegyrics of Leonardo Bruni", in *Renaissance Civic Humanism: Reappraisals and Reflections*, edited by James Hankins, Cambridge: Cambridge University Press, 2000, pp. 176–177.
⑤ Athanasios Moulakis, "Civic Humanism, Realist Constitutinalism, and Francesco Guicciardini's Discorso di Logrogno", in *Renaissance Civic Humanism: Reappraisals and Reflections*, edited by James Hankins, Cambridge: Cambridge University Press, 2000, p. 205.

## 帕尔米埃里：倡导公民生活

帕尔米埃里（Matteo Palmieri）是15世纪佛罗伦萨公民的典范。他出身于一个商人家庭，学识渊博，曾精研但丁著作。他在佛罗伦萨享有极高的威望，曾担任过六十多个公职，多次担任驻外大使。1454年，他被任命为佛罗伦萨最高司法长官。帕尔米埃里是布鲁尼最紧密的追随者，事实上，他将布鲁尼的思想发挥到了极致。他基于西塞罗的《论义务》（De Officiis），写了对话体著作《公民生活》（Vita Civile）。他结合佛罗伦萨的实际政治境况，阐发西塞罗的共和主义，倡导公共福祉，强调行动，提倡公民为共同体服务，反对僧侣式的沉思生活，认为美德无法在单独的状态下获得。[1] 与西塞罗不同的是，他对财富予以了更多的肯定。他关注于"有用事物"（the Useful），以公民哲学对抗抽象哲学。[2] 商人对财富的追求与公民政治参与以及对宗教的虔诚，在他的著作中，得到了很好的结合。他认为理想的公民，是"既遵守宗教戒律，也尊重司法规章和经济需要的人"[3]。

帕尔米埃里同样把创造性与文化的繁荣联系在一起。他认为，佛罗伦萨文艺的繁荣，源于人们思想的解放。他指出，只要人们打破传统的枷锁，有勇气让自己从蒙蔽状态中走出，不拘泥于前人，自由地进行新探索，文化的黄金时代就会再次到来。在古代如此，在当时的佛罗伦萨也是如此。后人所说的"Renaissance"（rinascere l'arti perduti）一语，在这里首次出现。[4]

帕尔米埃里为他所生活的城市而自豪，他写道："每一位思想丰富的人都应当感谢上帝容许他出生在这样一个如此充满希望和指望的新时代，这个时代已经为它拥有比以前一千年所曾出现过的要多得多的大批具有高贵禀赋的天才而欢欣鼓舞。"[5]

帕尔米埃里著作中十分重要的一点是他对城市内部斗争的担忧。此点在

---

[1] Hans Baron, *In Search of Florentine Civic Humanism*, Vol. I, Princeton: Princeton University Press, 1988, p. 125.
[2] Ibid., p. 235.
[3] [意] 萨尔沃·马斯泰罗内：《欧洲政治思想史》，黄华光译，社会科学文献出版社1998年版，第9页。
[4] Hans Baron, *In Search of Florentine Civic Humanism*, Vol. I, Princeton: Princeton University Press, 1988, pp. 33–34.
[5] [意] 帕尔米埃里：《公民生活》，转引自 [英] 昆廷·斯金纳《近代政治思想的基础》上卷，奚瑞森、亚方译，商务印书馆2002年版，第117页。

前一代公民人文主义者那里尚不多见。帕尔米埃里将公民美德与城市内部的团结、统一联系起来。他认为,有美德的公民,当着眼于共和国共同的善,而非党派利益。基于各自利益的斗争,有害于共和国。古代城邦的历史以及佛罗伦萨自身的历史,皆可表明内部派系斗争与冲突会破坏共和国的统一。从佛罗伦萨13世纪圭尔夫派与吉卜林派的斗争至14世纪早期黑白圭尔夫派的冲突,内讧最终导致外来势力插手佛罗伦萨事务,从而摧毁了佛罗伦萨人自主独立意义上的"自由"。对共和国团结、拒斥内斗的强调,引出了帕尔米埃里关于"有美德的公民"的思考。

在《公民生活》卷三,帕尔米埃里以参与对话的阿诺洛·潘菲尼(Agnolo Panddfini)之口指出,公共的荣誉、职位要按每个公民的声望(dignty)来分配。不过,如何理解"声望",不同阶层的人们意见不一。帕尔米埃里说:"贵族与权势人物说,声望存在于巨额财富与古老尊贵的家族。民众说,声望存在于文明言行(civility)及在共同体中自由、和平生活所表现出来的友善的社交。明哲之士则说,它存在于行动之美德。负责在城市中分配职务的人士遵循明哲之士的建议吧,请将公职给予最有美德的人。因为……在人们中间,没有什么比一心为公共福利奋斗的美德更宝贵了。"[①] 帕尔米埃里表示,来自显赫家族的人,必须在现实中证明自己的美德,才能担当公职。出身卑微的人,只要具有美德,就应当有机会担任公职,获得尊荣。在帕尔米埃里那里,我们可以看到,美德是各个阶层的最大公约数,它天然指向一种由平等的公民构成的共和政治,因为是否拥有美德在于个人,而不受制于家庭出身、社会地位与经济状况。而一个人一旦担任城市公职,他就不再具有他的私人人格,他具有了公共人格,"代表的是整个城市的普遍性的人格,已经变成了一个活的共和国(a living republic)"[②]。他必须时刻考虑整个城邦,而不是只考虑其中的一部分,忽略其余部分。

## 阿尔贝蒂与晚期公民人文主义

阿尔贝蒂(Leon Battista Alberti)出生于1404年,是15世纪更晚一代的

---

[①] Matteo Palmieri, *Vita Civile*, edited by G. Belloni, Florence: Sansoni, 1982, p. 136. 转引自 *Renaissance Civic Humanism: Reappraisals and Reflections*, edited by James Hankins, Cambridge: Cambridge University Press, 2000, p. 93。

[②] Ibid., p. 97.

公民人文主义者。他既是佛罗伦萨公民人文主义的继承者，也是其批评者。他曾在博洛尼亚大学学习教会法。1428 年，阿尔贝蒂获得了博士学位。1434 年，他做了教廷秘书。阿尔贝蒂精通数理，亦研究建筑与艺术，他曾为佛罗伦萨设计了若干主体建筑。他写的《论绘画》《论雕塑》等作品，在艺术理论史上，不无影响。

阿尔贝蒂家族原本是富有的银行家，但在 14 世纪后期，由于在政治斗争中失败，他们被流放至北方意大利。阿尔贝蒂到 30 岁时，才被允许回到佛罗伦萨。阿尔贝蒂是私生子，生活贫困，与疾病相伴，流亡辗转于不同的城市，此种经历，让他难以成为一个佛罗伦萨的居民，更不必说积极参与佛罗伦萨政府行政，这与之前几位公民人文主义者，颇为不同。

阿尔贝蒂著有《论家庭》。晚近的研究者很重视他的这本书，因为他们从中发现了现代"资本主义态度"的起源。例如德国社会学家维纳·桑巴特（Werner Sombart）即持此论。桑巴特认为，佛罗伦萨文艺复兴对现代经济行为的发展，贡献颇大。所谓现代资本主义态度，包括如下方面：主张理性处理经济事务，认为懒惰是万恶之源，节俭是经济美德中的根本；商人应全身心投入生意，避开政治参与，等等。① 这些态度在阿尔贝蒂那里皆有。②

阿尔贝蒂认为，财富虽不必予以过分颂扬，但占有大量财富并无不妥，因为富裕公民是能有益于国家的。富裕能带来友谊、赞美与尊严，它对爱国事业也很有用处。公共资金不够时，富人的慷慨解囊，可以救国。

1469 年，他写了《家政管理》（De Iciarchia）。其中，阿尔贝蒂转向了私人生活，转向了自然，公民人文主义已经杳无踪迹。阿尔贝蒂的思想，体现了晚期公民人文主义思想的某些特征。阿尔贝蒂抛弃了亚里士多德主义，他接受的是塞涅卡的斯多葛主义。

《论家庭》是一部对话体著作，共分三个部分。第一部分论父辈与子女间的相互责任及家庭教育有关问题，第二部分论婚姻，第三部分论经济。参与对话的人物有洛伦佐·阿尔贝蒂，他是一个重病在床的父亲；利卡多·阿

---

① Hans Baron, *In Search of Florentine Civic Humanism*, Vol. I, Princeton: Princeton University Press, 1988, pp. 261 – 262.
② 桑巴特在批驳韦伯关于《新教伦理与资本主义精神》的基本观点时说，韦伯著作中富兰克林对年轻人的劝诫，不过是对阿尔贝蒂观点"逐字逐句的复述"。韦伯则回应说，他关心的是经济行为与宗教教义的关系。阿尔贝蒂著作劝人节俭、惜时以及抓紧时间牟利经营，并不带有宗教动机，它与得救无关。韦伯认为，桑巴特主张的经济理性主义，见之于世界各地，与现代资本主义无关。参见［德］马克斯·韦伯《新教伦理与资本主义精神》，于晓等译，生活·读书·新知三联书店 1987 年版，第 157 页。

尔贝蒂,他是洛伦佐的兄弟;阿道瓦尔多和雷奥那多,是阿尔贝蒂家族的亲戚;巴蒂斯塔、卡尔洛,他们是洛伦佐的两个儿子,巴蒂斯塔是对话中的"我";还有贾诺佐·阿尔贝蒂,他是一个和善的商人,也是两个孩子的长辈,他是第三部分"论经济"中的主要发言人。洛伦佐因病自觉不久于人世,于是叫来兄弟利卡多,把两个儿子托付给他照看。由此,引出与家庭有关的一系列讨论。

"论经济"部分中商人贾诺佐的发言,堪称现代商业伦理的最早宣言。贾诺佐自言他年轻时花钱大手大脚,但现在知道节俭最重要,"谁挥霍谁就是傻子"。他提出,有三样东西,是属于自己的,这三样东西,就是灵魂、身体和时间,我们必须善待这三样东西。他说:"谁让时间一个小时一个小时地白白流掉,闲着什么正事也不干,那么他就丢失了时间。什么也不干,就是把时间丢掉,而时间只属于会使用它的人。"[①] 贾诺佐提倡的生活方式,与中世纪的沉思、隐修生活,截然不同。贾诺佐反复强调,他所说的道理,来自于生活实践,而不是书本。

贾诺佐说:"至于时间,我尽量合理地使用它,并琢磨如何从不失去它。我尽量地把它用在有意义的事情上,而不把它用在无聊的事情上;一旦事情做好,我就不再在上面花更多的时间。为了不浪费点滴的时间,我所遵守的原则是:从不闲散,尽量少睡,只要挺得住就不躺下,因为我觉得不坚持挺住就躺倒是不光彩的事,这就像许多人不抵抗就投降那样。所以我这么做:避免发困和闲着,老是在做事情。……早上我起床后的第一件事,是想想我今天得做哪几件事。我在脑子里把它们过一遍,每件事都标上时间:这件事今早做,那件事中午做,另一件事晚上做。用这种方法我几乎能毫不费力地把每件事都安排好。"[②]

不过,贾诺佐如此珍惜时间做事,并非出于对财富、权力或地位的贪婪追求。他看重的是生活的平静和内心的安宁,这是一种斯多葛主义的生活态度。他说:"钱财、权力、地位,这些东西并不属于人,不是的,它们是属于命运的。是由命运来决定人能够在何种程度上拥有它们。"[③] 贾诺佐对当官也没有兴趣。他不认为参与政治、担任公职就是光荣,相反,他认为那是不自由的生活。对于一心想当官的人,他认为他们是蠢货、畜生。他说:

---

① [意] 阿尔贝蒂:《论家庭》,梁禾译,西安出版社 1998 年版,第 172 页。
② 同上书,第 180—181 页。
③ 同上书,第 182 页。

疯狂的人们啊！他们如此重视走路时有人大张旗鼓地开道，以至于情愿放弃自己日常生活的平静和心灵的安宁。噢，疯狂、虚荣、自大、残暴的人们，对这些邪恶你们又能找出什么借口！你们无法忍受那些虽然不如你们富裕却比你们身世高贵的人们，于是你们便追求权力；你们只要活着就不能不压迫弱者，于是你们便追求权力。而为了追求权力，蠢货们，你们干了什么？你们四面受敌，朝不保夕；畜牲，你们把被各种坏人包围、无法跟好人相处叫做荣誉；为了实际利益，你们让窃贼为你们服务，并与他们为伍，而这些一钱不值的人连自己的生命都不珍惜，所以才能听从你们的意志。你们把置身于掠夺者之中叫做荣誉，把讨好、豢养、伺奉廉价的仆人叫做荣誉！哦，你们这些畜牲！[1]

## 佛罗伦萨公民人文主义的兴衰

汉斯·巴荣认为，15世纪早期佛罗伦萨的共和理想是佛罗伦萨与米兰长期军事斗争的结果。1390年5月，米兰国王詹加莱亚佐·维斯孔蒂向佛罗伦萨宣战，其时，维斯孔蒂已成伦巴第霸主，控制了佛罗伦萨周边的比萨、锡耶纳、佩鲁贾、博洛尼亚等许多城市，对佛罗伦萨造成合围之势。强敌压境，原本佛罗伦萨是必败的，但天不灭佛罗伦萨，1402年9月，这位颇具雄心的米兰公爵竟染病暴亡，战况稍稍缓和。维斯孔蒂死后，其子继承了他的事业，企图征服佛罗伦萨。1423—1454年，长达20余年的时间中，佛罗伦萨皆处于米兰军事力量的威胁之中，至1454年二者签订和约，米兰才承认佛罗伦萨的独立地位，放弃对它的进攻。

巴荣指出，在这漫长的历史中，1402年是个转折点，正是在佛罗伦萨城市国家危急存亡之际，公民人文主义被激发出来。面对被征服的危险，佛罗伦萨需要建立一个决策和公共讨论分开的政体，由少数人来决策，以期快速对战争做出反应，这样才能保存佛罗伦萨的自由。[2] 14世纪原本带有中世纪遁世色彩的人文主义由此发生了转型，人文主义者开始关心政治，有了强烈的政治精神和政治关怀，变成了公民人文主义。古代公民精神被唤醒了。[3]

---

[1] [意] 阿尔贝蒂：《论家庭》，梁禾译，西安出版社1998年版，第186页。
[2] Hans Baron, *In Search of Florentine Civic Humanism*, Vol. I, Princeton: Princeton University Press, 1988, p. 12.
[3] Ibid., p. 13.

佛罗伦萨人自此公开地拥抱古代人的公民理想，他们把个人与城市国家的命运密切地联系在了一起，提倡实践生活。

关于沉思生活与实践生活哪一个更值得人追求，这是亚里士多德《尼各马可伦理学》里面讨论的问题。① 经中世纪信仰的生活、隐修的生活之后，近代早期市民活动的频繁，商业交流的开展，加之城市共和国的兴起，使得人与人之间的联系加强，个人与世俗政治共同体的联系直接建立起来。在这种背景下，公民人文主义，虽然其担纲者是知识人团体，却通过复兴古典公民美德提倡实践生活，至少是不再贬低实践生活。巴荣写道："西塞罗教导文艺复兴时期的意大利两件事：公民的主要任务是为他的共同体服务；对国务积极的参与并不必定破坏他学术上的力量，实际上，前者甚至能激发后者。"②

公民人文主义并非仅仅存在于佛罗伦萨，然而公民人文主义在佛罗伦萨确实有了最充分的发展。考虑到佛罗伦萨的"自由传统"，公民人文主义的理想，就不难理解了。15 世纪的佛罗伦萨人文主义者阿拉曼诺·里努奇尼（Alamanno Rinuccini）在《关于自由的对话》中说："佛罗伦萨城总是比其他城市对自由有多得多的热情——事实上，如你所知，自由的名字，以金字写在了她的公共象征物上。"③ 实际上，自由被写在了佛罗伦萨市政厅的正面墙上，写在了他们的旗帜、盾牌上。在与教皇的斗争、与神圣罗马帝国皇帝以及与米兰的斗争中，他们都以保卫"自由"为旗号。④

佛罗伦萨人讲的共和与自由，与其帝国理想是联系在一起的。他们以罗马共和为榜样，称佛罗伦萨为"第二个罗马"⑤。从西诺·里努奇尼（Cino Rinuccini）、布鲁尼的著作中人们皆可以看到，共和国实有两个目标：一是保存城市国家内部的自由；二是追求建立对其他城市的霸权。因此，公民人文主义必须界定为"一种共和主义兼帝国主义的意识形态"⑥。

---

① ［古希腊］亚里士多德：《尼各马可伦理学》，廖申白译，商务印书馆 2003 年版，第 305 页。
② Hans Baron, *In Search of Florentine Civic Humanism*, Vol. I, Princeton: Princeton University Press, 1988, p. 123.
③ Alamanno Rinuccini, De Libertate Dialogus, 转引自 *Renaissance Civic Humanism: Reappraisals and Reflections*, edited by James Hankins, Cambridge: Cambridge University Press, 2000, p. 179。
④ Alison Brown, "De-masking Renaissance Republicanism", in *Renaissance Civic Humanism: Reappraisals and Reflections*, edited by James Hankins, Cambridge: Cambridge University Press, 2000, pp. 185 – 186.
⑤ "第二个罗马"为巴吉罗（Bargello）的说法。参见 Hans Baron, *In Search of Florentine Civic Humanism*, Vol. I, Princeton: Princeton University Press, 1988, p. 47。
⑥ Mikael Hornqvist, "The Two Myths of Civic Humanism", in *Renaissance Civic Humanism: Reappraisals and Reflections*, edited by James Hankins, Cambridge: Cambridge University Press, 2000, p. 124.

佛罗伦萨人关于自由的象征有二：一是一个美女，它是花中之仙子；二是狮子纹样。① 狮子是森林之王，狮子这一象征，体现的是佛罗伦萨自由概念背后的帝国理念。

公民人文主义的时代特征十分明显。在冲破中世纪思想模式方面，公民人文主义依托于古典权威的资源，取得了极大的成功。在佛罗伦萨等城市共和国的实践中，公民人文主义堪称量身定做。城市共和国，是西方历史上自希腊罗马以来的第二个城邦时代，故而古代的学说，可以拿来就用，不必经多大的改造。然而，到15世纪，公民人文主义开始没落，柏拉图主义则开始兴起。这主要是由于佛罗伦萨政体的变化。

而更深层次的原因，则是现代国家的形成带来理论上的困境。公民人文主义理解的政治共同体与现代国家的实际经验有质的不同。另一方面，现代商业社会的兴起，社会分工的发达，也让公民人文主义无法应对。分工意味着专业化，这让公民人文主义的理想，难以落实。在阿尔贝蒂那里，对参与政治的轻视，已经十分强烈。在阿尔贝蒂的著作中，政治人在向经济人转变。

## 15世纪柏拉图主义的复兴

从彼得拉克至15世纪中后期，拉丁世界的一个突出的知识现象，是柏拉图主义的复兴。

中世纪时，柏拉图思想的影响一直存在，即使在通常所谓的基督教亚里士多德主义者经院哲学大师阿奎那的著作中，柏拉图主义的踪迹依然存在，然而终究不及亚里士多德影响大。中世纪拉丁世界的学者在漫长的数百年间，能读到的柏拉图著作十分有限，最初他们只能读到卡科迪乌斯（Calcidius）翻译的《蒂迈欧篇》残卷②以及西塞罗、奥古斯丁与其他哲学家著作中所引用的柏拉图的片言只语。至12世纪，他们才可以读到《斐多》《美诺》。13世纪后期，则增加了《巴门尼德》残卷。③

---

① Alison Brown, "De-masking Renaissance Republicanism", in *Renaissance Civic Humanism: Reappraisals and Reflections*, edited by James Hankins, Cambridge: Cambridge University Press, 2000, pp. 185–186.
② 《蒂迈欧篇》是罗马帝国衰落后唯一幸存的柏拉图著作。3世纪末，卡科迪乌斯（Calcidius）将它翻译成拉丁文。奥古斯丁读的就是这个版本。
③ James Hankins, *Plato in the Italian Renaissance*, Leiden, New York, Köln: E. J. Brill, 1994, p. 4.

至15世纪,柏拉图著作开始被意大利的人文主义者大量翻译。第一批翻译者有利奥纳多·布鲁尼(Leonardo Bruni)、乌贝托·德塞姆布里奥(Uberto Decembrio)、胡斯迪克(Cencio de'Rustici),他们受教于来自希腊的老师克里索洛斯(Emmanuel Chrysoloras)①,翻译了10部柏拉图对话,包括《高尔吉亚》《克里托》《申辩篇》《斐多》《理想国》等。下一代译者包括乌贝托的儿子皮埃尔·坎迪多·德塞姆布里奥(Pier Candido Decembrio),他重新翻译了《理想国》。安东尼·卡萨里诺(Antonio Cassarino)第三次翻译了《理想国》,他还翻译了两篇伪书(当时以为是柏拉图的著作)。李努西奥·阿瑞提诺(Rinuccio Aretino)翻译了《阿克西奥科斯》(*Axiochus*)、《克里托》、《游叙弗伦》。弗兰西斯科·费列佛(Francesco Filelfo)翻译了《游叙弗伦》和柏拉图的三封信。稍后,来自威尼斯克里特岛的教皇秘书特拉比松的乔治(George of Trebizond)翻译了柏拉图的《法律篇》和《巴门尼德》。波里齐亚诺(Poliziano)则翻译了《查米德斯》(*Charmides*)。人文主义者译介柏拉图的顶峰是马西利奥·费奇诺(Marsilio Ficino),1484年,拉丁文的柏拉图对话全集由他译出,包括柏拉图的36个对话,1496年,他为柏拉图的主要对话撰写了评注。②

　　马西利奥·费奇诺1433年出生于意大利托斯坎纳的菲利内瓦尔达诺小镇。他后来的主要活动在故乡二十公里外的佛罗伦萨,是故常被称作佛罗伦萨的马西利奥·费奇诺。马西利奥的父亲为医生,曾做过佛罗伦萨君主柯西莫的医生。马西利奥自己也通医术,并撰写过有关瘟病防治及养生的著作。不过,马西利奥从小即体弱多病,长大后亦无大的改善,且常年患有神经衰弱及抑郁症。马西利奥少时即展现出其才华。他十岁时,柯西莫国王即对他予以肯定,并对其父言道:"你家的马西利奥是上天派下来医治灵魂的。"③马西利奥果然不负国王的期望。马西利奥是一名虔诚的天主教徒。40岁那年,他被多明我会任命为教士。马西利奥不仅是著名的学者,还是一名占星家、音乐家。④他的思想还对当时的绘画发生了直接的影响。他除了翻译注疏柏拉图对话外,还写了著作《柏拉图的神学》《生命三书》。马西利奥主

---

① 克里索洛斯(约1335—1415),希腊学者。人文主义者萨卢塔蒂任佛罗伦萨执政官时,公费聘请他在佛罗伦萨教授希腊文。1400年,他被迫离开佛罗伦萨。
② James Hankins, *Plato in the Italian Renaissance*, Leiden, New York, Köln: E. J. Brill, 1994, p.5.
③ G. Corsi, "The Life of Marsilio", 转引自 *Marsilio Ficino*, edited and introduced by Angela Voss, Berkeley, California: North Atlantic Books, 2006, p.6.
④ 郑军:《文艺复兴时代杰出哲学家及其代表作》,中国青年出版社2015年版,第88页。

张人的行动须与神圣秩序相合。他有意选择1484年出版柏拉图全集的拉丁文译本，即有占星学的依据。据言那年为木星与土星会合的年份。马西利奥自视为那个时代哲思、生活复兴的代言人。

如何理解此时人文主义者对柏拉图的兴趣？彼得·沃森（Peter Watson）说："与亚里士多德相比，柏拉图之于人文主义的贡献在于，它提供了看待世界的一种直观而富有想象力的视角，有别于亚里士多德逻辑的广泛观察的视角，它告诉人们一种哲学的、美学的世界观。"① 柏拉图主义的复兴，常被看作针对经院哲学的僵化、教条。然而这一解释，并不是当时人文主义者的想法。当时学人对柏拉图的兴趣，并非简单的知识上的好奇，其背后实有一个大的时代背景，那就是阿威洛依主义对基督教信仰的动摇引发的信仰危机。阿奎那虽然批驳阿威洛依主义，但正是阿奎那为拉丁世界引入了亚里士多德的异教哲学。15世纪的柏拉图主义者，如库萨的尼古拉（Nicholas Cusanus）、贝萨里翁（Bessarion）、马西利奥·费奇诺，都是自觉的基督教柏拉图主义者。他们主张回到柏拉图，以改革基督教神学，② 故而此时的新柏拉图主义又被称为"宗教的柏拉图主义"。③ 在《柏拉图的神学》的序言中，马西利奥·费奇诺如此写道：

> 柏拉图视灵魂为一种镜子，其中神的面容的形象很容易被反射，他一丝不苟的一步一步对上帝的探寻持久地促使他转向灵魂之美，他理解到，著名的神谕"认识你自己"，首先意指谁想认识上帝，他首先就要认识他自己。由于这个原因，每个以应有的细致读柏拉图的人……将从中获得种种可以感受到的益处，其中首要的是这两个至为重要的原则：对一个已知上帝的虔诚的敬拜；灵魂的神圣性。它们构成了理解一切事物的基础，构成了每一种生活态度的基础，构成了一切快乐的基础。④

---

① ［英］彼得·沃森：《人类思想史——冲击权威：从阿奎那到杰斐逊》，姜倩等译，中央编译出版社2011年版，第122页。
② James Hankins, *Plato in the Italian Renaissance*, Leiden, New York, Köln: E. J. Brill, 1994, p. 6.
③ Hans Baron, *In Search of Florentine Civic Humanism*, Vol. I, Princeton: Princeton University Press, 1988, p. 238.
④ Marsilio Ficino, *Platonic Theology*, translated by M. J. B. Allen and J. Warden, Harvard University Press, 2001, p. 148. 转引自 *Marsilio Ficino*, edited and introduced by Angela Voss, Berkeley, California: North Atlantic Books, 2006, pp. 9–10。

然而，这种出于宗教动机的对柏拉图的回归，同样具有危险性。因为柏拉图同样属于异教哲学家。对于当时的基督教柏拉图主义者来说，如同其批评者一样，最关心的两个问题是："首先，柏拉图的著作是否适合年轻的基督徒阅读，其次，柏拉图能否取代亚里士多德，成为天主教神学的哲学基础。"[1] 尽管在思想上柏拉图比亚里士多德离基督教更近，然而柏拉图的灵魂转世的学说，与基督教的灵魂不灭的学说，毕竟是不相同的。

同样不可忽略的是，此时柏拉图主义的复兴，亦为佛罗伦萨君主制政府有意推动的结果。来自美第奇家族的君主柯西莫与洛伦佐，均资助该城的柏拉图主义者。柯西莫本人即为虔诚的柏拉图主义者。佛罗伦萨的柏拉图学园，正是柯西莫一手推动建成。著名的马西利奥·费奇诺，就是柯西莫特邀过来的柏拉图学园的学术主持人。[2] 柏拉图主义者重视沉思生活，而非之前公民人文主义时期的实践生活，这与君主制下的生活状态相符合。柏拉图主义的兴起，标志着当时佛罗伦萨的社会及制度与它的共和主义传统渐行渐远。

晚近以来，对文艺复兴时期的政治思想状况出现了不同的描述。波考克强调亚里士多德主义在文艺复兴中的中心地位，斯金纳强调罗马思想家的影响。加林、詹姆斯·汉金斯则十分重视柏拉图主义复兴在文艺复兴中的地位。以笔者之见，上述几家中，波考克的解读问题最大，他把意大利文艺复兴时期的公民人文主义简化为亚里士多德式的公民参与理论，对近代早期城市国家在实践与观念上的新因素也缺乏足够的认识。斯金纳的解读，着重于政治思想方面，加林、汉金斯着眼于基督教信仰危机，他们从不同的方面，展示了文艺复兴时期思想的源起。

新柏拉图主义虽极大地削弱了公民人文主义在佛罗伦萨的地位，却从未完全支配佛罗伦萨思想界。马基雅维里就曾对新柏拉图主义放弃公民义务、拒斥政治行动提出激烈批评。[3] 近代以来，柏拉图主义余韵不绝。17世纪著名的维柯、洛克、悉德尼、弥尔顿等人，都是一定意义上的柏拉图主义者。这些思想家用柏拉图的形而上学捍卫纯洁的宗教信仰，以对抗霍

---

[1] James Hankins, *Plato in the Italian Renaissance*, Leiden, New York, Köln: E. J. Brill, 1994, pp. 360 – 361.

[2] [英] 阿伦·布洛克：《西方人文主义传统》，董乐山译，生活·读书·新知三联书店1997年版，第26页。

[3] Hans Baron, *In Search of Florentine Civic Humanism*, Vol. I, Princeton: Princeton University Press, 1988, p. 132.

布斯的唯物主义。①

## 人文主义者，名声不大好

14世纪以来，人文主义者塑造了意大利乃至欧洲世界对古代的崇拜。人文主义者在整理、翻译古典时代的著作方面取得了骄人的成绩。但是，至16世纪，人文主义便迅速衰落了。人文主义者原本为共和国或君主、教皇提供草拟公函的服务，为市民起草各种演说稿、书信或典礼致辞。至此，随着知识与文化的普及以及城市国家的演变，意大利文日益取代拉丁文，人文主义者作为一个阶层日益受人唾弃。而人文主义者自身的名声，也不断败坏，他们摇动笔杆，对政治上的敌人横加指责，对私人的敌人竭尽讽刺、挖苦、唾骂之能事。阿伦·布洛克在《西方人文主义传统》中写道："人文主义者中不乏趋炎附势之辈，以其才能巴结权势人物，当然也有书呆子。他们就像今天纽约、伦敦或巴黎的任何学术圈子或文学圈子一样，是一群争论不休、性好妒忌的人，总是不断地互相写信，指摘和挑剔对方。"② 人文主义者玩弄修辞，相互攻讦，说话不负责任，只能自毁家门，最后，人文主义便似昙花一现，很快就退出了历史舞台。科学主义接替人文主义的角色，在新时代获得了巨大的胜利。

雅各布·布克哈特写道："在十五世纪里，巴蒂斯塔·曼托万诺在谈到七种怪物时，把人文主义者和许多其他的人一起，列在'傲慢鬼'项下。他描写他们怎样自认为了不起，是阿波罗的子孙，以一种矫揉造作的严肃姿态，绷着一张阴郁难看的脸走路，有时顾影自怜，有时在盘算着他们所追求的哗众取宠，像仙鹤在觅食一样。但是，到了十六世纪，这种攻击就全面地展开了。除阿里奥斯托之外，他们自己的历史家吉拉尔德就提供了这种证据。他在列奥十世时期的著作可能在1540年左右经过了修订。我们看到，古今学者的道德堕落和卑劣无行的生活触目惊心的例子之多，令人震惊，同时还有正式对他们提出的许多最严重的指责。指责他们的内容包括愤怒、虚荣、固执、自我欣赏、放荡的私生活、各种各样的不道德行为以及异端和无神论；此外还有：信口开河的习惯、对国家的不良影响、卖弄学问的演说、对于师长的忘恩负义，以及

---

① Basil Willey, *The Seventeenth Century Background: Studies in the Thought of the Age in Relation to Poetry and Religion*, New York: Doubleday & Company, Inc., 1953, p.141.
② ［英］阿伦·布洛克：《西方人文主义传统》，董乐山译，生活·读书·新知三联书店1997年版，第21页。

对于初则使之受宠若惊继则使之忍饥挨饿的大人物的卑鄙的谄媚。"①

## 佛罗伦萨政体的演变

意大利文艺复兴时期的佛罗伦萨,是一个十分有名的地方。著名的马基雅维里,就生活在这个城市里。今天,一名旅行者来到佛罗伦萨,仍不免为她的美景所陶醉。各式年代久远的建筑巍巍耸立,大教堂、钟楼、美术馆、市政厅广场,还有随处可见的雕塑,诉说着这座城市丰富的人文内涵。

佛罗伦萨位于意大利中部亚诺河畔,这一位置为她的纺织业在15世纪的发展提供了良好的条件,因为纺织业中的漂染需要充足的水源。亚诺河还是商旅要道,它把佛罗伦萨与比萨、地中海连接起来,并连接上游的亚平宁山区内地。

14、15世纪的意大利城市,较从前在功能上有了进一步的分化,一个城市出现了多个活动中心,行政中心、宗教中心和商业中心相互分离,与此相应,也出现了三种不同的话语体系、思维方式。意大利政治思想史家马斯泰罗内写道:

> 在佛罗伦萨,市政府是政治——行政中心,在那里人们使用法规的语言;大教堂是上帝之家,在那里人们庆祝宗教典礼并聆听基督的声音;在商人们的敞廊内,人们则在讨价还价,并使用利润的语言。
> ……
> 与文艺复兴城市的这些专门语言中的每一种语言相对应的,不仅有明确的城市建筑结构(市政厅、主教堂、商人敞廊),而且还有相应的思维方式:司法——行政思维方式是一种特殊的思维方式,它在尊重现行法律的基础上处理人们之间的关系;宗教思维方式受永生思想的统治,并且从原始教会的那些团体中得到启发;经济思维方式是力图求助利润的刺激来满足日常需要的雄心勃勃的愿望。因此,在文艺复兴的城市,人们可以分辨出三种建筑结构、三种语言及三种思维方式。②

---

① [瑞士] 雅各布·布克哈特:《意大利文艺复兴时期的文化》,何新译,商务印书馆1979年版,第272—273页。

② [意] 萨尔沃·马斯泰罗内:《欧洲政治思想史:从十五世纪到二十世纪》,黄华光译,社会科学文献出版社1998年版,第2—3页。

## 第四章 近代政治思想的基础

佛罗伦萨的政体，有一个发展演变的历史。尽管在 14 世纪曾经有过短暂的国王统治，佛罗伦萨的传统仍是一种共和传统。这种共和政体到美第奇家族时才被君主制代替。马基雅维里的《君主论》开篇即言：世间政体不外两类，共和制与君主制，[①] 这一描述正符合对佛罗伦萨政体演变的观察。佛罗伦萨城市国家的体制，要么是共和制，要么是君主制。

佛罗伦萨共和传统体现在：有民兵联防保卫自己的城市；城市官员从 21 个行会中推荐产生，组成九人长老会议，他们的任期短暂，仅有两个月，期满后即由新一届人员接任；有两个辅助机构，一是十二人"贤人团"，任期三个月，一是十六人"旗手团"，任期四个月，负责为长老会议提供政策咨询；下级官职有十五人，管理城市政治、军事、经济与其他公共事务。这种任期短暂的制度使得每年都有大量公民得以参与执掌城市最高行政权。由于雇用了相对稳定的专业公务员，并有政界元老可资顾问，行政的连续性并不受频繁更换领导者的影响。佛罗伦萨又有两个立法大会，即人民会议和公社会议，各有数百名成员，任期为六个月。他们不能提出议案，但可以否决长老会议交给他们的议案。[②]

1382—1434 年，佛罗伦萨共和政府实际是由若干显贵家族控制的，这种共和政体，就是贵族共和政体（或曰寡头政体）。52 年的稳定繁荣，说明这一政体也有它自身的好处。此时，政府官员虽来自贵族，却也不无公共情怀。他们的理念是把城市的公共利益放在私人利益之上。这一时期的政策特点是尊重传统、谨慎决策，反对鲁莽的行动。不过，共和政府并不能免除内部的派系斗争。1434 年，随着柯西莫·戴伊·美第奇的当权，佛罗伦萨进入了美第奇家族统治时期。整体发展的趋势是权力越来越集中到少数人手里。私人的、家族的利益之渗入，极大地影响了佛罗伦萨政府的公共性。这其中，战争起了重要的推动作用。两个对立的方面，影响着佛罗伦萨政治的发展，一方面是团结的力量，包括共和传统，公民之间互相帮助与信任，以及对公共善的维护与追求；另一方面则是分离的力量，它包括个人野心与贪欲，集团间的敌意，假公济私，等等。

美第奇家族统治时期，公民精神大为衰落。公民成了臣民，更多的佛罗伦萨人在政府中不再是积极的参与者，而是消极的旁观者。不过，美第奇家

---

① ［意］尼科洛·马基雅维里：《君主论》，潘汉典译，商务印书馆 1985 年版，第 3 页。
② ［意］坚尼·布鲁克尔：《文艺复兴时期的佛罗伦萨》，朱龙华译，生活·读书·新知三联书店 1985 年版，第 180—181 页。

族统治佛罗伦萨的成就,也是不容抹杀的。事实上,美第奇统治的六十年,甚至被称为"佛罗伦萨的黄金时代"①。因为美第奇支持文艺复兴,主张唯才是举。佛罗伦萨的和平、繁荣以及在文学、艺术上的成就,在意大利的威望,与美第奇家族对城市事务的领导密不可分。美第奇家族的统治并非典型的君主制,共和国的政体框架并未改变,共和政治的诸多遗产皆为美第奇家族继承。"佛罗伦萨的美第奇统治方式的特点,是在共和国形式下由一人统治。"②在整个15世纪,宪法规定的最高权力掌握在9人长老会议中,其中一人为"司法"旗官。在柯西莫的政治生涯中,他担任过三个时期的"旗官"(每个任期是两个月)。15世纪意大利其他地方独裁盛行,佛罗伦萨则始终保持着法治的传统。

## 萨伏纳罗拉:"没有武装的先知"

吉罗拉莫·萨伏纳罗拉(Girolamo Savonarola)出生于意大利费拉拉的一个医生家庭。父母本希望他入博洛尼亚大学学医,但是萨伏纳罗拉感兴趣的是阿奎那神学。23岁时,他秘密离家,进入博洛尼亚的多明我修道院,过了一段隐修生活。期间,他反复研读《圣经》以及阿奎那的《神学大全》,同时接触了新柏拉图主义的著作。几年后,他的演说天分被发现,于是被安排做布道工作。1481年,他转到佛罗伦萨的圣·马可修道院,被指定在洛伦佐教堂讲道。那时他的布道不受欢迎,听众越来越少,只有被安排去指导见习修士。这之后,萨伏纳罗拉沉寂了五六年。这段沉寂为他后来的爆发做了准备。1486年,他被安排到伦巴第布道,他一改过去说教的方式,以谴责不道德、预言未来、呼吁忏悔来讲道,旋即获得大批追随者。这次成功也使他得以重回佛罗伦萨,两年之后他被选任为圣·马可修道院副院长。

萨伏纳罗拉基于宗教的虔诚与道德的传统抨击教皇与教会的腐败,抨击暴君的不义与银行家、商人的贪婪,站在穷人一边强烈控诉富人的罪恶。他又批评当时流行的人文主义,斥之为异教徒文化,宣称人文主义者都是伪基督徒,人文主义赞赏的古典作家是异教徒,与基督教格格不入,他们的艺术是裸体男女的无耻展览。萨伏纳罗拉说:"柏拉图和亚里士多德做的唯一好

---

① [英]赫·赫德、德·普·韦利编:《意大利简史》,罗念生、朱海观译,商务印书馆1975年版,第165页。

② 同上书,第166页。

事就是为我们提供了许多可用来驳斥异教徒的论据。现在他们和一些其他的哲学家已经下了地狱。即使是一个老妪也比柏拉图懂得更多的真理。把许多看似有用的书毁掉，对于宗教信仰来说其实是有好处的。"① 他提醒人们不要忘记自己是信徒：要敢于告别纵欲、享乐，做一个有美德的、虔诚的基督徒。

他不接受佛罗伦萨君主洛伦佐的厚待与安抚，坚持他的宗教狂热主义。他声称获得神启，做出很多预言。例如，他预言洛伦佐1492年会死去，预言法王查理八世会入侵意大利，甚至预言自己会遭遇暴死，结果这些预言都得到应验。那时，教皇与法国国王处于激烈的冲突之中，美第奇家族控制的佛罗伦萨与教皇是政治上的同盟。1494年，法王查理八世率军入侵佛罗伦萨。佛罗伦萨发生了政变，美第奇家族皮埃罗·戴伊·美第奇的政权丧失，他被驱逐出城，佛罗伦萨恢复了平民色彩浓重的共和政体——圭恰迪尼称之为权力绝对的"人民政府"。② 萨伏纳罗拉成了新政府的核心权力人物，俨然为共和国之父。他推行了一系列政治、经济、道德方面的立法改革。改革的宗旨是消除奢侈腐化，创造道德上严苛、宗教上洁净的环境，确立基督教在佛罗伦萨的统治。例如，禁止赛马、狂欢、赌博等活动；鼓励仆人告发参与赌博的主人；规定渎神者要刺穿舌头。萨伏纳罗拉把他会众中的男孩组织成道德警察，让他们巡视街头，驱散聚赌的人群，从妇女身上扯下他们认为不庄重的衣服。圣诗代替了情歌。体现繁荣的画作、狂欢节面具、假发、奇装异服、纸牌、乐器等在广场上被焚烧。在外交上，他重视恢复与法国的联盟政策。

不过，萨伏纳罗拉主导的共和政府处境并不好。财政上面临破产的危机，方济各派的反对派人士十分活跃，处处与萨伏纳罗拉所属的多明我派对立。美第奇家族的子弟和被驱逐的贵族，也愤怒于政府落入一个教士之手，他们伺机反扑。萨伏那罗拉的支持者因总是在布道会上流泪，得了绰号"哭鬼"；他的反对者则被对方斥为"疯狗"。哭鬼派和疯狗派不断斗争。1497年，佛罗伦萨发生了饥荒，很多人饿死街头。共和时期的党争、暴力与严苛，使人们怀念洛伦佐统治下的和平。反对萨伏纳罗拉的人们到圣·马可修道院前示威。有人提议放逐萨伏纳罗拉以平息城市的内斗。另外，教皇亚历

---

① [英]彼得·沃森：《人类思想史》，姜倩等译，中央编译出版社2011年版，第139页。
② [意]圭恰迪尼：《意大利史》，辛岩译，广西师范大学出版社2014年版，第177页。

山大六世也成为萨伏纳罗拉的敌人。教皇开除了他的教籍,并禁止他布道。萨伏纳罗拉却继续其布道活动,与教皇公开为敌。

1498年,萨伏纳罗拉在方济各派反对者的暴力进攻中就擒,长老会议宣布逮捕萨伏纳罗拉和圣·马可修道院院长。这位没有武装的"先知"至此一败涂地,人们讥笑他,向他吐口水。

萨伏纳罗拉被迫接受屈辱的审讯,备受身体与精神的折磨。他与其他被逮捕的教士以分裂教会、假托圣言、造成党争等罪名,被共和国与教会合判死刑。1498年5月23日,萨伏纳罗拉在他曾经焚烧虚荣物品的市政厅广场被绞死、焚烧。这正应验了他之前做出的关于他自己会暴死的预言。萨伏纳罗拉死后,共和国又存在了十年,直到1512年由于法王在意大利势力的崩溃,美第奇家族重新执掌政权。

萨伏纳罗拉以宗教先知的身份在人民的支持下获得了权力,然而这种权力毕竟不稳固。当时,佛罗伦萨政治已经腐化,暴力、武斗进入了城市公共领域。不同政治派别之间展开恶斗,不能从事和平竞争,只奉行刀兵相见的逻辑。在反对派的武装面前,精神领袖萨伏纳罗拉只有在神坛面前束手就擒。他的追随者也是那样的不可靠(当然萨伏纳罗拉也不乏铁杆粉丝,这些粉丝在他死后年复一年地祭奠他)。难怪侍奉于继任政府的马基雅维里说民众性情多变、朝三暮四,他们对领袖的爱戴甚不可靠,没有武装的先知在政治上必然失败。[①]

萨伏纳罗拉所为,针对的是文艺复兴时期佛罗伦萨经济上的富有奢侈与道德上的堕落。宗教狂热激励着他的道德事业。画家米开朗琪罗以及当时不少杰出的人文主义者都是他的忠实信徒。他对当时画家的影响甚大。美国作家威尔·杜兰写道:"萨伏纳罗拉是中古世纪在文艺复兴时代中的遗留,文艺复兴令他崩溃。他看出意大利在财富和衰微的宗教信仰下道德日堕,便勇敢地、狂热地、无效地起而对抗当时的感官和怀疑精神。他继承了中古圣人道德的热诚和心智的淳朴,在一个为重新发现异教希腊而赞美的世界中显得格格不入。他的失败是由于他知识的限制和可原谅却很恼人的

---

[①] 马基雅维里说:"假使摩西、居鲁士、提修斯和罗慕洛不曾拿起武器,他们就不能够使人长时期地遵守他们的戒律,正如我们这个时代的季罗拉莫·萨沃纳罗拉修道士的遭遇一样。当大众一旦不再相信他的时候,他就同他的新制度一起被毁灭了,因为他既没有办法使那些曾经信仰他的人们坚定信仰,也没有办法使那些不信仰的人们信仰。"参见[意]尼科洛·马基雅维里《君主论》,潘汉典译,商务印书馆1985年版,第27页。

自我主义;他夸大自己的教化能力,天真地低估了立刻对抗教皇权和人类本能的工作。……萨伏纳罗拉的伟大在于他致力于道德革命,使人诚实、善良而公正。"①

就宗教层面而论,萨伏纳罗拉革新教会、纯净道德,体现了罗马天主教由内部人士进行改革的努力。萨伏纳罗拉不是宗教改革家,他的神学严格基于托马斯主义,他与教皇作对,但并不否定教皇制度。萨伏纳罗拉领导的运动是宗教性质的,"萨伏纳罗拉本质上是中世纪时代的人",他的失败表明了体制不变时进行改革的艰难。萨伏纳罗拉的捐躯证实寄希望于罗马教会自行进行改革是不现实的,这点对路德另起炉灶势必有巨大影响。路德尊敬地称萨伏纳罗拉为"圣徒"。

## 萨伏纳罗拉的人民共和论

在政治思想方面,萨伏纳罗拉是一名共和派,他坚决捍卫共和政体。他著有《论佛罗伦萨的统治与管理》一文。其中,他提出,佛罗伦萨应当以威尼斯为样板,建立一个共和政体。他心目中的威尼斯是一个人民的共和国,它维持了长期的统一、团结与自由。他认为,共和政体使得佛罗伦萨公民享有真正的自由。此种自由,比金银皆宝贵,是佛罗伦萨人最宝贵的财产;而派系斗争,则会对自由造成危害。

萨伏纳罗拉主张主权在人民。他认为,在城市管理中,主权应掌握在全体人民手里,避免君主制(一人之统治)和贵族制(显贵者统治)。他指出:"每当佛罗伦萨市政府被显贵者占据之时,这个城市便陷于严重分裂,而且在一方未把另一方除尽杀绝之前,在某个公民最终成为暴君之前,该城是绝不会宁静下来的。但是,既然某个公民最终变成了暴君,那么他也就因此侵犯了自由和公益。"② 他认为,主权既然在人民手里,但人民并不能每天聚会,所以需要设立一个由人民授权产生的代表组成的大议会。

在《论政治的和王国的政府》中,他表示了对雇佣军的反对,认为不能把城市的安全交给那些没有爱国心、只关心军饷和战利品的雇佣军。

---

① [美]威尔·杜兰:《世界文明史·文艺复兴》,幼狮文化公司译,东方出版社1999年版,第197页。
② 转引自[意]萨尔沃·马斯泰罗内《欧洲政治思想史:从十五世纪到二十世纪》,黄华光译,社会科学文献出版社1998年版,第11页。

## 世俗政治领域的勾画

16世纪上半叶，是西方历史上一个极关键的时期。这个时期，正是马基雅维里和圭恰迪尼写作的时期。中世纪夕阳西下，暮气沉沉；近代西方显山露水，曙光初现。教皇以及神圣罗马帝国的皇帝，辉煌不再，绝对主义君主制在欧洲发展起来。日后民族国家之雏形，正是在这一时期形成。国与国之间的征战，在国内开启了公共行政与财政之制度化、理性化进程，在国与国之间则演绎着权力政治的逻辑。这种权力政治，不考虑神学上的证明，不考虑道德上的理据。秩序之有无，政权之存废，常取决于战场上的胜负与暴力手段及阴谋诡计的采用。一个独立的世俗政治领域开始形成。尽管马基雅维里和圭恰迪尼思想各异，但他们皆致力于以理论的方式诠释时代的新经验，特别是圭恰迪尼，因其晚生若干年，他的思想更少受传统之束缚。在他们的政治思想图景中，政治必然性的观念已经明确，自主的政治事务领域业已浮现。

此二人生活的意大利，在当时欧洲最为繁荣、最为富庶，特别是佛罗伦萨，不仅经济上富有，还以拥有悠久的自由传统而著称。然而，1494年法国国王军队的入侵，暴露了它在政治上的虚弱。意大利成为现代人贪欲爆发的第一个受害者。[1] 马基雅维里与圭恰迪尼，皆试图处理佛罗伦萨"政治上的虚弱"，而马基雅维里更考虑到意大利作为整体政治上统一、独立之可能，尽管他所谓的"统一的意大利"，基本上还停留于意大利诸城市国家和政治势力在政治上的团结、联合，与同质的意大利民族国家相去甚远。[2] 他们的政治思想，有别于中世纪经院哲学家的陈词滥调，与柏拉图和亚里士多德所代表的古典政治哲学也十分不同。世俗政治领域从教皇宗教权威和中世纪封建秩序中独立出来，与此同时，政治理论也重新获得了其生命力，它要对新时代的经验做出诠释，同时试图给政治行动者提出中肯的建议。现代国家的观念，也由此不断被阐发。

---

[1] Eric Voegelin, "Machiavelli's Prince: Background and Formation", in *Machiavelli*, Vol. 1, edited by John Dunn and Ian Harris, Cheltenham: Edward Elgar Publishing Limited, 1997, p. 259.

[2] Felix Gilbert, "The Concept of Nationalism in Machiavelli's Prince", in *Machiavelli*, Vol. 1, edited by John Dunn and Ian Harris, Cheltenham: Edward Elgar Publishing Limited, 1997, p. 337.

## 马基雅维里与马基雅维里主义

图 20　马基雅维里

在一本小册子里，他说，历史是由胜利者书写的，成王败寇，为君者务求保持自己的强势，果断击败敌手；他说，君主永远别信任民众，与其被民众爱戴，不如被民众畏惧，因为民众性情多变，很不可靠，而被人畏惧，主动权掌握在君主自己手中；他说，君主杀人务必斩草除根，否则必将灾祸连连；他说，君主既要像狮子一样凶狠，又要像狐狸一样狡猾，既要有铁腕手段，又要学会装样子。他说出了许多政治权力场中人们所践行的潜规则，说出了许多让世人惊骇的话。事实上，他因这些话而出名。他因此被人称为"人类的敌人"（18世纪普鲁士国王腓特烈大帝语）、[1]"邪恶的导师"，被称为体现现代人堕落之第一人，他的学说被称为"恶魔的学说"。[2] 这个被千人骂、万人唾的"他"，不是别人，正是文艺复兴后期佛罗伦萨的马基雅维里。

马基雅维里大名鼎鼎，与他的名字相连的还有一个专门的术语——马基雅维里主义。几个世纪以来，人们习惯把那种为达目的不择手段、声称目标证明手段正当的人称为马基雅维里主义者。在19世纪德国学者弗里德里希·梅内克（Fridrich Meinecke）那里，马基雅维里主义即指国家理性论。这种国家理性论，主张在考虑问题时把国家的生存及自身利益放在首位，罔顾任何道德规范。梅内克称，马基雅维里是国家理性论之第一人。[3] 他还不无夸张地写道："马基雅维里的理论像一柄利剑，插进了西方人类政治体的腰窝，使之尖叫暴跳。"[4] 20世纪德国学者马克斯·韦伯的著作中也经常提到"马基雅维里主义"。[5] 马基雅维里主义者给人留下的是不讲道德、毫无伦理顾忌、阴险狡诈而又凶狠的形象。然而，后人发挥提炼出的马基雅维里主义不等于马基雅维里的思想。实际情况是，马基雅维里无论其人格还是其理论诉求，都没有那么卑劣不堪，他讲的很多道理是针对政治活动而言的，有着特定的语境。马基雅维里非但不是一个教唆作恶的人，相反，他还是美

---

[1] 普鲁士国王腓特烈大帝自称哲士，他的《驳马基雅维里的〈君主论〉》是依据他谈论马基雅维里的记录整理而成。伏尔泰曾将之编辑出版，改名为《反马基雅维里》。腓特烈大帝对马基雅维里的看法，参见［德］弗里德里希·梅内克《马基雅维里主义》，时殷弘译，商务印书馆2008年版，第394—480页。
[2] ［美］列奥·施特劳斯：《关于马基雅维里的思考》，申彤译，译林出版社2003年版，第6页。
[3] ［德］弗里德里希·梅内克：《马基雅维里主义》，时殷弘译，商务印书馆2008年版，第86页。
[4] 同上书，第114页。
[5] 例如，［德］马克斯·韦伯《印度的宗教：印度教与佛教》，康乐、简惠美译，广西师范大学出版社2005年版，第4、187页；［德］马克斯·韦伯：《新教伦理与资本主义精神》，于晓等译，生活·读书·新知三联书店1987年版，第5页；［德］马克斯·韦伯：《伦理之业：马克斯·韦伯的两篇哲学演讲》，王容芬译，广西师范大学出版社2008年版，第90页。韦伯指出，印度早在公元前4世纪即有"马基雅维里主义"学说，其代表作是乔提利亚的《利论》，其主张之令人惊骇，甚于马基雅维里的《君主论》。

德的代言人,他是"公民人文主义"的干将。梅内克对马基雅维里的解读,犯了根本性的错误。因为马基雅维里及其同道,与近代国家理性论者,恰好分属于两个对立的范型。如按卡尔·施米特对梅内克观点的评论,则马基雅维里的政治思想,既不"国家",也不"理性"。①

马基雅维里(Niccolò Machiavelli)1469 年出生于佛罗伦萨一个具有共和背景的贵族世家。他的父亲是律师,马基雅维里是家中的次子。少年马基雅维里接受了良好的人文主义教育。那时佛罗伦萨处于美第奇王朝统治之下。

1494 年,是佛罗伦萨历史上十分重要的一年,法国国王的军队入侵佛罗伦萨,美第奇家族的君主制被推翻,佛罗伦萨建立了共和政体。1498 年,马基雅维里开始在共和国政府里做事,他曾担任国务秘书,也办理外交事务,出访外国,又亲自为共和国编练国民军,以取代过去打仗靠雇佣兵的做法。教皇与威尼斯、费拉拉及西班牙结成神圣同盟,以对抗法国国王在意大利的势力。他们的军队打败了马基雅维里所参加的亲法的佛罗伦萨共和国国民军。1512 年,马基雅维里为之服务了 14 年的佛罗伦萨共和政府垮台,他组建的国民军未能完成保卫共和国的使命,美第奇家族复辟了君主制。马基雅维里有意投靠新政府,但美第奇家族新政府给他的答复是解甲归田。不仅如此,新政府还把他当作旧政权遗老的典型来予以惩罚,马基雅维里被关了起来,还要交罚款,他还被指控在他任第二国务秘书期间挪用公款。1512 年底,马基雅维里和妻儿惨淡地回到了老家圣·卡西亚诺的乡间故宅。

然而,事情并未就此终结。1513 年初,他再次被人指控参与旨在推翻美第奇政府的谋反活动,重新回到了监狱,在那里他受到了酷刑:他被双手反捆吊起来,上下六次,但马基雅维里拒不承认自己谋反——那确实与他无关。这段时期,马基雅维里对人生前景十分悲观。好在天无绝人之路,一个月后,正值旧教皇去世,新任教皇克莱蒙七世是佛罗伦萨美第奇家族成员,于是全城欢庆,大赦天下,马基雅维里由是告别囚徒生活,成了一名自由人。

马基雅维里回到乡下,开始了长期的乡间生活。正是在这段时期内,他写下了传世名作《君主论》与《论李维》(*Discourses on the First Ten Books of Titus Livy*)。20 年代初伊始,他接受了教皇给予的经费,从事《佛罗伦萨

---

① [德]卡尔·施米特:《评梅内克的〈国家理性观念〉》,载[德]卡尔·施米特《论断与概念》,朱雁冰译,上海人民出版社 2006 年版,第 45 页。

史》的写作。期间也写作了《卡斯特鲁奇奥·卡斯特拉卡尼的一生》(*Life of Castruccio Castracani*, 1520)、《论洛伦佐去世后的佛罗伦萨事务》(1521)、《战争的艺术》(1521)等。在《卡斯特鲁奇奥·卡斯特拉卡尼的一生》中，马基雅维里给人们展示了一个有望拯救意大利的英雄之形象。马基雅维里痴迷于英雄式君主，这在《君主论》《论李维》中皆可见到。他在《君主论》中提及的米兰公爵切萨雷·博尔贾（Cesare Borgia）、锡拉库萨国王阿加托克雷（Agathocles）皆为英雄，但他们是不完美的英雄，而卡斯特拉卡尼则是马基雅维里心中完美的英雄。卡斯特拉卡尼是帝国的教区牧师，路加的公爵。在马基雅维里的创作下，他成了拥有美德的伟大的国家创立者，只是由于时运不济，中途去世，而未能有所成就。[①] 1527年6月21日，马基雅维里去世。据说，他临终时表示，他在梦中已拒绝上天堂，宁愿与他同时代的政治家们一起在地狱里待着。马基雅维里的尸骨如今不知在何处，佛罗伦萨圣十字教堂里设有他的石棺，以供后人凭吊。

## 隐退乡间，雄心未泯

马基雅维里在乡间耕读的隐退时光中做了些什么？在一封给友人的书信中，他如此描述了他的生活："我早上日出时分起床，然后到我的树林中去伐木；在那里我花一段时间检查前些日子所干的工作，有时和伐木工一起消磨时间。……离开树林，我去一处山泉，在那里我悬挂好鸟网。我腋下会夹着一本书：但丁、彼得拉克或者一个不太重要的诗人如提布鲁斯、奥维德诸如此类的书。我读着他们在书中表达出的爱的激情和他们的所爱，又想想自己，这些沉思使我得到片刻的欢愉。然后我沿着熟悉的小路去小酒馆，还与路人聊聊，打听一些他们那里的新闻，了解各种各样的事情。我还研究人本身：他们有各种趣味，有各种想象。"[②] 马基雅维里接着描写了他晚饭后读书写作的生活，这段文字常为人引用（例如列奥·施特劳斯在他那本《关于马基雅维里的思考》一书中便引用过[③]），它描述了马基雅维里写《君主论》等书时的情景，也折射了马基雅维里的读书境界。他说：

---

[①] Eric Voegelin, "Machiavelli's Prince: Background and Formation", in *Machiavelli*, Vol. 1, edited by John Dunn and Ian Harris, Cheltenham: Edward Elgar Publishing Limited, 1997, p. 277.
[②] [美]列奥·施特劳斯：《关于马基雅维里的思考》，申彤译，译林出版社2003年版，第130页。
[③] 同上书，第176页。

> 黄昏时分，我回到家里，进了书房。在门口，我脱下了白天穿的沾满灰尘的劳动装，换上朝服，整束仪表，然后随书籍进入远古的宫廷。在那里我受到了古人热情的迎接，我享受着只属于我并且是为我而准备的"佳肴"，在那里我可以随心所欲地谈古论今；询问古人的为人处世，他们也乐意作答。常常一坐就是四个钟头，我一点也不感到劳累，烦恼皆抛，全然忘记了穷困和潦倒，我完全被古人迷住了。①

不过，乡间的田园风光显然不能让马基雅维里内心平静。他处于被罢黜之后的孤独状态中，没有任何官职。然而，这位佛罗伦萨的爱国者，真是"位卑未敢忘忧国"，"铁马冰河入梦来"。他在给友人的信中说："命运已经做了安排。因为我不知道如何谈论丝织品或羊毛生意，或是盈利亏损之类的事情，我只喜欢谈论政治。我要不就沉默，要不就是谈论政治。"② 马基雅维里渴望复出，希望得到新政权的起用。献给小洛伦佐·美第奇的《君主论》，正是一份自荐书。遗憾的是，这本小册子并没能给他换来一官半职。直到六年后，也就是1519年，洛伦佐去世，他才被政府起用，作为大使出使卢卡公国。

## 君王宝鉴之奇葩

文艺复兴时期人文主义者写作"君王宝鉴"给君主提出劝诫与建议并不少见，至15世纪意大利君主制大兴，此种类书籍的写作，更是蔚然成风。马基雅维里的《君主论》，正是诸多"君王宝鉴"中最为著名的一部。然而，与大多"君王宝鉴"派作家规劝君主讲信修德、虔敬上帝、爱护万民不同，马基雅维里的《君主论》提出了几乎是相反方向的忠告，其建议极为大胆，堪称惊世骇俗，以致后来罗马天主教会将其列为禁书。马基雅维里被冠以"邪恶的导师"之名，皆由此书而来。而它对西方近世政治思想的发展，则起到了开路先锋的作用。因为在这本小册子中，人们可以发现现代政治科学的方法及基本预设。马基雅维里基于对人性的把握，结合历史上成功与失

---

① 马基雅维里1513年12月10日致弗朗西斯科·维托利的信，转引自［英］迈克尔·怀特《马基雅维里——一个被误解的人》，周春生译，东北师范大学出版社2008年版，第130—131页。
② 转引自［英］乔治·麦尔森《马基雅维里与君主论》，掌晶晶译，大连理工大学出版社2008年版，第14页。

败的事例，阐发了关于政权建立与维系的通则。

《君主论》是给君主的建言，目的在于告诫君主如何维持其政权。马基雅维里把君主国分为两类：一类为世袭而来的君主国，一类为新建立的君主国。他认为前者易于维持，因为人民长期以来已习惯于某个家族的统治。而第二种新建立的君主国，则会遇到多种可能，故而值得探讨。

当时，小洛伦佐复辟君主国，而之前佛罗伦萨为共和国，故而这个君主国属于新建立的君主国，小洛伦佐即为新君主。新君主之新，在于他是君主国的创立者。马基雅维里说，如果之前的人民是君主国的人民，那么新建的政权就很好维持，因为那里的人民已养成了服从的习惯，并不过问政事；而如果原先是一个共和国，则新君主就会面临巨大的挑战，因为共和国的人民已有自由的传统，不易接受君王的统治。在这种情况下，新君主就要采取果断镇压的措施，强迫其服从。马基雅维里这里给君王的主要建议是说，新君主要考虑人们政治上的习惯以及情感状态，采取不同的对策。

马基雅维里又说，如果政权得来得困难，比如通过艰苦的战斗征服一个君主国而建立新政权，则新政权就易于维持。而政权得来的容易，比如通过利用被征服国家的内讧、分裂而建立政权，则新政权反而难于维持，因为它会面临同样的问题。马基雅维里所指出的这条法则可概括为：权力来得容易，则失去也就容易；权力来得困难，失去也就困难。

马基雅维里告诫新君主，外部入侵者建立新政权，宜联络最弱的阶层，因为它们将成为新的统治阶层，而不是与强者结盟。新君主不应帮助他人强大，"谁是促使他人强大的原因，谁就自取灭亡"[1]。马基雅维里分析了法国国王路易十二如何获取伦巴第又快速失去伦巴第的例子。法王来到意大利，部分是因为威尼斯人有野心，想分到半个伦巴第，于是引来了法王的军队，结果意大利2/3都成了法国的领土。法王占领伦巴第后，威名远扬，很多城市投降，归顺于他。但法王接连犯了几个大错。首先他没有给他那些弱小的朋友（他们害怕教廷，害怕威尼斯人）以支持，反而一到米兰后就援助教皇，由此失去了支持他的朋友，却让教廷势力大增。他又引来强悍的西班牙人，想瓜分那不勒斯王国。马基雅维里说，路易十二犯了五个错误：灭掉了小国家；扩大了强国的势力；把强有力的竞争者引入意大利；不驻军在那里；不在那里殖民。第六个错误则是夺取威尼斯人的领土，从

---

[1] [意] 尼科洛·马基雅维里：《君主论》，潘汉典译，商务印书馆1985年版，第17页。

第四章 近代政治思想的基础

而让制约其他国家的力量失去，由此最终失去了伦巴第。此为"法国人不懂政治"[1]。教廷和西班牙在意大利的势力由法国造成，最终也导致了法国在意大利的失败。

马基雅维里提出了很多建议，比如他要君主掌握主动权，发扬"美德"（virtue），不能任由命运驱使，不可消极等待。他甚至建议君主不能坐等机会，而要学会制造麻烦、创造机会。他又告诫君主要谨慎，他说：一个过失足以抵消一千个正确的判断、一百万次幸运。好比中国人所说"一着不慎，满盘皆输"。

政权建立后，君主又该注意些什么？马基雅维里就"统治艺术"进行了探讨。他指出，君主本人是怎样的人并不重要，关键是他在民众前表现得像一个怎样的人。君主只可以慷他人之慨，自己不能慷慨，君主慷慨只有消耗自己的财富，从而让自己失去慷慨的能力，最终遭到他人的轻视与憎恨。他告诫君主，君主与其让人爱戴，不如让人畏惧；因为让人畏惧，主动权在我；让人爱戴，则是依附于他人的喜好。他又讲君主可以不守信，一切要着眼于权力的维持。

他认为世界上有两种斗争的方法，一是用法律，一是用武力，前者属于人类的方法，后者则是野兽的方法。君主必须懂得如何使用这两种方法。野兽的方法，又可分为狐狸与狮子两个类型。[2] 狮子凶猛，但不能识别陷阱；狐狸狡猾，却不能抵御豺狼。因此，最佳的君主必须既像狐狸，也像狮子。[3] 这意味着君主必须同时懂得运用欺骗与暴力，如此，方能保有他的国家。但马基雅维里也补充说，只有在必须时，君主才可以这么做，如有可能，还是不要背离通常的道德准则。

马基雅维里勾画的理想型君主，既有历史中的原型，也有现实中的范例。前者包括希伯来先知与立法者摩西、雅典的创立者提修斯、罗马的创立者罗慕路斯、波斯帝国的奠基人居鲁士。[4] 后者则是马基雅维里同时代的瓦伦蒂诺公爵切萨雷·博尔贾。早在1501年马基雅维里任佛罗伦萨外交官时，他便结识了这位当时的权势人物。据说，博尔贾的佩剑上刻有自己的座右

---

[1] ［意］尼科洛·马基雅维里：《君主论》，潘汉典译，商务印书馆1985年版，第17页。
[2] 狐狸与狮子的比喻，出自古希腊诗人品达（Pindar）。参见［英］理查德·塔克《哲学与治术》，韩潮译，译林出版社2013年版，第62页。
[3] ［意］尼科洛·马基雅维里：《君主论》，潘汉典译，商务印书馆1985年版，第84页。
[4] 同上书，第25页。

铭:"不为恺撒,不如死去。"① 马基雅维里见博尔贾后,对其铁腕手段以及善用计谋十分钦佩,他赞其为"能够独当一面的君主"。博尔贾是教皇亚历山大六世的私生子。他利用父亲给他带来的便利以不光彩手段当上了瓦伦蒂诺公国的公爵。为了扩大地盘,他谋杀自己的哥哥、妹婿。在占领罗马尼阿时,博尔贾为了给当地造就一个好政府,使那里恢复秩序,派去了一个冷酷而机敏的军官雷米罗·德·奥尔科。奥尔科在短期内以强硬手段恢复了地方的安宁与统一,但也招致了人民的仇恨。为了赢得民心,"涤荡人民心中的块垒",博尔贾竟然找机会将奥尔科斩首曝尸广场。② 马基雅维里在"论残酷与仁慈"一节中写道:"切萨雷·博尔贾是被人认为残酷的。尽管如此,他的残酷却给罗马尼阿带来了秩序,把它统一起来,并且恢复和平与忠诚。"③ 马基雅维里说,博尔贾实际上比佛罗伦萨人仁慈得多,因为佛罗伦萨人所谈的仁慈反让许多人遭殃。马基雅维里并不推崇恺撒,这不是由于恺撒夺权的方式,而是由于恺撒在执政后以娱乐、面包腐蚀民众,使他们丧失了公民美德。④ 欲理解此点,我们必须考察马基雅维里思想中共和主义的一面。

## 新君主创建新共和

《君主论》比《论李维》更有名。许多人只从此书来理解马基雅维里,这就导致了许多对马基雅维里的误解。须知这两本书是马基雅维里于同一时期写成,二者之间存在内在的关联,在最根本的观点上也是一致的。理解马基雅维里,最好是将二者结合起来。《君主论》是马基雅维里献给美第奇家族的小洛伦佐这位新君主的,他希望以此书换得复出的机会,而《论李维》是献给两位青年学生的,这样,二者写作针对的对象不同,表达方式自然有别。最明显的差别是前者篇幅短小,后者长篇大论。但二者也有联系,因为那两位青年学生,虽当时无公职,但在马基雅维里眼中乃是未来的君主、"潜在的君主",小洛伦佐则是在位的君主。⑤ 马基雅维里将《论李维》作为礼物馈赠给两位年轻人,他似乎是向年轻人表示:"要配得上君主之位,我

---

① 郑军:《文艺复兴时代杰出哲学家及其代表作》,中国青年出版社2015年版,第219页。
② [意]尼科洛·马基雅维里:《君主论》,潘汉典译,商务印书馆1985年版,第33—34页。
③ 同上书,第79页。
④ [英]约翰·麦克米兰:《群众与暴民:从柏拉图到卡内蒂》,何道宽译,复旦大学出版社2014年版,第95页。
⑤ [美]列奥·施特劳斯:《关于马基雅维里的思考》,申彤译,译林出版社2003年版,第17页。

们必须学习；知识使我们成为潜在的君主。"① 说得更明确一点，马基雅维里是告诉人们，年轻公民必须努力学习政治学，以便未来有资格胜任君主般的领导工作。

马基雅维里在《君主论》开篇写道："从古至今，统治人类的一切国家，一切政权，不是共和国就是君主国。"② 在《君主论》中，马基雅维里重点讨论君主国，在《论李维》中，他讨论的重点是共和国。两本书加在一起，构成了马基雅维里政治理论的整体。诚如施特劳斯之解读，两书在实质上并不矛盾，《君主论》中有共和论，《论李维》中也有君主论。马基雅维里的观点是，共和国的创立需要靠新君主，但它的维持则有赖人民。③ 所谓"一人创制，众人维持"。马基雅维里的理想政体，是共和政体。但他十分清楚，共和国从无到有，需要伟大的开国者。马基雅维里在《君主论》中颂扬的君主模范，都是罗慕路斯、居鲁士等开国者。马基雅维里认为，此种君主的统治不仅无害于共和事业，而且是必需的一环。

在马基雅维里那里，君主与人民的结合，针对的是贵族。君主离开了其人民，便成了孤家寡人，其权力也无法维持。他写道："一个君主如果公平处理事情而不损害他人，就不能够满足贵族的欲望，但是却能够使人民感到满足。因为人民的目的比贵族的目的来得公正。前者只是希望不受压迫而已，而后者则希望进行压迫。"④ 马基雅维里实际主张的是，君主及其人民建立国家，世家大族主导的贵族政治则要被破除。君主要战胜贵族，拥有实权，应当联合人民。

## 我爱我的祖国，胜于爱我的灵魂

马基雅维里尝说："我爱我的祖国，胜于爱我的灵魂。"⑤ 不用说，他是爱国的。但在当时，马基雅维里此言实具反潮流之特征。爱灵魂是指关注灵魂得救一事，在中世纪西人的头脑中，灵魂得救是头等大事，但马基雅维里把对世俗政治秩序的关心放在了灵魂得救之上，这就暗含了对宗教的批判，

---

① [美]曼斯菲尔德：《新的方式与制度——马基雅维里的〈论李维〉研究》，贺志刚译，华夏出版社2009年版，第16页。
② [意]尼科洛·马基雅维里：《君主论》，潘汉典译，商务印书馆1985年版，第3页。
③ [美]列奥·施特劳斯：《关于马基雅维里的思考》，申彤译，译林出版社2003年版，第195页。
④ [意]尼科洛·马基雅维里：《君主论》，潘汉典译，商务印书馆1985年版，第46页。
⑤ [意]马基雅维里：《书信集》，段保良译，吉林人民出版社2013年版，第782页。

马基雅维里也因此常常被指责为不虔诚。马基雅维里在《君主论》中直言，新的时代背景中，君主若恪守基督教所宣扬的美德，那就等着丢掉江山、命丧黄泉。在《佛罗伦萨史》中，马基雅维里借柯西莫·戴伊·美第奇之口说，手里拿着念珠的人无法掌握权力。马基雅维里是想说，政治有其自身的逻辑，维持权力每与宗教训诫相冲突，一个人若十分在意灵魂、在意名节，就不要涉足政治。① 此一观点在20世纪德国的马克斯·韦伯那里，仍可见其踪迹。

马基雅维里从小接受人文主义教育，他生活在文艺复兴后期，但他与那些耽于模仿西塞罗文体的一般人文主义者是十分不同的。马基雅维里关心的是古人的真智慧，而非表面文章。他在《论李维》一书的前言中说，世人只学古人的"形"，而忘了学古人的"神"，他们不惜重金买回古人的雕像放在家中附庸风雅，却把古人的真正教诲丢掉了。② 他谈论古希腊、古罗马，是要以史为鉴，从中发掘资于拯救意大利之经验。他在骨子里赞同共和事业，并不奇怪。公民人文主义（civic humanism），实为马基雅维里政治主张之根本。公民人文主义强调公民参与政治生活、服务于城市国家共善的重要性。这种参与政治生活的自由，自然只有在共和政体中才能实现。公民人文主义尤其兴盛于佛罗伦萨。14世纪末15世纪初，佛罗伦萨共和政体遭到米兰的多次进攻，米兰君主有意扩大其统治范围。在这场政治危机中，公民人文主义是佛罗伦萨人文主义者动员市民捍卫自由、保家卫国的响亮口号。③ 正如汉斯·巴荣所言，马基雅维里在《论李维》中捍卫共和理想，当置于此一语境中去理解。

在解释马基雅维里的思想上，巴荣认为："对15世纪早期公民人文主义世界的逐步重构，能够让我们确信，佛罗伦萨的环境是能够产生一个更为地道的'共和的'马基雅维里的。"④ 换言之，巴荣关于公民人文主义的研究有助于解决《君主论》与《论李维》之间的冲突，揭示马基雅维里思想的共和主义本质。19世纪以来德国的政治理论，从约翰·哥特弗雷德·赫尔德（Johann Gottfried Herder）到黑格尔、费希特到兰克，多以冰冷的"国家理

---

① 参见[德]马克斯·韦伯《伦理之业》，王容芬译，中央编译出版社2012年版，第93页。
② [意]马基雅维里：《论李维》，冯克利译，上海人民出版社2005年版，第43页。
③ [美]保罗·奥斯卡·克里斯特勒：《文艺复兴时期的思想与艺术》，邵宏译，东方出版社2008年版，第47页。
④ Hans Baron, *In Search of Florentine Civic Humanism*, Vol. II, Princeton: Princeton University Press, 1988, p. 192.

性"语言进行，终至 20 世纪酿成纳粹大屠杀灾难。巴荣追溯到通常所谓"国家理性"的先驱人物马基雅维里那里，指出即使是马基雅维里也并非如后人理解的那样残酷。德国人在理解马基雅维里时，丢失了最宝贵的东西。在巴荣那里，马基雅维里实属于公民人文主义传统。

## 马基雅维里与道德

有一种流行的观点认为，马基雅维里是在宣扬政治家不要讲道德。但问题是，马基雅维里还有另一句与当时人文主义者共享的信条——"美德对抗命运"。实际上，马基雅维里对美德做了新的界定。《君主论》属于"君王宝鉴"类作品，这种小册子从 12 世纪以来便十分流行。不过，中世纪的君王宝鉴都是劝诫君主尊重基督教，践行基督教所讲的美德，马基雅维里的《君主论》则将基督教宣扬的美德弃之如敝屣。20 世纪英国政治思想家以赛亚·伯林说，马基雅维里不是不讲道德，而是以一种道德取代了另一种道德，这就是以异教的道德（坚韧、勇敢、果断等）取代了基督教道德（恬退隐忍、仁慈怜悯等）。[①] 伯林所言，不无道理。异教的德，是一种与男性气概相吻合的德，它是与古代社会频繁的战争活动联系在一起的。而基督教的德则是具有女人气的德，它的核心是爱，具体则表现为"怜悯、坚定、谦虚、温柔、忍耐"，它要求人们彼此包容，彼此饶恕。[②] 在人文主义者的话语体系中，命运是指不确定的、偶然的、突发的、多变的因素。命运的形象有二：一是风与轮子，另一个是女神。命运女神的形象是一个额前垂着一缕头发的女人，你必须迅速抓住这缕头发，因为她的后脑是秃的。[③] 马基雅维里说，要粗暴地对待命运，因为她是女人，渴望被征服。[④] 马基雅维里的原创性，正在于他告诉人们存在着两种不同的美德，两种美德之间的冲突不可化解，选择其中一方，就会牺牲另一方。由此，马基雅维里实为伯林所谓的"多元主义的创始人"。[⑤]

---

① [英] 以赛亚·伯林：《反潮流：观念史论文集》，冯克利译，译林出版社 2002 年版，第 66—67 页。
② 《歌罗西书》章 3：12—13。
③ [英] 彼得·伯克：《意大利文艺复兴时期的文化与社会》，刘君译，东方出版社 2007 年版，第 202 页。
④ [意] 尼科洛·马基雅维里：《君主论》，潘汉典译，商务印书馆 1985 年版，第 120 页。
⑤ [英] 以赛亚·伯林：《反潮流：观念史论文集》，冯克利译，译林出版社 2002 年版，第 96 页。

马基雅维里生活的时代，意大利四分五裂。与佛罗伦萨共存的，还有南部的那不勒斯王国、西北部的米兰公国、东北部的威尼斯共和国、中部的罗马教皇辖地，而在英国、法国，近代国家的构建已经起步。意大利的分裂使它成了诸势力争斗中的牺牲品。马基雅维里呼吁的，实际是一种能够统一意大利的新君主。他讲的共和，也可以指向一种新的具有辽阔疆域的意大利共和国。马基雅维里在《君主论》文末，以充满激情的文字写道：

> 这个时机一定不要错过了，以便意大利经过长时期之后，终于能够看到她的救星出现。我无法表达：在备受外国蹂躏的一切地方，人们将怀着怎样的热爱、对复仇雪耻的渴望、多么顽强的信仰，抱着赤诚，含着热泪来欢迎他！什么门会对他关闭？有什么人会拒绝服从他？怎样的嫉妒会反对他？有哪个意大利人会拒绝对他表示臣服？蛮族的控制对于我们每一个人都臭不可闻了。请你的显赫的王室，以人们从事正义事业所具有的那种精神和希望，去担当这个重任，使我们的祖国在他的旗帜下日月重光，在他的指示下，我们可以实现诗人彼得拉克的话语：
> "反暴虐的力量，将拿起枪，
> 战斗不会很长！
> 因为古人的勇气，
> 在意大利人的心中至今没有消亡。"①

## 马基雅维里学说之特色

马基雅维里没有玄奥的政治哲学体系，汉娜·阿伦特把马基雅维里归为政治作家而非政治哲学家，肯定马基雅维里更多地接近政治的本来面目。② 奥克肖特解释马基雅维里为何被罢官后还要写《君主论》毛遂自荐，希望被起用，不是由于马基雅维里贪恋权位，而是由于他深知治国须凭经验，仅《君主论》一书还不足以说明治国之要领。奥克肖特说，马基雅维里"不仅提供给新的君主他的书，而且也提供补偿他的书不可避免的不足之处的东

---

① ［意］尼科洛·马基雅维里：《君主论》，潘汉典译，商务印书馆1985年版，第124—125页。马基雅维里所引彼得拉克诗句，出自彼得拉克的抒情诗《我的意大利》。
② Bhikhu Parekh, *Hannah Arendt and the Search for a New Political Philosophy*, London and Basingstoke: The MacMillan Press Ltd., 1981, p. 2.

西——他自己：他始终感到，政治毕竟是外交，不是技术的应用"①。许多知识必须通过师徒相传的方式去教授。出于对意大利大局的考虑，他愿意做这样一位师傅。

马基雅维里基于对现实的关怀而写作，他的实际政治考虑有两个方面：一是佛罗伦萨城市国家的自由与安全，一是意大利的统一、富强以及由此引申出的与法国、西班牙的竞争。就思想背景而言，马基雅维里在文艺复兴的氛围中写作，其著与之前的公民人文主义者及"君王宝鉴"派作家，多有继承。然而，马基雅维里之重要性，却在于他思想中包含了若干具有历史意义的因素，它们昭示着一个新时代的到来。这些因素未必皆为马基雅维里的原创，但它们确实由马基雅维里予以了最为清晰的阐发。

（1）为武力正名。武力与暴力联系在一起。"凶残的马基雅维里"形象，首先源于他赤裸裸地对暴力予以肯定。马基雅维里视武力为立国的根本，不仅国家创立要靠武力，国家的维持、法律的执行，也要以武力为后盾。他推崇的几个新君主国的创建者，皆为果敢使用武力之人，在杀人、屠城方面，都有过血腥的记录。马基雅维里反复指出，无论是君主国还是共和国，都要有自己的武装，不可依赖雇佣军或外国援军。在讨论君主与人民关系时，马基雅维里说，言行劝说与暴力强迫两种方法，应选择后者，因为人民性情多变，被说服容易，但要他们坚定不移、一直那样就很难了。因此，当人民态度有变时，就应以武力迫使其就范。②他对征服了共和国的新君主说，由于共和国的人会怀念过去的自由，不能平静，"最稳妥的办法就是把它们消灭掉，或者驻（军）在那里"③。显然，马基雅维里劝说君主如此做时，并不考虑屠杀的规模有多大。在马基雅维里的辞典中，"人道主义灾难""人权"等词汇是不存在的。古典时代的哲人、中世纪的基督教作家、马基雅维里时代的人文主义者，无不抨击暴力，视暴力夺权者为僭主、为侵略者，然而马基雅维里的政治学说中，则没有"僭主"或僭政这样的词语。马基雅维里说，世上政体只有两种：一为共和国，一为君主国。亚里士多德政体分类中的"僭主制"，在此付之阙如。对马基雅维里来说，只有成功的君主与失败的君主之分，没有仁义的君主与不义的僭主之别。马基雅维里此论，并非其首创。前文述及，更早一代人文主义者萨卢塔蒂即已提出这一观

---

① ［英］奥克肖特：《政治中的理性主义》，张汝伦译，上海译文出版社2004年版，第25页。
② ［意］尼科洛·马基雅维里：《君主论》，潘汉典译，商务印书馆1985年版，第27页。
③ 同上书，第23页。

点。马基雅维里是进一步将其发扬。然而与古典及中世纪的政治思想相比,其间差别不难看出。

(2) 马基雅维里学说中的"民主"因素。称马基雅维里学说中有民主因素,并非指马基雅维里主张人民当家做主,这里的"民主",大体是在身份平等的意义上去理解的(如后世托克维尔的界定)。马基雅维里发现了人民的力量。值得指出的是,李维《罗马史》中受到谴责的群众,被马基雅维里称为给罗马政治注入活力的"人民"。马基雅维里可谓在思想史上首次为群众正名。[①] 在马基雅维里这里,民主的对立面不是君主统治,而是贵族统治。马基雅维里在著作中多次表示,君主宜联合人民,来对抗、削弱贵族的权力,以改变几个世家大族把持政权的局面,建立自己的实权。因此,马基雅维里的君主,是人民的君主;马基雅维里的人民,是君主领导下的人民。马基雅维里反复指出,君主一定要与人民搞好关系,这当然不是说君主要讨好人民,而是说君主要让人民敬畏君主,觉得自己时刻离不开君主。至于贵族,则要严加防范。正是在与贵族统治相区别的意义上,马基雅维里学说中的民主意涵充分显示出来。以共和国而论,人民的共和国,也比贵族的共和国可取。马基雅维里说,威尼斯人建立的是贵族共和国,古罗马人则把权力交给人民,前者只能维持自身,后者则可建立一个大帝国。[②]

(3) 道德世界的分裂。以赛亚·伯林指出,马基雅维里让西方世界不安,不在于他在道德问题上的暧昧,而在于他最早指出不同道德之间根本上存在着冲突,并非所有的美德都能和谐共存。如前所述,伯林将马基雅维里视为多元论的先驱作家。而西方文明长期以来最深层的预设则是一元论。传统理性主义相信,世界和人类社会都是一个可以理解的单一结构,遵循着唯一的某个法则。这种一元论,事实上被马基雅维里打破了。[③] 确实,马基雅维里给世人展示了一个四分五裂的道德图景,以前人们视基督教道德为唯一的道德,马基雅维里则指出统治者考虑到政权的维持,要奉行另一套道德。统治者与臣民,所遵循的是不同的道德。俗人与圣徒,公民与商人,实际上都有着不同的道德要求。

(4) 马基雅维里学说的"科学"特征。马基雅维里通常被称为现代政

---

① [英]约翰·麦克米兰:《群众与暴民:从柏拉图到卡内蒂》,何道宽译,复旦大学出版社 2014 年版,第 90 页。
② [意]尼科洛·马基雅维里:《论李维》,冯克利译,上海人民出版社 2005 年版,第 59 页。
③ [英]以赛亚·伯林:《反潮流:观念史论文集》,冯克利译,译林出版社 2002 年版,第 83 页。

治科学的奠基人。这不仅因其学说中的"现代"特征，也因其学说中的"科学"特征。在前一个方面，马基雅维里不把良善生活作为政治社会的目的，而只着眼于自由、和平与安全的寻求。这被称作降低了政治生活的目标。而此点正是现代政治哲学的特点。马基雅维里第一次肯定了政治事务、政治领域的自主性（autonomy），将之与道德和宗教相分离，指出政治事务有其独特的逻辑，政治领域的成功有其自己的标准。从前谈论政治，总离不开对道德形而上学或神学框架的参照，在马基雅维里这里，这种做法被抛弃了。政权的创建维持与个人道德上的完善、政治社会的道德理想、灵魂的得救，完全脱钩。在第二个方面，马基雅维里被称为政治科学家，因为他专门讨论了政权的获得、维持、失去的一般规律，探求了不同政策可能带来的不同后果，从而给政治家以借鉴。在某种意义上，马基雅维里的政治著述中包含了后世所谓的权力科学、政策科学。

## 圭恰迪尼：佛罗伦萨一位保守的共和论者

图21　圭恰迪尼

尽管佛罗伦萨的政体曾在共和制与君主制之间反复，但共和制而非君主制，才是佛罗伦萨的政治传统。从理论上明确将自由的共和国界定为佛罗伦萨的传统者，是一位叫弗兰西斯科·圭恰迪尼（Francesco Guicciardini）的人。圭恰迪尼是马基雅维里的友人，比马基雅维里要小十来岁，但其写作生涯，却比马基雅维里要早。他的思想的展开，基本不受马基雅维里影响。马基雅维里老成多谋，他以遮遮掩掩的方式表达了共和理想，圭恰迪尼青年得志，他以明明白白的文字为共和辩护。但是，马基雅维里的共和理想，认为政治是全民参与治理之事，具有激进的色彩，而圭恰迪尼的共和主义，反而具有保守、温和的色彩。圭恰迪尼的共和主义，是一种具有贵族色彩的共和主义，圭恰迪尼比马基雅维里更重视贵族之于共和国的意义。事实上，圭恰迪尼对马基雅维里多有批评，他晚年曾专门写过《关于马基雅维里〈论李维〉的思考》一文，其中他认为，马基雅维里是一个无视现实的狂热分子，是政治中的乐观主义者。

圭恰迪尼1483年3月6日出生于佛罗伦萨一个十分显赫的贵族家庭。他从小学习希腊文、拉丁文，接受了人文主义教育。长大后，他先后在佛罗伦萨、费拉拉、帕多瓦学习法律。1505年，他获得了民法博士学位，随后开始在大学里做教师。1508年，圭恰迪尼开始了其写作生涯。他最早的著作《佛罗伦萨史》正是从这个时候开始写作的。1509年，他开始从政，其时，佛罗伦萨是共和政体。28岁那年，即1511年，他被选为佛罗伦萨驻西班牙公使。在这一时期，在洛格罗诺小镇，他写下了《洛格罗诺论集》，他在其中已提出关于佛罗伦萨政体改革的设想。他的政体改革计划，原本期望被皮耶尔·索德里尼执掌的共和政府采纳。然而，到圭恰迪尼完成论著时，共和政府已被推翻。1514年，圭恰迪尼从西班牙回到佛罗伦萨。当时佛罗伦萨是美第奇家族掌权，圭恰迪尼虽心系共和，但仍出任了君主制政府的多个要职，并得到教皇的器重，长期担任地方长官。[①]

1521年，圭恰迪尼开始写《关于佛罗伦萨政府的对话》。1524年，该书完成。它分为两卷，书中虚拟了四个人（Bernardo Del Nero, Piero Capponi, Pagolantonio Soderini, Piero Guicciardini）的对话。《关于佛罗伦萨政府的对话》与《格言集》被视为圭恰迪尼思想成熟时期的著作。1530年，由于政治上的原因，他被迫离开佛罗伦萨，四年后才回来。1540年，圭恰迪尼去世。

圭恰迪尼一生可谓公务繁忙，他为人处世温文尔雅，不失贵族风范，他

---

① Francesco Guicciardini, *Dialogue on the Government of Florence*, edited and translated by Alison Brown, 中国政法大学出版社2003年版, pp. vi–ix.

被后人称为那个时期的政治家、外交家，但因其言行不一，并不忠于自己的共和主义理想，也常被道学家讥为"犬儒主义者"。他从未放弃写作。除上面提到的几部作品外，圭恰迪尼还著有《意大利史》（共20卷）。所以，他也被后人称为文艺复兴后期重要的史学家。

## 贵族共和论

圭恰迪尼认为，自由是佛罗伦萨的传统，佛罗伦萨的理想政体是混合政体。在美第奇家族实行的君主制下，圭恰迪尼的建议是落实、加强政体中贵族的地位，同时扩大公民的参与。圭恰迪尼这种混合政体理想以威尼斯的混合政体为样板。不过，他认为威尼斯政体仍有不足，不足便在于政体中元老院地位太低。他建议佛罗伦萨设立由两百个名流组成的元老院。他说，佛罗伦萨在古代是自由的，在意大利是一个自治市，这部分由于它的地理位置，也由于佛罗伦萨居民的特征。佛罗伦萨居民的特征便是，不断地自觉追求财富与权力，关心公共事务。大批居民都有直接参与政治生活的热情。他们视参与政治为自由，憎恶其参与政治的机会被掌权者剥夺。圭恰迪尼说："在佛罗伦萨，自由与其说写在墙上与条幅上，不如说刻在人们的心灵中。"[①] 不过，圭恰迪尼的谨慎之处在于，尽管他承认广泛的公民参与是自由的前提，他并不认为仅凭公民的热情就能把事情办好。他强调应以其他制度设置来平衡平民在政体中的作用。在他看来，完全的、公开的公民政治活动反而有害。与马基雅维里认为贵族与平民的冲突带来共和不同，他认为，冲突对共和政体会造成破坏性的后果。罗马的贵族与平民如果团结一致，罗马的形势会更好。"赞美不团结，就像因为用药治好了病，（不赞美药）却赞美病人的疾病一样。"[②]

圭恰迪尼反对奢侈。他认为，过度的财富有害于自由。在《洛格罗诺论集》中他指出，共和国必须富有，但其中的居民个人却必须保持贫困，不能有明显的贫富分化。

---

[①] Francesco Guicciardini, *Dialogue on the Government of Florence*, edited and translated by Alison Brown, 中国政法大学出版社 2003 年版，pp. 16 – 17.

[②] Francesco Guicciardini, "Considerations on the 'Discourses' of Machiavelli on the First Decade of T. Livy", in *Francesco Guicciardini Selected Writings*, edited and introduced by Cecil Grayson, translated by Margaret Grayson, London: Oxford University Press, 1965, p. 68.

与马基雅维里一样，圭恰迪尼反对使用雇佣兵而主张建立国民军，不过马基雅维里认为，佛罗伦萨国民军实是公民军（citizen milita），而圭恰迪尼则认为，军队应掌握在国王的手中。[1]

圭恰迪尼之共和主义，还体现在他视共和国为法律的共和国，主张实行法治。他认为，自由与法治是联系在一起的。法治让人们在一起和平共处。个人只能服从法律所体现的公共的、普遍的权威，而不能服从特殊的个人或少数人的意志。他主张法院的重要性，提出共和国的最高法官应当终身任职。

## 共和的理据

在《意大利史》卷二第2章中，圭恰迪尼记录（或曰创作）了鲍兰托尼奥·索德里尼（Paolantonio Soderini）与桂丹托尼奥·维斯普（Guidantonio Vespucci）的发言，以展示在佛罗伦萨政体问题上截然不同的两种观点。对话的背景是入侵的法国国王离去后，佛罗伦萨需重建政府，因此在市政广场上举行公民大会，以期制定新宪。索德里尼是人民政府的代言人，律师维斯普则是共和政府的捍卫者。

索德里尼陈述的要点包括：佛罗伦萨人对自由的欲求与生俱来，历史悠久。自由政府是实现公民政治平等的条件。在人民政府中，职位和权力的分配不是由某个人或某个派别决定，而是由公民大会决定，按美德与功绩分配职位。重要的决定做出后由行政官或固定的委员会执行。索德里尼说，少数公民掌权的政府是少数暴君的政府，危害甚于一个人的暴政。佛罗伦萨应以威尼斯政体为榜样，威尼斯的统一源于威尼斯良好的政体。人民政府的不足，可在以后逐步纠正。

针对索德里尼的观点，维斯普做了如下反驳：广大民众缺少统治必需的智慧与经验。明智之士皆觉得很难理解的事情，不能期望由不同想法、地位和风俗习惯的人组成的群体能理解。人人平等将"打乱美德与能力的位置"。在人民政府中，最有权势的将是知识最为浅薄、最一钱不值的人。"人们只听多数人的意见，而不考虑这些意见的价值。"[2] 从暴政下解放的人民，将走

---

[1] Francesco Guicciardini, *Dialogue on the Government of Florence*, edited and translated by Alison Brown, 中国政法大学出版社2003年版，p. xxiii.

[2] [意]圭恰迪尼：《意大利史》，辛岩译，广西师范大学出版社2014年版，第174页。

向另一个极端而陷于放纵,他们带来的将是另一种暴政,这种暴政更有害。维斯普说:"愚昧无知比邪恶更为危险,因为愚昧无知没有任何负担和制衡,没有任何标准和尺度,也没有任何法律,而邪恶至少还有某些规则,某些约束,某些局限。"① 威尼斯的政体并不能说明人民政府的好处,因为在威尼斯做决定的不是人民而是少数人。政体最初没有设计好,不会慢慢地变完美,只会带来无穷危害。历史上,雅典的衰败,正是源于大事由人民决定。

圭恰迪尼展示的这场辩论,给出了为民主(议行合一的人民政府)与共和(混合政体)各自辩护的理由,双方唇枪舌剑,理据充分,精彩绝伦。人民政府支持者以自由、平等为旗号,强调佛罗伦萨的自由传统,指责共和政府具有寡头性质,是少数人的暴政;共和政府支持者则着眼于统治效果,主张有经验、有智慧的少数人的统治,并指出人民的暴政甚于一个人的暴政。双方都提出要以威尼斯政体为榜样,但维斯普指出,索德里尼误读了威尼斯政体。

结合圭恰迪尼在其他著作的论述,我们可知圭恰迪尼支持的是维斯普的观点。圭恰迪尼在《格言集》中有一段话,与维斯普发言中所说的"无知比邪恶更可怕"意思相类。在《格言集》中,圭恰迪尼写道:"如果一个人出于无知,或者恶意冒犯了我,这两者之间的差别在哪里?如果是出于无知的话,情况更加严重。因为恶意起码带有明确的目的,会按照它自己的规则来进行,因此并不会造成最大的伤害。相反,无知因为既没有目的,也没有规则或者标准可以遵循,随意爆发,甚至会殃及无辜。"② 换言之,圭恰迪尼赞同维斯普的观点,或者说,他是以历史人物维斯普之口,表达了他的共和主义政治见解。

## 圭恰迪尼思想的保守性

圭恰迪尼重视经验,重视实践中的效果,反对哲学家与神学家的连篇废话,反对完美主义、理想主义。他的思想的方方面面,皆表现出明显的保守性,我们不妨从如下几点来看。

(1)人性论。圭恰迪尼认为人性本是向善的,③ 然而,现实中诱惑太多,

---

① [意] 圭恰迪尼:《意大利史》,辛岩译,广西师范大学出版社2014年版,第175页。
② [意] 圭恰迪尼:《格言集》,周施廷译,广西师范大学出版社2013年版,第92页。
③ 同上书,第117页。

人性总是被扭曲。由此，我们所观察的人，大部分都是邪恶的。圭恰迪尼认为，世间坏人多，好人少。即使好人，也不完美。人按习惯行动，而少按理性行动。① 人自私自利，总为自己考虑的多，为他人考虑的少，甚至不会考虑别人。② 人有权力欲。他贪婪，总是向前看，不知道满足，而且经常忘恩负义。人自欺欺人，在善恶问题上对己对人持双重标准。③ 人往往说一套，做一套。他说："不要相信某些人说自己因为喜欢安稳和平静而无意于追逐权力和地位的话。因为他们这么说往往是出于虚浮矫饰或者无可奈何。经验告诉我们：只要他们得到回到以前生活的机会，这些人马上就会放弃所谓的安稳和平静，有如烈火遇到干柴油脂一样，急迫地抓住一切。"④ 以类似的句式，他写道："不要相信那些热情鼓吹自由的人。几乎他们所有人——很可能每一个人——心里都有着自己的盘算。毋庸置疑的是，经验已经向我们证明，一旦他们认为专制政府能给自己带来更多的好处，这些人会立即奔向专制政府。"⑤ 圭恰迪尼在其《意大利史》中，对事件中人亦做了极低的评价，以至于蒙田读后对圭恰迪尼的人品产生怀疑。⑥

（2）对政体变革（革命）的看法。圭恰迪尼反对革命，他提醒人们不要对革命寄予希望。他指出，一切革命都达不到革命者最初的设想，反而会让局势越变越糟。⑦ 而且，革命者即使胜利，他在台上也要时刻担心新革命的发生。⑧ 圭恰迪尼说："不要在革命上浪费时间，结果不过是一张新面孔取代了旧面孔。攻击你的人从彼得换成了马丁，对你而言有什么区别？"⑨

（3）命运观。圭恰迪尼重视偶然性、例外，强调命运在人类事务中的作用，认为未来充满各种可能，不可预测，人们也无法就人类事务总结出某种通则。他写道："命运在人类的事情中起着决定性的作用。我们经常看见事

---

① ［意］圭恰迪尼：《格言集》，周施廷译，广西师范大学出版社2013年版，第87页。
② 同上书，第85、103页。
③ 同上书，第77页。
④ 同上书，第39页。
⑤ 同上书，第58页。
⑥ 蒙田一方面承认圭恰迪尼是一位勤奋的历史学家，另一方面则指出："他对那么多人和事、对那么多动机和意图的评论，没有一字提到美德、宗教和良心，仿佛在世界上这些是不存在的；对于一切行动，不论外表上如何高尚，他都把原因归之于私利和恶心恶意。他评论了数不清的行动，居然没有一项行动是出于理性的道路，这是令人无法想象的。不能说普天下人人坏心坏眼，没有一个人可以洁身自好，这叫我怀疑他自己心术不正，也可能是以己之心在度他人之腹。"参见［法］蒙田《蒙田随笔全集》中卷，马振骋等译，译林出版社1996年版，第92—93页。
⑦ ［意］圭恰迪尼：《格言集》，周施廷译，广西师范大学出版社2013年版，第122页。
⑧ 同上书，第53页。
⑨ 同上书，第131页。

情的发展常常被一些偶然的情况影响，而人既无法预见，也无力避免。虽然聪明和谨慎可以成就许多事情，但是仅凭这些是远远不够的。"①

## 圭恰迪尼与马基雅维里之比较

圭恰迪尼与马基雅维里同为佛罗伦萨的公民人文主义作家，皆有共和理想，但是，圭恰迪尼的共和主义与马基雅维里的共和主义有着相当的距离。

圭恰迪尼写作《关于佛罗伦萨政府的对话》前，已读过马基雅维里的《论李维》，他不同意马基雅维里的基本观点。虽然二人皆赞同混合政体，但马基雅维里推崇古罗马，而圭恰迪尼则推崇威尼斯。马基雅维里信赖人民，圭恰迪尼则不然。② 圭恰迪尼说："人民政府（popular government）的好处在于那里不会有暴政，有法必依，一切决策皆以普遍福利为目标。弊病则是人民由于其无知，不能在具有重要性的问题上做决定。任何共和国决策如果交给人民，必将很快衰败。人民政府不稳定，人民总是寻求变革，但又极易受野心家的欺骗与误导。他们还乐于迫害优秀的公民，他们喜欢新奇与制造骚乱。"③ 马基雅维里说，罗马史表明，让人民守护自由比让贵族守护自由更令人放心。圭恰迪尼说，罗马史上，贵族守护自由更让人放心。圭恰迪尼表示，他支持混合政体，但如果非要他在贵族与人民之间选择，他宁可选择前者，因为贵族审慎而有优秀品质，人民则无知、糊涂，带有许多坏的品质，他们只会摧毁一切。④ 马基雅维里认为缔造秩序的伟人可以功成身退，圭恰迪尼认为这基本上是一种幻想。圭恰迪尼指出，君主总是想着把王位传给自己的后代，权力绝对的君主，并不难做到这一点。⑤

马基雅维里常举罗马的例子，通过点评历史来表达思想；圭恰迪尼则讥讽"时时引用罗马为例"的人把历史上的例子与当下现实进行比较"就如同一头驴子像马一样去奔跑那么不正常"⑥。他说，马基雅维里根据几件历史

---

① [意] 圭恰迪尼：《格言集》，周施廷译，广西师范大学出版社 2013 年版，第 45 页。
② Francesco Guicciardini, *Dialogue on the Government of Florence*, edited and translated by Alison Brown, 中国政法大学出版社 2003 年版, p. xxiii.
③ Francesco Guicciardini, "Considerations on the 'Discourses' of Machiavelli on the First Decade of T. Livy", in Francesco Guicciardini, *Francesco Guicciardini Selected Writings*, edited and introduced by Cecil Grayson, translated by Margaret Grayson, London: Oxford University Press, 1965, p. 66.
④ Ibid., p. 71.
⑤ Ibid., p. 63.
⑥ [意] 圭恰迪尼：《格言集》，周施廷译，广西师范大学出版社 2013 年版，第 73 页。

事件就得出绝对的结论，没有看到"由于所处环境的差异，对几乎所有事物，人们都必须加以区分或者列出例外。这些境况不受一个不变的法则支配"①。在他看来，历史先例对于分析当代的问题，并无多大作用，因为今人的形势与古人完全不同。他也批评马基雅维里夸大了暴力的作用，否定了仁德之君缔造和平的可能性。

在圭恰迪尼那里，我们看到他沿袭传统，区分了君主与暴君。圭恰迪尼认为，君主应是"公共利益的守护人与管理者"②，是人民的保护者，否则就是暴君。创建暴政的暴君，应受到最强烈的谴责。③而马基雅维里则对此二者不做区分，甚至热衷于为暴君立碑作传。如下几句是马基雅维里不会写出的："把暴君统治的砖块粘合起来的泥浆是公民们的血液。让所有人一起努力不要让我们的城市里竖起这样的建筑。"④然而现实中遇到暴君统治该如何对待？圭恰迪尼给出了其建议——与之友好合作，担任公职，以用自己的权力尽量减少罪恶，而非进行革命。此点再次体现了他思想的保守性。

当代意大利学者莫瑞兹奥·维罗里（Maurizio Viroli）认为，圭恰迪尼比马基雅维里更接近国家理性理论，更具有过渡时代思想的特点。⑤在笔者看来，这种观点并不成立。圭恰迪尼确实谈论到了"国家理性"这个话题，并且明确（通常说是首次）提出了"国家理性"概念。然而，他对之所持的是批判、反对的态度。圭恰迪尼心系共和，他说："在我死之前我盼望三件事情能够做成……我希望在我们的城市里建立起一个井然有序的共和国；意大利能够摆脱野蛮人的控制；世界可以从邪恶僧侣们的暴政中解放出来。"⑥

在命运观方面，马基雅维里基本赞同"以美德对抗命运"，强调人凭自己的美德去克服偶然性，以皮鞭征服命运女神。圭恰迪尼则向人们表示：人能做的十分有限，人在命运女神面前，束手无策，无能为力。一切东西，最

---

① [意]圭恰迪尼：《格言集》，周施廷译，广西师范大学出版社2013年版，第35页。
② 同上书，第94页。
③ Francesco Guicciardini, "Considerations on the 'Discourses' of Machiavelli on the First Decade of T. Livy", in Francesco Guicciardini, *Francesco Guicciardini Selected Writings*, edited and introduced by Cecil Grayson, translated by Margaret Grayson, London: Oxford University Press, 1965, p. 77.
④ [意]圭恰迪尼：《格言集》，周施廷译，广西师范大学出版社2013年版，第122页。
⑤ [意]莫瑞兹奥·维罗里：《从善的政治到国家理由》，郑红译，吉林人民出版社2011年版，第8页。
⑥ [意]圭恰迪尼：《格言集》，周施廷译，广西师范大学出版社2013年版，第120页。

后都注定要毁灭。事件发展背后存在的不过是上帝的意图。①

最后，我们还可以看看二人在美德观上的差别。"virtue"在圭恰迪尼那里，是指共和国所要求的人的天然的优点，是道德或礼貌（moral or civic）上的品质，这与马基雅维里所指的能力或"prowess"（勇武）意义上的"virtue"是不同的。②圭恰迪尼对人的"美德"的失望，在当时具有典型意义，依昆廷·斯金纳之解读，这一现象标志着"美德"时代的终结，亦即公民人文主义的终结。"整个时代被判定为一个美德未必得到承认、即使得到承认也不再加以贯彻的时代。"③

## 托马斯·莫尔：成功的文人，失败的政治家

文艺复兴是一场遍及全欧的运动。在北方欧洲，有一位来自英国的耀眼明星，他的名字叫托马斯·莫尔（Sir Thomas More）。莫尔是北方人文主义的杰出代表，他身后被天主教会追封为圣徒。他少年英俊，才华横溢，禀性正直，锋芒毕露。即使入仕，亦不知收敛，甚至正面与国王亨利八世较劲，最终误了性命。莫尔在政治思想史上以他的《乌托邦》一书而出名，人们或许会认为他是一个待在书斋里耽于空想的文人，殊不知莫尔是有着丰富从政经验的政治家，不过，他是个失败的政治家。

莫尔于1478年2月7日出生于伦敦一个富有的市民家庭。父亲是律师，曾任皇家高等法院法官。少年莫尔受到了良好的教育。小学时，他打下了良好的拉丁文基础。1492年，他入牛津大学坎特布雷学院学习，修了文法、修辞学、伦理学等课程。牛津大学是当时英国人文主义者活动的中心，莫尔之人文主义思想，大抵受此影响。

1494年，莫尔回到伦敦，他的父亲希望他子承父业，要他学习法律。两年后，他入伦敦的林肯大学学习法律。1502年，莫尔终成合格的律师。莫尔的律师生涯名声颇佳，他向来品德高尚，在办案时更是廉洁公正，深受时人敬佩。这时，他也花大量的时间研读柏拉图、亚里士多德、奥古斯丁

---

① Francesco Guicciardini, *Dialogue on the Government of Florence*, edited and translated by Alison Brown, 中国政法大学出版社2003年版, p. xxviii.
② Ibid. .
③ [英]昆廷·斯金纳：《近代政治思想的基础》上卷，奚瑞森、亚方译，商务印书馆2002年版，第292页。

等人的著作。他曾专门写过一篇对话，为柏拉图的共产主义进行辩护。他喜欢希腊作家远甚于拉丁作家。1504年，26岁的莫尔被选为国会下院议员。1509年亨利八世继位后，他历任国家要职，如伦敦市行政司法官、国家枢密顾问、副财务大臣。1521年，他受封爵士。1523年，他当选下院议长。1529年，他被国王任命为大法官。莫尔从事国务活动时，仍保持刚正不阿之作风，这使他屡次得罪英王。后来，由于英王亨利八世离婚一事，莫尔反对英王的做法，遂于1532年辞去大法官一职，回到家中。英王大为不悦。1533年，亨利八世自称英国教会的首领，全英的精英人士都必须宣誓承认。莫尔拒绝宣誓，被关进了伦敦塔。最后，莫尔被英王命令处死，他的妻子儿女也受到英王的迫害。1535年7月7日，莫尔受刑。据说，莫尔赴死时神情自若，还和刽子手戏言：我的脖子短，请您好好瞄准，免得砍不准丢人现眼。

莫尔之为人与才学颇受同时代人的颂扬。牛津大学的文法学家罗伯特·威廷顿在1520年如此评价他："莫尔是一个智力超群、学识渊博的人。我不知道谁能与他媲美。我们从哪里还能找到情操如此高尚、待人如此彬彬有礼的人呢？"[①] 莫尔的至交、北方人文主义的另一重要代表人物伊拉斯谟，也对莫尔予以高度评价。伊拉斯谟曾向友人表示，英国有莫尔这样的才俊，真是叫人羡慕![②]

莫尔喜欢自由清闲，并不注重个人修饰。他喜欢从生活中发现乐趣。他的朋友众多，"似乎生来就是为了友谊"。与人交谈幽默风趣，每每令人难忘。莫尔有个爱好，就是饲养和观察各种动物，此外，他还喜欢收藏。"他家里豢养的鸟类几乎是无所不有，他豢养的兽类是难得一见的，比如猿猴、狐狸、雪貂、鼬鼠，等等。此外，他喜欢购买外国制造的、有观赏价值的东西，他的住宅里遍布这样的洋玩意，所以凡是客人目光投向的地方无不陈列着需要仔细欣赏的藏品；每当客人高兴地观赏这些藏品时，他也从别人的享受中得到乐趣。"[③] 此为伊拉斯谟在一封信中的描述。据说莫尔饲养的动物中有一只猴子，非常聪明，最为出名。

莫尔是个写讽刺短诗的高手，他为后人留下了三十余首讽刺诗。他对社

---

① [苏]奥西诺夫斯基：《托马斯·莫尔传》，杨家荣、李兴汉译，商务印书馆1995年版，第1页。
② 同上书，第20页。
③ 伊拉斯谟致乌尔里希·胡腾，1519年7月23日，转引自[荷兰]约翰·赫伊津哈《伊拉斯谟传》，何道宽译，广西师范大学出版社2008年版，第244页。

会政治的看法，在这些短诗中也有反映。一首题名为《明王与昏君》的诗是这么写的：

何谓明王？就是牧犬，保护着羊群驱散豺狼。
何谓昏君？就是豺狼自身。

另一首讽刺诗中说：

明王何以别于暴君？
暴君视民如奴隶，
明君视民如子弟。

莫尔反对王权神授学说，认为人民有诛暴君的权利，君主应考虑人民的想法。在《王权由民意授予并罢黜论》中，他写道：

万人头上立，
终须万人扶，
群情不拥戴，
让位莫踟蹰。
人君失辅翼，
自负何所图？
民心若不归，
君位难保住。①

莫尔还写过历史著作《理查三世的历史》，不过没有写完。莫尔最杰出的作品是《乌托邦》。《乌托邦》一书于1516年首次出版，当时名为《关于最完美的国家制度和乌托邦即新岛的既有意义又有趣的金书》。此书获得了极大的成功，一时间人们争相传阅，人文主义者视之为至宝，达官显贵视之为从政指南，莫尔成了全欧关注的焦点人物。不少人反复阅读《乌托邦》，

---

① ［德］卡尔·考茨基：《莫尔及其乌托邦》，关其侗译，生活·读书·新知三联书店1963年版，第139—140页。

竟能背诵全文，有人未明白莫尔的寓意，竟收拾行囊准备按莫尔的描述去寻找乌托邦。[①] 伊拉斯谟深知莫尔的用意，他说，莫尔此书的目的"是要证明国家为什么会衰败，但最主要的是在影射他深有研究并熟谙的不列颠国家"。

## 乌托邦：无为有处有还无

《乌托邦》是莫尔于1515—1516年写成的作品。那时莫尔任职于英国驻法兰德斯使馆，有不少闲暇时光。该书共分两部，莫尔先写第二部，后写第一部。《乌托邦》一方面包含了莫尔对16世纪英国社会经济与政治状况的批判，另一方面也体现了莫尔对理想国家的展望，其间一以贯之的则是深切的人文主义关怀。在写法上，《乌托邦》有仿效柏拉图的对话体之意，他称全书是"杰出人物拉斐尔·希斯拉德关于某一个国家理想盛世的谈话，由英国名城伦敦的公民和行政司法长官、知名人士托马斯·莫尔转述"。

莫尔所生活的15、16世纪，正是英国资本主义原始积累的时期。面对资本主义的冲击，英国社会出现了大量的冲突，小偷、强盗增多，贫富分化严重。莫尔虽身居高位，却同情民间疾苦。在一次私人通信中他曾说，这个世界"到处是尔虞我诈和相互倾轧，到处是狠毒的诽谤和强烈的嫉妒，到处是恶魔在统治着人间——人们在忍饥挨饿"。在《乌托邦》中，莫尔对现实社会的反思更为系统，他认为，英国底层人民铤而走险，实际是恶劣的政治和社会使然。频繁的战争、寄生的贵族阶层、圈地运动，造成了英国人民的苦难。莫尔的批评既针对国王、贵族，也针对新兴资产者。尤其是对圈地运动，莫尔表示强烈反对，他呼吁立即叫停让人民失去土地的圈地运动。他说："你们的羊，一向是那么驯服，那么容易喂饱，现在则变得很贪婪，很凶蛮，以至于吃人，并把你们的田地、家园和城市蹂躏成废墟。……佃农从地上被撵走，为的是一帮实际上为害本国的贪食无餍者，可以用一条栅栏把成千上万亩地圈上。有些佃农则是在欺诈和暴力手段之下被剥夺了自己的所有，或是受尽冤屈损害而不得不卖掉本人的一切。"[②] 莫尔挖掘英国社会问题的根源，认为问题的根源就是私有制。莫尔相信，只要实行私有制，就不可能有公正而美好的社会。莫尔基于人文主义关怀对圈地运动的抗议，在当时

---

① [苏]奥西诺夫斯基：《托马斯·莫尔传》，杨家荣、李兴汉译，商务印书馆1995年版，第93页。
② [英]托马斯·莫尔：《乌托邦》，戴镏龄译，商务印书馆1959年版，第21—22页。

得到了官方的重视，英王亨利八世曾专门召集成立了圈地问题调查委员会，着手处理圈地运动带来的社会危机。

图 22　莫尔《乌托邦》中的公共食堂

与现实的不公、痛苦形成对照的，是莫尔心中的乌托邦。乌托邦气候宜人，草色常青。其中实行公有制，产业以农为本，没有残酷的私人竞争，人们不是为钱而活，他们参加公益性的劳动，实行六小时工资制，社会产品丰富，财富按需分配。政府官员由层层选举产生，最终产生一个四人议事会（全岛分四个区，每区出一名代表），以讨论的方式处理公共事务。重大问题则由全岛大会议决。乌托邦里的生活简朴而高尚，健康而快乐。人们吃公共食堂，晚饭后有一小时文娱活动或哲学研讨。不存在赌博等不良风气，娱乐活动也贯穿着教人为善的宗旨。乌托邦里的人享有完全的宗教信仰自由。

关于婚姻，莫尔倒没有主张共妻。但他别出心裁地告诉我们，乌托邦里的婚姻习俗外人会觉得可笑。这个习俗就是裸体相亲法。男女双方都须赤身裸体，在媒人的陪伴下见面。乌托邦人这么做有他们的道理，他们反而觉得别国的做法很愚蠢。"人们买一匹花钱本不太多的小马，尚且非常慎重，尽管这匹马差不多是光着身子，尚且不肯付钱，除非摘下它的鞍子，取下全副挽具，唯恐下面隐蔽着什么烂疮。可是在今后一生苦乐所系的选择妻子这件事上，他们却掉以轻心，对女方的全部评价只根据几乎是一手之宽的那部分，即露出的面庞，而身体其余部分全裹在衣服里。这样，和她结成伴侣，如果日后发现什么不满意之处，就很难融洽地共同生活下去。"①

乌托邦为后人诟病的一个地方在于保留了奴隶制。莫尔颇有些"君子远庖厨"的意思。他认为，屠宰牲畜等"贱业"必须限制在城外，由奴隶去做，免得"逐渐消灭人性中最可贵的恻隐之心"②。那些奴隶戴着镣铐工作，他们有的是战俘，有的是从外国买来的（他们在自己的国家里犯了死罪），还有的是在国内犯了重罪被黜为奴的。莫尔认为，让犯了命案之人充当奴隶，服务社会，比判死刑要人道。在16世纪的欧洲，死刑是以剖心、砍头等残酷方式进行的。显然，乌托邦里并不讲人人平等。

乌托邦里人们对疾病的看法，也是颇为有趣的。乌托邦里的病人能够得到很好的照料，但是，如果病人得的是绝症，又痛苦不堪，教士和官员就要来劝说他自我了断，或者让他同意由别人替他了断。理由是减轻病人的痛苦，让病人得到解脱。但如果病人不同意，其他任何人都不能强制。③乌托邦里反对未经议会批准的自杀行为，未经批准自杀的人将被曝尸荒野而不得

---

① ［英］托马斯·莫尔：《乌托邦》，戴镏龄译，商务印书馆1959年版，第88页。
② 同上书，第62页。
③ 同上书，第87—88页。

安葬。显然，人文主义者莫尔并不漠视生命，但他强调快乐的重要性，这已有些许功利主义的色彩。事实上，莫尔曾仔细地讨论过乌托邦里人们对身体快乐与精神快乐的理解。现实社会充满着痛苦，乌托邦则是一片乐土。

## 与路德神甫斗法

在创作《乌托邦》之外，莫尔生命中闪亮的另一个篇章是他与宗教改革家马丁·路德充满火药味的论战。莫尔虽然看不惯天主教会的一些腐败行为，但他只是主张旨在巩固天主教会的温和改革，而路德神甫则试图以新教代替旧教。路德教不仅对教义的诠释不同于天主教，对天主教的仪式予以批判，对僧侣阶层存在本身也构成实质性的冲击。

1520年10月6日，继《九十五条论纲》发表之后两年，路德在维登堡发表《教会的巴比伦俘虏》一书，尖锐批判教会学说，七项圣礼中，路德只承认两项。英王亨利八世组织力量写了《为七项圣礼辩护》，以他自己的名义发表，驳斥路德的论点，并呼吁各国焚烧路德的书，还说如有可能，应从肉体上消灭路德。[①] 莫尔正是英王这本书的写作班子成员之一。1522年7月，路德发表《驳亨利八世》，回应亨利八世对他的批驳，其中不乏人身攻击。亨利八世考虑到自己的身份，不便再与路德交手，于是，莫尔在国王的授意下与路德过招。1523年春，莫尔以笔名发表了《答路德》。莫尔说，路德的说法荒谬透顶。他说，路德只讲信仰，那么，抢劫、通奸、渎神的人如果有信仰，难道他们也值得称赞吗？莫尔还采用讽刺的手法，把新教教堂比作路德本人和一帮酒鬼、魔鬼聚会之处。他说，路德的信徒们喝醉后决定研究亨利八世的著作，结果是他们读完后便深信，亨利八世的书中句句是真理。[②]

路德教只承认《圣经》的权威地位，认为对圣经的理解全在个人。莫尔批驳说，《圣经》的权威地位固不可动摇，但基督教还有口述传统，《圣经》文本没有包括耶稣言行的全部内容，宗教权威不可或缺。并且，为了能正确地理解《圣经》，必须遵循诸教父的观点，不可能教父们看错了，就路德一个人对。显然，莫尔捍卫天主教教会的传统与教规。

---

[①] [苏] 奥西诺夫斯基：《托马斯·莫尔传》，杨家荣、李兴汉译，商务印书馆1995年版，第181页。

[②] 同上书，第189页。

莫尔后来称路德是"思想紊乱的狂妄幻想者和下流书籍的作者"①。除了与路德本人斗法外,莫尔也与路德在英国的信徒进行了论战。在反驳路德方面,亨利八世与莫尔站在一边。但亨利八世不能与虔诚的莫尔相比。后来,亨利八世欲离婚另择新欢,便抛弃了教会的规矩,而莫尔誓不妥协,终被亨利八世杀害。

莫尔关于乌托邦的展望,固然有其批判现实、为民请命的作用,同时也表达了人们追求真、善、美的世界的愿望,但其局限性依然十分明显。莫尔不能正视现代社会的新做法,对新时代的精神缺乏把握,他之沉迷于古希腊、古罗马和中世纪教父的著作,使他基于过去的视野去展望未来。现代社会权威、传统、宗教都面临挑战,莫尔在现代社会拉开帷幕之际便意识到了新时代的问题,不可说不智,然其应对之道则颇成问题,莫尔大概也觉得束手无策,只有拿起笔描绘出一个乌托邦——人间根本不存在的地方。从莫尔身上,我们看到了对现代性最早的某种批判形式,这就是基于人文主义立场的反思。现代社会中有些人可能过得很苦,莫尔以人为本,同情弱势群体,但却拿不出让弱者变强、贫者变富的方案,只有设想一个全新的世界。

莫尔构想的人文主义的农业乌托邦,已有人间天堂的意思。但"乌托邦"之名,表明莫尔认为这一天堂并不会实现。不过,莫尔生活的时代正是航海探险家们活跃的时代。大海中某个地方,存在着一个自由、安全、和平、幸福的地方,这给航海家们以精神指引,给受到宗教迫害准备离开英国去北美的清教徒以期望。美洲,就是他们的应许之地,他们要在那里建立一个新英格兰。历史学家写道:

> 北起缅因南至佐治亚的每一个重要的英国拓荒者集团,在思想上对美洲都有一种乌托邦的理想,这种理想正是从托马斯·莫尔爵士1516年初次印行的《乌托邦》一书中得来的。……从1516年时已成为英国普通人命运的贫困、不安定和腐化堕落那一团混乱里,诞生了对一个较好的新社会的这一憧憬:美洲梦想。美国历史中经常不断的一根线,一直就是这种对和平、自由和安全的探求。为实现先哲托马斯·莫尔的乌

---

① [苏]奥西诺夫斯基:《托马斯·莫尔传》,杨家荣、李兴汉译,商务印书馆1995年版,第191页。

托邦梦想而进行的这一努力常常遭受挫折,除部分以外从未得遂所愿,但它却永远抱着希望,一再重新振作。①

## 作为社会运动的宗教改革

宗教改革与文艺复兴以来人文主义的兴起,并非相互孤立的事件。事实上,文艺复兴直接催生了宗教改革,尤其是北方欧洲的文艺复兴,对宗教改革有着巨大的影响。人文主义者倾向于支持宗教改革事业,宗教改革家多受人文主义的影响。关于此点,晚清学者即有认识。1902年10月25日的《新小说》第一期曾提到,该年山西院试策题为:"问西方文艺复兴,与路德新教最有关系,能言其故欤?"②对于此题,我们可以试做如下回答。

人文主义者的努力使《圣经》有了准确的希腊文、希伯来文本,这使得依据《圣经》打破罗马天主教会及僧侣阶层长期以来对《圣经》解释权的垄断成为可能。文艺复兴的口号"回到本源",实际上也启迪了宗教改革家。③宗教改革在某种意义上正是试图撇开已经腐化、堕落的教廷,回到纯朴、清新的使徒时代,回到《圣经》本身。人文主义者与宗教改革家,皆对教廷出售"赎罪券"进行攻击,前者视之为迷信,后者视之为渎神。更为深层的共同经验是,人文主义者因"命运"女神难以对付而产生对人自身能力的怀疑,与宗教改革家对于得救的担忧以及对于高深莫测的上帝的畏惧,如出一辙。④

不过,宗教改革在更为实质的意义上,又包含了对文艺复兴时期人文主义的否定。人文主义者赞美的"伟大、有尊严、有力量的人",被宗教改革家以"堕落、可憎、可怕的人"所代替;人文主义的艺术最为新教徒痛恨。⑤德国宗教改革领袖马丁·路德本人对人文主义就很有意见,他曾和著

---

① [美]塞缪尔·埃利奥特·莫里森等:《美利坚共和国的成长》上卷,南开大学历史系美国史研究室译,纪琨校,天津人民出版社1980年版,第48—49页。
② [德]马丁·路德:《路德文集》第一卷,雷雨田、刘行仕译,香港路德会文字部2003年版,前言第 iv 页。
③ [英]阿利斯特·麦格拉思:《宗教改革运动思潮》,蔡锦图、陈佐人译,中国社会科学出版社2009年版,第3页。
④ [美]罗伦培登:《这是我的立场:改教先导马丁·路德记》,陆中石、古乐人译,译林出版社1993年版,第100页。
⑤ [意]加林:《意大利人文主义》,李玉成译,生活·读书·新知三联书店1998年版,第65—66页。

名人文主义者鹿特丹的伊拉斯谟进行过辩论。加尔文称除上帝的选民，其他人都要受诅咒。人文主义者只是主张对腐败的教会进行道德与制度的改革，宗教改革家则提出了极其激进的要求。改革家们提出的改革意见，包含了对教义、教规、教会等方面全方位的改革，尤其是对教义的新释，名曰改革，实际已算革命。

宗教改革，从旧教（罗马天主教）到新教，作为一种社会运动，有着深刻的历史背景。到16世纪最初十年，欧洲大陆的权力已转至世俗政府手中，这些世俗政府是近代西方国家的雏形。宗教改革运动中的一个重要现象是，宗教改革家与世俗政府联手发起了这场运动，其共同的敌人是罗马教廷。另外，宗教改革运动的展开也得益于当时受教育阶层人数的增多以及印刷技术的发展。受教育者能自己阅读《圣经》及教父著作，阅读新教教理宣传手册。在广大农村，每个村都有人向那些文盲农民宣读各种小册子。而印刷技术的发展，使得《圣经》可以广为流传。据记载，1456年，古腾堡在美因茨的印刷厂首次印刷了拉丁文本的《圣经》；1457年，该厂印刷出版了《美因茨诗篇》。在书的封面标明出版时间、地点、出版商的传统，从此开始。① 1466年，约翰·梅策尔在斯特拉斯堡出了德文版《圣经》。② 《圣经》有了本民族语言译本，使普通大众也有可能直接阅读到《圣经》，至少是《圣经》的选本。有的农民拿着《圣经》译本，援引其中的话，竟然把教区教士给驳倒了。③ 这些新版《圣经》及有关教理的手册，随着印刷技术的使用而大量生产，长此以往，势必对人们的精神世界产生冲击。路德即言："印刷术是上帝所用的把真宗教散播于全世界最后且最好的工具。"④ 当然，技术因素在此也不能被夸大。印刷术本身不会带来宗教改革。早期《圣经》的民族译本价格高昂，一般民众无力购买，但它以印刷文字媒介代替手抄本，在思想文化传播方面，必定更有效率，更有影响。

新教教派甚多，但其主旨不外摒弃旧教的繁文缛节，简化仪式，回到《圣经》，主张"事功无益，因信称义"，主张人的得救全在上帝恩典。新教重新界定了教会，把教会变成了纯粹的信徒聚会，教会不再在人灵魂的得救

---

① [英] 阿利斯特·麦格拉思：《宗教改革运动思潮》，蔡锦图、陈佐人译，中国社会科学出版社2009年版，第11页。
② [英] 托马斯·马丁·林赛：《宗教改革史》，孔祥民等译，商务印书馆2016年版，第149页。
③ 同上书，第151页。
④ [美] 罗伦培登：《这是我的立场：改教先导马丁·路德记》，陆中石、古乐人译，译林出版社1993年版，第274页。

道路上起中介的作用。如此，个人便可与上帝直接对话。宗教改革使信仰成了个人的私事。

## 路德改教：这就是我的立场！

宗教改革最重要的领袖是马丁·路德（Martin Luther）。路德与圭恰迪尼同年，他出生于德意志的艾斯莱本小镇一个并不富裕的工商业者家庭。其父亲原为矿工，后来创办了自己的工厂。路德父母皆有虔诚的宗教信仰。1501年，路德入埃尔福特大学。埃尔福特是德意志当时著名的人文主义中心。1505年，路德获硕士学位。一天，路德骑马在乡间行走，恰逢一场雷雨，一道闪电击中他身旁的地面，将他从马背上摔下。路德在惊恐中高呼："圣安娜救我，我愿做一名修士！"[①] 路德说到做到，不久便进了一家奥古斯丁修道院。路德入修道院之后，才把消息告诉他父亲。他的选择令父亲勃然大怒，因为他的父亲原指望他学习法律，从事法律工作。过了好久，他的父亲才接受了路德的选择。1507年，路德被任命为教士。1512年，他获得了神学博士学位。

取得博士学位之前一年，路德有机会去罗马一个月，他本以朝圣的心情前往，然而，期望越高，失望越大。在罗马，他亲眼看见教廷的奢侈、腐败以及神职人员做圣事时的敷衍苟且，对天主教教义，于是渐生怀疑。这一经历为他日后发动宗教改革，埋下伏笔。他在致友人的信中说："很难描述，而且不可能相信，那里的龌龊究竟达到了什么地步，如果有地狱的话，那么罗马便是地狱。罗马本是神圣之城，而现在已经变为肮脏之城了。……基督徒愈接近罗马就愈变坏。谁第一次往罗马去，他去找骗子；第二次，他染上骗子的习气；第三次，他自己就成为骗子了。"[②]

路德能在宗教事业上做出一番成就，与他独特的宗教体验、敏感的性格，不无关系。路德偏执、较真、多愁善感，又时常患病，如肠胃病、失眠。但他对工作极为投入，也绝不是一个毫无情趣、行为乖张的人。他若认

---

[①] ［英］阿利斯特·麦格拉思：《宗教改革运动思潮》，蔡锦图、陈佐人译，中国社会科学出版社2009年版，第88页。圣安娜是圣母玛利亚的母亲，即耶稣的外婆。当时德国民众不仅崇拜圣母玛利亚，也崇拜圣安娜。路德本人即言圣安娜是他的崇拜对象。参见［英］托马斯·马丁·林赛《宗教改革史》，孔祥民等译，商务印书馆2016年版，第137页。

[②] 贺璋瑢：《中世纪政教演义》，成都出版社1993年版，第470—471页。

定一个真理，必要坚定地去捍卫它，只服从自己的良心，宗教裁判所的火刑也不能动摇其志。仅此一点，即足以使他成为宗教改革事业中划时代的领袖人物。路德以前，批判天主教、尝试宗教改革者，已有先驱，如14世纪英国牛津大学的约翰·威克里夫[1]、波西米亚的约翰·胡司（John Huss），但真正对存在既久的罗马天主教体系做出实质性突破，代之以一个新神学的，非马丁·路德莫属。19世纪英国的卡莱尔称，路德是教士中的英雄，是"一个真正伟大的人"[2]。20世纪的神学家保罗·蒂利希（Paul Tillich）说，路德是基督教史上的伟大先知，他事实上创了一个新宗教。[3]

路德受暴风雨中雷电惊吓而听到圣安娜的召唤，入修道院，决心将此生奉献给上帝。然而，路德不做修士还罢，做了修士，反而产生了反意，结果提出把修道院制度废除的主张，对罗马教会制度及其神学全盘否定，引起欧洲宗教上的分裂以及由之而来的宗教战争。战争致无数人为之流血丧命，路德本人一定始料未及。

大约在1512年，路德对基督教的理解有了重大突破，他自言从此大彻大悟。路德如此描绘了彼时他思想上的转变。他写道：

> 虽然我作为僧侣的生命可谓无暇，但在上帝面前，我依然感到自己是一个带着内疚感的心神不安的罪人；我也许无法相信，我的忏悔努力能平息上帝的怒火。由此，我不喜欢这个惩罚罪人的代表着正义的上帝，确切地说，我讨厌祂。或许虽然算不上渎神，但我依然要寂然而有力地向上帝发出抱怨："因为原罪而遭到永恒诅咒的可怜的罪人，根据摩西十诫里的戒律，要为每一种罪恶而苦恼不休，还不够吗？上帝甚至在福音里也一定要往痛苦里再掺上一点痛苦，并在福音书里将他的正义和愤怒一股脑地倾斜到我们身上？"……
>
> 日日夜夜，我一直在反复思索，直到靠着上帝的怜悯，我在"上帝的审判已经在其（福音书）中得到展现，诚如经上所言，惟义人因信得生"这个说法里看出了这种联系。我于是开始把"上帝的审判"理解为一种……超乎信仰的东西；我同时意识到，这就是这句话的意思：上帝的审判经由福音书而得到展现，而经由这种展现，仁慈的上帝通过信仰

---

[1] 威克里夫最早把拉丁文《圣经》译成英文出版。
[2] ［英］卡莱尔：《英雄和英雄崇拜》，张峰、吕霞译，上海三联书店1988年版，第234页。
[3] ［美］保罗·蒂利希：《基督教思想史》，尹大贻译，东方出版社2008年版，第208页。

释了我们的罪,诚如经上所言,"惟义人因信得生"。现在,我真的感到自己彻底地获得了新生,仿佛已经走过洞开的大门,进了天堂。①

路德发现了一个仁慈的上帝而非暴戾的上帝,并且他发现,罪人得救全在上帝的恩典,即便是信仰,也依赖于上帝的恩典。这便与罗马天主教的教义发生了实质性的分歧。

发动宗教改革时,路德是德意志境内萨克森王国维腾堡大学的神学与哲学讲师。路德所倡导的宗教改革,最初只是他和维腾堡大学神学院的同侪所进行的神学课程教育改革,他们反对经院哲学的烦琐套路,强调认真研读《圣经》。路德作为讲师自1513年始至1519年,先后讲解了《圣经》的《诗篇》《罗马书》《加拉太人书》《希伯来书》。不过,他们的教育改革并没有什么影响。使路德名声大振、一下成为宗教改革领袖的,是1517年10月31日的一件事。那天,路德为反对罗马教会兜售赎罪券,在维腾堡教堂门口贴出了以拉丁文写成的《九十五条论纲》。这一事件被后来的人们认为是宗教改革的标志性事件。其实,在当时传媒技术不发达的情况下,纵然确有贴论纲一事,论纲贴出之后要引起大的轰动,亦甚为困难。实际上,因为路德把它们译成德文,公开印行,四处散发寄送,才使得它们的影响越来越大。

赎罪券在路德生活的时代十分流行。依据天主教教义,人的灵魂在接受审判后不能马上升天,需要在炼狱中经受痛苦和磨炼,以涤除罪污。②罗马教会宣称,教会存有从基督和圣徒那里获得的剩余恩惠,任何人只要购买赎罪券,便可以分享这些恩惠,从而使自己尽快从罪行中解脱。民众害怕灵魂在炼狱中受煎熬,大多愿意购买赎罪券。教会靠卖赎罪券获得了大量财富。平心而论,教皇所得收入,并非全然用于挥霍。它们除补充教会日常运转所需费用外,常常用于办大学、修教堂等公共事业。这回教皇准备修圣彼得大教堂,苦于经费不足,于是再次发行赎罪券。不过,十分糟糕的是,教皇派往萨克森境内的"销售经理"、多明我会的约翰·台彻尔(John Tetzel)是一个贪婪至极的人。台彻尔推销赎罪券的宣传口号是:

---

① 转引自[丹麦]戴维·格蕾斯《西方的敌与我》,黄素华、梅子满译,上海人民出版社2013年版,第240—241页。

② "炼狱说"最早由教皇格列高利一世(590—604年在位)强调。

钱币叮当一声落入银库，
灵魂立即从炼狱中跳出！①

口号主题鲜明，朗朗上口，倒也不失为有创意。但在路德看来，这一口号有违基督教本意，加之他十分看不惯台彻尔的做法，于是，他贴出《九十五条论纲》，公开表示对售卖赎罪券的反对。路德希望他能与宗教界人士就这九十五条逐条进行辩论。《九十五条论纲》原题为《关于赎罪券效能的辩论》，开头是这么写的：

为爱护与阐扬真理起见，下列命题将在文学和神学硕士及常任讲师马丁·路德神甫主持之下，在维腾堡举行讨论。凡不能到会和我们口头辩论的，请以通讯方式参加。

路德声称：

"……那些宣讲赎罪券者，说教皇的赎罪券能使人免除各种惩罚，而且得救，乃是犯了错误。

"钱币叮当落入钱筒，只能使贪婪增多，不能使教会的代求产生结果，这结果仅操之于上帝。

"无人能确知自己的痛悔是诚实的；更无人能确知自己得了完全的赦免。

"任何活着或死了的真基督徒，即令没有赎罪券，也都分享基督和教会的一切恩惠，这些恩惠是上帝所赐的。

"赎罪券，照宣讲者所说的，是最大的恩典；其实所谓'最大'，不过是指它们为最大的牟利工具。

"教皇的财富今日远超过最富有者的财富，他为建筑一个圣彼得堂，为何不用自己的钱，而要用贫穷信徒的钱呢？

"因此那些向基督徒说：'平安，平安'，实则没有平安的先知滚开去罢！

---

① [英]阿利斯特·麦格拉思：《宗教改革运动思潮》，蔡锦图、陈佐人译，中国社会科学出版社2009年版，第28页。

## 第四章 近代政治思想的基础

"那些向基督徒说：'十字架，十字架'，而自己不背十字架的先知，永别了！

"基督徒应当听劝，努力跟从他们的主基督，经历痛苦、死亡和地狱。

"所以他们进入天堂，要靠经历许多艰难，而不靠人平安的保证。"

《九十五条论纲》被呈文给罗马教廷。教廷一方面叫台彻尔提前退休，并治他的罪，说他有两个私生子，旅途中使用了二马一车，过于铺张，另一方面派出代表，于1518年在本地审判路德。但路德拒绝收回他对出售赎罪券一事的批评。1519年，路德在莱比锡参加了一场宗教辩论，这场辩论使路德进一步明确了自己的神学观点，在知识界引起巨大反响，不少人文主义者视路德为同路人。1520年，路德发表了三部著作：《致德意志贵族书》《教会被掳巴比伦》及《论基督徒的自由》。这些著作进一步奠定了路德作为宗教改革家的地位。

1520年，教皇颁布《斥马丁·路德谕》，命令路德悬崖勒马，停止他的反教廷言论。罗马教廷判定他为"神人共弃的被放逐者"，"撒旦之子、瘟神、患瘰疬的羊、葡萄园中的毒草"，并且"禁止任何德国人给他提供住处、食物和水，或阅读这个卑鄙的异端分子写的任何书籍"。路德公开将诏书烧毁，以示斗争到底的决心。

路德面对罗马教廷并不惧怕，实有其原因。萨克森选帝侯智者腓特烈（Frederick of Saxony）是路德的友人，他还是神圣罗马帝国年轻皇帝查理五世之叔。智者腓特烈虽然不能完全同意路德激进的神学主张，却总是为路德的人身安全提供庇护。德意志各城市的君侯，见路德提倡没收教会财产、取消修道院创造了大量发财集权的机会，暗中多支持新教。其时，随着塔西佗《日耳曼尼亚志》的再发现，德意志人民的民族意识也稍有萌发。罗马教廷被很多德意志人看成他们的敌人，教皇遭到市民发行的小册子的各种嘲弄。很多市民支持路德，在路德有人身危险时，都暗中帮忙，助其逃脱。目不识丁的骑士，也表示愿意用他的武力保护路德。审判路德期间，舆情发酵，对罗马教廷极为不利。一则漫画将教皇画成了驴，这头驴戴着教皇的三层冠冕，坐在椅子上吹笛。教皇的代表在德意志转了一圈，回文上奏教皇，城中市民九成喊着"路德，路德"，还有一成喊着

"打倒教皇"。① 这种说法虽有夸张,却也提示教皇体系崩溃前的民意向背。与英格兰、荷兰不一样,德意志的宗教改革颇有群众基础,尽管最终宗教改革的推行大多走的仍然是自上而下的路线,即由城市议会决定,是采用新教还是旧教,抑或二者兼容。

图23 驴头教皇吹风笛

---

① [美]罗伦培登:《这是我的立场:改教先导马丁·路德记》,陆中石、古乐人译,译林出版社1993年版,第146页。

## 第四章　近代政治思想的基础

面对来自教廷的异端指控，路德从未有半点退缩之意。他不想收回任何言论。在他看来，教皇就是魔鬼，就是反基督者。在莱比锡接受辩难时，代表天主教一边的约翰·厄克（John Eck）问他："你是唯一有真知灼见的人吗？就你对，全教会都错了吗？"路德回答说：

> 上帝从前曾借驴口说话。① 我把我所想的对你说。我是一位基督徒神学家；我有义务，不仅是说明真理，而且要用我的血和生命维护真理。我要自由地相信，而不要作任何权威的奴隶，不论那权威是议会，是大学，或是教皇都一样。我会坚决地承认那在我看来是正确的，不论它是曾为一个大公教徒或为一个传异端者肯定过，或它是否曾被一个议会赞成或谴责，都是一样。②

在萨克森的沃木斯面对皇帝及帝国国会的询问，路德仍然坚称："我的良心是被上帝的道束缚的，我不能而且不愿撤销任何东西，因为违反良心是不对的，也是不安全的。这就是我的立场，我不得不如此。"③

1521年，路德被革除教籍。他处境危险，被迫躲进萨克森选帝侯的城堡中。路德在这段"隐居"期间，修订教规、礼仪，并且重新翻译了拉丁文《圣经》，推出了新的德文版《圣经》。④ 路德后来还提议德意志创设城镇学校，并且让女性也接受教育。

1525年6月，路德结婚了，此婚是标准的僧尼配。妻子凯蒂是一位还俗修女，年方26岁。路德虽然早不作修士，但终生修士打扮。时年路德已经42岁。说起这桩婚姻，还有一段故事。两年前，十二个修女前来向路德求援，请求他助她们还俗。这群修女来自路德住处附近村子的一个修道院。那时修女、修士还俗正在兴起。路德令其朋友帮忙，这位朋友是个鱼贩，常用马车将整桶的鱼送往修道院。于是某日这位鱼贩就将修女们藏在车中，悄悄带走。这些修女大多很快有了归宿，唯独一名叫凯蒂的女子，逃出后一直做

---

① 驴说话的典故，见《旧约·民数记》章22：28。路德以此表示他说的话就是上帝想说的话。
② ［美］罗伦培登：《这是我的立场：改教先导马丁·路德传记》，陆中石、古乐人译，译林出版社1993年版，第94页。
③ 同上书，第163页。
④ 路德以前，已经有通行的德文本《圣经》。路德译本亦大量参考了此译本。第一个德译本《圣经》由约翰梅策尔在斯特拉斯堡出版。参见［英］托马斯·马丁·林赛《宗教改革史》，孔祥民等译，商务印书馆2016年版，第149页。

女佣，未得嫁人。路德原想给她介绍别人，她则暗示愿意嫁给路德或者路德的朋友。路德觉得是天赐良缘，于是迅速完婚，也不再顾虑自己是否会被当作异端处死。凯蒂勤俭持家，料理菜园果园，还饲养了鸡鸭猪牛若干。路德与凯蒂的婚姻尚算美满，他们共育有6个子女，此外还收养了若干孤儿。

1546年，路德逝世。

路德重视音乐对宗教情感的培养。他创作了很多赞美上帝的歌曲，其中有一首名为《上帝是我们坚固的堡垒》。歌曰：

上主是我坚固保障，
庄严雄伟永坚强，
上主是我安稳慈航，
助我乘风冲骇浪。
恶魔盘踞世上，
仍谋兴波作浪，
猖狂狡猾异常，
怒气欲吞万象，
世间唯他猛无双。

我若但凭自己力量，
自知断难相对抗，
幸有神人踊跃先登，
率领着我往前方。
如问此人是谁，
乃是万军之将，
又是万有君王，
自古万民共仰，
耶稣基督名浩荡。

魔鬼虽然环绕我身，
向我尽量施侵凌，
我不惧怕因神有旨，
真理定能因我胜。

幽暗之君虽猛，
不足令我心惊，
他怒我能忍受，
日后胜负必分，
主言必使他败奔。

此言权力伟大非常，
远胜世上众君王，
圣灵恩典为我所有，
因主耶稣在我方。
亲戚货财可舍，
渺小浮生可丧，
他虽残杀我身，
主道依然兴旺，
上主国度永久长。
阿门！

## 路德神学与天主教神学

路德自《九十五条论纲》起，公然向罗马教廷宣战。路德初时对教皇尚无攻击之意，只是就神学教义希望基于《圣经》展开大辩论，《九十五条论纲》中，并无对教皇本身的否定，相反，路德在其中写道："教皇的赦免和祝福也是不可蔑视的"，因为他要宣告或见证上帝的赦免。"教皇根本无意将购买赎罪券与慈惠善功相提并论。"[①] 但随着教皇拒绝路德的神学、视路德为异端，并且考虑置路德于死地，路德的态度也日趋激进。他直斥教皇为暴君、魔鬼，认为过去数百年教会在人间的所作所为是上帝对人们的惩罚。

路德的神学重新界定了人与上帝、邻人的关系，虽然是基于《圣经》，但其神学实际另起炉灶。在天主教那里，上帝与人的关系是客观的、数量

---

① 《九十五条论纲》之第38条，第42条。参见［德］马丁·路德《路德文集》第一卷，雷雨田、刘行仕译，香港路德会文字部2003年版，第88页。

的、相对的,而在路德那里,一切恰好相反。上帝与人之间的关系变成了一种主观的、实质性的、绝对的关系。[①] 在天主教系统中,教皇领导的有形教会,声称继承了彼得的权力,掌管着天堂大门的钥匙,实为个人与上帝沟通必要的媒介;而在路德那里,耶稣救世,尘世中的个人可以与上帝直接发生联系,聆听上帝的指示,神的临在依据于个人的主观经验。个人如果没有信心,则一切其他手段,如祷告、禁欲、朝圣、施舍,都无济于事。在天主教那里,个人与神的距离有远近之分,人的罪有大小多少之别,教会甚至可以明码标价,出卖赎罪券,给圣事定价,上帝与人之间是一种数量关系。在路德那里,则要么靠上帝的恩典免罪得救,要么永远沉沦。一切只是因"信"与"不信"、爱上帝与爱自己而有所不同。二者之间,非此即彼,在救赎途中不存在中间形态。另外,天主教那里,上帝与人的关系是相对的、有条件的,而在路德神学中,这种关系是绝对的、无条件的。

路德教义的核心,是"惟因信称义"[②]。路德提出,"信"(faith)是基督教最根本的一条,缺了对上帝的"信",一切事功都没有意义,甚至道德行为、光荣的行为,也成了恶行,因为它们不是基于良善意志做出的,不过是人自大、虚妄、自利、骄傲的表现。至于禁欲修道等,也是在做无用功。这里所说的"信",既有信心的意思,又有信任、信赖、依靠的意思,它的本质是让上帝进驻我们的心灵,我们在精神上与上帝合一。这一教义不能在字面意思上曲解为个人以信仰换取得救,它必须结合恩典论来理解,"惟因信称义"不过是说,通过信仰,接受上帝的恩典,人便得了新生。对于新教来说,"信"同样是指对救世主耶稣的绝对信任。

在与天主教进行论辩的过程中,路德一再回到奥古斯丁的经典论述,同时抨击亚里士多德主义的无用。他在《驳经院神学论纲》中说:"就道德而言,亚里士多德的全部《伦理学》都是恩典的大敌。""除非放下亚里士多德哲学,没有一个人能真正成为一个神学家。""如果要将亚里士多德的整个哲学体系与神学相比,就恰似将黑暗与光明相比一样。"[③] 甚至亚里士多德被广泛引用的至理名言,也不过是倒果为因的谬论。路德认为,人是有罪之

---

① [美]保罗·蒂利希:《基督教思想史》,尹大贻译,东方出版社 2008 年版,第 208 页。
② 此教义出自《圣经·新约》罗马书章 5。"我们既因信称义,就藉着我们的主耶稣基督得与神相和。""称义"(Justification)的意思是"再生"(vivification),它意味着免罪。参见[英]托马斯·马丁·林赛《宗教改革史》,孔祥民等译,商务印书馆 2016 年版,第 429 页。
③ [德]马丁·路德:《路德文集》第一卷,雷雨田、刘行仕译,香港路德会文字部 2003 年版,第 74—75 页。

人，人的本性是邪恶的、堕落的，人生来自己想当上帝。任由人按本性做事，他所做出的，无一不是坏事。他写道："人按本性所做的每件事，无不是对上帝的侮慢。"① "人本性不可能有正确的识见，也不会产生善良的意志。"② 得救全靠上帝的恩典。即便是信仰本身，也是靠了上帝的恩典。

路德肯定，基于上帝的恩典而产生的"良善意志"是一切善行的根源和依据。善行的动机必须是善的，所谓善的动机，只有一个，那就是爱上帝，侍奉上帝，让上帝愉悦，不求任何回报。人们行善，帮助邻人，如果是为了换取得救，增加进入天堂的筹码，便不再是善行，反而是要谴责的东西。如果只是因为记起律法的教导，才想起那么去做，同样不算是为善。爱邻人如爱自己，不过是义人自然之举，它不是我们成为义人的条件。在路德这里，善行首先要考虑其动机。宗教上的虔诚是道德上善良的唯一前提。道德与伦理上的善，不过是宗教上的虔诚之自然后果。以《圣经》上的比喻来说，则是好树结好果子，坏树结坏果子。③

路德派主张"惟因信称义"，否定善功，对于信徒的日常生活伦理，势必带来大的改变。路德派教义"惟信"，实际上把人们从教堂中解放了出来，从巫术和盲从中解放了出来，从频繁的祷告、各种禁食、禁欲、施舍、苦行等特别具有宗教救赎意义的活动中解放了出来。按照新的教义，人们根本不必去做特别的善功，得救的事全然由上帝决定。只要有了对耶稣的信心，即使是日常生活与劳作，也具有修行的意义。路德说："大凡在信心里所作、所说、所想的一切，都是服事上帝。"④ 有了信基督这个前提，日常衣食住行、劳动工作，都是在做善工。路德引《传道书》中的话："你只管去欢欢喜喜吃你的饭，心中快乐喝你的酒，因为上帝已经悦纳你的作为。"⑤ 这种教义，无疑特别适合于四处流动的商人与日益繁忙的劳工。

路德的上帝观，不同于托马斯主义的理性上帝观，路德神学中的上帝，是一个意志着的、充满活力的、永不休息的上帝。在路德看来，人不过是上帝的面具、工具、器皿。上帝通过人做工。当然，这个世界上还有大量不信

---

① ［德］马丁·路德：《路德文集》第一卷，雷雨田、刘行仕译，香港路德会文字部2003年版，第73页。
② 同上。
③ 《马太福音》章7：18。
④ ［德］马丁·路德：《路德文集》第一卷，雷雨田、刘行仕译，香港路德会文字部2003年版，第21页。
⑤ 《传道书》章6：7—9。

耶稣的人,路德认为,他们自大、狂妄,魔鬼附身。世界是一个神魔混杂的世界。路德虽然不至于陷入摩尼教的善恶二元论,但他对恶魔在世界中的力量十分着迷。路德认为,历史就是与魔鬼做斗争的历史。必须通过讲道,把更多的人争取过来,让他们摆脱魔鬼的诱惑与纠缠。

路德的宗教,在此体现出原始宗教的特点。尽管路德反对各种巫术,但他所说的与神合体,可以看作精灵附体的另一种形式。此种合体过程,实为一种神秘体验的过程,它要求暂时摆脱尘世俗务的羁绊与困扰。在路德这里,人完全委身于上帝,就是让上帝主宰我们的一切言行,以致尽可能地忘我。让上帝的言行,成为我的言行。让上帝的意志,成为我的意志。"使自己的意志,符合上帝的意志。"① "我"当意志着上帝的意志。在路德神学中,"我"是可耻的、贫弱的,从一开始就充满了罪恶,在大能的上帝面前,"我"不过是欲望的奴隶。路德说:"爱上帝就要与此同时憎恶自己,除上帝外对其他一概不理。"② 惟其如此,才算是真爱。这种爱,是不求回报的;一切的一切,都是因为"爱你"。这正是路德的预定论。③ 路德教中此种神秘主义与禁欲主义的加尔文派不同,前者导向对现有秩序的遵从,后者则激发出改造世界的动力,具有革命的性格。路德教派的传统主义性格,源自它的神秘主义教义。④

路德否定了天主教权威等级秩序,他认为,平信徒和神职人员在本质上是平等的。不存在高于平信徒的教士等级。例如圣餐,以前只有教士可以饮酒,平信徒只能领到一份饼,路德主张饼酒同受,认为平信徒也有资格领到一份酒。

路德对圣礼进行了大刀阔斧的删减。他的做法,无一不是要貌夺从前教士的特权。他曾说过:"凡知道自己是基督徒的,都应当确信我们都是平等的祭司,也就是说,对圣道和圣礼拥有同样的权力。"⑤ 当然,路德此言并不

---

① [德]马丁·路德:《路德文集》第一卷,雷雨田、刘行仕译,香港路德会文字部2003年版,第78页。
② 同上。
③ 预定论又译作先定论。路德与加尔文皆重视此一教义。该论出自《新约·罗马书》章8:"因为他预先所知道的人,就预定下效法他儿子的模样,使他儿子在许多弟兄中作长子。预先所定下的人又召他们来,所召来的人又称他们为义,所称为义的人又叫他们得荣耀。"
④ [德]马克斯·韦伯:《宗教社会学》,康乐、简惠美译,广西师范大学出版社2005年版,第216页。
⑤ [德]马丁·路德:《路德文集》第一卷,雷雨田、刘行仕译,香港路德会文字部2003年版,第464页。

图 24　路德与胡司为萨克森的约翰·腓特烈一世主持圣餐仪式

是说人们可以私自充当祭司,因为他接着说:"非经教会同意或应上级的呼召,任何人都不能使用这种权力(因为任何人都无权将公共财产据为己有,除非他应召这样做)。"① 路德设计的新教仪式,着重于个人内心的体验,倡导平信徒的参与。例如集体唱赞美诗,路德以为不仅运用了音乐感化人的力

---

① 〔德〕马丁·路德:《路德文集》第一卷,雷雨田、刘行仕译,香港路德会文字部 2003 年版,第 465 页。

量，又增强了平信徒的参与感（从前只有主持人与唱诗班唱赞美诗），对纯正信仰、促进兄弟之爱，很有好处。为此，他还亲自作词作曲，为后人留下了多篇赞美诗。圣餐的意涵，天主教原持一种"变质说"，此说以亚里士多德哲学来解释饼、酒如何与基督的血与肉发生抽象的代表与被代表的关系，认为在圣礼中，虽然饼、酒外观如故，但其本质已经改变。饼神奇地变成了基督的身体，葡萄酒则神奇地变成了基督的血。路德认为，圣餐仪式仍然需要保留，然而它的意思，需要重新界定。他以圣餐是灵粮，而非身体的食物，举行圣餐礼是要唤起、培养人们对耶稣受难的记忆。全靠人们的信，靠人们的内心体验，圣餐才有意义。

## 教会与政治权威的分立

路德从未想过成为一名政治思想家，也不想做一名政治活动家。他的目标全然是宗教上的纯净。他希望净化被金钱和权力腐蚀的教会，回到早期基督教的状态。他是否想过他反对教皇体系的政治后果，不得而知。不过他曾说，他是教皇的支柱，他若死了，教皇的处境会更糟。[①] 事实上，罗马教会对路德的态度并不十分明朗，因为在西方基督教史上，展开神学辩论本是十分平常的事，罗马教会有足够的自信，应付德意志一位大学教师的挑战。路德改教，也没有消灭天主教本身。但它造成了欧洲宗教上深刻的分裂。这种分裂，后来演化为血腥的宗教战争，有几十年，西方人因宗教问题而大开杀戒。而双方关注于属灵的事业，并不觉得杀人有罪，反而因之给杀戮披上神圣的外衣，赋予死亡以神圣意义。此处也可见宗教改革家与人文主义者之重大不同。路德改教，只凭信念做事，不考虑后果，此与他的神学一以贯之。他认为凡事都靠上帝的安排，如果我们心中有了上帝，那么做什么都不必有顾虑。左手不必考虑右手做了什么，[②] 今天不必考虑明天的事。[③] 然而，宗教层面的突破，必定引发行为模式与生活方式的改变，由此对世俗秩序带来巨大影响。路德对教会与世俗政府以及社会事务，并非没有专门的考虑。

---

① ［美］罗伦培登：《这是我的立场：改教先导马丁·路德传记》，陆中石、古乐人译，译林出版社1993年版，第274页。
② 耶稣说："你施舍的时候，不要叫左手知道右手所作的。"见《马太福音》章6：3。
③ 耶稣说："不要为明天忧虑，因为明天自有明天的忧虑，一天的难处一天当就够了。"见《马太福音》章6：34。

## 第四章 近代政治思想的基础

依路德的设想，在新的秩序中，教会将成为信徒的活动团体，不再具有从前的意涵。它只处理属灵的事务，没有世俗的财产和权力，其世俗活动皆由世俗权威管辖，不再接受罗马教皇的领导。不过，路德不主张一国之内政教合一的神权政治。他认为，教会与世俗权威，二者应当明确区分开来。它们都是上帝的工具，前者是上帝表示他的慈爱怜悯的工具，后者是上帝表示他的愤怒的工具。在原则上，教会负责内在的属灵事务，世俗权威负责外在的世俗事务。牧师履行其天职靠口，世俗长官履行其天职靠刀剑。世俗政府存在之必要，是因为基督徒总是要和其他人共同生活在一起，例如犹太人、土耳其人，基督徒中也有很多伪信徒，由此，基本的秩序与安宁必须靠世俗权威来提供。他写道："一般世人虽然受洗，并且名义上称为基督徒，但他们始终无法基督教化。因此，人若冒险用福音管治整个社区，就会像牧人把豺狼、狮子、鹰和羊群都放在一个圈中一般。羊群或者能够维持和平，但不会持久。世界是不能用念珠来统治的。"[1] 路德更有神学依据的论证是，基督徒作为个人虽然可以承受一切混乱灾难，但他无权叫邻人跟着他一起受苦。"爱邻人"要求基督徒考虑他人的幸福，由此，基督徒必须承担一定的责任。例如，基督徒做一名行政长官，并不受基督教谴责。支持并服从行政长官，亦出于此一考虑。[2] 路德还认为，必要时，世俗权威可采取措施，通过创造外部条件，促进信仰社会的建设。但世俗政府的权力，绝不能大到要臣民违反上帝的旨意。

路德曾言及世俗权威的滥权情况，其中之一是政府失去公共性，变成了"只敢抓苍蝇，不敢打老虎的政府"[3]，法律只是用来约束小民，而对大人物则网开一面。路德主张君主应有智慧，多读历史书籍，以从中学习治国的经验和技巧。

实际上，路德赋予政府以十分积极的角色。他论及政府在善工方面，有做不完的事情。他特别提到三样政府该做的特别的事：禁酒，禁奢（包括禁止穿着奢华），废除收租权买卖。[4] 路德主张禁止或限制乞讨，以防止人好吃懒做，骗吃骗喝；主张废除妓院。此外，他还提出政府应与教会联手，明文

---

[1] 转引自［美］罗伦培登《这是我的立场：改教先导马丁·路德传记》，陆中石、古乐人译，译林出版社1993年版，第219页。
[2] ［美］罗伦培登：《这是我的立场：改教先导马丁·路德传记》，陆中石、古乐人译，译林出版社1993年版，第220页。
[3] ［德］马丁·路德：《路德文集》第四卷，王子真等译，香港路德会文字部2015年版，第82页。
[4] 同上书，第84—85页。

规定年轻人要适时结婚。①

## 服从世俗权威

路德的宗教改革，为欧洲近代早期世俗国家的兴起做了理论上的铺垫。有学者称："倘若当初没有路德，就永远不可能有路易十四。"② 因为路德的学说在政治上支持对世俗政府而非天主教会的服从。再者，路德认为世俗统治秩序仍出于上帝的意旨，人民无权反抗政府，要"给王以王的尊严"，人民对政府只具有服从的义务。路德说："我宁可忍受一个作恶的君主，也不愿意忍受一个为善的人民。"③ 他宣称，一个暴君被打倒，会有无数个暴君站起来。1525年德国农民起义时，路德曾专门发表题为"反对农民烧杀抢掠的暴行"的文章，其中他宣称，起义的农民在肉体与精神上都犯了死罪。他们听命于魔鬼，就和疯狗一样。路德说，任何一个人只要他力所能及，都应当消灭他们。④

路德的态度，继承了基督教历来对"世俗政权"不能反抗的教义（由保罗、奥古斯丁阐发）。然而在随后的革命时代，这种保守的主张备受谴责。马克斯·韦伯曾愤慨地批评德国人因受路德教的影响耽于物质享乐，对强权俯首帖耳，他认为路德教"缺乏足够的改革能力去塑造生活"⑤。晚近更有学者将它与纳粹德国的兴起联系起来，认为路德教义助长了纳粹主义，至少也扼杀了德国人的革命精神，培养了德国人逆来顺受的独特民族性格。保罗·蒂利希不赞同把路德教义与纳粹意识形态相混淆。他指出，路德没有种族主义或部落主义的观念。不过，他也承认，"在理论上，把路德与纳粹主义联系起来的唯一实际是路德打击了德国人的革命意志的支持力量。这样在

---

① [德]马丁·路德：《路德文集》第四卷，王子真等译，香港路德会文字部2015年版，第84—85页。

② John Neville Figgis, *Studies of Political Thought from Gerson to Grotius*, 转引自 [英]昆廷·斯金纳《近代政治思想的基础》下册，奚瑞森、亚方译，商务印书馆2002年版，第159页。

③ [英]安东尼·阿巴拉斯特：《西方自由主义的兴衰》，曹海军译，吉林人民出版社2004年版，第137页。

④ [德]马丁·路德：《1525年马丁·路德诋毁农民的传单》，齐思和译，载北京师范大学历史系世界古代中世纪史教研室编《世界中世纪史史料选辑》（下），北京师范大学出版社1959年版，第483—484页。

⑤ 韦伯1906年2月5日致阿道夫·冯·哈纳克的信，转引自[美]哈特穆特·莱曼、京特·罗特编《韦伯的新教伦理：由来、根据和背景》，阎克文译，辽宁教育出版社2001年版，第6页。

德国人民中就没有革命意志的存在了"①。如何理解路德当时的主张？

路德关于政治权威与法律，皆持一种实证的观点。依此观点，实际存在的任何世俗权威与法律都具有其合法性，不能用好与坏、正义与不正义来衡量。因为这种安排，在路德看来，皆为上帝意志之产物。此种意志传统，与托马斯主义的理性传统相对立，唯名论者曾极力倡导之。路德与唯名论的联系并不直接，然其观点无疑属于唯名论一边。路德反对自然法理论。他认为，自然法，虽然存在，但对守法的强调，是犹太教的传统。路德认为，遵守这些律法，并不能把人提升到义人的层次。自然法适用于包括基督徒、犹太人、异教徒在内的所有人。路德"惟因信称义"意味着，遵守自然法与得救毫无关系，自然法与上帝也毫无关系。律法要求"要如此做事"，恩典则要求"要如此相信"。②信徒应从一切命令与法律中解放出来。

路德的另一个论据是，基督徒关心的头等大事是内在灵魂的得救，尘世权威与律法只涉及人外在之物。对于一个纯然由义人组成的社会而言，律法和政府本属多余，它们对人的得救，没有任何帮助。他写道："俗世政权，在上帝眼中看为极小，如此之小，乃至无论所行是义或不义，实在不值得我们吵闹不休，抗命抵挡。"③世俗政权的不义行为，并不能损坏一个人的灵魂，甚至还对灵魂有益。人们应警惕属灵权威作恶，对于世俗政权作恶，则不必过分挂怀。他说："属灵权威如果行得不正，我们必须抵抗；但是俗世政权即使行得不义，却不要抗拒。"④路德持此一立场，并不难理解，因为在路德心目中，他的敌人是罗马教廷，不是欧洲的那些王公。

## 与伊拉斯谟论战

路德与伊拉斯谟的论战，在15世纪欧洲思想界不算是一件大事，但在今天看来，则具有独特的象征意义。伊拉斯谟是当时欧洲最著名、最权威、被认为最博学的人文主义者。而路德，虽然在年纪上晚伊拉斯谟一辈，却因对赎罪券的攻击而声名大振。他们二人的笔战，体现了人文主义者与宗教改

---

① [美]保罗·蒂利希：《基督教思想史》，尹大贻译，东方出版社2008年版，第231页。
② [德]马丁·路德：《路德文集》第一卷，雷雨田、刘行仕译，香港路德会文字部2003年版，第99页。
③ [德]马丁·路德：《路德文集》第四卷，王子真等译，香港路德会文字部2015年版，第82页。
④ 同上。

革家之间的分歧。

宗教改革与人文主义运动之间的关联，前文已有论述。即如伊拉斯谟与路德，实际上也有诸多共同点。例如，他们都批评罗马教会的弊端，抨击教廷以赎罪券敛财，认为朝圣、禁欲等事情无助于救赎，皆主张"回到《圣经》"。伊拉斯谟编辑评注的希腊文版《圣经·新约》，为路德在大学讲解《圣经》时的参考书。初时，路德高度评价伊拉斯谟的《圣经》注释工作，而伊拉斯谟在路德受到教廷指控时为路德说情，认为路德即便有错，其发言权与人身安全，也应受到保障。路德最初曾匿名写信给伊拉斯谟，指出伊拉斯谟在神学上忽略了奥古斯丁的恩典论。路德陷于危险境地时，他也曾实名写信给伊拉斯谟，希望伊拉斯谟利用其威信，支持宗教改革。然而，伊拉斯谟终于决定公开他与路德在宗教问题上的分歧。伊拉斯谟原本不想参与这样的论争，他希望路德与罗马教廷能够和解。然而，路德烧毁教皇谕令，拒不接受教廷规劝，毫无妥协之意，这令伊拉斯谟深感失望。有人称伊拉斯谟与路德持同一个立场。"伊拉斯谟下了蛋，路德和茨温里把它孵成了鸡。"[①] 面对教廷与舆论的压力，伊拉斯谟不得不表态，明确其天主教信仰，与路德划清界限。伊拉斯谟的立场，是天主教人文主义的立场。它与路德的新教，在核心原则上，根本无法调和。

伊拉斯谟来自荷兰的鹿特丹，故常被称作鹿特丹的伊拉斯谟。他大致于1466年出生，为私生子，童年时即失去父母双亲。就性格而论，伊拉斯谟并不好斗，对现实政治更是素来无感。据云"他是世界上最孤独的人之一，他除了自己谁也不相信"[②]。他有一种极理想主义的情怀，毕生倡导一种和平、道德的秩序。他对天主教欧洲秩序的崩解深感惋惜，对于新兴的王权秩序并不看好。他的理想，是以基督教人文主义来重新统一欧洲。伊拉斯谟少时做过修士（可能是被骗进去的），后在巴黎大学学习，毕业后曾在多所大学任教。他的《格言集》《对话集》《愚人颂》，皆给他带来极高的声誉。他曾写《基督君主的教育》，提倡有德之君，完全不讲权术，与之前不久出版的马基雅维里的《君主论》大讲权术，[③] 恰成鲜明对照。伊拉斯谟批评失德之君。他有一名广为流传的名言："人们建造并开发城市，君主的愚蠢却毁灭

---

① [美]罗伦培登：《这是我的立场：改教先导马丁·路德传记》，陆中石、古乐人译，译林出版社1993年版，第171页。
② [英]托马斯·马丁·林赛：《宗教改革史》，孔祥民等译，商务印书馆2016年版，第176页。
③ 参见[意]尼科洛·马基雅维里《君主论》，潘汉典译，商务印书馆1985年版。

城市。"① 伊拉斯谟不是那种世故的和事佬。他说："让我们抵抗，但不是用嘲弄和威胁、武力和不义来抵抗，而是靠纯洁的理性、靠施惠于人、靠文雅和宽容来抵抗。"②

对于路德，伊拉斯谟并不视之为敌人，但他要澄清自己的观点。针对路德的神学，特别是他的《马丁·路德坚持被教皇利奥十世所指控的一切信条》中对人的自由意志的否定，1524年，伊拉斯谟写了《论自由意志》。路德随后写了《论受奴役的意志》（一译为《论意志的捆绑》），对伊拉斯谟的观点进行回应。《论受奴役的意志》于1525年完成，为路德神学论文中最复杂的一篇，也是路德本人的得意之作。1526年，伊拉斯谟针对路德在《论受奴役的意志》中对他的攻击，又写了《驳马丁·路德所谓受奴役的意志》。路德未再做回应。

## 伊拉斯谟：人与上帝的合作

伊拉斯谟的《论自由意志》语气温和，对路德并不作讽刺或人身攻击，他列出关于恩典与自由意志方面的若干观点，表面上提请读者去鉴别哪种观点更有道理，实际上是否定了路德的观点。

在伊拉斯谟看来，人有自由意志。上帝的恩典，也需要人愿意接受，然而有些人不愿意接受上帝的恩典。上帝赋予人自由意志，是要人对自己的选择负起责任来。由此，人作恶不能由上帝来负责。虽说上帝的恩典必不可少，但人在世间的道德行为，自有其价值。伊拉斯谟希望基于《圣经》及教父们的意见，辨明真理。他还提醒路德，写作要虑及对象，"有些真理不是给一般人听的"，发表见解要注意方式、考虑后果，避免引起不必要的误解，尤其要避免引起混乱与战争。路德应考虑到自己言论的危害。它否定自由意志，叫人不负责任，鼓励人放弃对行为的要求，给反智主义者攻击学术与学者提供了依据。

路德认为，人的功德完全没有价值，所以人做的一切，甚至虔诚的行为，都是罪恶；我们的意志，不过是窑匠手中的泥土，什么也不能做。万事由必然性决定，人没有自由意志。伊拉斯谟指出，路德这种观点缺乏足够的

---

① ［荷兰］约翰·赫伊津哈：《伊拉斯谟传》，何道宽译，广西师范大学出版社2008年版，第156页。

② 同上书，第154页。

《圣经》依据。如果万物皆出于必然性，福音书中对人的劝诫就毫无意义了。《圣经》中几处貌似反对自由意志的地方，并不能支持路德的观点。[①] 伊拉斯谟认为，把上帝的恩典与人的自由意志相结合，便能化解这种经文表面上的冲突。路德认为，人是上帝的工具，只有上帝在做工。伊拉斯谟说，人和上帝都在做工，上帝的恩典需要人良善意志的合作。上帝叫我们不要骄傲、不要预测未来，并不是要否定人的自由意志。伊拉斯谟反问："人若靠天生的才智和自由意志不论完成什么，都全归功于赋予他能力的那一位，那么，这个人还能把什么功德归在自己身上呢？"[②]

伊拉斯谟主张，承认人的自由意志，不一定会导致佩拉纠主义[③]对功德的过分重视。"把激励灵魂的第一原动力完全归因于恩典，然而在行为上允许某些事由人来选择，这种选择并不会把人从上帝的恩典中拽走。"[④] 在上帝的恩典面前，人的意志确实显得微不足道，但它仍然存在。人凭自由意志可以做出选择。上帝赋予人以自由意志，而后释放它、医治它。对于善行，上帝的恩典是第一因，人做出的选择则是第二因。每一个的行动，都同时包含了上帝的恩典和人的自由意志。

## 受奴役的意志

伊拉斯谟的《论自由意志》发表后，备受好评。路德的追随者强烈要求路德做出回应。路德遂写了长篇论文《论受奴役的意志》。与伊拉斯谟的温文尔雅相比，路德的文字显得情绪激动，并且不惜对伊拉斯谟恶语相加。在涉及要害之处，则以上帝的名义禁止任何质疑，此时路德便是真理的代言人，他的解释俨然成了唯一正确的解释。伊拉斯谟要求宽容，路德却毫不领情。路德自信在伊拉斯谟那里看到了上帝信仰的动摇，他要以确定的上帝真道，让伊拉斯谟的人文主义怀疑论无处藏身。他称伊拉斯谟的论文华丽的修

---

① 伊拉斯谟《论自由意志》摘要，载［德］马丁·路德《路德文集》第二卷，丘恩处等译，香港路德会文字部2004年版，第632页。
② 同上书，第637页。
③ 佩拉纠是奥古斯丁同时期的基督教神学家，著有《〈圣保罗书信〉阐释》《论本性》等。他批评奥古斯丁的"原罪论"，认为人自我改造、提升的本性并未丧失，基督徒应不断提升自己的美德，教会应由无污点者构成。佩拉纠在当时罗马贵族中有大批追随者，他的神学思想，即佩拉纠主义。
④ 伊拉斯谟《论自由意志》摘要，载［德］马丁·路德《路德文集》第二卷，丘恩处等译，香港路德会文字部2004年版，第639页。

辞下面是废话、谬论，好比"用金银制成的花瓶来盛残渣或排泄物一般，简直恶心极了"①，称伊拉斯谟学识浅薄、粗陋不堪。路德一改从前对伊拉斯谟的恭维，出言不逊，更无任何接受伊拉斯谟的调和论观点的意思。他的回应，不过是对伊拉斯谟的人身攻击加上对自己固有立场的重申、阐发。

路德认为，基督教的核心是"信"。人性彻底败坏了，人实际上没有能力选择。他的所作所为，一切要能做出，全靠上帝恩典。自由意志属于世界，属于事功，恩典属于基督。对于得救而言，人的选择毫无作用，一切只是靠上帝的拣选。人之作恶，不是人以其自由意志选择背叛了上帝，而是魔鬼挡住了人与上帝真道的接触，蒙蔽了人的眼睛，让人眼瞎耳聋。人是堕落之人，其罪如此深重，以至于离开上帝的恩典，什么好事也干不出来。在伊拉斯谟要求人因自由意志而对自己的行为负责的地方，路德以上帝的决定之名，完全予以免责。路德说，世间骚乱、暴动、战争，不过是暂时的，根深蒂固的恶才具有更大的危害性。"毫无疑问，宁可失去这世界，也不能失去这世界的创造者上帝；因为祂能再创造数不清的世界，而且祂也比无数的世界还要更好！在暂时之事与永恒之事之间，有什么好比较的呢？"② "骚乱和分歧不合，乃是上帝的计划和行动，并且经由这个世界正在发展！"③ 而世界越是混乱，就越是在测试你对上帝的信心。他写道："当上帝实行杀戮的时候，对生命的信心便在死亡中操练。"④

路德指出，上帝不可能有恶意，他是至善的，我们所看到的恶，都是人的错。"上帝亲自促动的邪恶之事得以成就，是工具的错，因为上帝不允许他闲懒无用。这正如一位木匠用一把缺口并且锯齿状的斧头，砍得一塌糊涂一样。因此结果是不敬畏上帝的人，不得不继续走入邪道并犯罪，因为他受上帝能力运行的影响，上帝也不允许他闲懒无用，他只能根据自己的本性来立志、渴望及行动。"⑤

如前所述，路德的神学具有绝对性的特点。他认为，福音适用于天底下每一个人。应当向世间广传福音，不存在伊拉斯谟所谓因人因时因地以不同的方式传布不同教理的问题。世界极其邪恶，人彻底堕落。在神魔之间，没

---

① ［德］马丁·路德：《路德文集》第二卷，丘恩处等译，香港路德会文字部2004年版，第330页。
② 同上书，第365页。
③ 同上书，第366页。
④ 同上书，第375页。
⑤ 同上书，第487页。

有中间立场。他引耶稣的话说:"不与我相合的,就是敌我的。"① 伊拉斯谟的宽容、调和、中庸,不但没有让路德改变观点,反而令路德十分愤怒。

路德坚持上帝主权的绝对性。路德说:"我们做每一件事都靠必然性,没有任何事是靠自由选择的。因为在没有恩典的情况下,自由选择便什么也不是,而且既不会也不能行善。"② 他说,真正的自由意志如有,只属于上帝,而不属于任何人。人具有选择能力,可以理解,但在救赎永生这样的问题上,在关于上帝的事务上,自由意志毫无作用。世间之人无非处于两种状态,要么在上帝的恩典下得真道,要么在魔鬼的控制之下迷失方向。

若问上帝为何不停止他的行动,上帝为何让人堕落,上帝为何造就我们却让我们受到罪的污染,路德的回答是:只有上帝知道,愚陋的人岂能参透。他说:"这是属于祂威严的奥秘,祂的判断何其难测。这个问题,不是我们该问的,我们所当做的是去尊崇祂的奥秘。……如果不敬虔的人感到愤慨,而多有退去的,那些选民仍然会留下。"③

伊拉斯谟并不否定恩典,更不否定上帝,当时的人文主义者,皆不欲与教廷决裂。因为天主教本身包含了对人的道德与教育的关怀。天主教的神人体系,一直是一个温和的体系。伊拉斯谟批评罗马教会,也批评路德。他是在一个"不容有中立的时代确立自己是中立的人"④。而路德所走的,却是一个极端的道路,不允许有任何商量的余地。教廷宣布其为异端,并没有错。路德无限贬低人,与人文主义者力图在中世纪神权之下逐步提高人的位置,其努力恰好相反。路德派极度悲观的人性观,与人文主义者不无乐观的对人性完满的期待,大异其趣。路德神学勾画了一个纯粹工具化的人,一个彻底堕落的人。这样的人的形象,现代人并不陌生。

## 路德改教之后

路德改教,兴师动众,上至教皇、帝国皇帝,下至庶民百姓,皆闻路德大名。天主教体系的维护者视他为异端、瘟神,德意志的民众及不少君侯,

---

① 《马太福音》章12:30;《路加福音》章11:23。
② [德]马丁·路德:《路德文集》第二卷,丘恩处等译,香港路德会文字部2004年版,第380页。
③ 同上书,第491页。
④ [美]罗伦培登:《这是我的立场:改教先导马丁·路德记》,陆中石、古乐人译,译林出版社1993年版,第104页。

却支持路德新教。同时代最杰出的纽伦堡平民诗人汉斯·萨克斯曾作诗《维滕堡的夜莺》(1523年),他把路德称作夜莺。"它的歌声宣告惨淡朦胧的月光和它那阴森的天色正在消失,而灿烂的阳光正在浮现。"

对当时的欧洲来说,宗教改革不仅仅是精神世界的问题,它与政治权力、经济利益、法律制度与民族情感交织在一起,难以分开。德意志人对教皇的厌恶,对神圣罗马帝国皇帝的藐视,因着路德的宗教改革,充分表露。商人与市民阶层的兴起,世俗君主集权之潮流,为路德改教提供了有利条件,使之不至于中途夭折。路德终未像早先波西米亚的宗教改革家胡司被当作异端处死,固有运气的因素,也因当时各种条件制约着教皇的力量,使得路德可以安然度日。路德改教,无疑有助于德意志新兴阶层之成长发育,祛除欧洲现代化起步时期的精神障碍,为现代民族国家体系之形成创造了条件。路德之后,加尔文等新一代改教家继续努力,终于使新教成为现代西方的主要宗教。即便其后发起反宗教改革运动的罗马教廷,亦不得不吸收敌手之批判意见,着手自身之改革。于民众而言,遵奉新教,则意味着生活方式、人生理想及世界观的大改变。颇具悖论意味的是,路德对信仰纯正的高要求,带来的却是对肉体欲望的解放。此处再次可见人文主义对宗教改革之影响。

1817年是路德《九十五条论纲》发表300周年,德国人举行了纪念仪式,宣布路德为"市民与爱国者"。在新教与天主教的"文化斗争"时,路德作为"杰出的德国人"更是受到推崇。[1] 德国史学家威廉·戚美尔曼(Wilhelm Zimmermann),高度评价了路德对于自由事业的贡献。他如此写道:

> 路德所说的最伟大的话,就是他宣布基督徒是自由的,就是这一美妙的福音:所有基督徒都既是教士,又是国王的臣民;每一个信奉宗教的人都有权利和义务把自己的力量贡献于公共福利。
>
> 路德最伟大的行动在于,他把《圣经》非常出色地译成德文,使它成了人民大众的书,成为真正的、有生活意义的书,普及整个社会的书。基督的唯一教义是:所有的人都是兄弟姊妹,都是天父的子女,因

---

[1] [美]哈特穆特·莱曼、京特·罗特编:《韦伯的新教伦理:由来、根据和背景》,阎克文译,辽宁教育出版社2001年版,第38页。

而都有彼此相爱的义务。这个教义在生活中一旦实现，就成为给人们以自由的太阳。这种人与人之间的爱同任何奴隶制度、阶级偏见以及与之相连的所有邪恶都是互不相容的。[1]

尽管如此，当时激进的宗教改革家犹嫌路德做得不够。路德倡导基督徒要以《圣经》为准，不必考虑罗马教廷的意见。但他以神学家身份解释《圣经》，并不容许他人私自解释《圣经》。路德的态度是独断的。《圣经》专家路德清楚，《圣经》本身包含着诸多矛盾和模糊之处，若任意发挥，必将出现宗教上的混乱。他解释《圣经》，意在与罗马教廷决裂。之所以不能说服教廷，原因在于罗马教廷十分清楚，路德与教廷的分歧，不只是神学上的分歧。罗马天主教经营的神—人体系，经路德之手，分离为两不相干的属灵世界和世俗世界，分离为神的世界与人的世界。然而问题是，二者一旦分离，在尘埃落定之前，两个世界，都会出现前所未有的混乱。天主教欧洲，便分裂为无数教派与诸多独立的世俗政治社会。

路德始终把君侯及正式市政警察看作世俗秩序不可或缺之保障。不久他发现，打击不同的新教派别，光靠布道不行，也要靠政府的权力。路德没有宗教宽容的想法。

路德发动宗教改革之后，更为激进的福音派兴起了。乌尔里希·冯·胡腾（Ulrich von Hutten）、弗朗茨·冯·西金根（Franz von Sickingen）、托马斯·闵采尔（Thomas Münzer），都认为路德的改革十分不彻底。他们主张动员民众，以武力建设人间天国。胡腾是人文主义学者，来自贵族家庭，西金根是骑士，他们都是民族主义者，对与教皇势力做斗争，在改革派皇帝的领导下构建统一的德国，有较明确的想法。闵采尔是个精通《圣经》的牧师。路德视他们的想法为危险的邪说，他们则认为路德改革在途中停止了，路德神学一半是天主教。闵采尔说，路德打倒了罗马教皇，他自己成了第二个教皇，他把人民从教皇那里解放，却把他们送给了王公贵族。路德就像趴在王公大腿上的猫一样。闵采尔决定利用已经爆发的农民起义，试图在政治上取得更大的成就。他从12世纪菲尔热的约阿西姆那里获得了巨大的精神力量。[2] 他的宗教，突出圣灵教义，认为一切圣事皆无必要，对待不信其教义

---

[1] ［德］威廉·戚美尔曼：《伟大的德国农民战争》，北京编译社译，商务印书馆1982年版，第165—166页。

[2] 同上书，第198页。

者，则采取杀戮的态度。闵采尔涉足世俗政治与战争，最后也因之灭亡。农民起义队伍鱼龙混杂，起义遭到君侯的镇压，闵采尔被捕后，被处以极刑，死时不过是个三十出头的年轻人。

欧洲陷入了动荡。时人责路德点燃了大火，却无力灭火。路德谴责激进福音派，并不能取得实际的效果。他谴责农民起义的暴行，又令农民失望。路德说："河堤发生了决口，可是堵住决堤洪流的责任不在我们。"① 宗教改革家路德并不考虑其神学的政治后果。

## 加尔文：荣耀属于上帝

约翰·加尔文（John Calvin）是第二代宗教改革领导人。在神学思想上，加尔文比路德更为激进，他的宗教改革思想更为彻底；在实践上，他的做法也比路德更极端。他曾有相当长的时间内在日内瓦亲自着手改革教会，掌握宗教大权，做了不少打击异端的事，甚至不惜将他们处以火刑。加尔文出生在法国巴黎东北部的努瓦永（Noyon）市一个中产阶级家庭，父亲是一位低等圣职人员。加尔文曾就读于巴黎大学，接受了系统的拉丁文法教育。之后又去奥尔良学习民法，在奥尔良期间，加尔文学习了希腊文。1532年，23岁的加尔文所著《评塞涅卡的〈论仁慈〉》，为人文主义时代"君王宝鉴"题材的作品。不久，他归信新教。1533年，他因公开新教立场被迫离开巴黎，流亡至瑞士的巴塞尔。翌年，他成了宗教改革的热心支持者。他利用空余时间，写成了一部在宗教改革运动中极其重要的著作《基督教要义》。1536年，加尔文出版了他的成名作《基督教要义》（第一版），时年不过27岁。加尔文将之献给法国国王弗兰西斯一世。当时，这位国王正在迫害新教徒，加尔文在巴黎的朋友福尔格（Etienne de la Forge）便因信新教而被烧死。加尔文写作此书，一方面是向民众及青年基督徒讲解新教教义，为他们阅读《圣经》提供帮助；另一方面是要为新教辩护，反对当局对新教徒的迫害。《基督教要义》以拉丁文写成，1536年初版时是6卷二十多章的手册，至1559年最终版时，则成了4卷80章的鸿篇巨制。加尔文后来将《基督教要义》译成了法文，这自然扩大了其思想的影响。

---

① ［美］罗伦培登：《这是我的立场：改教先导马丁·路德记》，陆中石、古乐人译，译林出版社1993年版，第164页。

加尔文最初无意成为宗教改革的领袖，法国人加尔文本来也无意干涉日内瓦人的事情，但世事常常出人意料。1536年，加尔文本想移居到斯特拉斯堡，在那里从事学术研究。斯特拉斯堡是神圣罗马帝国的一个自由市，因其邻近法国，法国受迫害的新教徒多来此避难。但法国国王弗兰西斯一世与帝国皇帝查理五世之间爆发了一场战争，去往斯特拉斯堡的道路被阻断，加尔文只有从日内瓦绕道而行。在途经日内瓦时，他得到了宗教改革家法雷尔（Guillaume Farel）的邀请，在法雷尔以上帝的名义所做的再三恳求下，加尔文同意留下，主持日内瓦的宗教改革。

不过，加尔文在日内瓦的最初几年并未取得多大成就，在宗教问题上，他的主张与议会的多数派发生了冲突。1538年，他被驱除出日内瓦。他继续前往斯特拉斯堡。著名的宗教改革家马丁·布瑟（Martin Bucer）正好生活在斯特拉斯堡，在那里，加尔文的生活和学术都得到了布瑟的支持。布瑟还给他介绍了一位带有两个孩子的寡妇做他的妻子。在斯特拉斯堡，加尔文与当时欧洲的宗教改革家特别是路德的后继者梅兰希顿有密切的接触。同时，他也作为大学教师讲授《圣经》，以图生计。

1541年，日内瓦政治形势发生了变化，他再次受邀前往主持改教。自此，直至加尔文去世，他一直定居在日内瓦。加尔文把生命的主要时间都用在了日内瓦的宗教改革上。加尔文在日内瓦试图建立的，是一个笃信基督、恪守纪律的共和国。

加尔文的实践向世人昭示，新教与罗马天主教相比完全可以更冷酷，更少宽容精神。加尔文主持日内瓦一个由六位牧师与十二位长老组成的市宗教法庭，日夜监听市民的言论。疑似有异端倾向的，就要接受教育，拒不悔改者，将被勒令24小时内出城。加尔文主持的日内瓦禁止唱歌、跳舞、狂欢等放纵行为，甚至婚礼上开个玩笑也可能招来牢狱之灾。当然，日内瓦另有一些专门组织的集体活动，这使得人们不至于因生活无趣而活不下去。

加尔文之冷酷，尤见于他对异端的打击。有一位名叫麦克尔·塞维图斯（Michael Servetus）的西班牙人，既是宗教改革家，也是科学家，他最早提出血液从右心室通过肺流入左心室。他的著作《基督教的复兴》（1553年）质疑了三位一体学说，并提出灵魂本身就是血液，[①] 于是受到里昂宗教裁判

---

① ［英］斯蒂芬·梅森：《自然科学史》，周煦良等译，上海译文出版社1980年版，第200—201页。

所的审讯并被囚禁。但他从监狱逃了出来。当塞维图斯途径日内瓦逃回西班牙时，恰好赶上周六，到日内瓦对岸的船停运了，他被迫逗留到下一个周一。这一逗留，最终使他丧命。加尔文亲自主持了对这位异端分子的审讯与行刑。塞维图斯在生命的最后一刻要求与加尔文进行辩论，加尔文竟冷冰冰地说："烧死你，下地狱去吧！"

与路德不同，加尔文毕生都十分关心政治。加尔文曾受过良好的法学训练，他遵循了父亲的要求，虽然在毕业后他主要从事神学研究。这与路德违背父亲的期待放弃学习法律不一样。加尔文具有高水平的法学知识，并能够通过提供法律咨询谋生。他在日内瓦时，不仅起草了《日内瓦教会法案》，而且受城市议会之托编辑了日内瓦的法典。加尔文此种知识结构，对于他的神学思想，具有极大的影响。

加尔文的性格，据说是冷酷、理性而缺乏人情味的。加尔文给人如此印象，不单单出于他的脾性与文风，也与他的教义相一致。加尔文及其追随者皆具此种特征。路德派的新教徒多有酗酒、欢娱的时候，他们完全否定了禁欲苦行对救赎的意义，在职业观念上，路德派信徒也大体持传统的职业观。但在加尔文教派那里，情况则大为不同，天主教历来视加尔文派而非路德派为真正的敌人。

## 加尔文宗与路德宗之异

作为新一代宗教改革家，在与天主教斗争的过程中，加尔文与路德共享新教的核心要旨。例如预定论，实为路德、加尔文所共有。加尔文同样否定天主教，认为天主教会为伪教会。加尔文的贡献，不如路德那样具有开拓性，但也极其卓越，自成一派，在诸多方面与路德有所区别，其社会政治影响也别开生面。

路德宗称信义宗，加尔文宗则称改革宗或归正宗。改革宗并非加尔文所创，加尔文之前已有宗教改革家茨温里（Ulrich Zwingli）、马丁·布瑟的奠基，但加尔文对改革宗发展的贡献无疑是极其巨大的。在加尔文的努力下，改革宗成为多个国家、地区的新教派别。加尔文与路德未曾谋面，但彼此有过交流。路德曾对加尔文送给他的著作表示肯定，加尔文则对路德的成就表示赞赏，并称路德为"最尊敬的父亲"。在"唯独恩典、唯独信心、唯独圣经"这些新教的基本原则上，加尔文完全忠诚于路德。路德研究专家卡尔·

霍尔（Karl Holl）曾言，加尔文是"路德最伟大的门徒"[①]。不过，加尔文在某些方面对路德进行了修正，他们的神学，同中有异。路德与君侯王公能和谐共处，加尔文则长年处于流亡状态，加尔文教徒虽分布很广，却常常受到迫害。路德处于宗教改革兴起时期，天主教面对路德发起的进攻，显得措手不及。到加尔文推进宗教改革时，天主教与新教的争论已经有20年，基于对其制度和教理的自信，天主教发起了反宗教改革运动。天主教国家也对新教徒实行了迫害政策。在此背景下，加尔文所做的，是在逆境中挽救宗教改革。由此，加尔文宗无论是在神学上还是在实践中，均具有一种顽强的革命精神，此种精神，在路德宗那里是付之阙如的。路德与加尔文虽然同为宗教改革之领袖，但他们的宗教，体现的是两种不同的伦理生活态度及社会政治理念。

在上帝观方面，加尔文认为，基督教神学的核心理念是"上帝的荣耀"。"荣耀归于上帝"，这是加尔文派的口号。它一方面包含对一切尘世权威的贬低，另一方面，也凸显了上帝的绝对主权。论者写道："如果可以用一个短语来概括加尔文的世界观，这个短语就是'上帝的主权'。"[②] 在加尔文那里，上帝的主权，体现为其创世，也体现为其从未停止的对世界的护理。加尔文的上帝"护理世界"说，旨在表明上帝对一切事务的参与。按此"护理"说，上帝创世后并不是在一旁坐在宝座上懒惰地观看，任世界按自己的逻辑运行（此为后世自然神论的观点，但加尔文在此批评的是伊壁鸠鲁的上帝观）。世事的发生，没有一件出于偶然；尘世间的一切，都是上帝直接做工之体现。上帝以眼观看，也以手护理。[③] 即如天上飞的小鸟，它不会掉下来，也是靠上帝在做工。路边的树枝掉下来砸死了恰好经过的人，并不是偶然，而是上帝有意为之。就此点而论，加尔文与路德一脉相承。

然而，加尔文的上帝又有区别于路德的上帝之处。路德神学中的上帝是一个仁慈的上帝、爱的上帝。神爱世人，凭其恩典，给人以机会。但在加尔文这里，上帝是荣耀的上帝，他的爱只施加于他特选的人。也就是说，有些人特别地受到了上帝的垂青。加尔文教中的上帝之爱，不是普遍的爱。加尔

---

[①] [美]蒂莫西·乔治：《改教家的神学思想》，王丽、孙岱君译，中国社会科学出版社2009年版，第155页。
[②] [美] N. 司各特·阿摩司：《宗教改革：世界观的革命》，载[美] W. 安德鲁·霍菲克编《世界观的变革》，余亮译，中国社会科学出版社2010年版，第239页。
[③] [法]加尔文：《基督教要义》上册，钱曜诚等译，生活·读书·新知三联书店2010年版，第174页。

文否定了上帝之爱的普遍性。①

　　加尔文认为，路德派教义及仪式中，保留了大量的天主教因素。在反对偶像崇拜方面，加尔文派做得更为彻底。加尔文认为，人内心都倾向于崇拜偶像，人心是一个偶像制造工厂。基督徒必须消除偶像崇拜的心理。上帝不能被当作偶像来崇拜。敬拜上帝与偶像崇拜有质的不同。加尔文派的教堂要求去除圣像，去掉各种彩绘装饰，搬走风琴。加尔文认为，在教堂做属灵的事情，当然要环境清洁简朴，不能因外在的图像与装饰而分心。加尔文教徒的捣毁圣像活动，虽然有其宗教上的良好理由，实际上却是对传统艺术的摧毁。很多存在数百年的绘画、雕塑等文物，因之毁于一旦。另外，教会相对于世俗政府的独立性，加尔文也十分重视，而路德派教会则甘愿屈从于世俗权威。

图25　宗教改革时期场景

---

① ［美］保罗·蒂利希：《基督教思想史》，尹大贻译，东方出版社2008年版，第243页。

在基督徒生活方面，路德派看重的是人与上帝的神秘合一，着重个人内心的神秘体验和情感，他们视俗世生活为不可预测、起伏不定、不必挂怀，由此并不对自身行为做过多要求。例如，路德派信徒常常酗酒。与之明显不同，加尔文则要求信徒过一种具有禁欲色彩的、有条不紊的生活。加尔文所提倡的，是一种对自己严格要求的新兴市民伦理。诚如马克斯·韦伯所言，加尔文教实为"禁欲主义宗教"。[1] 此种禁欲主义，不同于天主教修士提倡的禁欲主义，其重心不在于对肉欲的克制、对身体的虐待、对财富的蔑视，而在于整洁、节俭、克制、严肃、诚信，在于对工作与劳动的投入以及对财富的理性经营。

在对待政治权威的态度上，加尔文与路德也十分不同。路德基于圣保罗的教义，要求对世俗权威的顺从。加尔文则暗示了某种形式的反叛之正当。路德与王公为友，加尔文则支持贵族共和国。19世纪德国史学家赫尔曼·鲍姆加滕说："在逆来顺受成为路德派的重要原则时，加尔文教徒却敢于拿起武器反抗正统君主以捍卫自己的信仰。"[2] 尽管路德宗后来也有激进的宪政主义主张，[3] 但路德本人在政治上，一直是极保守的。而加尔文及加尔文宗，则对近代西方宪政主义的形成与发展，起到了极为关键的作用。

19世纪德国伯尔尼大学的神学家马蒂亚斯·施奈肯伯格（Marthias Schneckenburger）最早从宗教心理及生活方式上区分路德宗与加尔文宗。他认为，路德宗具有静态、被动、守成的性格，而加尔文宗则具有动态、主动、创新的性格。前者关注自我的灵魂，后者关注自我的理性与意志。[4] 施奈肯伯格之后，马克斯·韦伯在《宗教社会学》中曾区分神秘主义宗教与禁欲主义宗教截然不同的社会意义，[5] 显然，路德教属于前者，加尔文教属于后者。[6]

---

[1] ［德］马克斯·韦伯：《新教伦理与资本主义精神》，于晓等译，生活·读书·新知三联书店1987年版，第87页。

[2] H. Baumgarten, Römische Triumphe, p.507, 转引自 ［美］哈特穆特·莱曼、京特·罗特编《韦伯的新教伦理：由来、根据和背景》，阎克文译，辽宁教育出版社2001年版，第73页。鲍姆加滕是马克斯·韦伯的姨夫，对青年韦伯思想的发展颇具影响。他曾任教于斯特拉斯堡大学。

[3] ［英］昆廷·斯金纳：《近代政治思想的基础》下册，奚瑞森、亚方译，商务印书馆2002年版，第269页。

[4] 参见 ［美］哈特穆特·莱曼、京特·罗特编《韦伯的新教伦理：由来、根据和背景》，阎克文译，辽宁教育出版社2001年版，第16页。

[5] ［德］马克斯·韦伯：《宗教社会学》，康乐、简惠美译，广西师范大学出版社2005年版，第212页。

[6] 韦伯在《新教伦理与资本主义精神》中也有此分类。［德］马克斯·韦伯：《新教伦理与资本主义精神》，于晓等译，生活·读书·新知三联书店1987年版，第87页。

不过，也有论者指出，宗教改革时期新教各教派的差异并不是很大，只是随着时间的推移，小团体认同的加强，宗教各派间的差异才变得越来越明显。①

## 加尔文与西方宪政主义

加尔文教与西方自由民主宪政的联系，不仅是观念上的，也是实践上的。西方宪政主义在其发轫时期，曾牢牢依托于基督教。在观念层面，加尔文在其新教神学框架下，清晰地表达了限制世俗政府权力的观念，并为某种民主理念做了铺垫。近代革命学说之著名代表约翰·洛克、卢梭，皆受到加尔文思想的极大影响。洛克的《政府论》被称为"激进的加尔文主义政治学的经典篇章"②。基于加尔文主义者阿尔图修斯的理论，卢梭阐发了其人民主权学说。卢梭的共和理想，以加尔文教的日内瓦共和国为原型。正是这样一个新教的日内瓦，抓住了革命前法国人的想象力。在某种意义上甚至可以说，1789年革命实为1535年日内瓦革命的开花结果。③苏格兰长老会派、法国胡格诺派、英格兰清教运动、北美独立革命，皆为加尔文主义与近代革命直接联系之明证。我们不禁要问，加尔文教到底提供了哪些观念，从而促成了现代西方宪政主义之成型？

加尔文与加尔文宗的思想，必须区别开来，正如我们需要区别路德和路德宗的思想一样。一方面，与路德一样，加尔文强调基督徒对政治权威的服从。此一立场，意在消除政府对加尔文教徒"无政府""反政府"的担忧，也与主张分离主义、全然否定政治之必要的再洗礼派划清界限。再洗礼派是又一个新教派别，该派坚持更为彻底的信仰纯洁，而要求基督徒远离政治，拒绝担任公职。顺便一提的是，加尔文的妻子，原来就是一名再洗礼派信徒，后在加尔文的引导下，归信改革派。④另一方面，加尔文则指出了一定条件下不服从或反抗暴君之合理。加尔文的追随者更是将此说发扬光大，使

---

① 参见［美］哈特穆特·莱曼、京特·罗特编《韦伯的新教伦理：由来、根据和背景》，阎克文译，辽宁教育出版社2001年版，第14页。
② ［英］昆廷·斯金纳：《近代政治思想的基础》下册，奚瑞森、亚方译，商务印书馆2002年版，第337页。
③ ［英］阿利斯特·麦格拉斯：《宗教改革运动思潮》，蔡锦图、陈佐人译，中国社会科学出版社2009年版，第264页。
④ ［美］蒂莫西·乔治：《改教家的神学思想》，王丽、孙岱君译，中国社会科学出版社2009年版，第171页。

之成为一种激进的具有革命色彩的政治理论。

加尔文与宪政主义在理论上的联系，可从如下几点来看：

（1）悲观的人性论。一切反宪政的政治学说，皆以高调的乐观主义人性论为基础。对人性的悲观看法，构成宪政主义的人性论基础。在人的堕落方面，加尔文强调人性之恶，比路德更为彻底。这自然推导出对由人充当的政治权威之怀疑与不信任以及对统治者权力滥用之考虑（此点路德亦曾论及）。新教完全否定了哲学王、圣王之可能，破除了对完美统治者的幻想。加尔文教对偶像崇拜的批判、对个人良心自由的坚持，也使得他们对一切世俗权力保持戒心。可以想见，此教流行之地，绝对王权、独裁政体必然缺乏民意基础。

（2）君权有限的理念。西方宪政主义之核心，就是主张统治者权力有限。在此意义上，宪政就是"限政"。加尔文教确立了上帝的主权，由此否定了尘世一切权力绝对性之可能。加尔文对法律的熟悉，也使得他对随意运用的世俗权力保持高度警惕。他曾直言："政府必须被宪法约束。"[①] 他抨击暴君，不遗余力。他在布道中说："高傲的君主们完全瞎了眼，以至于他们以为自己就是上帝。"[②]

（3）契约精神。加尔文教教义的特点，是突出各种"约"。特别是与上帝订立、以上帝作为见证的约。此种契约理念之流行，不仅见于加尔文教徒的商业活动，也见于他们对待社会政治的态度。法国的胡格诺教徒在反抗宗教迫害时即诉诸上帝的圣约，捍卫宗教自由。加尔文教在苏格兰的领袖约翰·诺克斯（John Knox），不仅基于《圣经》阐发上帝与国王立的约（《列王记下》章23），还阐发了上帝与人民直接立的约（《出埃及记》章34），说明人民反抗暴政的权力，实为上帝所赋予。[③] 就此点而言，加尔文教对于近代契约论之形成，必定起了重要的作用。

（4）立法机构成员或下级官员对暴君的反抗权理论。应当指出，加尔文从来不否定政府之必要。相反，他基于人的不完美指出世俗政府之不可或缺，认为必须依靠世俗政府权力惩治犯罪。他说过："在内尔瓦做王时，有人很智慧地说：在什么都禁止之下的统治下非常悲惨；然而，在什么都不禁

---

① ［美］道格拉斯·凯利：《自由的崛起》，王怡、李玉臻译，江西人民出版社2008年版，第18页。
② 同上书，第26页。
③ 同上书，第76页。

## 第四章 近代政治思想的基础

止之王的统治下，更加悲惨。"① 他甚至赋予政府以更为积极的角色，认为政府在保护基督教、促进基督教传播方面，同样有极重要的作用。他写道：

> 在人间的政府与食物、水、太阳以及空气一样重要；事实上，它比这些东西有更高贵的尊荣。因为政府不像这些东西，仅仅叫人能够呼吸、吃、喝以及保暖，虽然它管理人共同的生活，包括这一切。……属世的政府不仅仅在乎这些事情，他甚至禁止偶像崇拜、对神圣名的亵渎、对他真理的亵渎，并防止其他公开冒犯信仰的产生和扩散。这政府维护社会的治安、给个人保护财产的权利、叫人能够彼此顺利贸易往来、保守人与人之间的诚实和节制。简言之，这政府要确保基督徒能公开表达信仰，世人能行仁道。②

加尔文对政府提出的要求，暗含了对不称职政府的否定。而对于不称职的政府，加尔文认为，在一定的条件下，基督徒可以反抗。他说，基督徒作为个人，要服从政府，但如果是立法机构成员或下级官员，则有权带领人们做出反抗，这是上帝赋予他的职责。而在传布上帝的道、宣扬耶稣救世的真理方面，任何世俗权威都不能阻止。加尔文的理据是，政府的权力来自于神，然而，当政府渎神时，等于自己取消了自己的权力。他引使徒彼得的话为依据："顺从神，不顺从人，是应当的。"③《基督教要义》最后的话是"我们岂可屈服于邪恶之人的命令。"④

加尔文在政体上，倾向于贵族共和政体。他认为，立法机构的官员，例如古罗马的保民官，应限制君王的权力，防止其独断专行。根据宪法，百姓的自由应当得到保护。君主权力出自神，但并不是说君主拥有神一样的不受限制的权力，可以胡作非为，相反，权力出自神表明的是，在世俗权力之上，尚有更高的东西。由此，统治者应当小心用权，政府不能做违背神意的事。

---

① [法]加尔文：《基督教要义》下册，钱曜诚等译，生活·读书·新知三联书店2010年版，第1551页。
② 同上书，第1540页。
③ 《使徒行传》章3：29。
④ [法]加尔文：《基督教要义》下册，钱曜诚等译，生活·读书·新知三联书店2010年版，第1573页。

## 加尔文教与现代资本主义

德国宗教社会学研究大家马克斯·韦伯对加尔文教的特性曾有极其精彩的论述。以韦伯之见,加尔文教徒所代表的新教与现代资本主义之间的关联是最为明显而直接的。加尔文教徒培养了一种禁欲主义的市民伦理,这对于现代资本主义的发展来说,颇为重要;加尔文教具有高度的个人主义气质,它确立了个体的独立地位;在将魔力从世界祛除(韦伯有专门的术语"脱魔")、使世界理性化方面,加尔文主义者做得也最为彻底。

韦伯描述道,加尔文教徒与上帝的联系是"在深深的精神孤独中进行的"[①]。"对宗教改革时期的人们来说,生活中至关重大的是他自己的永恒得救,他只有独自一人走下去,去面对那个永恒的早已为他决定了的命运,谁也无法帮助他。"[②] 教士无法帮助他,圣事无法帮助他,甚至上帝也无法帮助他。通过教会、圣事得救的可能性完全被排除。根据加尔文教义,谁是上帝的选民早已预定,预定的标记除了个人信仰之外,便是他在尘世生活中的幸运与成就。而所有这些成就,都是在体现上帝的荣耀。这种观念要求加尔文教徒一辈子奋斗,全身心投入到今生的事业中,在世俗事业的成功中发现得救的征兆,从而确证自己是上帝的宠儿。这种要求无疑是相当严苛、相当非人道的。韦伯认为,正是加尔文教所衍生出的独特的生活与职业伦理,为理性化的现代资本主义的兴起提供了强大的精神动力。

韦伯的分析表明,现代资本主义繁荣发展所依赖的是非经济因素。我们不难想象,奴隶依靠皮鞭被动地从事生产活动,中世纪庄园中世代服务的农奴消极怠工,农人只求温饱;新教徒则凭借宗教提供的精神动力,自觉地将有限的一生投入到无止境的荣耀上帝的尘世事业中去。德意志现代资本主义发展的经验,可以证明韦伯的正确。在16、17世纪,德意志新教城市繁荣、富裕,充满活力,而天主教城市则是贫穷、落后的代名词。

---

[①] [德]马克斯·韦伯:《新教伦理与资本主义精神》,于晓等译,生活·读书·新知三联书店1987年版,第81页。

[②] 同上书,第79页。

# 第五章　国家理性的悖论

宗教改革引发了宗教战争。罗马天主教会的权威被摧毁了,欧洲封建主义的精神支柱轰然倒塌。取代罗马天主教普世秩序的,是多个世俗国家并列的局面。君主开始独立经营自己的地盘,不再仰教会之鼻息。在此背景下,人们的道德观念也开始发生转变。对新的政治形态的探讨,伴随着新伦理的阐发。与意大利城市国家不同,北方欧洲存在的是王国与贵族领地。在这里,绝对主义王权与官僚制开始发展起来。文艺复兴发掘出的伊壁鸠鲁主义、斯多葛主义、怀疑主义与之相配合,给混乱时代的个人提供了安身立命之说教。这是希腊化时期的文化重放光芒的时候,它们为近代国家理论、近代自由理论和权利学说提供了丰富的资源。与公民人文主义的基本理念不同,国家作为一个整体被予以思考,政教关系被重新厘定,以国家、主权、国家理性、国际法为关键词,具有鲜明现代风格的世俗政治理论被逐步阐发出来。从法国的蒙田、博丹到稍晚荷兰的格劳秀斯,他们对近代政治及其相关伦理问题,进行了不无原创性的思考。

## 16 世纪法国宗教战争

16 世纪欧洲有两个主要的趋势:一是绝对王权的发展,二是宗教改革的兴起。两者都对罗马天主教会所主导的基督教欧洲普世秩序造成了根本性的冲击,直至最终确立民族国家的秩序。宗教改革引发了残酷的宗教战争,引起了对宗教宽容问题的思考,也引起了对政教关系的再思考。16 世纪,文艺复兴重心由意大利转移到北方欧洲(法国、荷兰、英国、德意志)。

16 世纪 20 年代,路德派教义传到了法国。至 30 年代中后期,加尔文教开始流行。法国的加尔文教徒是胡格诺教徒。法国国王弗兰西斯一世晚年受天主教保守分子的影响,对新教采取了严厉镇压的政策。1545年,他下令屠杀普罗旺斯地区的胡格诺教徒。亨利二世继位后,进一步加大了镇压力度。他颁发了卡皮耶尼敕令,有计划地屠杀新教徒。尽管如此,新教的传播仍势不可当。当时法国许多中产阶级和贵族都改信加尔文教,并且,他们还决心以武力捍卫其信仰。①

图26 圣巴托罗缪大屠杀

1559年,法国国王亨利二世去世,自此法国陷入了长达35年的内战。造成内战的主因是宗教,故称宗教战争。加尔文教派的领袖是拿纳尔国王、波旁家族的安东尼兄弟,天主教方面是洛林的吉斯家族。亨利二世去世后,他的三个儿子相继即位。他们均在年幼时继位,由他们的母亲美第奇家族的卡特琳摄政。法国国王分别为弗兰西斯二世(1559—1560)、查理九世(1560—1574)、亨利三世(1574—1589)。查理九世继位时才9岁。太后卡特琳有意缓和胡格诺教徒与天主教徒的对立,她召开神学会议,希望双方讲

---

① [法]马雷:《西方大历史》,胡祖庆译,海南出版社2008年版,第210页。

和，但双方都陷于狂热，无法沟通。1562 年，她下令给予胡格诺教徒信教的自由，但民间缺少宽容的氛围。1562 年，吉斯公爵和他的军队与新教徒发生冲突，30 多个新教徒被杀，此为宗教战争的序幕。① 这 35 年内，宗教战争共有 8 次。战争不仅限于国内，也与西班牙、英国、德意志发生关联。各国结盟的依据，主要是宗教信仰。

1572 年 8 月 24 日正好是圣巴托罗缪节。在国王查理九世的命令下，发生了天主教徒针对胡格诺教徒的大屠杀，时任海军大臣的胡格诺教派领袖科利尼被杀，各大城市都对新教徒展开了杀戮。此即著名的圣巴托罗缪大屠杀（the Saint Bartholomew's Day massacre）。在这次屠杀中，巴黎杀了两千个胡格诺教徒，外省则有上万胡格诺教徒被杀。这次屠杀，原为查理九世受太后卡特琳唆使。太后本想借此除掉科利尼，以孤立国王，维持自己的权力核心地位。迫害激起了新教徒的反抗，法国几陷入无政府状态。1574 年，年仅 24 岁的查理九世去世。波兰国王（亨利二世的三子）回法国即位，称亨利三世。亨利三世对新教徒采取了让步政策。他准许胡格诺教徒在巴黎外的法国全境公开举行宗教仪式；可服一切公职，各级法官中有半数名额；允许新教徒有八个要塞，以保障他们的安全。②

亨利三世的做法引起天主教徒的不满。他们在亨利·吉斯的领导下，展开了与亨利三世的斗争。1585 年，内战再起，持续了八年。亨利·吉斯有意做法国的国王，他想联合教皇及西班牙，重建基督教的欧洲。1588 年 12 月，亨利三世派人刺杀了亨利·吉斯。巴黎陷入了混乱。1589 年 8 月，亨利三世也遇刺身亡。

亨利三世的死意味着瓦卢瓦王朝的结束。卡佩家族的旁支波旁家族的纳瓦兰的亨利，继承了王位，称亨利四世。亨利四世原为新教徒，在西班牙国王入侵、欲让女儿继承王位的压力下，亨利四世改宗天主教。1598 年，亨利四世与西班牙国王腓力二世签订协议，结束了两国交战的状况，同年，亨利四世发布南特诏令，再度确定了新教徒有公开举行宗教仪式的权利，规定新教徒与天主教徒法律面前一律平等。亨利四世宽容胡格诺教徒，法国天主教徒对他一直不满意。1610 年，他被一名狂热的天主教徒杀害。

---

① ［法］马雷：《西方大历史》，胡祖庆译，海南出版社 2008 年版，第 219—220 页。
② 同上书，第 223 页。

## 蒙田与法国文艺复兴

"我知道什么?"我把这句话作为格言,铭刻在一把天平上。①

真正有知识的人的成长过程,就像麦穗的成长过程:麦穗空的时候,麦子长得很快,麦穗骄傲地高高昂起;但是,当麦穗成熟饱满时,它们开始谦虚,垂下麦芒。②

在名利和野兔后面跑的人不是跑,为竞技和锻炼跑的人才是跑。③

人间万象,其中一种状态却相当普遍:对与己无关之事的兴趣超过对本人私事的兴趣。④

思想是一把伤人的利剑,即使对于佩剑者也是如此,如果他不知道如何谨慎适当挥舞。⑤

每个人都是整个人类状况的缩影。⑥

读书对我的用处主要是通过书中的各种事物启迪我的思想,运用我的判断,而不是充塞我的记忆。⑦

最好的工作是最不勉强的工作。⑧

如此精彩的名言警句,出自16世纪法国作家蒙田的随笔集。

米歇尔·蒙田(Michel Eyquem de Montaigne),与博丹年纪相仿。蒙田出生于一个几代人之前刚获得册封的贵族家庭。其父曾为波尔多市市长。蒙田幼时曾跟一位德国人习拉丁文。1539年至1546年,蒙田在波尔多的居耶纳中学读书。1554年,他开始从事法律方面的工作。1558年,他结识了拉·博埃西(La Boetie),二人成为莫逆之交。拉·博埃西,也是一位有思想的学者,著有《论自愿受奴役》,为反暴君思想的代表人物,遗憾的是他英年早逝。1571年,38岁的蒙田厌倦了公务,归隐乡间。1572—1574年法国内

---

① [法]蒙田:《蒙田随笔全集》中卷,马振骋等译,译林出版社1996年版,第208页。
② 同上书,第176页。
③ [法]蒙田:《蒙田随笔集》,马振骋译,上海译文出版社2014年版,第303页。
④ [法]蒙田:《蒙田随笔全集》下卷,陆秉慧等译,译林出版社1996年版,第192页。
⑤ [法]蒙田:《蒙田随笔全集》中卷,马振骋等译,译林出版社1996年版,第245页。
⑥ [法]蒙田:《蒙田随笔全集》下卷,陆秉慧等译,译林出版社1996年版,第20页。
⑦ 同上书,第35页。
⑧ 同上书,第36页。

## 第五章 国家理性的悖论

战期间，蒙田参加了天主教军队，与新教徒军队对峙。他后来被封为国王的侍臣。1580年，他开始到德国、瑞士、意大利游历。一年后，他得到国王的任命，回国做了波尔多市市长。1585年，波尔多暴发瘟疫，蒙田被迫离开他的城堡。1588年，他充当了国王亨利三世与新教领袖（后来的亨利四世）之间的调停人。他的外交斡旋工作，得到了同时代人的好评。蒙田可以经常出入宫廷，与国王随时交流，然而他并不热衷于此。1592年，蒙田去世。蒙田的著作是他的《随笔集》。该书分三卷，陆续写成出版，历时七八年。蒙田生前，即将其全三卷出齐。其中，《雷蒙·塞邦赞》[①]《论功利与诚实》两篇，对于理解蒙田的思想来说，最为重要。

在乱世中，蒙田冀求一块清静之地。蒙田的隐退生活，是在他家的城堡中，他喜欢在其圆形塔楼书房中阅读。这种生活，显然不是"公民人文主义"者所赞同的。不过，在适当的时候，他也参与了实际的政治活动，并且表现出色。他的隐退，与他个人心高气傲的性格有关。他经常说自己不喜欢公务，喜欢不受拘束、懒懒散散的生活。蒙田喜欢骑马出游，即使在晚年，他也经常做长期的外国旅行。他曾不无夸张地说自己会死在马背上，而不是在床上。

蒙田喜爱阅读。他称"我享受书，犹如守财奴享受他的财宝"[②]。他外出旅行必带书若干，虽然未必翻看。蒙田博览群书，但不求甚解，而且经常忘记。特别是到了晚年，他说自己常拿起一本书，以为从没有看过，直到看到自己做的批注，才知道曾经看过。于是他养成一个习惯，每看书必在书后面写下心得评论。他遇到喜爱的格言，便将其书写下来，张贴于书房的墙壁或天花板上，以求时常目及，警示自身。古人的格言，充斥于他的作品。他喜爱的古人包括贺拉斯、维吉尔、西塞罗、塞涅卡、普鲁塔克、塔西陀、苏格拉底等。他对柏拉图、亚里士多德的学说和希腊化时期的各种学说颇为熟悉。他最爱普鲁塔克和塞涅卡的作品，对西塞罗则颇有微词。而在人格风范方面，他又极推崇苏格拉底。

蒙田并不致力于阐发一套系统的学说，他的随笔式文体与其怀疑主义思

---

[①] 雷蒙·塞邦（Raimond de Sebonde, 1385—1436）是14—15世纪的神学家，其著《自然神学或称创造物之书》有上千页，它用自然现象来证明基督教教义。蒙田的父亲从友人那得到了雷蒙·塞邦的《自然神学或称创造物之书》（拉丁文写成），他去世前几天，嘱蒙田将其译成法文。1569年，蒙田翻译的法文本出版。

[②] ［法］蒙田：《蒙田随笔全集》下卷，陆秉慧等译，译林出版社1996年版，第45页。

想旨趣相一致。然而，蒙田绝非信口开河之人。他说他"书中都是真话，虽则并非我想说的一切，却是我敢说的一切"①。蒙田随笔不是私人日记性质的文字，蒙田很清楚，他的文章是要写给他人阅读的。事实上，他对于出版自己的著作十分重视。蒙田有意识地谈自我，分析自我，向公众展示自我。他写道："我是第一个向公众展示包罗万象的自我全貌的人；我作为米歇尔·蒙田，而不是作为文学研究者、诗人或法学家与他们交流。倘若世人抱怨我过多地谈论自己，我则要抱怨他们竟然不思考自己。"②

蒙田主张人走自己的路，不必在乎他人的议论。在道德方面，亦不必把别人的赞许作为酬报善行的根据。他说："我过一天是一天，而且，说句不敬的话，只为自己而活：我生活的目的止于此。"③ 他认为，在很多时候，得到肤浅、愚昧大众的好评甚至是对一个人的侮辱。

他以道德的极致是慎独，认为过隐居生活的人亦有其道德责任。他说，日常生活中表现出优秀，更加可贵。"亚历山大大帝在他那宏大恢宏的舞台上表现的品德，并不如苏格拉底在平凡的默默无闻的活动中表现的品德那么伟大。"④

## 我知道什么？

文艺复兴运动复兴的是古典文化。蒙田最欣赏的是古典文化中的怀疑主义。蒙田随笔议题甚多，然其背后的哲学，则是皮浪所代表的怀疑主义（亦称皮浪主义）。怀疑主义在16世纪法国并不缺乏支持者，它对亚里士多德主义的经院哲学从知识论上发起了进攻。特别是16世纪60年代塞克斯特·埃庇鲁克斯（Sextus Empiricus）⑤ 的《怀疑主义论纲》的出版，对知识界怀疑主义的兴起起了巨大的推动作用。⑥ 蒙田的怀疑主义，即由此而来。

蒙田比较古典时代的几大哲学流派，他认为，皮浪主义最有道理，其他学派则都有独断论之弊。在对待真理问题上，逍遥学派、伊壁鸠鲁学派、斯多葛学派相信已经找到真理；卡涅阿德斯、学园派认为人们没有能力认识真

---

① ［法］蒙田：《蒙田随笔全集》下卷，陆秉慧等译，译林出版社1996年版，第20页。
② 同上。
③ 同上书，第47页。
④ 同上书，第24页。
⑤ 公元3世纪的怀疑主义哲人。
⑥ ［英］彼得·伯克：《蒙田》，孙乃修译，工人出版社1985年版，第44页。

理；皮浪主义则主张"我们"正在追求真理，"我们"既非确知、有知，亦非全然无知（连自己无知也不知道）。皮浪主义宣扬的是犹豫、怀疑和探询，这就是说，什么都不肯定，什么都不保证。皮浪主义者的箴言是：我议论，但不作结论。他们热衷于指出什么东西错误，而不是表明什么东西正确。"谁能想象不论在什么场合，没完没了地表示无知，不偏不倚地不作结论，他就理解了什么是皮浪主义。"① 皮浪主义者在知识论上如此，在现实中又当如何生活呢？蒙田指出，他们的生活行为，跟平民百姓没有两样。他们与他人的不同在于其内心的宁静。怀疑主义者谦逊、守规、勤奋好学，他们没有对不同派别、学说的仇恨，绝不会痴迷于某种信条、教义而陷入狂热。"他是一张白纸，上帝的手指可以在上面打上任何印记。"②

蒙田认为，我们要承认自己的无知。我们无知的主要基础和证明都包含在感觉之中。他说，一切认识都要通过认识官能。感觉是我们的主人。学问肇始于感觉，归结于感觉。③ 然而，感觉并不可靠，感觉欺骗我们的理解力，同时感觉自己也受到欺骗。④ 蒙田说，我们在怒火中看到和听到的东西，跟实际的不一样。我们爱的东西看起来比实际美，我们讨厌的人会比实际丑。"我们的心态影响和改变事物，我们无法知道什么是事物的真情；因为一切东西都是经过感觉的作伪和歪曲而传给我们的。……我们的感觉不稳定，使感觉的一切也不可靠。"⑤

感觉主义的结果必然是主观主义、相对主义以及反本质主义。蒙田认为，"对好坏的判断主要取决于我们的主观看法"⑥。根本不存在一个公正无私的法官。人们对死亡、贫困、疾病、痛苦，皆有着截然不同的看法。有人认为多子多福，也有人认为没有孩子才是幸福。

以此一立场，蒙田否定了社会政治中任何绝对化的观点。他说："世界上没有什么像习俗与法律那样叫人莫衷一是。这件事在这里令人发指，在其他地方备受称赞，如在斯巴达对待微妙的偷窃问题。近亲结婚在我国绝对禁止，而在其他地方是一件好事。杀子弑父，沾花惹草，偷盗销赃，形形色色的寻欢作乐，没有一件事是绝对的大逆不道，以致哪个国家的习俗都是不能

---

① ［法］蒙田：《蒙田随笔全集》中卷，马振骋等译，译林出版社1996年版，第182页。
② 同上书，第183页。
③ 同上书，第276页。
④ 同上书，第285页。
⑤ 同上书，第290页。
⑥ ［法］蒙田：《蒙田随笔全集》上卷，潘丽珍等译，译林出版社1996年版，第52页。

接受的。"① "任何东西都处于不同的光线下，可以从不同的角度观看；因而产生不同的看法，这也是主要原因。一个国家看到事物的一面，以此为据，另一个国家看到事物的另一面，也以此为据。"②

蒙田认为："人的实质和事物的实质都没有永久的存在。我们，我们的判断，一切会消失的东西，都在不停地转动流逝。因而谁对谁都不能建立一个固定的关系，主体和客体在不断地变换更替。"③ "我们与存在没有任何联系，因为人性永远处于生与死之间，它本身只是一个模糊的表面和影子，一个不确定和软弱的意见。如果你决意要探究人性的存在，这无异于用手抓水，水的本性是到处流动的，你的手抓得越紧，愈是抓不住要抓的东西。"④

## 功利与诚实的冲突

蒙田清楚地意识到了价值之间的冲突，意识到了政治中人可能面临的道德困境。在《论功利与诚实》中，蒙田揭示了功利与诚实二者间可能的冲突，触及了所谓的"国家理性"问题。然而，他并不支持国家理性论，亦不认为功利与诚实具有同等的价值。在此点上，蒙田的意思经常遭到误读，由此也引出截然不同的解释。

当代英国学者昆廷·斯金纳把蒙田归为体现16世纪马基雅维里式的国家理论在低地国家扎根的作家。他认为，蒙田的《论功利与诚实》一文体现了蒙田对统治者作恶的认可，蒙田承认"合法的恶"不可或缺。⑤ 与斯金纳的方向一致，理查德·塔克（Richard Tuck）把蒙田与荷兰的利普休斯作为晚期人文主义思想家的代表，认为他们基本是塔西陀主义者。区别于早期人文主义的西塞罗主义，他们都倾向于从权力与利益的角度思考政治，并且不再把自由与荣誉作为政治中值得追求的价值。在蒙田那里，怀疑主义与斯多葛主义及塔西陀主义结合在一起，这使得他与国家理性学说相接近。⑥ 然而，加拿大学者罗伯特·J. 科林斯的研究则认为，斯金纳对蒙田的理解乃是误

---

① [法]蒙田：《蒙田随笔全集》中卷，马振骋等译，译林出版社1996年版，第269页。
② [法]蒙田：《蒙田随笔全集》下卷，陆秉慧等译，译林出版社1996年版，第269页。
③ 同上书，第291页。
④ 同上。
⑤ [英]昆廷·斯金纳：《近代政治思想的基础》上册，奚瑞森、亚方译，商务印书馆2002年版，第386页。
⑥ [美]理查德·塔克：《哲学与治术》，韩潮译，译林出版社2013年版，第68页。

读。斯金纳的解读基于对蒙田文章中片言只语的摘引，而非对全文的总体把握。与斯金纳的解读恰恰相反，蒙田在《论功利与诚实》中不仅没有支持反而是拒绝了国家理性的观点。"蒙田彻底颠覆了国家理性的逻辑。"① 与此相类，瑞士学者边凯玛里亚·冯塔纳（Biancamaria Fontana）认为，蒙田对国家理性持批判态度，这源于他对基督教价值的坚持。② 何种解读更接近蒙田的原意？还是让我们回到蒙田的文本。

蒙田写道："任何政府都有一些必要的机构，这些机构不仅卑鄙，而且腐败；恶行在那里得其所哉，并被用以维持这个社会，犹如毒药被用来维护我们的健康。虽说这些机构有了存在的理由——因为我们需要它们，而共同的必要性掩盖了它们真正的性质，但是这游戏应该让那些比较刚强、比较胆大的公民去玩。他们牺牲自己的诚实和良知，一如有些古人为保卫国家牺牲自己的生命；而我们这些脆弱的人，还是承担一些比较轻松、风险比较小的角色吧。公共利益要求人背信弃义、颠倒黑白、杀戮同类，让我们把这类差事让给那些更听话、更机灵的人去干吧。"③

蒙田在这段话中表示：罪恶的行为，腐化的公共机构，也有其功用；公共利益常要求背信弃义、杀戮同类，这些事情不可避免，但对一个"脆弱"的人来说，还是远离为好。他认为，必要的恶事可交给某些人去做，而他自己不愿意沾染。蒙田的态度，以中国古语来说，可谓"君子远庖厨"④。蒙田在这里凸显了一种价值冲突的困境。功利与诚实，经常有冲突。但具体如何选择，悉由当事人决定。

蒙田指出，诚然，欺骗有时会带来好的结果，诚实反而有害于功利。"骗术不止一次给人们帮过大忙，而且至今仍维持和支撑着人们大部分的职业。世上有些恶行是正当合法的，正如有些善良的或可以理解的行为却是不合法的。"⑤ 他写道："我跟从大众的说法，把功利与诚实区分开来，某些本能的行为不仅有用而且必要，但大众把它称为不光彩、肮脏的行为。"⑥ 实际

---

① ［加］罗伯特·J. 科林斯：《蒙田在〈论功利与诚实〉一文中对国家理性的拒绝》，王永茜译，载许章润、翟志勇编《国家理性与现代国家》，清华大学出版社2012年版，第491页。
② ［瑞士］边凯玛里亚·冯塔纳：《蒙田的政治学》，陈咏熙、陈莉译，北京大学出版社2010年版，第89页。
③ ［法］蒙田：《蒙田随笔全集》下卷，陆秉慧等译，译林出版社1996年版，第2页。
④ 《孟子·齐桓晋文之事》。
⑤ ［法］蒙田：《蒙田随笔全集》下卷，陆秉慧等译，译林出版社1996年版，第8页。
⑥ 同上书，第9页。

上，蒙田已经意识到，在政治与个人、家庭不同的领域中，伦理要求是不一样的。蒙田认为，诸国外交之中，不表明立场，伺机站在胜利的一方，可以允许。但在个人与家庭事务中奉行此道，便是一种背叛。在此类事务上，个人应当表明自己的立场。①

蒙田在探讨政治统治面临的道德困境时，不仅暗示不同领域之间道德伦理法则存在冲突，还暗示了道德原则适用的条件性。这就是说，我们要注意日常状态与紧急状态的区分。蒙田认为，在特殊的、例外的、紧急的状态下，君主的选择只能用幸与不幸来评价，而不能用道德与不道德来衡量。然而，作为君主，他个人的内心，在事后，亦即恢复日常状态后，应当感到内疚，也就是仍应依照良心原则，遵守一定的道德标准。蒙田如此写道：

> 当遇到紧急情况，或其处境发生了急剧而意想不到的变故，使君王不得不违背他的诺言和信义，或是使他离开了自己一贯的职责时，君王应该把这种客观情势归因于神的一记鞭笞；他抛弃了自己的理性去迁就一种更普遍、更强大的理性，这不道德，是吗？但这确实是一种不幸。因此，当有人问我："怎么补救？"我说："无法补救，如果他确实在做与不做之间进退维谷，左右为难；那么他是不得已而为之；但如果他这样做时并不感到内疚，也不感到痛苦，这表明他的良心有问题。"②

细读此段文字，一方面，要注意的是，蒙田说，君主作恶必须是"客观形势"所迫、不得已，而非主动积极地去搞阴谋诡计、设圈套，此点与马基雅维里《君主论》中的观点颇为不同。马基雅维里赞同君主要有狐狸般的狡猾与狮子般的凶狠。③另一方面，要注意的是，蒙田始终没有忘记诉诸"良心"。在蒙田看来，君主做一件恶事而有悔意，与君主做一件恶事而无悔意，从功利和后果来看，都是一样的，但前一种情况中，君主依然具有良知，具有道德感，而后一种情况中，君主则麻木不仁，甚至主动作恶。上天安排的不幸无法逃避，但良心原则，依然保持着其有效性。

蒙田总结说，遇到例外"我们不得不让步，但让步时必须谨慎而适度；任何个人的功利都不值得我们的良知做出如此巨大的牺牲，为了社会

---

① [法]蒙田：《蒙田随笔全集》下卷，陆秉慧等译，译林出版社1996年版，第5页。
② 同上书，第13页。
③ [意]尼科洛·马基雅维里：《君主论》，潘汉典译，商务印书馆1985年版，第83页。

的功利①，那是可以的，但只有当这种功利是十分明显、重要的时候"②。蒙田此处再次提及社会的功利与个人良知的冲突，但他指出，如要因此而背信弃义，必须是此种功利"十分明显、重要的时候"。

至此，我们可以看到，蒙田的基本观点是，个人良心的责任和道德底线、善良和人道，必须坚守。背信弃义、杀戮和血腥永远当受到谴责。或许政治家有无奈的选择，但这种选择一定是痛苦的，而不是愉快的，才可以得到人们的谅解。如果要问蒙田对于"国家理性"的看法是什么，那么，我们绝不能把蒙田解读成"国家理性"论的支持者，我们只能如此表述，蒙田意识到国家理性与个人理性冲突的不可避免，但国家理性绝不能高于人们内心的良心原则。蒙田引先哲之箴言，佐证其观点。他写道："公共利益不应要求所有的人为它牺牲所有的个人利益；'即使在社会的动乱中，仍应记得个人的权利'（李维语）；'任何权势都不能允许侵犯友情的权益。'（奥维德语）'对一个正派人而言，即便为了效忠国王、大众事业和法律，也并非可以无所不为；对祖国的义务并不排斥其他义务，而且公民们对父母克尽孝道亦符合国家利益。'（西塞罗语）"③

蒙田认为，君王最重要的品德在于公正，尤其是施予方面的公正。④ 君王不能赏赐无度。并且，君主也要宽厚、仁慈，以赢得人们的爱戴。蒙田说："假若命运让我生来跻身于大人物之列，我的心志是让人家爱我，而不是让人家怕我或崇拜我。……居鲁士非常聪明，通过一位大将还是更优秀的哲学家之口，认为他的仁慈与恩德远远居于他的英勇与武功之上。大西庇阿在他要出风头的地方，把他的宽厚与人道看得比他的勇猛与胜仗更重，嘴里老是挂着这句引以为荣的话：他已让敌人像朋友那么爱他。"⑤

蒙田十分重视信义。他批评不合法的手段取证，批评不讲信义的司法。在蒙田看来，欺骗与被欺骗都是可憎的。蒙田自言他处理外交谈判坦率直接，"不愿愧对自己的良心"，并不搞欺诈，他因此也受到各方信赖。他说："纯朴与真诚在任何时代总是合宜的。"⑥ 他不会赞同马基雅维里主义，在他

---

① "社会的功利"，在马振骋的译本中作"公利"。参见［法］蒙田《蒙田随笔集》，马振骋译，上海译文出版社2014年版，第195页。
② ［法］蒙田：《蒙田随笔全集》下卷，陆秉慧等译，译林出版社1996年版，第13页。
③ 同上书，第16页。
④ 同上书，第139页。
⑤ ［法］蒙田：《蒙田随笔集》，马振骋译，上海译文出版社2014年版，第294—295页。
⑥ ［法］蒙田：《蒙田随笔全集》下卷，陆秉慧等译，译林出版社1996年版，第3页。

看来，为达目的不择手段是不妥的；欺骗达到了一时的目的，但破坏了信任关系。蒙田举例说，就是强盗抓住了你，你答应交出一笔赎金，因而强盗放了你。你获得自由后，仍然要履行自己的诺言，否则便是没有信义。按照蒙田的主张，个人在强盗的胁迫之下出于恐惧而做出的承诺，依然要履行。个人的功利考虑，无论如何都不会高于信义，可见蒙田对"信"的重视，此之谓人无信不立。① 蒙田说："我遵守承诺战战兢兢直至迷信的程度，而在其他事情上则乐意拿不定主意，讲条件。"②

蒙田相信良心的巨大力量，相信良心的公正。他写道："良心使我们起义，使我们控诉，使我们战斗；在没有外界证人的情况下，良心会追逐我们，反对我们。"③ "即使人在作恶时感到乐趣，良心上却会适得其反，产生一种憎恶感，引起许多痛苦和联想，不论睡时醒时都折磨着自己。"④ 蒙田认为，荣誉应该是功名与良心的统一。获得荣誉的最好办法是本着良心做你为功名而做的事。⑤

## 政体：没有最好，只有合适

蒙田著述的时代，关于君主制与共和制孰优孰劣的争论，在学界并不少见。蒙田对这些争论甚为熟悉。他在随笔中曾提到，两位苏格兰人的著作⑥，即对理想政体有相反的看法。蒙田持什么样的政体观呢？冯塔纳认为，蒙田偏爱共和制，他将共和国描述为最自然和最公正的政体形式。君主制作为特定历史环境与传统造成的政体，则一贯是次佳的选择。⑦ 冯塔纳做出判断的依据是蒙田《随笔集》上卷中《情感驱使我们追求未来》中的几句话。在这篇文章中，蒙田说，雅典将领在与斯巴达的海战中虽然取得了胜利，但没有停下来收拾漂浮在海上的阵亡同胞尸体，因此被雅典人民"毫不留情、既无人道也不公正地处死了"。"每当我忆及此事，便几乎对所有的民主恨之入

---

① [法]蒙田：《蒙田随笔全集》下卷，陆秉慧等译，译林出版社1996年版，第15页。
② [法]蒙田：《蒙田随笔集》，马振骋译，上海译文出版社2014年版，第291页。
③ [法]蒙田：《蒙田随笔全集》中卷，马振骋等译，译林出版社1996年版，第39页。
④ 同上书，第40页。
⑤ [法]蒙田：《蒙田随笔全集》下卷，陆秉慧等译，译林出版社1996年版，第24页。
⑥ 即乔治·布坎南的《苏格兰王国的法律》（1570）与亚当·布莱克伍德的《为君主辩护》（1581）。乔治·布坎南认为君权来自人民，布莱克伍德则认为君权来自上帝。
⑦ [瑞士]边凯玛利亚·冯塔纳：《蒙田的政治学》，陈咏熙、陈莉译，北京大学出版社2010年版，第17页。

骨，尽管它代表的是自然和公道"①。冯塔纳由此说。在蒙田看来，共和（冯塔纳将其等同于民主）代表的是自然与公道。然而，联系上下文，蒙田在这里明确表达的是对民主暴政的痛恨。他绝无民主制天生优于君主制之意。另有学者认为，蒙田倾向的是君主制。②诚然，蒙田与法国国王有深交，并且曾服务于王室，然而，这种现实中的态度，并不能证明理论上蒙田偏好君主制。事实上，蒙田不愿意在理论上争论政体的优劣。蒙田既不是共和主义者，也不是君权论者。

蒙田对政体持一种实用、权变的观点。他认为政体只有合适，没有好坏，政体与一个民族的长期习俗与文化心理有关。此一立场，亦与他怀疑主义"不做判断"的哲学观相一致。他写道："所有关于政体的由人工虚构的描述都是荒谬的，而且不可能付诸实施。那些关于社会最佳形式以及最易束缚我们的规章制度的长期大争论只适于我们锻炼头脑……对政体的那种描绘可能适用于某个新世界，然而我们谈的是业已承担义务的、业已养成某些习惯的人群，我们不能像庇拉或伽德缪一样使大地重新产生人。无论我们有权用什么方法纠正人们的错误，使他们重新规矩起来，我们总不能打破我们绝不能打破的习惯再造他们。"③他说："事实上各个民族最优秀的政体乃是该民族能赖以生存的政体。政体的根本形式和适应性取决于它的实用性。"④蒙田批评道："希望在人民作主的国家由少数人发号施令，或在君主制国家实行另一种政体，那都是邪恶，是荒唐。"⑤

## 蒙田思想中的"保守"因素

以19世纪才流行的"主义"标签去概括16世纪的蒙田显然不合适，不过，若将"保守"如奥克肖特那样理解为一种态度、一种气质，则蒙田思想中的"保守性"，实为极重要的特色。就此点而论，我们说蒙田有功于后世保守主义，并不为过。某种充满自由精神的保守主义的基本观点，皆可在蒙田的著作中找到。蒙田思想的保守性，可从如下诸点来看。

---

① [法]蒙田：《蒙田随笔全集》上卷，潘丽珍等译，译林出版社1996年版，第18页。
② 蔡英文：《蒙田的怀疑主义与政治伦理观念》，《政治与社会哲学评论》2015年第55期。
③ [法]蒙田：《蒙田随笔全集》下卷，陆秉慧等译，译林出版社1996年版，第204—205页。
④ 同上书，第205页。
⑤ 同上。

（1）反对激烈的、全盘的革命或变动，主张点滴改良，修修补补。蒙田希望人民安于所生活的政体。他说，现实政治中存在问题，可以考虑改革，但绝不至于更换政体。"当某个零件松了，我们可以上紧。我们可以不让事物的自然变质与销蚀去破坏最初的原则。但是试图把事情一锅端，改换一幢大厦的地基，这无异于让清洗的人抛弃弄脏的东西，让改良个别弊端的人掀起社会大乱，用死亡来治疗疾病。"① 对法国来说，一切大变动都会动摇国本，造成大乱。他说："熟悉的老毛病还是比没体验过的新毛病更容易忍受。"② 君主政体的内部结构，这座老朽的大厦，一旦由于改革而分崩离析，就会向不公正尽情敞开大门，因为很多人会浑水摸鱼。③

对于法令，人们也不能随便改动。蒙田写道："不管哪个公认的法令，改变后有无明显的好处，这都是很值得怀疑的。况且，即使有好处，改变起来谈何容易，因为法律犹如一座建筑物，各部分之间的联系如此紧密，牵一发就会动全身。"④ "我只求事物的维持与存在，这都是无声无息、悄然进行的。……悠着做有时跟做一样高尚，但是悠着做就较少公开。"⑤ 蒙田指出："应该把最大的聪明才智用于解释和发展已有的习俗，而不是改变和革新。"⑥

在宗教上，蒙田坚持其天主教信仰，坚决反对宗教改革。他说："多少年来压在我们身上的宗教改革，虽不能说一切都是它干的，但完全有理由说，一切都是由它导致的，甚至包括从此不管有没有它都会产生的不幸和毁坏。一切都归罪于这次改革。"⑦

（2）重视习惯的力量，强调尊重习惯。蒙田认为，习惯是世界的主人，"是一个粗暴而阴险的老师。它悄悄地在我们身上建立起权威，起初温和而恭谦，时间一久，便深深扎根，最终露出凶悍而专制的面目"⑧。习惯的力量巨大，堪称无所不能。而且，世界各地的习惯多种多样，千奇百怪。每种习惯都声称其合理性；违反了那种习惯，便被称作违反理性。有的地方，年轻女子要守贞洁；有的地方，未婚女子则以与很多男子交合为荣。有的地方有

---

① ［法］蒙田：《蒙田随笔集》，马振骋译，上海译文出版社2014年版，第282页。译文略有修正。
② 同上书，第283页。
③ ［法］蒙田：《蒙田随笔全集》上卷，潘丽珍等译，译林出版社1996年版，第133页。
④ 同上书，第132页。
⑤ ［法］蒙田：《蒙田随笔集》，马振骋译，上海译文出版社2014年版，第350页。
⑥ ［法］蒙田：《蒙田随笔全集》上卷，潘丽珍等译，译林出版社1996年版，第135页。
⑦ 同上书，第132—133页。
⑧ 同上书，第121页。

男妓院,男子之间可以结婚;有的地方以人肉为食;有的地方把杀死年迈父亲称作"孝"。这一切都是习惯而已。蒙田说,人们的政体观,也与民族习惯相联系。"受自由和自主思想培育的人民,认为任何统治形式都是可怕的,是违背自然的。习惯于君主制的人民也一样。不管命运为他们提供了什么样的变革机会,当他们费了九牛二虎之力摆脱了某个君主的讨厌统治时,就会赶紧花同样的力气为自己按上一个新君主,因为他们不能下决心憎恨君主统治。"① 蒙田建议,不要轻易改变这些根深蒂固的习惯。

(3) 主张审慎、节制与中庸之道。蒙田自言自己"对公众的正义事业,也只抱温和的态度,绝不头脑发热,我生性不轻易作过深的、内心的介入和许诺;愤怒和仇恨超出了正当责任的范围,便是一种狂热"②。在天主教与新教的战争中,蒙田认为双方都走入极端,陷入狂热。他主张节制、知足常乐。他说:"不论什么情境下,我们总是跟好的去攀比,眼睛朝上面看。我们应该跟差的比,哪一个倒霉蛋也能找到千百个可以聊以自慰的例子。我们总是看不得人家超过自己,而喜欢人家落在后面。"③

(4) 重视经验,对人的理性持怀疑态度。蒙田认为,理性推理不足时我们要靠经验。《随笔集》下卷中,有《论经验》一文,专门讨论了经验的重要性。④

蒙田的"保守"并不导致传统主义。他的思想本质上是某种形式的个人主义,其中不存在对小共同体的眷恋。他说:"我并不对乡情与乡亲特别亲切。""自己选择的新朋友,比邻里间偶然遇到的泛泛之交更可贵。"⑤ 蒙田思想的保守性与其怀疑主义哲学相呼应,亦与他的基督教信仰相联系。人是易犯错的,不完美的,充满缺陷的。人类理性能力十分有限。没有十足的把握,不要轻言变革。人经常凭习惯做决定,受习俗制约与影响。这些观点,我们在后来的保守主义者如休谟、奥克肖特那里,皆可以看到。

## 世界主义与多元主义

蒙田生活在新旧时代更替时期,宗教改革引发的天主教与新教的战争,

---

① [法] 蒙田:《蒙田随笔全集》上卷,潘丽珍等译,译林出版社1996年版,第129页。
② [法] 蒙田:《蒙田随笔全集》下卷,陆秉慧等译,译林出版社1996年版,第4页。
③ [法] 蒙田:《蒙田随笔集》,马振骋译,上海译文出版社2014年版,第284页。
④ [法] 蒙田:《蒙田随笔全集》下卷,陆秉慧等译,译林出版社1996年版,第340页。
⑤ [法] 蒙田:《蒙田随笔集》,马振骋译,上海译文出版社2014年版,第298页。

让世界变得不太平。圣巴托罗缪大屠杀更是将此种残忍演绎到极致。在政治上，法国亦处于封建制解体、近代绝对主义王权日渐成形之时。此外，人们的道德观也发生着巨变。蒙田直称那是一个"堕落的世纪"。举目四望，国家四分五裂，乱象丛生，一切都在崩坍。"我们这个时代的人养成了浮躁、爱出风头的性格，以致不再注意善良、节制、平等、恒心以及宁静无为的品质。"[1]"最烂的作品专受群众最大的吹捧。"[2]"法官刚刚写好一份通奸犯判决书，就从同一张纸上撕下一张角，给他同事的老婆写情书。"[3] 蒙田希望大家反躬自省，多一点真诚，少一点欺诈；多一点克制，少一点狂热；多一点温情，少一点残忍。

作为文艺复兴时期的思想家，蒙田思想具有鲜明的人文主义特色。蒙田希望人自立自强，消除对他人的依附心理，做一个自由人。在封建制尚存的时代，蒙田的主张尤其具有针对性。蒙田热爱自由。他写道："受到祝福的自由引导我走了这么长的路。但愿让我走到底！"[4]

蒙田引导人们认识人的丰富，领略世俗生活的多彩多姿。例如中世纪禁欲主义的性观念，对女性的性禁锢，便遭到蒙田的抨击。需要指出的是，蒙田的人文主义，是天主教人文主义，它并不导致对宗教信仰以及教会制度的否定。蒙田的怀疑主义，是对人自身能力的怀疑，它与基督教关于不完美的、堕落的人的理解相一致，怀疑让人保持节制，它反而有助于为信仰留下空间。

文艺复兴时期的人文主义者具有一种博爱的精神，他们的观点具有普世主义性质，此点在蒙田思想中同样十分明显。这种普世主义，一方面承继了基督教的"四海之内皆兄弟"的理念。另一方面，亦与蒙田对斯多葛派世界主义理想的吸收有关。蒙田说："所有的人都是我的同胞，拥抱一个波兰人就像拥抱一个法国人，把民族之谊置于世界各民族之谊之后。"[5] 循此，蒙田主张文化多元主义，主张尊重各国风俗习惯。他说："各国人情世故多种多样，就是由于其不同而使我感动。每种习惯都有它的道理。"[6]

蒙田还提到了古代中国，他说："中国的政府管理和艺术与我们从无交流，他们对我们的政府管理和艺术也一无所知，但这个王国在许多方面成效

---

[1] [法]蒙田：《蒙田随笔集》，马振骋译，上海译文出版社2014年版，第348页。
[2] 同上书，第289页。
[3] 同上书，第314页。
[4] 同上书，第293页。
[5] 同上书，第298页。
[6] 同上书，第310页。

卓著，超过我们的样板。这个国家的历史告诉我，世界更为宽广、更丰富多彩，无论古人抑或我们自己对世界都知之甚少。"①

在蒙田这里，我们看到的是一种开放的世界意识。他对世界各地风土人情抱高度同情，而不厚此薄彼。他主张，我们对不同的生活方式与观念不必大惊小怪。蒙田的著作展示了人文主义光明磊落的一面。或者说，人文主义并非全然停留于对古代拉丁文文体的模仿和修辞的卖弄。蒙田有其自己的哲学、伦理学与政治学。

蒙田反对酷刑，反对残忍。针对西班牙殖民者对新大陆殖民过程中发生的暴力、残忍和欺诈，蒙田愤怒地写道："多少城市被夷为平地，多少种族被灭绝，多少万人遭杀戮！就因为我们要珠宝和胡椒，世界上那块最丰饶、最美丽的土地被搅得一片混乱！这是多么野蛮、卑鄙的胜利！"②蒙田曾写过《食人部落》一文，在文中，他认为食人部落中人被欧洲人称为野蛮，然而，他们只是有特定的习俗，他们正派、有荣誉感，真正的野蛮人是尔虞我诈的欧洲人。③

尽管蒙田反对宗教改革、坚持天主教信仰，他的作品在17世纪仍遭到了教会的谴责，并被列为禁书。蒙田著作中的"保守"因素并不妨碍其思想其他方面的激进性。他散布了怀疑主义，对精神权威构成了严重挑战。他的随笔中的人文主义也让天主教保守派不满。博絮埃与马勒伯朗士辨别出了蒙田思想中的"危险"因素，他们对蒙田的思想大加挞伐。然而，蒙田思想历来不乏追随者。同时代荷兰的利普休斯（Justus Lipsius）对蒙田大为赞扬，并援引蒙田为知己。他称蒙田为"法国的泰勒斯"，还说"整个欧洲没有人比蒙田更接近我的思想"④。伏尔泰、孟德斯鸠高度评价蒙田。大革命时期，有些革命者把蒙田奉为他们的精神先驱。英国的霍布斯、苏格兰启蒙运动时期的思想家休谟、20世纪的奥克肖特，皆从蒙田那里汲取思想养料。他的随笔甚至对精神分析理论、现代人类学的发展皆有所启迪。

## 博丹：地中海现代性的卓越理论家

让·博丹（Jean Bodin）出生于法国昂热的一个中产阶级家庭。母亲是

---

① ［法］蒙田：《蒙田随笔全集》下卷，陆秉慧等译，译林出版社1996年版，第349页。
② 同上书，第147页。
③ ［法］蒙田：《蒙田随笔全集》上卷，潘丽珍等译，译林出版社1996年版，第228页。
④ 转引自［美］理查德·塔克《哲学与治术》，韩潮译，译林出版社2013年版，第48页。

来自葡萄牙的马拉诺犹太人。1545 年，博丹加入天主教加尔默罗修会。三年后，他主动退出。1547 年，他到巴黎上学，入皇家高级语言学院，1550 年离开。50 年代，博丹在图卢兹大学研习法律，并担任助教。他谋求大学教职的努力未果，于 1561 年左右返回巴黎，成为巴黎高等法院的律师。博丹的公开职业是学者，他凭学识而成为当时的名流。

1570 年，博丹得到法王查理九世的信任，被委以大量的政治与行政事务。亨利三世时期，他同样受到国王的赏识。博丹长期为阿朗松公爵弗朗西斯服务，处理了很多内政外交事务。1576 年，博丹当选为第三等级的代表，参加了亨利三世在布卢瓦召集的三级会议。1584 年，阿朗松公爵去世，博丹离开了巴黎，去了拉昂。1587 年，他接任了他姐夫的检察官职务。1596 年，博丹在拉昂去世。

博丹在宗教信仰上并不坚定。1560 年之后，博丹有一段时期信奉加尔文教。1569 年，他曾作为一名胡格诺教徒遭到短期囚禁。1572 年，他险些没能逃过圣巴托罗缪大屠杀。[①] 更有学者研究表明，博丹内心是信犹太教的。[②] 然而，博丹作为一名天主教徒活着，并要求死后以天主教的仪式来安葬，也是事实。博丹对宗教有自己独特的看法，并非简单地信仰某一宗教，此点稍后评论。

博丹的《共和六论》（De la république，英译为 *Six Books of a Commonwealth*）颇为著名。在书中，他阐发了关于"主权"的理论。不过，仅止于此书去理解博丹的思想，是十分不够的。20 世纪的政治思想史家沃格林十分推崇博丹，他认为博丹的其他著作也需严肃对待，这些著作包括：《理解历史容易的方法》（1566）、《七人关于崇高的对谈》（1593）、《巫师的魔鬼术》（1580）、《普遍自然的剧场》（1596）。正是在这些著作中，博丹的宇宙论、哲学人类学、历史哲学、宗教神秘主义展示了出来。他关于主权的论述，离开他的整个思想体系，是无法被理解的。沃格林称博丹所做的理论工作堪与古代的柏拉图、罗马帝国时期的奥古斯丁所做的相媲美。他说："讨论现代，人们尤其应当记住 16 世纪危机中博丹的理论尝试。"[③] 沃

---

[①] ［美］埃里克·沃格林：《政治观念史稿》卷五，霍伟岸译，华东师范大学出版社 2009 年版，第 221 页。
[②] ［法］让·博丹：《主权论》，李卫海、钱俊文译，北京大学出版社 2008 年版，导言第 6 页。
[③] Eric Voegelin, *The Collected Works of Eric Voegelin*, Vol. 5, Columbia and London: University of Missouri Press, 2000, p. 89.

格林以"地中海现代性的卓越理论家"来描述博丹。他称博丹的先进思想在北方欧洲要过两百年才出现,宗教宽容的观念在18世纪法国启蒙时期才达到博丹的高度,而宗教科学和《圣经》考证学,只有到18世纪晚期和19世纪早期,才达到博丹的水平。① 更为关键的是,博丹是这样一个思想家——他直面现代性而不误入歧途,以沃格林的术语言之,"精神秩序"在博丹这里尚且存在。沃格林实际上引博丹为自己的政治科学的同道。沃格林指出,博丹与后来的霍布斯不同。霍布斯虽然也谈主权,但那个主权国家,已成魔鬼获利的工具。霍布斯设想的自然状态中的正常的人,实为魔鬼。②

## 界定"主权"

博丹称主权是"共和国所拥有的绝对且永久的权力"③。他说,主权观念古希腊即有,但到了他那个时代,法学或政治学在研究共和国时,尚未对此概念做出很好的说明。博丹有意来界定它,并试图揭示主权性权力的真正标志及特征。主权性权力是说,此权力只有主权者可以拥有,臣民不能拥有。如果臣民竟有了主权,则是滥用无疑。博丹认为,主权在君主那里是最好的。因为此种秩序,与上帝所主宰的宇宙秩序相仿。君主国是大宇宙的缩影。上帝的权力是无限的,因此君主的权力也是无限的。④ 君主是上帝在人间确立的代理人,其职责是统治他的臣民,臣民对君主只有敬畏与服从,正如人民对上帝一样。"君主是上帝在尘世间显现出来的影子,藐视君主就是藐视上帝。"⑤

博丹辨析出君主的主权性权力(不能与臣民分享的权力),它包括如下诸项:"不必经他人同意"——"不必经他人同意",在博丹时代特别指不必召开等级会议,不必得到法院的同意——为全体臣民制定普适性的法律;授予他人特权;设立首要官员;拥有终审权(即终止上诉的权力),即做出最后的决定,此外没有更高的上诉法庭;对罪犯的赦免权。此外,尚可包括

---

① [美]埃里克·沃格林:《政治观念史稿》卷五,霍伟岸译,华东师范大学出版社2009年版,第281页。
② 同上书,第245页。
③ [法]让·博丹:《主权论》,李卫海、钱俊文译,北京大学出版社2008年版,第25页。
④ 同上书,第97页。
⑤ 同上书,第92页。

铸币权。

博丹说："主权不可转让、不可分割，也不会消亡。"① 这实际是说，只要共和国存在，就必定有一个主权者。主权者与臣民，博丹常将之类比为主人与仆人。主权性权力是臣民不能染指的权力，比如制定法律的权力。依博丹之见，法是主权者意志的体现，主权者不受他自己制定的法律的约束，法只约束臣民。他反问："如果臣民也能够制定法律，那么谁将是臣民？这样的法律应让谁去服从呢？如果立法之人自身还要受到法律所约束的民众的约束，那么谁还能进行立法？"②

20世纪德国卓越的法学家、政治学家卡尔·施米特写道："在16世纪，博丹的主权概念来源于欧洲的现实，即民族国家的最终分化以及独裁统治者与不同阶层的斗争。"③ 施米特特别指出，博丹的主权论精义在于强调终审的权力以及紧急状态下自行决定的权力。博丹捍卫君主主权，以此作为将法国人从内战中拯救出来的途径。施米特说，他的书桌上摆的是两个人的书，这两个人界定了欧洲公法，他们分别是博丹和霍布斯。施米特称他们二人为"一个家庭里的兄弟"。"那只操纵着我们取用书籍的不可见的手，30年以来反复地为我打开他们的书，而且一而再、再而三地翻到那个精辟的段落。"④

## 混合政体的谬误

基于主权理论，博丹将国家分为三类：主权在君主那里，共和国即为君主制国家；主权为全体人民享有，共和国即为民主国；主权为较少的一部分人拥有，则共和国为贵族制国家。⑤ 在博丹这里，国家（state）即指共和国的"状态"（the state of the commonwealth）。这三种国家类型，常见的中译视之为三种"政体形式"。博丹的这些论述，可视为他的政体学说。以"政体"一语译之或无不可，却不能凸显博丹对主权问题的关怀，无助于人们了解博丹使用的特定术语及其涵。博丹讨论的并非政体的形式与构成，而是

---

① ［法］让·博丹：《主权论》，李卫海、钱俊文译，北京大学出版社2008年版，第146页。
② 同上书，第153页。
③ ［德］卡尔·施米特：《政治的神学：主权学说四论》，载［德］卡尔·施米特《政治的概念》，刘宗坤等译，上海人民出版社2003年版，第15页。
④ ［德］卡尔·施米特：《论断与概念》，朱雁冰译，上海人民出版社2006年版，第355页。
⑤ Jean Bodin, *On Sovereignty*, edited by Julian H. Franklin, 中国政法大学出版社2003年版, p. 89.

讨论国家属于哪一类，而国与国类型的不同，在于主权归属不同。他称古希腊雅典、古罗马、古代斯巴达、近代威尼斯均为国家（state）。

博丹批评古代政体学说引入美德等因素来区分政体（国家）。他称如引入其他无关紧要的因素，如统治者是否英俊、是否善战，政体便分出无数种来，并无甚意义。博丹只问主权归属，不能不说是抓住了近代政治的关键。他否定了西方政治思想史上由来已久的"混合政体"神话。在他看来，亚里士多德、波利比乌斯、哈利加纳萨斯的狄奥尼修斯（Dionysius of Halicarnassus）、西塞罗、托马斯·莫尔、孔塔里尼、马基雅维里等人均认为存在混合政体，他们虽被尊为学术权威，在此点上却都犯了错误。博丹称只存在三种政体，混合政体理论上不可能，历史上也从未存在过，不仅三种国家的混合型没有，将两种国家形式混合在一起，也无法做到。他称自己的这一观念，符合希罗多德与塔西佗的主张。

博丹对通常被视为混合政体的几个典型一一进行了辨析。他指出，斯巴达虽有两个国王，有元老院，有五人护民官，但实为纯粹的贵族制国家。古代史学家论及伯罗奔尼撒战争时皆称斯巴达试图让民主制雅典变成贵族制雅典，而雅典及其同盟则试图把斯巴达由贵族制变成民主制，可见视斯巴达为贵族制而非混合政体，在当时实属公认。古罗马通常被视为混合政体的经典范例，博丹分析说，古罗马政体是民主制，即使是有罗马皇帝时，皇帝仍自称为第一公民，或第一民选官、执政总管、护民官。[①] 罗马史上有些皇帝不免专断，实际表现得像个君主，但那是对人民主权的滥用，并不是说主权在皇帝那里。孔塔里尼称威尼斯为混合政体，但实际威尼斯历史上是纯粹的君主制，当时则是真正的贵族制。在威尼斯，主权掌握在大国民会议中，而大国民会议是由一小部分贵族组成的。

针对有人视法国为混合政体，认为三级会议代表民主制，巴黎的高等法院代表贵族制，国王体现君主制成分，博丹说："这种观念不仅是荒谬的，并且持这种观点的人应当被处死。"[②] 博丹认为，法国是纯粹的君主制，既无民主制，也无贵族制。

依博丹之见，混合政体不能成立，在于它会导致法律与政令的相互冲突。

---

① ［法］让·博丹：《主权论》，李卫海、钱俊文译，北京大学出版社2008年版，第174页。
② 同上书，第100页。

## 君主与臣民各自的义务

博丹既然捍卫君主主权，便要回答人们遇到暴君该怎么办、臣民有无诛杀暴君的权利、君主是否可以为所欲为等问题。博丹是这样说的："绝不允许一个臣民去攻击君主，而无论君主是一个多么邪恶和残暴的暴君。当然，臣民在服从他时，也不被允许服从他所做的有悖神法或自然法的任何行为——臣民应该逃避、藏匿或躲避暴君的袭扰，甚至安然忍受死亡，但不应当去攻击他的人身或荣誉。"① 博丹的意思是，君主的安全必须有保证，臣民武力攻击君主不合适，但对暴君的指令，仍按照神法与自然法的标准，考虑如何对待。可见，博丹并未提倡盲从。

从君主这边来讲，虽然他拥有主权，但主权并不能超过神法与自然法的约束。君主要服从神法与自然法，此点在博丹那里很明确。他说："对于神法或自然法，世间每一位君主均应顺从，无权抵触，除非他们想背叛上帝，与上帝开战。上帝拥有无上的荣耀，所有的尘世君主在祂面前都应勒马俯首以示畏惧和尊敬。因此，君主与其他主权者的绝对权力绝不能延伸至神法与自然法那里。"②

不少解释者以为博丹给主权者设有限制，是其学说"不彻底""不够现代"的表现，或者视它与主权观念相矛盾，其实是未得博丹学说之要领。在博丹那里，主权者无上的权力，是针对臣民而言的。然而，主权者毕竟也是人，这样他便与臣民一样，要遵守神法与自然法。主权者不能违背神法与自然法。说主权不可分割，绝对而永恒，仅限于尘世秩序。

## 以神秘主义化解宗教战争

博丹生活在绵延既久的宗教战争中。宗教战争起于各方信仰上的狂热，走出战争的出路何在？博丹在《七人关于崇高的谈话》中，暗示了他的观点。博丹精心设计了一场对话，对话的参与者是七位持不同宗教观的人，地点安排在当时宗教上极为宽容的威尼斯。七人中，五人是历史宗教的代表，

---

① [法]让·博丹：《主权论》，李卫海、钱俊文译，北京大学出版社2008年版，第190页。
② 同上书，第13页。

如天主教徒、穆斯林、德国路德教徒、法国加尔文教徒、犹太教徒。两人（图拉巴和塞纳摩斯）持自己的宗教观。图拉巴称他信仰一种最古老、最自然的宗教，这种宗教来源于《旧约》。图拉巴的立场代表一种可被接受的共同标准。塞纳摩斯则认为各种宗教都包含神的真理，都可接受，没有哪一个更真实。① 最终，论辩结束，七人各自去忙自己的俗务去了。

博丹的这个对话体著作被视为提倡宗教宽容的文本——对话的和平结束，即表明不同宗教的信徒能够坐在一起和谈，并不至于引起战争。也有学者认为该对话没有结论，其中没有博丹的立场。沃格林不同意此类观点，认为它们从未抓住博丹的意思。他强调，博丹主张宗教宽容，但这里的宽容并非指各宗教无条件和平共处——宗教战争的现实告诉人们此点做不到。博丹的思想，必须结合他的柏拉图主义的宇宙观来理解。博丹反对漠视宗教仅仅着眼于世俗和平去取得宽容，尽管出于宗教狂热而大开杀戒，也是他要反对的。他关心的是一个正常的精神秩序。按博丹的意思，真正的宗教只有一个，上帝只有一个，但上帝意味着什么，这是一个谜。历史与实在之奥秘，人们可以去参悟，却不能穷尽，那是一种内在的在张力中存在的精神体验。诸种历史宗教不过是以不同的、次级的符号来表达这种体验。宗教宽容发生在不同的宗教教义及仪式相互遭遇的时候，对不同的教派来说，内在的宗教体验是共同的。在最终极的问题上，让我们相信那是一个不必讨论的奥秘。②

博丹的宗教观既非正统天主教的，亦不是清教神学的。不过，他的《七人关于崇高的谈话》已暗示了现代世界处理宗教差异的一种方案。这个方案，颇有寻求不同宗教间共识之义，实质是让不同的宗教统一于普世的、神秘的上帝观念之下。承认不同宗教以自己的独特途径信仰上帝，便意味着承认历史宗教的平等地位。它的潜在意涵至18世纪后期德国启蒙思想家莱辛（Gotthold Ephraim Lessing）的寓言《智者纳坦》（*Nathan der Weise*，1799）中得以揭示出来。此时，基督教已完全中立化，成为若干有神论宗教（犹太教、伊斯兰教）之一。③ 在莱辛的故事中，纳坦的真戒指丢了，他只能给三个孩子仿真戒指。大家皆各以为自己拥有的那个是真的，彼此仍保持着友爱

---

① ［美］埃里克·沃格林：《政治观念史稿》卷五，霍伟岸译，华东师范大学出版社2009年版，第248页。
② 同上书，第260页。
③ ［德］卡尔·洛维特：《世界历史与救赎历史》，李秋零、田薇译，生活·读书·新知三联书店2002年版，第160页。

与和平。这意味着人们在放弃追求绝对真理的情况下和平共处。基督徒、伊斯兰教徒、犹太教徒，皆可参与和平对话。"让每个人说出他认为的真理，并让真理自己被引向上帝！"[1]

## 博丹与时代新经验

博丹有实际政治事务处理的经验，他的著述，包含很多实际的政治建议。他在无序的世界寻求秩序的努力，使他能成为一流的政治思想家。他的主权论与宗教观，从属于他的柏拉图主义的等级宇宙观。柏拉图的《蒂迈欧篇》，文艺复兴时期新柏拉图主义的著作，对博丹有深刻的影响。博丹不期望主权国家的建立能消除宗教战争。当时流行的"在谁的领地，信谁的宗教"、教随国定的主张，博丹并不认可。博丹认为，宗教战争背后是上帝的意旨，它是上帝对法兰西人的审判，人们摆脱不了，能做的只是耐心等待上帝给法国派一位伟大的君主。1589年，博丹做出预言，称五六年后即有明君出现。果然，1595年，一代英主亨利四世即位，法国人终于迎来了和平。

博丹对古代混合政体理论极为反感，而古代混合政体理论，原是古典共和主义传统中的经典论述。古典共和主义者支持的混合政体，是与公共利益、公民自由、政治参与、勇武之德联系在一起的。博丹将之一笔勾销，代之以主权者决定—臣民服从的支配体系，而这一支配体系，又是一个更大支配体系中的一部分。博丹将欧洲大陆早期绝对王权兴起初始时的政治经验理论化，并将之作为摆脱宗教战争的出路。他的主权理论，针对的是中世纪的封建等级秩序。他用主权者"决断"论取代了中世纪基于契约的等级合作观念，暗示（却不挑明）了天主教欧洲体系的瓦解，也排除了政治参与、公民自由之可能。因为他关心的是上帝所主导的有序的世界。他的政治思想的哲学基础是柏拉图主义而非亚里士多德主义。基于这种具有神秘主义色彩的柏拉图主义的宇宙论，博丹提供了一种关于主权的政治神学。在博丹那里，主权者具有神圣性，对臣民来说，它至高无上、不可侵犯，它仅仅对神负责。主权者可以发布命令，制定新法，可以终止法律。

博丹的主权理论，在近代西方国家理论发展史上极其重要，然而他的主权理论，并不是一个世俗化国家的理论。博丹很可能不相信，世俗国家能够

---

[1] ［美］汉娜·阿伦特：《黑暗时代的人们》，王凌云译，江苏教育出版社2006年版，第27页。

靠自身确立起它的权威地位,从而真的带来人间的和平。然而,后世的国家理论,只取博丹关于主权论述的世俗部分进行发挥,完全抛弃其宇宙论与政治神学背景,这样,上帝保佑的国,变成了魔鬼的国。在理性主义流行的时代,康德说,一群魔鬼也能建立起国家,[①] 这句话是对人的理性能力的赞美,还是一种嘲讽?在现代国家中,国家接管了教会的精神权力,个人成了自己的牧师。这一切所构成的,并不是博丹所期望的世界。

## "神童"格劳秀斯

在荷兰代尔夫特城(Delft)中心广场的大教堂前,矗立着一个高大的铜像,这铜像塑的是16、17世纪之交的荷兰政治思想家格劳秀斯。代尔夫特是格劳秀斯的故乡。代尔夫特人以此纪念从这里走出的享有世界盛誉的格劳秀斯。在近代早期西方世界,荷兰是一个十分引人注目的地方。在摆脱西班牙人的统治后,荷兰人在毫无准备的情况下建立了七省联合共和国,并继续与西班牙进行战争,直至1609年西班牙承认其独立地位。这一独立战争,亦可视为新教徒的胜利。此时,荷兰的海外商贸有了更进一步的发展。在国内,荷兰面临着如何加强中央政府权力、克服各省分离主义、解决宗派纷争的问题;在国外,则有如何与葡萄牙人、西班牙人在海上进行军事与商业上的竞争的问题。1618年开始,欧洲进入战争时期,战争持续了三十年,由罗马天主教会所代表的普世秩序土崩瓦解。正是在此背景下,格劳秀斯展开了他的政治思考。

格劳秀斯(Hugo Grotius)原名 Hugh de Groot,Hugo Grotius 是其拉丁文名。他于1583年4月10日出生于北方尼德兰的代尔夫特一个新教贵族家庭。他的父亲是莱顿大学的法学博士,是代尔夫特的首席执政官,母亲一边有亲戚在荷兰东印度公司工作。格劳秀斯是个"神童",他8岁能以拉丁文写作,11岁时即入莱顿大学,对古典人文作品有很好的研习。14岁时,格劳秀斯大学毕业。15岁时,格劳秀斯已作为大使,与荷兰使节团一起赴法国宫廷办外交。此次出使是要游说法国支持荷兰,向西班牙宣战,然而未获成功。不过,格劳秀斯获得了法国奥尔良大学的法学荣誉博士学位。这时,格

---

① [德]康德:《永久和平论》,载[德]康德《历史理性批判文集》,何兆武译,商务印书馆1990年版,第125页。

劳秀斯已是荷兰政要奥登邦费（Olden Barnevelt）的幕僚，其好友则是奥登邦费之子的家庭教师。格劳秀斯虽然在有些观点上与奥登邦费不一，但大体忠于奥登邦费，并支持其政治活动，直至1619年奥登邦费因政治斗争失败被判处死刑。格劳秀斯也跟着被判刑入狱，仅幸免于死而已。

格劳秀斯亦有科学研究方面的兴趣。他作为其父亲的朋友数学家、科学家西蒙·斯蒂文（Simon Stevin）的助手，学习研发船舶，涉足物理学研究。在科学方面，他是现代十进制（decimal notation）的发明者，同时对流体静力学（hydrostatics）有兴趣，并提出了斜面理论以及"力的平行四边形"（the parallelogram of force）的概念。

1601年，格劳秀斯出版了他的诗集《被逐的亚当》，此书甚受公众欢迎。公众由此书首次知道了"格劳秀斯"这个名字。此时，格劳秀斯不过18岁。20岁时，格劳秀斯受雇为联省的史官，其任务是撰写荷兰独立战争史。此书于1611年完成，在格劳秀斯去世后才得以出版，即 *Annales et Historiae de Rebus Belgicis*。格劳秀斯的历史著作还有《古代巴达维亚共和国》（*De Antiquitate Republicae Batevicae*）。1604年，格劳秀斯受荷兰东印度公司委托，作为律师为荷兰"捕获"葡萄牙人在印度洋的船只辩护。该案判决后，他写了《捕获法》（即《战利品法》，*De Iure Praedae*）。该书当时名为《论印度》（*De Indis*）。此书第十二章，在1609年曾单独出版，名为《海洋自由论》，而全书直到1868年才以《捕获法》的名字出版。

格劳秀斯对政治不陌生，他担任过不少公职。1613年，他担任了鹿特丹市政厅的首席长官。从前他的任务是对葡萄牙、西班牙、英国的贸易垄断进行批评，此时他的任务则是为荷兰的贸易"垄断"辩护。为此，他还出访英国，表明他的立场并未改变，宣称他反垄断，是反对单方声称的垄断权，而两国订立条约产生的贸易垄断，与之相比具有不同的性质。[①]

1619年，格劳秀斯入狱，被囚禁在利奥维斯坦（Loevestein）城堡。他要被关多年，但两年后，他的妻子以送书为名，拿了一个大书箱探监，出来时将格劳秀斯装在书箱中，请人抬出，从而完成了一次成功的越狱。格劳秀斯自此流亡于法国，后来偶尔回荷兰，终不能久留。1632年，他前往德国汉堡。格劳秀斯在汉堡时，被任命为瑞典大使，出访法国，以劝说法王对神圣

---

[①] Hugo Grotius, *On the Law of War and Peace*, edited and annotated by Stephen C. Neff, Cambridge: Cambridge University Press, 2012, p. xvii.

罗马帝国宣战，虽然格劳秀斯与法国国王有些交情，但主政的黎塞留对格劳秀斯毫无兴趣。此次出使，无甚收获。

格劳秀斯越狱后，始写《战争与和平法》。1625 年，该书在巴黎出版。1645 年，他卸任瑞典驻法公使。他本想寻求为英国服务，未果，于是启程去瑞典，中间去了祖国荷兰，在鹿特丹与阿姆斯特丹，格劳秀斯受到礼遇。瑞典同样礼遇格劳秀斯，但要求他在瑞典国内任职，格劳秀斯不愿意，于是启程去吕贝克。在他离开瑞典从海上去吕贝克时，遇到了海上风暴。他生还于德国北岸，被带到罗斯多克，但由此染病，不久亡故。

## 商业共和主义

格劳秀斯在入狱前，虽写《捕获法》为荷兰东印度公司辩护，但主要关怀，是国内共和国的建设。格劳秀斯的共和主义，如理查德·塔克所言，好比"威尼斯政体与佛罗伦萨外交政策的混合体"①。一方面，格劳秀斯主张荷兰效法威尼斯，行贵族共和，在联省大议会之外，另建人数较少的元老院，掌握全市的主权，以对抗各省执政官的分离主义，整合全国。此种方案，意在建立少数人的统治，以强化荷兰作为一个国家的权力。

格劳秀斯在将共和政体予以理论化说明时，尤其批评了"混合政体"的说法。他视混合政体为不值得效仿的政体，因为混合政体不能明确主权所在。他认为，古代罗马的共和政体，并非混合政体，而是贵族政体。"尽管在战时的罗马，博丹称之为最高权威的主权掌握在人民手里，但有大量证据表明，平时或者说日常的政府管理是贵族式的。恐怕没有人会否认，罗马的权力掌握在贵族手里。"②他亦推崇君主制结束后执政官时期的雅典，在他看来，那时雅典人的自由尚未被滥用，故而亦迅速繁荣。

格劳秀斯的共和主义，体现于他做奥登邦费幕僚时期完成的作品，主要有《比较宪法》《论共和国的改善》《古代巴达维亚共和国》《低地国家编年史》。荷兰原先的共和主义由格劳秀斯的友人卡恩（Piert Van der Cun）代表，卡恩著有《希伯来共和国》，他捍卫共和政体、反对君主制，力陈共和国如何亡于对财富追求、商业如何危害共和国，主张荷兰当效仿希伯来，建

---

① [美]理查德·塔克：《哲学与治术》，韩潮译，译林出版社 2013 年版，第 169 页。
② 同上书，第 170 页。

立美德共和国。格劳秀斯认为,共和政体并不与商业及军事的扩张相害。在古雅典、罗马,皆可见其间相辅相成的关系,特别是雅典,在热爱自由、大力发展海外贸易方面,与荷兰甚为相似。格劳秀斯此种"扩张性"商业共和主义及军事上的帝国主义倾向,与佛罗伦萨的"公民人文主义"甚为一致。他为荷兰东印度公司的辩护,对"海洋自由"的讨论,对"正义战争"的辩护,实可视为他的商业共和主义的延伸。

格劳秀斯阐发其政治与法律见解时,多援引古希腊罗马著作及基督教经典,以加强其论证力量。他试图依托旧有的思想资源,阐释新现象,探求关于时代面临的新问题的处理方案。他对自然法学说传统尤为倚重,且有自己的发挥创新。

## 自然法即正确的理性

格劳秀斯讲自然法,有特定的思想语境。这语境,就是16世纪初甚为流行的怀疑主义的人文主义,其代表人物如荷兰的利普修斯(著有《论坚贞》《政治六论》)等。他们怀疑一切道德标准,认为只有自利、自我保存是真实的,统治者统治凭军事与金钱带来的实力,而非道义或宪政。[①]

在《战争与和平法》中,格劳秀斯开篇即批评古代怀疑主义的鼻祖卡涅阿德斯(Carneades),指明其学说甚为错误。格劳秀斯说,把人看作自利的动物,不正确。人诚然是动物,但他是高级动物。人与动物的区别,比他物与动物的区别,要大多了。

格劳秀斯说:"在人的诸多特性中,最突出的是对社会不可抗拒的欲求,亦即对社会生活的欲求。人们追求的社会生活,并非随意一种,而是和平的、依据其理性标准与他的同类人组织起来的社会生活。此种社会生活倾向,斯多葛派称之为'社会性'(sociableness)。因此,一个普遍的真理是,宣称每一个动物在本性上必然只追求它自己的利好,无法得到承认。"[②]

格劳秀斯确认人必定欲求和平的社会生活,为引出人首先要遵守自然法、捍卫正义、不能胡作非为做了准备。格劳秀斯认为,自然法,即"正确的理性",它指明人类行为的善与恶,它不可改变,永远存在。格劳秀斯的

---

① [美]理查德·塔克:《哲学与治术》,韩潮译,译林出版社2013年版,第68页。
② Hugo Grotius, *On the Law of War and Peace*, edited and annotated by Stephen C. Neff, Cambridge: Cambridge University Press, 2012, p. 2.

名言是："正如上帝也不能叫二乘以二不等于四，因此他不能让内里是恶的事情变得不恶。"①

格劳秀斯把法分为自然法与意志法。意志法又分为神法（源于上帝意志）与人为法（源于人类意志）。而人为法又分为国内法与国际法。自然法的原则包括："不得侵犯别人的东西，归还属于别人的东西，连同我们因之获得的任何收益；兑现诺言的义务，赔偿因我们的过失造成的损失，根据其罪行对犯罪者的惩罚。"②

斯蒂芬·奈夫（Stephen C. Neff）指出，西方自然法思想有三种类型：一是意志主义的立场（voluntarist），视自然法具有神圣的起源，自然法的内容即为上帝给人类的命令。二是有机主义的立场（organicist），视自然法为人作为动物的生物本性，自然法即为人的本能。三是理性主义的立场（rationalist），视自然法为一个逻辑体系，与数学公式一样，它由13世纪的阿奎那提出，在16世纪西班牙的托马斯主义者苏亚雷兹（Francisco Suárez）那里得到了复兴。格劳秀斯，即属于第三个传统。③

## 财产权：先占先得，海洋自由

依格劳秀斯之见，自然法是要保障人们的财产权——对财物的正当占有，但人们的私人财产权，并非从来就有的，它是人类历史发展到一定阶段的产物。

此处所谓的财产权，也可以说是所有权。财产包括动产与不动产。就归属来讲，可分为私人财产与公有财产（或曰共有财产）。不过，格劳秀斯指出，现代人所理解的私产与公产，与古代人所理解的不是一回事。特别是公有财产，在现代实际上是指为国家或集体所有的"私有"财产。只是相对于个人，它的主人是国家或集体。而初民时期的公有财产，为全人类所公有，一切个人或集体皆可享用。它源于上帝，上帝把一切自然之物给予全人类。实际上，此种财产原是"无主"的。格劳秀斯从《圣经·创世纪》说起，他指出，原先在伊甸园时，没有私人所有权。然而随着人类的堕落，私人占

---

① Hugo Grotius, *On the Law of War and Peace*, edited and annotated by Stephen C. Neff, Cambridge: Cambridge University Press, 2012, p. 30.
② Ibid., p. 3.
③ Ibid., p. xxv.

有的情况出现。三个因素促成了此种转变：一是关于善恶的知识；二是争斗（该隐与亚伯之间的争斗）；三是人的野心（以建造巴别塔①为特征）。② 最终，随着人口的增加，土地被瓜分，不再归整个民族或家庭所有。在干旱地区，井水也被占有者所有。格劳秀斯并非完全从《圣经》讨论私人所有权的起源；他称其他的哲人、诗人的观点，亦与《圣经》所言相吻合。《圣经》所言，只是他的证据之一。

格劳秀斯说，人对物的所有权，源于"先占"的实际行为。例如捕获的鸟和鱼，即为私人财物。他人再要拿去，便是盗窃或抢劫。但有些东西，是人类公有的，它取之不尽，一人使用并不妨碍他人使用，这时，任何个人，皆不能声称其所有权，例如空气、海洋、火。此理于个人、于国家皆成立。格劳秀斯这一观点并非原创。1580年，英国女王便曾对西班牙公使说过一句广为流传的话：海洋和空气是对全人类开放的。③ 在《捕获法》中，格劳秀斯即以类似的方式表明"海洋自由"，大海向所有国家开放。荷兰人捕获了葡萄牙人的船只，属于正义的战争，无论战争属于私人间的战争还是国与国之间的战争。因为葡萄牙人阻碍荷兰人的自由航行以及荷兰人在东印度的贸易，这种阻碍不合自然法。海洋并非葡萄牙人所有。葡萄牙人发现了新航线，但格劳秀斯说，发现不等于实际占有，发现并不带来对海洋的实际所有权；在大海上航行过，除了激起浪花，也同样不能带来所有权。葡萄牙人在地图上标出的海域，并非葡萄牙人的私产，否则，几何学家可以占有整个地球，天文学家可以占有整个天空了。④ 格劳秀斯说，两国协议、教皇的仲裁授予，均不能带来对海洋的所有权。两国可以订条约规定管辖区域以缉拿海盗，但并不能由此产生对海洋的所有权，对于海岸同样如此。

格劳秀斯论权利处颇多，但他并不把权利与"自然法"相联系。权利可加之于物，也可加之于人。人对人的权利，主要来自生育、同意或犯罪。例如，父母通过生育对孩子拥有权利。而市民法如果没有禁令，一个父亲在没有他法供养、为生活所迫时，是可以出售他的儿子的。⑤ 因为这位父亲已无

---

① 《圣经·创世纪》章11：4：要建一座城市和一座塔，塔顶通天。
② Hugo Grotius, *On the Law of War and Peace*, edited and annotated by Stephen C. Neff, Cambridge：Cambridge University Press, 2012, p. 93.
③ [德] 卡尔·施米特：《大地的法》，刘毅、张陈果译，上海人民出版社2017年版，第157页。
④ [荷] 格劳秀斯：《捕获法》，张乃根等译，上海人民出版社2006年版，第266页。
⑤ Hugo Grotius, *On the Law of War and Peace*, edited and annotated by Stephen C. Neff, Cambridge：Cambridge University Press, 2012, p. 125.

力抚养其子，无法尽其义务。在自愿服从的奴隶制中，主人拥有对奴隶的权利。奴隶提供劳动，主人供给其必要的生活资料。格劳秀斯说，在完全道义上，主人并不掌握奴隶的生杀大权。然而依据有些民族的法律，主人杀死奴隶可免于刑罚，这好比国王拥有不受限制的权力一样。① 格劳秀斯虽承认主人对奴隶的权利，但他并不把奴隶当作纯粹的财产，他认为，奴隶亦拥有法律人格，具有基本权利。

## 战争亦当遵守国际法

格劳秀斯被 19 世纪的实证主义法学家称为"国际法之父"。实际上，格劳秀斯之前，早有人讲过国际法。7 世纪塞维尔的埃斯多（Isidore of Seville）即讨论了自然法与国际法。格劳秀斯同时代的西班牙学者苏亚雷兹讨论国际法比他更为透彻。② 实证主义者之所以单单推崇格劳秀斯，是因为格劳秀斯将国际法归入意志法，这与实证主义法学对自然法的抛弃相契合。但在格劳秀斯那里，作为意志法的国际法，并不完全是人们主观意志的产物，它仍然要受到自然法的制约。

格劳秀斯说，国与国之间即使交战，仍要遵守法律。战争亦有正义与不正义之分。正义战争，旨在防御、捍卫财产，惩罚侵略者。此时消灭对方，是正当的。例如荷兰人对西班牙人的战争，属于荷兰人自卫权、反抗权的运用，便是正义战争。他总体上反对战争、主张和平，认为如果开战，交战各国应遵守国际法，不可不宣而战。战争中亦要坚持人道主义原则，保护妇女、儿童等非参战人员，保证投降人员人身及其财产的安全，保护双方外交代表安全，等等。

格劳秀斯关心荷兰共和国的发展，关心欧洲的和平。他的思想，一方面体现了 16 世纪人文主义的特点，其理论资源多取自古希腊、古罗马；另一方面，格劳秀斯的学说又有许多新的特点。他的共和主义是一种新型的共和主义，其说以十分现代的主权观念为基础，以致与稍晚的霍布斯相去不远，有的学者甚至认为，格劳秀斯比霍布斯更具原创性。③ 卢梭提到格劳秀斯时

---

① Hugo Grotius, *On the Law of War and Peace*, edited and annotated by Stephen C. Neff, Cambridge：Cambridge University Press, 2012, p. 135.
② Ibid. , p. xxxiv.
③ ［美］理查德·塔克：《哲学与治术》，韩潮译，译林出版社 2013 年版，第 7 页。

说:"在这(政治学)方面居于一切学者之首的格劳秀斯,只不过是一个小孩子,而且,最糟糕的是,他还是一个心眼很坏的孩子。我认为,根据大家一方面把格劳秀斯捧上了天,另一方面把霍布斯骂得狗血喷头的情况来看,正好证明根本就没有几个明理的人读过了或理解了这两个人的著作。事实是,他们两个人的理论完全是一模一样的,只不过各人使用的词句不同罢了。他们论述的方法也是有所不同的。霍布斯是采取诡辩的方法,而格劳秀斯则采取诗人的方法,其他的一切,就完全一样了。"[①]

---

[①] [法]卢梭:《爱弥儿》下卷,李平沤译,商务印书馆1978年版,第703—704页。

# 第六章　英国的自由传统

现代资本主义兴起，原是从意大利城市国家如威尼斯、佛罗伦萨、米兰开始，其后则有荷兰"海上马车夫"的霸权与西班牙"无敌舰队"的威名，然而，现代资本主义取得充分发展并开辟新纪元的地方，既不是意大利诸城市国家，也不是荷兰，而是后起之秀英国。

英国地处中世纪欧洲封建秩序的边缘，这为它发展出一种别样的社会政治制度，提供了空间。其四面环海，作为岛国而存在的地理环境，一方面使得英国人不必为安全之虞供养一支庞大的常备军，另一方面也激发了其独特的海洋意识和冒险精神。与法国、德国、西班牙不同，英国的《长子继承法》，使得仅有长子可以继承特权与财产，其余子弟皆算作平民，由此促成了一个人数日益增长的具有高度同质性的平民阶层。它们将构成未来社会的主体。在宗教方面，英格兰在都铎王朝时期最早摆脱了罗马天主教会的控制，实行宗教改革。种种因素共同作用，使得英格兰在现代国家构建的道路上，先行一步。19世纪末20世纪初写作的英国史学家托马斯·马丁·林赛（Thomas M. Lindsay，1843—1914）曾说："英国是第一个实现民族统一的国家。"[①]

近代以来，英伦三岛不仅取得了卓越的经济成就，又为一种独特的宪政理念提供了注脚。英国"绅士"与英国"海盗"，同样举世闻名。至17世纪英国内战时期，各派政治思想家纷纷登场，著书立说，一方面以笔为利剑，参与政治斗争，与革命进程遥相呼应；另一方面，又借公民人文主义或启蒙理性主义，阐发出精湛卓越的政治理论，迄今仍发挥着重要的影响。西方关于天赋人权的理念、有限政府的理念、宗教宽容的理念、现代国家的理念，皆在这一时期被清晰地阐发出来。

---

① [英]托马斯·马丁·林赛：《宗教改革史》，孔祥民等译，商务印书馆2016年版，第26页。

# 1215 年大宪章传奇

近代英国宪政是英国人政治智慧的体现。但是，这种包含分权制衡、混合均衡、法治诸原则的政体，并非英国人运用理性有意设计的产物，它是数代英国人政治实践经验的结晶。在 17 世纪英国革命确立近代宪政框架之前的好几百年，英国宪政便开始萌芽、发展。换言之，在中世纪，英国宪政传统便已确立，尽管它在本质上有别于现代宪政。

1215 年大宪章的订立，发生在英王约翰统治时期。在此前相当长的时间内，英国人已有守法的传统，甚至视法律高于王权。国王的统治也离不开法律。而封建制的核心原则之一便是按契约的方式形成秩序，它在本质上与独裁是相抵触的。《英国史》的作者屈勒味林说，英国宪法实为封建主义的女儿和普通法联姻的产物。[①] 在封建体系下，凡事讲契约，做决定前要有商有量。当国王觉得与每个贵族、封臣商量太费事时，他就让他们派出代表，聚在一起开会，这就产生了议会。中世纪贵族仍拥有盔甲、战马，他们在与国王周旋时，就有武力做后盾，如此，他们对国王才真正有制约的作用。英国人限制国王、王权有限而从未像欧陆那样绝对化，并不是英国人比其他国家的人更宽宏大量，实是各方斗争、较量的结果。不过，他们重视法律的权威性，能达成君民共守之法，确实是他们独特的一面。

约翰王是安茹王朝的第三代君主。他残暴、贪婪、虚伪、傲慢。利用父亲亨利二世留下的官僚机构，他随意侵犯封建领主的权利，干涉领主的司法审判。在与法国作战失败后，他巧立名目，以增加王室收入。这便激起了贵族们的反抗。他们组成"上帝和神圣教会军"，进入伦敦。1215 年 6 月 15 日，以武力为后盾，一帮贵族在温莎与斯坦尼斯之间的兰尼米德原野强迫国王约翰签署了《大宪章》，他们的主要目的，是阻止国王在他们的土地上任意征收捐助金。为了让国王履行承诺，《大宪章》规定设立一个 25 人抵抗委员会。这 25 人中，只要有 4 人对国王的错误行为提出批评，国王就需在 40 天内加以改正。否则，25 人可联合全国人民，共同行使权力，迫其就范，其手段包括夺取王室的城堡、土地、财产，但国王一家人身安全不得侵犯。一旦错误改正，君臣应友好如初。迫使国王签署《大宪章》的这些贵族中没有

---

[①] 参见［英］屈勒味林《英国史》，钱端升译，中国社会科学出版社 2008 年版，第 195 页。

什么大人物，但他们得到了当时僧侣、市民的声援。贵族们强迫国王签《大宪章》的本意，只是重申他们由来已久的封建权利，对抗国王的滥权，本身并无新意可言。但他们的自私之举，却无意迈出了通向近代宪政的第一步。《大宪章》也常被称为"自由大宪章"，成为西方宪政的象征物。

图 27　1215 年约翰在《大宪章》上盖印

约翰王签署《大宪章》，很不情愿。他原将签署《大宪章》视为缓兵之计。贵族们离开伦敦后，国王愤怒地说："他们给我加了 25 个太上皇！"[①] 国王与贵族们的斗争并未因《大宪章》的签署而结束，只是 1216 年约翰王病死，也就谈不上推翻《大宪章》了。

《大宪章》开头说："为了予自身以及予之先人与后代灵魂的安宁，同时

---

① 金志霖：《英国国王列传》，东方出版社 1998 年版，第 54 页。

也为了圣教会的昌盛和王国的兴隆，上帝的意旨使予承认下列诸端，并昭告全国。"兹节选其中若干条款，以见《大宪章》内容的基本精神：

（1）首先，予及予之后嗣决应许上帝，根据本宪章，英国教会当享有自由，其权利将不受干扰，其自由将不受侵犯。……

（12）除下列三项税金外，如无全国公意许可，将不征收任何免役税与贡金。即：（一）赎回予身体时之赎金［指被俘时］；（二）策封予之长子为骑士时之费用；（三）予之长女出嫁时之费用——但以一次为限。且为此三项目的征收之贡金亦务求适当。关于伦敦城之贡金，按同样规定办理。

（13）伦敦城，无论水上或陆上，俱应享有其旧有之自由与自由习惯。其他城市、州、市镇、港口，予亦承认或赐予彼等以保有自由与自由习惯之权。

（14）凡在上述征收范围之外，予如欲征收贡金及免役税，应用加盖印信之诏书致送各大主教、主教、主持、伯爵与显贵男爵，指明时间与地点召集会议，以期获得全国公意。……

（39）任何自由人，如未经其同级贵族之依法裁判，或经国法判决，皆不得被逮捕、监禁、没收财产、剥夺法律保护权、流放，或加以任何其他损害。[①]

……

对1215年《大宪章》切勿做想象性的解释，20世纪德国政治学家、法学家卡尔·施米特提醒人们注意《大宪章》与1688年《权利法案》在本质上的不同。他强调，1215年《大宪章》不具备近代宪法的性质，它并未规定政治统一体的存在形式，不过是中世纪国王与封建主之间订立的无数契约中的一种。其中所谓"自由民"，与近代意义上的自由民相比，范围十分狭窄。《大宪章》原来也不叫"大宪章"，它最初名叫"自由宪章"或"贵族宪章"。它后来被称为"大宪章"，是相对于1217年颁布的包含狩猎法内容的"小宪章"（或称"森林宪章"）而言的。《大宪章》本身只包含具体的协议，不包含抽象的原则。几个世纪以后，随着斯图亚特王朝时期议会与国王

---

[①] 郭守田主编：《世界通史资料选辑》（中古部分），商务印书馆1964年版，第180—183页。

的斗争，《大宪章》被人们抬出，重新从近代自由宪法的意义上去解释，成了一份限制王权的神圣文献，但其实，新的解释很多方面已远远超出历史上1215年《大宪章》的原意，毋宁说是一种虚构。议会派人士不过是借《大宪章》的权威去达成他们的目标。卡尔·施米特说："如果有谁从大宪章中见出了哪怕只是接近于近代自由宪法或民主宪法的东西，都会犯下史实性错误。"①

## 福蒂斯丘：流亡路上的御前大法官

15世纪的时候，英王亨利六世在位，英国社会政治乏善可陈，王室债务累累，暴力事件频发，司法腐败，正义不彰。亨利六世本人又有精神病，自1453年起，他的精神病时常发作。国王的孱弱加重了统治危机。玫瑰战争期间的一次血腥战役之后，亨利六世战败被俘，最后只好带着家眷和一些随从流亡他乡。他们先去了爱丁堡，后又穿过海峡到了法国。在跟随国王流亡的大臣中，有一位年近古稀的大法官，他就是约翰·福蒂斯丘爵士（Sir John Fortescue）。

福蒂斯丘的生卒年月不甚清楚，人们只能估计他大概生活在1395—1477年。他是15世纪英国最重要的政治理论家，更是具有丰富经验的政法界精英。他多次被选入议会，1441年，他成为亨利六世时期王室法庭的首席法官并受封为爵士。在跟随亨利六世的流亡途中，福蒂斯丘似有总结兵败教训之意。他寄希望于国王的儿子爱德华（爱德华王子也在流亡者的队列里）。不过，这位王子到底是否是可塑之才，又是否能有机会"打回老家"去做国王，一切尚不可知，但福蒂斯丘仍不放弃，他要开导王子，向王子明示治国之大道，为"未来的国王"讲述英格兰的政治与法律。

爱德华王子当时是一个什么情况呢？他十分喜欢骑马，也惯于舞枪弄棒。福蒂斯丘告诉我们："这位王子殿下，从他长大成人的那一天起，就全身心投入到军事训练中。他的坐骑暴烈不驯，他便用马刺来激励它们；为寻开心，他常常向他年轻的扈从发动攻击，有的时候使矛，有的时候用剑，有的时候拿别的武器，而这又俨然一副作战的姿态，并且合乎军事训练的规则。"② 看

---

① ［德］卡尔·施米特：《宪法学说》，刘锋译，上海人民出版社2005年版，第53页。
② ［英］约翰·福蒂斯丘：《论英格兰的法律与政制》，袁瑜琤译，北京大学出版社2008年版，第31—32页。

来，王子倒也不是不求上进的人，虽谈不上雄才大略，却也勇敢、爱荣誉。不过，福蒂斯丘还是觉得有些问题。他决心要做一件事，把王子引向正途。于是，他写了一本小书——《英格兰法律礼赞》(On the Excellence of the Laws of England)。这是一本对话体著作，书中模拟了一位年老的司法大臣（即他本人）与爱德华王子的对话。司法大臣勉励王子学习英格兰的法律，了解英格兰的制度。他援引查士丁尼的话说："国王不仅要佩戴武器，也要佩戴法律。"显然，福蒂斯丘是在效法苏格拉底对格劳孔的教育。他要把王子从对荣誉的爱引向对正义的爱。不过，与苏格拉底相比，福蒂斯丘所从事的教育更像法律专业课教育。但他在教育过程中的循循善诱，已似柏拉图所谓的"灵魂转向"；他所勾画的英国政治与法律范型，可以与柏拉图的理想城邦相媲美。他之重视正义，也与柏拉图相仿。

## 君民共治的英格兰：既"国王"，又"政治"

当王子决心学习法律后，他问大法官，具体是学英格兰的法律，还是那在世界皆享盛名的民法（civil laws）。大法官说，当然是英格兰的法律，因为英格兰的法律是习惯法，不是国王的意志；英格兰的国王不能随便改变它。这和民法所讲的"王者所喜之事，便有法律效应"是不一样的。其中的道理乃源于英格兰政体之特色。这特色就是，英格兰虽有国王，但在理想上，英格兰政府是既"国王"又"政治"的政府，英格兰是"君民共治"（dominion political and royal）。

福蒂斯丘说，纯粹的国王统治之下，国王可以任意改变法律，国王意志是法律的来源，法律是国王意志的体现，国王可以不用向其治下的人民咨询而征收捐税。在纯粹的政治社会中，一切都依据人民所喜欢的法律进行统治，人民拥有法治下的自由。对于这种政治社会，只需读读亚里士多德关于政治的界定，便不难理解。福蒂斯丘也援引先哲的话指出，"政治（policia）"一词源自 poles（意为"众多"）和 ycos（意为"智慧"），政治政府就是集思广益的政府。① 然而，现实中两种纯粹的政体皆有问题，英格兰混合两者，成为既"国王"又"政治"的政体，便有了巨大的优势。福蒂斯丘

---

① 参见 [英] 约翰·福蒂斯丘《论英格兰的法律与政制》，袁瑜琤译，北京大学出版社 2008 年版，第 121 页。

## 第六章　英国的自由传统

这里有倡导混合政体的意思，但他的这一思想，既出于对英格兰政制的理论概括，亦受阿奎那《论君主制政府》（"On Princely Government"）一文的影响。①

福蒂斯丘向王子表明，这种君民共治的政体比单纯的绝对王权要好，并且，这种凭借政治权力来统治人民的王所拥有的权力，一点儿也不逊于纯粹王室统治中国王的权力。他以英格兰与法国为例，比较说明了两种统治的结果。这种比较，考虑到他们正流亡法国，对王子来说应该是有说服力的。在他笔下，法国纯粹王室政府治下，坏事连篇累牍，人民负担沉重，政府靠棍棒统治人民。百姓每天喝凉水，除了过节，尝不到别的饮品，身上穿着麻袋片一样的破衣服，用不起毛线，穿不起长筒袜，女人平常也光着脚，没有鞋穿。人民很少吃肉，生活贫困。由于没有法治，有时政府凭着流言或国王的想法便给一个人定罪，不经任何形式的司法审判，把人装进口袋扎紧，在夜间扔进河里。而在英格兰，"政治且王室"的政府则带来许多良善之事。"在英格兰王国，没有人强行住进别人的房子而不顾那主人的意志……没有得到货物主人的允许，没有谁可以把货物拿走而免于处罚……在那里，不经议会代表的王国全体上下的认可或同意，国王不能向他的臣民征收各种赋税、特别津贴或者施加别的任何负担，或是改变他们的法律，或是制定新法。"② 而人民也有良好的生活条件，不喝凉水，吃好的，穿好的，能公正享受法律提供的保护。

15世纪的英国正在向绝对王权的道路上前进，福蒂斯丘明显是在批评这种趋势，他叫王子不要学法国，而应尊重英国古宪法。但历史没有给予王子展示治国才华的机会。1471年，福蒂斯丘随同王子登陆韦茅斯。一个月后在一次战役中，爱德华王子阵亡，福蒂斯丘也被俘。不过他后来得到赦免，得以善终。他死后多年，议会中反对君权的人仍奉他为理论权威。推崇习惯法的爱德华·柯克爵士（Sir Edward Coke）对他尤为尊奉，福蒂斯丘的精神也传入英国清教徒革命时期国王的反对派之中，③ 足见福蒂斯丘理论的指向，表面上讲混合政体，其实有所侧重，名曰既"国王"又"政治"，其实重

---

① 参见［英］约翰·福蒂斯丘《论英格兰的法律与政制》，袁瑜琤译，北京大学出版社2008年版，第119页。
② ［英］约翰·福蒂斯丘：《论英格兰的法律与政制》，袁瑜琤译，北京大学出版社2008年版，第85页。
③ ［美］威廉·邓宁：《政治学说史》中卷，谢义伟译，吉林出版集团有限责任公司2009年版，第106页。

· 321 ·

"政治"而轻"国王"。

福蒂斯丘属于马基雅维里之前的一代人,他的著作撇开《圣经》直接谈君主如何治国,具有开先河的作用,他为探讨现代政治问题提供了基本的术语,堪称马基雅维里政治学说的先驱。[①]

## 托马斯·史密斯与16世纪英国公民人文主义

公民人文主义(古典共和主义)在16世纪英国都铎王朝时期,亦有其代表。此时的英国共和主义,反对绝对王权,主张共和政体。它不如17世纪英国"内战"时期的共和主义激进,其理论矛头,不是指向英王,而是指向法国的绝对主义,因而具有"保守"的性质,它是对既有英国混合政体的理论说明。托马斯·史密斯(Thomas Smith,1513—1577),就是这个时期的共和主义者。

托马斯·史密斯1513年出生于英国埃塞克斯的萨夫伦·沃尔登。他受教于剑桥的王后学院。1533年,史密斯获得硕士学位,并留校任教,担任自然哲学教师。1540年后,史密斯到法国、意大利游学,最后在帕多瓦大学获得了法学学位。1542年,他回到剑桥,任民法教授。史密斯精通希腊文、拉丁文,是当时英国卓越的古典学者。1548年,他受封为爵士。在宗教上,他皈依了新教,主张宗教宽容。史密斯后来有丰富的政治与外交活动经历。他曾任国王爱德华六世时期的枢密院大臣。玛丽王后时期,他被免职。但在伊丽莎白一世时,他重新为官,直至去世,为最受女王信任的清教徒大臣。他曾是国会议员,也曾几次出使他国。

史密斯的代表作是《英吉利共和国》(De Republica Anglorum),该书写作于1562—1565年,其时,史密斯正担任英国驻法大使。史密斯有意将英国的共和政体与法国的绝对主义君主政体进行对照,并表达了对后者的否定。史密斯的著作潜在地包含对英国王权的批评,亦不难窥见。

## "共和国"是自由人之联合

文艺复兴以来,公民人文主义者多推崇亚里士多德与西塞罗。史密斯也

---

[①] [英]乔治·梅尔森:《马基雅维里与君主论》,掌晶晶译,大连理工大学出版社2008年版,第17页。

## 第六章 英国的自由传统

是如此。他沿袭西塞罗的思想,区分自由的政体与不自由的政体,认为法国的绝对王权是不自由的政体。在他看来,自由政体必定是一个共和国。

何为共和国?他说:"共和国用来指这样一个社会,一批自由的人聚集在一起,以彼此之间共同的契约协议联合,共同做某些事情,俾使在和战之时皆能保存自身。仅有一群人并不能叫作共和国,除非滥用概念,因为他们只是为了一个事情一时聚集:一旦事毕,各人便各自分开,回到从前。如果一个人,像旧时代的某些罗马人一样(如果记载属实),拥有五千或一万个奴隶(bondmen),很好地支配着,尽管他们共同生活在一个城邦,或者散居于不同的村落,那里仍然没有共和国:因为奴隶与他的主人之间没有共同的利益,那里只追求主人的财富,而不考虑奴隶或农奴的收益。"①

史密斯的共和国定义,有四个要点:第一,共和国以自由人为基础,由自由人构成,奴隶和奴隶主构不成一个共和国,权力绝对的国王和没有自由的臣民,同样构不成一个共和国。第二,建立共和国的目标是实现共同的幸福(财富),而不是统治者的幸福。第三,共和国靠契约维系,这暗示着政权的基础不是暴力胁迫。第四,共和国是人造物,它不是神旨造成,亦非天然演化而成。其中第一点最为关键,这里的自由,是典型的共和主义自由观,自由人与奴隶相对。自由意味着在政治上自己统治自己,不受他人的奴役。

史密斯表示,英国人是自由人,英国政体是共和国,而土耳其人、波斯人、亚洲人等,他们终身为奴,没有权利,他们的国家没有共同的契约,没有法律,只有主人和君王的意志,此种政体,不能叫作共和政体(politeia)。史密斯的共和定义,与亚里士多德的相一致。

史密斯的政体论,针对的是其时欧洲正在兴起的绝对主义王权。史密斯说,绝对的权力不是好事,它对于治者与被治者都十分危险。任何人有了绝对权力,都会傲慢无礼,自我膨胀。他接受了反暴君派的基本原则:绝对的权力只会导致暴政。② 史密斯说:"在希腊语、拉丁语和英语中,暴君是指一个邪恶的国王,他不考虑他的人民的财富,只追求自己的奢华,满足自己堕落而残忍的嗜好,不敬拜上帝,罔顾权利与法律:拥有绝对权力的国王,大

---

① Thomas Smith, *De Republica Anglorum*, edited by Mary Dewar, Cambridge: Cambridge University Press, 1982, p. 57.

② Mary Nyquist, *Arbitrary Rule: Slavery, Tyranny, and the Power of Life and Death*, Chicago and London: The University of Chicago Press, 2013, p. 85.

体如此。"① 法国人背离古制，搞绝对主义王权，史密斯不以为然，认为这是在走向暴政。

史密斯不否认君主制，但否认暴政。他主张统治者要在自身私利与公共福利之间寻求平衡。史密斯的王权论，本质上是一种温和的有限王权论，换言之，他主张的是混合政体。

## 培根：知识就是力量

图28 培根

弗兰西斯·培根（Francis Bacon，1561—1626）以"知识就是力量"这句名言而为世人所知。"知识就是力量"，也可以翻译为"学问就是权力"。这和古希腊人所讲的"知识就是美德"大异其趣。更何况"知识"一词在培根那里有着不同于古希腊人的含义，它是实验科学、技术的同义语，为乐于做实验、勤于实践的专家所掌握，与道德修养无关，也区别于提倡沉思生

---

① Thomas Smith, *De Republica Anglorum*, edited by Mary Dewar, Cambridge: Cambridge University Press, 1982, p. 55.

活的哲学。培根可以谈到知识的进步，这种观点是古希腊人无法理解的。18世纪欧洲启蒙运动时期，培根颇受尊崇，卢梭曾说培根可能是有史以来最伟大的哲学家。杰斐逊把他与洛克、牛顿并列，称他们为"生民以来三位最伟大的人物"①。培根生活在科学日渐昌明的时代，堪称科学时代的旗手。直到今天，培根的名字仍然与讲科学、重知识联系在一起。如果说新时代最重要的标志之一是科学主义的流行，那么，培根显然是最早意识到时代精神的一位思想家。最近一个多世纪，随着人们对现代科学技术的消极后果的反思，培根也经受了同样的命运，他的学说被人们视为盲目乐观的肤浅之论，人们津津乐道于尼采、法兰克福学派、海德格尔等贬损科技的言论，而将培根为现代科学所写的颂辞弃之如敝屣。

培根1561年1月22日出生于伦敦一个具有清教背景的贵族家庭。他的父亲尼古拉·培根是英国女王伊丽莎白的掌玺大臣，母亲安尼是一位才女，通晓希腊文、拉丁文，是当时伦敦最著名的三位知识女性之一。培根自幼体弱多病，性格内向。12岁时，培根入剑桥大学"三一"学院学习。大学期间，培根即对亚里士多德的学说极其不满，称其"长于辩论与争论，却不能对人类生活谋福利带来什么实践效果"。毕业后，父亲送他去法国，做一位驻法大使的随员。1579年，他父亲病逝，培根回国奔丧。父亲未留给他什么遗产，培根日后很长时期过着清贫的生活。但他坚持自修法律，取得了律师资格，并当上了国会议员。他本有意从政，但他运气实在太差，于是他决定致力于学术研究，那时他已三十几岁。1597年，他的《论说文集》出版，风靡一时。

培根的人品实在不佳，他傲慢、自私，朋友多不喜欢与他交往。他的师友艾赛克斯伯爵1601年因冒犯女王获罪，身为女王法律顾问的培根怕受牵连，不仅不帮助自己的师友，反而落井下石，当众控告艾赛克斯叛国，艾赛克斯最后被判罪斩首。培根为自己的辩护书中称他这么做是"出于对于女王和国家的职责和义务"，"宁愿舍弃朋友也不舍弃国王"②。也有学者为培根辩护，认为艾赛克斯确实犯有叛国罪，培根之前曾几次以忠告的方式劝告过艾赛克斯。培根的做法并无不妥。③

---

① [美]杰斐逊：《杰斐逊集》（下），刘祚昌、邓红凤译，生活·读书·新知三联书店1993年版，第1057页。
② [英]班加明·法灵顿：《弗兰西斯·培根》，张景明译，生活·读书·新知三联书店1958年版，第42页。
③ 同上书，第41页。

培根时来运转是在国王詹姆斯一世继位之后。1605年，培根写了《学问的进步》（旧译《广学论》），献给詹姆斯一世，希望捞取一官半职，最终如愿以偿，国王非常赏识他，自此培根连连升官，历任检察官、枢密院顾问、掌玺大臣、大法官等职，并且封爵。不过，1621年，培根被控告贪污受贿。尽管当时英国官员腐化成风，但培根的贪腐涉案金额特别巨大。他被判4万镑罚金，被免除官职、封号，并在伦敦塔关了几天。1626年4月9日，培根病逝。培根去世后大约过了三个月，他的妻子就和管家结婚了。

培根的著作还包括1620年出版的《新工具》，该书针对的是亚里士多德的《工具篇》。培根此后出版的未完成的《新大西岛》，也是其重要作品。

## 技术造就天堂

培根相信技术能够将人类引向天堂。在他看来，发明创造能够使人摆脱受到的束缚，从事发明创造的人地位高于英雄。在他所描绘的大西岛上，人们为发明家塑像，而不为英雄塑像。培根为技术进步辩护，这与传统社会人们对技术的态度是截然不同的。当然，培根对发明创造可能带来的破坏性后果也有认识。但揆诸培根著书立说的时代，这毕竟不是培根的重点。培根相信技术进步，他抛弃了古希腊人的循环史观。培根认定，人可以征服自然，甚至人的寿命也可以无限延长。而人要征服自然，做自然的主人，就要研究它，遵从它。一旦征服自然的目标得以实现，便可望建立一个理想的社会。

培根欢迎新时代的到来，但在政治上，他的立场并不激进。詹姆斯一世统治期间，英国的国会与法院日渐"觉醒"，要求各自独立的权利，摆脱对国王的依附地位。在国会方面，有人主张非经议会的同意，国王不能征税；法院方面，爱德华·柯克爵士坚持声称习惯法高于国王，习惯法法庭高于王室法庭。这位柯克爵士，多年前还是培根的"情敌"。柯克夫人即为培根曾经求婚的对象，当然，培根的求婚被拒绝了。詹姆斯一世申斥了国会，拘禁了部分议员，免除了柯克的法官职位。在国王、议会、法院的斗争中，培根站在了国王一边，培根的立场固然出于他与詹姆斯一世的私交，另一方面也合乎他的政治哲学。他为君权辩护，但他不持詹姆斯一世的"君权神授"论。他认为，君主制不仅是英国既有的现实，其好处还在于它为人们免除了参政的负担，使个人可以有闲暇从事科研。他相信君主政体能与个人自由携手并进。

培根信奉帝国主义。他认为，拓展疆土建立大帝国是一件光荣的事情。他曾给国王提建议：与苏格兰合并，将爱尔兰变成殖民地，对欧洲大陆采取侵略政策。培根的这种帝国主义是一种海洋帝国主义。

不过，培根的帝国主义还有更深层次的寓意。培根的政治理想，不是英国人对世界的统治，而是人类对自然的统治，这正是《新大西岛》所表达的理想。那个"本萨兰"（意思是完美的人）国，便是培根为人类所许诺的乐土。新大西岛这个海洋性的象征，"标志着航海的胜利，也标志着科学的胜利"。大西岛的故事，正是一个技术乐园的故事。相信科技进步与技术发展能够带来美好的社会，此种乐观主义始自培根。

培根的文字，洋溢着新时代的气息，标志着一个崇尚科学的新时代的到来。在当时，培根的思想是对长期占主导地位的经院哲学的否定，对基督教本身也构成了一个挑战。保守的教会人士很早就看出了培根学说的"怀疑论"意味。在科学事业面前，一切权威都不存在了，一切说法都有待检验。威廉·布雷克（William Blake）评注《培根论说文集》时曾写道："培根终结了信仰。"① 至 1640 年，培根的思想已经在英国大为流行。②

## 英国清教徒革命

关于英国革命，《英国革命演义》的作者陶笑虹曾填词《木兰花慢》一首，词曰：

> 巨飚揭地起，惊雷动，莽林呼，得欧陆先机，西洋暖气，三岛一隅。任是山川田远，总摧枯拉朽去毒污。清教力敌天主，万民凌视王族。
>
> 倏忽，朋党来而去，英杰沉与浮。有铁马金戈，笔争舌辩，方见踌躇。匆匆五十寒暑，问共和君主两何如？风停潮平海阔，王国无复当初。③

---

① William Blake, "Complete Writings", 转引自［英］安东尼·阿巴拉斯特《西方自由主义的兴衰》，曹海军译，吉林人民出版社 2004 年版，第 168 页。
② Christopher Hill, *The Century of Revolution*, London and New York: Routledge, 1980, p. 93.
③ 陶笑虹：《英国革命演义》，成都出版社 1993 年版，第 1 页。

"清教力敌天主",揭示了这场革命的宗教维度,说的是清教与天主教之间展开斗争,最终清教一方获胜。"共和君主两何如",则提示革命进程中的政体问题,君主政体的支持者与共和政体的支持者展开对抗。革命"风停潮平海阔"时,英国重新建立了君主制,但这个君主制,与之前斯图亚特王朝的绝对王权已经有质的不同,它是宪法制约下的君主制,君主是虚君,不拥有实际的权力。所以,王国犹存,然"无复当初"。

英国革命,其突出的特点,是它的宗教性质。19世纪史学家斯蒂芬·加德纳最早指出,17世纪的英国革命,实为"清教徒革命"。[①] 英国革命的胜利,标志着英国宗教改革的最后完成。它意味着英国的完全清教化,意味着对天主教的彻底拒斥。在国内,英国革命的推动者,无不在于对抗天主教。议会与国王的斗争,主要不是国王与议会争权夺利的世俗斗争,而是清教与天主教的斗争。国王亲天主教,或国王由天主教徒来继承,是革命者最反对的东西。在与国王军队的战斗中,清教徒每因相信他们事业的神圣性而表现出不屈不挠的斗志。而国王一边,则是要极力打击、迫害清教徒。对外战争方面,也明显可见清教与天主教的斗争。过去的历史学家常常用殖民地或海外市场争夺来解释,多不得要领。克伦威尔在英国对西班牙战争的宣言中即直言,战争的性质不是其他,而是清教与天主教之间不共戴天的斗争。

如此,理解这场自始至终与宗教纠缠在一起、历时几十年的革命,首先必须了解英国革命前夕的宗教状况。英国原本是天主教国家,其宗教事务隶属于罗马天主教会,接受台伯河畔罗马教皇的领导。不过,自16世纪亨利八世时期,情况发生了变化。与德意志、法国和日内瓦不同,那些地方宗教改革是由学者教士发起的,英国的改革则是在国王的手中进行的。

亨利八世(1509—1547)原本是个狂热的天主教徒,他还曾写书驳斥德国宗教改革家马丁·路德的观点,并因此得到教皇颁发给他的"信仰维护者"称号。不过,他后来为了离婚的事情和罗马天主教会发生了严重的冲突。事情是这样的:亨利八世娶了他哥哥的遗孀,也就是他的嫂嫂,然而,他们婚后生的6个孩子中,5个夭折,只有一个女儿存活。亨利八世觉得晦气,想终止这桩婚姻,另娶他人。他希望教皇克雷芒七世批准他的离婚请求,然而,教皇因多种考虑久久拖延,六年不作决定。亨利八世于是宣称,

---

① [美] 道格拉斯·凯利:《自由的崛起》,王怡、李玉臻译,江西人民出版社2008年版,第112页。

## 第六章 英国的自由传统

以后这样的事情不必再请示教皇，英国教会完全归他本人领导，教皇的敕令对英国教会从此不再有效力。

亨利八世就以此桩离婚案为契机，斩断了英国教会与罗马教皇的关系。1534年，亨利八世召开议会，通过《至尊法案》（*Supremacy Act*），宣布建立英国国教会，他自己就是英国国教会的首脑。英国国教会在全国各个教区设立主教，主教之上，还有大主教，这些神职，皆由国王钦定。教会里的礼拜仪式，改用英语进行。政府取消了罗马天主教会的修道院，没收了大量修道院的土地。没收教会土地，是新时代开始的一个标志。

英国国教虽然切断了和罗马教会的关系，但在教义、制度方面与天主教基本一样，只是教会的首脑以英王代替了罗马教皇。到伊丽莎白时代，英国国教进一步改革，伊丽莎白女王十分憎恨天主教徒，认为他们是叛国者。改革后的英国国教有些地方很接近大陆上的新教，但仍然保留了天主教的特征。英国国教会自建立以来，一直与英国的王朝统治相互支持。至17世纪革命爆发前，国教会几成斯图亚特王朝的附庸。1640年英国国教会的教规，即明确规定教区神父必须向信众宣传王权神授的道理。国教会认为："不论以任何借口，一切建立支持或承认……任何独立的教皇政权或人民政权者，就是直接或间接破坏王权，就是阴险的企图摧毁上帝亲自最神圣的规定，所以是上帝的叛徒，也是国王的叛徒。臣民不论以任何借口，抱着攻或守的目的，举起武器反对国王的，至少也意味着抗拒上帝所定的政权。"[①]

加尔文教在欧陆兴起时，英国也产生了一批追随者。加尔文教的核心教义是预定论，我们在前面已经提到过。这种宗教因为尽可能剔除宗教活动中的仪式性因素，倡导一种禁欲主义的伦理，正面肯定人们对财富的追求，认为事业的成功是为上帝争光，特别适合于新兴商人与生产者。英国的加尔文教，即是所谓的清教（puritanism），之所以如此称呼，是因为他们致力于清除教会中的天主教残余。清教徒认为，教堂中的圣像、祭坛、彩玻璃都是不必要的，他们反对用"祈祷书"来祈祷，反对在提到基督时要鞠躬，反对用十字架为受洗者祝福，反对在读福音书时起立，反对接受圣祭时屈膝。他们在家里做礼拜，身着黑袍素服，不苟言笑，把跳舞、音乐及戏剧看作魔鬼的诱惑，认为它们是罪恶的根源（须知，后来的英国国王查理一世爱好戏剧，

---

[①] [苏]莫洛克、奥尔洛夫编：《世界近代史教学资料选辑》第一辑，何清新译，生活·读书·新知三联书店1963年版，第7页。

王后还经常参加戏剧演出)。"生活一天,就要挣一天钱",是他们的人生指南,过去教会热衷于举行的诸多仪式和节庆,在他们看来纯粹是浪费时间,"时间就是金钱"。更为重要的是,清教教义本身包含了特定的政治理想,清教徒多提倡极为彻底的民主共和理论。

清教徒最早出现在 16 世纪 60 年代,他们不信奉英国国教。革命最终由他们发起。不过,英国革命前夕,清教徒在人数上并不多,大部分英国人信的是英国国教,在西北部还有不少天主教徒。然而,革命的成功,并不取决于人数。革命往往由少数人领导。

在清教徒内部,又分出了两大派别。他们在英国革命中发挥了不同的作用,这两个派别就是:长老会派(Presbytery)和独立派(Independency),前者主要是大资产阶级和一部分中等资产阶级及新贵,后者主要是中小资产阶级、中小新贵和城市贫民。

长老会派立场较为温和,他们支持加尔文教的预定论,重视教会规章,反对国王介入宗教事务,反对僧侣阶层的存在,希望用长老会派的清教取代英国国教,但依然认为每个教区应从信徒里选出长老和传教士。长老会议应当在教会和国家中保持对宗教事务的领导。长老和传教士通常出自最富裕的资产阶级,他们在经济上的走运,似乎证明他们是上帝的特选。

所谓独立派,"独立"的意思一方面是说每个宗教团体都应独立于国家政权及教会组织化权力。他们反对统一的全国性教会权威,主张各乡镇自己组织独立的教会。选出的长老只有 1 年任期,对教区负责。信徒既不必服从教皇及国王,也不必服从长老会议。独立派重视的是传教,而不是圣餐、洗礼等仪式。另一方面是说信徒在信仰上有独立自主的权利,每个信徒都有独立解释《圣经》的自由,真正的信徒人人都是上帝的选民。独立派组织分散,内部派别繁多,他们是清教徒内部的激进派。[①]

在英国革命中,长老会派和独立派,既是宗教派别,也是政治派别。他们时而结成同盟,时而表现出尖锐的分歧,甚至发生激烈的冲突。但他们共同的特点是,憎恨天主教,不信任英国国教。

## 国王詹姆斯一世的王权神授论

15 世纪末,英国政权掌握在都铎王朝手中。

---

[①] [苏]塔塔里诺娃:《英国史纲》,何清新译,生活·读书·新知三联书店 1962 年版,第 37 页。

## 第六章 英国的自由传统

伊丽莎白女王无嗣,她在遗嘱中指定苏格兰的国王詹姆斯·斯图亚特继承王位。这样,詹姆斯便身兼苏格兰与英格兰两国的国王。

詹姆斯一世是个学者。他即位后两年(1605年),还曾去牛津大学作长时间的访问视察,当时霍布斯正在那里读大学。国王到牛津作希腊文演讲,并参加了大学生们的许多课程,聆听他们的辩论,还经常积极参与辩论。

"在有些时候,他会嘀咕着'呸,呸,走吧,走吧'以表示自己不同意某种看法或者表示自己的厌烦情绪。在詹姆斯访问期间,辩论的题目有:圣徒或者天使是否知道人类的秘密,婴儿是否会在喝奶妈的奶水时也喝进了奶妈的习性,牧师在瘟疫来临的时候是否应该一如既往地履行自己的责任,想象是否产生真实的效果等等。詹姆斯强烈反对抽烟;当时辩论的另一个问题就是抽烟是否对身体有益。在道德哲学领域有两个辩论主题。第一个是,保护自己的边界是否比扩大它更可取;第二个问题是,正义与不义是仅仅存在于法律中还是本来就有的。"①

詹姆斯一世是长老会派清教徒,但是,他在政治上并不喜欢清教徒。他崇尚的是欧洲绝对主义理论,相信"王权神授"。他羡慕法国和西班牙的绝对王权。未到英国前,他就写了两篇论文:《国王的天赋能力》(1599)、《自由君主制的真正法则》(1603)。他认为,国会想限制王权,但是国王远在国会出现之前就出现了,国会权力源于国王,它只能向国王表达愿望,无权讨论国王的举动。国王是法律的创造者,国王创造了法律而不是法律创造了国王,国王不受尘世法律的限制,人们如果认为国王的行为有问题,只能祈求上帝开导国王,把他引向正确的道路。这一观点针对的是英国的习惯法传统,例如大法官爱德华·柯克即称习惯法高于王权,习惯法法庭高于国王特设的法庭。詹姆斯一世免去了柯克的职位,他不想让法院制约王权。詹姆斯一世坚持王权的绝对性、神圣性。② 他在他的第一届国会上宣称:"议论上帝能够做人们不能做的事,是渎神;议论君主能够做人们不能做的事,是叛乱。我不允许议论我的政权。君主制是地上最高的制度。君主是上帝的总督。他们坐在神圣的王位上。上帝本人都称他们为神。"③ 他认为保留由主教统治的英国国教会十分必要,提出"没有主教,就没有国王"(No bishop,

---

① [美] A. P. 马蒂尼奇:《霍布斯传》,陈玉明译,上海人民出版社2007年版,第20—21页。
② [美] 威廉·邓宁:《政治学说史》(中卷),谢义伟译,吉林出版集团有限责任公司2009年版,第111页。
③ 转引自刘祚昌《英国资产阶级革命史》,新知识出版社1956年版,第53页。

no king）的著名论断。他的这一结论，若站在王权的一边来看，不能不说包含了某种实践上的真理成分。詹姆斯一世表明，属灵事务领域的权威秩序对于世俗领域的绝对王权具有极重要的支撑作用。"没有主教，就没有国王"，意味着一旦主教制被摧毁，国王的位置就有可能动摇。在詹姆斯一世那里，此言的准确含义应是没有主教，就没有权力绝对的国王。詹姆斯一世反对宗教改革，他写道："宗教改革是件恶事，因为它宣布平等，而平等，正是秩序及统一的敌人。"[1] 学者詹姆斯一世很早即认识到，宗教上的改革必将引发政治上对国王统治的动摇。如果主教的权力让位于教会选出的代表，君主的权力也必将转移到人民选出的代表那里。[2]

## 议会、国王与第一次内战

1625年3月，詹姆斯一世逝世，不久，王子查理继位，史称查理一世。查理一世性格和善，勤奋好学，庄重不傲慢，不过在政治上却不免刚愎、固执，宗教上倾向于天主教。为了与西班牙、法国作战，财政空虚的王室不得不召集议会，以便征收新的税种。然而英国人历来有个观念，个人的财产受到普通法的保护，国王不能随意破坏。同时，在宗教上，议会又十分地痛恨天主教。这样，国王与议会之间便不断冲突。议会几次召开，不欢而散之后，1629年，查理一世干脆不再召集议会。英国进入无国会时期，长达11年之久。

此时，"三十年战争"结束，查理一世摆脱了军费负担，可以一心应付国内局势。两个人在查理一世的宫廷中起了重要作用，一是斯特拉福伯爵（Earl of Strafford），他是枢密会议的成员，1633年出任爱尔兰总督，一是国教会坎特伯雷大主教威廉·劳德（William Laud）。劳德主教对清教徒发起了猛烈的进攻，大搞宗教迫害。他坚持国教会的仪式要求，又命令牧师在一切场合向信徒宣读"无条件服从国王"的教条，行事不免鲁莽。他企图将英国国教的仪式推广到长老会主导的苏格兰，这激起苏格兰人的不满。1637年，苏格兰人爆发了起义，反对英国在苏格兰建立国教会。查理一世的军队与之开战，为了筹款，国王不得不召开国会。1640年4月13日，议会召开。这

---

[1] 刘祚昌：《英国资产阶级革命史》，新知识出版社1956年版，第54页。
[2] ［美］威廉·邓宁：《政治学说史》（中卷），谢义伟译，吉林出版集团有限责任公司2009年版，第112页。

图29　英国国王查理一世

届议会很快被解散，故而称为短期国会。5个多月后，国王不得不再次召开议会，应付苏格兰军队的进攻。1640年11月3日，议会再次召开，这届议会之后存在了13年，被称作长期国会。议会中反对派的领袖有皮姆、汉普登（他们都是长老会派教徒）。反对派采取果断措施，逮捕了斯特拉福伯爵和劳德主教。

鉴于过去国王曾经长期不召开议会，1641年2月，国会通过"三年法案"，规定至少每三年必须召开一次国会，国会必须在自己同意解散时才能被解散。国会又通过决议，取消国王的专利权，禁止国王设立特别法庭，判处斯特拉福伯爵死刑。1641年10月23日，爱尔兰人起义，国会认为起义受到国王的支持。国会以159票对148票的多数，通过"大抗议"书，列数国王查理一世的暴行。国王要求不要发表，国会却不断向民间散发，鼓动民众参与反对国王的斗争。于是国王下令逮捕皮姆等反对派领袖，但这些人及时躲藏了起来。国王离开伦敦，北上约克城，寻求北部贵族的帮助。

这期间，国会通过了民兵法案，宣布只有国会同意才能征兵，国会享有控制武装力量的权力。这便让国王完全丧失了拥有武装的权力。在保王派看来，国会如此"建议"，篡夺了国王的行政权，属于无法律依据的行为。国王查理一世拒绝批准。但国会发出通告，宣称法案已经生效，各地即可组织民兵。国会宣称两院拥有立法的绝对权力，不受任何人的限制。为了公共利益，根本不需要考虑国王的想法。主权在国会手中，诸事国会可自行决定。[①] 所谓国王批准，原是多余。1642年5月，国会和国王双方和平解决问题的希望破灭，战争如箭在弦，双方开始积极备战。1642年9月末，国王的军队与国会的军队在瓦塞斯特附近发生了战斗，内战开始了。

战争开始时，国会军队由长老会派领导，他们一心想与国王妥协，因而战事方面往往错失良机，致使国王的军队不断壮大，以致超过国会的军队。国王的军队是骑士党，国会这边主要是清教徒，因为剪短发，没有骑士装束，他们被称为圆颅党，国王军队连连获胜，至1643年秋，已经占据了3/4的土地，明显掌握着战争的主动权，国王军队由传统贵族组成，他们熟悉军事，富有战斗经验，其骑兵在战斗中发挥了极大的作用，而国会这边拥有的则是雇佣兵。

战场的失利为独立派主导议会提供了契机。独立派的立场是不妥协，把战争进行到底。克伦威尔属于独立派。他组织的新式军队屡建奇功。此种新式军队，其战斗力不是源于武器与战争技艺，而是源于纪律，它使得军队在攻击成功后仍保持密集的队形。[②] 此点与骑士党，恰成鲜明对照。在克伦威

---

① Michael Mendle, *Henry Parker and The English Civil War: The Political Thought of the Public's "Privado"*, Cambridge: Cambridge University Press, 1995, p. 85.
② [德]马克斯·韦伯：《支配社会学》，康乐、简惠美译，广西师范大学出版社2004年版，第338页。

尔的努力下，国会决议把国会军皆按照他的新军进行改革，以他领导的部队为核心，建立了新模范军。1645年，国会通过《新模范军法案》。克伦威尔是议员，按规定应该辞去军职，但由于他的军事才能，又由于新模范军总司令和高级军官的要求以及伦敦居民的要求（以请愿的方式），国会同意克伦威尔任副总司令，统帅骑兵。这样，克伦威尔就可以在议会里面为军队说话。克伦威尔不仅懂军事，也懂政治，军队实际上在克伦威尔的统帅之下，总司令不过是他的助手。独立派主导了议会，又掌握了军队，使得国会军屡败国王的军队。

纳西比战役中国王的军队溃败后，查理一世乔装为仆人，带着两名随从逃到苏格兰。苏格兰长老会派不相信查理一世，把他关了起来，最后以40万磅的价格，把他卖给了英国国会，国会把他囚禁在纳西比附近的一个城堡之中。1647年初，第一次内战结束。

总体上，长期国会时期，长老会派在国会中占多数。国会宣布废除国教会，但又实行了出版审查政策，弥尔顿针对这一情况写了《论出版自由》，批评长老会派的政策。

## 李尔本与平等派

第一次内战结束后，长老会派控制国会，独立派控制军队。底层士兵和平民要求分享革命成果，实行更为激进的政策，这就产生了平等派。他们的首领是约翰·李尔本（John Lilburne，原来属于独立派，是克伦威尔私下的好友）。长老会派控制的国会1647年2月19日通过决议，只保留4000民兵，其余的解散，后者远征爱尔兰。但是，士兵在平等派的鼓动下，拒绝服从，他们成立了士兵鼓动员议事会。克伦威尔决定站在士兵一边与长老会派斗争，也就是，独立派和平等派联手，共同对付长老会派。此时长老会派正在与国王谈判。克伦威尔派人把国王强行劫走。随着革命的发展，独立派和平等派发生矛盾，平等派是真正的激进派，独立派是中间派，长老会派是妥协派。

平等派是当时的民主派。他们声称人民的权利，认为法律应由人民制定，政府权力源自人民。1647年10月，平等派人士拟定了具有民主精神的宪法草案，名为《人民公约》，提交给军队会议。他们要求无财产条件限制的选举权，主张取消上议院，废除君主。《人民公约》主张：

图30　英国内战时期平等派宣传画：推倒暴政

1. 英国人民各郡、各城、各镇选举名额的分配，至今仍是既不平均的，应当按居民的人数作更合比例的分配……

2. 人民应当每两年举行议会选举一次……本届议会任满前，应作出训示，选举即按训示进行……

3. 现在的政权以及未来全体全国代表的政权，只服从于选民的权力。政权不须向另外一人或若干人报告，不受另外任何一人或若干人干涉，政权所辖范围包括法律的制定、修正与废除问题，机关与法院的设立、撤销，各级文武官的任命与罢免并要求其作报告，宣战媾和以及与外国缔结条约问题……

我们宣布这一切是我们天赋的权利，因此同意并决定将以我们的全力，反对任何反对派而捍卫这些权利……[1]

---

[1] ［苏］莫洛克、奥尔洛夫编：《世界近代史教学资料选辑》第一辑，何清新译，生活·读书·新知三联书店1963年版，第13页。

平等派分子雷音斯波罗在军队会议上反问："为什么勋爵应当向议会派二十名议员，而穷人却连一名议员都没有呢？"①

国会拘捕了平等派的首领李尔本，把他关了2年。在"威尔事件"②中，克伦威尔又采取强制的方式，逮捕十余名平等派积极分子，以抽签的方式，就地正法了其中三人。

## 第二次内战与残缺国会

苏格兰人最初反对国王，现在改变了态度，转而支持国王，反对革命派。国王与苏格兰长老会的右翼秘密签订了条约，允诺三年内在英国建立长老会派的教会，以长老会取代国教会。苏格兰人同意出兵干预英国革命，帮助攻打国会军队。不幸的是，国王给王后的书信被克伦威尔的部下截获，机密泄露了。

1647年底，第二次内战爆发前夕，国会中长老会派占多数，长老会派一直要和国王妥协，他们提出要求，国王在二十年内交军权，降低上议院的地位，国王拒绝接受长老会派的建议。独立派非常愤怒，认为不应该和国王谈判，有议员提出要审判国王，成立共和国，克伦威尔在议会中发言称，不能相信国王，因为他是个骗子，说完，他把手放在剑柄上，很有动武的意思。下议院表决通过决议，国会停止和国王的来往。最初上议院拒绝批准这个决定，后来，迫于压力，上议院也不得不批准。③

1648年春，内战再次爆发。海军士兵叛乱，舰队首领是查理一世的儿子威尔士亲王。长老会派仍千方百计想和国王妥协，为了挑起内讧，他们从监狱里放出了平等派的领袖李尔本。不过，李尔本虽然坚持他的民主主义的激进主张，仍有大局意识，他采取了与克伦威尔合作的态度，这是独立派和平等派的第二次合作。他们通过了一个决议，决定坚决消灭保王党人，审判查理一世，宣布他为国家的罪人。平等派继续主张不受财产限制的选举权，独

---

① ［苏］莫洛克·奥尔洛夫编：《世界近代史教学资料选辑》第一辑，何清新译，生活·读书·新知三联书店1963年版，第14页。

② 1647年11月15日，议会军队统帅部在威尔集会，原本确定7个团队参加，平等派却发动另外2个团队来参加，并且，士兵都在自己的帽子上贴上"人民公约"的标签，平等派积极分子想利用这次集会强迫上级军官接受《人民公约》，遭到克伦威尔的拒绝。克伦威尔要求他们服从命令，对不服从者，处理了主要的领头人。这就是"威尔事件"。

③ 刘祚昌：《英国资产阶级革命史》，新知识出版社1956年版，第124页。

立派先答应下来,但实际上胜利之后并未实行。在克伦威尔的指挥下,苏格兰军队被赶出,第二次内战结束。

长老会派一直控制国会,试图通过决议,解散军队,因为军队由独立派控制着。独立派和长老会派在下议院辩论了一天一夜,最后的结果是长老会派获胜。独立派就此承认失败了吗?没有。在克伦威尔的授意至少是默许下,军队的下级军官发动了政变。托马斯·普莱德(Thomas Pride)上校(原本是个马车夫)带领军队包围了议会,逮捕47名长老会派议员,开除96名倾向于长老会派的议员,国会只剩下50余名独立派议员,这届国会也因此被称为残缺国会(the Rump)。从这个时候开始,独立派不仅控制了军队,也控制了国会。

## 审判查理一世

1649年1月1日,下议院宣布国王为发动内战的罪魁祸首,是一切灾难的根源,是苏格兰人和爱尔兰人进攻英国的同盟者。下议院成立了"最高司法裁判所",以审判查理一世。君主制的坚定反对者、当时著名的律师约翰·布拉德萧(John Bradshaw)是审判主席,约翰·库克是检察长,克伦威尔、普莱德等人是审判官。可是,残缺国会中,仍然有很多人反对审判和处死国王。著名的阿尔杰农·悉德尼(Algernon Sidney)是共和派人士,他极力反对审判国王。他的理由是,审判国王会引起人民对于共和政府的反感。实际上,参与审判国王的人很少,活跃的就克伦威尔几个人。克伦威尔极力推进对国王的砍头行动,他在国会上恶狠狠地说:要把带着王冠的头颅割下来!下议院通过审判国王的决议,上议院否决,过了两天之后下议院又通过决议,决议声称:"在上帝的明见之下,人民是一切权力的来源。今后在下院所宣布的任何法律都具有法律效力,所有人都要服从下院,即使没有国王或者上院的同意。"① 显然,下议院把自己看作最终决定权的拥有者,它是共和政府的最高权力机关,上议院已经被绕开了。这种地位,不过是下议院的主观声称,背后是下议院的实力。

查理一世被软禁在特定的地方,身边还有仆人。他在某天发现自己的待遇突然变差,一日三餐没有过去那样丰盛了,就感到有些不妙。夜里又经常

---

① 刘祚昌:《英国资产阶级革命史》,新知识出版社1956年版,第134页。

做噩梦，点的油灯好好地突然灭掉，十分地不祥。最后一次审判出庭的时候，查理一世手杖的头突然掉了下来。公审进行了好几次，查理一世据理力争，从头到尾都没有露怯，他一直指出：审判不合法，国王只对上帝负责。他质问审判法官，你们是谁？你们有资格审判我吗？你们又依什么法律来审判我？根据英国古法，只有贵族才能审判贵族。审判主席布拉德萧说，以英国下议院及人民的名义。这时候，保王党人也设法营救国王，国王知道大势已去，就想妥协，但是他不知道此时他已经丧失了议会的信任。最高司法裁判所鉴于难以说服国王，就开了几次秘密会议，决定干脆不允许国王说话，他们要单方面做出决议，宣布砍掉国王的头颅。查理一世的罪名是暴君、叛徒、杀人犯、国家的敌人。查理一世还想再为自己辩护，审判主席说："已经宣判，不能让你说了。"①

## 查理一世上断头台，共和国成立

1649 年 1 月 30 日，查理一世被处死。

临刑之前，他的顾命大臣有几个被允许陪伴在身边。大臣们想到国王即将被砍头，不免伤心得号哭起来。查理一世呵斥他们说，我的时间不多了，不要哭哭啼啼。查理一世最后要求见他的儿女，他对年幼的儿子说，以后如果有人要你当国王，千万别当。国王穿戴整齐，整理了头发，准备赴死。士兵要押送他，被他喝止，他说：我自己会走。走向刑场的时候，道路两边都是观看的市民，有人在默默地流泪，许多人在为国王呼喊，克伦威尔要求军队禁止市民接近国王。国王似乎想和市民说什么，然而离得有些远。围观的群众中，有人大声喊道：克伦威尔是骗子！有人说："以人民的名义，人民在哪里呢？"人群开始激动，他们悲恸地发出"上帝保佑国王，上帝保佑国王"的呼声。然而，这些呼声又有什么用呢？国王人头落地时，有的妇女实在忍不住伤痛，当场昏厥。克伦威尔提起国王血淋淋的人头看了看，确定头身已经分离，然后说："这是个健康的躯体，原本可以活得很长。"国王的遗体被装进棺木。这个时候，原本晴明恬静的天空突然飘起雪来，雪花纷飞，一层又一层，厚厚地盖在了国王的棺材上。②

---

① [法] 基佐：《一六四〇年英国革命史》，伍光建译，商务印书馆 1986 年版，第 450 页。
② 同上书，第 459 页。

图 31　英王查理一世被砍头

国王被砍头，国会在与国王的斗争中可谓完胜。2月，上议院取消，君主时代结束，独立派掌握了政权，英国进入一院制共和时期。共和国英文叫the common wealth，有"共同的财富"之意。不过，共和国开始时，伦敦形势依然严峻。饥荒、黑死病流行，工业衰落，燃料供应不足，人民生活恶化，这个时候，就产生了一些极端的思想。

## 温斯坦莱与掘地派

掘地派的代表人物是杰腊德·温斯坦莱（Gerrard Winstanley）和威廉·爱威拉尔（William Everard）。该派比李尔本代表的平等派更为激进，属于早期的共产主义派别。他们认为平等派是假平等派，自己才是真平等派。1649年3月，他们发起、签署了《英国被压迫贫民宣言》，批评土地私有，主张土地共有，宣称地主的土地所有权不具有合法性，地主的土地来源于掠夺。《英国被压迫贫民宣言》写道：

> 我们签名的人，代表英国一切被压迫的贫民，向你们自称庄园勋爵和国家勋爵的人宣称……土地不是专为了你们而创造的，不是为了使你们成为土地主人，而使我们成为你们的奴隶、仆役和乞丐而创造的，土地是不分个人，为了作全体人的公共生活财产而创造的……圈占土地作财产的权力，是你们的祖先用武力建立起来的，他们拿着原先用死来威胁自己同由上帝创造的人，而后掠夺盗窃他们的土地，而后把这土地传给自己的孩子，也就是你们……你们用武力把这个万恶的权利保持在自己手里，从而证明你们的父亲的罪恶事业的正当……
>
> 我们的心开始摆脱对你们这样的人的奴隶般的恐怖……我们根据互爱的内部法律，有决心来翻开全英国的村社土地和荒地……
>
> 因此我们要求并决定掌握村社土地和村社地点，以便使自己具有生活资料，我们把你们看做与我们平等的人而不看做高出我们之上的人，因此我们更清楚地知道，我们的祖国英国应当是不分个人而供全体人享用的共同的生活资料宝库。
>
> 因此我们向你们宣布，你们打算砍掉村社森林和树木，你们是不应当这样做的……

代表并为英国和全世界压迫的贫民而签署。①

1649年4月1日,他们发起了在伦敦附近塞利郡圣·乔治荒山的掘地运动,开垦荒地,种豆,种胡萝卜,种防风草,整日掘地不止,不久消息传开,由此得名掘地派。加入掘地的人也多了起来。需要注意的是,这批人也以人民的自由名义行动,他们称,王权既已经被推翻,11世纪威廉时期丧失的土地就应该物归原主。爱威拉尔自称先知,他说上帝曾亲自对他说:"起来!掘吧!耕种吧!享有其果实吧!"②他预言所有农民都会起来加入这项活动。几个月以后,一批地主和富农焚毁了他们的茅屋和工具。掘地派奉行不抵抗主义,待他们走后,又重新回来继续耕种。他们提出土地公有,共同工作,共同吃饭。共和政府的态度是探望并且劝告他们停止活动,掘地派置之不理,继续宣传他们的纲领。结果,在数十个城市都产生了贫农耕种村社无碍于乡绅所圈土地的运动。1651年,共和政府派兵镇压,掘地派也就消亡了。

温斯坦莱早期受宗教神秘主义影响,他认为,人心中有善恶力量在斗争,这种斗争的外化就是社会上光明和黑暗、正义与不正义的斗争。他说:"在关于土地及其果实的公有制的事业中,可以清楚地看出羔羊与毒龙之间展开一场战斗。羔羊体现着爱情、温和、正义的精神。而毒龙则代表着嫉妒、骄横和非正义的力量,它力图使创造物保留在受奴役的地位,把创造物的光辉掩盖起来不让人类看到;而第一种权力则竭力要把创造物从受奴役的地位中解放出来,并向人子③揭示出创造物的秘密,从而显示出自己是万物的伟大复兴者。这两种力量在每个人的心中斗争着,并迫使各人相互斗争。这一斗争将一直继续到毒龙被赶走为止,而毒龙被擒和受审的日子很快就要到来。因此,正义的心灵耐心地等着吧,把希望寄托在主身上吧,看主给世界上整个混乱的局面安排了什么样的结局。"④温斯坦莱相信,最终,善会战胜恶。恶魔的消灭是基督精神的胜利。革命之后要实现上帝之爱的王国,在这个过程中,上帝通过圣徒向人类宣称解放的到来,只有穷人和无知者才有

---

① [苏]莫洛克、奥尔洛夫编:《世界近代史教学资料选辑》第一辑,何清新译,生活·读书·新知三联书店1963年版,第18—19页。
② 刘祚昌:《英国资产阶级革命史》,新知识出版社1956年版,第150页。
③ "人子"(the Son of Man),即耶稣。耶稣在《马可福音》中自称"人子",《马可福音》里耶稣说:"人子来,并不是要受服事,乃是要服事,并且要舍命作多人的赎价"。
④ [英]温斯坦莱:《温斯坦莱文选》,任国栋译,商务印书馆1979年版,第38—39页。

第六章　英国的自由传统

充当"圣徒"的资格。自然，他就是"圣徒"。① 后来，他转向理性主义，他说，上帝是人们心中的理性，理性就是人们心中相互保全的原则，让理性统治人，就是让人不敢侵害自己的同胞，理性是统治宇宙万物的来源。

在社会经济方面，他批评私有制，认为土地私有制是犯罪、灾难的来源，土地归大家公有才合乎理性。他说："真正的自由在于人得足食自存，即在于利用土地。……人若无食养体，不若无此躯体……真正的自由在于自由享用土地。"② 他反对商业行为，认为商人是狡猾之徒；提出劳动价值学说，说富人不从事劳动，因而不创造价值；又称法律制度是为权贵服务的，英国的法律就是用来欺负穷人的，"英国是一座牢狱。法律的各种各样的伎俩都有刀剑、城堡、监狱大门做它的靠山。法学家是狱卒，穷人是囚犯"③。他呼吁穷人分享革命成果。他写道："暴政之树的树梢被砍下来了，由一个人进行统治的王权也被赶跑了。但是，唉！直到现在，压迫仍然是一棵根深叶茂的大树，直到现在，还遮住自由的太阳，使它照不到穷苦的平民；这棵大树如此枝繁叶茂和根深蒂固，只有把它连根拔掉之后，我们大家才能够和平地唱起锡安之歌。"④

1652年，温斯坦莱写了《自由法》，这本书被列为空想社会主义的经典，温斯坦莱将它题献给克伦威尔，幻想克伦威尔会采纳他的建议。温斯坦莱的主张包括：政治上民主，人人有选举权，公职人员由选举产生，公务员每年选一次，宗教信仰绝对自由，设立公共仓库，按需领取公共用品，不愿劳动的人警告处分，取消商业，禁止商品交易行为，发现商品交易后买卖双方即以叛逆罪处以死刑，等等。

## 克伦威尔称"护国主"

1649年共和国成立后，克伦威尔远征爱尔兰，平定了叛乱，并把爱尔兰变为英国的殖民地；查理一世被砍头的第二天，苏格兰爱丁堡国会就宣布侨居在荷兰的查理一世之子查理·斯图亚特为国王，这就是查理二世。苏格兰国会由长老会派控制，他们试图通过扶持查理二世，增强长老会派的政治势

---

① 刘祚昌：《英国资产阶级革命史》，新知识出版社1956年版，第156页。
② 转引自蒋相泽《世界通史资料选辑》（近代部分），上册，商务印书馆1964年版，第23页。
③ ［英］温斯坦莱：《温斯坦莱文选》，任国栋译，商务印书馆1979年版，第70页。
④ 同上书，第65页。

力。克伦威尔于是远征苏格兰。1652 年，苏格兰人战败，不再抵抗。1654 年，苏格兰和英格兰合并于英国，英国国会为苏格兰保留三十个席位。

图32　战场中的克伦威尔

第六章　英国的自由传统

共和国成立后，长期议会开始腐化，贪污成风，人们对议会的不满日增，许多请愿书要求解散长期议会，选举新议会。这里面有议会和克伦威尔为首的军队之间的冲突。克伦威尔带兵强行驱散了议会，又挑选了144个认为可靠的人成立了小议会。小议会又叫贝本议会（Barebones Parliament），因为里面最好的演说家叫贝本，此人是伦敦皮革商。但是，小议会里仍然分歧重重，在很多问题上无法做出决议，一些人便提出解散议会，把政权全部移交给克伦威尔。当时，小议会内部主导的意见是用独裁来代替共和。1653年12月16日，克伦威尔任英格兰、苏格兰、爱尔兰护国主，宣布了新宪法，当然，还是有一些人反对护国主的军事独裁，有些议员拒绝宣誓服从新宪法，克伦威尔以武力驱散了这些人。议会不复存在。据说议会终结时，"狗都没叫一声"。内战似乎让英国人学会了一个道理：一切听从拳头的力量。而克伦威尔也有足够的威信，来维持其独裁统治。

护国主时期，克伦威尔对外推行殖民霸权政策。从这里我们可以看到英国帝国思想的起源，当时一位政论家写道："不要在花盆里栽植橡树，为了根，它必须有足够的土地，为了枝，必须有足够的天空。"①

1657年2月，伦敦一个大商人写了请愿书，要求恢复国王和两院制议会，主张克伦威尔接受国王的称号。国会为此拟定了新的宪法草案，但是军队强烈抗议，在这一压力下，克伦威尔放弃了王位，不过，新宪法中的一些措施还是被采纳了：恢复上议院，护国主可以世袭，可指定继承人。1658年9月3日，克伦威尔逝世，护国主位置由他的儿子理查·克伦威尔继承。由于他的儿子在军中没有威信，军官不服从他的领导。1659年，在军队一方的强迫下，理查被废，站在理查一边的国会被强行解散，护国主政体就这样结束了。1653年被驱散的那个长期国会恢复，但是，军队和国会之间仍有矛盾。1659年末，伦敦陷入混乱状态，军官内部也出现分裂，英国似乎又处在了内战前夕，恢复斯图亚特王朝的统治，时机已经成熟。

## 斯图亚特王朝的复辟

在蒙克将军领导的军队的支持下，1660年，流亡在法国的查理二世被迎

---

① 巴尔格：《克伦威尔及其时代》，转引自刘祚昌《英国资产阶级革命史》，新知识出版社1956年版，第223页。

回,斯图亚特王朝复辟。革命者由此陷入了危险的境地。

　　复辟后,新议会成立,成员主要是保王党人。故而它得了一个外号,叫"保王派议会"。这些议员,尽是国教徒。查理二世主张不计前嫌,赦免从前犯上的人,查理二世倾向的是天主教,不是英国国教。但这些国教徒议员,却不愿善罢甘休。议会通过了《遵奉国教法案》,要求所有牧师接受英国国教。通过了《市政法案》,要求公职人员就职必须按英国国教会仪式举行宣誓。通过了《非法集会法案》,禁止非国教教会活动;通过了《五英里法案》,限制清教牧师的传教范围。参与弑君的人被处死。保王党人还挖出克伦威尔和布拉德萧的尸体,砍下他们的脑袋示众。

　　查理二世采取了亲法的对外政策,他秘密与法国国王路易十四谈判,援助法国对抗荷兰,暗中约定采取措施在英国恢复天主教。他希望从法国获得支持,以摆脱议会的控制,重建英国的绝对王权。然而,此一时,彼一时。王权是恢复了,但社会舆论即人们的精神面貌已发生了巨变。伦敦的空气是自由的。1664年,法国驻伦敦大使忧心忡忡地写信给法王路易十四:"政府有君主制的外观,因为有一个国王,但在底层,它背离君主制已经很远了。"[①]

　　1672年,查理二世颁布《容忍宣言》,宣布国王有权停止惩办非国教徒和天主教徒的刑事法的效力。这个时候的容忍,是为天主教及非国教徒提供活动空间。恢复天主教是英国资产者与新贵最担心的事,因为他们的土地,大多是从没收天主教教会的土地而来。一旦恢复天主教,他们的财产就成了非法所得。由于国会中有人反对,查理二世最终撤回了《容忍宣言》。

　　1673年,国会议员开始分为两个阵营:一个是宫廷党(Court Party),一个是地方党(Country Party),前者是保王派,后者是反对派。地方党的领袖是莎夫茨伯里伯爵。他成立了反对派俱乐部,即"绿带俱乐部"。他最初支持王权,后来则站到反对派一边。他在政治活动中的特点是,永远站在胜利者一边,但对待失败的一边也不会赶尽杀绝。他持温和的君主立宪观,认为国王与茅屋中的贫民都要遵守同样的法律,反对军事强权,否定王权神授。

　　反对派坚定地反对天主教,议会通过决议强迫天主教徒离开伦敦,开除了上议院中的天主教议员。王后是天主教徒,议会要求她离开宫廷。查理二世的弟弟詹姆斯也是活跃的天主教徒,他被要求开除出枢密会议,免除海军

---

[①] George Macaulay Trevelan, *England Under the Stuarts*, London: Methuen and Company, 1933, p. 340.

元帅的职务。

面对国会中反对派的活动，查理二世决定解散国会，举行新的国会选举。保王派与反对派都采用贿赂的方式拉拢选民，最终，反对派获胜。1679年，新国会召开，里面大多数都是反对派，国王在国会里失势。新国会拟定了《排斥法案》(Exclusion Bill，洛克的《政府论》就是出于为它造舆论而写的)，法案直接针对詹姆斯，规定天主教徒不能继承王位（查理二世没有合法的孩子，只有一个私生子），而且禁止詹姆斯回国，否则即以叛国罪论处。反对派希望查理二世的私生子满摩士公爵继承王位，满摩士公爵是"绿带俱乐部"的成员。

为了防止国会通过《排斥法案》，查理二世赶紧行动，他于1679年7月解散了国会，宣布10月再举行新的国会选举。然而，新国会选举中，反对派又获得了胜利，国王无奈，只好拖延国会的召开。国会内宫廷党与地方党继续存在分歧。反对派支持《排斥法案》，被对方称为辉格（whig），宫廷党不支持《排斥法案》，他们被对方称为"托利"（tory）。苏格兰圣约派又称"辉格摩尔"（whiggamor），"辉格"就是从这个词衍生出来的，而爱尔兰的游击队又叫"托利"，反对派于是拿它称呼王权的拥护者，并借此强调宫廷党与爱尔兰天主教徒的关系。辉格党主要是清教徒，托利党基本是英国国教徒。在政治上，辉格党其实比托利党更有保王情绪，只是他们要求国王在法律范围内活动，实行立宪君主制。辉格党与托利党的说法，这个时候开始流行。由于国会继续提《排斥法案》，查理二世只能再次解散国会，此后就不再召集国会了。1681年，查理二世得到法王路易十四财政上的支援，变得有恃无恐，开始迫害辉格党人。莎夫茨伯里伯爵被捕，不过，最终陪审员宣布莎夫茨伯里伯爵无罪，把他放了，莎夫茨伯里伯爵害怕再度被捕，逃到了荷兰。不久，辉格党的主要成员被抓的抓、杀的杀，最终在高压政策下垮台。1683年，查理二世政府在牛津焚毁了弥尔顿、霍布斯、哈林顿的著作。

1685年，查理二世死去，天主教徒约克公爵詹姆斯继位，是为詹姆斯二世。

# 1688年"光荣革命"

天主教徒詹姆斯二世继位后，果然大力推行天主教，这遭到了绝大多数人的反对。辉格党和托利党这时都反对恢复天主教。不过，他们最初并不想推翻詹姆斯二世的统治，因为詹姆斯二世无子，他的长女玛丽是英国国教徒，女婿是荷兰的清教徒威廉，如果玛丽继位，清教徒并没有什么可担忧的。然而，1688年6月10日，詹姆斯二世的第二个妻子生了一个儿子，按天主教的惯例，这位王子又是一个天主教徒。这样，托利党与辉格党的希望破灭，他们决定请荷兰国王奥兰治王朝的威廉武装干涉。威廉当时正好有意获得英国王位，于是，他进入英国，詹姆斯二世众叛亲离，只有悄然逃跑。斯图亚特王朝完结了。1688年的革命，被称为"光荣革命"，因为它的完成很理想，没有流血。自此之后，英国确立了立宪君主制。

## 罗伯特·菲尔默：王权如父权

在议会和国王的漫长斗争中，站在国王一边与议会做斗争的理论，除了国王詹姆斯一世的"王权神授论"外，就是罗伯特·菲尔默爵士（Sir Robert Filmer，1588—1653）的父权理论。菲尔默属保王派，他支持查理一世和斯图亚特王朝，1643年英国内战爆发之后，曾由于其保王立场被捕，直到1647年春才被释放。

菲尔默在去世前一年发表的声明中，还呼吁人们要服从新政权。其理据与霍布斯关于"保护—服从"的论述十分一致。菲尔默说，保护和服从是相互的，因此，当保护不存在时，服从也就终止了。人们不必再服从斯图亚特王朝，而应服从既有的共和政府，无论其权力来源是否合法。[1] 他称为胜利的统治者效忠，并非不光彩。菲尔默这种立场与他之前在《父权制》（全称为 Patriarcha: A Defence of the Natural Power of Kings against the Unnatural Liberty of the People，即《父权制：为国王针对人民非自然自由所拥有的自然权力辩护》）中的立场相比，是大不一样了。或许这是一个在新政权下为求保命而做出的声明。

菲尔默的著作有《混合或有限君主制的无政府》（1648）、《绝对王权的必然性》（1648）、《父权制》（1680）。前两篇发表时皆匿名。1649年1月，查理一世被处死，共和国建立，菲尔默就不再出版作品了。他读过时人的书，如霍布斯的《论公民》《利维坦》，弥尔顿的《为英国人民的申辩》，格劳秀斯的《战争与和平法》。菲尔默曾写作《关于政府起源的考察：基于霍

---

[1] [美] A. P. 马蒂尼奇：《霍布斯传》，陈玉明译，上海人民出版社2007年版，第263页。

## 第六章　英国的自由传统

布斯的《利维坦》、弥尔顿对萨尔美夏斯的反对、格劳秀斯的《战争与和平法》》。他的著作也常引苏亚雷斯、贝拉明与《圣经》。菲尔默是最早讨论、批评霍布斯的《利维坦》的学者之一。菲尔默十分欣赏霍布斯的著作，虽然他不赞同霍布斯的许多论证，但他总体上视霍布斯为自己的同道。① 《父权制》于1680年发表，托利党人为了支持王权，曾把《父权制》作为舆论工具。《父权制》为王权辩护，针对的是耶稣派和加尔文派。它从家庭中的父权出发，论证王权源于父权。

菲尔默认为，议会的权力来源于国王，在英国宪政历史上，王权一直高于议会。父权和王权带来的强制是有必要的。因为人们对自由的追求会导致无政府状态。民主只会带来危险的后果，古罗马的历史即可作证。基于《圣经》，服从王权同样天经地义。他说，人民的构成时刻都在发生变化。人就像大海，永远波涛起伏，每一刻都有人出生，每一刻都有人死亡。② 此刻的人民，并不是下一刻的人民。每个时间点上，人民都是不同的。没有一个时间可以不偏不倚地让所有的人集合到一起。因此，谈论人民的统治，就是空想。我们见到的都是人民中的少数人在统治。人生而进入父亲的权力之下，人生而不是平等的。

菲尔默的政治思想与博丹的主权论一脉相承。按照博丹的思路，菲尔默指出，每一个国家都需要有一个绝对的不可分割的主权者。王权必须是绝对的。主权的标志物就是制定法律的权力。如果人人平等地、自由地拥有权力，任何决定也做不出来。菲尔默还从亚里士多德那里为其主张寻求支持。亚里士多德的《政治学》第一卷就区分了家庭和城邦，指出城邦里的政治关系与家庭里的主奴关系之不同。③ 不过，菲尔默研究亚里士多德则得出这样一个结论：亚里士多德支持父权制。他论证说，亚里士多德主张的最好的政体不是混合政体，而是绝对王权。

菲尔默活着的时候，他的思想没有大的影响。但他去世之后，其理论成了托利党的意识形态武器，对现实政治发生了巨大的影响。对于菲尔默的王权论，议会派自然不会放过。悉德尼的《论政府》一书无一章不在批驳菲尔默。洛克的《政府论》，上卷专门批驳菲尔默。洛克的朋友、辉格派作家詹

---

① Sir Robert Filmer, *Patriarcha and Other Writings*, edited by Johann P. Sommerville, 中国政法大学出版社2003年版，p. 184.
② Ibid., p. 142.
③ 参见［古希腊］亚里士多德《政治学》，吴寿彭译，商务印书馆1965年版，第3页。

姆斯·特莱尔（James Tyrrell）于 1681 年出版的《非君权的父权》（*Patriarcha non monarcha*），也是针对菲尔默的《父权制》而作。菲尔默的观点，无论在当时，还是在今天，都是十分"过时"的。然而，他的著作中，也有一些洛克及其同道难以回答的问题。对正在兴起的民主理论与契约理论进行批判，菲尔默展示了一种独特的理论路径。

## 亨利·帕克：议会绝对主义

亨利·帕克（Henry Parker，1604—1652）是英国内战时期议会派极为重要而活跃的小册子作家、宣传家。他出生于英国萨塞克斯（Sussex）的拉顿（Ratton）一个具有清教背景的地方绅士家庭，在家中排行第五，为最小的孩子，其长兄托马斯·帕克爵士，是长期国会的议员。1625 年，亨利·帕克在牛津大学圣埃德蒙德学院（St. Edmund Hall）获得学士学位，1628 年，又在那里获得硕士学位。之后，帕克可能做了一段时间的律师。自 40 年代以来，他的主要活动便是为不同的雇主写作。故而他的著作，多为代人立言，不同作品间观点不一，便在所难免。然而帕克的政治思想之大略，依然是清晰的。1642 年，帕克任议会军的秘书；1645 年，他担任下议院秘书。1644 年，他去了德国，在汉堡任职，并撰写了《论自由贸易》（*Of A Free Trade*），反对自由贸易，支持重商主义，主张对贸易进行限制。1649 年，帕克任克伦威尔军队的秘书，服务于爱尔兰，直到在那里去世。

帕克在内战期间积极参与论战，写下大量小册子，其中较有代表性的是他 1642 年发表的《对国王陛下最新回复与表述的观察》（*Observations upon Some of His Magesties Late Answers and Expresses*）和 1644 年的《人民的权利》（*Jus Populi*），此外还有《论清教徒》。1645 年，他和同人还编辑出版了国王查理一世与王后的书信，以之作为国王叛国的证据。《对国王陛下最新回复与表述的观察》是匿名发表的，该文发表后，引起了巨大的反响，人们皆称此文作者为"观察者"，并不知帕克其名。《人民的权利》则是帕克政治理论的概括和总结，其中他提出了引起激烈争议的"国王大于个人，但小于人民"（Rex est singulis major, universis minor）的论断。

帕克在宗教上支持清教独立派。在政治上，他与保王派及传统主义者（普通法学家）进行论战，为议会军辩护，为反抗国王查理一世辩护，其理论依据，是自然权利论。他认为，政治社会有其契约论本质，政府必须建立

## 第六章　英国的自由传统

在人民的同意之上，统治不能靠武力维持。纯粹的武力，什么也证明不了。

帕克将16—17世纪的激进主义，编织在一起，以捍卫人民集体性的自然权利。① 他反对各种形式的奴隶制，反对专制主义，指出专制统治不合自然正义。帕克说，在奴隶制中，奴隶对自身及其劳动成果占有的权利，受到了侵犯。因而，奴隶制是不正义的，亚里士多德所谓天然奴隶（slave-by-nature）一说，也不能成立。

帕克区分了私人领域与公共领域，他认为前者靠自然纽带维系，后者则靠人为的"纽带"维系，公共领域与私人领域的秩序，具有不同的性质。② 将二者进行类比，犯了严重的错误。私人领域内妻子对丈夫的顺从、子女对父母的服从，并不能导出政治领域内臣民对国王天经地义的服从。换言之，君主制不能从私人领域的父权现象得到任何理论上的支持。另外，帕克也批判对王国进行有机体论的描述，那种有机体论把国家比喻为一个有机体，把国王比喻为机体的头颅。帕克说，身体离不开头颅，但对国家来说，则是头颅需要身体，离不开身体。没有国王，政治机体（body politic）依然存在。③

帕克的政治思想，如迈克尔·孟德尔（Michael Mendle）所言，可以说是一种议会绝对主义（parliamentary absolutism）。④ 从前的王权绝对主义理论，认为统治者只受自然法与神法的限制，人民对统治者只有服从。帕克说，自然法和神法对统治者的限制，说说而已，那种限制不过是"想象中的绳索"⑤。帕克沿袭博丹的思想，认为主权是绝对的，无论主权者是君主还是议会，其来源都是人民。不过帕克认为，主权放在人民那里，更能维护公共的善（安全与自由），要比放国王那里好很多。帕克实际上阐发了一种人民主权学说。他又认为议会代表人民，是主权的拥有者，议会军是人民的军队，议会是"整个王国本身，是国家本身"⑥。

---

① Mary Nyquist, *Arbitrary Rule: Slavery, Tyranny, and the Power of Life and Death*, Chicago and London: The University of Chicago Press, 2013, p. 184.
② Ibid., p. 189.
③ Michael Mendle, *Henry Parker and The English Civil War: The Political Thought of the Public's "Privado"*, Cambridge: Cambridge University Press, 1995, p. 87.
④ Ibid., p. 70.
⑤ Mary Nyquist, *Arbitrary Rule: Slavery, Tyranny, and the Power of Life and Death*, Chicago and London: The University of Chicago Press, 2013, p. 190.
⑥ Henry Parker, "Observations Upon Some of His Magesties Late Answers and Expresses", 转引自 Michael Mendle, *Henry Parker and The English Civil War: The Political Thought of the Public's "Privado"*, Cambridge: Cambridge University Press, 1995, p. 86。

帕克论议会主权，毫不含糊。革命进程中，国王不批准议会通过的法令。议会便自行宣称法令有效，不仅保王派指责议会专权，坚守英国古宪法的传统主义者也指责国会的做法破坏了混合政体，有违英国古制，没有依据。帕克论议会主权时，强调了三点：一是情况紧急，必须做出决定，采取行动，这正是主权绝对、不受限制、在紧急状态下做决定之意。帕克认为，主权是一种潜在的、睡眠状态中的权力，必要时它便会醒来。帕克如此理解主权，不难令人想到20世纪的卡尔·施米特对博丹主权概念的阐释。[1] 第二，帕克坚持称，主权高于法律。帕克的所有著作，都不以英国古宪法为然。他认为，法律是人民制定出来的，主权"内在"于人民那里。第三，帕克认为，国家必有武断的、最高的权力，否则就不能称为国家。

帕克此种学说，旗帜鲜明地反对国王，主张人民主权、议会至上，在英国思想史上，应属首创。其后为议会派辩护的作者，多从其说。

## 英国共和主义

作为一种意识形态的英国共和主义是1649年英国革命的产物，其兴起与发展集中于1649—1656年，代表人物包括玛莎门特·尼德海姆（Marchamont Nedham）、阿尔杰农·悉德尼、詹姆士·哈林顿、约翰·弥尔顿、亨利·内维尔（Henry Neville）等。他们都受到马基雅维里学说的影响，在某种意义上我们可以说，他们是在以不同的方式继承着马基雅维里的思想。以知识社会学的角度观之，此时的英国共和主义，是对已经发生的反暴君革命行动的理论辩护，也是对共和政府建立后面临的一系列问题的思考。英国共和主义运动并不连续，在现实政治中共和派的影响也很有限，共和派作家的很多著作到共和主义运动结束之后才发表，因而，英国共和主义在实践上是失败的，在理论上则成就斐然。

克伦威尔任护国主时期，共和派甚为失望，他们以罗马历史为例，指出帝制之下人民自由沦丧。共和主义者主张混合政体。他们重视古希腊、古罗马共和传统，认为国家领导者应重视古代智慧，建立共和政体是恢复自由和美德的先决条件。共和主义的一个重要特征就是在自由、美德与政体形式之

---

[1] ［德］卡尔·施米特：《政治的神学》，载［德］卡尔·施米特《政治的概念》，刘宗坤等译，上海人民出版社2003年版，第8页。

间建立联系。批判共和主义的霍布斯,则认为自由、美德与政体没有什么联系。

就宗教信仰而言,共和主义者不一定是独立派,也不一定是长老会派,其实也不一定是基督徒。写下《失乐园》的弥尔顿是异教徒;悉德尼内心的虔诚是秘密而严肃的;哈林顿的信仰则无人知道,他主张让宗教服务于公共美德。但是,他们都憎恶教权主义,不喜欢加尔文的预定论。马基雅维里说,要以美德征服命运,命运是个女人,美德是一种控制命运的能力,体现男子气概。[①] 共和派认为,尽管人有原罪,是堕落的,但是上帝也为人类的道德、理性和智慧留下了足够的空间,故而他们强调人要有公共关怀,要发挥人的美德。

## 哈林顿:为共和立法

詹姆士·哈林顿(James Harrington,1611—1677)是英国内战时期共和主义政治思想家的杰出代表。晚近以来,剑桥共和主义思想史学派的兴起,使哈林顿的学说重放光芒。J. G. A. 波考克、昆廷·斯金纳都十分重视哈林顿。处于政治思想大家霍布斯与洛克之间,詹姆士·哈林顿长期以来被视为政治思想史上的"小人物"。但是,忽略哈林顿及其思想,我们所得到的关于英国内战时期政治思想的图景将是严重残缺的。

哈林顿1611年1月3日出生于一个乡村贵族家庭。他从小便受到了当时最好的教育。18岁时,他进入了牛津三一学院。他潜心研究古希腊、古罗马的历史,认真阅读亚里士多德及文艺复兴时期公民人文主义者的著作,这对他后来的思想形成产生了重大影响。事实上,哈林顿虽然身处内战风云际会的时代,但他对政治问题的见解主要来自他对古书的研究,而非对英国现实局势的观察。他对共和事业的热情与忠诚,深深根植于他对古代共和国典章制度的研究。

在思想上属意共和,但在实际政治生活中,哈林顿却是与王室密切联系在一起的。1647年,哈林顿在其堂兄的引荐下到国王查理一世身边工作。哈林顿经常向查理一世宣讲共和国的妙处,建议国王锐意进取以成为共和之父,但国王实在不是那种具有雄才大略的大立法家,他不容自己的权力受到

---

[①] [意]尼科洛·马基雅维里:《君主论》,潘汉典译,商务印书馆1985年版,第120页。

削弱,于是常常怒斥哈林顿。国王与哈林顿争论归争论,还是十分欣赏哈林顿的见识。查理一世上断头台后,哈林顿深感悲恸。国王死后,他沉寂了七年,致力于学术研究。

这七年间,英国内战进入一个全新的阶段。共和国建立起来,克伦威尔于1653年成了"护国主"。不过,政局不稳定,内战的威胁仍在延续。1651年,霍布斯出版了《利维坦》,探求走出内战之道。在此背景下,哈林顿开始了《大洋国》(Oceana)的写作。《大洋国》是哈林顿最重要的理论著作,其共和主义立场,受到文艺复兴时期哲学家多那托·詹诺蒂(Donato Gianotti,1492—1573)的《威尼斯共和国》的极大影响。[1]《大洋国》写成后,克伦威尔读了大发雷霆,勒令查封,不予刊行。多亏克伦威尔的女儿说情,《大洋国》才得以于1656年顺利面世。

克伦威尔逝世以后,哈林顿又写了《立法术》《政治体系》等书,为共和事业立言,更成立了以宣扬共和精神为宗旨的讨论会"罗塔俱乐部"。他不如霍布斯那样善于保护自己,终于在查理二世复辟后被捕入狱,囚禁于伦敦塔,身心备受煎熬,一年后才获得自由。哈林顿晚年结婚成家,聊以度日。1677年9月11日,哈林顿病故。

## 古今经纶之道

哈林顿的政治理论,集中见于他的《大洋国》。哈林顿此书之本质,以当代美国政治思想家茱迪·史珂拉(Judith M. Shklar)的话来说,乃是"马基雅维里的'古代经纶之道'与霍布斯之间的斗争"[2]。

哈林顿区分了古代经纶之道与近代经纶之道。经纶之道,英文是prudence,也译作审慎。古代经纶之道以亚里士多德、李维、马基雅维里为代表,主张建立一种"法律的王国",而近代经纶之道,以霍布斯为代表,主张建立"人的王国",视国家为人的意志的造物。[3]哈林顿显然站在古代经纶之道一边,批评霍布斯的近代经纶之道。例如霍布斯曾说,不借人的手,

---

[1] Eric Voegelin, "Machiavelli's Prince: Background and Formation", in *Machiavelli*, Vol. I, Edited by John Dunn and Ian Harris, Cheletenham, Eduard Elgar Publishing Limited, 1997, p. 262.

[2] [美]茱迪·史珂拉:《政治与政治思想家》,左高山译,上海世纪出版集团2009年版,第236页。

[3] [英]詹姆士·哈林顿:《大洋国》,何新译,商务印书馆1963年版,第21页。

枪炮不过是一堆冷冰冰的废铁，法律也如枪炮一般，必须由人来执行。哈林顿批评说，霍布斯错了，法律并不是枪炮，关键在于财产的均势，古人之道才是真正的共和之道。

## 两个小姑娘分蛋糕，透露共和奥秘

哈林顿为两院制①提供了理论依据。他认为，共和国是法律的王国，背后是理性，而人的王国背后则是激情与欲望。要保证共和国是理性王国，并非难事，只要在制度上做一设计，这就是两院制。两院制的核心要义是使讨论和决定分开，在《大洋国》中，他讲了一个有趣的小故事来说明这个道理。他写道：

> 假如两个小姑娘共同接到一块没有分开的蛋糕，两人都应分得一份。这时其中一位对另一位说：你分吧，我来选。要不然就我分你选。分法一旦定下来，问题就解决了。分者如果分得不均，自己是要吃亏的，因为另一位会把好的一块拿走。因此，她就会分得很平均，这样两人都享受了权利。……卓越的哲学家争论不休而无法解决的问题，以致国家的整个奥秘，竟由两位娇憨的姑娘给道破了。国家的奥秘就在于均分和选择。②

哈林顿讲法治共和，是毫无疑问的。他的学说的特点在于从社会经济基础的角度对共和制进行分析。哈林顿认为，政治制度是"上层建筑"（superstructure）。"上层建筑"一词正是哈林顿的发明。他强调，理解一个国家的政体必须考察其财产的比例。财产的均势或地产的比例怎样，一个国家的性质也就怎样。建立共和国，必须考虑共和国的经济基础。哈林顿的说法，颇有些历史唯物主义的味道。联系当时的环境，霍布斯视教派分裂、意见纷争为内战的根源，哈林顿实际上是说，内战需要到社会财产的比例中去找原因。"为何共和革命失败并继之以查理二世的反动统治，因为它忽略了重新分配王国的财产。大地产构建了一个贵族社会，而在大地产的基础上不可能创建

---

① 即把国会分为两院，由两院共同行使立法权。例如，英国有上议院与下议院，美国有参议院和众议院。

② ［英］詹姆士·哈林顿：《大洋国》，何新译，商务印书馆1963年版，第23页。

一个民主社会。如果按一定计划将这些大地产分成小块，国家将会受新秩序的约束并接受平等的原则。在消灭贵族与消除贫困两方面皆有大的好处。"① 如此，构建和平，走向共和，必须考虑到财产比例的问题。哈林顿的学说，看上去像一种"政治工程学"。

再者，哈林顿是一名马基雅维里主义者，他关于财产与政治权力关系的讨论，亦着眼于国民军的维持。因为在共和国中，公民即士兵。假如公民只知逐利，共和国便"危矣"。由此，共和国必须做到地产上的均衡，公民——士兵的生活来源才有保障。如波考克所言，哈林顿关心的是作为士兵的公民，而非作为生产者、消费者的公民。哈林顿未曾虑及的是，经济社会有其自身的法则，经济发展有其自身的逻辑。② 哈林顿此论还意味着，只有土地被人们均衡处置，古代经纶之道才有回归的可能，这针对的是革命前封建贵族土地占有的状况。"土地的分配状况决定政治权力，因为它决定了士兵是作为公民为公共权力而战，还是作为依附者为他的庇护者或领主而战。"③

哈林顿推崇以结构稳定为特征的威尼斯政体，他认为政体可以由人凭理性来设计。这意味着政体既不是依据《圣经》建立在上帝意志基础之上，也不是建立在传统与习俗之上。与同时代的共和派作家相比，哈林顿的学说自有其特点：哈林顿的共和主义不是革命的共和主义，而是建设的共和主义，他思考的不是如何以共和主义反抗王权，而是如何设计一个持续、稳定的共和政体。无论是财产的均势，还是威尼斯式的"混合政体"，一种平衡、稳定的秩序，是哈林顿政治思想之核心诉求。

哈林顿去世后，他的影响并未消失。亨利·内维尔、阿尔杰农·悉德尼、尼德汉姆以及约翰·托兰德（John Toland）等哈林顿的追随者，构成了"新哈林顿派"。哈林顿的思想，也影响到美国的建国之父。在某种意义上，哈林顿对美国革命的影响，并不亚于洛克。哈林顿在美国取得了极大的成功，人们发现，《大洋国》更像美国，而非英国。美国人称哈林顿为"自印刷出版业以来最伟大发现的那本书的作者"④。

---

① ［英］阿克顿：《近代史讲稿》，朱爱青译，上海世纪出版社2007年版，第162页。
② ［英］J. G. A. 波考克：《古代宪法与封建法：英格兰17世纪历史思想研究》，翟小波译，译林出版社2014年版，第121页。
③ 同上书，第134页。
④ ［英］阿克顿：《近代史讲稿》，朱爱青译，上海世纪出版社2007年版，第162页。

## 弥尔顿：为共和建言

约翰·弥尔顿（John Milton, 1608—1674）的《失乐园》《复乐园》《力士参孙》等史诗颇为著名，他被誉为英国诗歌史上地位仅次于莎士比亚的诗人。在政治思想史上，他则是近代英国革命时期共和主义的又一个重要代表。作为一名清教徒，他在内战中运用才思，为独立派进行辩护。他曾任克伦威尔政府的拉丁文秘书，奉旨写作，充当革命政府的"喉舌"。

弥尔顿1608年12月9日出生于伦敦一个清教家庭，父亲是钱业公证人和私人贷款者（scrivener，现在没有对等的职业，但在17世纪的英国很重要），母亲是商人之女，乐善好施，但视力不好。弥尔顿遗传了母亲的这一疾病，视力先天不足，以致后来双目失明。

弥尔顿的生平和著作可分为三个阶段。1640年以前，是他学习和短诗创作时期。1640—1660年这二十年，是弥尔顿时评政论写作时期，期间他任克伦威尔政府的拉丁文秘书，负责起草外交文件，撰写为革命政府辩护的小册子；诗歌方面，写了不少十四行诗。1660年后，斯图亚特王朝复辟，弥尔顿复归诗歌创作，写下了《失乐园》等三篇长诗。

弥尔顿学习勤奋，自言"十二岁以后，夜读总是直到深更"[1]。他15岁时已用拉丁文翻译诗歌。他在伦敦圣保罗学校上学。圣保罗学校是一所按照人文主义理想建立的学校；那时英国的圣保罗学校教《圣经》时，低年级的阅读英文文本，稍高年级学习和阅读拉丁文本，接下来是希腊文本，高年级则是学习和阅读希伯来文。弥尔顿还在家庭教师那里学习了法语和意大利语。[2]

1625年，弥尔顿进入剑桥大学基督学院学习。剑桥大学基督学院的经院哲学之风，让自幼受人文主义浸淫的弥尔顿颇为不悦。他曾因之同导师发生冲突，被勒令停学，但不久学校认为责任不全在弥尔顿，于是允许弥尔顿回校，更换导师后继续他的学业。弥尔顿长得英俊白净，[3] 思想纯正，认为男

---

[1] [英]约翰·弥尔顿：《再为英国人民声辩》，见弥尔顿《为英国人民声辩》，何宁译，商务印书馆1964年版，第258页。
[2] Marjorie Hope Nicolson, *A Reader's Guide to John Milton*, Syracuse University Press, 1998, p. 7.
[3] 德国学者研究认为弥尔顿患有白化病，参见 Marjorie Hope Nicolson, *A Reader's Guide to John Milton*, Syracuse University Press, 1998, p. 12。

孩也要重视贞操,因此被同学称为"基督学院淑女(the Lady of Christ's)"。对于这个绰号,弥尔顿并不觉得是羞辱,因为诗人维吉尔也被人称作"维吉尔小姐"。1629 年,弥尔顿获剑桥大学学士学位;1632 年,他获得硕士学位。

弥尔顿在剑桥大学时期明确了成为一个伟大诗人的志向,荷马是他的榜样,《奥德赛》是他的模范。在弥尔顿的世界中,万物皆处于一个等级序列中。比如诗歌,最高级的是史诗,处理神以及半具神性的英雄,其作者不仅是诗人,也是导师与先知;次之是戏剧,意指悲剧,作者如埃斯库罗斯(Aeschylus)、索福克勒斯(Sohpocles)、欧里庇得斯(Euripides);更低的是抒情诗,诗人如品达(古希腊诗人)与奥维(Ovid,古罗马诗人)、萨福(Sappho,古希腊女抒情诗人)、阿尔凯奥斯(Alcaeus,希腊抒情诗人)、贺拉斯(Horace,罗马抒情诗人)、维吉尔(Virgil,古罗马诗人)。①

离开剑桥后,出于对劳德主教掌管下的教会的繁文缛节与恶行的反感,他放弃了当牧师的念头,随父亲生活于伦敦西面的霍顿(Horton)小山村,这段时期,他在家看书学习,弥补剑桥大学时期学习方面的不足,过着平静的生活,达五年之久。

1638 年冬到 1639 年春,弥尔顿进行了一次到欧洲大陆的旅行,大陆之行是他的"博雅教育"的一部分。在一个男仆的陪伴下,他先去了巴黎,在巴黎短暂停留,在友人引荐下结识了国际法理论家、时任瑞典驻法国大使的格劳秀斯;格劳秀斯当时正努力建立一个瑞典、丹麦、挪威和英国之间的清教徒联盟。之后,弥尔顿去了日内瓦,从日内瓦,他经过意大利的来亨(Leghorn)、比萨到了佛罗伦萨。在那里,他与当地的文人交流,并会见了被天主教会囚禁的科学家——年老的伽利略。在佛罗伦萨,弥尔顿住了约两个月,从那里去了西耶那(Siena)和罗马,两个月后往南去了那不勒斯。由于有显贵的推荐信,弥尔顿顺利与意大利的诗人作家圈的重要人物交流,在各种聚会上朗读自己的诗歌。在弥尔顿准备旅行去西西里岛和希腊时,英国国内传来内战即将爆发的消息。他说:"当同胞们在为自由而战斗时,我却自由自在地在国外旅行,即使这种旅行是为了进德修业也是太卑鄙了。"②他立刻回国,准备参加斗争。1639 年春,弥尔顿回到英国。不过,他回国后

---

① Marjorie Hope Nicolson, *A Reader's Guide to John Milton*, Syracuse University Press, 1998, p. 4.
② [英]约翰·弥尔顿:《再为英国人民声辩》,见弥尔顿《为英国人民声辩》,何宁译,商务印书馆 1964 年版,第 260 页。

## 第六章 英国的自由传统

并没有急于参与当时的政治斗争，而是暂时定居伦敦，开始了一段忙碌紧张的教书生涯，最初教他姐姐的两个孩子，后来又招收了几个朋友的孩子。他也开始写政论文，以笔为剑，参加反对国王和国教会及长老会派的斗争。

17世纪的英国革命实质是一场清教徒革命。这场清教徒革命在弥尔顿的职业生涯中有着中心位置。它三次改变了他的生活。第一次发生在1641年，当时弥尔顿32岁。1641年，长期国会动摇着国王查理一世的统治，教会的清教化指日可待。此时弥尔顿进入公共论坛开始发言。他写的小册子呼吁推行教会、教育、婚姻法、出版审查等方面的改革。1641年他的作品有《论英国教会的改革》、《论英国主教的统治》、《教会统治的根据》（*The Reason of Church Government*）、《利希达斯》（*Lycidas*）。1643年，弥尔顿写了《论离婚之原则与戒律》（弥尔顿自己结了三次婚，夫人分别比他小17岁、28岁和30岁）。那时，离婚的唯一合法理由是通奸，离婚需要得到议会批准。弥尔顿认为夫妻不和即可离婚。弥尔顿基于自己第一次婚姻的不愉快经历，写了这个小册子。当时，议会中长老会派分子占多数。他们在宗教和政治上都比较保守。论离婚的小册子受到长老会派政府的压制，于是他又写了《论出版自由》（*Areopagitaca*），批评当时的出版审查制度，该书于1644年出版。同年，他还写了《论教育》，批评经院式的教育模式。

革命为弥尔顿带来的第二次转型是1649年，是年1月，国王被砍头，君主制结束。1649年2月，弥尔顿发表《论国王和大臣的职权》（*The Tenure of Kings and Magistrates*），为以克伦威尔为首的独立派军官处死国王辩护。从该书副标题，即可看出作者的主旨。其副标题是：证明，任何有权力的人讨伐一个暴君或者无德之国王，在审判最后将他处死，历来是合法的；如果普通的大臣视而不见或拒绝行动。该书写作于审判查理一世时期，出版于国王被处死之后不到两周，这是弥尔顿自发写的政论作品。该书体现了弥尔顿的人文主义风格。全书按照伊索克拉底（Isocrates）与西塞罗的五部分结构写成，立人民主权原则，驳斥长老会派的谬见。全书针对的主要是新教徒中的长老会派，而非王党分子。这里需要了解1648—1649年英国当时的情况。1648年，第二次内战结束。此时，国会中占多数的长老会派一意与国王妥协，他们于12月5日通过了与国王继续谈判的决议。第二天，独立派的普莱德上校率军包围了国会，驱逐了长老会派议员，逮捕了数十名顽抗者。独立派强行控制了议会。这次政变史称"普莱德清洗"（Pride's Purge），长期国会仅余五十人左右的独立派议员，之后的议会即残缺国会。独立派控制的议会决议审判国王。弥尔顿此书正是写于这个时期。当时争论的问题是谁有合法反抗暴君的权利。长老会派与独立派的分歧，反映了清教徒中路德宗与加尔文宗两种不同的反抗暴君的理论。路德宗认为只有下级官员具有合法反抗暴君的权力，公民以私人身份无法反抗暴君；加尔文宗则认为，公民个人即有权反抗暴君。① 按照路德宗的看法，军队不具有干预议会、审判国王的权力，弥尔顿沿袭第二条路径，认为个人有权反抗暴君，因为暴君是人类社会的敌人，只能被当作野兽去对待。② 军官政变合法。"既然议会，这一常设的机构已经忽略或拒绝审判国王，任何有力量的人去做这件事就是合法的。"③ 弥尔顿的亲密朋友约翰·库克，正是审判国王时撰写起诉书的检察长。④

革命政府成立后，需要一位精通英文、拉丁文的专家。拉丁文是当时的国际语言。弥尔顿因他的《论国王和大臣的职权》引起了革命政府的重视，他因之成了政府雇员，被任命为政府的拉丁文秘书，主要负责起草外交文书，服务凡十年。当时，社会上流传一本冒名查理一世本人写的书《神圣君主的形象》（作者其实是 John Gauden），该书内容包括查理一世的日记与若干祈祷书，这本书赞美国王，谴责弑君；弥尔顿受政府之委托，发表了《形象破坏者》（*Eikonoklastes*），认为人民完全有权废黜和处死暴君。这一时期弥尔顿还写了《和平条例之观察》（*Observations upon the Articles of Peace*）。

国王被处死后，王党分子在爱尔兰和苏格兰拥立查理一世的儿子为国王。居住在荷兰的法国人撒尔美夏斯（Claude Salmasius，当时世界最著名的学者，欧洲学界几乎人人皆知）写了《为英王查理一世声辩》（*Defensio Regia pro Carolo I/The Royal Defence of Charles I*），弥尔顿受命驳斥之。经过几年的写作，他在1651年用拉丁文发表了《为英国人民声辩》（*Pro Populo Anglicano Defensio/The Defence of the English People*）。准备写作此书时，他的左眼已经失明；写完此书，他已双目失明（1652年）。然而，弥尔顿的书并没有为他的党派赢得胜利。⑤ 之后，针对莫鲁斯匿名写的《王族向上天控诉英国的弑君者》，弥尔顿又发表了《再为英国人民声辩》（*Pro Populo Anglicano*

---

① John Milton, *Political Writings*, edited by Martin Dzelzainis, 中国政法大学出版社2003年版, Introduction, p. xii.
② Ibid., p. xiv.
③ Ibid., p. xv.
④ [法]基佐:《一六四〇年英国革命史》，伍光建译，商务印书馆1986年版，第439页。
⑤ Marjorie Hope Nicolson, *A Reader's Guide to John Milton*, Syracuse University Press, 1998, p. 136.

*Defensio Secunda*，1654 年），在这篇声辩中，弥尔顿详细叙述了自己的经历，回应对他的人身攻击。

1655 年，弥尔顿基本从他的职务上退出。复辟前夕，他写完《论基督教教义》（*De Doctrina Christiana*）与《建设自由共和国的简易办法》（*The Readie and Easie Way to Establish a Free Commonwealth*）。他还着手写了《不列颠史》（*The History of Britain*）及《莫斯科公国简史》（*A Brief History of Moscovia*）。撰写《不列颠史》是弥尔顿的一个私人研究计划，弥尔顿在 40 年代初开始着手，时断时续，历时 20 年，直到复辟后才完成。《不列颠史》全书共六卷，到 1649 年 3 月，弥尔顿已经完成了前四卷。[①] 该书于 1670 年 12 月 1 日出版。弥尔顿的《不列颠史》，弥漫着反法的情绪，他提醒英国人当心沦为信奉天主教的法国的附庸。该书描述了不列颠历史上如何因丧失美德（勇气、决心与精神）而被征服的故事，他认为，奢侈带来了美德的丧失，征服首先源于内心做好了接受奴役的准备，精神上的奴役是奴隶制的根源。[②]

革命对弥尔顿发挥第三次影响的事件是 1660 年斯图亚特王朝复辟。王朝复辟后，弥尔顿逃到乡下，藏在朋友家里，但还是被找到并逮捕，他的两本著作也被焚毁。可能复辟政府觉得他双目失明不再会有危害，就把他释放了，也可能枢密院和议会有他的好友为他说情。[③] 他回到家中，重返私人写作状态。

弥尔顿晚年致力于史诗创作。《失乐园》（*Paradise Lost*）、《复乐园》（*Paradise Regained*）、《力士参孙》（*Samson Agomistes*），都是弥尔顿在失明状态下口述，请别人笔录而成。1674 年 11 月 8 日，弥尔顿去世。

弥尔顿对后世的影响颇大，无论在文学史上还是在政治思想史上。在 18 世纪后期以及整个 19 世纪，政治激进主义的新力量往往诉诸弥尔顿。华兹华斯和其他浪漫派诗人在法国革命时期和拿破仑时期均被弥尔顿所吸引。雪莱在《弥尔顿的精魂》中如此写道：

---

[①] Peter Levi, *Eden Renewed: The Public and Private Life of John Milton*, New York: St. Martin's Press, 1996, p. 164.

[②] *The Oxford Handbook of Milton*, edited by Nicholas McDowell and Nigel Smith, Oxford: Oxford University Press, 2009, p. 421.

[③] Blair Worden, *Literature and Politics in Cromwellian England*, Oxford: Oxford University Press, 2007, p. 2.

> 我梦见一个精魂升起,弥尔顿的精魂,
> 从长青的生活之树取下他神妙的琴,
> 应着他的弹拨,甜美的雷声滚滚,
> 震撼了一切建立在人对人的轻蔑之中的人间事物,
> 使血腥的王座、不洁的祭坛摇动……①

## 为英国人处死国王声辩

《为英国人民声辩》是为驳斥撒尔美夏斯而作。查理一世上了断头台之后,撒尔美夏斯受保王党人及查理二世之托写了《为英王查理一世声辩》,谴责英国人的弑君行为。撒尔美夏斯是法国海牙茅顿大学的教授,是一位长老会派清教徒、斯多葛主义者,1631年后他一直寓居于荷兰的莱顿(Leyden)②。撒尔美夏斯与弥尔顿的著作均以拉丁文写成,其读者也主要限于欧洲的知识阶层。撒尔美夏斯的观点主要包括:王权有充分的依据;查理一世不是暴君;王权绝对,不受限制,理应得到绝对的服从;英国人处理查理一世既无依据,也不合适;一小撮军人是在假借人民的名义犯上作乱。

在《为英国人民声辩》一开始,弥尔顿交代了他的基本任务:"我所要说的并不是卑微琐屑的事,而是一个最凶暴的国王如何蹂躏法律,摧残宗教。他临政是如何纵欲狂乱,并如何在战场上终于被他奴役已久的子民所俘获。此后他又如何被监禁,并且在他的言行都让人认为忍无可忍而感到失望时,终于被我国枢密院判处死刑,绑赴他的宫廷门前当众枭首。此外我还要说明这一判决是根据哪一系统的法律,尤其是根据哪一种英国法律作出的和执行的。"③ 如弥尔顿所述,蹂躏法律,摧残宗教,是国王查理一世两个基本的罪行。弥尔顿认定,国王查理一世和臣民的关系是奴役与被奴役的关系。国王已经不再是国王,而是人民的"敌人"。④ 因此,处死国王即指摆脱受暴君奴役的状态,它是英国人民追求自由而做出的努力。

关于处死国王的依据,弥尔顿按照如下层次展开:第2章根据神律

---

① [英]雪莱:《雪莱诗选》,江枫译,湖南人民出版社1980年版,第175页。
② Peter Levi, *Eden Renewed: The Public and Private Life of John Milton*, New York: St. Martin's Press, 1996, p. 169.
③ [英]约翰·弥尔顿:《为英国人民声辩》,何宁译,商务印书馆1964年版,第5页。
④ 同上。

（《旧约》），第 3 章根据福音书（《新约》），第 4 章根据教父著作及历史上许多先例，第 5 章是在自然法层面回应、反驳撒尔美夏斯（具体而言，即国王可以被审判、处死），第 8 章中，指出根据英国法律，同样可以审判并处死国王（英国国王可以被审判、处死）。弥尔顿全书的安排对应于撒尔美夏斯的《为英王查理一世声辩》，因为撒尔美夏斯正是从这几个层次来批评弑君行为的。撒尔美夏斯的书分 12 章，弥尔顿的论文也分 12 章。撒尔美夏斯的书中，只有第 8 章直接讲英国，第 10 章讲新时代的状况，第 11 章讲处理国王审判的程序与细节，第 12 章讲国王的个性特征。① 弥尔顿针锋相对，说从这几个层面去看，英国人都有权处死查理一世。

## 谁是英国人民？

英国革命者以人民的名义处死国王，然而到底谁是人民，并不明确。撒尔美夏斯说：英国人说至尊之权在根源上和本质上都属于人民。……英国人应当告诉我，他们对人民这个词怎样解释。

英国革命以人民的名义进行，实际上，任何现代革命都是以人民的名义进行的。审判国王前，克伦威尔问他的同僚，国王第一句话肯定问根据什么权威来审问他。议员亨利·马丁说：“以下议员和议会的联合名义，以英国的全体善良人民的名义。”② 通常，根据英国古宪法，只有国王可以召集或解散议会，没有国王就没有议会，议会又分为上下两院。但 1649 年 1 月初，在判定国王为叛逆罪遭上议院反对时，下议院单方面宣布上议院的反对无效，认为在上帝之下，人民就是全部立法权力的来源，所以人民选举的英格兰议员代表人民，是主权的拥有者，其决议无须上议院的同意。③ 审判国王时，费尔法克斯夫人的质疑，颇能说明问题。当法庭宣布以英格兰人民的名义控告查理一世时，她无所畏惧地喊道："这是一句谎话，什么英格兰人民，连一半也没有，他们在哪里，他们的同意在哪里？"④

弥尔顿回应撒尔美夏斯说："我们用人民这个字时指的是全体公民，不

① Peter Levi, *Eden Renewed*: *The Public and Private Life of John Milton*, New York: St. Martin's Press, 1996, p. 169.
② ［法］基佐：《一六四〇年英国革命史》，伍光建译，商务印书馆 1986 年版，第 441 页。
③ 同上书，第 438 页。
④ 同上书，第 446 页。

论哪一等、哪一级全都包括在内。我们建立了唯一至尊的下议院。在下议院中上议员也可以作为人民的代表投票。但他们却不能像原先那样代表自己,而只能代表他自己那个选区的选民。"①

弥尔顿说人民指全体公民,表明人民是一个政治统一体的概念,不是阶级或阶层意义上的平民概念。并且,人民由中产阶级的优秀分子来代表,诚然,底层平民盲目而又愚蠢,不懂政治艺术(撒尔美夏斯也如此认为),"但中产阶级就不一样了。在这些人中最聪明和最能干的人将不断被发现出来"②。这里,弥尔顿的精英统治理论已经十分明确。不过,弥尔顿又主张人与人之间的平等。弥尔顿说:"我们大家都属于上帝,都是上帝的子民。"③ 这里的"我们大家"包含了国王及官吏。并且,多数人的才智也是相当的,从才智的角度去看,弥尔顿说:"一个人如果不大大地优越于别人就不适合、也不配当国王。如果有一个地方,多数人才智品德都是平等的(正如同世间一切国家中大多数人的情况一样),我认为这时他们对政府就应当具有同等的关系,并应轮流执政。但如果叫所有的人都成为一个人的奴隶,而这个人又顶多不过和自己差不多,一般说来比自己还不如,在极大多数场合下甚至还是一个傻瓜,这怎能不使人大失所望呢?"④ 此外,上帝面前的平等还可以引申到法律面前的平等,弥尔顿认为,理性与权利要求所有的犯罪者一律受到惩罚,人人都平等地服从法律,这就是世间最公正的情形。⑤

## 英国适合共和制而非君主制

弥尔顿并非一般地从原则上论共和政体优于君主政体,他的立场有着特定的英国语境,弥尔顿没有关于"最佳政体"的看法。他所持的是一种灵活的政体观,当然他坚信英国应当为建设自由共和国而努力,在英国共和制比君主制更可取。弥尔顿并不把某种政体理想化,这或许源于他把政体选择的权利赋予了人民或人民中的智慧者。⑥ 在《建设自由共和国的简易办法》

---

① [英]约翰·弥尔顿:《为英国人民声辩》,何宁译,商务印书馆1964年版,第153页。
② 同上。
③ 同上书,第49页。
④ 同上书,第55页。
⑤ 同上书,第86页。
⑥ 同上书,第79—80页。

中，弥尔顿仍然承认"君主制是适合某些民族的"①。

实际上，在之前的《为英国人民声辩》对撒尔美夏斯的驳斥中，弥尔顿只是反对暴君，而不反对君主。他区分了暴君和君主，把查理一世界定为暴君。他说："暴君与君主的差别比男人与女人之间的差别要大得多。"② 当国王变成暴君时，臣民对他服从的义务也就解除了。反抗乃至杀死暴君，符合基督教教义，符合正义与自然法，历史上也有很多先例。

如何区分暴君与君主，除列数查理一世的"恶行"外，弥尔顿沿用亚里士多德的说法：所谓暴君，就是只管个人享受而不顾人民利益的人。③ 在1654年的《再为英国人民声辩》中，弥尔顿仍然坚持区分暴君与国王，反暴君而不反君主。他写道："如果我攻击暴君，那么，这与国王有什么关系呢？我认为国王和暴君之间有显著的区别。正如同一个好人和一个坏蛋有很大区别一样。我认为一个国王和一个暴君之间也有同样显著的区别。因此，我们可以说，暴君不但不是国王，而且永远是国王不共戴天的敌人。……呼吁打倒暴君，并不意味着要打倒国王，而是要打倒国王最可恨的势不两立的敌人——暴君。"④

布莱尔·沃登（Blair Worden）认为，1649年弑君前后，政治理论讨论框架或范式中存在着一个转变。之前，人们是在英国古宪法的范围内，讨论议会与国王谁更有理。但之后，则是讨论新政体的构成、权力的合法性等问题。当时有四种理论，第一种，诉诸神圣天意，认为一切取决于上帝的选择。第二种，诉诸内战胜利者作为征服者的权利，讲的是刀和剑的力量，从另一个方面来看，就是谁能提供保护就服从谁。第三种，认为人民是一切权力的来源，人民，至少是人民中有美德的人有权推翻旧制度，建立新政体，而政体形式也由各民族人民自己决定。第四种，为共和政体本身辩护，认为无论对于哪个民族，共和政体都要优于君主政体，共和即无君。其中前三种都可以同时为君主政体与共和政体二者辩护。⑤ 弥尔顿的辩护策略属于第三种路径。

---

① ［英］约翰·弥尔顿：《建设自由共和国的简易办法》，殷宝书译，商务印书馆1964年版，第32页。
② ［英］约翰·弥尔顿：《为英国人民声辩》，何宁译，商务印书馆1964年版，第96页。
③ 同上书，第196页。另参见［古希腊］亚里士多德《政治学》，吴寿彭译，商务印书馆1965年版，第134页。
④ ［英］约翰·弥尔顿：《为英国人民声辩》，何宁译，商务印书馆1964年版，第223页。
⑤ Blair Worden, *Literature and Politics in Cromwellian England*, Oxford: Oxford University Press, 2007, p. 218.

## 共和之捷径：永不休会的最高议事会

如何建设自由的共和国，弥尔顿提出了一个"简易办法"，即中央设立一个民选产生的终身制议员组成的议事会，地方则设立人民的普通议会。

设立永久议事会的思想，是弥尔顿思想中最具原创性的部分。弥尔顿所说的永久议事会，是"由人民选出来为共同福利时时研讨公共事务的最有才干的人所组成的总议事会（general Council）"①。总议事会也称最高议事会（the Grand Council），由终身制议员组成，永不休会。它是自由共和国的"根基和支柱"，是国家的主权所在。它产生政府，统帅海陆军，在国内外事务上具有最终的决定权，在紧急状态下迅速地处理事务。②

弥尔顿坚持权力源于人民，他认为即使是最高议事会也不过是从人民的委托那里拥有了权力。弥尔顿说："国家的主权必须交给这个最高议事会，但不是转让给它，而是让它代理，好像存放在它那里的样子。"③这就是说，无论权力在议事会，还是在国王那里，其间只是一种信托—代理的关系，这就意味着权力可以收回。弥尔顿并不用转让或让渡这样的字眼，稍晚的洛克也是采用"信托"而非转让，④而霍布斯讲的则是转让（"授与"）⑤，其间差别不难看出。在《为英国人民声辩》中，弥尔顿即言："其实把权力交给任何凡人来统治自己，除开用信托方式以外，都完全是丧失理智的行为。"⑥他又说："不论在君主国还是民主国，如果为了公共福利，有必要的话，人们原先为公共安全而付托给某个人的权力，可以仍然为着公共安全而把它收回。"⑦

关于最高议事会，弥尔顿写道："一般人心目中的议会是按届更选的，

---

① ［英］约翰·弥尔顿：《建设自由共和国的简易办法》，殷宝书译，商务印书馆 1964 年版，第 22 页。中译本为"议会"而非议事会，但笔者认为，议事会（Council）更准确，弥尔顿明确指出议事会区别于议会，应取消原来议会（Parliament）这一个名称。因为 Parliament 的含义是诸曼王高兴时把贵族和平民召集来和他们交谈（parley）的意思。参见［英］约翰·弥尔顿《建设自由共和国的简易办法》，殷宝书译，商务印书馆 1964 年版，第 29 页。
② ［英］约翰·弥尔顿：《建设自由共和国的简易办法》，殷宝书译，商务印书馆 1964 年版，第 22 页。
③ 同上。
④ 参见［英］约翰·麦克里兰《西方政治思想史》，彭淮栋译，海南出版社 2003 年版，第 269 页。
⑤ ［英］托马斯·霍布斯：《利维坦》，黎思复、黎廷弼译，商务印书馆 1985 年版，第 131 页。
⑥ ［英］约翰·弥尔顿：《为英国人民声辩》，何宁译，商务印书馆 1964 年版，第 141 页。
⑦ 同上书，第 142—143 页。

所以当我说最高议事会或总议事会的议员如果选得好,应是终身职务时,他们乍听之下可能感到奇怪;但是最高议事会的工作本身是或可能是连续不断的,而且常是紧急的,得失的关键常在于某一刹那。议会日期不能像节日一样定在某一天,议员们必须时时准备应付一切事务。正是由于工作的连续性,他们才能娴熟一切职务,最通晓国外情况,最了解国内人民,人民也最了解他们。"① 弥尔顿这一主张包含了多个方面的考虑。首先是理性统治的原则,或者称智慧的原则,在某种意义上也可以叫作专业化原则。基于这个原则,终身制议员处理问题更专业、更熟练,议事会存在的理据,重要的一条是理性,是议员们在做出决断方面的审慎、明智,这就区别于国王一个人的武断意志。弥尔顿关于永久议事会建议的第二个原则,可以说是稳定性原则。面对政局不稳,弥尔顿希望"一劳永逸"地建立起一个稳定的共和国。他认为不断重新选举的、暂时性的议会只会滋长骚乱与变动。弥尔顿说:"共和国是一只总在扬帆前进的船,议员们坐在船尾掌舵;如果掌得很好,我们又何必冒着危险去更动他们呢?况且最高议会是国家的基石与支柱;移动没有毛病的基石和支柱是不利于大厦的安全的。"②

考虑到永久议事会这样的制度设计会使其他有政治抱负的人失去参与政治的机会,或者议员长期在任可能腐化,弥尔顿说,可以退一步采取权宜之计,即"部分轮换制",每年或每几年有 1/3 的议员退出议会、补充新议员。③ 不过,权宜之计能避免还是尽量避免,因为漂浮的基础上建立不成稳固的东西。在最好的情况下,最高议会的议员,除因死亡或犯罪外,永不调换,这是最安全、最稳当的办法。稳定性的特征通常被赋予王国,因为国王是终身制,枢密院通常也是长期不变。然而,弥尔顿说,国王的死亡常常引起许多危险的变动。而共和国则是不朽的,它"最稳定、最安全并且最能避免命运的拨弄"。弥尔顿在这里,把命运及其征服这一人文主义关注的议题提了出来。"美德—命运"的图式,在这里转换成了"美德—共和—命运"这一图式。弥尔顿说,政府轮换制中的轮换,"很像命运的转轮",带来的是不确定和不可预期的后果,轮换出去许多最好的、最能干的人,而换进来没有经验的新人。④

---

① [英]约翰·弥尔顿:《建设自由共和国的简易办法》,殷宝书译,商务印书馆 1964 年版,第 22 页。
② 同上。
③ 同上书,第 23 页。
④ 同上书,第 24 页。

图 33 命运的转轮

弥尔顿关于总议事会的制度设计，体现了他的主权思想，它意味着对古典时代混合政体思想的否定。永久议事会好比去除了贵族的参议院，但新的自由共和国不同于古代混合政体，它不需要平民的因素来平衡，因为永久议事会代表的就是整个英国人民。而引入人民（平民）的因素，只会带来过于放任的、毫无限制的民主,以至最终危害人民自身。弥尔顿写道:"人民的自由应委托给人民议会而不应委托给由重要人物组成的参议院,这一主张的主要理由据说是:大人物总想扩大自己的权力,而普通人却满足于维护自己的自由。这种看法经验证明是毫无根据的。"[①] 这里,弥尔顿虽未言明,但明眼人不难看出,他指的是马基雅维里在《论李维》中的观点。[②] 弥尔顿接着说:"没有人比这种人民组织更加野心勃勃,更加无法无天地扩张其权力了。这情形从罗马人民的历史看得很清楚。"[③] 人民议会的弊端,除不受约束的权力欲外,还包括开会费用浩大、人数多不利于讨论、议员来自山南海北会泄露国家机密、与参议院争权夺利,等等。

弥尔顿所说的能人议员,由选举产生。选举表明了议会制政府有人民的"同意"为基础。问题是,人民的选举与能人议员的识别是否总能一致?弥尔顿对选民素质做了一个同样高要求的设想。他说:"必须改革我们目前的错误腐败的教育;必须教育人民要有信仰,也要有品德,要戒饮节欲、谦虚简约、正直端方;不要让他们羡慕荣华富贵,要让他们仇视暴乱与野心;必须使每个人把自己的福利与幸福建筑在国家的和平、自由与安全上。"[④] 但是,人民并不因为最高议事会的设置就丧失了直接参与政治的机会,因为在城市的层面,设有人民自己的普通议会,实行地方自治,普通公民在本郡本城市范围内做保卫自由的工作,民众在这些职务上锻炼自己,将来人民可以按对他们德才的评估,将能人"选"至最高议事会。

## 尼德汉姆:改变立场如换衬衣

英国内战爆发前夕,伦敦出现了一种可移动的读物——现代报刊,与之相联系,"公众"第一次登上历史舞台,公共知识分子开始出现,由此公共

---

[①] [英]约翰·弥尔顿:《建设自由共和国的简易办法》,殷宝书译,商务印书馆1964年版,第26页。

[②] [意]尼科洛·马基雅维里:《论李维》,冯克利译,上海人民出版社2005年版,第58页。弥尔顿曾仔细研究过马基雅维里的《论李维》。参见 Paul A. Rahe, *Against Throne and Altar: Machiavelli and Political Theory under the Egnlish Republic*, Cambridge: Cambridge University Press, 2008, p. 2。斯金纳也认为,弥尔顿的"自由共和国"理想与弥尔顿对《论李维》的研读密切相关。参见[英]昆廷·斯金纳《自由主义之前的自由》,上海三联书店2003年版,第26—27页。

[③] [英]约翰·弥尔顿:《建设自由共和国的简易办法》,殷宝书译,商务印书馆1964年版,第26页。

[④] 同上书,第28页。

舆论也开始产生，并在内战的进程中，发挥主要作用。过去，传统人文主义者只为私人权贵提供文字服务，如今，则出现了面向"公众"写作的人。第一个此种类型的知识分子、新闻记者，就是马沙蒙特·尼德汉姆（Marchamont Nedham，1620—1678）。不过，尼德汉姆并非今日所谓具有批判性的公共知识分子，他的写作，常常有政府背景。他虽面向公众写作，却未必是站在公众的立场上去写作的。

尼德汉姆于1620年出生于牛津伯福德一个普通家庭，曾在牛津大学万灵学院（All Souls College of Oxford University）接受教育，毕业后在麦钱特·泰勒斯学校（Merchant Taylors' School）做过教师。

1643年，尼德汉姆开始编辑周报《不列颠信使》（Mercurius Britanicus），支持议会军，主张消灭君主制。1646年，该报被查封。

1647年，他主编周报《实用论信使》（Mercurius Pragmaticus），为王党一边写作。他的第一本小册子《王国的情形》（The Case of the Kingdom Stated, According to the Proper Interests of the Severall Parties Ingaed）于1647年出版。他同情国王，建议公众对国王要有耐心，他相信国王也能从各方争论中受益。他的分析，从利益出发。他认为利益是一切人与国家的"宙斯"，"利益不会说谎"，宗教、正义之类，都是伪装。行动背后的动力是利益。这利益，就是物质利益。他说，是物质利益，而非正义、荣耀或宗教，在让整个世界运转。① 尼德汉姆认为，英国内战的本质是利益问题，国王的利益与国家的利益发生了冲突，由此战争爆发。②

1649年，议会军在战斗中获胜。尼德汉姆遭议会逮捕，进了监狱。为了获得自由，也为了金钱，他答应给议会写作，于是他又主编了《政治信使》（Mercurius Politicus），此时，约翰·弥尔顿是其主管。他向《政治信使》的读者称："瑞士人、荷兰人还有我们自己的民族，见证了人民在重生中变得伟大；他们的高度成就可以与任何古人相媲美，因为暴政已被推翻，人民以自己的双手重建了我们的自由。"③

残缺国会时代的统治，建立在武力之上。尼德汉姆论证其合法性时称：

---

① Paul A. Rahe, *Against Throne and Altar: Machiavelli and Political Theory Under the English Republic*, Cambridge: Cambridge University Press, 2008, p. 184.
② Jonathan Scott, *Algernon Sidney and The English Republic, 1623–1677*, Cambridge: Cambridge University Press, 1988, p. 112.
③ David Amitage, *The Ideological Origins of The British Empire*, Cambridge: Cambridge University Press, 2000, p. 134.

## 第六章　英国的自由传统

古往今来一切政府，无不建立在"剑的权力"之上。反对已经建立的政府，是与全世界的理性与风俗作对。他的论证，属于"征服带来权力"的逻辑。他还提出，如果拒绝服从政府，就不要期望从政府那里得到保护。他引用《圣经》，称圣保罗在《罗马书》第 13 章即称：服从已建立的权力，不要去争论他们如何得到权力。短期国会之初，王权的支持者出版了霍布斯的《论政体或法的要素》(De Corpore or The Elements of Law)，尼德汉姆甚为激动，称该书认为政府与人民之间是保护与服从的互惠关系，与他本人的见解相吻合。① 在当时，尼德汉姆的观点，针对的是王党、苏格兰人、长老会派及平等派。他提醒他们应搞清楚生活在谁的统治之下。尼德汉姆宣称，复辟绝无希望。

处死查理一世之后，他为弑君辩护，认为审判国王的约翰·布莱德萧——他的朋友，将名垂青史。他称查理一世死于行暴政与叛国，而非如查理一世的支持者所言是为正义与宗教而死。他指出，处死国王是共和国建立的基础。他把查理一世比作马基雅维里笔下被驱逐的罗马暴君塔尔昆。②

1650 年，他早期支持议会的文章结集出版，名为《共和国的情形》(The Case of Commonwealth)。此时，他开始写作《自由国家的好处》(The Excellencie of a Free State)，该书中各篇于 1651 年至 1652 年间在《政治信使》中陆续发表。1656 年，这些文章结集成书，匿名出版。1653 年 4 月，尼德汉姆支持克伦威尔解散残缺国会，7 月，他支持召集指定议会（Nominated Assembly）——"贝本议会"，此后又接受它在 5 个月之后的军事政变中被驱逐。

护国主时期，尼德汉姆发表文章《共和国之事的真相》，支持克伦威尔的护国主政体，否定共和派与王党的指责，认为护国主政体完全符合自由原则。他说共和国只是外衣变了，实质没有改变，而且它比以前更加巩固了。他还是克伦威尔的间谍。

等到斯图亚特王朝复辟后，他便逃亡荷兰，后来又回到英国，开始为复辟政权唱赞歌。17 世纪 70 年代，他成了国王查理二世的御用宣传家，反对辉格党人。80 年代，他受雇于复辟时期的政治家丹比伯爵托马斯·奥斯本（Thomas Osborne），攻击辉格党领袖沙夫茨伯里伯爵。

---

① Paul A. Rahe, *Against Throne and Altar: Machiavelli and Political Theory under the English Republic*, Cambridge: Cambridge University Press, 2008, pp. 190–191.

② Ibid., p. 200.

## 自由国家的好处，共和国的恰当宪章

《自由国家的好处》是尼德汉姆篇幅最大的著作，但在当时影响并不大。[①] 这部著作并非因政府授意而写。他在书中批判既有政权。他批判君主制，为共和国辩护。他肯定人民有召集和解散国会、重建政府的权力，有制定法律的权力。当他说"人民必定是他们自己自由权最好的保持者；他们更为柔弱，对自己的安全更为在意，远胜于任何强大的伪装者"[②] 时，不过是在重复他的佛罗伦萨导师马基雅维里的话。

尼德汉姆欣赏罗马共和时期的自由与伟大，但在政体上，他推崇雅典而非罗马。尼德汉姆认为，罗马的政体将人民夹在中间，并不优良，梭伦立法，则给予人民以立法权。他认为政府官员必须时时受人民的监督，定期撤换，不能长久当权，否则人民的自由难保。[③] 政府必须通过自由选举产生，它要建立在"人民的同意"之上。有任期的人民议会，是最高的权力机关，如此才"更为合乎自然与理性之光"。[④] 针对平等派，他尤其指出，他所说的人民（the People），并不是指所有的人，而是指所有的人中热爱自由的那部分人。他称平等派鼓动的很多民众为"自由的敌人"，又指出平等是指条件的平等，而非平等派追求的财富均分。

## 以马基雅维里为师

尼德汉姆在内战不同的时期服务于不同的政府，随时改变立场，如同"换衬衣"一样轻松，毫无愧疚之心。只要付报酬，他就可以卖力地帮着写文章。他太缺钱，故而出卖文字，不惜坏了名声。"你想认为他是什么，他就是什么，马沙蒙特·尼德汉姆是一切，唯独不是一个反对派。"[⑤] 他苟

---

[①] 布莱尔·沃登：《马沙蒙特·尼德汉姆与英国共和主义的开端：1649—1656》，载 [美] 戴维·伍顿编《共和主义、自由与商业社会》，盛文沁、左敏译，人民出版社 2014 年版，第 75 页。

[②] Marchamont Nedham, *The Excellencie of a Free-State, Or, The Right Constitution of a Commonwealth*, Indianapolis: Liberty Fund, 2011, p. 31.

[③] Ibid., pp. 32–33.

[④] Ibid., p. 42.

[⑤] Paul A. Rahe, *Against Throne and Altar: Machiavelli and Political Theory under the English Republic*, Cambridge: Cambridge University Press, 2008, p. 185.

## 第六章　英国的自由传统

全性命于乱世，与不同的政权合作，不做无谓的牺牲。这与他对马基雅维里的着迷，甚为一致。马基雅维里在政权更替后，并不做前朝遗老，而是渴求被新政府御用，虽然未果。尼德汉姆的幸运是他成功地被不同的雇主聘用而不追究他的历史。至于他本人的思想，研究者多认为他一直是倾向于共和的。① 为王权或护国主辩护，纯粹是为了挣钱。这当然只是一种善意的推测。对于这样一个不断改变立场的作者，或许更为准确地说，我们不能说他的政治思想到底是什么，我们只能说他的某个作品中表达的思想是什么。当然，使他在西方政治思想史上有一席之地的，是他那些捍卫共和的作品。他的《自由国家的好处》，1767年重新出版，在美国革命前夕曾被广泛传阅，约翰·亚当斯曾细读过此书。法国革命前后，此书也被重印。

尽管他的政治立场不断改变，但总体上，我们还是可以看出尼德汉姆思想的风格。比如，他注重利益与权力，善于从历史中寻找例证，不从宗教、道德立论，看重"变化"而非静态稳定的结构，凡此种种皆体现着鲜明的马基雅维里色彩。他主编的周刊《政治信使》，不时从马基雅维里的《论李维》出发去讨论问题。与马基雅维里一致，他也直接从古罗马史学家萨鲁斯特的著作中寻求灵感。

尼德汉姆在英国共和主义政治思想史上有着特殊的地位。他的文章以报刊的形式、以通俗的英语、以生动的文风推出，直接面向公众，影响舆论。至17世纪60年代，他的名字已可与"出版"画等号。他的政治思想著作不及哈林顿的《大洋国》有名。但是，在哈林顿之前，尼德汉姆已将马基雅维里作为英国共和主义的理论来源。他与当时年轻的作者约翰·豪（John Hall），在1650年"将共和主义引入了英国政治"②。他是"前复辟时期英国最出色的利益理论家；是第一个阐扬激进军事主义的马基雅维里式共和主义的英国作家"③。

尼德汉姆的思想，既具有马基雅维里的一面，欣赏罗马共和国以及军事上的成就，同时也具有霍布斯的一面，注重个人的安全与舒适，持现代人的

---

① Blair Worden, "Introduction of Marchamont Nedham", *The Excellencie of a Free-State*, Or, *The Right Constitution of a Commonwealth*, Indianapolis: Liberty Fund, 2011, p. xxix.
② Ibid., p. xx.
③ Jonathan Scott, *Algernon Sidney and the English Republic*, *1623 – 1677*, Cambridge: Cambridge University Press, 1988, p. 110.

自由观，如苏利文（Vickie B. Sullivan）所言，尼德汉姆将马基雅维里的学说用于追求自由这一目的，实际上是将马基雅维里"自由化"了。[①] 或者说，他"阐发了马基雅维里共和主义教义中的资产者因素"[②]。

## 悉德尼：为共和献身

自 20 世纪以来，悉德尼几乎已被世人遗忘。然而在历史上，特别是在 18 世纪，他曾经是一个享有盛誉的人物，他是革命英雄，是卓越的政治思想家。其思想，其行动，皆受到一流人物的称赞。悉德尼在英国内战史上的意义，在于他在斯图亚特王朝复辟的反动时期，保存了自由的火种，这火种最终成为熊熊烈火，烧毁了王座的支柱。

阿尔杰农·悉德尼于 1623 年 1 月出生于英国肯特郡一个世系贵族家庭，为家中次子。其父是莱斯特伯爵二世（the second earl of Leicester），为英国政要，学识渊博，读书甚广，家有万卷藏书；他的母亲是诺森伯兰伯爵（the earl of Northumberland）之女。他的叔祖父菲利普·悉德尼爵士（Sir Philip Sidney），是一个著名的战士、诗人与人文主义者，于 1586 年在荷兰共和国与西班牙军队的战争中牺牲。[③]

悉德尼成长于英王查理一世统治时期。他受到了当时最好的博雅教育，对经典甚为熟悉。自 13 岁起，他随父亲在巴黎生活了六年，那时他父亲是英国驻法大使。在巴黎，悉德尼的父亲和格劳秀斯交往甚多。格劳秀斯当时任瑞典驻法国大使。格劳秀斯的思想，对悉德尼发生了重要影响。悉德尼曾说格劳秀斯的《战争与和平法》（*De Jure Belli ac Pacis*，1625 年）是政治理论中最重要的一本书。[④]

1641 年，悉德尼的父亲被查理一世任命为爱尔兰总督（lord lieutenant of Irish），悉德尼同他的兄弟一起参加了镇压爱尔兰起义的军事行动。1642 年，悉德尼返回英国。其时，英国内战已经爆发，悉德尼站在议会一边，反对国

---

[①] Vickie B. Sullivan, *Machiavelli, Hobbes and the Formation of a Liberal Republicanism in England*, Cambridge: Cambridge University Press, 2004, p. 143.

[②] Paul A. Rahe, *Against Throne and Altar: Machiavelli and Political Theory under the English Republic*, Cambridge: Cambridge University Press, 2008, p. 242.

[③] Algernon Sidney, *Court Maxim*, 中国政法大学出版社 2003 年版, Introduction, p. xii.

[④] Jonathan Scott, *Algernon Sidney and the English Republic, 1623 – 1677*, Cambridge: Cambridge University Press, 1988, p. 19.

## 第六章 英国的自由传统

王。1644 年，悉德尼在马斯顿荒原战役中受重伤。

1645 年，悉德尼被任命为奇切斯特（Chichester）军事长官，并于次年进入长期议会任议员。他坚定地站在议会军一边，反对长老会派对议会军改革的企图。其后，悉德尼被任命为多弗（Dover）总督。悉德尼属于独立派，他不主张与国王妥协，但也不赞同处死国王。他虽为查理一世审判委员会的一员，却很少参与活动，并拒绝在处死查理一世的令状上签字。这种态度，不免让克伦威尔对其产生敌意。

残缺国会时期，悉德尼仍为议员。此时，悉德尼和亨利·内维尔（Henry Neville）、托马斯·查洛纳（Thomas Chaloner）等人的政治团体结盟，抵抗克伦威尔的军队日益增加的势力。从 1652 年起，悉德尼已成为一个坚定的共和主义者，并且成为国务会议的成员。作为当时政府中负责爱尔兰事务的高级官员，他推动将爱尔兰变为英国的殖民地，并参与制定了将苏格兰并入共和国的计划。悉德尼同时热衷于外交。他推进英国采取进攻性政策，在 1652 年将第一次英荷战争引向高潮。1653 年，克伦威尔以武力解散残缺国会，悉德尼也被强行驱逐。悉德尼视克伦威尔为"王权与暴政恶德的化身"。①

之后，悉德尼不得不从政治生活中隐退。1659 年，护国主政体终结，残缺国会恢复，悉德尼重返议会。随后的几个月，悉德尼带领一行人员到斯堪的纳维亚调停丹麦和瑞典之间的和平事宜，当时两国正在争夺对松得海峡的控制权，为了英国的利益，悉德尼用强硬的语言和炮舰外交促成了他们的和平，最终达成一项有利于英国的条约。②

1660 年，共和国瓦解，查理二世复辟，悉德尼开始了在欧洲大陆长达 17 年的流亡生活。流亡期间，悉德尼仍不忘为英国的共和事业奋斗。悉德尼最初想组织一次由荷兰人领导、流亡共和派人士参与的对英国的入侵，这项计划遭到荷兰共和派领袖德·维特（De Witt）的拒绝。正是在这一时期，悉德尼写了《宫廷党人信条》这本书，为再造共和做宣传，这部著作以英国王党人士和共和派人士之间虚拟对话的形式展开，共讨论了 13 个信条。悉德尼以虚拟的共和派人士之口，批驳了宫廷党人的绝对主义王权论以及他们采取的错误外交政策。这部著作在当时并未出版。

之后，悉德尼又开始接触法国国王路易十四，路易十四给了悉德尼很小

---

① Algernon Sidney, *Court Maxim*, 中国政法大学出版社 2003 年版, Introduction, p. xiii.
② Algernon Sidney, *Discourses Concerning Government*, Indianapolis：Liberty Fund, 1996, p. 25.

的一笔钱,路易十四同英国交战并不是想在英国建立共和,而是想使英国四分五裂,让它衰落下去。悉德尼脾气甚烈,双方发生争吵,于是联法的策略也未能成功。[①]

1677 年,悉德尼最终被允许回到英国。回到英国不久,悉德尼就遭遇到了始料未及的财政上的麻烦,他因欠债而遭受了几个月的监禁。悉德尼的父亲去世后,经过冗长的官司,悉德尼成功地继承了父亲的遗产。在这之后,悉德尼有过几次竞选议会的尝试,但均以失败告终。

1680 年,关于王位继承,发生了"排斥危机"(exclusion crisis)。同年,菲尔默 40 年前的旧著《父权论》出版,王党分子借此为绝对主义王权造舆论。有鉴于此,悉德尼着手写作了《论政府》。不过,这本书在悉德尼去世 15 年后(1698 年)才得以出版。

1681 年辉格党人的"排斥法案"流产后,悉德尼等人认识到在议会内部合法斗争已经无望,遂暗中谋划,准备刺杀查理二世。洛克也是密谋者中的一员。计划即将开始时,他们被人出卖。洛克立刻逃离英国,幸免于难。悉德尼则于 1683 年 6 月 26 日被逮捕,罪名是颠覆国家。他未具名、未发表的《论政府》手稿,也成了他的罪证。审判官是冷酷的杰弗里(Jeffreys)勋爵,他一心想置悉德尼于死地。在法庭上,悉德尼虽努力为自己辩护,终无济于事。同年 12 月 7 日,悉德尼被处决,时年 60 岁。

悉德尼首先是一个政治活动家,如同他所敬佩的马基雅维里一般。同时,他也是一个卓越的政治理论家。这两个身份,在悉德尼那里,是相辅相成的。

悉德尼也有较长时期的处理经济事务的经历:他有很多年在帮他父亲和堂兄处理商务。他在共和国政府里工作,与伦敦商人团体交往甚密,曾致力于采取积极措施,促进英国的贸易。[②]

悉德尼虽为英国人,但其人生有一半在外国度过。他与各国的国王、大臣、共和派人士交往,在国外的影响远大于国内。法国、爱尔兰、斯堪的纳维亚、意大利、尼德兰、日耳曼,都留下了他生活的印记。他牺牲后,法国人比英国人更加尊敬他。[③]

悉德尼的临终遗言是:"我从年轻时代,即努力支持人类共同的权利、

---

[①] Algernon Sidney, *Discourses Concerning Government*, Indianapolis: Liberty Fund, 1996, p. 26.
[②] Jonathan Scott, *Algernon Sidney and the English Republic, 1623 – 1677*, Cambridge: Cambridge University Press, 1988, p. 42.
[③] Ibid., p. 3.

这片土地上的法律以及真正的清教,反对腐化的原则、武断的权力和教权制,现在,我愿意为了相同的东西放弃生命。"①

针对各种迫害,悉德尼为上帝的人民奋斗终生。他提倡宗教宽容。当时的政治家、贵格会的小亨利·文恩(Sir Henry Vane jun.,1613—1662)是他的好友,在查理二世时期被绞死。在很多方面,悉德尼与之立场一致。"悉德尼不是作为一个罗马人而是作为一个圣人走上刑场的,他公开地塑造自己,并非以布鲁图斯或加图为楷模,而是以小亨利·文恩爵士——新教教派的庇护人——为楷模,悉德尼曾称死亡给文恩'一个永不消失的王冠'。"②

## 法治理念

菲尔默认为,所有的国王皆拥有普遍的、不可分割的权力;王权绝对,不受任何控制。悉德尼称菲尔默为"人类的敌人",他说,菲尔默的学说,就是要推翻自由与真理,提倡盲从。悉德尼说:"绝对的信仰属于傻子,真理只有通过对原则的检讨才能得到理解。"③依据菲尔默的观点,则历史上就不存在卡里古拉、克劳迪乌斯、尼禄等暴君了。

悉德尼说,国王并不是什么特别的人物,他们与其他人一样有生老病死。他们的判断,未必比最贫穷的农夫更可靠。贤臣的智慧,也不足以纠正君主制的问题。更何况暴君,总是喜欢听小人的话。如尼禄只向乐师、玩伴、驾驭战车的兵士、阿谀奉承之徒咨询。④菲尔默认为君主制最佳,这一观点是完全错误的。君主制没有给人的选择留下余地。依据菲尔默的观点,我们不是在为上帝而活、为自己而活,而是在为上帝给我们安排的主人而活。⑤

悉德尼认为,统治者如果拥有凌驾于法律之上的权力,就不会有人民的福祉。权力如果不是来自于法律,则公职人员就不能成其为公职人员。法律必须高于人的命令,政府才能算好政府;只有野兽才会服从于个人多变、反复无常的意志。⑥

---

① Algernon Sidney, *Discourses Concerning Government*, Indianpolis: Liberty Fund, 1996, p. 29.
② Jonathan Scott, *Algernon Sidney and the English Republic, 1623–1677*, Cambridge: Cambridge University Press, 1988, p. 4.
③ Algernon Sidney, *Discourses Concerning Government*, Indianpolis: Liberty Fund, 1996, p. 47.
④ Ibid., p. 48.
⑤ Ibid., p. 41.
⑥ Ibid..

菲尔默沿袭博丹的主权论，认为必须有一个最高权力，发号施令，制定法律。菲尔默认为，在贵族制里面，贵族处于法律之上；在民主制中，人民居于法律之上。类似地，在君主制中，君主居于法律之上。如果君主处于法律之下，就不存在主权者了。君主拥有立法的权力，否则君主就只是一个名义上的君主。君主行使此种至高无上的权力，与他通过选举、赠予、继承还是其他方式取得王位无关。

悉德尼则说，无论何时，判断的权力总是在人民手里。政体是人民所造。所谓绝对君主可以保护人民的自由，纯属胡说。因为只要有一个人拥有凌驾于法律之上的绝对权力，自由就不复存在。[1] 在绝对君主制中，君主若滥用权力，人民无任何手段维权。悉德尼主张，立法与行政皆要源自人民的授权。自由人只受他们自己制定的法律统治。他说，罗马人驱逐了塔尔昆才拥有自由，佛罗伦萨人在美第奇王朝的统治下没有自由，自由与暴君不相容，这一道理本是十分清楚的。

显然，悉德尼是要捍卫古典意义的自由概念。他指出，权力的来源以及权力如何行使，都是十分关键的问题。悉德尼问道：通过暴力或欺诈夺权，与通过合法继承得到的王权，难道没有差别吗？暴君或许可以把持着一个政权，然而一旦失败，一切也就完了。以毒药和剑统治与法治，二者截然不同。前者没有任何光荣可言，并且暴君难免某一日性命不保。[2]

悉德尼并不否定君主制本身，悉德尼是反对不受制约、无法无天的绝对主义君主。他的理论属于反绝对主义理论，表达的是一种具有典型意义的共和主义法治理念。

## 法律的本质是正义

悉德尼承继了格劳秀斯的自然法思想，这是他思想中斯多葛主义因素的体现。悉德尼认为，自然法是上帝在每个人心中写下的理性、真理与正义。人们制定的法律若不符合自然法的一般规则，就不能叫法律。[3] 他写道："法律的本质，只在于其中的正义：如果它不是正义的，它就不是法律。它的正义依赖

---

[1] Algernon Sidney, *Discourses Concerning Government*, Indianpolis: Liberty Fund, 1996, p. 376.
[2] Ibid., p. 381.
[3] See Jonathan Scott, *Algernon Sidney and the English Republic, 1623 – 1677*, Cambridge: Cambridge University Press, 1988, p. 38.

于其目的：如果它不能导向一个好的目的，它也不可能是正义的。制定法律是为了正确地规制与保护社会，消除会带来纷争的冒犯行为。那些法案或条例，如果里面不包含正义，它就既不配叫法律，也不能具有法的效力。"①

悉德尼说，一切事物都包含着形式（form）与质料（matter），对法律来说，正义就是法的"质料"，没有正义，就没有法。而盖有立法机构公章的法条，则是形式。②

悉德尼具体解释了"法的本质是正义"这一命题。他说，这一命题是对法律提出的要求：其一，法律要与上帝之法相一致。反对上帝的，不能叫法。其二，它必须与人的本性和理性之光相一致。其三，它不能与它要达成的目标相冲突或背离。法的制定是为了追求正义，追求正义是为了对人类有好处、有帮助，如果法律违背了这个目的，法也不能成其为法。③

## 自由释义

悉德尼持激进新教立场，他认为上帝造了人，同时给了人自由。"人天生是自由的；那种自由无故不能被剥夺，他不会放弃这种自由或其中的任何部分，除非他考虑到那样做对自己有更大的好处。"④ 悉德尼说，他讲的自由"不是放纵，并不是说可以做让自己高兴而反对上帝命令的事情。但它们自外于所有未经他们同意的人法"⑤。

菲尔默说：世间最大的自由，就是人民生活在君主制之下。国王有源自上帝与自然的权力，可做他喜好做的任何事情，不受法律的制约。悉德尼说，这是在宣扬奴隶制。

悉德尼那里，自由与奴役相对立。他认为，要一个人依赖于另一个人的意志，就是推行奴隶制。受奴役不在于受束缚，而在于自己意志的不独立。他说："自由仅存于独立于他人的意志，当我们说一个人是奴隶时，我们是指这样一个人：他既不能处理他的人格，也不能处理他的财产，他按照主人的意志享有这一切。"⑥ 一个人是自由人还是奴隶，只有他自己知道。

---

① Algernon Sidney, *Court Maxim*, 中国政法大学出版社 2003 年版, Introduction, pp. 122 - 123.
② Ibid., p. 124.
③ Ibid., p. 125.
④ Algernon Sidney, *Discourses Concerning Government*, Indianpolis: Liberty Fund, 1996, p. 43.
⑤ Ibid.
⑥ Ibid., p. 51.

悉德尼那里，自由还与特定类型的政体密切相连。自由的民族与受奴役的民族是不同的。前者如希腊人、意大利人、高卢人、日耳曼人、西班牙人、迦太基人，其中人民拥有力量、美德或勇气，他们只服从于自己制定的法律，他们的国王拥有权威或劝说他人的声望，而非发号施令的权力；后者则如亚述人、米提亚人、阿拉伯人、埃及人、土耳其人，那里国王是其人民生命与财产的主人。① 区分自由政体与不自由政体，是近代早期共和主义自由观之特色。

在悉德尼那里，自由还意味着群己权界，这是另一种含义的自由，是今人所谓自由主义的自由、密尔②式的自由。其实远在密尔之前两个世纪，悉德尼即提出了"不伤害原则"。悉德尼说："……我并不害怕说，一个人是他自己所涉事务的法官，天经地义，恰如其分。人人皆有这种特权，没有人能被剥夺这种特权，除非经由他自己的同意，为了他进入其中的社会的福祉。因此，这种权利必定属于一切情形中的每个人，与共同体福祉有关的情形除外，因为为了共同体的福祉，他已放弃了自己的部分权利。"③ 悉德尼举例说，我饿了、渴了、冷或者暖，皆由我自己判断，他人不能代劳。我对自己的房屋、土地或财产的处理，也是如此，全凭我自己的喜好，"只要不给他人带来损毁"。"然而我不可以放火烧我的房子，因为我邻居的房子可能因此被焚。我也不能在我的土地上建立堡垒，或者把它们给可能占领我的祖国的外国敌人。我不可以截断海岸河堤，我要防止我邻居的土地被淹。因为我加入的社会，会因此类手段而受到损害。我的土地并非简单地是我自己的，我拥有它，条件是我不能给公共之事带来伤害，在社会的保护下，我可以和平享受生活，合法使用我的占有物。但社会留给我自由，我可以雇佣仆人，按我的喜好打发他们走。没有人可以'指导'我，他们应该是何种品质、何种数量，或者告诉我我被他们服务得是好还是坏。"④

悉德尼此处所说的"仆人"，并非简单地指家庭生活中的仆人，它更指公职人员。悉德尼著作此节的题目是"公职人员由人民创造，要为人民服务，他是否正确地履职，只有人民可以判断"。

---

① Algernon Sidney, *Discourses Concerning Government*, Indianapolis: Liberty Fund, 1996, p. 51.
② 指19世纪英国自由主义政治思想家约翰·斯图亚特·密尔（John Stuart Mill）。
③ Algernon Sidney, *Discourses Concerning Government*, Indianapolis: Liberty Fund, 1996, p. 460.
④ Ibid..

## 政府旨在追求公共的善

悉德尼认为，所有的人都是平等的，除非他自己同意，他不能服从于任何一个人。此种普遍的同意，是"一切正当政府的基础；因为暴力或欺骗无法创造出权利"[1]。

悉德尼说，在前社会状态中，人们独自生活，处于孤单、野蛮、虚弱、饥饿、痛苦而危险的状态，人们无法忍受这种状态，于是进入社会。而"选择什么样的社会，如何厘定自由，由我们自己的意志决定，其目的是为了我们自身的好处。组建政府时，亦是如此，从我们的自然自由状态中走出多远以利于自身，我们自己是判断者。这一点极其重要，从那时起，只有我们知道我们是自由人还是奴隶；最好的政府与最坏的政府之别，完全取决于那种权力运用得对还是错"[2]。

悉德尼说，每个家庭的家长都是自由的，他不受任何其他人的支配（domination）。政府是人造的。[3] 除非通过同意或运用武力，没有哪个人可以命令民众。不过，通过武力或欺诈建立起支配的人，并不拥有权力。悉德尼说：一个贼，闯进了邻居家里，杀死了邻居，他就是邻居财产的合法主人了吗？他就能要求获得邻居家孩子对他们父亲的那种服从吗？[4]

菲尔默为国王绝对的权力辩护，悉德尼反问说：要弄清楚是人民造就了国王，还是国王造就了人民？国王为人民而存在，还是人民为国王而存在？无论是依据《圣经》，还是依据古代历史，国王都是由人民而产生，为人民与城邦而存在。[5]

悉德尼认为，从政者必须是德才兼备的人，他就好比一个船长，必须懂得航海的艺术。他的权力来自于法律，旨在追求公共的善（public good）。他所拥有的权力是制度性权力。

悉德尼指出，政府的形式取决于人们的意志。他写道："上帝从来没有把世间的政府交给某个人，也没有宣布政府该如何组建，他把这个问题留给

---

[1] Algernon Sidney, *Discourses Concerning Government*, Indianapolis: Liberty Fund, 1996, p. 63.
[2] Ibid..
[3] Ibid., p. 64.
[4] Ibid., p. 79.
[5] Ibid., p. 44.

了人，让人们按自己的意志去做。"①

悉德尼依据柏拉图和亚里士多德的政体理论，指出区分政府要看它是否致力于"共同的善"。他说："构建政府，不是为了统治者的善，而是为了被统治者的善；权力不是一种特权，而是一种负担。"② 良好的政府，追求实现社会的善。而坏政府则追求统治者自身的善，它与人民处于敌对状态。绝对权力是一个令人难以承担的负担。

针对菲尔默的父权论，悉德尼指出，父权确实存在，但只限于父亲和子女之间。国王不是我们的父亲，故而他不拥有菲尔默所谓的父权。

菲尔默说，国王关心他的臣民的福利，相反，在民众政府中，每个人都认为公共的善并不全然取决于他的关心，共和国总是由他人在统治，故而他只关心自己的私人事务。悉德尼反驳说：在民众政府或混合政体中，人们会比在绝对君主制中更加关心公共的善。基于个人利益与公共利益一致，悉德尼给出了为共和国辩护的经典论述：

> 大多数人都认为，生活在自由国家中，人们通常满意于他们的境况，故而想维持他们的自由国家；每个人都发现他自己的福祉蕴含于公共的福祉之中，正如那些在一条船上航海的人们，他们会竭其所能努力保存它，他们知道，如果操作不当，他们也必将毁灭。③

悉德尼的这一论证属于"爱国主义"路径的论证，它是说：在共和国中，人们努力维护国家，因为个人福祉与之息息相关。这一路径的论证在后来的康德、托克维尔那里，皆得到呼应。在绝对君主制中，则民不知有国，而国亦不知有民。绝对君主制中，只有君主一个人爱国。共和国中，则有千万个爱国者。

悉德尼认为，政府的目的是保证人民的福祉，保护每个人的生命、自由、土地与财产。具体说来，君主拥有权力，目的在于"提供公共安全，维护自由与礼俗，执行正义，促进美德，惩治犯罪，提升民族的真正利益"④。

---

① Algernon Sidney, *Discourses Concerning Government*, Indianpolis: Liberty Fund, 1996, p. 82.
② Ibid., p. 110.
③ Ibid., p. 248.
④ Ibid., p. 379.

## 悉德尼学说之特色

悉德尼是英国内战时期共和主义思想的主要旗手。他的著述，并不以理论的精湛或观点的独特见长。约那森·斯科特（Jonathan Scott）认为，悉德尼思想具有极大影响，恰恰在于它缺乏原创性，它总结了一个时代的革命性意识形态。①

不过，斯科特也指出，悉德尼著作有三个特点，十分具有近代早期政治思想的特色，这三个特点是：（1）关于变化的讨论，强调变化的不可避免性及可欲性。（2）他的国家观念，既非中世纪的也非现代的，而是近代早期的，它是国家构建时代的产物。他认为国家是人类宗教、道德与物质生活中关键的、动态的、塑造性的力量，是公民的塑造者，甚至是时间（time）的塑造者。国家是积极的创造性的政治建筑。这区别于奥古斯丁主义的消极政府观。（3）他的反抗（rebellion）理论亦颇具近代早期政治思想的特色。悉德尼为反抗辩护，无论在形式上还是在实质上，都具有原创性。他认为造反不都是坏事。基于格劳秀斯的理论，他认为战争要看是何种战争（正义的战争还是不正义的战争），以何种方式进行。他正是以关于反抗的理论家而著称。《论政府》的主旨，便是要说明造反有理。② 他是"这个时期唯一一个实在地为反抗正名的理论家"③。

## 悉德尼与共和主义

悉德尼的著作虽然写于"排斥危机"时期，却并不能看作为此而作，他不是要排斥危机中的辉格党人，其著作不能与1688年光荣革命相联系。④ 悉德尼大体于1681年下半年开始写作《论政府》，他写作时，头脑中是过去查理一世统治的经验。他相信他还有时间，历史站在他一边。他的目标是有希

---

① Jonathan Scott, *Algernon Sidney and the Restoration Crisis, 1677–1683*, Cambridge: Cambridge University Press, 1991, p. 211.
② Ibid., p. 212.
③ Ibid., p. 262.
④ Jonathan Scott, *Algernon Sidney and the English Republic, 1623–1677*, Cambridge: Cambridge University Press, 1988, p. x.

望实现的。与同时代的洛克、马维尔（Marvell）① 一样，他关心的是主教与武断政府带来的威胁。②

不过，在悉德尼那里，关于人世的政治学是第二位的。神学，也就是关于上帝的知识，才是最高的。他所有的政治斗争，都着眼于捍卫上帝，驱逐魔鬼。③ 在《宫廷党人信条》中，针对宫廷党人费拉里特（Philalethes）的"国王既然拥有全部的权力，加上外国的盟友，在国内有如此强大的党派维持政权，他还有什么可怕的？又为什么要害怕？"的问题，悉德尼笔下的共和派人士欧诺米乌斯（Eunomius）回答说："他应该畏惧上帝和人（他治下的臣民），他与二者处于敌对状态之中。上帝追求他的造物的幸福与完美，他给人类立了法，给幸福与完美指了路。走在这条路上，引导他人走这条路，这个国王就是在做有益于人、能被上帝接纳的工作。做相反事情的任何人都是人的敌人，会因他的不服从而触怒上帝。这就是他应该畏惧的，除非他有权力凌驾于二者之上，以便能在上帝与好人面前保卫自身。……所有的多样性展开于原则的对立之间，那些原则来自于冲突的根源。一切正义、良善与真实的事情都开始并终结于上帝；相反的事情则受魔鬼冲动的主宰，其方法与谋划皆与上帝相对立，它们同样依赖于上帝。这使得恶魔统治下的作恶者为了实现他们邪恶的目的，使用一切邪恶的方式、手段与工具。人是不能靠他自己的力量站立的。如果他离开了对上帝的依靠，他必定会成为魔鬼的仆从。"④

就思想渊源而论，在政治哲学方面，悉德尼综合了古典共和主义与基督教自然法理论；⑤ 在形而上学方面，悉德尼与弥尔顿、尼德汉姆、文恩、马维尔、内维尔、哈林顿、洛克等人，皆受柏拉图主义的影响。⑥ 柏拉图关于个人灵魂转向的学说，与清教徒关于个人独自朝向上帝真理的观点，甚为契合。这与15世纪意大利人文主义者中的新柏拉图主义复兴，道理类似，目的都是为了寻求信仰的纯洁。

---

① 著有《主教与武断政府的兴起》（*The Growth of Popery and Arbitrary Government*, 1677）。
② Jonathan Scott, *Algernon Sidney and the Restoration Crisis, 1677–1683*, Cambridge: Cambridge University Press, 1991, p. 205.
③ Jonathan Scott, *Algernon Sidney and the English Republic, 1623–1677*, Cambridge: Cambridge University Press, 1988, p. 4.
④ Algernon Sidney, *Court Maxim*, 中国政法大学出版社2003年版，Introduction, p. 116.
⑤ Jonathan Scott, *Algernon Sidney and the English Republic, 1623–1677*, Cambridge: Cambridge University Press, 1988, p. 17.
⑥ Ibid., p. 21, pp. 26–27.

## 第六章　英国的自由传统

悉德尼是马基雅维里的"秘密敬佩者"[1]，受马基雅维里影响甚大，这在《论政府》第二章中体现得最为明显。如马基雅维里一样，他肯定罗马人对外发动战争的能力。[2] 哈林顿与内维尔像文艺复兴时期的圭恰迪尼和詹诺蒂（Gianotti）一样推崇威尼斯式的稳定政体，悉德尼则如马基雅维里一样，青睐古罗马政体在军事扩张方面的积极表现。[3] 对悉德尼来说，政治世界不是静态的，只有积极者可以生存。在上升与衰落、自由与奴役、统治或被统治之间，人们必须二选一，二者之间没有中间地带。[4] 此外，悉德尼对多样性与变化的强调，也与马基雅维里相一致，这很大程度上源于他是一个政治行动者。悉德尼没有宪政思想，他并不试图寻求一个稳定的结构。

当然，悉德尼与马基雅维里的差别也是存在的，这体现在两个方面：一是他对商业的态度。马基雅维里不愿谈商业，而悉德尼则重视商业，重视从商贸发展的角度考虑英国的策略，主张提升英国商人在国际贸易中的地位。在他那里，军事上的积极政策与商业活动的推行并行不悖。他反对王权，重要的一点理由，也在于王权对商业的摧毁。在悉德尼的理论图景中，君主国的破败与共和国的富强相对立。富庶的威尼斯、以阿姆斯特丹为中心的自由联省，皆行共和，而君主制的日耳曼、法国、意大利、西班牙，则没落、贫穷。悉德尼与马基雅维里的差别的第二个方面，体现在历史观上。马基雅维里的历史观是循环史观，悉德尼的则是线性史观，但他这种线性史观，不是18世纪的进步主义史观，在他那里，历史可以向不同的方向展开。[5]

悉德尼与弥尔顿相互有引证，但无证据表明他们见过面。[6] 把悉德尼、弥尔顿和文恩联系在一起的政治语言与传统，是自然法理论。[7]

悉德尼与其友人文恩以及亨利·斯塔布（Henry Stubbe，1632—1676）的共同点在于：他们都诉诸对内在原则的追求，强调信仰和内心的纯洁，以动态和变化的观点去看政治世界，对外在的宪政设计则持怀疑的态度。他们关注"正确的原则"，甚于"特定的政府形式"。斯塔布知识面极广，有良

---

[1] Vickie B. Sullivan, *Machiavelli, Hobbes and the Formation of A Liberal Republicansim in England*, Cambridge: Cambridge University Press, 2004, p. 199.
[2] Ibid., p. 206.
[3] Jonathan Scott, *Algernon Sidney and the English Republic, 1623 – 1677*, Cambridge: Cambridge University Press, 1988, p. 31.
[4] Ibid., p. 32.
[5] Ibid., p. 33.
[6] Ibid., p. 106.
[7] Ibid., p. 16.

好的古典学功底，是医生、作家、学者，他曾做过牙买加的御医，在内战中曾为克伦威尔作战。与他的赞助人文恩一样，他同样主张宗教宽容，属于激进的新教徒。1659年，他写了《为良好的古老理由辩护之论文》（*Essay in Defence of The Good Old Cause*），表达了他的共和主义思想。此文对悉德尼的著作，不无影响。①"良好的古老理由"（The Good Old Cause），是英国内战时期新模范军对他们站在议会一边进行战斗的理由的一个概括性说法，其要义是对共和理想的坚持。

悉德尼的思想，是美国革命的主要思想来源。约翰·亚当斯、富兰克林、杰斐逊推崇悉德尼。1702年，悉德尼的《论政府》有了法文译本。法国的孟德斯鸠、卢梭、孔多塞（Condorcet），欣赏悉德尼。雪莱、济慈、柯勒律治、拜伦、尼布尔（Neibuhr）、格莱斯顿（Gladstone）也是如此。后人有的推崇其思想本身，有的推崇其表达形式。1750年，法国的德·阿根森（d'Argenson）写道："英国人关于政治自由的理念已漂洋过海，被这里的人接受。"②卢梭说："不幸的悉德尼在思想上和我很像，但他同时有行动。正是为他的行动，而不是他的书，他光荣地洒下热血。"③法国大革命时期，悉德尼的名字不断被提起。罗伯斯庇尔与断头台上的贵族，双方皆援引悉德尼为自己辩护。④

## 霍布斯：自由主义的奠基人

托马斯·霍布斯（Thomas Hobbes，1588—1679）是自由主义的奠基人，是现代政治哲学的代言人，或者说是现代公民学之父。他的思想是理解现代政治思想的起点。他的著作《利维坦》，被称作"现代人的圣经"。⑤ 如果西方政治思想史上确有所谓的古今之变，古典政治哲学与现代政治哲学确实泾渭分明，那么，霍布斯的著作就是分水岭、里程碑。在霍布斯的著作中，我

---

① Jonathan Scott, *Algernon Sidney and the English Republic, 1623 - 1677*, Cambridge: Cambridge University Press, 1988, p. 108.
② Raymond G. Gettell, *History of Political Thought*, New York & London: The Century Co., 1925, p. 224.
③ Rousseau, *Political Writings*, Oxford, 1962, edited by C. E. Vaughan, Vol. I, p. 240. 转引自 Jonathan Scott, *Algernon Sidney and the English Republic, 1623 - 1677*, Cambridge: Cambridge University Press, 1988, p. 13。
④ Jonathan Scott, *Algernon Sidney and the English Republic, 1623 - 1677*, Cambridge: Cambridge University Press, 1988, p. 5.
⑤ [美] A. P. 马蒂尼奇：《霍布斯传》，陈玉明译，上海人民出版社2007年版，第265页。

图 34　霍布斯

们第一次看到一种系统、清晰、彻底的现代政治哲学和社会理论。

霍布斯于1588年4月5日出生于英国南部威尔特郡的马姆斯伯里（Malmesbury）小城。该城历史悠久，它起源于6世纪修建的马姆斯伯里修道院。该城河流环绕，泉水叮咚，玫瑰芬芳，风景宜人。英格兰第一位国王便安葬于这个城市。霍布斯对自己的家乡甚为热爱，他后来曾游说国王在那里建一座大学，国王派人实地考察，后由于资金没能落实，终未办成，不免遗憾。如今，该城也以出了霍布斯这样的大思想家而出名。

霍布斯来自一个普通家庭，他的父亲是个牧师。他给儿子取了和他一样的名字。老霍布斯做牧师并不认真，布道也是照本宣科，水平十分有限。他脾气暴躁，与人争斗每以拳脚相加，又喜欢打牌，据说他有次布道时居然睡着了，口中还喊着"草花王、草花王"。霍布斯排行第二，上面有一个哥哥，下面有一个妹妹。在霍布斯年轻时，老霍布斯抛弃了他的家庭。霍布斯一家靠经营手套生意的叔叔提供生活保障。

霍布斯自4岁起即接受了学校教育，在本地的学校学了希腊文、拉丁文和数学。他14岁时入牛津大学，在那里学习了5年。大学毕业后，他曾长期做声名显赫的卡文迪许家族的家庭教师。他陪伴比他小两岁的威廉·卡文迪许度过了20年的愉快时光，直到卡文迪许38岁时去世。他是威廉·卡文迪许的朋友，也是老师，后来则是他的秘书。他和国王的宠臣、哲学家培根关系密切，曾一度做过其秘书，深得培根赏识。霍布斯一生小心谨慎。1640年初，他从几个议员朋友那里嗅得内战可能爆发的气息，立刻选择了逃离。他来到法国巴黎，在那里生活甚久，后来英王查理二世流亡于法国时，还做了他的老师。1651年9月7日，法国国王路易十四举行13岁成人礼，霍布斯从他在巴黎寓所的窗口目睹了典礼队列的盛况。与他一同观礼的英国友人约翰·依夫林（John Evelyn）记录了当时的场景："一个年轻的阿波罗，在整个游行中，不断挥帽答谢挤满在窗口中的女士与欢呼'国王万岁'的群众。"① 此景对霍布斯绝对王权论政治思想的形成，或许也发挥了重要作用。在政治立场上，霍布斯一生都对王室表示了某种支持。不过，他的支持，是建立在全新的政治哲学论述之上的。

霍布斯的生活大多数时候十分悠闲。他既然认为个体生命最为可贵，保全自我最为重要，所以他总是远离战乱、瘟疫之地，防止死于非命，在身体健康方面，也十分在意。他一生很少喝酒，但自60岁后，他决定彻底戒酒，也不再吃肉，而改吃低脂肪的鱼。他的饮食起居甚为规律，每天7点起床，早餐吃一些面包和黄油，然后出去散步，边走边思考，到10点回来。他随身携带纸片以随时记录想法。11点他吃午饭，然后抽烟，再小睡一会。霍布斯还很喜欢唱流行歌曲。"他的桌上总放着乐谱……晚上，他把门关严了，然后躺在床上，确保没有人听见了，他便放声歌唱（不是因为他唱得好，而是为了他的健康）：他认为这对他的肺有好处，并且能够延年益寿。"②

霍布斯最后十年生活在德文郡伯爵的乡村住宅中。他的生活依然十分讲究，定点散步、运动、吃饭、思考、写作。不过他基本上不再看书了，只是细细消化从前读过的东西。1679年12月4日，91岁的霍布斯安然去世。霍布斯在近九十岁高龄时，还爱上了一个年轻女子。在他晚年的一首诗中，霍布斯写道：

> 尽管我现在年逾九十，已经太老，

---

① [美]威尔·杜兰：《世界文明史·路易十四时代》，东方出版中心1999年版，第15页。
② [英]奥布里：《霍布斯生平概要》，转引自[美]A. P. 马蒂尼奇《霍布斯传》，陈玉明译，上海人民出版社2007年版，第344页。

但仍热切期盼丘比特将至的佳音，
无数的严冬从未如此寒冷，
我已几乎愚蠢透顶，
但我仍能恋爱并拥有一位佳人，
她无比俊俏，无比聪颖；
可是不要骄傲，不要妄为，
以免失却她的芳心。
告诉你她是谁，过于大胆，
谜底需要你自己揭开；
不要因为他老，就把他当成傻瓜，
他爱美丽的身体，更爱美丽的心灵。①

霍布斯著述颇丰，他不仅翻译荷马史诗和古希腊历史学家修昔底德的《伯罗奔尼撒战争史》，还写了《自传》《法的原理》《比西莫特》《一位哲学家与英格兰习惯法学者的对话》《哲学原理》。《比希莫特》约于1666—1668年完成，内容是英国内战的历史。霍布斯实际是以英国内战之案例来阐发他在《利维坦》中提出的国家学说。他认为查理一世太过温和、善良，竟然允许大学教授提倡造反的学说，而英国人民也是全面堕落，忘记了做臣民的义务。②《一位哲学家与英格兰习惯法学者的对话》是为了驳斥普通法律师爱德华·柯克"理性高于主权"的观点。霍布斯在其中指出："是权威（authority），而非真理，制定了法律。"《哲学原理》分为三部分："论公民""论物体""论人"。各个部分皆有单行本出版。他最有名的著作是《利维坦》。

霍布斯的著作为他赢得了赞誉，也招来了很多批评甚至敌意。他的《利维坦》1651年出版后，学者争相购买。共和派思想家詹姆士·哈林顿不赞同霍布斯的观点，但却对其学术水平大加赞誉，他坚信霍布斯将成为"现时代世界范围内最杰出的作家"③。尼德汉姆引用霍布斯的观点，论证人民应该服从新建的共和国政府。看出霍布斯著作危险性的是教会人士。1654年，霍布斯的《论公民》被罗马天主教会列入了禁书目录。

---

① [美] A. P. 马蒂尼奇：《霍布斯传》，陈玉明译，上海人民出版社2007年版，第422页。
② 同上书，第380页。
③ 同上书，第301页。

图35　霍布斯《论公民》书影

霍布斯的政治观点，在英国内战爆发前后有一个明显的变化。或者说，早期霍布斯与当时的公民人文主义，多有共识。他那时的观点，尚比较古

## 第六章　英国的自由传统

典。他持有传统的自然法观点，认为法律的根本是自然法，自然法是上帝之命令，国王也要服从它。他同情古代人的自由及共和，反对暴君与独裁。他对作为臣民义务的"服从"，并不予以过多的肯定，相反还有贬斥之意。他在拉丁文作品《论塔西佗》中指出，罗马人进入帝制，自由便丧失了。他以"马"的寓言故事写道："鹿跑到马的草场来了，马很不高兴，想报复鹿，却又没什么好办法，就求人帮忙。人答应了，但要求给马套上笼头然后骑上它去赶鹿。马同意了，但当它被人套上笼头后，人并没有去赶鹿，而马却从此沦为人的奴隶，'永远也不可能恢复它从前的自由了'。"[1] 罗马人民就像寓言中的马一样。"内战"爆发之后，在内战的刺激下，随着霍布斯思考研究的深入，他自己的思想体系日益清晰成形，对生命的保全、和平无战乱、服从的义务看得越来越重，原来具有人文主义特点的主张便被抛弃了。

霍布斯也被尊为近代英国哲学之父，他以科学批判经院哲学。霍布斯所处的 17 世纪，对人与世界的科学解释，正在代替过去的神学解释。经院哲学遭到了拒斥。经院哲学关注存在及本质、原因及目的，问的是"什么是真理"，而科学则关注于"怎样发生"，"人们该如何控制自然，改造自然"。霍布斯与伽利略、培根、笛卡尔一样，反对经院哲学的形而上学，斥之为胡言乱语。他是彻底的唯名论者、唯物主义者。霍布斯认为，只有身体是真实的，一切真实的事物都是物质的，它占有空间，可以分割，可以移动，非物质的事物都不真实。[2]

霍布斯的学说，对后世政治理论影响甚大。当代西方诸多政治思想大家名家，皆精研霍布斯。霍布斯的《利维坦》，实在是研习政治理论者必读的大作。民国时期政治思想史研究者孟云桥曾如此描述霍布斯：

> 不管霍布斯的主张是否处处正确，然而毫无疑问地，他是近代的第一个大思想家。近代政治哲学上的几个中心问题，如主权论、自然人权及社会契约等，霍布斯都有很精详清楚的见解。霍布斯的利维坦，诚不愧为一部思想最精密的杰作，他所用的是最精密的逻辑方法，全书中没有一个字的意义不清楚，没有一句话无根据，绝对没有一点意义含混的地方。纵然我们不赞成他的出发点或他的结论，但我们读他的书可以训

---

[1] [美] A. P. 马蒂尼奇：《霍布斯传》，陈玉明译，上海人民出版社 2007 年版，第 58 页。
[2] Basil Willey, *The Seventeenth Century Background: studies in the thought of the age in relation to poetry and religion*, New York: Doubleday & Company, Inc., 1953, p. 104.

练我们的精密思想，并且可以帮助我们发现真理。①

## 人造的"人"

霍布斯指出，"利维坦"，也就是国家，它是一个人造的人。正如上帝创造了世界，创造了人，人则创造了人主宰的世界，创造了国家。在这个过程中，人模仿了上帝，上帝宣布要造人，我们宣布要造国家。国家与我们的关系，正如人与上帝的关系。霍布斯把国家比喻为一个人，他称主权就是国家的灵魂，人民的安全是它的事业，公平和法律是其理智和意志，和睦是其健康，动乱是其疾病，内战是其死亡。把人们联结在一起形成一个国家的契约，就是上帝创世时发布的命令。当我们称上帝创造和治理世界的艺术为"自然"时，我们创造和治理国家的艺术，则同样可以称为"自然"。国家同样可以被称为有生命，它是一个活物，正如同人造的会走动的钟表我们可以称它为有生命一样。

人们常将国家观分为两大类：机械论的国家观（视国家为个人组成的一个无生命的工具）与有机体论的国家观（视国家为一个不可分割的、有其生命的完整的机体）。霍布斯的国家观，由此常被归为机械论的国家观。这种说法其实并不恰当。因为霍布斯那里，并不存在机械论和有机体论的区分。钟表当然是一个机械构造，但它同样也具有"生命"，当然，那是"人造的生命"。② 国家也是如此，它是由无数个体这种"材料""机械地构成"，但却也是一个有着人造生命的"人"（或动物，利维坦）。霍布斯如此看待国家，很能体现他学说的特色和新意。

其一，它区别于之前的自然法传统。古希腊政治思想中关于自然与人为的区分以及中世纪托马斯主义的自然学说，在此都失去了意义。国家是人造的，法律也是人造的，但它和上帝的意旨、自然正义毫无关系。它并不需要接受自然法的评估。国家是我们造出来的作品，是人为的作品，但国家创造和统治的艺术，有其自己的内在原理，也就是它自己的本性。我们创造一个国家，到底是要干什么，为什么要创造它，它的运行机理如何，在何种情况下它会解体，政治学就是要把这些问题说清楚。在这个过程中，神法、自然

---

① 孟云桥:《西洋政治思想史》，河南人民出版社 2016 年版，第 115 页。
② [英] 托马斯·霍布斯:《利维坦》，黎思复、黎廷弼译，商务印书馆 1985 年版，第 1 页。

法，都不必作为参考。

其二，霍布斯把国家的起源归结为个体，归结为人。这就区别于把国家的起源归结为上帝，归结为历史上某个家族、党派武力的征服，归结为某个伟大人物的创造。这样，国家权力的来源，也就要重新予以说明。中世纪关于一切权柄来自于上帝的说法，斯图亚特王朝关于"君权神授"的说法，天主教关于教会高于世俗王权的说法，在霍布斯这里纷纷被抛弃。国家起源于我们每个人参与的盟约。把国家称为"人造人"，意味着国家不是神的造物。同时，在霍布斯的思想中，武力征服带来统治权、英雄人物创造国家的观点，也都不能成立。这样的国家哲学，无疑具有革命性。

## 政治的人学基础

国家既然是由人这个原料构成，其创造者也是人，那么，理解人自身，便是理解国家的第一步。《利维坦》的第一部分，即是"论人"。

霍布斯认为，人依据他的感官，对外界事物的刺激做出反应。欲望（desire）对人来说是根本的。"没有欲望就是死亡。"① 欲望（欲求）也叫愿望，是我们朝向某事物的意向，它在本质上是一种意识（自觉）的运动。逃避某事物的意向，就是嫌恶（hate）。我们欲求的东西，就是我们爱（love）的东西。爱与欲望是一回事，只不过爱有明确的对象，欲望没有明确的对象。得到了欲求的东西，我们称为快乐（joy），逃避某事物而不可得，我们称为悲哀（grief）。不欲求，不嫌恶，就是轻视。欲望与嫌恶的对象，因人而异。任何人都把自己欲望的对象称为"善"，把他嫌恶的对象称为"恶"，轻视的对象则称为无价值和无足轻重。人们对有可能实现的欲望，就称为希望（hope），反之则成为失望（despair）。持续的希望，就叫信心（confidence）。当人们具有关于对象即将带来的伤害的看法时，嫌恶就被称为恐惧（fear）。如果希望抵抗这种伤害，这种希望就被称作勇气（courage）。突然而生的勇气，就是愤怒（anger）。②

欲望、嫌恶、希望、恐惧交替出现的过程，被称作"斟酌"。在斟酌中，"我们一直保持着根据自己的欲望与嫌恶去做或不做该事情的自由。在

---

① [英]托马斯·霍布斯：《利维坦》，黎思复、黎廷弼译，商务印书馆1985年版，第54页。
② 同上书，第39页。

斟酌之中,直接与行动或不行动相连的最后那种欲望或反感,便是我们所谓的意志"①。这样,意志就是"斟酌中的最后一个欲望"②。经院哲学家所说的"自由意志",是一个自相矛盾的无意义语词。因为意志并非人的某种能力,它只表示人针对外界的刺激所做出的反应中那最后一个确定的欲望,由此,一切行为,都是自愿的行为,它只是最后一个欲求的做出。关于此点,我们在后文关于霍布斯自由观的讨论时,还会提及。

运动,对于理解人来说,也是根本的。在霍布斯那里,生命即运动。保全生命就是维持生命的运动。凡利于生命运动的就是好的,反之则是坏的。霍布斯勾画的人的人生观、幸福观、自由观,都离不开"运动"一词,当然也少不了"欲望"一语。例如,何为幸福,霍布斯说:"一个人对于时常想望的事物能不断取得成功,也就是不断处于繁荣昌盛状态时,就是人们所谓的福祉,我所说的是指今生之福。因为心灵永恒的宁静在今世是不存在的。原因是生命本身就是一种运动,不可能没有欲望,也不可能没有畏惧,正如同不可能没有感觉一样。"③

霍布斯强调,保存自己的生命是第一自然法则,人生的幸福在于欲望的满足,承认这些基本的事实,对于我们在一起和平生活,十分关键。而世人多看不清这一点,竟然陷入了无谓的争论,去探讨什么是终极善、什么是上帝的真正精神、什么人生的意义。霍布斯说:"我们要认识到,今生的幸福不在于心满意足而不求上进。旧道德哲学家所说的那种终极的目的和最高的善根本不存在。欲望终止的人,和感觉与映象停顿的人同样无法生活下去。幸福就是欲望从一个目标到另一个目标不断地发展,达到前一个目标不过是为后一个目标铺平道路。"④ 之所以如此,原因在于人们欲望的目的并不是一次性享受,而是要确保未来一直如此。

由此,霍布斯指出,"全人类更有的普遍倾向"⑤,便是得陇望蜀、永无止境的权力欲。人,是一个欲壑难填的动物。霍布斯说,这不是因为人贪婪的本性,而是因为在人与人的竞争中,如果不那样做,就会连得到的美好生活也会很快失去。这正如逆水行舟,不进则退。权力必须不断地累积,否则

---

① [英]托马斯·霍布斯:《利维坦》,黎思复、黎廷弼译,商务印书馆1985年版,第43页。
② 同上书,第44页。
③ 同上书,第45页。
④ 同上书,第72页。
⑤ 同上。

它就会被他人的权力压倒。对于一个人来说，高贵的出身是权力（虽然未必一定如此），口才是权力，美丽俊俏的仪容是权力，学识也是权力，不过它只是微小的权力，因为必须懂行的人才能认识到这一点。实际上，在霍布斯看来，财富、知识、荣誉，不过是不同类型的权力而已。人们追求财富、知识、荣誉，与追求权力，并没有特别的不同。权力欲主导着人生。

霍布斯论人时，经常把人与其他兽类进行比较，人与兽类有些共同的地方，也有些不同的地方。例如，霍布斯提到，兽类只有凭生物天性而有饥、渴、怒、情欲等肉体激情，它们的思维只能考虑到单一的原因或结果。但人就不同，人会探索事物背后的多种原因，会想象可能产生的一切结果。[①] 这等于是说人有独特的理性（reason，中译本为"推理"）禀赋。何为理性？霍布斯说，理性"就是一种计算"，它和做数学中的加减法一样。[②] 另外，好奇心也是人特有的，而好奇心，它本质上是人想知道为什么、怎样的欲望。

霍布斯关于人的论述，为他的国家理论提供了坚实的基础。人的无休止的权力欲带来了人与人之间的冲突与战争。人的理性，将提示人类，因着人的激情，走出这种混乱与冲突，倾向于和平。这理性不是别的，正是对原因的追溯，对后果利益弊害的算计。而这激情，包括"对死亡的恐惧（fear），对舒适生活的必需的事务的欲望（desire），以及通过自己的勤劳取得这一切的希望（hope）"[③]。

## 内战的根源

霍布斯要求人们讨论问题，要做到用词准确，表意清晰。确定意义的过程，就是下定义。清晰的定义，是进行计算（推理）的开始。他认为，世间很多争斗、无序，都源于含混的概念、错误的学说。人作为有语言能力的动物，滥用了语言。在词语的迷宫里，如同飞鸟被涂了粘鸟胶的树枝缠住一样，越是挣扎，粘得越牢（霍布斯少时颇喜捕鸟，故而其著常用捕鸟的比喻）。语言有真实与虚假之分。真实与虚假是语言的属性。霍布斯说："语言的首要滥用则在于错误的定义或没有定义。一切虚假或无意义的信条都是从

---

[①] [英]托马斯·霍布斯：《利维坦》，黎思复、黎廷弼译，商务印书馆1985年版，第14页。
[②] 同上书，第28页。
[③] 同上书，第96—97页。

这里来的。"①

霍布斯斥无所确指的名词以及基于其上形成的命题,为无意义的声音。霍布斯说,经院哲学家和陷入迷津的哲学家,最擅长发出这种无意义的声音。某些新奇的或意思自相矛盾的词,都是如此。例如"无物的物体""圆的四角形""自由臣民""自由意志""三位一体""体位转换"等。霍布斯认为,仅从书本的权威那里接受教育,自己不思考,还不如无知。因为无知是真正学识和谬误学说之间的中点。

霍布斯指出,有些词渗入了感情色彩,渗入了人们的喜好、性格、兴趣,因而其意义并不确定。这源于我们人自身的体质和观念的不同,这样的词有德、恶、惧怕、智慧、公正、残酷,等等。另外,我们做的比喻,其意义也并不确定。因此,在进行推理时,它们就不能作为依据。

霍布斯总结说:"人类的心灵之光就是清晰的语词,但首先要用严格定义去检验,清除它的含混意义;推理就是步伐,学识的增长就是道路,而人类的利益则是目标。反之,隐喻、无意义和含糊不清的语词则像是鬼火,根据这种语词推理就等于在无数的谬论中迷走,其结局是争斗、叛乱或屈辱。"②

以霍布斯之见,荒谬词语的滥用,也是疯子的特征。当然,疯子的癫狂,有很多表现。霍布斯关于"癫狂"这一激情的论述,也包含了他对英国内战的反思。霍布斯说,对事物的激情比旁人一般的情形更强、更激烈,就是所谓的癫狂。癫狂是指激情不受约束。极度的自负或沮丧,都可能导致癫狂。过分的骄傲导致的癫狂称为大怒,过分的沮丧导致的癫狂则是抑郁。一国发生动乱,必定其国民的激情中出现了癫狂。霍布斯写道:"在一两个人身上虽感觉不出很大的骚动不宁来,但我们却可以确信,他们各自的激情是整个一个发生动乱的国家中煽动性喧嚣的构成部分。如果没有任何其他东西流露他们的疯狂情绪,那么他们狂妄地冒称具有这种神的启示便是十足的证明。如果疯人院里有一个人和你娓娓清谈,条理井然;告别时你想知道他是什么人,以便下次回访,他竟告诉你他是上帝圣父,我想你就无须在等待狂妄过激的行为来说明他的疯狂了。"③霍布斯意指,那些闹革命的新教徒,自称具有神启,实际上是疯子。

---

① [英]托马斯·霍布斯:《利维坦》,黎思复、黎廷弼译,商务印书馆1985年版,第23页。
② 同上书,第34页。
③ 同上书,第55页。

霍布斯痛斥妖言惑众、语言混乱之害，剑锋所指，主要是当时英国的牧师。亚当·斯密告诉我们，霍布斯"非常厌恶牧师，而他那个时代的顽固风气使他认为人的良心由宗教当局支配是英国在查理一世和克伦威尔时代所发生的纷争与内战之原因。为了反抗牧师，他企图建立一种由政府来支配人的良心而且把行政司法长官的意旨作为正当行动的唯一准绳的道德制度"①。"霍布斯先生的公开意图，是使人们的良心直接服从于市民政府，而不服从于基督教会的权力，他所处的时代的事例使他知道，应把基督教徒的骚乱和野心看作社会动乱的根本原因。"② 英国内战时期的"争斗、叛乱或屈辱"，其根源何在，从这里可以看出霍布斯的诊断。心灵的黑暗，语词运用的混乱，诸种谬误学说的流行，精神上的癫狂，正是现实世界黑暗的根源。

## "利维坦"：以服从换取保护

所谓"利维坦"（Leviathan）（又译"巨灵"），原是《圣经·约伯记》中述及的一种力大无比的巨兽，它是一种生活在海里的凶猛动物，又译为"鳄鱼"③。它是上帝的奴仆，是上帝驯良的宠物，在人间却无人能捉住它，没有人敢惹它。霍布斯以"利维坦"命名其著作，是用它来比喻一个强大的国家。《约伯记》第41章如此描述了"利维坦"：

> 论到鳄鱼的肢体和其大力，并美好的骨骼，我不能缄默不言。谁能剥它的外衣？谁能进它上下牙骨之间呢？谁能开它的腮颊？它牙齿四围是可畏的。它以坚固的鳞甲为可夸，紧紧合闭，封得严密。这鳞甲一一相连，甚至气不得透入其间，都是互相联络、胶结，不能分离。它打喷嚏就发出光来；它眼睛好象早晨的光线。从它口中发出烧着的火把，与飞迸的火星；从它鼻孔冒出烟来，如烧开的锅和点着的芦苇。它的气点着煤炭，有火焰从它口中发出。它颈项中存着劲力；在它面前的都恐吓蹦跳。它的肉块互相联络，紧贴其身，不能摇动。它的心结实如石头，如下磨石那样结实。它一起来，勇士都惊恐，心里慌乱，便都昏迷。人

---

① [英] 坎南编：《亚当·斯密关于法律、警察、岁入及军备的演讲》，陈福生、陈振骅译，商务印书馆1962年版，第29—30页。
② [英] 亚当·斯密：《道德情操论》，蒋自强等译，商务印书馆1997年版，第102、421页。
③ "利维坦"是否指鳄鱼不能确定，一说指一种已经灭绝的巨兽。

若用刀，用枪，用标枪，用尖枪扎它，都是无用。它以铁为干草，以铜为烂木。箭不能恐吓它使它逃避；弹石在它看为碎秸。棍棒算为禾；它嗤笑短枪飕的响声。它肚腹下如尖瓦片；它如钉耙经过淤泥。它使深渊开滚如锅，使洋海如锅中的膏油。它行的路随后发光，令人想深渊如同白发。在地上没有像它造的那样，无所惧怕。凡高大的，它无不藐视；它在骄傲的水族上作王。①

霍布斯以逻辑严密的契约论，表明了利维坦势所必须，为人们和平共存之保障。霍布斯认为人在自然状态中，乃是各自为利，贪婪无耻，相互攻击，时时争斗，"人们不断处于暴力死亡的恐惧和危险中，人的生活孤独、贫困、卑污、残忍而短寿"②。自然状态即"每一个人对每一个人的战争状态"③。每个人之外的其他人，都是他的敌人，霍布斯认为这源于人的天性，因为人的天性中包含了造成战争状态的三种原因：竞争、猜疑、荣誉。④ 而且，十分关键的一点是，自然状态中人的能力大体相当，即使身体最弱的人也有杀死强壮者的可能。⑤ 再厉害的人也不能保证时时刻刻在人与人的竞争中永远领先、获胜。这样，对于自然状态中的个体来说，保全自身的最佳策略就是先下手为强，这个策略对于每个个体都适用，于是每个人便都开始准备对他人发起进攻，以免后下手遭殃，可怕的"每一个人对每一个人的战争"就这样开始了。人们混战一团，人人皆以他人为敌人。这样的结果，自然是同归于尽。此时，一道理性之光同时从人们头脑中闪现，人们意识到了战争将一无所获，反而送了命，为了摆脱这种毫无益处的人人各自为敌的战争状态，人们决意放下武器，订立契约，组建国家。

订立契约时，人们同意将所有的权力转让出去，转让给第三方（一人或数人），这一不参与订约、受托的第三方，便是国家的代表。国家，便集中了所有个体的权力，成为一个无比强大的新的组织，即"利维坦"，它是一种共同的权力。在这一过程中，所有个体的声音、个体意志，熔铸为一个意志。而人们一旦订立契约就不能反悔，必须服从这个意志，服从这个人格的

---

① 《圣经·约伯记》章41：12—24。
② ［英］托马斯·霍布斯：《利维坦》，黎思复、黎廷弼译，商务印书馆1985年版，第95页。
③ 同上书，第94页。
④ 同上。
⑤ 同上书，第92页。

判决。因为如不服从，便会重新回到那可怕的战争状态。人们之所以服从国家，也正是为了换取国家的保护。霍布斯写道："像这样统一在一个人格（One Person）之中的一群人就称为国家（common-wealth），在拉丁文中称为城邦（Civitas）。这就是伟大的利维坦的诞生，——用更尊敬的方式来说，这就是活的上帝的诞生；我们在永生不朽的上帝之下所获得的和平和安全保障就是从它那里得来的。"① 此段引文中"活的上帝"（Mortal God）当译为寿命有限的上帝，它与永生不朽的上帝（Immortal God）相对照使用。②

在霍布斯看来，国家是人类极其了不起的创造。没有国家的时候，人对人像狼一样，而国家成立后，人对人就像神一样了。人间的正义、仁慈、爱，无不因之而得以可能。有道德的生活，从这里开始了。主权者保护个体，个体服从主权者，和平由此而来。

霍布斯十分反对那些鼓动造反的人，他认为总是想着换一个更好的政府，是最坏的想法。服从主权者，委实是公民的一项义务。霍布斯说："任何一种国家，人民要是不服从、因而不协调的话，他们非但不能繁荣，而且不久就会解体。不服从而光要变革国家的人将会发现他们这样一来就把国家毁了。正像寓言中庇流斯的几个傻瓜女儿一样，她们由于想使衰老的父亲恢复青春，听了米底亚的话，把他切成碎片在灵芝中煮，结果非但没有使他变成一个年轻人，反而送了他的命。"③

## 绝对主权论

在国家建成的过程中，我们看到，主权者无中生有被创造出来，这个主权者当然不能只是一个抽象名词，它必由某人某会来代表。某人某会因群众（每一个人）的授权而拥有权力。由此，主权者的行为，便被众人视为自己的行为。原先各自为政、各自想办法保全生命的状况，现在变为由主权者统一提供安全保障，由是内战得以消弭，外侮亦足以抵挡。

而对这样的国家，人们不禁要问，对主权者，人民有无革命的权利？因为人们常常会想到君主的残暴、统治者的压迫等历史先例，由是对霍布斯理

---

① ［英］托马斯·霍布斯：《利维坦》，黎思复、黎廷弼译，商务印书馆1985年版，第132页。
② Thomas Hobbes, *Leviathan*, Oxford: Oxford University Press, 1943, p. 132.
③ ［英］托马斯·霍布斯：《利维坦》，黎思复、黎廷弼译，商务印书馆1985年版，第263—264页。译文略有改动。

论中创造出的这个主权者难免心存芥蒂、不能放心。霍布斯说，人民只有服从的义务，要做合格的臣民，断无革命权。既已立约，就不能做背约之事。国家建立之后，表明已经完成授权。原先按个人的判断行事，现在则要遵守主权者的命令。一切要取得主权者的同意，而非个人的同意。在君主国中，君主不同意，则君主制便不能被废除，否则必重返民众混乱、日月相残之状态。也不能将君主的统治权转给他人或他会。这都是因为当初有约在先。故而，在国家状态中，妄议废君或他立，皆属背信弃义之举，如遭诛戮，是罪有应得。因为诛戮之权，当初已于建国时奉于统治者。针对英国内战时有人以上帝之名行反叛之事，霍布斯说这些人不过是以诳言掩盖其叛国事迹，不仅不义，而且卑劣不堪。

在霍布斯的理论体系中，主权者无违约之可能，是因为主权者并未参与那个使人摆脱自然状态之约定。主权者是约定的结果。建国之契约，是每一个体与其他所有个体之互约。故而主权者一旦产生，任何个体皆不能解除对其服从之义务——这里，霍布斯既指叛乱者，也指教皇，因为在中世纪，教皇可宣布臣民解除对某个国君服从之义务——其中道理，霍布斯一一辨析。他写道：

> 夫统治者未尝与其人民立约，其理甚明。盖如有是约，则必不外两途：即是人为一造，与群众全体为一造而成约；或是人与群众之人人而各个为约；前者为不可能的，盖群众尚未成为一体，果以何资格而订约？如为后者，而此各个人之约。在此人取得统治权之后，亦皆无效矣。盖此时代表者，非代表其一人，故其行为之如何，不能以一人之意责之。况一人以为违约，他人则以为否，则其是非无从判断，而唯有再诉之武力，而团体瓦解，则与立国之意根本相违矣。①

霍布斯说，个人如不服从主权者，便是将自己置于不受保护的状态，此时人人皆可诛之，无所谓不义。再者，当初立约创造主权者，正是个人同意的，反对主权者，等于自己反对自己。反对主权者的代表，则是在加害一个与你无关的他人，或自相矛盾，或为不义。可见世界一切主权者，皆不容许反对。处死主权者的事情，总是大逆不道的。

---

① 朱明章：《世界哲学史文献选集》，1957 年，内部参考资料，第 218—219 页。

## 第六章 英国的自由传统

如此构造出的主权者，拥有哪些权力呢？依霍布斯描述，主权者广有立法、司法、统帅军队、决定战和、甄选官员、实行赏罚等大权。这些权力不可转让、不可分割。他说，英国的混合政体在国王、上议院、下议院之间分权导致了人们在政见与宗教问题上分歧多出，实为内战之根源。①

霍布斯实际上是要表明，一切有利于和平的事，主权者皆可去做，一切有碍于和平的事，主权者都可以去干预、取缔。例如"决定哪些学说和意见有害于和平，哪些有利于和平，决定对人民大众讲话，什么人在什么情况下和什么程度内应受信任，以及决定在一切书籍出版前，其中的学说应当由谁来审查等，都属于主权范围。因为人们的行动来自意见，为了他们的和平和协调起见，良好地管理人们的意见就是良好地管理人们的行为。在学说问题上所应尊重的虽然只是真理，但并不排斥根据和平加以管理。"② 实际上，主权者可以为所欲为。它与上帝的唯一区别在于上帝永恒，"利维坦"则是有始有终、寿命有限。此即霍布斯称"利维坦"为"寿命有限的上帝"之含义。

在霍布斯描绘的国家中，必定是存在出版和言论审查机构的。20世纪美国政治哲学家埃里克·沃格林曾说，霍布斯关于审查意见、学说的这些文字，像是"现代宣传部长"写的，《利维坦》里面包含着极权主义的因素，他的国家理论有助于理解现代的极权国家。③ 颇具悖论意味的是，霍布斯的《利维坦》在伦敦大火之后，即受指控并遭到焚毁，霍布斯的书可谓亲自感受了一下意见审查的滋味。霍布斯本人担心受到迫害，只有仓皇逃到欧陆长期避难。

为何霍布斯坚持国家权力的绝对性？构建国家，原本是为保全自我的生命，获得幸福，然而，现实政治社会中，主权者权力对个人造成了伤害怎么办？理解霍布斯所说的主权的绝对性，必须考虑到它在根本上构成了对中世纪封建秩序的否定。霍布斯清楚地指明，现代国家之型构，必须破除个人与国家之间所有的中间力量。现代政治秩序中，让公民作为个体直面国家权力，教会的、宗族的、家庭的暴力使用权，皆要予以褫夺。在政治上，人不

---

① [英] 托马斯·霍布斯：《利维坦》，黎思复、黎廷弼译，商务印书馆1985年版，第140页。
② 同上书，第137页。
③ Eric Voegelin, *The New Order and Last Orientation*, History of Political Ideas, volume vii, edited with an introduction by Jürgen Gebhardt and Thomas A. Hollweck, Columbia: University of Missouri Press, 1999, pp. 70–71.

能有两个效忠的对象。权威判决的来源只能有一个，如此才可能有人间的和平。至于个人可能受到的冤枉、迫害或生命威胁，霍布斯认为，个人永远持有自我保全的自然权利，他可以选择逃跑。如果逃跑不成，也不必伤心，原本你的生命持续至今，即拜国家所赐，当初若无国家，个人早就死于非命了。这对于具体的个人来说，当然是十分的不幸。实际上，霍布斯暗示人们，国家并非人间乐园，它不可能做到没有一丝缺陷。然而，在人类理性所能设想的制度中，对于不完美的、骄傲的、贪婪的人来说，这已是最好的一种政治秩序。

## 恶政府愈于无政府

霍布斯著书立说的主要历史背景，是英国内战。这场内战，既有宗教上的原因，也有政治上的原因，二者相互交织，不能完全分开。

在宗教层面，自宗教改革之后，罗马教皇权力衰微，各民族国家发展起来。英国内战的发生，是为了永久地排除天主教势力在英国的影响，同时寻求一个清教徒不受迫害的生存环境，建立一个有着宗教与良心自由的国家。霍布斯的学说，以确立至高无上的主权国家为要旨，在理论上，它标志着宗教改革的完成，是对西方长期以来存在的天主教政治体系的根本否定。它意味着，宗教事务，罗马教皇也无权插手，世俗事务更不必说。一国主权者，是世间一切争执的终审法官。这就是所谓"在谁的地盘上，信谁的宗教"，教随国定。

而在政治层面，内战体现为议会与王室的斗争。议会与国王，双方各有军队，刀兵相见，内战正是霍布斯所说的国家解体的标志。霍布斯说的战争状态，亦即缺乏主权者的状态，正可从内战时期的英国得到印证。这种战争，当然不完全是那种"每一个人反对每一个人"的斗争，但各方宣称自己有理，争斗不已，个人随时面临死亡的威胁，无从得到有效的保护，形势相同。霍布斯坚信，缺乏唯一的公共权威，必将陷入无政府状态下的混乱。霍布斯以清晰的理论告诉人们，既然自我保存是最基本的要事，有政府总是比无政府好。政府再坏，也胜于无政府。因为它至少能保证人们不至于重返"每一个人对每一个人的战争状态"。霍布斯强化了战争与和平、有政府与无政府之间的尖锐对立。暴力武装原为各人所有，国家被创造出来后，则悉归国家拥有。国家，正是一个垄断暴力使用手段的人造物。进入国家状态后，只有主权者使用暴力手段是合法的。人间和平,全赖它强有力的意志。所谓"天下定于一",这个"一",并非其他,而是一个强有力的主权者。而法律,不过是这个主权者意志的固定陈述。

霍布斯展示了现代国家存在的理据,其说也不难得到历史经验的证明。我们阅读诸国历史,考察现实政治经验,并不难发现,但凡国家权力衰败、政府瘫痪,就会出现盗贼蜂起的无序与混乱。此时,人们为求自保,往往自发拥戴一个强势人物,无论其是英雄豪杰还是地痞恶霸,向他们缴纳保护费,只是希望在其武备的保护之下,谋求最基本的安全。战争状态下的人们,无须读霍布斯的书,也能领会到"恶政府犹愈于无政府"①。

## 自由的定义与臣民的自由

霍布斯虽然与王室纠缠不清,且支持绝对主权,但其学说中的自由主义精神,同样引人注目。霍布斯与近代自由主义发生关联,首先可见于他对自由的界定。霍布斯的自由观,堪称自由主义自由观的典范。昆廷·斯金纳在他的研究中告诉我们,从《法的原理》到《论公民》,再到《利维坦》,在与当时其他学者的论战中,霍布斯不断修正、廓清了他的自由概念。《利维坦》中的自由观,正是霍布斯反复斟酌后给出的定义。斯金纳指出,这种自由观的提出,针对的是国王查理一世被处死后开始流行的共和主义自由观。反共和主义,是霍布斯自由观的特点。②

共和主义自由观以约翰·弥尔顿、约翰·霍尔(John Hall)等人为代表。这种自由观认为,自由意指独立、自主,君主制必定意味着君主一人对人民的奴役。共和论者多引古希腊、古罗马的著作为依据。霍布斯则说,古代自由是指国家的自由。这种让人参与政治的自由,蛊惑人心,正是英国内战的思想根源。就个人自由而言,自由与政体没有关系。他写道:

> 古希腊罗马人的哲学与历史书以及从他们那里承袭自己全部政治学说的人的著作和讨论中经常推荐的自由,不是个人的自由,而是国家的

---

① 此语出自《枪船始末》,参见南京大学历史系太平天国史研究室编《江浙豫皖太平天国史料选编》,江苏人民出版社1983年版,第129页。
② [英]昆廷·斯金纳:《霍布斯与共和主义自由》,管可秾译,上海三联书店2011年版,第131页。

自由，这种自由与完全没有团结和国家的时候每一个人所具有的那种自由是相同的……当我们说雅典人和罗马人是自由的这句话时，指的是它们是自由的国家，这不是说任何个人有自由反抗自己的代表者，而是说他们的代表者有自由抵抗或侵略其他民族。现在路加城的塔楼上大书特书自由二字，但任何人不能据此做出推论说那里的个人比君士坦丁堡的人具有更多的自由，或能更多地免除国家的徭役。不论一个国家是君主国还是民主国，自由总是一样。①

霍布斯严厉斥责了当时的英国大学对亚里士多德、西塞罗等古代作家的推崇。他声称："人们由于读了这些希腊和拉丁著作家的书，所以从小就在自由的虚伪外表下养成了一种习惯，赞成暴乱，赞成肆无忌惮地控制主权者的行为，然后又在控制这些控制者，结果弄得血流成河，所以我认为可以老实地说一句：任何东西所付出的代价都不像我们西方世界学习希腊和拉丁文著述所付出的代价那样大。"②

到底何为自由？霍布斯认为，说人的自由与说运动中物的自由是一样的。"自由一词就其本义说来，指的是没有阻碍的状况，我所谓的阻碍，指的是运动的外界障碍，对无理性与无生命的造物和对于有理性的造物同样可以适用。"③ 简言之，自由即指不受外在障碍的阻碍。霍布斯的这个自由定义中，"外在阻碍"一词很重要，它是说受人或物的内在障碍阻碍不能叫缺乏自由，它只是缺乏能力，缺乏使它运动的力量，"像静止的石头和卧病的人便都是这样"④。这就是说，一个人没有能力做某事，无论这种无能源于肢体的残缺抑或心灵的软弱、糊涂，均与自由无关。自由只能从外界阻碍的缺乏来定义才有意义。而从肯定的意义来讲，它指的是行动（做事）的空间有多大。例如在自然状态中，自由，即是"用他自己的判断和理性认为最合适的手段去做任何事情的自由"⑤。由此，自由人的定义便是"在其力量和智慧所能办到的事物中可以不受阻碍地做他所愿意做的事情的人"⑥。

在霍布斯那里，自由与自愿是联系在一起的。一个人出于自己的判断，

---

① ［英］托马斯·霍布斯：《利维坦》，黎思复、黎廷弼译，商务印书馆1985年版，第167页。
② 同上书，第168页。
③ 同上书，第162页。
④ 同上书，第163页。
⑤ 同上书，第97页。
⑥ 同上书，第163页。

## 第六章　英国的自由传统

做出取舍，他考虑外界的多种因素，最后做出自愿的决定，这时他仍然是自由的，不能说受到了强制或奴役。这个解释把自由与法律统一到了一起。有法律存在，并不意味着自由受到了威胁。因为，对法律本身你可以选择服从，也可以选择不服从，你仍然是自由的。大多数情况下，人们权衡利弊，不愿冒险，不愿受罚，因而选择了服从法律。这无损于人的自由，霍布斯写道："例如一个人因为害怕船只沉没而将货物抛入海中时，他是十分情愿地这样做的。假如愿意的话，也可以不这样做。因之，这便是有自由的人的行为。同样的道理，人们有时仅只是因为害怕监禁而还债，同时由于没有人阻拦他不还债，所以这便是有自由的人的行为。一般说来，人们在国家之内由于畏惧法律而做的一切行为都是行为者有自由不做的行为。"[1]

有了法律（国法），就有了臣民的自由。上文所讲的是自由的一般定义，此处讲的是"臣民的自由"。它意味着臣民在法律范围内活动。臣民的自由表明自由并不意味着无法无天，为所欲为。它以一种基于契约之上的政治义务为前提。法律意味着臣民的责任与义务，人们遵守法律，并不在于法律本身的约束力有多大，而在于法律被破坏后造成的无序、混乱乃至战争状态危害人的生活。这与霍布斯国家理论的大逻辑是一致的。法律是主权者的意志，是主权者的号令，人们授予主权者运用武力之大权，为的是使法律落到实处。霍布斯给出了臣民自由的定义。臣民的自由，是相对于法律的自由，它是说："在法律未加规定的一切行为中，人们有自由去做自己的理性认为最有利于自己的事情。……臣民的自由只有在主权者未对其行为加以规定的事物中才存在。"[2] 这个定义常常被人们概括为自由存在于法律保持沉默处。

霍布斯关于法律有一个"锁链"喻，他说："正如人们为了取得和平，并由此而保全自己的生命，因而制造了一个人为的人，这就是我们所谓的国家一样，他们也就制造了称为国法的若干人为的锁链，并通过相互订立的信约将锁链的一端系在他们赋予主权的个人或议会的嘴唇上，另一端则系在自己的耳朵上。这些锁链就其本质说来是不坚固的，它们之所以得以维持，虽然并不在于难以折断，但却是在于折断后所将发生的危险。"[3]

这个锁链比喻源自古代作家琉善（Lucian）笔下关于大力神海克勒斯的寓言。海克勒斯的形象便是他的舌头上系着一些细细的锁链，锁链的另一端

---

[1] [英]托马斯·霍布斯：《利维坦》，黎思复、黎廷弼译，商务印书馆1985年版，第163页。
[2] 同上书，第164—165页。
[3] 同上书，第164页。

系在人们的耳垂上。通过这些锁链，他可以把人们轻松拉到自己身边。[1]霍布斯说，一个国家的法律，也正类似于这些锁链。不过，这锁链是人为的，又是脆弱的，它能快速唤起服从，也意味着人们可以随时挣脱它。

## 个人主义的真精神

个人主义是自由主义的基本精神。个人主义与"自私自利"无关。自私自利的反面是利他主义，个人主义的反面是集体主义。个人可以是自私的，也可以是利他的；集体可以是利他的，也可以是自利的。霍布斯的学说，是一种典型的个人主义政治理论。在霍布斯的政治哲学图式中，一种自足的、原子式的、具有独立精神与自由思想的个人是所有推论的起点。个人先于政治社会而存在。亚里士多德说"人从天性上说是政治动物"[2]，中古时期"政治动物"被译为"社会动物"。[3]这种通过政治或社会而定义的群居动物，在霍布斯这里被独立的个人所取代。亚里士多德称，失去城邦身份，非神即兽。在霍布斯这里，国家解体后，个人仍然作为人存在着。只是他失去了共同的权力的保护，必须自己保卫自己的生命与财产。他没了对国家服从的义务，却多了因之而获得的更多的权利。他的处境虽然是悲惨的、时刻面临危险的，却未曾堕落到兽类的水平。利维坦的诞生，从个人导出国家，意味着国家是派生的，个人是首位的，虽然国家的权力是无限的，但是先有个人，后有国家，国家是为保障人的和平而被创造出来的。国家是具有冲突、战争本性的个体为了免于同归于尽的"权宜之计"。此即所谓本体论的个人主义。

另一方面，霍布斯在《利维坦》中也表达了伦理的个人主义。伦理的个人主义是说，善恶并无固定的标准，它不过反映人们的喜好。伦理的个人主义实际上将道德标准主观化、相对化。他说："任何人的欲望的对象就他本人说来，他都称为善，而憎恶或嫌恶的对象则称为恶；轻视的对象则称为无价值和无足轻重。……不可能从对象本身的本质之中得出任何善恶的共同准则，这种准则，在没有国家的地方，只能从各人自己身上得出，有国家存在

---

[1]［英］昆廷·斯金纳：《霍布斯与共和主义自由》，管可秾译，上海三联书店2011年版，第156页。
[2]［古希腊］亚里士多德：《政治学》，吴寿彭译，商务印书馆1965年版，第7页。
[3]［意］托马斯·阿奎那：《阿奎那政治著作选》，马清槐译，商务印书馆1963年版，第44页。

的地方，则是从代表国家的人身上得出的；也可能是从争议双方同意选定，并以其裁决作为有关事务的准则的仲裁人身上得出的。"①

## 教随国定，良心自由

霍布斯的《利维坦》曾遭到"无神论"（atheism）的指控，这种指控来自教会人士。霍布斯并不接受此一指控，他专门著文，为自己的基督教信仰辩护。事实上，霍布斯著作令教会人士不安的，不仅包括他对上帝的亵渎，还包括他对教会的权力与世俗利益的抨击。美国学者 A. P. 马蒂尼奇写道："霍布斯的《利维坦》就像潜入亚当和夏娃的伊甸园里的毒蛇一样潜入基督教，似乎要基督教窒息而死。"② 17 世纪的英国革命是清教徒革命，其宗教之维十分关键。霍布斯在内战的背景中写作，他在宗教问题上的观点，令每一个读者感兴趣。

在《利维坦》中，霍布斯对宗教、迷信与真正的宗教有清晰的定义。他说："头脑中假想出的，或根据公开认可的传说构想出的对于不可见的力量的畏惧谓之宗教。所根据的如果不是公开认可的传说，便是迷信。当所想象的力量真正如我们所想象的一样时，便是真正的宗教。"③ 依据这几个定义，我们可以看出，在霍布斯那里，宗教有真假之分。霍布斯并未指明基督教是真正的宗教，他以条件句来界定真正的宗教，给出了"真正的宗教"的衡量标准，而人们能否确认"想象的力量真正如我们所想象的一样"，在霍布斯那里是存疑的，这实际上意味着人们靠自己，至少在现时代，无法辨认哪一种宗教是真正的宗教。我们只是姑且相信，存在一个真正的宗教。在此一点上，霍布斯继承了他之前的蒙田等人的怀疑主义。关于基督教，霍布斯持一种格劳秀斯式的信仰上的"最小主义"，④ 认为基督教的根本教义是相信"耶稣是弥赛亚（Messiah），亦即基督（the Christ）"。其余则是次要问题，可由不同教派去发挥。再者，霍布斯表明，宗教与迷信在本质上皆为基于传说而产生的对无形力量的畏惧，差别在于传说是否得到公认。这就等于说，宗教是得到公认的"迷信"，迷信是未得到公认的"宗教"。何谓"公认"，

---

① ［英］托马斯·霍布斯：《利维坦》，黎思复、黎廷弼译，商务印书馆 1985 年版，第 37 页。
② ［美］A. P. 马蒂尼奇：《霍布斯传》，陈玉明译，上海人民出版社 2007 年版，第 279 页。
③ ［英］托马斯·霍布斯：《利维坦》，黎思复、黎廷弼译，商务印书馆 1985 年版，第 41 页。
④ Richard Tuck, "Hobbes", in *Great Political Thinkers*, Oxford: Oxford University Press, 1992, p. 198.

霍布斯后文有解释，在他那里，"公认"是指公众的唯一代表者——主权者的认可。霍布斯认为，《圣经》的权威性，也源于政治权力的认可。《圣经》本身以及教会，皆不能赋予《圣经》以权威性。

关于"上帝"，霍布斯也有其定义。他认为上帝观念源于人的好奇心。我们知道，好奇心历来被视为哲学产生的驱动力。正统神学关于永生的寻求与人的得救而阐发出的对上帝的信、望、爱，被霍布斯对人自身官能与激情的分析所取代。霍布斯说，人们说上帝是一个"灵"，只是说我们无法以描绘有形物体的语言来描述他。由此，上帝这一观念与他的唯物主义的形而上学并不矛盾。霍布斯写道：

> 好奇心或对于原因的知识的爱好引导人们从考虑效果而去探索原因，接着又去探求这原因的原因；一直到最后就必然会得出一个想法：——某一个原因的前面再没有其他原因存在，它是永恒因，也就是人们所谓的上帝。因此，要深入研究自然原因，就不可能不使人相信有一个永恒的上帝存在；只是他们心中不可能存在符合于神性的任何神的观念。正像一个天生的瞎子一样，听到人家谈烤火取暖而自己也被领去烤火取暖时，他很容易认识并确信有某种东西是人们所谓的火，而且是他所感受到的热的原因，但却想象不出是什么样子；而且他的心中也不可能具有看见过火的人的那种观念。同样的道理，人们根据这个世界上可以目见的事物以及其令人称羡的秩序可能想象到有一个原因存在，这就是人们所谓的上帝，然而他心中对于上帝却没有一个观念或映象。[①]

霍布斯在宗教问题上的看法有一个转变。在 1642 年出版的《论公民》中，霍布斯的宗教观尚不足以令人惊骇。事实上，他的《论公民》颇得教会中朋友的肯定。他那时的立场，实为英国国教会的基本立场。对于教会，霍布斯承认它在解释《圣经》方面具有权威性，世俗主权者虽然有绝对权力决定圣言的含义与公共崇拜的内容，但"握有国家主权的人作为基督徒，在关系到信仰的神秘性时，必须在正当委派的神职人员的帮助下解释《圣经》"[②]。但在《利维坦》中，霍布斯剥夺了神职人员独立解释《圣经》的权

---

① ［英］托马斯·霍布斯：《利维坦》，黎思复、黎廷弼译，商务印书馆 1985 年版，第 77—78 页。
② ［英］托马斯·霍布斯：《论公民》，应星、冯克利译，贵州人民出版社 2003 年版，第 227 页。

力。霍布斯坚持，主权者是唯一的权威，在宗教问题上也不例外。① 霍布斯此一转变的原因可能有二：一是他当时支持独立派而展开了对长老会派的斗争；另一个原因是他对自己的政治哲学在宗教上的意涵日益清晰明确。他有足够的理由相信，教会从属于国家优于政教二元合作模式。

霍布斯提出了一种关于"上帝之国在地上"的全新的神学观点。他认为，《新约》中的"上帝之国"大多数时候是指一个世俗王国，由以色列人民以一种特别的方式投票建成，"其成立首先在于以色列人民的一种义务，即服从摩西从西乃山带给他们，后来暂时由大祭司在至圣内殿中从天使那里付给他们的律法的义务，这一王国在选扫罗为王时被抛弃，先知预言将由基督复兴；我们每天在主祷文中说'愿你的国降临'，便是祈祷这一王国的恢复"②。以霍布斯之见，在祈祷中，希望降临于尘世的具有典范意义的王国中，耶稣将是国王，也是宗教权威。在霍布斯那里，国家并不对灵魂得救发生兴趣，也不想控制人的灵魂、剥夺人良心的自由，但它对人的外在表现有要求，它要求臣民的绝对服从，要消除因宗教分歧而致的人身伤害及国家分裂，因为此时宗教问题已纯然演变为个人肉体的保存问题，这是国家唯一应当关心的事情。

霍布斯不是无神论者。无神论否定上帝的存在，否定上帝是世界的主人。在《论公民》中，他曾言及无神论是一种源于"傲慢与无知"的"罪"（sin）。③ 霍布斯的"利维坦"，亦并未封锁通往上帝之路，在犹太教神秘教义中，利维坦是上帝的宠物，上帝每天和它玩几个小时。④ 在象征意义上，利维坦从未断绝与上帝的联系。在霍布斯的思想世界中，个人自由一直是一个鲜活而强劲的观念。霍布斯反复指明的是，离开了安全这个前提，个人自由便失去了意义。并且，公民结社的自由，在"利维坦"中同样保存着。霍布斯讨论"臣民的政治团体和私人团体"，他指出，团体只要"不被国家禁止、而又不是为罪恶的目的而形成，便是合法的团体"⑤。一国之内的政治团体，其权力永远有限，其限度由主权者确定。关于宗教自由，霍布斯将它界定为良心自由、思想自由，而不是言论与表达自由、公开崇拜的自由。他赋

---

① [美] A. P. 马蒂尼奇：《霍布斯传》，陈玉明译，上海人民出版社2007年版，第290页。
② [英] 托马斯·霍布斯：《利维坦》，黎思复、黎廷弼译，商务印书馆1985年版，第326页。
③ [英] 托马斯·霍布斯：《论公民》，应星、冯克利译，贵州人民出版社2003年版，第155页。
④ [德] 卡尔·施米特：《霍布斯国家学说中的利维坦》，应星、朱雁冰译，华东师范大学出版社2008年版，第47页。
⑤ [英] 托马斯·霍布斯：《利维坦》，黎思复、黎廷弼译，商务印书馆1985年版，第174页。

予国家以无所不包的对人的言行进行审查的权力,却反对透过"言行"这一外在的表现去审查人的思想与良知。他认为,世俗法只能约束人外在、公开的言行。一个人不能被国家强制要求表达他不相信的东西或指控自己的见解,那样有违自然法。① 例如,一个人抱有错误的对上帝的理解,外人并不能加以干涉。显然,霍布斯论国家主权者在宗教信仰上的权力时,是从消极的意义上来说的。同样,"每一个人都可以随自己的心愿属于保罗、属于矶发或属于亚波罗。……除开道本身以外,应当没有任何权力可以管辖人们的良知意识"②。理查德·塔克写道,霍布斯此段文字,力主宗教宽容,读者不看作者,定会猜测出自洛克之手。③ 就霍布斯的语境而论,他主要担心、反对的是教会在信仰问题上的权力,而非世俗政府在信仰问题上的权力。

具体说来,霍布斯论宗教问题时实有两个大敌。一是民间狂热分子。他们或自称先知,称得到了最新启示,或是凭个人想法对《圣经》做自己的解释。霍布斯要求基督徒要服从主权者先知,远离假先知。④ 他指出,在《新约》时代,主权者先知只有一位,那就是耶稣基督。"他一方面是说话的上帝,另一方又是听话的先知。"⑤ 霍布斯的另一个论敌是罗马天主教。霍布斯很清楚,他所阐发的国家观念迥异于罗马天主教会所代表的普世秩序。

霍布斯沿袭人文主义者关于"黑暗的中世纪"的意象,指明人间黑暗王国,正是由罗马教会一手造成。他认为,经院哲学的毒雾后面,是教皇与教会赤裸裸的世俗统治欲与利益。教会办的大学,助长着人间黑暗,大学的学者充当了为肆意插足主权国家事务、破坏和平的教皇"执鞭坠镫"之人。⑥ 大学正是"教士的魔窟"。霍布斯称,教皇及各级教士构成的黑暗王国,可以比之于英国老太太口中传说的妖魔的王国。"教皇之位不过是已死亡的罗马帝国的鬼魂戴着皇冠坐在帝国的坟墓上。"⑦ 霍布斯指出,正是在异教罗马权力的废墟上,产生了教皇的统治权力。

《利维坦》最后一章的最后几节,全都用来将教皇国与妖魔王国进行类比。霍布斯饶有兴趣地说,妖魔没有祖国,共尊一个魔头,教士不论在哪一

---

① [英] 托马斯·霍布斯:《利维坦》,黎思复、黎廷弼译,商务印书馆 1985 年版,第 554 页。
② 同上书,第 563—564 页。
③ Richard Tuck, "Hobbes", in *Great Political Thinkers*, Oxford: Oxford University Press, 1992, p. 201.
④ [英] 托马斯·霍布斯:《利维坦》,黎思复、黎廷弼译,商务印书馆 1985 年版,第 347 页。
⑤ 同上书,第 341 页。
⑥ 同上书,第 562 页。
⑦ 同上书,第 565 页。

国中,皆承认一个共同的王——教皇;妖魔鬼怪喜欢待在黑暗的地方、荒僻的墓地里;教士则在阴暗的教义、修道院、教会和教皇墓地中行走;妖怪有其城堡,并统治着城堡周围的地区,教士有教堂及其辖区。妖魔不受法律约束,教士不受世俗法庭审判。妖魔喜欢从摇篮把小孩偷走,使之变成傻瓜,教士也用形而上学、奇迹、传说等使青年人不能运用其理智;妖魔不结婚,却与凡人行淫,教士亦然;妖魔跑进牛奶场去刮奶油皮大吃特吃,教士则向信徒收取什一税以及捐赠。最后,妖魔除了存在于相信老太太鬼故事的愚民心中,在其他地方并不存在,教皇的教权只存在于受骗的百姓对开除教籍所产生的恐惧之中。①

至此,我们可将霍布斯在宗教问题上的看法做如下概括:(1)霍布斯的哲学形而上学、国家学说并不与对上帝的信仰相冲突。霍布斯的国家学说,可视为其政治神学的一个部分。(2)霍布斯反对的是中世纪罗马天主教领导下的政教秩序,他的国家理论,本身即是对此一秩序的摧毁与替代。他反对包括教会在内的一切中间权力,而将所有的世俗权力皆集中于主权者手中。正如卡尔·施米特所言,在教会与国家的长期斗争之后,国家终于确立了它的主权。霍布斯的学说是"完成了的宗教改革的表达"。②(3)霍布斯构想的国家是绝对主义国家,但不是极权主义国家。法治秩序与宗教自由,在霍布斯思想中皆具有关键地位,它们使绝对主义国家与20世纪极权主义国家完全区别开来。(4)若采用理查德·塔克的观点,霍布斯在《利维坦》中表达的是一种公民宗教观。它起源于罗马,可以视为马基雅维里思想的哲学论证。在卢梭那里,此种公民宗教观可以再次见到。③

## 霍布斯与现代社会

霍布斯受近代科学的影响,试图建立关于政治的体系化学说。他从界定最基本的概念开始,陈陈相因,环环相扣,希望把国家的逻辑讲清楚。他的政治哲学,基于伊壁鸠鲁主义、斯多葛主义及中世纪后期唯名论哲学,反对古代亚里士多德主义、中世纪经院哲学以及同时代的共和主义学说。在勾画

---

① [英]托马斯·霍布斯:《利维坦》,黎思复、黎廷弼译,商务印书馆1985年版,第566页。
② [德]卡尔·施米特:《完成了的宗教改革——〈利维坦〉晚近注释疏议》,载[德]卡尔·施米特《霍布斯国家学说中的利维坦》,应星、朱雁冰译,华东师范大学出版社2008年版,第141页。
③ Richard Tuck, "Hobbes", in *Great Political Thinkers*, Oxford: Oxford University Press, 1992, p. 203.

人格独立、精神自由的个体，充分阐发主权国家的内涵方面，霍布斯所做的贡献非常突出。霍布斯学说论证了现代国家——"人造的人"，这一特殊主义的结合——代替罗马天主教会所代表的普世主义秩序的理据，也展示了以现代主权国家为基础构建的世界秩序本身必然存在的问题。

霍布斯描述的利维坦，与欧洲大陆当时的政治新经验相吻合，这一经验，便是中世纪封建秩序的解体、宗教改革的完成、现代国家的形成。在一定的疆域之内，唯一的权力中心确定起来，暴力的使用权、租税的征收权，悉数由国家垄断。法律也在走向统一。与之相伴随的，是教会世俗权力的丧失，贵族力量的衰微，宗亲社会的解体，国家与个人之间中间力量的破除。不过，具有悖论意味的是，在英国，严格意义的利维坦却从未实现。霍布斯虽来自英国，但他的政治哲学并非英美风格的，而是欧陆风格的。他的思想中的"决断论"，实为法国法学家的思想特征。[1]

霍布斯常被称为自由主义的奠基人，这是因为自由主义的不少理念，如工具主义、机械主义的国家观以及清晰的个人主义政治哲学，由霍布斯第一次予以阐明。霍布斯的学说之于自由主义的重大意义，还在于他给人们提供了一种包含清晰的国家理念的自由主义，这就是说，霍布斯式的自由主义并不否定国家，并不"反"政府，相反，它还要求一个强有力的国家。它与那种拒斥国家观念的自由主义区分开来，在严格意义上，后者与其说是自由主义，不如说是某种形式的无政府主义。自由主义本质上是一种国家理论，而不是无国家的理论。霍布斯以清晰的逻辑告诉人们，个人权利的保障，契约的履行，法的执行，离不开在人世间居于至高地位的强有力的国家。具有实在意义的自由个体与具有无限权力的国家并行不悖，且相互支撑，得益于霍布斯对唯名论哲学的运用。唯名论的上帝至高全能，却只是一个名，霍布斯的利维坦，这个人造的、寿命有限的上帝，同样只是一个名。正如唯名论不是要否定上帝一样，称国家是一个名，同样不是对国家的否定。霍布斯运用唯名论的好处在于，他将独立、自由的个体观念一直贯彻到底，从而避开了那种起于个人主义、终于国家主义的理论。也就是说，当我们说自由主义是国家理论时，并不意味着对国家主义的支持。霍布斯式自由主义包含清晰的强国家观念，但并不是国家主义。

霍布斯学说以一种古典政治哲学及道德学家眼里低标准的人、"堕落的"

---

[1] ［德］卡尔·施米特：《大地的法》，刘毅、张陈果译，上海人民出版社2017年版，第156页。

人为起点,其论证策略是十分清楚的。霍布斯是要表明,如果现实世界中人们"堕落"为唯利是图、无限追求自己快乐的人(不幸的是,现代社会的主体正是由此种类型的人构成),那么,也只有凭借"利维坦"才能建立起一个基本的文明秩序。这个秩序是基本的,必定不是完美的,它剔除了所有的乌托邦梦想。

在个人之上供养一个权力绝对的"利维坦",从前的"战争状态"得以摆脱,人们的生存处境自然得到了极大改善,产业也得以发展起来,然而,人们在获得安全的同时,必定也感到恐惧,因为主权者权力运用的随意性始终存在,这样的生活状态,似不能令人完全满意。而且,安全和财富的积累之外,人们尚有其他的追求。

## 西方文明梦想之华章

20世纪英国政治思想家奥克肖特,甚为推崇霍布斯。他写了《利维坦》的导读以及不少论霍布斯的文章,其思想在某些方面也深受霍布斯的影响。他称霍布斯的《利维坦》是用英文写成的著作中最伟大的一本书,称霍布斯的政治思想体现了西方文明之梦的高峰。在1947年题为"利维坦:一个神话"的谈话中,奥克肖特指出,《利维坦》不是一部科学著作,而是一部文学著作。"利维坦"表达了一种关于文明人与文明社会的想象,描述了"一个文明"的"神话"。

奥克肖特认为,文明在本质层面上不过是一种集体之梦。"一个地方的人民在世间的沉睡中所梦想之事便是其文明。这个梦的实质是一个神话,是对人的存在的一种想象性解释,是对人生奥秘的体悟(而非解决)。"[①] 而文明中的文学作品不是要打破这个梦想,而是永远地召唤之,在每一代人中再造之,甚至是要使人们梦想的力量更为强大。众人是这个梦的"奴隶",而艺术家则有相对的自由,他的天才是梦想着他在做梦。科学家则是梦想着自己清醒的人,科学是要揭开谜底,试图把我们从梦中唤醒,毁灭神话。伟大的文学作品通过唤起共同的梦想,使一代代人联结在一起。而科学的计划如完全实现,人们将不仅会发现自己于深刻的黑暗之中醒来,不光对梦魇无法

---

[①] Michael Oakeshott, *Hobbes on Civil Association*, Indianapolis: Liberty Fund, 1975, pp. 159–160.

忍受，而且会患上致命的失眠症。[1]

基于这一理解，奥克肖特称《利维坦》承继了圣·保罗与奥古斯丁等人的事业，提供了对人生奥秘的想象性体悟，特别是包含了关于不完美的人如何创造文明生活的梦想。《利维坦》重申了人的渺小、不完美、生命有限，但同时也确认了人的重要性。这是"我们"的文明之梦的重要一节，自17世纪以来仍然不容许我们忘记。

在奥克肖特看来，利维坦是西方文明梦之华丽篇章。除了从社会学的角度去考虑其作为"神话"塑造一个文明社会的力量之外，我们当如何理解奥克肖特的这种赞誉？思想家编织的集体之梦很多，有的风平浪静，有的波澜壮阔，有的是噩梦，有的是美梦。奥克肖特之所以赞"利维坦"的构想为伟大的梦，根本在于霍布斯提供了一种方案，它使得一个伟大的自由、文明、和平的社会得以可能。它是一种美梦，在于霍布斯"利维坦"的设计提供了一个文明的蓝图，它可以引导人们走出黑暗、奔向光明。

在霍布斯这里，个体是自由的，它彻底摆脱了身份的束缚。个体不必作为家庭的一员、教会的一员、族群的一员而寻求生存的依据与保障，个体自己追求自己的幸福，个体之上是一个主权国家，它提供了强制性的法律环境，提供了和平安全，确保每个个体在追求幸福时不至于相互伤害。霍布斯指明了走出内战（意味着国家的死亡）、摆脱战争的道路。人们不能为宗教教义与真理的解释不同刀兵相见，不能因身份不同、生活方式不同而相互伤害。霍布斯告诉人们，当我们意识到到底何为今生的幸福时，那些原本以为至关紧要的争执不过是浮云。在国家统一的主权之下，每个人都有服从主权者的义务，必须维持国家的存在，确保不会重返从前的战争状态。在这个人造人的世界中，你不必认识我，我不必认识你，不要讲什么公民友谊，同志情谊，共同的出身、文化和传统，我们只是努力地追求自己的幸福。这种设计，使得过去政治思想家关于小共和国的设想、小城邦的设想、封建制的设想，相形见绌。人们比从前获得了更多的自由，获得了前所未有的和平，产业与文化也得以发展起来。奥克肖特曾引庄子《大宗师》里的寓言来描述利维坦所勾勒的这种自由人的世界。"泉涸，鱼相与处于陆，相呴以湿，相濡以沫，不如相忘于江湖。"[2]

---

[1] Michael Oakeshott, *Hobbes on Civil Association*, Indianapolis: Liberty Fund, 1975, p. 160.
[2] 《庄子·大宗师》。

利维坦勾画的文明世界，正是一个"相忘于江湖"的世界。它意味着陌生人与陌生人和平共处，意味着文明社会向所有人开放，只要个体不违反国家的法律。它也意味着个体自由落到实处。相对于存在强制性的国教或支配性意识形态的国度，它是一个空灵的世界；相对于个体卷入团体、党派、族群进行野蛮恶斗的世界，它是一个个体充满活力、努力进取的世界，又是一个彼此之间保持距离、井然有序的和平世界。正是在此意义上，文明社会与野蛮社会拉开了差距。

## 斯宾诺莎：发现"利维坦"的缺口

20世纪德国政治思想家卡尔·施米特认为，斯宾诺莎给霍布斯"利维坦"的硬壳打开了一个缺口。施米特此言何意？从霍布斯到斯宾诺莎，到底发生了什么？让我们离开英国，来到这位伟大的荷兰政治思想家那里。

斯宾诺莎（Baruch de Spinoza）1632年出生于荷兰阿姆斯特丹的一个犹太移民家庭。他的父母是西班牙裔犹太人，曾为逃避迫害流亡到葡萄牙、荷兰。那时荷兰是宗教上最为宽容的国家。斯宾诺莎还是婴儿时，他的母亲便去世了。斯宾诺莎年轻时即大量阅读犹太教经典以及犹太哲学家的注释作品，并对基督教哲学以及当时世俗作家的作品有所了解。15岁时，他已被犹太教会视为未来的大家。然而，斯宾诺莎善于独立思考，他对很多问题有自己的看法，不盲从于犹太人的正统信条。24岁时，他在经济与政治见解方面与阿姆斯特丹的犹太教会发生冲突，他拒绝屈服，终致教会开除他的教籍，将他逐出犹太人社会。因有犹太狂徒威胁要杀死他（狂徒曾行刺斯宾诺莎，在他衣服上留下了一个大洞），斯宾诺莎离开了阿姆斯特丹。

自此，他只身一人，租房生活，几次搬家，直到去世。斯宾诺莎最初居住在莱茵斯堡（Rijnsburg）。1663年，他从那里搬到荷兰首府海牙（Hague）附近的乡间小镇伏尔堡（Voorburg）。在那里，他初时写《伦理学》，1665年，他搁下这本书的写作，转而写《神学政治论》，以声援荷兰的共和派人士。1669年底，《神学政治论》已经写完，在朋友的劝说下，他搬家到了海牙。他有打磨光学镜片的高超本领，以此可以赚取些生活费。不过，他的经济来源主要是朋友的资助。1673年，著名的海德堡大学邀请他去担任哲学教授，他竟然拒绝。斯宾诺莎淡泊名利，他生活简朴，但不穷困潦倒，而是井井有条；他虽一人生活，但并非孤僻离群的怪人，而是朋友众多，每与人交

图 36　斯宾诺莎

流,和蔼友善谦逊,充满高贵气质。唯有一件事他舍得花钱,那就是买书。他在他租的房子里阅读、写作,有时打磨镜片。"为了消遣,他喜欢聚集蜘蛛,让它们相互打架,或把苍蝇扔到蛛网上,制造'战斗',这使他高兴得'不禁爆出笑声'。"[①] 1677 年,斯宾诺莎因肺病去世,年仅 45 岁。他去世

---

① ［英］史蒂文·纳德勒:《斯宾诺莎传》,冯炳昆译,商务印书馆 2011 年版,第 433 页。

后，其著作遭到教会及政府的严厉谴责。

斯宾诺莎的著作有《笛卡尔哲学原理》(1663)、《神学政治论》(1670)，去世后出版的有《知性改进论》《伦理学》《政治论》《书信集》等。《政治论》为斯宾诺莎逝世前不久开始着手写而未能完成的作品。

## 《圣经》解释学、上帝观、信仰与哲学的分手

犹太哲学家迈蒙尼德认为解释《圣经》不能仅仅停留在《圣经》经文本身，还必须结合《圣经》之外先知的预言，必须看出文字的弦外之音，因为《圣经》本身讲的是不太清楚的，有时甚至需要从反面去理解一句话的意思。斯宾诺莎批评了迈蒙尼德，他认为迈蒙尼德的解释方法是"有害的、无用的、荒谬的"。因为《圣经》本身所讲的大部分事物是不能被证明的，它不能用理性来检验。迈蒙尼德用权威的理性来取代每个人皆可运用的理性。斯宾诺莎说："解释《圣经》最高之权既是属于每个人，则解释《圣经》的法则不是别的，应该会是有赖于理智的天然的能力。这种能力是人们所共有的。"[1] 斯宾诺莎认为，解释《圣经》与解释自然的方法差不多是一样的，其第一步是要把《圣经》仔细研究一番，然后根据其中的原理推出适当的结论，揭示作者的本意。因此解释《圣经》，只涉及文本内容本身，"关于《圣经》的知识只能求之于《圣经》"[2]。

斯宾诺莎认为，《圣经》的读者是广大信众，他们中既有受过教育的人，更包括大量未受教育的人。故而《圣经》中多有诗意、趣味的说法，有各种比喻。《圣经》如何面对理性的挑战，原不是什么有意义的问题。因为《圣经》的目的，本不在于解释事物，而只在于通过生动、能抓住人们想象力的事物，激起惊奇，感化大众，唤起大众的敬神之心。这对于未受过教育者而言尤为重要。它只是要人服从，要人敬信上帝。这与旨在追求真理与智慧的哲学事业是不同的。由此，"信仰与哲学永远分了手"[3]，二者分属不同领域，是截然不同的两件事。"神学不是理智的奴婢，理智也不是神学的奴婢。"[4] 迈蒙尼德欲使《圣经》服从于理智，他的对手欲使理智服从于《圣

---

[1] [荷兰]斯宾诺莎：《神学政治论》，温锡增译，商务印书馆1963年版，第124页。
[2] 同上书，第104页。
[3] 同上书，第195页。
[4] 同上书，第204页。

经》，视《圣经》为绝对真理，在斯宾诺莎看来，这两种做法都是错误的。

斯宾诺莎的敌人多责其为"无神论者"，实则斯宾诺莎是捍卫"上帝"观念的，他持一种"泛神论"（pantheist）的观点，与唯物主义者纯然不同。依据雅斯贝尔斯的概括，斯宾诺莎的上帝观包括：（1）上帝存在。上帝存在是一种确切的信仰，不依赖理智上的证明或尘世的证据。上帝仅凭自身清晰而确定地存在着。（2）上帝是无限的。（3）上帝是不可分的。对上帝而言，不存在可能性与现实性的分别。可能的即是现实的。凡是它能创造的，皆已创造。在上帝那里，自由与必然是一回事。上帝不能像人一样有"自由意志"、为所欲为，因为那反而意味着对上帝权能的限制，"所为"必定是诸种可能中的一种。（4）上帝是唯一的。（5）上帝是不可规定、不可表象的。人们无法用有限的事来描摹无限的存在；不能把上帝予以人格化的理解。当然，大众喜欢如此去认识上帝。（6）上帝既完全不同于我们，又不与世界相分离。上帝是一个他者，但同时，上帝又存在于一切之中。斯宾诺莎的上帝是没有历史、没有人格的逻辑上的某物。[1]

## 神学—政治论

斯宾诺莎被逐出犹太教，但他并未改宗基督教。他的唯一身份是荷兰公民。斯宾诺莎正是以此身份，密切关注荷兰现实政治。《神学政治论》既是一本理论著作，又是一部政治宣传手册。在政治上，它是为他的朋友约翰·德·威特而写的，是为了支持德·威特所领导的共和党的事业，为了捍卫共和政体。荷兰当时是尼德兰七省联合共和国中实力最强的省。联省共和国源于与西班牙统治斗争的胜利，其诞生甚为偶然，在政体方面，未有进行设计，而民众方面，更是尚未对共和国有心理准备，他们认同的还是奥兰治王室的君主制，直至斯宾诺莎生活的时期，依然如此。

德·威特是荷兰17世纪最伟大的政治家。他坚持共和理想，和他的兄长一道与时代的偏见抗衡。有人称当时荷兰敢公开讲"共和"的，只德·威特等一二人。同时，他还是一名科学家，深受笛卡尔影响，他写的关于圆锥曲线的论文，曾得到牛顿的好评。把几何学方法应用于社会政治的研究，实

---

[1] ［德］卡尔·雅斯贝尔斯：《大哲学家》，李雪涛主译，社会科学文献出版社2005年版，第691—696页。

## 第六章　英国的自由传统

为德·威特的贡献，斯宾诺莎不过是沿袭了他的这一方法。德·威特还创立了社会数学，他是现代量化科学的奠基人之一。[①] 在政治上，德·威特是共和派的领袖，他后来成为荷兰政治中拥有实权的核心人物。

共和派主张各省拥有自主权，实行宗教宽容，崇尚和平，提倡商业和贸易，其统治基础是荷兰的商人阶层与自由派哲人。其敌人则是奥兰治分子，他们是君主主义者，主张中央集权，主张宗教信仰的统一，崇尚武德，反对共和。与之相对应，在宗教上，共和国得到自由派新教团体阿明尼乌斯派（他们被称作 Remonstrant）的支持，该派主张宗教宽容；而荷兰新教的另一派加尔文派则主张消灭异端异教，建立神权政体，他们自称"上帝的选民"，在一种救赎性的、千禧年主义的幻觉中，凡事趋于狂热。加尔文派的鼓动者，自称是希伯来先知的现代传人，说他们的使命就是要立新王。加尔文派的这种精神在赶走西班牙人的殖民统治、赢得独立方面，发挥了重要作用。但到德·威特时期，这种做法，则成为共和国的破坏性力量。他们支持奥兰治王室，占民众中的多数。当时荷兰的犹太教社群，也支持奥兰治君主政体。宗教与政治主张的对立，在这里十分明显，它们与英国革命中新教与天主教不同，其宗教上的对立，是新教内部派别的对立，然其尖锐程度，丝毫不亚于英国。在两派的斗争中，共和派原本已经失败，尼德兰建立了绝对主义王权，奥兰治王朝的威廉二世成了尼德兰国王。不过威廉二世24岁就去世了，继位的是一个婴儿。这就给共和派以反击的机会。在德·威特和他的哥哥的努力下，尼德兰取消了绝对主义王权，成为七省联合共和国，军队也归各省主管。但加尔文派牧师反政府的煽动工作，从未停息。德·威特政府的民意基础，非常脆弱。

尽管斯宾诺莎与德·威特的私人关系引起了一些学者的怀疑[②]，但斯宾诺莎积极支持德·威特，支持共和派，是确定无疑的。他的《神学政治论》，针对的是那些狂热、充满敌意的加尔文教徒和奥兰治分子。作为一名自由共和派哲人，斯宾诺莎需要考虑的是如何在这样一种情况下建立民主制。他希望说明这样一个道理："为了他们自身利益能很好地得到实现，应将宗教争议放在一边，把宗教从政治中分开，从共同体的福祉与繁荣这一标准去看待

---

[①] Lewis S. Feuer, *Spinoza and the Rise of Liberalism*, New Brunswick and Oxford: Transaction Books, 1987, pp. 76 – 77.

[②] 英国学者纳德勒认为，斯宾诺莎与德·威特本人是否有个人交往并不清楚，因为相关证据不足。参见［英］史蒂文·纳德勒《斯宾诺莎传》，冯炳昆译，商务印书馆2011年版，第388页。

所有的政治问题。"①

斯宾诺莎很乐观地看待共和政府的前景。然而不幸的是，1672年，共和国领袖德·威特竟然在海牙被保王派暴民群殴致死。暴民们无法无天，原本想绞死德·威特，未及等将他押到绞刑架，已经把他打死。这位共和国领袖，死后竟被扒光衣服，尸体倒挂，形状惨不忍睹。德·威特遇害后，奥兰治王朝复辟，建立了君主政体。听闻德·威特遇害，斯宾诺莎泪流满面，挥毫书写致暴民的公开信，抗议野蛮暴行，要张贴到大街上，他的房东为了制止他的冲动行为，防止他也被暴民所伤，不得不把他锁在屋里。

斯宾诺莎的政治观，与他的上帝观是一脉相承的。斯宾诺莎说："我们是在上帝的掌握之中，就好像泥土在陶人的手中一样。"② 人在永恒的秩序中，"不过是一个微粒而已"③。在《政治论》中，斯宾诺莎抛开神学问题，直接论世俗政治。他承马基雅维里的教诲，不是从"人应该如何"去想象人，而是从现实中人本来的面目去看待人，他写道："我致力于政治学研究的目的不是为了提出新的或前所未闻的建议，而是通过可靠和无可争辩的推理，并且从人的真正本性去确立和推论最符合实际的原则和制度。"④

斯宾诺莎观察到，人大多同情失意者，嫉妒得意者，多倾向报仇而少有悲悯之心，每个人还总想别人依他的意思而生活。人人都想胜过对方，便不免相互争吵。而人性中的"一条普遍规律"则是"人人会两利相权取其大，两害相权取其轻"⑤。人不愿放弃他断为有利的东西，除非有更大的好处或出于避免更大的危害。没有国家时，人人处于自然状态之中。自然状态中盛行的是自然法则（自然律），这个法则即人人追求自我保存，不顾一切。所谓天赋权利，正是大鱼吃小鱼。在这里，权力即权利。在人的世界中，人与人相互为敌，个人需单独地防御其他人，个人的权力几乎为零，故其权利也几乎为零。人们发现联合起来，相互帮助，他们的权力就增大，他们的权利也就增多。这样，人们就进入了国家状态。他的权利便由国家来规定。有了国家，才有法律。斯宾诺莎说："若是每个个人把他的权力全部交付给国家，国家就有统御一切事物的天然之权；就是说，国家就有唯一绝对统治之权，

---

① Lewis S. Feuer, *Spinoza and the Rise of Liberalism*, New Brunswick and Oxford: Transaction Books, 1987, p. 75.
② [荷兰] 斯宾诺莎：《政治论》，冯炳坤译，商务印书馆1999年版，第22页。
③ [荷兰] 斯宾诺莎：《神学政治论》，温锡增译，商务印书馆1963年版，第216页。
④ [荷兰] 斯宾诺莎：《政治论》，冯炳坤译，商务印书馆1999年版，第6页。
⑤ [荷兰] 斯宾诺莎：《神学政治论》，温锡增译，商务印书馆1963年版，第217页。

每个人必须服从，否则就要受最严厉的处罚。这样的一个政体就是一个民主政体。"① 在民主政体中，社会的大多数在行使统治权，统治权不受任何限制，公民有服从的义务。因为统治权的命令是为了公民的利益，所以这种服从并不会将自己变为奴隶。斯宾诺莎认为"民主政治是最自然、与个人自由最相合的政体"②。斯宾诺莎的民主概念，不是指一人一票的自由民主概念。它的含义是人民主权，这一民主概念，首先意味着对王朝统治的根本否定。而人民，并不同于群众，甚至不能等同于大多数群众。因为在斯宾诺莎的思想体系中，为迷信、宗教狂热、非理性和敌意支配的群众，不能成为理性、自主的人，因而也不能构成民主的基础。狂热群众多数的统治，不过是多数暴政，它与人们追求自由的目标相对立。这在荷兰的加尔文派群众那里，看得实在是太清楚了。

斯宾诺莎说，政治的目的是自由，而自由即是指完全听从理性的指导，自由人即为只凭理性生活的人。他写道："真正的奴隶是那种受快乐操纵的人，他既不知道他自身的利益是什么，也不为自己的利益采取行动。只有完全听从理性指导的人才是自由的人。"③ 何为理性？在斯宾诺莎那里，理性指个人对上帝的认识和对人的爱，是关于上帝的确信和对上帝的直观，它意味着对激情的抑制。斯宾诺莎如此界定自由人，在当时的语境中，针对的是教会与国王对人的控制。遵从自己的理性生活，意味着个人不再依赖教会的帮助，不再依赖主人的命令，不再依赖国王、王公、贵族的指示，他要独立地去生活。

与主张宗教宽容相一致，斯宾诺莎论证了保护意见自由的重要。他反对压制言论的暴虐政体，提出"在一个自由的国家每人都可以自由思想，自由发表意见"④。斯宾诺莎区分了行动与思想言论的不同。他指出，服从国家只是公民行动上的义务，但在内心，公民永远是自由的，上天赋予人们的思考与判断之权利从未转让出去。而当权者要控制人心，只会带来负面效果。因为此类政策历来只针对正直敢言的人，而于民众无甚作用。它只会激起抵抗，培养甘愿为自由而死的殉道者，鼓励谄媚者与叛徒，并且，压制思想与意见的自由还会阻碍科学与艺术的创新。"因为，若是一

---

① [荷兰] 斯宾诺莎：《神学政治论》，温锡增译，商务印书馆1963年版，第219页。
② 同上书，第221页。
③ 同上书，第220页。
④ 同上书，第274页。

个人判断事物不能完全自由，没有约束，则从事于科学与艺术，就不会有什么创获。"① 斯宾诺莎表示，对宗教事务的管理，也要采用此种自由的政策，只规约行动，而允许人们随意思考，说他心里的话。不过，斯宾诺莎同时指出，言论自由并非无限的自由，危害统治权、意在破坏政治契约的意见是不被许可的，因为这些意见，已牵涉行动。② 斯宾诺莎区分行动与思想意见，主张思想意见表达的自由。在斯宾诺莎的理论体系中，国家仅维持着对人们行动的统治，人们的内心则可以有自己的想法。施米特不无"种族"主义意味地说，国家就这样被一个犹太人从内部埋下了摧毁的种子，"于是利维坦自内而外而死"③。施米特所谓斯宾诺莎发现并打开了"利维坦"的缺口，正是此意。

斯宾诺莎的国家观是十分"现代"的国家观。在斯宾诺莎的政治理论中，国家不具有伦理、宗教的色彩，它不以伦理道德为基础，不以宗教为基础。国家首先要维护和平。它应在其疆域内对不同的教派采取宽容的态度。斯宾诺莎举其故乡阿姆斯特丹的例子，表明这种宽容政策的好处："在这个最繁荣的国家，最壮丽的城中，各国家各宗教的人极其融睦地处在一起。在把货物交给一个市民之前，除了问他是穷还是富，通常他是否诚实之外，是不问别的问题的。他的宗教和派别被认为是无足轻重的。因为这对于诉讼的输赢没有影响。只要一教派里的人不害人，欠钱还债，为人正直，他们是不会受人蔑视、剥夺了官方的保护的。"④

斯宾诺莎的哲学，受到《塔木德》(The Talmud)、《卡巴拉》(The Cabbala)及迈蒙尼德、本·詹森(Ben Gerson)、笛卡尔等人的影响。⑤ 特别是他与迈蒙尼德等希伯来哲学家的关系，尤其值得重视。他是一个被他的民族拒绝的"世界先知"。⑥ 他的政治思想，虽受马基雅维里和霍布斯的影响，却有自己的特色。斯宾诺莎赞扬马基雅维里对人性的观察。与霍布斯一样，斯宾诺莎在诠释现代国家的方向上大刀阔斧地前进。但他的国家理论，与霍

---

① [荷兰]斯宾诺莎：《神学政治论》，温锡增译，商务印书馆1963年版，第278—279页。
② 同上书，第278页。
③ [德]卡尔·施米特：《霍布斯国家学说中的利维坦》，应星、朱雁冰译，华东师范大学出版社2008年版，第94页。
④ [荷兰]斯宾诺莎：《神学政治论》，温锡增译，商务印书馆1963年版，第281页。
⑤ Robert Flint, "Spinoza's Pantheism", in *Spinoza: Eighteenth and Nineteenth Century Discussions*, Vol. 5, edited and introduced by Wayne I. Boucher, Sterling: Thoemmes Press, 1999, p. 99.
⑥ Karl Pearson, "Maimonides and Spinoza", in *Spinoza: Eighteenth and Nineteenth Century Discussions*, Vol. 5, edited and introduced by Wayne I. Boucher, Sterling: Thoemmes Press, 1999, p. 225.

布斯的差别是极大的。霍布斯那里,国家的最终目标是提供安全与和平,斯宾诺莎则认为,安全与和平之外,国家的最终目的是自由。霍布斯谴责毁约,因为毁约让人倒退到自然状态,斯宾诺莎则认为统治者权力不够时,毁约就会发生,此为必然的法则。① 斯宾诺莎的《神学政治论》霍布斯也读过,他读后对朋友说,斯宾诺莎比他走得更远,他是"不敢如此大胆地写作"的。②

斯宾诺莎影响巨大且持久。在他去世时,斯宾诺莎即有大批秘密追随者,尤以底层手工劳动者为多。在哲学界,斯宾诺莎也有不少追随者。1684年,英国人约翰·洛克在复辟时期逃避到荷兰阿姆斯特丹,其后几年,他就是生活在一个斯宾诺莎主义者的小圈子中,他的几个朋友当年就是斯宾诺莎的朋友。1685年,洛克写了《论宗教宽容》,其大意不外是对斯宾诺莎观点的发挥。法国革命前的启蒙思想家,谈论斯宾诺莎的"自由"理论,蔚然成风。伏尔泰说:"斯宾诺莎,每个人都在谈论他,但无人读他的书。"③

## 洛克与现代政府理论

约翰·洛克(John Locke,1632—1704)是西方政治思想史上的一位耀眼的明星。他的名字常常与自由主义联系在一起。尽管我们可以说自由主义的基础在霍布斯那里已经打好,我们称霍布斯为自由主义的先驱,但第一次系统表达自由主义政治纲领的,非约翰·洛克莫属。当然,"自由主义"一词要到洛克身后一个多世纪才出现,但后来所说的自由主义的基本理念,确实可以追溯到霍布斯、洛克。洛克最具影响力的书是他的《政府论》(下篇)。这本小册子有"人类政府第一书"的美誉。

---

① 关于斯宾诺莎与霍布斯的比较,参见[德]卡尔·雅斯贝尔斯《大哲学家》,李雪涛主译,社会科学文献出版社 2005 年版,第 763—765 页。雅斯贝尔斯从七个方面比较了二者的区别:(1)霍布斯追求的是安全,斯宾诺莎追求的是自由;(2)霍布斯的理性指计算能力,斯宾诺莎的理性指对上帝的认识和对人的爱;(3)霍布斯那里宗教是多余的,斯宾诺莎认识到宗教对于缺乏理性能力的民众很有必要;(4)霍布斯视人为平等,斯宾诺莎认为多数人与少数智者是不同的;(5)霍布斯不谈民族自由,斯宾诺莎则讨论这个问题,并赞同为民族自由而战;(6)关于毁约的看法不同;(7)霍布斯在技术进步中乐观地看到未来、人对自然的支配,斯宾诺莎的学说则是非历史的,存在的只有永恒的必然性。

② 霍布斯对斯宾诺莎的评论,原载于 *John Aubrey's Brief Lives* (*1669–1696*), edited by Andrew Clark, Oxford, 1898, p. 357. 参见 Lewis S. Feuer, *Spinoza and the Rise of Liberalism*, New Brunswick and Oxford: Transaction Books, 1987, p. 66。

③ Lewis S. Feuer, *Spinoza and the Rise of Liberalism*, New Brunswick and Oxford: Transaction Books, 1987, p. 75.

图 37　洛克

洛克 1632 年出生于英国索美塞特郡（Somerset）一位乡村律师之家。洛克的父亲在英国内战爆发后，曾在议会军队中担任骑兵队长。洛克曾说："我一察觉到自己活在世上，就发现自己处在暴风雨之中。"洛克年轻时受过很好的教育，曾先后就读于威斯敏斯特公学及牛津大学。1658 年，他在牛津大学获得了文科硕士学位。洛克既高且瘦，他的鼻子很长，引人注目。

洛克的知识兴趣十分广泛，他不仅对哲学、政治、经济、法律、教育等问题有研究，对医学也有相当浓厚的兴趣。洛克的手稿中，关于医学的笔记要远远多于关于社会政治问题的笔记。洛克的政治理论著作中，以医生看病做喻，时有出现。1673年，洛克还获得了牛津大学的医学学士学位。当洛克在《政府论》中谈论身体及生命的保存时，我们不妨记住，这不仅是一个激进的人权卫士的思想，同时也是一个专业医生的建议。事实上，洛克作为医生的水平相当高明，他可以完成颇有难度的内科手术。他偶尔的医学实践竟使他与现实政治发生了关联。

1666年，洛克结识了阿什利勋爵（1672年成为沙夫茨伯里伯爵）。他为勋爵做了一次肝脏手术，挽救了勋爵的生命。这位勋爵是辉格党的创始人，在当时的政坛颇为活跃。勋爵欣赏洛克的才识，留洛克为自己的幕僚，兼做私人医生。他在几乎所有的政治问题上都会向洛克请教。在勋爵的推荐下，从1673年至1675年，洛克担任了英国通商殖民委员会委员一职。1675年，沙夫茨伯里伯爵因政治斗争被贬，洛克因之离开伦敦，到法国旅居了若干年。1679年，随着沙夫茨伯里伯爵被重新起用，洛克重返英国。但不幸的是，伯爵即被人指控谋反，洛克也受牵连。1683年8月，他逃往荷兰。

在荷兰期间，洛克隐姓埋名，但仍积极从事政治活动，与那些正在准备英国革命的人士互通声气。他在那里结交了一些朋友，其中有一位是神学家菲利浦·范·林博赫（Philip van Limborch）。洛克的《论宗教宽容》，正是他用拉丁文给林博赫写的一封长信。在宗教问题上，洛克和林博赫观点是一致的。林博赫是荷兰杰出的抗议派（Remonstrants）神学家，荷兰抗议派反对政教合一、极其严苛的加尔文派。洛克在信中表明，新教各教派间应相互宽容，和平共处，政府不应在宗教问题上有所偏颇，无权干涉灵魂得救的问题，个人有宗教信仰的自由。值得一提的是，洛克此信写于1685年末，被林博赫发表于1689年，且署了洛克的真名。洛克对朋友此举大为恼怒，因为过去洛克所有的著作都是匿名出版的。

1688年"光荣革命"后，洛克被人们视为革命元勋，他重返英国。他的《政府论》也在革命后不失时机地出版，为革命的成功造舆论。新政府考虑到他对自由事业的贡献，要他出任英国驻柏林或维也纳大使，洛克以身体状况不允许婉言谢绝。他担任了一些不太重要的公职，以为自己从事思考与著述留出时间。1704年10月，洛克去世。

洛克写过不少作品，如《政府论》《人类理解论》《基督教的合理性》《论自然法或关于自然法的诸问题》《论宗教宽容》《教育片论》，等等。《人类理解论》出版于1690年，18世纪仍受到启蒙哲学家的推崇。一位不甚有名的剧作家1759年写的剧作《虚假的艾格尼丝》（*The False Agnes*）中，剧中少女为了摆脱一个不合心意的追求者而假装发疯，最后，当这个追求者被甩掉后，少女通过总结洛克《人类理解论》来证明自己不是疯子。[①] 洛克的《人类理解论》以提出"白板论"而著名，这种学说是一种感觉主义论，实际上与霍布斯共享，它们皆是对经院哲学关于上帝赋予人们概念、理性这一见解的否定。

《政府论》分上、下两篇。洛克先写下篇，后写上篇。下篇的副标题是"论政府的真正起源、范围和目的"，洛克在下篇中正面阐述了他的政府理论。上篇主要是一篇驳论，洛克驳斥了罗伯特·菲尔默的父权制理论以及由之导出的绝对主义王权论。《政府论》出版时，并未署洛克之名，洛克也从未承认是该书的作者。洛克此举，实为当时内战形势所迫，更与他素来谨慎的态度有关。《政府论》出版于光荣革命之后，过去人们常常误认为他是洛克为了替光荣革命寻求理论上的辩护而写的。但剑桥学派的彼得·拉斯莱特通过史料的考证指出，洛克早在光荣革命之前十年（大约是1679—1680年间）便开始写作《政府论》。当时的知识环境是菲尔默的父权制理论十分流行。拉斯莱特说："《政府论》的出现是在要求进行一场革命，而不是为一场需要辩护的革命提供理据。"[②] 拉斯莱特的研究，不仅彰显了洛克思想的革命性、前瞻性，也批驳了通常视洛克的政府论为针对霍布斯而作的流行看法。他说，洛克尽管读过霍布斯的《利维坦》，在《政府论》中也提到过霍布斯，但上、下两篇他的论敌并非霍布斯，而是菲尔默。

## 驳菲尔默的绝对王权论

英国内战时期，议会派捍卫自由，攻击斯图亚特王朝的统治，总是把自由与奴役相对立，把绝对王权看作对英国人的奴役。激进共和派如此，立场较为温和的洛克同样如此（保王党人自然不会这么去讲）。洛克的《政府论》既是政治宣传手册，也是政治哲学著作。洛克针对一时一地的具体问题发言，也针对人类政治社会中面临的基本问题立论。他批驳菲尔默，在《政

---

① [英]安东尼·帕戈登：《启蒙运动：为什么依然重要》，王丽慧等译，上海交通大学出版社2017年版，第79页。
② [英]彼得·拉斯莱特：《洛克〈政府论〉导论》，冯克利译，生活·读书·新知三联书店2007年版，第61页。

府论》上篇中最为明确,在下篇中亦从未忘记。洛克批驳菲尔默,认为菲尔默的《父权制》(一译《先祖论》)即是在提倡奴隶制,是要叫英国人世世代代当奴隶。

洛克说:"奴隶制是一种可恶而悲惨的人类状态,它同我们民族的宽宏性格与英勇气概那样直接相反,以致难以想象,一个'英国人'——更不用说一个'绅士'——竟会替它辩护。要不是由于罗伯特爵士的书的题名和献词的严肃、他的书的封面上的图画和出版后各方的称赞,使我不得不相信作者和出版者全都是认真的话,那么,我对这一篇论文也会象对任何企图使人们相信自己是奴隶而且应该是奴隶的其他论文一样,真的会把它看作为尼禄撰写颂词的哪个人在又一次炫耀聪明,而不会把他看作严肃的、郑重其事的论著。"①洛克称,当他看完全书后,发现菲尔默企图给人类套上的锁链,不过是"一根用沙粒做成的绳子"。洛克《政府论》上卷,驳斥了菲尔默及其追随者所持学说的原则与基础。他认为,菲尔默的绝对王权论,其基础就是靠不住的。

菲尔默和霍布斯同一年出生(但早霍布斯26年去世)。不过,洛克写作时,菲尔默已经去世近30年。洛克在序言中曾表示他是怀着痛苦、不情愿的心情批驳这位已经去世多年的学者的,只因当时菲尔默《父权制》出版,保王党人用其为王朝复辟造势。如洛克所言,"每一个想要像法国宫廷人士一样时髦的人都曾向他学习,并拿着他的浅薄的政治理论体系去到处宣扬"②。菲尔默《父权制》之大义,我们在前面已经有论述,其说是从父权佐证王权,认为王权具有神圣来源,世间王权渊源于人类始祖亚当。法律是统治者的意志,臣民对绝对的权力只有服从。

洛克逐条驳斥菲尔默,与悉德尼在形式上相仿,或许是有意追随悉德尼。洛克认为,菲尔默的父权概念,模糊不清。光讲父权,也不符合《圣经》,因为上帝叫人们同时尊敬父亲和母亲。亚当并不占有世界,也不拥有主权。任何统治必须建立在人们的同意之上,建立在契约之上。强迫他人服从,是不义的行为,是上帝不允许的行为。洛克说,就算是乞丐对富裕的所有者的服从,也是由于乞丐在不想挨饿时表示的同意。富人对乞丐的权力,并不能超出乞丐同意的范围。③ 菲尔默以历史上存在的王权事实来论证王权的合理。洛克说,已经存在的习俗、惯例,并不能作为通则。秘鲁印卡族的

---

① [英]洛克:《政府论》(上篇),瞿菊农、叶启芳译,商务印书馆1982年版,第3页。
② 同上书,第5页。
③ 同上书,第36页。

部落，把战俘做妾，生子养肥了，到 13 岁左右就吃肉，这些母亲一旦不再能生育了，也被杀了吃。他们吃肉，还要趁着在断气前喝血，并且要吃个新鲜。洛克说，这样的事情，是否也可以作为通例呢？再如奸淫、乱伦，各国都有，是否就合理呢？

洛克认为，人与动物之别，在于他有理性，他要过理性的生活，要遵守自然法。理性叫人不能像动物那样野蛮、暴力。他写道："理性把一个人提高到差不多与天使相等的地位，当一个人抛开了他的理性时，他的杂乱的心灵可以使他堕落到比野兽还要远为残暴。人类的思想比恒河的沙还多，比海洋还要宽阔，假使没有理性这个在航行中指示方向的唯一的星辰和罗盘来引导，幻想和情感定会将他带入许许多多奇怪的路途。想象总是不停地活动着，产生出形形色色的思想来，当理性被抛到一边时，人的意志便随时可以做出种种无法无天的事情来。"[1] 洛克说，很多王权、宗教、习俗就是非理性的产物，根本不值得热爱自由的人效仿。

菲尔默认为父权即王权，洛克反驳说，按照此说，则有多少父亲，就有多少国王了。而且，菲尔默认为，主权可以给予任何人，例如人民、君主、篡权者。洛克说，这样等于任何人都可以起来"把世界上一切合法的政府推翻、摧毁，代之以动乱、专制和篡夺"[2]。这样，不仅绝对王权不能存在，任何政府都不能存在了。

洛克认为，菲尔默认为王权从亚当那里继承而来，也没有说服力。王位继承制度，问题甚多，并不能明示人们该服从谁。长子继承，如果长子是个傻子怎么办，又是愚蠢到何种程度算是傻子而不能继承？如果只有女儿，那么外孙和侄子，谁具有优先性？再如国王去世后，寡妇遗腹子，不知男女，如何解决王位继承，如果生出来是双胞胎男孩，又该怎么办？

菲尔默说世间大多数文明民族的权力都可从挪亚的儿子们或侄子们那里寻找渊源。洛克说，大多数文明民族是指哪些民族？"伟大""文明"的中国人就不会这么去想。[3] 只有信仰《圣经》的民族，才会这么溯寻他们的根源。这里我们也可以看出，洛克并没有局限于西方世界来思考政府问题，他讲的自然法、理性以及由之引出的合法政府理论，适用于全人类，其中自然包括中国人。

---

[1] ［英］洛克：《政府论》（上篇），瞿菊农、叶启芳译，商务印书馆 1982 年版，第 49 页。
[2] 同上书，第 62 页。
[3] 同上书，第 116 页。

# 第六章 英国的自由传统

## 政府基于同意，权力有限，人民不必感激

《政府论》（下篇或者说"第二篇论文"），如其副标题所提示，旨在探讨政府的真正起源、权力范围与目的。它与上篇相得益彰，互为补充。

政府包含着人对人的服从，或者说，人对人的支配（统治），这种服从与支配如何才能合法，从什么时候开始出现了这种关系，什么是"政府的真正起源"，讨论这样的问题，就要回到没有政府时的情况，也就是"自然状态"。从自然状态，到出现合法支配现象的状态，是如何转变的，当初成立政府，目的是什么，政府权力的边界在哪里，所谓"不忘初心，始得善终"，把政府的合法基础讲清楚了，我们才不至于身处奴隶制中而不自觉，处于暴政之下而不知反抗，或者陷于无政府混乱而不知如何建立秩序。

洛克认为，自然状态是一种完美的自由（perfect freedom）状态。人们以自己认为合适的方式，处置其占有物与人格（possessions and person），不依赖于任何他人的意志。当然，个人如此自由行动，需听从自己的理性、自己的良心。服从个人的理性和良心，在洛克这里就是指服从自然法。故而自然状态，并非无法无天、人们可以为所欲为的状态。因为，自然状态中，人已经是人了，这就是说，他有自己的理性，不是低级的野兽。自然法要求人们努力保存自己的生命，捍卫自己的自由。

并且，自然状态是一种人人平等的状态。在自然状态中，是绝无人对人的支配的，彼此都是平等的个体，因为人人都是上帝的作品，大家都是同一个主人（上帝）的仆人，来到世间是出于他的命令。由于每个人都是平等而独立的，彼此拥有的权力都是一样多，这样，他便不能伤害他人的生命、健康、自由或占有物，否则就会受到对方的惩罚。而每个个体，自己是自己案件的法官，也是执法者。

在论自然状态之后，洛克讨论了"战争状态"。洛克此论，是针对"一些人"[①]，洛克没有点霍布斯的名。洛克写作时因为没有读过霍布斯的书，他只是听说过霍布斯学说的基本情况。洛克的《政府论》主要针对菲尔默，而不是霍布斯。但称洛克批评霍布斯，也是有依据的。因为霍布斯持"绝对权

---

① John Locke, "The Second Treatise of Government", in *The Selected Political Writings of John Locke*, edited by Paul E. Sigmund, New York: W. W. Norton & Company, 2005, p. 25.

力论"，而在政府问题上，菲尔默与霍布斯推导过程不同，但结论一致。并且，洛克讨论战争状态，指责"一些人"混淆了自然状态与战争状态。把自然状态等于战争状态，正是霍布斯国家理论的起点。

洛克认为，战争状态是对自然状态中和平的破坏，是人丧失理性、违反自然法所致。一个人以言语和行动向另一个人宣战，发起攻击，侵害他人的生命和财物，试图以刀子架在他人脖子上的方式强迫别人服从他的意志，这就是在两个人间树立起敌意，从而导致战争状态出现。自然状态中，人与人之间是和平、持有善意、互帮互助的关系，而战争状态中，人与人之间则是敌对、恶意、暴力、相互摧毁的关系。战争状态时，仍然没有政府，但并不是自然状态的基本样貌。我们可以说，在洛克那里，它是自然状态的病理状态，是"反自然"的状态。而对于这样的人，洛克说，只能奋起反抗。因为一旦落入其权力之下，我们就会被他消灭，他既然只奉行武力与暴力，那么我们就只能把他当侵犯人类的"一只狼或一头狮子"[①]一样对待，必要时要将他杀死。

洛克此论意义深远。他表明，自然状态中，如果不是出于"我"本人的同意，无论如何不能推导出"我"对他人的服从。他人绝对的权力，不能凭暴力建立。而一个人声称自己拥有对他人绝对的支配权力，不过是将自己放在了与他人的战争状态之中。因为他这样宣称，势必是要把"我"当他的工具，"我"的生活由他来安排规划。高兴时他让"我"活着，不高兴时他就可以把"我"消灭，"我"不过是他的奴隶。故而理性告诉"我"，决不能让自己处于这种绝对权力之下。所谓自由，本是一个"藩篱"，它保障着人们的和平共处。但如果有人要拿走"我"的自由，"我"不免担心他下一步就要拿走"我"的一切。这个时候，"我"不仅可以而且必须杀死他。洛克说，世间绝对的王权，其国王，都处在这种与他人为敌的战争状态之中。实际上，任何人感到威胁，都可以将他杀死。因为绝对权力对人的统治，没有合法基础。这样的政府，没有建立在人民的同意之上，而有理性的人是不会同意让自己去做奴隶的。无论如何，绝对的权力是不合法的。

如此，为何需要政府呢？洛克说，在自然状态中，本是可以没有政府

---

[①] John Locke, "The Second Treatise of Government", in *The Selected Political Writings of John Locke*, edited by Paul E. Sigmund, New York: W. W. Norton & Company, 2005, p. 24.

的。自然状态中，人们能相互订约，能进行交易活动，虽无政府，但秩序井然。因为每个人都拥有理性，由此，个人遵守"自然法"。这自然法，是对所有有理性的生物都自明的道德法则。在这种自然状态下，每个人自己充当自己的警察、法官与执法官。此种状态发展到后来，出现了一些变化，人口变多了，财富增加了，贫富分化也出现了，人与人之间的纠纷日益增多。这其中的一个重要原因是黄金的出现。考虑到人人要为自己的案件审判、执法，而且多有不公，各自徇私，不能做到公正，种种不便，终至人们决定订立契约，进入文明社会（或者叫政治社会，在洛克那里，二者为同义语，也可以译作市民社会）之中，结束自然状态，人们"同意"建立起公共权威，也就是政府。进入文明社会，则人们皆遵从共同的规则，遵从对所有人皆适用的法律。人们只是服从于法律，而不服从任何人的意志，这就是社会中的自由状态。自由，即是摆脱绝对权力的自由，它事关自我保存。它区别于自然状态，是因为此时有了共同的法，有了共同的审判和司法权威。这里，再次体现洛克对绝对王权的批评。绝对王权的本质，是要人们服从于"不连续、不确定、未知、武断的意志"[1]。洛克认为，除了契约，除了我的同意，一个人不可能拥有比另一个人更大的权力。政府的真正起源，不是别的，只能是契约，这契约是一种社会契约。按照这个契约，人们决定把自己的某些权力信托（trust）给政府。[2] 而绝对主权，最高意志的观念，都是与文明（政治）社会的本质相背离的。

洛克说："明显，绝对王权——某些人认为那是世间唯一的政府形式——本质上与文明社会是格格不入的，它根本不能算是文明政府的形式：文明社会的目的是避免、弥补自然状态中因每个人在自己的案件中判决而必然带来的诸多不便，通过确立一个已知的权威，社会中每个人在受到侵害或遇到纠纷时皆诉诸于它，社会中每个人都要服从它；在任何地方，只要任何人没有这种权威去求助，裁定他们的分歧，那里的人们就依然处于自然状态中；由此，每一个绝对君主，以及那些他支配下的人们，便处于自然状态中。"[3]

洛克认为，文明社会中政府的目的，是保护个人的财产（洛克时期的财产概念，包括了生命、自由与占有物），保护个人的身体以及因之而产生的

---

[1] John Locke, "The Second Treatise of Government", in *The Selected Political Writings of John Locke*, edited by Paul E. Sigmund, New York: W. W. Norton & Company, 2005, p. 27.
[2] Ibid., p. 26.
[3] Ibid., p. 55.

劳动成果不受他人的伤害；同时，在发生纠纷时，提供不偏不倚的仲裁，并且代替个人去惩罚违法者。洛克在如此论述政府时，总是从上帝要求我们自我保存、希望人类繁荣发展着眼。人的权利，来源于上帝，它是人生下来就具有的自由、平等的权利。这也就是西方所谓"天赋人权"的概念。在洛克的语境中，天赋人权，不如说是神赋人权。个人的私人财产权，也是从上帝这里推演出的。洛克清楚地表明，人们服从政府，是因为政府称职，不负众望，能够保护人们的生命、自由与财物。一旦政府不称职，人们即可起而推翻之。政府的存在与维系基于人们的同意，失去人们的同意，政府便当解体。

洛克的政府理论，包含以下诸条：

第一，洛克所勾画的自然状态，不像霍布斯那样，纯粹是逻辑推导出的设想，它有现实的经验基础，这就是当时美洲的状况。洛克说："全世界初期都像美洲，而且是像以前的美洲"①，即没有货币、十分原始、处于前政府状态的美洲。洛克生活的时代正是北美殖民地建立的时期。殖民者拓荒，那里没有政府，正是典型的"自然状态"。实际上，洛克曾经亲自帮助北美卡罗莱纳（Carolina）的殖民者制宪，彼时大批移民尚未进入。②

第二，洛克认为，政府对人类来说宁缺毋滥。在洛克那里，绝非没有政府个人什么都不是，或者没有政府人们就会陷入可怕的"每一个人与每一个人的战争"（霍布斯语）。洛克认为，人们不必过于"感谢政府"。坏政府没有存在的理据。

第三，洛克在工具的意义上理解政府，视政府为人们保障自由与安全的手段，强调政府基于人们的同意而存在。这便为人民"革命"的权利提供了依据。洛克的学说，有主权在人民之意。当然，洛克所说的同意，是指大多数人的同意，但对何为"同意"，洛克说有明白的同意与默认的同意。人们没有明确采取行动反抗，就算默认的同意。他说："只要一个人占有任何土地或享用任何政府的领地的任何部分，他就因此表示他的默认的同意，从而在他同属于那个政府的任何人一样享用的期间，他必须服从那个政府的法律。这不管他所占有的是属于他和他的子子孙孙的土地，或只是一星期的住处，或只是在公路上自由地旅行；事实上，只要身在那个政府的领土范围以

---

① ［英］约翰·洛克：《政府论》（下篇），叶启芳、瞿菊农译，商务印书馆1964年版，第32页。
② D. J. O'Connor, "Locke on the Social Contract", in *The Enlightenment*, edited by Harold Maltz and Miriam Maltz, Detroit and New York: Greenhaven Press, 2005, p. 48.

内，就构成某种程度的默认。"①

第四，洛克式的政府是一种有限政府，而非拥有绝对权力的政府，他重视法治，主张分权。洛克说，绝对君主制政体下的人民处于被奴役的地位，尚不如处在自然状态中的人们，这就是说，人们根本不必服从绝对王权。洛克这种"有限政府"的观念，被视为自由主义宪政的核心。不过，这种权力范围有限的政府并不是指弱政府。因为政府之"强""弱"，不在权力范围之大小，而在能力之强弱。实际情况是，权力范围明确的宪政政府，因能在民众的支持下集中精力做好该做的事而又不害于人们的自由，恰恰是强政府。

## 摘苹果，说产权

一件物品，为什么是你的而不是我的，这里涉及的是财产权的问题。西方人有尊重个人财产权的传统。对财产权的尊重，本质上是对人的尊重，它是人类文明进步的标志。一句"私有财产神圣不可侵犯"的口号，虽有极端之嫌，却道出了西人对私人财产权的基本态度。想想传统中国皇帝一声令下抄家的情景，西人之有自由传统，于此即可见端倪。个人因何拥有财产权，为什么个人的财产权应当受到保护，洛克的理论做了很好的回答。洛克的财产权理论十分重要，时至今日，讨论财产权问题，几乎没有人不提及洛克的大名。

洛克的财产权理论之要义，是说个人的劳动带来了他对物的占有与使用权利，因为人的身体是他自己的财产，个人身体和双手的劳动，便使自然存在之物从共有的状态下划归到自己那里，成为他的私产，因为这物品中已混合了他的劳动。照洛克之意，个人对物的私人所有权不是来自社会契约或全人类的同意，而是源自劳动的权利与自由行动的权利。他写道：

> 只要他使任何东西脱离自然所提供的和那个东西所处的状态，它就已经渗进了他的劳动，在这上面掺加他自己所有的某些东西，因而使它成为他的财产。……谁把橡树下拾得的橡实或树林的树上摘下的苹果果

---

① [英]约翰·洛克：《政府论》（下篇），叶启芳、瞿菊农译，商务印书馆1964年版，第74—75页。

腹时，就确已把它们拨归己用。谁都不能否认，食物是完全应该由他消受的。因此我要问，这些东西从什么时候开始是属于他的呢？是在他消化的时候，还是在他吃的时候，还是在他煮的时候，还是他把它们带回家的时候呢，还是在他捡取它们的时候呢？很明显，如果最初的采集不使它们成为他的东西，其他的情形就更不可能了。劳动使它们同公共的东西有所区别，劳动在万物之母的自然所已完成的作业上面加上一些东西，这样，它们就成为他的私有的权利了。①

洛克的财产权理论与他的政府理论之间的联系，明眼人不难看出。政府之重大职责，便是保护财产权。

不过，理解洛克的财产权理论，尚要考虑那时的语境。有学者指出："洛克先生的'财产权'一词不仅仅指一个人对其财物和所有物的权利，甚至涉及他的行动、自由，他的生命、身体；总而言之，是各种各样的权利。"②也就是说，洛克所说的财产权的含义比今天我们理解的财产权的含义更丰富。通常所说的自由权、生命权、财产权，都可以统合于广义的财产权之中。另外，剑桥学派的新近研究成果，例如约翰·邓恩、约翰·马歇尔、詹姆斯·塔利的研究表明洛克并不是在一味地为私有财产权辩护。他们的研究认为，洛克的财产权既包括私人财产权，也包括公共财产权，所谓政府保护财产权，同时包括对两种财产的保护。③在圈地运动的背景下，洛克也有为公共牧场、地方集体财产辩护之意。

洛克的劳动财产权理论，可以用来为英国人在美洲的殖民事业提供理论依据。未开垦的美洲恰如自然状态，殖民者通过劳动开垦多少土地，那些土地就成为他们的财产。劳动财产权理论对亚当·斯密、大卫·李嘉图、马克思的劳动价值论皆有极大的影响。不过，财产权问题毕竟复杂，洛克的原则很难成为可在实际中应用的标准。有人质疑洛克："如果我把一杯牛奶倒入大海，用筷子搅动几下，牛奶与海水混合，我付出了劳动，大海就成为我的吗？"

---

① [英] 约翰·洛克：《政府论》(下篇)，叶启芳、瞿菊农译，商务印书馆1964年版，第19页。
② [法] 让·巴贝拉克：《对道德科学的历史批判解释》，转引自 [英] 詹姆斯·塔利《语境中的洛克》，梅雪芹等译，华东师范大学出版社2005年版，第103页。
③ 参见 [英] 詹姆斯·塔利《论财产权：约翰·洛克和他的对手》，王涛译，商务印书馆2014年版。

尽管遭受各种责难，洛克财产权理论的贡献仍然是巨大的。它的意义并不在于所谓"占有性个人主义"[1]言说本身，而在于他否定了传统的财产概念，代之以现代的财产概念。传统的、中世纪的、天主教的财产概念，与占地联系在一起，与空间联系在一起；洛克则告诉人们，财产源于自我的劳动，是我的劳动创造了价值，带来了我的财产；它也意味着，不劳而获、通过继承取得大批财产的土地贵族，其财产失去了合法性。洛克的财产观念，是清教徒的财产观念。清教徒四海为家，到处做贸易，他们理解财产时并不拘泥于土地。更为重要的是，英国革命时期议会对教会土地的没收，在洛克这里也可得到合法性论证。

## 宗教宽容

英国内战，具有宗教战争的性质。而在当时欧陆，因宗教改革导致的教派纷争，以及由此引起的宗教迫害，也是甚为常见。天主教试图找回失去的权威，打击新教团体的活动，而新出现的世俗国家多借了新教的春风，斩断与罗马教会的关系，把国界封闭起来。然而在一国之内，是推行一个统一的国教，还是任由各教派自行发展而不加干涉，并无明确的答案。在一国之内，政府与教会的关系到底该如何处理，这对于当时英国与欧陆诸国，皆为突出的现实问题。在英国，自17世纪60年代复辟以来，议会通过了《克拉伦敦法案》，打击新教徒，禁止他们出任公职，限制其传教活动。而在法国路易十四治下，也出现了大举迫害占人口少数的新教徒的事。1598年的《南特敕令》，原本确立了法国新教徒平等的公民权，实行宗教宽容，但至1685年，路易十四则废止《南特敕令》，宣布法国新教徒活动为非法，由此展开了对法国新教徒的打击。[2] 洛克的宗教宽容思想，正是在此背景下展开。他提出的政教分离、宗教宽容、个人决定得救之事的主张，奠定了西方自由主义在政教问题上的基本立场，奠定了自由主义政府理论的基本框架，影响甚广，直至当今，仍然属于占支配地位的意见。

洛克的《论宗教宽容》，是洛克给友人的"一封论宽容的信"（A Letter Concerning Toleration，此为其论文原题）。它原以拉丁文写出，后被译成英

---

[1] 这是麦克弗森（C. B. Macpherson）的说法。参见 C. B. Macpherson, *The Political Theory of Possessive Individualism*: *From Hobbes to Locke*, Oxford: Oxford University Press, 1962。

[2] *Locke on Toleration*, edited by Richard Vernon, Cambridge: Cambridge University Press, 2010, p. xi.

文、法文、荷兰文等。洛克在信中表明，宗教宽容是无偏倚的自由之应有之义。如英译者威廉·波珀（William Popple）所言，政府在宗教事务上的"派性"，是痛苦与混乱的主要根源，彻底解决这些问题，必须采取宽宏的政策。

洛克关于宗教宽容的观点，甚为清晰。其说与他的政府理论，相得益彰，互为补充。洛克立论的背景，是基督教新教思想，是个人主义的政治哲学，是有限政府的宪政理论。洛克政治思想，延续了基督教关于身体和灵魂二分的教义。洛克说，公民（市民）政府处理的是我们身体方面的事务，目的是保全我们的身体以及身体创造出的劳动成果（如各种占有物），其手段是强制力量。而宗教事务，则由教会处理，它涉及的是灵魂得救的问题。然而教会的性质和权力，需要清楚地界定。它不能对人的身体及财产做出处分，因为那是政府的事情。教会依据美德与虔诚来规约人们的生活，其手段是说服，是爱，是良善的意志，说服不包含强制色彩，它只是在努力促成个人心灵内在的转化。

洛克指出，宗教旗号掩护下的迫害、各种残酷血腥，因为对人的身体和财产造成了损毁，僭越了自己的权力范围。靠"火与剑""棒与斧"推行宗教，既不符合《圣经》，不符合上帝的荣光，也不符合理性。洛克所论，就是要在民政事务与宗教事务之间画出明确的界线，以使彼此互不侵犯、互不干预。如此，则一方面可以带来秩序，另一方面，也可为真正的宗教之繁盛创造条件。

洛克认为，政府不能干预个人信仰的事情，各基督教派之间必须相互宽容。他给出了如下三个理由：第一，灵魂得救不能交给任何其他人。得救靠的是他的信仰。如若不信，便没有信仰。教会和政府（哪怕是人民同意产生的政府），也不能代劳。洛克阐发此理，依据的是《圣经》新约。第二，武力并不能带来信仰。在个人良心与信仰领域，政府的立法和强制力是无效的。信仰靠的是"光照"（light）与"证明"（evidence），而武力只作用于人的身体及财产。第三，就算法律或惩罚措施可以改变我们的想法，但对于我们灵魂的得救，也是毫无帮助的。洛克表明，通往永恒幸福的正确道路确实是唯一的，但我们不清楚谁走在这条正确的道路上。[①] 世界诸国，奉行不

---

[①] John Locke, "A Letter Concerning Toleration", in *The Selected Political Writings of John Locke*, edited by Paul E. Sigmund, New York: W. W. Norton & Company, 2005, p. 141.

同的崇拜仪式，遵守不同的教义，然而哪个是正道，并不清楚。再者，既然只有一种是正确的，则其余必定皆为错误。在这样的情况下，各派还是不要自以为自己代表真理为好，政府更不必尊其中一派为正统。

洛克也不认为教会可以通过剥夺财产、罚款等方式处理其成员。他认为，教会是"一个自由、自愿的社会"①。加入教会，只是出于对灵魂得救、永生的期盼。加入或退出教会团体，由个人自己决定，无人生下来就属于某个教会。教会的权力，源自全体成员的同意，其目的是提供公开敬拜上帝的环境，它不能拥有超出基本的组织事务管理的权力，更不能靠武力手段去搞迫害。教会唯一能做出的惩罚，是将成员逐出教会，这个惩罚，并不能造成任何世俗后果（身体、自由、财产方面的损害）。他说：暴力与教士之手是不相称的。叫嚣火与剑的人，假装热爱真理，他们所欲求的，其实是在追逐"尘世的支配权"②。

在《论宗教宽容》中，洛克思想中的个人主义，同样得到了清晰的表达。他写道："在私人内务、财产管理、身体健康的保护方面，每个人都可以考虑自己的方便，按他最喜欢的方式去做。没有人会抱怨邻家事务未管理好。没有人会因为别人在种他自己的土地或出嫁自己女儿问题上犯的错误而发怒；没有人会去管教在酒吧里挥霍家业的浪荡子弟；谁想拆房、建房或按其喜好花钱，无人窃窃私议，无人去控制他；他有他的自由。"③洛克认为，在是否经常去教堂做礼拜，是否按习俗礼仪约束自己等宗教问题上，个人同样拥有他的自由。如果个人不想灵魂得救，他人不得强迫，政府也不能强迫。上帝也不会违反他的意愿来拯救人。如同政府不能通过立法强迫人们变得富裕或变得健康。洛克写道："让我们假定，有些国王想强迫其臣民积累财富，或保存他们身体的健康和力量。能够立法要求他们必须去看罗马的医生，并且叫每个人都按照罗马医生的处方生活吗？如果只有梵蒂冈或者日内瓦的店里有要服用的药，情况会怎样？或者，为了让这些臣民变富，他们能够因法律而必须成为商人或音乐家吗？或者，因为经营饭店和铁铺能够充足地供养家庭，变得富有，就让大家都去开饭店，做铁匠？"④

---

① John Locke, "A Letter Concerning Toleration", in *The Selected Political Writings of John Locke*, edited by Paul E. Sigmund, New York: W. W. Norton & Company, 2005, p. 132.
② Ibid., p. 139.
③ Ibid..
④ Ibid., p. 140.

洛克最后指出，不支持宗教宽容的人，天主教徒和无神论者，都不在宽容之列。不宽容者试图侵犯我们的公民利益，这就要与其斗争，而不是宽容。天主教徒提倡忠诚于罗马，这侵害了政府的权力，他们是不能予以信任的公民。而无神论者缺乏道德上的真诚，说话不算话，他们同样不能予以宽容。

## 人权卫士，还是奴隶贩子？

洛克学说，影响甚大。美国革命时期指导思想之主要来源，即为洛克的学说。天赋人权，人生而自由平等；政府基于人民的同意，其主要职责在于保障个体的生命、自由与财产；绝对的、武断的权力，根本没有存在的理据。此种观念，在当时先进，在今日世界亦不过时。

有的反自由主义者为了抹黑自由主义，称洛克为奴隶贩子，试图以此来揭示洛克这位自由主义象征性人物之言行不一。其实，洛克是十分反对奴隶制的，我们在前文即可看到他对奴隶制的抨击。不过，洛克在1671年确实曾入股皇家非洲公司，该公司有一项业务，即为向美洲贩卖奴隶。一年后，他又入股巴哈马冒险公司，该公司同样有奴隶贸易业务。此时美洲奴隶贸易，刚刚起步。而洛克为北美南卡莱罗那殖民地（沙夫茨伯里伯爵是该殖民地土地的继承人之一，故而洛克受邀为其制宪）制宪时，并未提出废奴，相反，他拟定的宪法还保护奴隶主对奴隶的占有，规定领主对奴隶有绝对的权力，奴隶的孩子也是领主的奴隶，且世世代代如此。[①]

洛克受格劳秀斯关于"正义战争"的讨论之影响，认为对奴隶要从来源上加以区别。侵略性战争失败后，侵略者被贬为奴隶而不是被杀死，并无不妥，相反还是一种较人道的做法。洛克时期非洲运出的奴隶，有的是武力捕获，有的是黑人家庭自愿卖掉自己的孩子以获利。而洛克制宪，自然要考虑北美南方殖民地的实际状况。那里的种植园主，依靠奴隶种植甘蔗、烟草、棉花。奴隶贸易是以非人道的方式，提供了劳动力，造就了大规模的非自愿移民。以致后来，北美黑人的人数，大大超过白人。

洛克的生活来源，不是靠奴隶贸易投资。简单地说洛克是奴隶贩子，显

---

[①] 关于洛克贩奴问题的辨析以及洛克关于奴隶制的论述，参见 James Farr, "'So Vile and Miserable an Estate': The Problem of Slavery in Locke's Political Thought", *Political Theory 14.2*, May 1986; James Farr, "Locke, Natural Law, and New World Slavery", *in Political Theory 36.4*, August 2008。

然是夸大其词。再说，洛克即使从事奴隶贸易（何况他从未），并从中获利，也无损于其卓越的著作在真理方面给人们的启迪，并对政治实践发挥作用。要求文章作者成为一个道德上的完人、圣贤，这与传统中国凡事道德化的思维定式有关。真理就是真理，并不因发现真理的人在其私人生活方面有过错或道德上有缺损，就变成谬误。

# 第七章 苏格兰启蒙运动时期的经济与政治

苏格兰启蒙运动是18世纪启蒙运动的一个组成部分，它起于苏格兰，以苏格兰的格拉斯哥、爱丁堡、阿伯丁为中心，因着苏格兰独特的宗教政治社会经济环境，受欧陆启蒙思想家如孟德斯鸠、伏尔泰、卢梭学说的涵养，而形成自己的特色，一时人才济济，在自然科学、医学、道德哲学、历史学、政治经济学等多个领域展开，成就斐然，影响至深。

18世纪以来，苏格兰发生的大事是，它的议会在1707年与英格兰议会合并，没有往独立的民族国家方向上发展。苏格兰接受了先前的《王位继承法》中宣誓的汉诺威王朝的统治，成为联合王国的一部分。爱丁堡不再是政治中心，主要的决策皆出自英格兰的威斯敏斯特。尽管在1746年还发生了苏格兰高地保守的旧贵族詹姆斯党人发起的推翻汉诺威王朝统治的事件，但合并显然已是不可更改的事实，而在苏格兰人心中，合并而得以分享英格兰商业发展带来的繁荣与财富，并不是坏事。当然，在1707年之前，苏格兰的思想家关于是否要合并也曾有过激烈争论。安德鲁·弗莱彻（Andrew Fletcher）就是坚决反对合并的思想家与政治活动家，在当时是备受尊敬的苏格兰"爱国者"。他基于类似于哈林顿的共和主义立场，从马基雅维里的《论李维》所阐发的公民共和理想出发，认为苏格兰应当构建一个独立自治的国家，公民应当有更多的政治参与机会，苏格兰需要的不是商人，而是拥有土地而愿意保卫祖国的有美德的公民。在他看来，苏格兰弱英格兰强，合并之后，苏格兰必将无所作为，其独立性也将丧失。弗莱彻还展望苏格兰在欧洲政治中的未来地位，他希望建立一个多民族和平共处的欧洲联盟，而非有君主的欧洲帝国。弗莱彻被有的学者称作"最后一位真正倡导（即便如此，他也不是完全意义上的）马基雅维里美德观的学

## 第七章 苏格兰启蒙运动时期的经济与政治

界领袖"①。

苏格兰启蒙运动兴起时,合并已成往事。思想家面临的是如何理解这一历史事件,如何应对现实中因合并带来的一系列问题。其时,苏格兰在经济上甚为落后,故而财富和商业的问题,备受思想家的关注。

在风俗习惯方面,苏格兰与英格兰上流社会差距甚远。当时的启蒙思想家约翰·米勒(John Millar)曾言及苏格兰为一贫困而粗鲁的国家。② 苏格兰人欲融入主流社会,就要有所改变。故而在苏格兰启蒙运动中,"礼貌"(politeness)、"方式"(manner)、"市民风范"(civility),成为具有特色的议题。此时的政治思想家中,虽然有弗格森这样的学者在谈论"美德",但"礼貌"显然是一个更为流行的话题。从"美德"到"礼貌",还有更深层的原因。话语的变化实与时代的巨变相吻合。商业的发展,帝国的扩张,使得人们的活动范围不再以本国本城为中心。而公民美德总是与一个共同体相联系的。爱国是最大的公民美德。在海外贸易与现代商业活动中,需要的是礼貌,而非美德。再者,商业活动与战争活动性质不同,对公民提出的要求也截然不同。礼貌是社会性的概念,美德则是政治性的概念。苏格兰启蒙运动的"非政治化"特点,十分鲜明。

"礼貌"源出于绝对主义时期的宫廷,后扩散至西方上流社会。③ 出入宫廷的贵族彬彬有礼,注重仪表,是为了讨好情妇,或者是为了得到国王或王公的喜爱。富有的商人讲究"礼貌",既为装点门面,掩盖出身的卑贱,也是日益扩大的商业活动的需要。礼貌的反义词是粗鲁(rude)。对于商人来说,讲究"礼貌"的用意在于促进陌生人之间的友好交流,"客客气气做生意"。此外,如有的学者所指出的那样,礼貌还有审美的含义,它注重形式远胜于内涵。④ 在很大程度上,礼貌仅指对人的外在表现的要求,它往往具有欺骗性。在宫廷时代便是如此。而美德,则注重内容,它与爱国、勇敢、刚毅、坚韧联系在一起,这与近代早期宫廷文化是格格不入的,它是一种自

---

① 范妮·奥兹萨尔伯格:《苏格兰启蒙运动时期的政治学理论》,载〔英〕亚历山大·布罗迪编《剑桥指南:苏格兰启蒙运动》,贾宁译,浙江大学出版社 2010 年版,第 157—158 页。

② John Millar, *An Historical View of the England Government*, Vol. 4, Indianapolis: Liberty Fund, 2006, p. 756.

③ 德国社会学家诺贝特·埃利亚斯考察了中世纪到近代宫廷社会"礼貌"的发展状况。他还认为,"宫廷礼仪""礼貌"和"文明",标志着社会发展的三个阶段。参见〔德〕诺贝特·埃利亚斯《文明的进程》第一卷,王佩莉译,生活·读书·新知三联书店 1998 年版,第 186 页。

④ Iain Hampsher-Monk, "From Virtue to Politeness", in *Republicanism: A Shared European Heritage*, Vol. II, edited by Martin Van Gelderen and Quentin Skinner, Cambridge: Cambridge Press, 2002, p. 86.

治城市的市民（公民）文化的核心。苏格兰启蒙运动时期的思想家大多认为，现代礼貌的发展是文明的进步。休谟即言，古人实际上举止缺乏教养，现代人则讲究温文尔雅，注重风度礼让，它包含了对同胞的尊重。现代礼貌更合乎人的天性。[①]

苏格兰启蒙思想家不乏反思精神，他们发现苏格兰与英格兰相比，显然文明发展的程度不高。休谟曾说苏格兰人先前是欧洲最野蛮的民族。故而当时"文明"与"野蛮"的争论以及社会发展的阶段观念，甚为切题。

18世纪的英国，正在朝商业帝国的方向昂首阔步地前进。大约从17世纪光荣革命起，英国的商业、制造业与技艺有了长足的发展，自由、独立、宽容之风盛行。商业精神成了时代精神。这为现代政治经济学的诞生，提供了历史背景。反过来，政治经济学的发展，在促进人们解放思想、重新审视经济及人们的生活世界、以新的眼光规划人生方面，又发挥了极关键的作用。19世纪的英国史学家威廉·勒基（William Edward Hartpole Lecky，1838—1903）曾将此一时期政治经济学的发展视为近代自由主义兴起的主要原因。他指出，政治经济学的发展，使人们扭转了传统上工商业不如农业高贵的观念。它肯定了人们追求财富之冲动，并视之为人类努力的直接动力。最重要的是，它还表明，各国繁荣对任何一个国家皆有利，因此便破除了认为一国要商业繁荣就只能牺牲别国的旧观念。[②]不过，工商业兴起的事实也引申出对商业社会利弊得失的评估，由此催生了对商业社会的反思。赞成者有之，鞭挞者有之。新的道德哲学，也因之产生。

苏格兰启蒙思想家特别关注人性（human nature）。他们认为，人类的道德思想及行动与自然现象无异，背后也有其规律，他们希望效仿牛顿在自然科学领域的努力，基于观察与实验，在道德领域建立一门关于人性的科学。这种科学，亦可称作人类学（anthropology）。

在社会政治思想方面，苏格兰启蒙思想家自然不相信政府有神圣的起源，同时也摒弃了洛克式的政府源于理性契约的学说。他们皆从历史出发去考察政府的起源，视政府为长期演化的产物，认为政府形式与社会经济状况相联系。他们大多以社会、团体而非个人为分析单位，又把社会分为不同的阶段，特别关注对社会变迁的考察，由此对现代社会学的发展，做出了重要

---

[①] [英] 大卫·休谟：《论政治与经济》，张正萍译，浙江大学出版社2011年版，第96页。
[②] [英] 威廉·勒基：《欧洲理性主义的兴起与影响》，参见 [英] 汉默顿编《西方名著提要》，何宁译，中国青年出版社1957年版，第403—404页。

贡献。①

苏格兰启蒙运动思想家的代表人物，包括弗兰西斯·哈奇逊（Francis Hutchenson）、卡默斯法官（Lord Kames）、大卫·休谟、亚当·斯密、亚当·弗格森、约翰·米勒、托马斯·里德（Thomas Reid）、杜格尔·斯图沃特（Dugald Stewart）②、威廉·罗伯逊（William Robertson）等。他们常组织社团学会进行活动，又相互交流，有的是师生关系，如米勒之于斯密。在政治思想史方面，卡默斯法官、休谟、斯密、弗格森、米勒，较为重要。

## 卡默斯法官与苏格兰启蒙运动

卡默斯法官原名亨利·霍姆（Henry Home，1696—1782），因他后来长期担任苏格兰最高法庭的大法官而得名。提到苏格兰启蒙运动，人们都会想到休谟、亚当·斯密等人，但是实际上，卡默斯法官是一位资深的苏格兰启蒙运动时期的思想家，是苏格兰启蒙运动时期法学家的杰出代表。与休谟、亚当·斯密及弗格森不同，他是一名职业法律人，具有长期的法律实务经验。卡默斯法官不仅写有大量的法学著作，还写了大量关于哲学、社会、历史、政治、文学的著作。他还关心现代科学技术，特别是农业技术——他写过一本书叫作《绅士农夫》（*The Gentleman Farmer*，1776），对土壤化学和农业改良有专门的研究。可以这么说，卡默斯法官在当时大名鼎鼎，堪称苏格兰启蒙运动的领袖，作为比休谟、斯密、弗格森更年长的一辈，他对苏格兰启蒙运动具有开路先锋的作用。卡默斯法官奖掖后进，不遗余力，他资助休谟、斯密、米勒等晚辈的学术研究，鼓励青年休谟放弃法学转而研究哲学，并为之向休谟的家人说情。不过他也被人责为家长制作风，晚年更有固执与傲慢之嫌。休谟后来与之断交，他称卡默斯法官"铁一样的躯体里面是铁一样的心灵"，还讽刺说，卡默斯法官就是"绝对真理"。③ 实际上，休谟与卡默斯法官还源于同一个家族，他们在14世纪时有着共同的祖先。

亨利·霍姆1696年出生于苏格兰南部贝里克郡（Berwickshire）的卡默斯，一个离英格兰边界很近、远离城市中心的地方。17世纪初，霍姆家族从

---

① Alan Swingewood, *A Short History of Sociological Thought*, New York: St. Martin's Press, 1991, p. 24.
② 杜格尔·斯图沃特（Dugald Stewart，1753—1828），英国哲学家、经济学家，曾任爱丁堡大学教授，著有《人类精神哲学纲要》《道德哲学大纲》等。
③ Ian Simpson Ross, *Lord Kames and the Scotland of His Day*, Oxford: The Clarendon Press, 1972, p. 349.

别的家族那里购得卡默斯的一块土地以及一个中等规模的庄园。亨利·霍姆一家就住在那里，亨利·霍姆后来还曾邀请本雅明·富兰克林等友人前去庄园做客。他的父母都来自世系贵族，苏格兰和英格兰两边王室中都有他们家的亲戚。他的曾祖父即苏格兰的大法官。他的父亲在1715年曾做过汉诺威军队的低级军官，但一生未发达。父亲留给他的财产很少，相反还有一堆债务。1725年至1735年，他的父亲还担任过法律职务。由于家庭不富裕，亨利·霍姆未上过一天学，只能在家中接受教育，由家庭教师教他拉丁文。亨利·霍姆不是一个古典学者，但他对西方古典人文传统并不陌生，他接受的修辞学训练对他日后在法庭上担任辩护律师和法官都有重要作用。后来，他的第二任家教温格特·安德森（Wingate Anderson）又教他希腊文、拉丁文、数学和自然哲学（亚里士多德的物理学）。在家的学习持续到十六岁左右，他父亲让他去学习法律，并希望他将来成为苏格兰的一个地主。于是亨利·霍姆去了爱丁堡。在爱丁堡，他在其家族友人约翰·迪克森（John Dickson）那里接受法律教育，帮着抄写法律文书，学了两年，做一些助理性的工作，迪克森是霍姆老家的邻居，当时在爱丁堡的苏格兰最高法庭任文员；之后又有一年，霍姆参加了詹姆斯·克莱格（James Craig）教授的民法私人读书会，学习法律。

1741年，亨利·霍姆的父亲去世，他继承家产成为一个地主。1741年8月，他娶了比他小15岁、贵族出身且以美丽著称的女子阿加莎·德鲁门特（Agatha Drummond），他们后来育有一子一女。非常巧的是，德鲁门特小时候的家庭教师和他的第二位家庭教师是同一人，都是安德森先生。德鲁门特是家中长女，但有弟弟，本无望继承家中财产，但是1776年，她的弟弟及年幼的侄子不幸去世，她成了家族财产的女继承人。等到后来她先于卡默斯法官去世，卡默斯法官便继承了她的巨额财产，成了一个极富有的人。1752年，亨利·霍姆被任命为苏格兰最高法庭的法官。1758年到1760年，卡默斯法官邀请亚当·斯密的学生约翰·米勒担任他的儿子乔治·霍姆（George Home）的家庭教师，米勒住在卡默斯法官于爱丁堡的家中。乔治后来得以入圣安德鲁斯大学学习。毕业后，他成了一名商人，后来满足于经营他们家的地产。卡默斯法官对乔治评价甚低。卡默斯法官的女儿则颇有哲思方面的才能，但这个女儿婚后不到一个月即与父亲的一位好友、学生、著名作家詹姆斯·波斯维尔（James Boswell）有婚外恋情。这段恋情持续了一年多，结束后，她又找了一个新的情人。得知女儿的越轨行为，卡默斯法官很受伤害，就把他的女儿赶到法国，表示不愿意再见到她。①

图 38　卡默斯法官家的乡间别墅

卡默斯法官作为地主，很有兴趣进行农业革命试验，比如他在土豆种植中引进犁，试行作物轮种制度。他希望按照理性的原则改良农业。1782年12月27日，87岁的卡默斯法官去世。他的著作有《道德与自然宗教原则论文集》（1751）、《历史法短论集》（1758）、《衡平法原则》（1760）、《批评原理》（1762）、《人类历史概要》（1774）等。

在哲学上，卡默斯法官属于常识哲学学派。苏格兰启蒙运动时期著名的常识学派的代表人物是卡默斯法官学生辈的托马斯·里德（Thomas Reid）。② 托马斯·里德的常识哲学有自己的创造，但卡默斯法官对他的影响是非常清晰的。反过来，当卡默斯法官在晚年写作多卷本的《人类历史概要》时，他

---

① Ian Simpson Ross, *Lord Kames and the Scotland of His Day*, Oxford: The Clarendon Press, 1972, p. 41.
② 托马斯·里德的常识哲学著作，见 Thomas Reid, *Inquiry into the Human Mind, on the Principles of Common Sense*, 1764。

又基本上采用了托马斯·里德的常识哲学,采用了他的哲学与道德的基本教义。① 这种常识哲学区别于休谟的怀疑论,后者完全否定了知识的可能性。托马斯·里德与卡默斯法官的常识哲学承认经验的可靠以及确定知识的可能。卡默斯法官曾经举过一个例子。休谟认为,事物之间的因果联系都是习惯性的联系,其间并不是真有联系,只是我们感官上把先后出现的现象间的关系看作因果联系:前面的叫作原因,后面的叫作结果。卡默斯法官反驳道:我们看见一个战士听到军号就开始冲锋,冲锋在后,军号响起在先。可是,就是小孩也不会认为前面是原因,后面是结果。② 所以前后发生的事情之间到底有无因果联系,我们凭借常识就能区分,休谟的哲学不能成立。卡默斯法官认为,语言是一套共享的符号系统。在他看来,语言的存在本身就体现了常识的存在,否则人们就无法交流。

## 人的进步与神意

卡默斯法官的《人类历史概要》三卷的副标题分别为"人独立于社会的进步""人在社会中的进步""科学的进步"。进步是其史学的核心词汇。对卡默斯法官来说,"进步"有两个含义。一方面,进步是从社会的低级阶段到高级阶段的进步,从狩猎、农耕到商业社会的进步。另一方面是指文明程度的提升,从野蛮向文明的进步。卡默斯法官希望在人类社会发展与外在环境变化中考察人以及社会的提升。在他那里,对进步的信念意味着相信个人的自由无论在物质方面还是在精神方面都将日益扩大。他相信,这种进步背后体现了某种神意,一切都是冥冥中上帝的安排。卡默斯法官写《人类历史概要》时认为,人类历史的起源是由不同的人种开始的。他的这一观点与《圣经》的讲法不一样。《圣经》认为所有人都来源于同一对夫妇——亚当和夏娃。卡默斯法官认为,不同的人种有着不同的起源。在这一点上,它和教会的正统教义相悖离。事实上,他的很多书在出版之后都遭到了苏格兰教会的谴责和教会人士的反驳,教会方面的反应甚至给他带来了严重的困扰。他和休谟都被指控为无神论者。卡默斯法官的这种相信历史发展向前进步、背后存在一个神意的史观,在后来黑格尔的历史哲学和马克思主义的历史唯

---

① Ian Simpson Ross, *Lord Kames and the Scotland of His Day*, Oxford: The Clarendon Press, 1972, p. 99.
② Ibid., p. 108.

物主义中，仍可见其踪迹。

承认神意存在，是否是一种宿命论呢？这里面有一个自由与上帝意志之间关系的问题，或者叫作自由与必然性的关系问题。在这个问题上，卡默斯法官有自己的观点。他认为，神意是存在的，人是和谐宇宙的一个部分，人自身也应是一个和谐的整体。他说："人是一台复杂的机器，它由各种不同的运行原则构成，它们可以看作是许多的发条与重量，相互作用平衡。当它们被准确地调试，生命运动就是美丽的，因为它规则而统一。但如果有些发条或重量被撤下，那些余下之物，由于没有了相反的制衡力量，就会失去平衡，从而使整个机器报废。"①

什么是自由？卡默斯法官认为，自由只是一个假象。上帝让人们选择，只不过是让人们感觉在选择。实际上，选择的结果最后体现的还是神意。自由意志本身是欺骗性的：人们不能领会神意是什么，但神意一定是存在的。人们感觉他们在做决定，在选择，实际上背后是神意。道德行为背后同样有不可更改的法则。人只是在他的意识中自认为自己是一个自由的主体，在自由地行动。人拥有对自由的感觉，但那只是虚幻的感觉而已。②尽管如此，他的这一观点还是遭到了谴责。因为它与经院哲学和基督教正统关于人的理性和自由意志的相关教义相冲突。人完全被决定，从这一观点中，可以看到的是新教的预定论。③在遭到批评之后，卡默斯法官尽管对自己的观点做了修正，还是坚持自己的基本立场。他不再讲"欺骗性的对自由的感觉"，而将道德选择的自由看作一个谜。④在卡默斯法官那里，正是因为有了神意，人类历史的展开才有可能，世界才不是一个无序的、混乱不堪的世界。

## "社会性"与"反社会性"

霍布斯讨论自然状态的人，把人看作追求自我保全和自我利益的人。包括亚当·斯密在内，现代政治哲学基本上基于自利的人来界定人。这意味着人是理性的动物，理性叫人趋利避害。卡默斯法官的观点和休谟相近。休谟

---

① Lord Kames, *Essays on the Principles of Morality and Natural Religion*, 1751, 转引自 Ian Simpson Ross, *Lord Kames and the Scotland of His Day*, Oxford: The Clarendon Press, 1972, p. 103。
② Ian Simpson Ross, *Lord Kames and the Scotland of His Day*, Oxford: The Clarendon Press, 1972, p. 105.
③ Ibid., p. 109.
④ Ibid., p. 157.

批评理性主义,他认为人是情感的动物。卡默斯法官认为,人们做事往往是凭借欲求与情感,没有理性的干预。"自然的作者并没有教我们的行动由理性这样一个如此虚弱的原则来指导,是我们的情感强迫我们履行不同的人生责任。例如,自我保存并不是理性的要求,而是由最强烈的本能来护卫,它使我们小心甚至机械地避开任何危险的现象。"① 他写道,人像动物一样靠本能而行动。人性的关键是,人是社会性的动物,社会并不像霍布斯所讲的那样是人们理性考虑的结果,而是人的本能的产物,天赋让我们走向社会。每个人有反社会的倾向,也有走向社会的倾向,但是走向社会的倾向总是会战胜反社会的倾向。他说,通过参与我们同胞的苦与乐,我们彼此团结在一起。人与人之间存在相互的同情。他认为这种相互同情是人类社会的黏合剂。为什么历史、小说、戏剧普遍受到人们的喜欢?因为它们都是着眼于人的情感而展开的。我们有相互的同情,在欣赏这些历史、小说和戏剧时,我们跟其中的人物能够产生共鸣。②

卡默斯法官和休谟的不同在于,休谟认为,人的同情、欲求与情感是社会与文化的展示,卡默斯法官则认为它是终极性的原因,是人行动的根源,是类似于本能的东西。卡默斯法官认为我们天生就有道德感,这种观点在休谟那里是没有的。基于他的常识哲学,卡默斯法官说,道德感就能够叫人们辨别善与恶、美与丑。道德感让我们将自我的考虑服从于社会情感,它是驱使我们走向社会的一种东西。如果我们完全只考虑自己,就无法形成一个社会。对于大多数人来说,该做什么不该做什么并不含糊。他还说,像正义、信仰、真理这些特定的情感对人类来说是强制性的义务或责任。因为没有它们,社会就会解体或陷入无政府状态。他把道德分成两个等级,第一等级的道德是不可推卸的义务,第二等级的道德则致力于社会的提升。正义、信仰、真理是第一等级,即不可推卸的义务,仁慈和慷慨则致力于社会的提升。道德上的完善在于第二等级的道德行为。③ 卡默斯法官有自然法的观念,此点也不同于休谟。卡默斯法官认为,自然法有一个不断完善的过程,它不断变得精致、细化,以适应改善了的人类状态。④ 他描述人由激情和欲求主导,他们不按照统一的行动准则、理性的法则去行事。他说,我们的道德

---

① Ian Simpson Ross, *Lord Kames and the Scotland of His Day*, Oxford: The Clarendon Press, 1972, p. 101.
② Ibid., p. 99.
③ Ibid., p. 102.
④ Ibid..

感，野蛮人是没有的。休谟否定了信仰，卡默斯法官认为，信仰是人们意识到事物的特殊方式，它是一种简单朴素的情感，不能被描述，只能用 belief 这个词来表达，信仰直接建立在我们的感觉之上。信仰就是信仰。[1] 根据卡默斯法官的常识哲学，人们凭借感觉获得对外部世界的知识。卡默斯法官和休谟的不同在于，休谟否定知识的确定性与可靠性，完全否定理性。卡默斯法官承认理性、原则与确定性知识的存在。

## 混合政体

卡默斯法官认为，各个社会在初始阶段都处于人人平等的状态，其中无人有统治他人的特权。战争的领袖是临时的，战争一旦结束，他便失去指挥别人的权力。金钱的引入带来了巨大的变化，财富导致了贫富分化和等级产生。人们自私的心理开始流行，盖过了社会情感。卡默斯法官的分析着眼于人内心的两种倾向：一是人自私的心理，二是人过社会生活的情感。金钱出现以后，自私的心理就大于或超过了社会情感，这样就导致了人们与邻居之间相互为敌，人与人之间产生了敌意。由此，就需要主权者出现，用强制性的手段来压制人们由于经济的富裕与财富的增加而带来的激情，以维系社会的存在。政府形式的演变，遂由温和走向专制，因为人们自私的情感越来越强大，政府必须相应地越发专制。没有美德，就没有温和的政体。人们为欲望所驱使，就只能得到专制的统治。他认为，在每一个社会，最初的政府都是民主政府，后来出现了元老院，人们开始尊敬经验丰富的人，重视年长者的智慧。在他看来，绝对的王权与人们的自由相冲突，政体的演化也是天意使然。[2] 卡默斯作为法官特别关心社会中的惩罚。他认为，人类社会的初期，惩罚是很温和的，因为政府没有绝对的权威。但是社会越往后发展，政府的权威越强，惩罚变得越严厉越有效。但是由于人们最终变得遵守规则和命令，并习惯于在稳定的政府管理下生活，这使得惩罚变得越来越没有必要。他还描述道，中国政府是特别温和的，它的惩罚相对于西方中世纪也非常人道。中国的刑事判决从来不滥用，死刑都要得到皇帝的朱批才可以执行，这是文明的表现。[3]

卡默斯法官推崇混合政体。他认为，在所有政体中，民主政体是坏政

---

[1] Ian Simpson Ross, *Lord Kames and the Scotland of His Day*, Oxford: The Clarendon Press, 1972, p. 106.
[2] Lord Kames, *Sketches of the History of Man*, Indianapolis: Liberty Fund, 2007, p. 372.
[3] Ibid., p. 374.

体，专制政体是另一个极端，混合政体无论是君主国还是共和国都处于中间。民主制由暴民统治，共和国由选出的公民进行统治，共和国的基础是公民之间的平等。与孟德斯鸠相类似，他写道，对小国来说，共和政体是最好的政府形式，那里不允许有财产和地位上的不平等。而对一个大国来说，君主制更合适，因为那里幅员辽阔，人口众多且分散在各地，不容易聚合为一个整体。① 他界定共和，认为共和代表自由的国家，自由的国家是自然法统治的地方。那里每一个规则都源于自然法，它致力于提升和改善社会，促进诚信和人们的勤勉。而专制主义是一种极坏的政府形式，其中主权者的武断意志居于统治地位。他指出，政治作家把自由国家界定为人们按照自己制定的法律进行统治，这是有问题的。人们自己制定的法律并不总是正义的，有时还是压迫性的。② 我们可以在这里再次看到卡默斯法官的自然法理念。他所说的混合政体共有两种：一种是有限君主制，一种是共和国，两者都是最好的统治形式。因为在混合政体中，每个人都有机会按照天性给他设定的角色行动。民主制是众人在统治，专制政府是一人统治，二者都违反了上天的安排。

卡默斯法官说，好的政府要鼓励爱国主义。共和国的主导原则是美德。美德就是爱国。爱国主义与所有的美德相联系，是所有美德之母。爱国主义消失，所有的美德将随之一起消失。③ 民主社会的暴民和君主社会的君主都没有爱国主义的情感。可以看到，卡默斯法官的论述是非常古典的。他认为，民主社会里的暴民追求面包和利益，专制君主追求个人欲望的满足，都没有美德。卡默斯法官指出，英国崛起的时候是有爱国主义的，当下则面临着危机。他以古希腊和古罗马的例子来表明爱国主义一旦衰落，国家就会衰落，自由也会丧失，人民会陷入受奴役的状态。他主张改善英国的教育，批评英国公立学校鼓励自私自利，年轻人没有受到很好的爱国主义教育。④

## 和平与奢侈：慢性毒药

卡默斯法官指出，一方面，和平与文明社会的进步使人摆脱野蛮的状

---

① Lord Kames, *Sketches of the History of Man*, Indianapolis: Liberty Fund, 2007, p. 376.
② Ibid., p. 378.
③ Ibid., p. 417.
④ Ibid., p. 427.

## 第七章　苏格兰启蒙运动时期的经济与政治

态,带来产业的发展、工业的改良、技术的进步、财富的增加。工业、制造业和财富,都是和平的成果,但是,随之而来的,却是奢侈和永远无法满足的对财富的渴求,它们类似于一剂慢性毒药,不断消磨人的意志,使人不再有奋斗的勇气、英雄主义等男子气概。人们变得多愁善感、狡诈、虚伪。人由于持续的繁荣与和平退化为浅薄的、自私的、无能的动物。① 他认为,战争对人来说是必要的,它可以提升人们的阳刚美德。"永久的战争是坏事,因为它把人变成了每日祈祷的动物;永久和平更坏,因为它让人变成了负担沉重的动物。"② 战争的发生是神的安排,它让和平与战争交替出现,从而让人处于一个较好的状态。

与战争相联系,卡默斯法官讨论军事问题,认为常备军制度导致了美德的丧失。现代人关心财产与自我保护,失去了过去游牧时期的品德。他引用大臣给国王居鲁士的建议。这位大臣说,摧毁一个城邦的方法,就是鼓励他们奢侈,让他们的刀剑化为犁锄,让他们的孩子热衷于经商牟利,这样,他们就由男人变成了女人。③ 然而一方面,商业的发展要求分工,不可能让人人去参军,另一方面,军事制度非常重要。因此卡默斯法官考虑在新的形势下有没有更好的方案。他的建议是适龄男子都要参军,保证服兵役的时间。他还提到哈林顿的建议,但是他反对哈林顿的主张,后者主张 18—30 岁的人都要参军。④

卡默斯法官认为,好的政府会带领人们达到很高的文明程度,但是,最好的政府也不能在人们变得富裕之后使他们免于腐化。在他看来,腐化是必然的。他对奢侈和防止腐化的问题念兹在兹。卡默斯法官曾专门讨论了奢侈的进步与结果。他指出,奢侈在不同的年代其概念是不一样的。在柏拉图时代,一天吃两餐就会被认为是奢侈;在后来,大摆宴席是奢侈,古人奢侈的宴席一次竟邀请一千五百人去享用。家具方面,古罗马时代,家里有一张桌子就算奢侈。过去人们是光脚走路,鞋子就是奢侈品,但今天的人则不会如此认为。奢侈的概念是相对的,它在不同的时代有不同的标准,但其后果皆是负面的。奢侈和自私成为社会流行的原则,美德就会丧失。往往一个民族开始时贫困而有美德,后来就变得繁荣富裕而没有美德。

---

① Lord Kames, *Sketches of the History of Man*, Indianapolis: Liberty Fund, 2007, p. 408.
② Ibid., p. 415.
③ Ibid., p. 492.
④ Ibid., p. 500.

# 追寻法律的统一

卡默斯法官的法学思想叫历史法思想。此种历史法，与后来德国那种作为自然法传统对立面出现的由萨维尼等人所代表的历史主义法学，不是一回事。卡默斯法官的历史法思想，为当时斯密、米勒、弗格森等人所共有，具有鲜明的苏格兰启蒙运动时期的特点，它致力于在社会历史演化中考察法律，主张法律要随社会变化而变化，与新的社会环境相协调，满足新的社会需求。一方面，卡默斯法官有自然法思想，他坚持自然正义的存在，承认法律的理性本质，此点与休谟甚为不同；另一方面，他又像孟德斯鸠一样主张在不同的历史环境中综合多种因素去思考法律问题。

法国启蒙思想家孟德斯鸠对苏格兰启蒙运动有巨大的影响。一方面，大卫·休谟属于《论法的精神》最早一批读者，休谟向时人介绍《论法的精神》，推动孟德斯鸠《论法的精神》的翻译；另一方面，一个名叫约翰·布莱克（John Black）的酒商是波尔多的孟德斯鸠学术圈的成员，他对孟德斯鸠思想在苏格兰的传播起了极关键的作用，他还把他的儿子、化学家约瑟夫·布莱克（Joseph Black）介绍给孟德斯鸠做学生。[①] 约瑟夫·布莱克也是卡默斯法官的朋友，二人曾经常讨论土壤化学的问题。卡默斯法官的《历史法短论集》问世后，曾被誉为孟德斯鸠《论法的精神》之续篇，时人认为他继承了孟德斯鸠的伟大工作。实际上，与孟德斯鸠相比，卡默斯法官更重视法律的成长与历史演化。

在法律上，卡默斯法官激烈批评封建法，认为封建法是适用于中世纪战争状况、服务于战争目标的一种制度，它违反自然，具有暴力的性质，是"劳动和产业的敌人"。[②] 他指出，封建制度虽然在苏格兰已经瓦解，但是其法律条款依然存在。他又着眼于1707年英格兰和苏格兰的合并，希望改进苏格兰的法律体系，以实现彻底的整合。他认为，两国合并之前，皆具有相同的普通法。关于土地，卡默斯法官批评封建性质的土地法律，他主张土地进入市场，参与商业流通。卡默斯法官认为旧有的法律着眼于保持封建家族的名声与荣耀，使继承而得的土地无法买卖，十分不利于苏格兰商业经济的

---

[①] Ian Simpson Ross, *Lord Kames and the Scotland of His Day*, Oxford: The Clarendon Press, 1972, p. 203.
[②] Ibid., p. 205.

发展，而对土地和财产的拥有，是所有人最基本的一种欲求。[1]

《历史法短论集》出版之后，颇受欢迎，一版再版，让卡默斯法官声名鹊起。其中"论刑法"与"论财产"两篇，被译成了法文结集出版，在欧陆引起反响。此书还得到了美国国父约翰·亚当斯、托马斯·杰斐逊、詹姆斯·麦迪逊及詹姆斯·威尔逊等人的高度赞扬。边沁也高度赞赏他寻求统一法律体系的努力，边沁热情赞扬《历史法短论集》，把该书描述为对布莱克斯通的谬论的纠正。当然，边沁自己的法学学说，是另外一个体系。

## 言行方式之变

卡默斯法官讨论言行方式，甚为详细。如前所述，此一论题，实为苏格兰启蒙运动时期之热门。社会的巨变激发着人们去想象文明社会中人的形象，知识视野的开阔使人们有条件去比较不同的言行方式，公共交往的增加要求人们注重对自己举止谈吐的约束。卡默斯法官首先界定了"方式"的概念。他指出，方式是指个人或民族（或某个社会群体）特殊的言行模式、仪态，探讨"方式"，关注的是特定的个人或群体，而非普遍的人类。世界各地，古往今来，大家同属人类，具有共同的人性，但其言行方式，则颇为不同，此即个人或民族（或其他社会群体）之差别所在。方式问题不同于道德。道德区分言行对错，方式则无所谓正确或错误、道德或不道德。不过，人们同样可以对方式做出评价。依卡默斯法官之论述，有些方式合乎人性，有些方式则反人性。有些利于进步，有些则带来社会的毁灭。当然，这一切背后仍然是神意。关于"方式"，卡默斯法官想探讨的是，人们言行的方式是受到了政府形式（政体）的影响，还是取决于文明的程度。他的研究，似于今日所谓的政治社会学研究。

卡默斯法官说，人是善于模仿的动物，由此，长期生活在一起的人，便会发展出某种类似的举止方式，与其他社会相区别。人们走路的姿势，戴帽子的习惯，走路的轻重，皆有自己的特点。以衣着打扮、发式为例，有的地方男性留长发，穿宽大的衣裙；犹太男性戴耳环，犹太妇女头上扑金粉；某个时期的人们喜欢戴假发；法国大革命之后绅士的标准着装是着长靴，佩长剑。一个时期有一个时期的时尚，这些都是方式的差别。再如卫生，卡默斯

---

[1] Ian Simpson Ross, *Lord Kames and the Scotland of His Day*, Oxford: The Clarendon Press, 1972, p. 210.

法官说，野蛮人中，有的部落爱干净，他们会频繁洗澡，勤换衣服，有的部落则肮脏不堪。他认为卫生、清洁合乎人性，肮脏则不合人性。事实上，没有人愿意以肮脏的形象出现在他人面前。所有的民族都在逐步地提高卫生水平。①

以卡默斯法官之论，总体上，优雅民族（polished nation）的言行方式更温和、友善、人道，野蛮人的言行方式则以尖锐、残忍、冷酷为特点。胡子让人显得严肃，剃须后的脸则显得温和，是故在处于文明高级阶段的优雅社会，蓄须变得不再流行。②野蛮人的语言生硬、激烈，文明人的语言流利、平和。荷马时代的希腊人、古罗马人，十分残忍，现代人则变得温和、人道。即使在战争中，现代社会中的交战双方也不以杀戮为目的，而遵循着人道主义法则。卡默斯法官认为，言行方式同样与政体有关。以语言为例，即可发现政体形式对人们言行方式的影响。他说，民主政体中的语言，通常狂暴而粗野，贵族政体中的语言通常阳刚而质朴，君主政体中的语言则谦恭而谄媚。专制政体中，人们说话表现出媚上欺下的特点。法语的语调与法国的君主制相适应，那里人们对上等人毕恭毕敬。而英语的语调则与英国自由政府相一致，它更具男子气概，更为急切。③同样的民族，亦会因政体不同，发生言语方式上的改变。他写道："三个世纪前意大利托斯坎纳地区有许多小共和国，其人民的语言阳刚而质朴。在托斯坎纳大公将之统一为王国后，他们较为刚烈的语调便消失了。"④

关于行动的方式，卡默斯法官更着重于从社会所处的阶段予以考察。他指出，人天性好动，这从孩子身上可以看出，除了睡觉，他无一刻不想动。但当人的理性主宰着他的心灵后，他就能约束自己，以令自己不做无目的之举动。野蛮人吃饱后就很少活动了。狩猎、捕鱼对他们来说已耗费大量精力，他们希望在此种剧烈运动后美美地睡上一觉。野蛮人就像狗一样，在野外甚为活跃，在家里则十分慵懒。⑤

卡默斯法官说，人类在最初是自私的，也是怯懦的，但人们组成社会后，变得勇敢起来，也学会了合作。此为人性中亲社会的激情使然。狩猎时代，

---

① Lord Kames, *Sketches of the History of Man*, Indianapolis: Liberty Fund, 2007, p. 323.
② Ibid., p. 330.
③ Ibid., p. 334.
④ Ibid..
⑤ Ibid., p. 340.

人们每日杀生，与虎豹熊狼斗争，十分残忍。游牧时代，平静的生活使人变得温和；农耕时代，要求多人协作，由此仁爱开始流行。爱国主义（armor patriae）亦在此时出现。而到了精致艺术、制造业发达的商业社会，财富成为人们的目标，正义与荣耀被人们忽视，等级与运气的不平等催生了反社会的情绪，人们变得傲慢、彼此敌视。自私再次支配了人们的心灵。社会情感日渐衰落，直至最后消失。在人类社会的商业时代，"友谊不再存在，甚至亲缘关系也不被当回事。人人琢磨私利，富裕与感官的愉悦成了每个人膜拜的大神。这样，在言行方式的进步中，人们最后回到了起点：社会最后、最雅致状态中的自私，并不比最初、最粗鲁状态时更不明显。"① 这里，卡默斯法官似乎表达了一种循环论的观点。不过他又说，现代人的自私与野蛮人的自私并不相同，在野蛮人那里，尚存在人与人的友谊，而在现代人中，友谊亦无从立足。卡默斯法官在这里再次表达了对商业社会弊端的担忧。

卡默斯法官认为，与言语方式一样，行动的方式也受到政治之影响。例如征服者之于被征服者，各自行动方式就会有变化。但有时是征服者被失败民族同化，有时是被征服者被迫接受了征服者的文化。前者如蒙古人及后来的鞑靼人对汉人的征服，后者如土耳其人对希腊的征服。差别在于征服者是拥有自己的法律、政府，还是处于野蛮人状态。② 再如，政治迫害也影响着人们行动的方式。盛行告密的地方，家人、邻居皆无法信任，友谊不复存在，遑论社会自由。人的天性受到摧毁，文明被降到了最低水平。③

卡默斯法官对军制与"方式"的关系亦有讨论，他的立场与他对奢侈、自私的批评一致。如同马基雅维里一样，卡默斯法官指出意大利自由的城市国家因使用雇佣军而不能抵挡敌人的进攻。卡默斯认为，在当时的英国，存在着类似的问题，军队中的将士一心想着发财，而非荣耀。他忧心忡忡地写道："一个民族，从前繁盛，被奢侈与自私征服后，随后将发生什么？埃及人提供了答案。不幸的人民，世代臣服于每一个野蛮的入侵者，现在已拥有所有反人性的恶德。一个民族一旦衰败，便无药可救。只有任其土著消亡，代之以更优秀的人民。埃及人温顺地服从于每一位统治者，他们就如一群绵羊，乖乖地听从牧羊人的召唤！"④

---

① Lord Kames, *Sketches of the History of Man*, Indianapolis: Liberty Fund, 2007, p. 347.
② Ibid., p. 392.
③ Ibid., p. 398.
④ Ibid., p. 417.

卡默斯法官崇尚武德，他是要以武德对抗奢侈与自私之弊。此种武德，并不必然与公民精神相联系，它更多地具有贵族性质。他甚至举中国清朝皇帝的例子，来说明远离奢侈保持美德之重要。他写道：

> 康熙，中国的皇帝，死于1722年，名垂青史，因为他拒绝了亚洲宫廷中的温柔与懦弱之风。他毫不放纵自己沉溺于感官享乐，一年中有五个月在鞑靼人的山中度过，大多数时间在马背上，不知疲倦。在那种情况下，他也不忽略朝政。他牺牲很多睡眠时间，听取大臣的意见，签署命令。康熙在宫殿的温柔乡中养大，而有决心抵制感官享乐之诱惑，试问有几个君主能做到这一点呢？①

卡默斯法官的思想受到孟德斯鸠、卢梭和西方古典共和主义传统的巨大影响。他的哲学属于常识哲学，宗教上又与某种清教精神联系在一起。卡默斯法官的思想中有两个方面：一方面，他赞赏现代社会的进步——启蒙时期产生了关于"进步"的理念，他指出，社会的进步清晰可辨，它体现了神意。另一方面，在这个过程中，他又发现腐化和堕落难以避免。这样，卡默斯法官的思想内部便表现出某种张力。不过，这种张力只是表面的，最终卡默斯法官把所有这一切都归诸神意。

就当时的历史语境来说，卡默斯法官是在苏格兰和英格兰合并的背景下思考如何通过法律的改革和心灵的启蒙促成一个繁荣、进步、文明的苏格兰，但同时他也思考商业繁荣后不列颠的命运。他的思想一方面属于启蒙思想，比如他批判封建法律观念，摒弃传统的基督教观念，崇尚科学，尊重理性，关心"人性"，探讨人性的科学以及人的历史、社会的历史；另一方面，他的思想又具有公民人文主义的某些特点，比如他关心以男子气概为中心特征的公共精神与公民美德，他认为，和平与奢侈会败坏共和国。他有非常明确的混合政体理念，有明确的共和国理想。在这一方面，他基于古典共和主义对现代商业社会的弊端进行了反思。

## 大卫·休谟：开启西方认识论大革命

大卫·休谟（David Hume）是18世纪苏格兰启蒙运动时期的重要思想

---

① Lord Kames, *Sketches of the History of Man*, Indianapolis: Liberty Fund, 2007, p. 404.

## 第七章　苏格兰启蒙运动时期的经济与政治

家，他的学说很能体现苏格兰启蒙运动哲学的特点。欧洲大陆的启蒙运动，高扬理性大旗，建立审判一切的"理性法庭"，向旧世界宣战，虽有荡涤习见、破除迷信、开启民智之功，却也尽显独断主义之弊。在政治上，这种哲学的逻辑结果便是理性主义者的独裁（专政）。苏格兰启蒙运动与之大异其趣。与欧陆启蒙运动相比，苏格兰启蒙运动的哲学家在肯定理性的地位时，开始反思理性的界限。大卫·休谟便基于英国经验论的传统，以怀疑主义的理性主义取代了独断的理性主义。

休谟1711年出生于苏格兰低地爱丁堡的一个信奉新教的贵族家庭。少年时代，休谟即展示出良好资质。他喜好读书，酷爱文学，对维吉尔与西塞罗的著作尤其着迷，很早便立下大志，要成为哲学家。从爱丁堡大学毕业后，家人要他学法律，当个律师，或者做做生意。但休谟素来对金钱不感兴趣。他坚持要追求自己的理想，著书立说，做个大学问家。

1734年，休谟去了法国，隐居于法国乡下，在那里潜心做研究。他自称在法国"度过了非常愉快的三年"。正是在这段时期，他写出了大作《人性论》。1736年，休谟26岁，他的《人性论》已写成的部分便在伦敦出版，两年后，该书的另几卷也最终完成推出。不过，《人性论》的出版在当时并未引起学界的注意。1741年，休谟在爱丁堡出版了《道德与政治论文集》，总算获得了成功。1749年，休谟在意大利都灵与孟德斯鸠见面，之后两人一直保持通信联系。①

休谟两度想在苏格兰的大学里获取教职，但由于他的怀疑论与无神论倾向，两次均告失败。1751年，休谟获邀任苏格兰律师协会图书馆馆长，薪水虽然不高，却有了条件（图书加时间）潜心写作。正是在此期间，休谟完成了煌煌八卷本巨著《英国史》，他的《道德原理探究》等著作也为其赢得了声誉。《英国史》的出版，带来丰厚的稿酬，让休谟实现了经济上的独立，他得以去爱丁堡买房，并雇佣一个女佣，此外还养一只猫。这就是他的三口之家（休谟、女佣、猫）。

1763年到1765年，休谟担任英国驻巴黎大使馆秘书。在巴黎的岁月，休谟甚为愉快。他认识了布夫莱（Boufflers）夫人，这是他最喜欢的女主人，休谟和她相互恭维，相处甚欢。布夫莱夫人有一次请他帮忙，带一位贫困作

---

① 默里·皮托克：《历史学》，载[英]亚历山大·布罗迪编《剑桥指南：苏格兰启蒙运动》，贾宁译，浙江大学出版社2010年版，第253页。

家去英国避难,此人就是卢梭。休谟欣然应允。不过临出发去英国的前一天晚上,休谟去和霍尔巴赫男爵道别,男爵正色提醒休谟:"你不知道那个男人。我可以清楚地告诉你,你是在用自己的胸脯温暖一条毒蛇!"① 男爵的话,多少破坏了休谟对卢梭的信任,而敏感的卢梭,不久即察觉出来。

1766 年 1 月,休谟和卢梭一起回到英国,并对卢梭以礼相待。卢梭无钱,住的地方条件很差,后来得到贵族资助,可以搬家。休谟过来帮忙搬家,他雇了一辆马车,却告诉卢梭这是搭的顺风免费马车,其本意是不想让卢梭付费,但卢梭却认为这表明休谟不诚实。最后二人不仅闹翻,还相互写文章攻击对方,从朋友变成了仇人。卢梭对休谟的指控,带有戏剧家创作的成分,好像说书。他说:从巴黎一起过来的时候,就发现休谟不对劲。有一次,休谟在梦中竟然喃喃自语:"我摆布着卢梭!"卢梭称,休谟一直在暗中监视着他的行踪。休谟虽然是好心人,但对卢梭却并不宽厚,他写文章到欧洲大陆发表,称卢梭是黑心人、流氓、骗子。他给布夫莱夫人信中说,像卢梭一样的疯子,应该用链子锁起来。②

休谟后来有两年在伦敦担任了次国务秘书,余时皆在爱丁堡生活。1776年 8 月,休谟因患肠痈去世。在他预期自己时日无多时,乃作《自传》,回顾自己的人生。去世之前,他嘱好友亚当·斯密自行处理他的手稿与信札,其中包括休谟在世时未出版的《自然宗教对话录》。1777 年,斯密发表了休谟写的《自传》。

就政治立场而论,休谟属于保守派人士,他倾向于托利党而非辉格党。他说,如果让他选,或是加入一个派系林立、争斗不断的人民共和国,或是在一个绝对王权国家中,享受法律下的稳定,他会选择后者。他认为当时绝对王权统治下的法国,就是一个很不错的国家,并非辉格党所斥责的"法兰西暴政"。③

休谟固然重视传统与习俗,但休谟的保守,重在"珍视当下,而非眷恋过去",这与休谟的友人辉格党人爱德蒙·柏克不同。辉格党人历来有一个说法,即英国的自由宪政源远流长,英国的传统是自由宪政的传统,人民是

---

① [英] 马丁·科恩 (Martin Cohen):《哲学野史》,邱炳译,新华出版社 2010 年版,第 128 页。该书书名应译为《哲学故事》(*Philosophical Tales*),因它并非杜撰、不可信的"野史"。
② [英] 马丁·科恩:《哲学野史》,邱炳译,新华出版社 2010 年版,第 133 页。
③ 参见 [匈] 伊什特万·洪特、[加] 米凯尔·伊格纳季耶夫编《财富与德性:苏格兰启蒙运动中政治经济学的发展》,李大军等译,浙江大学出版社 2013 年版,第 369 页。

一切正当权力的来源，这一说法自然是反对王权的理论武器。但休谟却不这么认为。他著《英国史》，是试图表明，17世纪以前英格兰史上并无什么固定的自由宪政。辉格派追求的自由，没有历史依据。休谟告诉人们，史上只有因时而异的政治制度，而且这个制度不是自由宪政，而是绝对君主制。17世纪革命对君主制的反抗不过是小小的插曲。他还称侵犯君主的是人民，但君主并不试图侵犯人民。同情休谟者说，休谟的重心并不是为君主制辩护，他的用意是要说明，讨论政治体制问题，不必追溯它在历史上的起源，而应基于当下，考察其是否于国于民有益。然而当时的人们对休谟著作背后的政治用意，是十分清楚的。休谟的《英国史》在美国影响也很大。杰斐逊提到休谟的《英国史》时，是这么写的：

> 休谟的历史著作因其有审慎的内容和吸引人的风格而成为每个学生的必读书籍。……很不幸的是他首先写了斯图亚特王朝的历史，成为他们的辩护者，并且为他们的全部罪恶辩护。为了支持他的著作，当完成以后，他又回头写了都铎王朝。他是这样选择和安排他们的历史材料的：只写他们的专断的行动，把他们作为君主立宪权力的真正榜样。而且，他又进一步向上溯，回到早期历史，并且以同样的观点写了萨克逊时代和诺曼时代。……正是这本书破坏了英国政府的自由原则，使各类读者相信，这些原则是对君主的合法而有益的权利的篡夺，并且把托利主义散播到全国。[①]

杰斐逊年轻时即读过休谟的《英国史》，他提醒他的朋友注意休谟著作中的"毒素"对美国人的影响。他称休谟是"科学堕落的儿子""同胞的叛徒"。[②]

休谟谈论政治问题，或许并无新颖独特的地方。他的贡献主要体现在形而上学方面。休谟以其温和的怀疑主义哲学摧毁了西方自然权利理论，否定了社会契约论，开启了功利主义。

休谟区分了"实然"（to be）与"应然"（ought to be）。他指出，"实然"与"应然"之间存在着不可逾越的鸿沟，从"实际上如何"推导不出

---

[①] ［美］杰斐逊：《杰斐逊集》（下），刘祚昌、邓红风译，生活·读书·新知三联书店1993年版，第1432页。

[②] 同上书，第1755页。

"我们应该做什么"。而自然法理论的典型推论便是快速地从"实然"上升到"应然",一个事物本来怎么样,便"应当怎么样"。休谟认为,"事实"是一回事,"经验"则是另一回事。休谟关于"应然"与"实然"的区分很著名,但这不过是他的哲学的冰山一角。

## 休谟式怀疑:太阳明天还会升起吗?

休谟认为,对于人的知识必须存疑,对于事件间的因果联系必须谨慎,对理性的最好态度是彻底地怀疑。休谟哲学关注的焦点,是因果知识的可能性和有效性这个认识论问题。

什么是原因?休谟说:"一个原因是先行于、接近于另一个对象的一个对象,它和另一个对象那样地结合起来,以致一个对象的观念就决定心灵去形成另一个对象的观念,一个对象的印象就决定心灵去形成另一个对象的较为生动的观念。"①

休谟认为,原因和结果是我们从经验中得来的关系,不是任何抽象的推理或思考得来的关系。并且,"我们所有的因果概念只是向来永远结合在一起并在过去一切例子中都发现为不可分离的那些对象的概念,此外再无其他的因果概念"②。休谟说,太阳明天会升起,或者一切人都要死,只是很可能的事情。③ 原因和结果都只是存在于人们的心灵中。

人们往往认为,因果关系是事物间存在的客观的、必然的联系。休谟说,因果推理奠基于印象。我们进行推断,不过是从一个印象推断另一个印象的存在。所谓必然,不过是一种推断,其间发挥作用的不是理性,而是习惯或联想。必然性是一种观察的结果,是心灵的一个内在印象,或者是把我们的思想由一个对象带到另一个对象的倾向。必然性存在于心中,而不存在于对象中,它是知觉的性质,不是对象的性质。甲与乙之间的因果联系不是逻辑的必然,而是人们经验观察中二者恒常的相继出现,当我们从甲推出乙时,根据的不是甲的内部性质,仅仅是过去的经验使我们倾向于从甲想到乙。

休谟把知识分为两类:一类是具有直观和演绎确定性的知识,另一类是

---

① [英]大卫·休谟:《人性论》,关文运译,商务印书馆1980年版,第195页。
② 同上书,第111页。
③ 同上书,第146页。

以经验推理为特征的或然性知识。前者包括直观获得的知识以及数学和逻辑推演方面的一切知识；后者包括关于实际的存在和性质方面的一切知识。他的著名表述如下：

> 人类理性或研究的一切对象可以自然分为两类，即观念的关系和实际的事情。属于第一类的有几何、代数、算术诸科学；简言之，凡是具有直觉或解证的确定性的断定，都属于此类。"直角三角形弦的平方等于两直角边的平方"就是表示这些图形之间关系的命题。"三乘五等于三十之一半"表示了这些数目之间的关系。对这类命题，我们仅仅凭借思想的活动，不需要依据在宇宙中任何地方哪个存在的东西，就可以发现出来。即使在自然中从未有一个圆或三角形，欧几里德所证明的真理也会永远保持其确定性和明白性。
>
> 对于人类理性的第二类对象实际的事情，就不能用同样的方式来确定；我们对它们的真实性的证据不论有多么重大，也和前一种不一样，一切实际事情的反面都是可能的，因为它不可能蕴涵着矛盾，而且心灵在构想它时同样很容易很明确的，好像它与实际是很符合的。"太阳明天将不升起"这个命题，与"太阳明天将升起"这个断言，是一样可以理解的，一样不蕴涵矛盾的。因此，我们要证明前一个命题虚妄的任何尝试都是徒劳的。假如我真能证明它的虚妄，那它就蕴含着矛盾，因而不可能被心灵清楚地构想。①

怀疑主义是休谟哲学的基本特征。虽然休谟在《人性论》的副标题中表明他最初试图把科学运用于对人性哲学的研究，但是，他的哲学逻辑没有导致一个完整的科学体系的建立，而是带来了对知识的怀疑。在怀疑主义的指导下，全部知识被降格为"概然推断"。休谟对一切均表示怀疑。休谟实际上是告诉我们，世界上没有什么因果联系，没有持续而个别存在的对象，没有自我，没有心灵。然而人类并不能因为对因果关系的无从准确把握而放弃对物质的、精神的生活之追求，当原来的理性的理想覆灭时，回到现实便是自然而然的选择。因此，休谟式怀疑主义的结果是功利主义、情感主义和快乐主义的凸显。休谟的怀疑主义把理性贬低，从而使人类的情感、意志、体

---

① [英]大卫·休谟：《人类理解研究》，吕大吉译，商务印书馆1999年版，第19—20页。

验成为思考生活问题的基本语汇。休谟最有名的一句话是:"理性是情感的奴隶。"① 休谟之后，反理性主义的学说，多援引之。

## 约定俗成、正义与财产

休谟的政治理论与他的哲学观点密切相联系。他的政治理论与17世纪以来流行的契约论十分不同，其政府主张亦表现出保守的特点。

休谟政治哲学的关键词是"约定俗成"（convention）。休谟论约定俗成，是要将它与契约论基于理性而推导出的同意区别开来。休谟同样讲人们之间的同意，但他要指出的是，同意不具有理性基础，同意只是源于人们的激情以及对共同利益的追求，它与约定俗成是同义词。

休谟认为，约定俗成不具有许诺（promise）的性质。甚至许诺自身，也来自人类的约定俗成。约定俗成只是一种对共同利益的一般感受，此种感受，社会成员皆有，他们向彼此表达出这些感受，并以确定的规则来规范他们的行为。"我"想如何行动时，会考虑到他人也会以同样的方式待"我"。当对利益的共通感（common sense）相互表达出来，便产生出一个合适的解决问题的方法。这就是人们彼此之间的约定或同意（agreement）。例如，人们对财产的占有，便是如此。

休谟说，财产是人们持久的占有物，它完全基于约定俗成，由此产生出正义与不正义的观念以及财产、权利与义务的观念。正义法则最为根本，然而它也不过是人们约定俗成的产物。而财产、权利和义务则源于人们的正义观念。正义的起源解释了财产的起源。那些从财产权来论证正义起源及性质的人，犯了本末倒置的错误，由此得出的任何推论，也必将缺乏基础。休谟认为，人并非天然拥有对物的权利，天然的固定的财产与权利，根本不可能存在。财产所标示的人与物的关系，不是天然或曰自然的，而是道德的，它建立在正义之上。而正义又建立在我们的激情（passions）之上。我们皆偏爱自己及朋友甚于陌生人。某种激情使我们取得共同的正义观念，相反的激情又使人们的约定或达成的一致遭到破坏。霍布斯式人人相互为战的"自然状态"，和诗人所歌颂的黄金时代，一个极度恶劣，一个极度美好，皆为虚妄。②

---

① 休谟的原话是:"理性是、并且也应该是情感的奴隶，除了服务和服从情感之外，再不能有任何其他的职务。"参见［英］大卫·休谟《人性论》，关文运译，商务印书馆1980年版，第453页。
② *The Great Political Theories*, Vol. 1, edited by Michael Curtis, New York: Avon Books, 1961, p. 404.

休谟在这里是说，人们既具有限的自私，也具有限的仁慈，正义的及有规则的社会、各种权利义务观念，皆出于人们的约定俗成，意在解决生活中的不便，它们是人为而非自然的产物。

## 基于人民同意，无法建立起政府

休谟写道，几乎所有既存的政府或史上有记录的政府，最初皆建立于或篡夺或征服或篡夺加征服之上，并不存在公正的同意（fair consent）或人民的自愿服从。尘世间小国合并成大帝国，大帝国又分裂为许多小国，此类事件中可见的，唯有武力与暴力，哪里有什么相互间的一致同意（agreement）或许多人大谈特谈的自愿联合？①

针对洛克所提出的"政府须基于人民同意"的观点，休谟说，人类事务永远都不能容纳那种同意。换言之，基于人民的同意，根本无法建立起政府。极为常见的是，人们以武力推翻古代的政府。在少数案例中，存在同意这回事，但一则极为罕见，一则它总是伴随着阴谋和暴力，否则政府根本没有权威。

休谟强调权威的重要，反对"人民同意"这一观念。他认为，人们并不总是知道自己的利益。理性、历史与经验告诉我们，一切政治社会的起源都是模糊的、不规则的。简单的经验与观察足以表明，离开了权威，社会就不可能维系下去。同时，人们如不服从，权威很快就会变成令人憎恶的东西。②

关于风俗或习惯（custom），启蒙时期的理性主义者多对之大加鞭挞，以理性法庭审判之。休谟则言，习惯是人类生活的伟大指南。正是习惯让我们表达出我们的经验。我们因它而对未来充满期待，因为过去也曾那样发生过。不是理性（reason），而是习惯，引导着我们的生活。③

休谟的政治理论，随处可见对契约论及其体现的理性主义的否定。他认为，政治理论需建立在对人性的观察之上，需尊重人性，考虑人的利益与幸福，它具有谦逊的性质，④ 它不应声称任何普遍的、绝对的法则，不应鼓吹

---

① *The Great Political Theories*, Vol. 1, edited by Michael Curtis, New York: Avon Books, 1961, p. 404.
② Ibid., p. 405.
③ Ibid., p. 407.
④ ［英］大卫·休谟：《论政治与经济》，张正萍译，浙江大学出版社2011年版，第149页。

悲剧式的革命，煽动暴乱，贩卖残酷。休谟有一句话颇能说明其思想特点。他说："这个世界还太年轻，以至于不能容纳许多政治中的一般真理。"① 休谟视政府制度为历史经验的载体，重视权威与习惯在社会秩序维系中的中心作用，自然反对各种革命学说。

自古希腊苏格拉底式政治哲学出现之时，即有关于"约定俗成"与"自然"的区分、辨析，苏格拉底、柏拉图所代表的古典政治哲学，坚持自然高于约定俗成，从而开启西方理性主义政治哲学之先河。休谟所为，不过是重新站到这一传统的对立面即"约定俗成"一边，以实现对启蒙运动理性主义的批判。当然，休谟所生活的时代，自然与理性之代言人，已是近代以来的契约论者。他们持自然权利说，试图以此为指导，构建理想社会。休谟诉诸共通感，诉诸相通的经验，以说明社会规则之可能。他同时指明，政府的暴力本质不能也不必消除。政府基本上是一种压迫性的存在，它与正义法则、财产、权利与义务并行不悖。

## 谴责"贸易的猜忌"

休谟对经济问题，同样有出色的思考。他关于货币、利息、税收及贸易方面的论文，不乏真知灼见。他最早提出了"比较优势"的理论。他为自由贸易辩护，为商业社会辩护，并对政体与商业的关系进行了辨析。

休谟曾写《论贸易的猜忌》一文，对当时流行的"贸易的猜忌"进行了谴责。当代英国学者洪特曾以"贸易的猜忌"作为其研究18世纪政治经济思想的论著的标题。休谟告诉我们，当时在商业国家中流行一种"贸易的猜忌"。贸易的猜忌是这样一种想法：与别国贸易，表面上是公平交易，其实是别国要赚我们的钱。跨国的贸易，对作为政治单位的国家，产生了影响。洪特分析说，贸易的猜忌既是后马基雅维里主义的，也是后霍布斯主义的，它发生于国家逻辑（国家理性论）在商贸活动中的运用。政治经济在此发生了某种不恰当的勾连。② 贸易猜忌论者，担心的是商业活动对国家政权的影响。贸易的猜忌通常发生于落后国家、后起国家。他们或者倾向于闭关锁国，或者倾向于集举国之力与国外商人进行竞争，是为具有国家主义色彩

---

① *The Great Political Theories*, Vol. 1, edited by Michael Curtis, New York: Avon Books, 1961, p. 391.
② ［英］伊斯特凡·洪特：《贸易的猜忌》，霍伟岸等译，译林出版社2016年版，第6页。

的经济民族主义。贸易的猜忌,是霍布斯所说的"国家的猜忌"在贸易上的应用。① 霍布斯曾说国与国处于战争状态,各自把炮口对准邻国,主权者"始终是互相猜忌的,并保持着斗剑的状态和姿势"②。如今在跨国贸易活动中,一国是否同样也总是想着"从经济上搞垮邻国"?

休谟指出,贸易的猜忌是没有根据的,是狭隘的、有害的,它对任何一国皆没有好处。休谟断言:"在任何一个国家中,财富和商业的发展,非但不会损害,往往还会促进各邻邦财富和商业的发展;而且,如果所有周边的邻国都处于无知、怠惰和野蛮的状态,这一国的贸易和工业也很难行之久远。"③ 休谟主张,各国应当保持商业中的开放,从而彼此受益。

休谟给出的理据包括:从邻国引进新技术,对产业发展有好处。他国富庶,具有购买力,本国的剩余产品才有市场。他国繁荣,也会刺激本国人民勤奋努力,否则很容易养成懒懒散散的习惯。各国优势不同,彼此互通有无,不必担心恶性竞争的发生。外国商品假如淘汰了本国商品,对本国产业升级及结构调整有利。商业虽则带来了不确定性与不安全感,但丰富的产品,将大大提升人民的幸福指数,由此社会将变得安定而不至于动荡。休谟肯定了开放、竞争的好处。在他看来,自由贸易和开放的市场,将惠及各方。人们不应期盼着他国贫穷,贸易的猜忌应当消除。

## 商业社会孕育自由政府

针对公民人文主义所持的商业与奢侈会败坏美德的观点,休谟予以了驳斥。休谟认为,奢侈没有多大害处,即使有,也不会对政治社会造成破坏。因为在追求奢侈的时代,同样存在着勤勉、知识和人道。因为此时,人们聚居于城市,频繁参加社交活动,怡然自得,丰富了见识,提高了修养。他们能从相互交流和学习中获得乐趣。随着商业和制造业的进步,法律和政治也将得到改善。野蛮、残忍、迷信将日益减少。他写道:"我们不用担心,抛弃凶猛个性的人会失去勇武精神,在保卫国家、捍卫自由时变得不再那么临危不惧、勇往直前。技艺不会在削弱身心方面产生这种影响。相反,技艺不可分离的随从——勤勉,为自己和技艺二者都会注入新

---

① [英] 伊斯特凡·洪特:《贸易的猜忌》,霍伟岸等译,译林出版社2016年版,第9页。
② [英] 托马斯·霍布斯:《利维坦》,黎思复、黎廷弼译,商务印书馆1985年版,第96页。
③ [英] 休谟:《论政治与经济》,张正萍译,浙江大学出版社2011年版,第202页。

的力量。"① 休谟说,暴戾的脾气被文明和礼貌磨掉了,但荣誉感将从"通过知识和良好教育所增进的才智中汲取新的活力"②,此外,持久的勇气可以通过纪律和军事训练来培养——此点在野蛮民族中极为少见。休谟指出,英国和法国,对技艺与商业都很热衷,但两国并不缺乏勇敢等美德。

休谟为商业社会辩护,还有另外一个理据。那就是他认为,一个社会中存在几种恶德,可以形成以恶德制约恶德的状况,它比只有一种恶德要好。奢侈不能算是美德,但它可以医治人性中的懒散、自私、对他人的冷漠。而从经济绩效上看,对奢侈的追求,给很多劳动者带来了好处,因为它扩大了对雇佣劳动的需求。"圣诞节餐桌上一碟豌豆所需要的操劳和辛苦,却能维持一大家子六个月的生活。"③

休谟认为,技艺的进步促进了自由。野蛮国家只有土地占有者及依附性农民两大阶层,他们建立的是专制政府;而商业和工业发达的地方,农民变得独立、富有,商人成长为中间阶层,这些中间阶层,是"公共自由最良好、最坚实的基础"。他们不会因贫穷而粗鄙下贱,不会像贵族那样骄横无礼,更不会屈服于君主专制。他们支持法治、平等,以便保护自己的财产。因此,商业的发展,促进了自由与公共精神,而非相反。④

休谟不是自由主义者,但他的学说对自由主义有着极其重要的贡献。对西方自由主义的历史而言,休谟的重要贡献,恰如当代美国学者托马斯·墨子刻(Thomas Metzger)所言,乃是开启了西方近代的"认识论大革命",从而为自由主义注入了怀疑精神。思想史家皆提醒人们注意,休谟以其怀疑主义及经验论,摧毁了自然法理论。康德尝言,休谟将他从理性主义独断论的迷梦中惊醒。20世纪哈耶克曾区分"构建理性主义"与"演进理性主义"⑤,休谟正是"演进理性主义"的杰出代表。哈耶克盛赞休谟在自由主义史上的贡献,他称休谟而非洛克,才是辉格派政治信条的代言人,是光荣革命的辩护者。休谟提供了自由主义法哲学与政治哲学"唯一全面的阐述"⑥。哈耶

---

① [英]休谟:《论政治与经济》,张正萍译,浙江大学出版社2011年版,第149页。
② 同上。
③ 同上书,第154页。
④ 同上书,第152—153页。
⑤ [英]哈耶克:《法律、立法与自由》第1卷,邓正来等译,中国大百科全书出版社2000年版,第3页。
⑥ [英]哈耶克:《经济、科学与政治》,冯克利译,江苏人民出版社2000年版,第555页。

克说，他自己所做的，正是继承与推进休谟所开创的工作。①

## 亚当·斯密：解开国富之谜

亚当·斯密（Adam Smith，1723—1790）1723年出生于苏格兰艾柯兰东海岸的寇克卡迪（Kirkcaldy）。在其出生前不久，他的父亲（名字也叫亚当·斯密）去世了。斯密的母亲对儿子十分溺爱，但斯密并没有因此而养成坏脾气。斯密在小时有一次惊险的经历。那时他3岁，有一次，他的母亲带他去舅舅家。斯密在舅舅家门口玩耍，来了一帮过路的吉普赛人，把他拐走了。幸亏发现得及时，斯密的舅舅在附近的树林里找到了那帮吉普赛人，要回了斯密。② 有人说，斯密的舅舅真是立了大功，否则世间必定少了一个大思想家，多了一个贫穷的吉普赛人。

斯密14岁入格拉斯哥大学，当时，他最喜欢的学科是数学和自然哲学。在格拉斯哥，他听了弗兰西斯·哈奇逊（Francis Hutcheson，1694—1746）教授的演讲，颇受震动。1740—1746年，斯密在牛津大学巴利奥尔学院学习。当时，牛津大学学风甚坏，斯密在《国富论》中曾说："最近许多年来，牛津大学一大部分教授，简直连表面上装作教师，也不装了。"③ 斯密自言从他们那里，几无所得，他主要的精力，便用在去图书馆看书。正是在此期间，斯密读到了休谟的《人性论》，由此开始展开了对人性以及人类社会政治历史的研究。斯密毕业后不久，受卡默斯法官之邀，去爱丁堡大学讲学，主要讲授英国文学史，他在爱丁堡生活了3年。1751年，斯密得聘格拉斯哥大学逻辑学教授。当时与他竞争的一个有力对手是休谟，斯密为了自己成功得到教职，不惜动用各种社会联系，终致休谟失败，可见斯密"在职业生涯中的'政治手腕'是残酷无情的"④。不过后来，他们还是做了多年的朋友，直至休谟去世。

斯密一年后受聘格拉斯哥大学的道德哲学教授，主要教道德哲学，但其研究领域涉及文学、哲学、法学、逻辑学、数学、伦理学、语言学、经济学

---

① ［英］哈耶克：《自由秩序原理》，邓正来译，生活·读书·新知三联书店1997年版，第81页。
② James R. Otteson, *Adam Smith*, New York: The Continuum International Publishing Group, 2011, p. 4.
③ ［英］亚当·斯密：《国民财富的性质和原因研究》（下卷），郭大力、王亚南译，商务印书馆1974年版，第321页。
④ ［英］加文·肯尼迪：《亚当·斯密》，苏军译，华夏出版社2009年版，第30页。

等多个方面。1761年,他还担任了格拉斯哥大学的副校长。

斯密虽无哈奇逊那样的演说天分,其授课却也十分精彩。他做教授声誉日隆,以致很多学生慕名前来聆听。斯密的学生约翰·米勒如此描写了斯密上课的场景:

> 最能发挥斯密先生才能的工作,也许就是教书。他讲课时,完全是靠即席发挥自己的口才。举止虽然说不上优雅,但是很平易,不矫揉造作。由于他总是抱着很大的热情讲课,所以学生总是听得很有兴趣。一堂课通常分成若干命题来讲,依次加以论证和说明。这些命题在泛泛地加以论证时,由于内容过于广泛,常常表现出自相矛盾的性质。斯密阐述它们时,开头总是有点脱离主题,说话也有些结巴。但是,越往下讲,他的情绪越热烈,越激昂,口齿也越清楚,越流利。在有不同看法的地方,你可以感觉到他暗中为自己树立了对立面,为了证明自己的观点,倾注全力激烈地加以论证。通过列举各式各样的实例,而不是令人厌烦地重复某些观点,要说明的问题在他手里逐渐展开,学生的注意力被他紧紧地抓住了。他论证问题的方法是先广征博引,从各个侧面举例提供佐证,然后再一步步地上溯到要论证的命题或要说明的普遍真理。学生既从中受到了教育,又享受了无穷乐趣。[①]

1763年,斯密从格拉斯哥大学辞职,做了亨利·斯科特(Henry Scott,即巴克卢公爵三世,the Third Duke of Buceleuch)的私人教师。他陪斯科特前往法国、瑞士,进行了为期一年半的旅行。在法国,他见到了伏尔泰、魁奈、杜尔哥(Robert Jacques Turgot)及其他法国重农主义理论家。[②] 1777年,他被任命为爱丁堡海关专员。1790年,斯密在爱丁堡因病(肠梗阻)去世,其手稿16卷遵其遗嘱悉数焚毁。据斯密友人里德尔先生回忆,斯密临终前曾表示遗憾人生苦短"只做了这么一点儿事情","可是我打算做得更多些,在我手稿里有的是材料。我可以写大量的著作,但是,现在已经办不到了"[③]。

---

① [英]杜格尔德·斯图尔特:《亚当·斯密的生平和著作》,蒋自强、朱钟棣、钦北愚译,商务印书馆1983年版,第9—10页。
② James R. Otteson, *Adam Smith*, New York: The Continuum International Publishing Group, 2011, p. 6.
③ [英]杜格尔德·斯图尔特:《亚当·斯密的生平和著作》,蒋自强、朱钟棣、钦北愚译,商务印书馆1983年版,第63页注释1。

## 第七章 苏格兰启蒙运动时期的经济与政治

斯密乐善好施,据其密友透露,他暗中做的慈善规模极大,十分令人感动。斯密有一个习惯,就是一个人自言自语,朋友在时,他反而有些心不在焉。斯密的著作并非亲笔撰写。"当斯密写作时,他总是在自己的屋子里走上走下,口授给他的秘书。"① 斯密终身未婚,家中唯有老母。不过斯密亦曾有过唯一一次不成功的爱情经历。斯密的朋友都知道,斯密早年曾爱慕一位才貌双全的年轻女子。此次恋爱失败后,他便打消了结婚的念头。那位女士也终身未婚。斯密去世后,她又活了好多年,据称八十多岁时依然保留着当年的丽容。②

斯密生前出版的著作是《道德情操论》(Theory of Moral Sentiments,1759)和《国民财富的性质和原因研究》(Inquiry into the Nature and Causes of the Wealth of Nations,1776),简称《国富论》。此外我们还能从《法理学讲义》《关于法律、警察、岁入及军备的演讲》《亚当·斯密通信集》《修辞与美文讲义》《哲学问题论文》中领略到他的思想。

《道德情操论》为斯密获得了卓著的声名。康德称斯密此书为他的"最爱"。③ 他的《国富论》,更是一部划时代的经典。1776年《国富论》出版后,休谟第一个以书信向斯密表示祝贺。他写道:"写得好!真出色!亲爱的斯密先生!您的著作真让我爱不释手,细读之后,我焦灼的心情一扫而光。这是一部您自己、你的朋友和公众都殷切期待的著作,它的出版是否顺利一直牵动着我的心,现在我可以放心了。虽然要读懂它非专心致志不可,而公众能做到这一点的又不多,它开始能否吸引大批读者我还是心存疑虑;但它有深刻的思想、完整的阐述和敏锐的见解,再加上有很多令人耳目一新的实例,它最终会引起公众注意的。"④

斯密的思想与一个时代紧密相连,我们现在还生活在这个时代之中,这个时代就是市场经济时代,他是公认的"市场经济之父"。就政治哲学的层面而言,我们要思考的问题是,斯密所主张的经济制度之后隐含着什么样的政治哲学前提。晚清西学东渐,斯密的《国富论》最初由严复翻译,题为《原富》,严复还将之献给思想开明的光绪皇帝,以供变法参考。

---

① [英]杜格尔德·斯图尔特:《亚当·斯密的生平和著作》,蒋自强、朱钟棣、钦北愚译,商务印书馆1983年版,第9—10页。
② 同上书,第62页注释1。
③ James R. Otteson, *Adam Smith*, New York: The Continuum International Publishing Group, 2011, p. 3.
④ [英]欧内斯特·莫斯纳、伊恩·辛普森·罗斯编:《亚当·斯密通信集》,林国夫等译,商务印书馆2012年版,第283—284页。

## 人有同情心

斯密认为，组成社会是人的天性，人天生具有一种对社会的热爱。人们在一起生活，自然地生发出同情心。同情心（一译为移情）[①]，是斯密道德体系中的核心概念。注意，这里的同情是指一种感同身受的反应，而非仁慈或慷慨布施。一个有道德的人，意味着他对他人的苦乐极其敏感。

斯密指出，当陌生人被刀子扎了一下的时候，我们似乎在那一瞬间也感觉到了疼痛，不过我们一定没有他感觉的程度深刻；当邻人丧失亲人时，我们也会感到莫名的悲哀，尽管程度不会有邻人那么深。这告诉我们，在每一个单个的人之间存在着同情心。同情心的存在，使不同的道德主体间的沟通成为可能。它教导我们"应当用自己自然地看待别人的眼光，而不用自己自然地看待自己的眼光，来看待自己"[②]。人渴望得到他人的认同和尊敬，希望自己"引人注目，被人关心，得到同情，自满自得和博得赞许"[③]，如果他被别人抛弃，孤独会使他痛苦万分，人们逃避孤独，选择了社会。在斯密看来，这种情感不是道德所要求的，而是人成就道德的天赋。在《道德情操论》的开篇，他如此写道：

> 无论人们会认为某人怎样自私，这个人的天赋中总是明显地存在着这样一些本性，这些本性使他关心别人的命运，把别人的幸福看成是自己的事情，虽然他除了看到别人幸福而感到高兴以外，一无所得。这种本性就是怜悯或同情，就是当我们看到或逼真地想象到他人的不幸遭遇时所产生的感情。[④]

基于这种对同胞感同身受意义上的"同情"，斯密说，在我们的心中，便会出现一个"不偏不倚的旁观者"（impartial spectator），对我们的行为提出劝诫。斯密说，这个不偏不倚的旁观者，就是理性，就是道义，就是居于

---

[①] [英] Martin Cohen：《亚当·斯密与国富论》，王华丹、徐敏译，大连理工大学出版社2008年版，第16页。
[②] [英] 亚当·斯密：《道德情操论》，蒋自强等译，商务印书馆1997年版，第102页。译文略有改动。
[③] 同上书，第61页。
[④] 同上书，第5页。

人内心的"伟大居民",就是内心的那个人,就是"判断我们行为的伟大的法官和仲裁人"。他有着巨大的权威,如果我们遵循他的指示,我们就会感到心安,感到快乐,行动起来更有精神,而如果我们违反了他的要求,我们就会产生负罪感,自然也不会感到快乐。以斯密之见,这个旁观者发出指示时,已经包含着对特定情境的考虑与权衡。他的权威是有条件的、有限的,却不是无能的、武断的。斯密写道,我们消极的情感通常是卑劣和自私的,但是,良心像一个伟大的法官一样时时提醒我们该如何行动,"只有在请教内心这个法官后,我们才能真正看清与己有关的事情,才能对自己的利益和他人的利益做出合宜的比较"[1]。斯密说:

> 每当我们将要采取的行动会影响到他人的幸福时,是他,用一种足以震慑我们心中最冲动的激情的声音向我们高呼:我们只是芸芸众生之一,丝毫不比任何人更为重要;并且高呼:如果我们如此可耻和盲目地看重自己,就会成为愤恨、憎恨和咒骂的合宜对象。只有从他那里我们才知道自己以及与己有关的事确是微不足道的,而且只有借助于公正的旁观者的眼力才能纠正自爱之心的天然曲解。是他向我们指出慷慨行为的合宜性和不义行为的丑恶;指出为了他人较大的利益而放弃自己最大的利益的合宜性;指出为了获得自己最大的利益而使他人受到最小伤害的丑恶。在许多场合促使我们去实践神一般美德的,不是对邻人的爱,也不是对人类的爱。它通常是在这样的场合产生的一种更强烈的爱,一种更有力的感情;一种对光荣而又崇高的东西的爱,一种对伟大和尊严的爱,一种对自己品质中优点的爱。[2]

我们可以看到,一方面,斯密没有把道德建立在宗教真理或自然正义之上,不主张具有绝对客观性的超越性道德标准,另一方面,他也没有陷入霍布斯式的"主观主义"的道德观,全然否定道德标准的客观性。斯密基于同情、体谅,诉诸"不偏不倚的旁观者",让每个人自己权衡,做出道德判断与行动,他提供的是一种"中间道路的客观性"(middle-way objectivity)。[3] 这种客观性道德准则不能脱离情境抽象去谈,它不是固定不变的,但是,它

---

[1] [英]亚当·斯密:《道德情操论》,蒋自强等译,商务印书馆1997年版,第163页。
[2] 同上书,第165—166页。
[3] James R. Otteson, *Adam Smith*, New York: The Continuum International Publishing Group, 2011, p. 60.

又是一个确实存在的事实。斯密的道德哲学表明，在宗教权威与自然法失去其道德指南作用后，基于自由的个体组成的世俗社会，同样有道德生活的可能。并且，这种道德生活可以（并不必定）超越社会的边界而实现于全人类之中。斯密的学说并不支持各个社会有自己独特的道德标准这样的观点。"不偏不倚的旁观者"，会提醒人们善待自己的同类。

## 正义：支撑社会大厦的支柱

斯密所讲的同情心推出的是人做出报答行为——感激和惩罚的愿望。斯密指出："报答，就是为了所得的好处而给予报答、偿还，报之以德。惩罚也是一种报答和偿还，虽然它是以不同的方式进行的；这是以恶报恶。"[①]"以其人之道还治其人之身和以牙还牙，似乎是造物主指令我们实行的主要规则。我们认为仁慈和慷慨的行为应该施与仁慈和慷慨的人。我们认为，那些心里从来不能容纳仁慈感情的人，也不能得到其同胞的感情，而只能像生活在广漠的沙漠中那样生活在一个无人关心或问候的社会之中。应该使违反正义法则的人自己感到他对别人犯下的种种罪孽；并且，由于对他的同胞的痛苦的任何关心都不能使他有所克制，那就应当利用他自己畏惧的事物来使他感到害怕。只有清白无罪的人，只有对他人遵守正义法则的人，只有不去伤害邻人的人，才能得到邻人们对他的清白无罪所应有的尊敬，并对他严格地遵守同样的法则。"[②]斯密所讲的道德本质上是等利交换、以德报德、以怨报怨，并不要求人们克己奉公、成圣成贤。

斯密推崇的首要美德是正义。他说，行善就如美化建筑物的装饰品，固然让人赞赏，却不是支撑建筑物的地基，我们可以期望他人做好事，却不能强制他人实践某种道德；而正义则是一个社会的首要价值，因为社会就是根据它来组织的。不同的社会成员由于具有共同的道德情感，他们愉快地生活在一起，社会着眼于互惠原则维持下去。人们对互惠原则的遵奉"并不取决于我们自己的意愿，它可以用压力强迫人们遵守，谁违背它就会招致愤恨，从而受到惩罚。这种美德就是正义"[③]。斯密说，正义是支撑整个社会大厦的主要支柱。如果这根支柱松动，那么人类社会这个雄伟而巨大的建筑就会在

---

① ［英］亚当·斯密：《道德情操论》，蒋自强等译，商务印书馆1997年版，第82页。
② 同上书，第101页。
③ 同上书，第97—98页。

顷刻间土崩瓦解。所以造物主在人们心中培植了恶有恶报、违反正义将要受罚这样的心理,像人类社会的伟大卫士一样,保护弱者,抑制强暴,惩罚罪恶。

斯密认为,有一些正义准则是神圣不可侵犯的,违反它必将受到最严厉的惩罚。这些"最神圣的正义法律",就是"那些保护我们邻居的生命和人格的法律,其次是那些保护个人财产和占有物的法律;最后是那些保护所谓的个人权利或别人确认他应得之物的法律"①。

斯密指出,正义准则就好比语法规则,是极其准确的、不可或缺的、严格的。没有哪种语法规则能引导我们写出好的文学作品,同样,也没有哪种正义准则能引导我们组成美好的社会。② 但一个美好的社会,必定是一个正义的社会。

## "屠户、酿酒家或烙面师"的利己与利他

斯密的《国富论》中被人们一再引用的话是:"我们每天所需要的食料和饮料,不是出自屠户、酿酒家或烙面师的恩惠,而是出于他们自利的打算。我们不说唤起他们利他心的话,而说唤起他们利己心的话,我们不说自己需要,而说对他们有利。"③ 在《道德情操论》中,斯密也承认:"毫无疑问,每个人生来首先和主要关心自己;而且,因为他比任何其他人都更适合关心自己,所以他如果这样做的话是恰当和正确的。"④

但是,斯密同样认为,人天生希望人类能够保持团结。因为人们认识到,自己的利益与社会的繁荣休戚相关,他的生命和幸福的维持,都取决于整个社会的秩序和繁荣能否保持。虽然对每一个个人来说,他自己就是一个世界,可是就全人类而言,他只不过是沧海一粟。人们的同情,自然也生发出强烈的道德情感来。

一位作家在一首滑稽诗里写道:

---

① [英]亚当·斯密:《道德情操论》,蒋自强等译,商务印书馆1997年版,第103页。译文有改动。
② 同上书,第215页。
③ [英]亚当·斯密:《国民财富的性质和原因研究》(上卷),郭大力、王亚南译,商务印书馆1972年版,第14页。
④ [英]亚当·斯密:《道德情操论》,蒋自强等译,商务印书馆1997年版,第101—102页。

> 亚当，亚当，亚当·斯密，
> 听我如何控诉你！
> 在某日的课堂里，
> 你不是曾说，自私无庸置疑？
> 在所有教条中，这是精髓，
> 不是吗，不是吗，不是吗，斯密？①

众多的斯密主义者只看到了斯密所描述的自利，而抛弃了他所关注的同情心。诺贝尔奖得主、经济学家阿玛蒂亚·森提醒人们，理解亚当·斯密，不能局限于屠户和酿酒家的故事。斯密强调互惠贸易的普遍性，并不表明他由此就认为，对于一个美好社会来说，仅有自利就足够了。恰恰可能的是，他考虑的是人们这样做缺少了什么。我们必须全面看待斯密的教诲。事实上，政治经济学产生于道德哲学，丢开道德与伦理的因素，只会危害市场经济。

遗憾的是，斯密的伦理学自问世后很快就失去了影响。苏格兰启蒙运动之后，大行其道的道德哲学是托马斯·里德的常识哲学。里德认为，善恶正邪的观念是天生的，上帝让人们通过感觉即可感知。此种学说还漂洋过海到美国。马克思都没有读过《道德情操论》。直到"二战"之后，斯密的《道德情操论》才再次得到复活，引起学者的关注。②

## 曼德维尔"蜜蜂的寓言"：私人之恶，公共之善

人们通常把经济学的源头追溯到古希腊哲人亚里士多德。在亚里士多德那里，经济本身包含在伦理政治的范围之内，经济学即家政学，它是关于家务规则和家务管理的知识，是关于农业经济的理论。农业经济的特点是"广泛的自给自足和少量的市场联系，另一方面，经济由家长或主人进行控制"。当时虽然已经出现了将各个城邦联系起来的市场、完善的交换关系、雇佣劳动和货币经济等类似于现代资本主义的生产关系，但它们遭到了亚里士多德的拒绝，因为他主张"节制"，鄙视个人对金钱的无限追求，新的

---

① [美] 阿马蒂亚·森：《伦理学与经济学》，王宇、王文玉译，商务印书馆2000年版，第28页。
② [日] 佐佐木毅、[韩] 金泰昌主编：《欧美的公与私》，林美茂、徐滔译，人民出版社2009年版，第16—17页。

经济形式超出了自给自足的范围。实际上,亚里士多德的经济观点在雅典当时是一种"反动"的学说。他看不惯雅典商业贸易的繁荣。亚里士多德的观点,至中世纪的阿奎那那里,成为封建时代正统,中世纪与近代早期天主教会抨击商业,视放债获利为不正当的高利贷,体现了彻头彻尾的亚里士多德主义。①

现代经济学的发展肇始于霍布斯和伯纳德·曼德维尔(Bernard Mandeville, 1670—1733)。霍布斯揭示了一种与中世纪不同而与现代社会相适应的人类品质——人的欲望的不可满足。他写道:"今生的幸福不在于心满意足而不求上进。旧道德哲学家所说的那种终极的目的和最高的善根本不存在。欲望终止的人,和感觉与映象停顿的人同样无法生活下去。幸福就是欲望从一个目标到另一个目标不断地发展,达到前一个目标不过是为后一个目标铺平道路。"②霍布斯的著作问世后曾被指责违反了基本的道德。

继承霍布斯学说基本精神的是曼德维尔。③曼德维尔1670年出生于荷兰,后旅居英国。他原是一个治疗精神病和肠胃病的专业医生。他以《蜜蜂的寓言,或私人的恶行,公共的利好》(*The Fable of the Bees, or Private vices, Public Benefits*)④受到人们的广泛关注。它是用讽喻诗来写的,以蜜蜂比喻人类。文中描写了一群蜜蜂的遭遇,原来它们很邪恶,但生活过得很幸福。

> 每个部分虽都被邪恶充满,
> 然而,整个蜂国却是一个乐园。
> ……
> 恶德培养了机智精明,
> 它随这时代及勤勉一同前行,
> 并且给生活带来了种种方便,
> 它是真正的快乐、舒适与安然,

---

① [英]哈耶克:《致命的自负》,冯克利、胡晋华译,中国社会科学出版社2000年版,第49页。
② [英]托马斯·霍布斯:《利维坦》,黎思复、黎廷弼译,商务印书馆1985年版,第72页。
③ 此一表述主要指曼德维尔与霍布斯在伦理观上的一致。曼德维尔的学说虽从人的自利及欲望的满足出发,其走向却很快与霍布斯分道扬镳。霍布斯相信理性引导人的行为,曼德维尔则抛弃了此种理性主义的观点。霍布斯构建国家以建立秩序,曼德维尔则发现人们在不知情的情况下,自发形成了有序的社会。霍布斯的国家理论中,没有关于自由市场的学说,曼德维尔则是斯密及休谟政治经济学的先驱。参见[英]哈耶克《经济、科学与政治》,冯克利译,江苏人民出版社2000年版,第579—580页。
④ 此书原名为"嗡嗡叫唤的蜂群,或恶棍从良"(The Grumbling Hive, or Knaves turned Honest)。

其威力无比，竟使那些赤贫者，
生活得比往日阔人还要快乐。①

后来这些蜜蜂改变了德行，主张诚信、节制欲望、精忠报国，结果却变得穷困萧条。

土地和房屋的价格急剧下降
贬值的还有奇丽的殿宇宫墙
犹如底比斯宫殿被当做赌注
等待出租；而安坐殿堂的众神
虽一度欢欣，现在却宁愿被焚
亦不愿看到门上的简陋镌铭
嘲笑那为众神所厌恶的虚荣
建筑业亦几乎全被弃诸一旁
没有任何人想雇用建筑工匠
没有哪个测绘师能声名大振
石匠和雕刻匠亦皆默默无闻
节制欲望的众蜂在努力学习
不学如何花钱，而学怎样生活
尽管他们挥霍过自己的酒钱
今后却不许他们再走进酒馆
整个蜂国没有一个葡萄酒商
穿得起金色衣装或发达兴旺
托凯酒亦无法赚得大量利润
勃艮第、奥特朗酒亦同样命运
众廷臣已经引退，与自己妻子
在家同吃圣诞晚餐的豌豆粒
……
骄傲与奢侈已经日益减少

---

① ［荷］伯纳德·曼德维尔：《蜜蜂的寓言》，肖聿译，中国社会科学出版社 2002 年版，第17—19页。

众蜂便不再到大海上飘摇
不单是商号，而且所有公司
现已将工场作坊全部关闭
各行与各业无不弃绝扯谎
而那种毁灭了勤勉的满足
则使众蜂赞美简朴的器具
不寻觅亦不贪图更多的东西①

曼德维尔得出结论：个人劣行即公共利益，正是野心、贪婪和骄傲这样的罪恶促进了社会福祉的增加。

只要经过了正义的修建约束
恶德亦可带来益处
一个国家必定不可缺少恶德
如同饥渴定会使人去吃去喝
纯粹的美德无法将各国变得繁荣昌盛
各国若是希望复活黄金时代
就必须同样地悦纳
正直诚实和坚硬苦涩的橡果②

在此，我们尤其要注意曼德维尔对奢侈的肯定。事实上，曼德维尔是最早指出"资本主义发端于妇女的奢侈品消费"这一观念的作者之一。他认为，女性对奢侈品的迷恋甚于其宗教上的虔诚，这种迷恋对经济进步起了极大的推动作用。19世纪末20世纪初的维纳·桑巴特关于"奢侈与资本主义"的研究，实为曼德维尔观点的发展。③

曼德维尔说，他并不是要鼓励恶德。他说，如果人间真能杜绝那些不道德、不洁净之事，倒也不错，但事实是根本做不到。故而明智的政府总是容

---

① ［荷］伯纳德·曼德维尔：《蜜蜂的寓言》，肖聿译，中国社会科学出版社2002年版，第25—27页。
② 同上书，第28页。
③ ［美］哈特穆特·莱曼、京特·罗特编：《韦伯的新教伦理：由来、根据和背景》，阎克文译，辽宁教育出版社2001年版，第43页，注43。

忍轻微的不便，以防止重大的不便。例如妓女卖淫，曼德维尔说，如对之制定严厉的法律，良家妻子女儿，反而得不到保护。因为那样会导致强奸案的高发。曼德维尔说："无论何处，若有六七千名水手达到一个地方（这种情况时常发生在阿姆斯特丹），而在许多个月里，这些人除了男性之外谁都见不到，在这种情况之下，倘若该地没有收费合理的妓女，我们又如何能想象忠实女人走在街上而不受骚扰呢？"① 曼德维尔认为，城市允许一定数量的妓院，是一项精明、节俭的政策，提供性服务的妓女，如同用于出租的公共马车。历史上威尼斯的政治家还专门引进妓女，以保护良家女子不受侵犯。曼德维尔分析说，实际上，这种宽松的政策，对城市官员也有好处。城市官员对妓院老板处以罚金，可以增加自己的收入，故而他们绝不会把所有的妓院都关闭，另一方面，他们又不断地去处罚他们，以显示他们致力于维护社会风气，只是无法根除而已。曼德维尔说，从这个例子可以看出，贞洁可以通过放荡得到维护，最佳的美德也离不开恶德的帮助。曼德维尔暗示了古典自由主义最基本的信条：对个人利益的追求可以带来公共福祉。他的道德哲学，是对之前长期占统治地位的禁欲主义旧道德学说的否定。

曼德维尔的道德学说，对休谟以恶制恶的思想，发生了重大影响。② 哈耶克甚至认为，正是曼德维尔的知识贡献，才使休谟思想成为可能。仅此一点，曼德维尔就无愧于思想大师的称号。③ 与休谟相比，斯密对曼德维尔的学说要有所保留。一方面，斯密继承了曼德维尔的理论要点，基于人的自利之心来思考伦理、社会与政治秩序的基础，肯定人的激情的合理性，他称曼德维尔的学说，影响巨大，就在于它"在某些方面接近真理"④，符合人们的日常生活经验；另一方面，他又以道德哲学教授的身份表现出了对人类精神生活特有的关心，并不完全视曼德维尔的学说为正确。他的道德哲学基本上承袭了其师哈奇逊，哈奇逊即曾激烈批评过曼德维尔的学说。斯密尤其批评曼德维尔的道德哲学体系几乎抹杀了恶和德之间的区别，把人的一切激情都看作"虚荣心"，其见解"几乎在每一方面都是错误的"⑤。斯密说："把

---

① ［荷］伯纳德·曼德维尔：《蜜蜂的寓言》，肖聿译，中国社会科学出版社2002年版，第74—75页。
② 休谟在《论技艺的进步》一文中曾提到曼德维尔的观点。参见［英］大卫·休谟《论政治与经济》，张正萍译，浙江大学出版社2011年版，第155页。
③ ［英］哈耶克：《经济、科学与政治》，冯克利译，江苏人民出版社2000年版，第588页。
④ ［英］亚当·斯密：《道德情操论》，蒋自强等译，商务印书馆1997年版，第413页。
⑤ 同上书，第406页。

每种激情，不管其程度如何以及作用对象是什么，统统说成是邪恶的，这是孟德维尔那本书的大谬所在。"①

斯密认为，对人的激情应当予以甄别，并非所有的激情都是邪恶的，追求优雅艺术、奢侈品与一切令人感到愉快的东西，发展自己的爱好，与奢靡挥霍、淫荡、出风头，还是不同的两回事。人追求自己欲望的满足是真实的，人基于同情而产生出的良知，同样真实。再者，在很多情况下，人的自利的考虑，已经有意无意地包含了利他的因素。例如，市场上逐利的商人，考虑的不过是自己尽可能获利，结果却便利了他人的生活。斯密的这种努力，使经济与伦理的冲突得到了缓和，追求利益、经营商业不再是有失风度的事，而是极其正当的行为。在斯密这里，传统道德对个人商业活动的束缚被解除了。

## 现代政府三职能

斯密的政治经济学常常被简化为"自由放任主义"。斯密的名字，常与"自由贸易""市场万能""管得越少的政府，越是好政府""守夜人政府"等信条联系在一起。这些信条，与形形色色的社会主义、政府干预主义、福利国家理论，自然不同。然而，如此简化斯密的思想，不免引起了极大的误解。诚然，斯密反对政府对经济的直接干预，但是，斯密从无"市场万能"的意思，他的主张也不能用"小政府"甚至"无政府"这样的术语去概括。斯密对国家与法律的作用，十分清楚，且把它们看作市场秩序之重要前提，或者说是不可或缺的要件。在斯密那里，政府责任重大，既有明确的权力边界，又要极富效能。

斯密认为，从历史起源上看，当初成立政府，目的在于保障财产，保障富者不受贫者侵犯。政府是随着私有财产的产生而出现的。关于政府权力，他指出："政府的权力有三种：立法权，即为着公共利益而制定法律的权力；司法权，即使各个人不得不遵从这些法律并处罚那些不遵从的人的权力；行政权，或像有些人所称为的那种中枢权力，包括宣战权力和媾和权力。所有这些权力，按政府的原始形式，都属于全体人民。"②

---

① [英] 亚当·斯密：《道德情操论》，蒋自强等译，商务印书馆1997年版，第412页。
② [英] 坎南编：《亚当·斯密关于法律、警察、岁入及军备的演讲》，陈福生、陈振骅译，商务印书馆1962年版，第43页。

他颇为著名的是关于现代政府职能的精辟论述。他说,现代政府的职能(斯密书中为"天然自由制度"中"君主的义务")主要有三个:

> 第一,保护社会,使不受其他独立社会的侵犯。第二,尽可能保护社会上各个人,使不受社会上任何其他人的侵害或压迫,这就是说,要设立严正的司法机关。第三,建设并维持某些公共事业及某些公共设施(其建设与维持绝不是为着任何个人或任何少数人的利益),这种事业与设施,在由大社会经营时,其利润常能补偿所费而有余,但若由个人或少数人经营,就决不能补偿所费。[1]

斯密认为,由于政府的不少作用具有不可替代性,因此,尽管"没有一个政府是十全十美的",但政府还是必需的。关于政府职能,斯密提出的三条虽然简单,但要做好并不容易。而恰恰只有在国家有能力很好地提供公共物品的地方,市场经济才能健康地发展。斯密作为自由市场经济之父,如此强调政府的适当职能,事实上提醒我们注意西方自由主义所隐含的预设——强国家。当然,这种强国家是指国家提供公共产品的能力很强,而不是指国家权力范围不受限制。斯密所说的政府,是一种权责清晰的服务型政府,它服务于社会,为社会经济生活提供必要的条件。

## 交换倾向与分工

斯密指出,人类文明越是发达,则劳动分工越是细密。在之前的农夫社会、牧人社会、猎人社会,分工虽然有,但其程度甚低。斯密以为,文明进步社会,必是一个高度分工的社会。而通过市场,凭借价格机制,靠人们获利之心,在分工基础上,形成了一个广泛的社会合作机制,由此,各种利好,纷至沓来,并不费力。

斯密以英国当时的扣针制造业为例指出,如果没有分工,一个劳动者,也许一天也制造不出一枚扣针,要做20枚,更是不可能。但在一个分工作业的地方,一人抽铁丝,一人拉直,一人切割,一人削尖一端,一人磨另一

---

[1] [英]亚当·斯密:《国民财富的性质和原因研究》(下卷),郭大力、王亚南译,商务印书馆1974年版,第252—253页。

端以便装上圆头,再加圆头制作、安装、涂色、包装,分为十多个操作工序,有些简单工序可以合并一人完成,如此,一个十人小厂,便能日产扣针四万八千枚,平均一人一日可以做针4800枚。分工带来的效率,实在是太神奇了。斯密说,分工能有如此神效,原因主要有三个:一是劳动者只完成一个操作,其技巧和熟练程度,会越来越高;二是分工避免了从一项工作转换到另一项工作之间的耽搁、磨蹭,防止了时间的浪费;第三,机械的采用,使一人可做多人的工作。而这些新式机械的发明,可能也源于分工。斯密说,就是在哲学研究方面,也像其他职业一样,分化成了许多门类,各人只专一行,这种分工,同样增进了技巧,节省了时间,总体上促进了知识的发展。

斯密说,在文明繁荣的国家,最普遍的日用品,也包含了无数劳动者的劳动。例如一件粗呢绒大衣的生产,从牧羊、梳毛、染色、纺织、裁剪、缝制、运输,每一个环节都不能少。而剪羊毛的剪刀、运输所需的水手、帆布,环环相扣,由此延伸开来,不知包含了多少人的劳动。

斯密指出,这种分工基础上形成的广大范围内的精密合作,并非源于人类的大智慧。它是人类的"交换倾向"缓慢发展造成的结果。斯密说,这种交换倾向,专属人类。动物中从未发现过。"我们从未见过甲乙两犬公平审慎地交换骨头。也从未见过一种动物,以姿势或自然呼声,向其它动物示意说:这为我有,那为你有,我愿意以此易彼。"① 动物要从另一个动物那里获得某物,除了献媚乞求开恩外,别无他法。人类有时也会这样做。然而,这种乞求献媚得来的恩惠,根本不足以养活自己,就是乞丐,也不能全然靠别人的恩惠生活,乞讨得来的东西,只占他生活用品的一部分。人类的生活总是需要同胞的帮助。仅仅依靠乞求献媚,肯定不行。但是,如果我们唤起他人的自利之心,告诉他这桩交易对他有利,事情就好办多了。我们所需的帮忙,大部分靠这种交易获得。正是在这个语境下,斯密写下了那句名言:"我们每天所需要的食料和饮料,不是出自屠户、酿酒家或烙面师的恩惠,而是出于他们自利的打算。我们不说唤起他们利他心的话,而说唤起他们利己心的话,我们不说自己需要,而说对他们有利。"②

斯密此论有几个重要含义:首先,人类并不是以服务同胞这样的崇高动

---

① [英]亚当·斯密:《国民财富的性质和原因研究》(上卷),郭大力、王亚南译,商务印书馆1972年版,第13页。
② 同上书,第14页。

机指导自己，从而形成社会，相反，它只是出于人的自利而进行的交易；其次，此一秩序，并非人为设计，它是在人类长期实践中逐步演化形成的。并非有人规定谁该去放牧，谁该去制造弓箭，而是人类从交换中发现，专司弓箭制造，换取牧羊人的羊，比自己打猎，所获更多，于是成了武器制造专家。屠户、酿酒家、烙面师的分工，也是如此。

斯密还有一个有趣的观点，他认为人类的气质禀赋原本是差不多的，成人之后的差异，是分工的结果，而不是分工的原因。我们不难想起，柏拉图、经院哲学家，以人的资质来给每个人以职业上的分工，说某人适合做这个，某人适合做那个，有些人生来适合做统治者，有些人生来适合被统治，哲学家更是有特别的优势，要去当统治者。按照斯密之观点，此说纯属无稽之谈。他说："两个性格极不相同的人，一个是哲学家，一个是街上的挑夫。他们间的差异，大体起因于习惯、风俗与教育，而不是起因于天性。他们生下来，在七八岁以前，彼此的天性极相类似，他们的双亲和朋友，恐怕也不能在他们两者间看出任何显著的差别。大约在这个年龄，或者此后不久，他们就从事于极不相同的职业，于是他们才能的差异，渐渐可以看得出来，往后逐渐增大，结果，哲学家为虚荣心所驱使，简直不肯承认他们之间有一点类似的地方。"[①]

斯密认为，分工带来差异，这种差异利于人类的繁荣，根源还是人类交换的倾向。斯密写道：

> 就天赋资质说，哲学家与街上挑夫的差异，比猛犬与猎狗的差异，比猎狗与长耳狗的差异，比长耳狗与牧畜家犬的差异，少得多。但是，这些同种但不同属的动物，并没有相互利用的机会。猛犬的强力，决不能辅以猎狗的敏速，辅以长耳狗的智巧，或辅以牧畜家犬的柔顺。它们因为没有交换交易的能力和倾向，所以，不能把这种种不同的资质才能，结成一个共同的资源，因而，对于同种的幸福和便利，不能有所增进。各动物现在和从前都须各自分立，各自保卫。自然给了它们各种各样的才能，而它们却不能以此得到何种利益。人类的情况，就完全两样了。他们彼此间，那怕是极不类似的才能也能交相为用。他们依着互通

---

[①] [英]亚当·斯密：《国民财富的性质和原因研究》（上卷），郭大力、王亚南译，商务印书馆1972年版，第15页。

有无、物物交换和互相交易的一般倾向，好象把各种才能所生产的各种不同产物，结成一个共同的资源，各个人都可用这个资源随意购取自己需要的别人生产的物品。①

斯密指出，分工起因于交换能力，而分工的程度，则要受交换能力的限制，这就要求市场要足够大。斯密说，当每个人都要依靠交换而生活，"人人都成了商人"，社会也就成了"商业社会"，或者叫"商人社会"。② 它区别于过去的农业社会、牧人社会、猎人社会。

## 商业社会的好处

都市工业的兴起，商业活动的繁盛，打破了传统社会的宁静，斯密等苏格兰启蒙思想家，以商业社会来概括所处的时代。他们首先认识到，作为社会发展新阶段的商业社会已经到来！斯密与休谟一样，乐于谈论商业社会的好处。斯密所谓商业社会，即分工社会、市场社会。他认为商业社会的积极后果，体现为多个方面。

其一，商业的发展，贸易的展开，可以富国。斯密所谓富国，是包括每个英国国民在内的富裕。他认为商业社会大大提高了效率，改善了底层人民的生活，自身即具有道德意义。人民富裕，则政府税收也就充裕，从而财力雄厚。而重商主义所主张的贸易垄断、行业垄断，只着眼于让朝廷积累财富，实际上也不能真正实现其目标。他还认为都市商业对农村"改良"也有巨大贡献。斯密的描述中，对商人与旧式"乡绅"进行了对比。他说：

> 商人与乡绅不同。乡绅是一向奢侈惯了的，他只会花钱，从来不会想到赚钱。商人却常用钱来经营有利事业，他用一个钱，就希望在这一个钱回来的时候，带回一些利润。他们这种不同的习惯，必然会影响他们在一切事业上的性情和脾气。商人往往是勇敢的事业家，乡绅往往是胆怯的事业家。就商人说，如果他觉得投下大资本来改良土地，有希望按照费用的比例增大它的价值，他就毫不迟疑地马上去做。但乡绅很少

---

① [英]亚当·斯密：《国民财富的性质和原因研究》（上卷），郭大力、王亚南译，商务印书馆1972年版，第15—16页。

② 同上书，第21页。

有资本，即使有些资本，也很少敢如此来使用。如果他真的着手进行改良，所用以改良的，亦往往不是资本，而是每年收入的剩余。设你幸而住在四周农村多未开垦的商业都市中，你当能看到商人在这方面的活动，比乡绅是活跃得多啊。此外，商人由经商而养成的爱秩序、节省、谨慎等各种习惯，也使他更适合于进行土地上的任何改良，不愁不成功，不愁不获利。①

其二，斯密注重商业对人类自由事业的作用。在这一点上，他与休谟观点一致。他说，农民或农奴多受各种束缚，处于依附关系及与邻人的战争状态中，工商业的发达，将逐渐给乡民带来"好政府"、秩序、个人的安全和自由。斯密说，传统社会中农村阔绰的领主庄园，蓄养家奴食客，因为其土地收获，不用于对外贸易，久存不得，个人消耗有限，自然慷慨施予他人，由此形成自己对依附者的权威。领主之间，经常发生战斗，封建法推行的目的原是想把领主权力缩小，但封建法常得不到遵守，国王无可奈何，大领主们甚至经常与国王开战。

然而，封建法制凭一切强制力量所办不到的事，却由国外商业和制造业潜移默化，逐渐实现。国外商业与制造业的兴起，渐使大领主得以其土地的全部剩余产物与他物交换。由此而得的物品，于是无须与佃农和家奴共享，而完全由自己消费。完全为自己不为他人，这似乎是一切时代为主子者所遵守的可鄙格言。所以他们一发现了由自己来消费所收地租的全部价值的方法之后，他们就不愿再和别人共同享受这价值。他们就宁愿把足以维持一千人一年生活的粮食或其价格，用来换取一对金刚石纽扣或其他同样无用而无意义的东西，随而也把这粮食所能给他们带来的权威一并舍弃了。但金钢石纽扣是由他自己独享、无人与他共享的。至于以前的花费方法，他至少要与一千人共享。这区别是非常明显的，要作出取舍的决定，有赖于明智的判断。于是，为了满足最幼稚最可鄙的虚荣心，他们终于完全舍弃了上述权威。②

---

① ［英］亚当·斯密：《国民财富的性质和原因研究》（上卷），郭大力、王亚南译，商务印书馆1972年版，第371页。
② 同上书，第375页。

## 第七章　苏格兰启蒙运动时期的经济与政治

斯密指出，金刚石纽扣本是富人购买的奢侈品，类似于儿童玩物，并非成人生活必需，然而，他为独享这个无多大实用价值的宝物，便失去了从前的权威，由此促进了封建秩序的解体。而这个宝物价格昂贵，实际是支付了生产宝物长长的产业链条上穷人的工资。领主从前只养活20个下人，可是他如今通过购买少量宝物，实际上支付了远超过20个人的工资，而那些工人，并不必听他使唤，在人身上并不依附于他。由此穷人不仅获得了自由，生活也较从前大为改善。大领主既然没有了门客，农奴也已经独立，他也就不再有什么力量干涉法律的执行了，地方也变得太平起来。从前的领主间战争也就没有了。

这，正是商业神奇力量的体现。斯密说：

> 对于公众幸福，这真是一种极重要的革命，但完成这种革命的，却是两个全然不顾公众幸福的阶级。满足最幼稚的虚荣心，是大领主的唯一动机。至于商人工匠，虽不像那样可笑，但他们也只为一己的利益行事。他们所求的，只是到一个可赚钱的地方去赚一个钱。大领主的痴愚，商人工匠的勤劳，终于把这次革命逐渐完成了，但他们对于这次革命，却既不了解，亦未预见。①

其三，在对社会风俗影响方面，斯密认为，商业社会可以培养人民守信、守时的习惯。斯密说，诚实、守时是商业社会的主要优点。在未开化国家，必定不存在此种道德，随处可见的是不讲信用、办事拖拉懒散、无时间概念。以经验为证，在诚信守时方面，英格兰人比苏格兰人要为优胜，但与商业民族荷兰人相比，则英格兰人又差了一截。而苏格兰偏僻地区人的状况，又明显不及城里人。斯密的描述有现实依据。而卢梭说乡下人更有道德，则是一种浪漫的想象。至少卢梭赞美的乡民美德中，不包括诚实、守信、守时，卢梭自己就特别不在意自己的信用记录。斯密说，这不是说商人更高尚，而是每个人都有的自利之心造成。只因商人需不断与人订合同做生意，他必得守信守时，才可让自己的买卖持续做下去。而商业不发达的地方，人们只做一锤子买卖。施以机巧欺诈，侥幸一次成功，其收益也大过欺

---

① ［英］亚当·斯密：《国民财富的性质和原因研究》（上卷），郭大力、王亚南译，商务印书馆1972年版，第378页。

诈造成的名誉损失。斯密此言，揭示了欺诈背后的心理动机，部分也可以解释为何贫困偏远之地出刁民、骗子的现象。

斯密不忘指出，通常所谓的"政治家"，其诚信方面，历来不及商人。实际上，21世纪的今天我们也可以观察到，政府官员的承诺往往最不可靠，政治家如熊彼特所言，正是靠说谎吃饭的人。何种原因使然？是所谓"国家理性"？好像政治家撒谎，是着眼于公益，迫不得已，情有可原。斯密的分析，可以提供解释。以斯密之分析，只因各国政治家之间，官员与人民之间，只是偶尔打交道，不像商人需天天签合同做交易，故而政治家以手腕或谎言行骗，只要有一次成功，也就大赚，本来也不指望有下一次交易。斯密相信，一个民族，如大部分人都是商人时，其诚信、守时，就会成为风尚。①

## 必以国民教育，弥补文明社会的缺陷

斯密肯定商业社会，把之前的社会列入野蛮社会（猎人社会、牧人社会）、较进步社会（农业社会），而把商业社会则看作进步的文明社会。如前所述，这文明社会，是一个分工发达的社会。然而，斯密也看到了文明社会的代价，或者说，文明社会，也有其固有的缺陷。他写道：

> 分工进步，依劳动为生者的大部分的职业，也就是大多数人民的职业，就局限于少数极单纯的操作，往往单纯到只有一两种操作。可是人类大部分智力的养成，必由于其日常职业。一个人如把他一生全消磨于少数单纯的操作，而且这些操作所产生的影响，又是相同的或极其相同的，那么，他就没有机会来发挥他的智力或运用他的发明才能来寻找解除困难的方法，因为他永远不会碰到困难。这一来，他自然要失掉努力的习惯，而变成最愚钝最无知的人。他精神上这种无感觉的状态，不但使他不能领会或参加一切理性的谈话，而且使他不能怀抱一切宽宏的、高尚的、温顺的情感。其结果，对于许多私人日常生活上的平常义务，他也没有能力来作适当的判断。至于国家的重大和广泛的利益，他更是

---

① ［英］坎南编：《亚当·斯密关于法律、警察、岁入及军备的演讲》，陈福生、陈振骅译，商务印书馆1962年版，第261页。

全然辨认不了的。除非费一番非常大的力量，教他在战时如何捍卫国家，否则无法做到。他的无变化生活的单调性质，自然把他精神上的勇气消毁了，使他看不惯兵士们的不规则、不确定和冒险的生活。就是他肉体上的活动力，也因这种单调生活毁坏了，除了他既经习惯了的职业外，对于无论什么职业，他都不能活泼地、坚定地去进行。这样看来，他对自身特定职业所掌握的技巧和熟练，可以说是由牺牲他的智能、他的交际能力、他的尚武品德而获得的。但是，在一切改良、文明的社会，政府如不费点力量加以防止，劳动贫民，即大多数人民，就必然会陷入这种状态。①

不过，斯密并不因此而导出对商业社会的批判、否定。他认为，这个缺陷，如由政府出资发展具有强制性的国民教育，足可以弥补。事实上，斯密认为，对国民教育的轻视，也是商业社会带来的消极后果之一。② 斯密强调，文明社会的政府，要特别重视普通人民的教育。他指出，政府以较少费用，即可完成小学义务教育，"诵读、书写、算术"，全体人民在早年都要学习。他又提倡教育中要有必要的军事和体操训练，以使得商业社会的国民中仍保存"尚武精神"，不至于变得懦弱，没了须眉气概。他说：

> 固然在近代，没有精练的常备军，单靠尚武精神，也许是不够防御社会、保障社会的。但是各公民如都具有军人精神，那所需的常备军就可减去不少。况且，普通对有常备军会危害自由的忧虑，无论这个危害是真的危害或只是想象的危害，也必会因市民具有军人精神，而减少许多。这尚武精神、军人精神，一方面在外敌侵略时，可以大大便利常备军的行动；另一方面，假使不幸常备军发生违反国家宪法的事故，它又可以大大地加以阻止。③

---

① ［英］亚当·斯密：《国民财富的性质和原因研究》（下卷），郭大力、王亚南译，商务印书馆1974年版，第338—339页。
② 斯密在其演讲中，曾将商业社会的消极后果概括为三点：人们思想受束缚，缺乏远见；教育被忽视；勇气几乎消沉。参见［英］坎南编《亚当·斯密关于法律、警察、岁人及军备的演讲》，陈福生、陈振骅译，商务印书馆1962年版，第265页。
③ ［英］亚当·斯密：《国民财富的性质和原因研究》（下卷），郭大力、王亚南译，商务印书馆1974年版，第343页。

与公民人文主义者提倡"民兵"而反对常备军不同,斯密认为在现代社会,随着战争技术的发展,常备军因其组织性、纪律性与反应迅速而利于国防,但同时,他认为古代共和国的"尚武精神"在现代仍有意义。斯密如下论述,如脱离他的其他论述单独拿出来看,是颇接近公民人文主义的观点的。他说:"一个不能防御自己或为自己复仇的怯懦者,分明缺乏了人类资性中最重要的一部分。这样,在精神方面的残废或畸形,无异于某一最重要肢体拆毁了、失用了的人在肉体方面的残废与畸形。而且,两者之中,前者显然更不幸,更可怜。因为,苦乐的感觉,全生于心,其受影响于肉体的健全或不健全即残废或完全的少,而受影响于精神的健全或不健全即残废或完全的多。哪怕在社会的防御上已用不着人民的尚武精神,但为防止怯懦必然会引起的这种精神上的残废、畸形及丑怪在人民之间蔓延传播,政府仍应加以最切实的注意。"[1] 然而,考虑到斯密对分工、业专等论述,则斯密所想,与公民人文主义,是有明显差异的。

斯密力陈国家提供国民基础教育的好处。他认为,教育有助于提高国民政治上的判断力,从而可以避免狂热与迷信引起的骚乱。这对于政府统治来说,大有好处。按照斯密的建议,则老子所谓"民之难治,以其智多",纯属胡说。斯密写道:

> 一个人不能适当使用人的智能,假如说是可耻的话,那就比怯懦者还要可耻。那是人性中更重要部分的残废和畸形。国家即使由下级人民的教育,得不到何等利益,这教育仍值得国家注意,使下级人民不至陷于全无教育的状态。何况,这般人民有了教育,国家可受益不浅呢。在无知的国民间,狂热和迷信,往往惹起最可怕的扰乱。一般下级人民所受教育愈多,愈不会受狂热和迷信的迷惑。加之,有教育有知识的人,常比无知识而愚笨的人,更知礼节,更守秩序。他们各个人都觉得自己的人格更高尚,自己更可能得到法律上、长上的尊敬,因而他们就更加尊敬那些长上。对于旨在煽动或闹派别的利己性质的不平之鸣,他们就更能根究其原委,更能看透其底细;因此,反对政府政策的放恣的或不必要的论调,就愈加不能欺惑他们了。在自由国

---

[1] [英] 亚当·斯密:《国民财富的性质和原因研究》(下卷),郭大力、王亚南译,商务印书馆1974年版,第344页。

家中，政府的安全，大大依存于人民对政府行动所持的友好意见，人民倾向于不轻率地、不任性地判断政府的行动，对政府确是一件非常重要的事。①

启蒙是要开民智，愚民则是让人民的理性在黑暗中昏睡。斯密作为苏格兰启蒙运动中的主将之一，其思想特色，于此可见一斑。

斯密谈正义，谈分工，谈国民财富，谈政府职能，他的自由观，也具有非政治的特征。这与美德、公民自由、大众参与等公民人文主义话语截然不同。他对商业社会不足的反思，从未导向对商业社会的拒斥。与休谟一样，斯密认为私人自由比公民自由更重要。商业社会是文明社会。在商业社会里，在一个高度分工的社会里，政府若能提供基本职能，普遍的参与既无必要，也不可能。而对于国民幸福而言，正义（法律的公正执行）更为重要。

斯密勾画了一个新的自由秩序，它与中世纪秩序不同，与绝对王权体系及重商主义国家也不同。他告诉人们，没有宗教权威与政治支配，社会秩序照样形成；更进一步，斯密还指出，恰恰是宗教权威与政治支配，可能构成自由社会的障碍。② 以斯密之理路，商业社会之特点，就是把人从宗教的、政治的负担中解放出来。在道德、经济与政治之间游走，斯密提供了一种颇为温和的自由主义言说。以人最关键的激情而论，在斯密的思想图景中，人对暴力死亡的恐惧，被人改善自身状况的渴求取代了，如此，"斯密达成了对霍布斯体系的自由化与商业化"③。

自斯密始，出现了所谓的英国古典政治经济学。商业社会，个个都是商人。古代重视的公民政治生活，为专业化的政府管理所取代。理性经济人战胜了古风公民。这就是20世纪政治思想家汉娜·阿伦特所谓的"劳动动物"对"政治动物"的取代。④ 当代思想史家迪克·霍华德（Dick Howard）认为，政治经济学具有"反政治"的性质，它取消了政治思想的"自主性"，

---

① ［英］亚当·斯密：《国民财富的性质和原因研究》（下卷），郭大力、王亚南译，商务印书馆1974年版，第344—345页。
② ［美］克罗普西：《国体与经体——对亚当·斯密原理的进一步思考》，邓文正译，上海人民出版社2005年版，第112页。
③ 同上书，第99页。
④ Hannah Arendt, *The Human Condition*, Chicago and London: The University of Chicago Press, 1998, p. 320.

从而终结了政治哲学。霍华德认为,古代反政治是在超越层面,以哲学的方式进行的,而现代反政治则是在此岸进行的,它既是反哲学的,也是反政治的。政治经济学只是诸多反政治学说的一种(其他的如柏克的保守主义、美国的民主共和论)。① 霍华德所谓的政治与反政治,继承的是阿伦特的政治概念。② 诚然,在此意义上,商业社会是一个非政治的时代,公民让位于商人,政治在人们日常生活中的地位下降了。这种时代的新特征,可以在思想家的著作中体现出来。

就斯密所著而言,他关心的是商业社会的特点与内在原理。他关于政府与法律的讨论,不过是其社会与道德理论的一个部分。斯密不关心政治参与、民主一类的话题,斯密学说具有"反政治"的特点,此言不虚。然而,这并不是他的理论著述的目的。斯密著作的论敌,并不是讲政治的共和主义者。他思考的是当时人们面临的新问题,例如新社会的道德问题,贫困与富裕的问题,自由贸易的具体政策争议,等等。斯密所代表的苏格兰启蒙思想家告诉我们,政治、法律问题,不能脱离对所处社会形态的考察去空谈。这种更为开阔的视角,在孟德斯鸠那里,已见端倪。

## 亚当·弗格森:市民社会

剑桥学派的主将约翰·波考克曾描绘过 18 世纪中后期公民人文主义在苏格兰的复兴。他指出,在这次复兴中,亚当·弗格森(Adam Ferguson)是最杰出的一位,堪称苏格兰启蒙运动时期的"马基雅维里"。③ 波考克此处提到的马基雅维里,不是指那个被片面解读为"为达目的不择手段"、阴险狡诈的马基雅维里,而是指那位"爱祖国胜于自己的灵魂"、倡导共和理想的公民人文主义者马基雅维里。弗格森谈论美德、共和、公民,这与同时期的亚当·斯密等人是极为不同的。当代另一位剑桥学派学者伊斯特万·洪特在他的《贸易的猜忌》一书中,以类似的方式勾画出现代社会构建大国的两条路线:一是商业立国,一是美德立国。前者是自由主义的路线,后者是文

---

① Dick Howard, *The Primacy of the Political: A History of Political Thought from the Greeks to the French & American Revolutions*, New York: Columbia University Press, 2010, p. 273.

② 从政治与反政治、非政治探讨阿伦特的政治概念,参见陈伟《阿伦特与政治的复归》,法律出版社 2008 年版,第 76 页。

③ J. G. A. Pocock, *The Machiavellian Moment: Florentine Political Thought and the Atlantic Republican Tradition*, Princeton and Oxford: Princeton University Press, 1975, p. 499.

艺复兴共和主义的路线。① 显然，弗格森的观点可大体归为"美德立国"这一路线。就思想渊源而论，弗格森确实吸收了不少公民人文主义的理论资源。凭借这些资源，他对现代商业社会多有批评。事实上，弗格森"因最早指出了文明社会的异化现象而成名"②。在苏格兰启蒙思想家中，他虽然重要，却处于一个非主流的位置。

亚当·弗格森1723年6月20日出生于苏格兰珀斯郡（Perthshire）一个乡村牧师家庭。其父瑞夫·亚当·弗格森（Rev Adam Ferguson）是长老会派的牧师，也是望族阿瑟尔（Athole）家族的后裔，其母是阿盖尔（Argyll）公爵的远亲。弗格森是家中最小的孩子。弗格森天赋异禀，早年既在家中接受父亲的教育，亦在当地教会学校学习，随后进入珀斯文法学校就读。1738年，弗格森进入圣安德鲁斯大学学习。1742年，他获得硕士学位。不久，弗格森来到爱丁堡，继续其研究。

1745年，苏格兰高地人在查理王子的领导下，试图复辟斯图亚特王朝，举行了武装起义。内战爆发。由于通晓苏格兰的盖尔语，在获得布道资格后，弗格森被任命为国家第42军团随军牧师，在弗兰德斯（Flanders）服役。不久，丰特努瓦（Fontenoy）战役爆发。弗格森在战争中表现英勇，关心士兵，颇受欢迎。弗格森在布道中，谴责了那些叛乱者。弗格森在军团服役，一直到1754年。这段从军经历让他对战争和军制有了直观的认识，对人性与政治也有了更深刻的理解。他尤其认识到，苏格兰高地人并非野蛮人，他们身上具有英格兰商业社会中市民不具备的英勇、豪迈和正直。1745年苏格兰首府爱丁堡一度被乱军兵不血刃轻易攻克，也让弗格森看到了商业社会的弱点。

弗格森退役后，回到爱丁堡。经历了一番波折后，1759年，弗格森被任命为自然哲学教授。1760年，弗格森发表了一本小册子，批评议会没有将英格兰民兵法案推广到苏格兰。随后弗格森发起"火钳俱乐部"（Poker Club），专门为在苏格兰建立民兵制度呼吁，不过，直到1784年俱乐部解散，其呼吁依然没有奏效。1764年，弗格森被任命为精神与道德哲学教授。

1773年，弗格森担任十九岁的切尔斯特菲尔德爵士的教师，并暂时离职陪同爵士去欧陆旅行。美国独立战争爆发后，1775年，支持美国革命的理查

---

① Istvan Hont, *Jealousy of Trade*, Cambridge: The Belknap Press of Harvard University Press, 2005, p. 11.
② ［日］佐佐木毅、［韩］金泰昌主编：《欧美的公与私》，林美茂、徐滔译，人民出版社2009年版，第20页。

德·普莱斯（Richard Price）博士发表了小册子《公民自由、政府原则与正义，以及对美洲战争政策》（Observations on the Nature of Civil Liberty, the Principles of Government, and the Justice and Policy of the War with America），认为英国不拥有对没有充分代表权的北美殖民地的权威。弗格森随即匿名出版了驳斥性的文章。为了和平解决北美殖民地危机，英国政府委派了一个委员会赴北美协调北美事务，该委员会在 1778 年 6 月任命弗格森为秘书，指派他进入大陆会议与北美领导人协商，终未成功。弗格森于次年返回爱丁堡，继续授课。

1785 年，弗格森从道德哲学教授讲席上退休，其教席由学生斯图瓦特（Dugald Stewat）接替。弗格森讲课风格独特，他讲授道德哲学原理，无须讲稿，即兴发挥，十分潇洒。1793 年，弗格森当选为柏林科学院荣誉会员。年底，弗格森访问意大利。考虑到欧洲大陆政治局势紧张，特别是法国大革命造成的动荡，弗格森匆匆结束了在意大利的访问，返回爱丁堡，过上了隐居生活。

1795 年，弗格森的妻子去世，这给他造成了巨大的打击。5 月，他搬到奈德帕斯（Neidpath）城堡居住，随后又搬到霍雅（Hallyards）农庄，在那里弗格森度过了 14 年的田园时光。不过他的著述并没有停止。1801 年，弗格森为爱丁堡大学化学教授约瑟夫·布莱克撰写的传记《约瑟夫·布莱克的生平与性格片段》（Minutes of the Life and Character of Joseph Black）出版。1808 年，弗格森搬回了他受教育的地方圣安德鲁斯。1816 年 2 月 22 日，弗格森去世，享年 93 岁。

弗格森的主要作品有 1765 年出版的《文明社会史论》（An Essay on the History of Civil Society）、1783 年出版的《罗马共和国进步与终结史》（History of the Progress and Termination of the Roman Republic）和 1792 年出版的《道德学及政治学诸原则》（Principles of Moral and Political Science），此外还留下了不少论文手稿。其中《文明社会史论》最为著名。此书在爱丁堡备受恶评，休谟曾对之大加批判，但在伦敦却读者甚众。弗格森在写这些文字时，欧洲大陆正值多事之秋，到 1789 年，法国大革命最终爆发。但弗格森和他周围的人，大都对大革命持质疑的态度。弗格森一方面关心法国大革命对欧洲未来的影响，一方面关心英国本国政治的形势。

《文明社会史论》中的"文明社会"（Civil Society）可译为市民社会，有的学者也将它译为"政治社会"。"市民社会"的概念今天学界常常提起，弗格森便是最早提出这一概念的理论家。德国哲学（以黑格尔为代表）中的市民社会（bürgerliche gesellschaft）一语即从弗格森此书而来。①

## 社会在分阶段向前进化

马克思主义认为，人类社会的发展经历了一个由原始社会、奴隶社会、封建社会到资本主义社会的阶段，以后还将步入最高级的共产主义社会。这就是说，社会是在向前发展的，社会的发展是分阶段的。马克思主义的社会发展阶段论，其理论源头，正是18世纪的苏格兰启蒙思想。与欧洲大陆的启蒙思想家相比，苏格兰启蒙思想家十分突出的一点便是他们更多地倾向于从社会的发展、文明的演进去思考社会政治问题。他们关于社会进化的思想，不难令人想起达尔文的进化论。于是，就有了一种观点，认为他们是受了达尔文的影响，是社会达尔文主义者。但其实，这种说法是错误的，事实是达尔文阅读了苏格兰启蒙思想家的书，遂想到将社会进化的观点用于对物种的考察。

社会演化的几阶段论，弗格森有之，亚当·斯密也有。② 亚当·斯密认为社会发展要经历狩猎、畜牧、农业、商业四个阶段，③ 弗格森说社会发展分蒙昧（savage）社会、野蛮（barbaric）社会（农耕社会）、优雅（polished）社会（商业社会）三个阶段。他们具体的讲法会有不同，但大同小异，他们都认为现代社会是商业社会，总体上都肯定商业社会较之前的社会是一种进步。④

弗格森等苏格兰启蒙思想家提出这种社会演化阶段论，一方面源于当时英国工业革命已经开始，正在经历着从农业社会向工商业社会的转变；另一方面，这种社会发展阶段的区分，亦与当时英帝国的殖民事业有关。殖民者来到新大陆，接触到了不同的部落、民族，有的野蛮，有的文明，殊为不

---

① ［英］彼得·沃森：《人类思想史》，姜倩等译，中央编译出版社2011年版，第351页。
② 曼德维尔、哈奇逊、卡默斯法官、斯图沃特、吉本（E. Gibbon）皆有关于人类历史分期的学说，在孟德斯鸠、卢梭那里，也有类似的探讨。
③ Adam Smith, *Lectures on Jurisprudence*, edited by R. L. Meek, D. D. Raphael, P. G. Stein, Indiana：Liberty Press, 1982, p. 14.
④ 亚当·斯密认为，他提出的社会发展四阶段说可以得到《圣经·创世纪》的印证。例如伊甸园代表采集时代，亚伯代表畜牧时代，该隐代表农业时代。该隐杀了亚伯，很可能是因为羊去吃了他的庄稼。参见［英］加文·肯尼迪《亚当·斯密》，苏军译，华夏出版社2009年版，第77页。而依《圣经》原文，该隐杀亚伯是出于妒忌。上帝悦纳了亚伯的祭品，而不要该隐的祭品。

同，这些社会处于不同的历史发展阶段，凭殖民者的体验不难领会。这种观点也与殖民者的心理有关。殖民者在人数上是少数，唯有论证其种族的先进、优越，才可以为其统治多数土著人口提供依据，而他们手中的枪炮与土著人手中的棍棒刀剑相比，其"先进"程度是十分明显的。加之有些部落尚无发达的文字，甚至还有杀婴、生吃人肉、童婚、寡妇自焚的风俗，文明程度的不同是问题的关键，殖民也成了"传播先进文明"的伟大事业。弗格森等人的社会进化理论无意于宣扬殖民意识，但这一理论置于此种语境中，或可得到更好的理解。

## 人普遍的天性是什么？

同时代的休谟写过《人性论》，他呼唤建立一种关于人性的科学。弗格森的《文明社会史论》，也从论人性开始。弗格森认为，人性是有些普遍特征的。这些天性有：自我保存，联盟，争斗和分歧。弗格森视自我保存为人的天性，这体现了他对个体生命权、财产权的肯定；他视联盟为人的天性，体现了他的共和主义的一面；他视争斗和分歧为人的天性，则体现了他的进化论意识。他强调争斗于进化有益，敌人的存在有助于激发一国的民族精神。他写道："没有国家间的竞争，没有战争，文明社会本身就很难找到一个目标，或者说一种形式。……一个没有和其他人斗争过的人，对于人类一半的情感都一无所知。"[①] 弗格森认为，人类特有的最重要的情感，便是爱与憎。联盟源于爱，争斗与分歧则源于憎。

弗格森描写人的联盟的天性时，凸显的是人的社会性，在他那里，人总是社会中的人。他援引孟德斯鸠的名言"人生于社会中，存在于社会"。他说："如果把人独自扔到沙漠中，他就像一株连根拔起的植物，虽然躯壳残存，但每一个机能都在萎缩、凋零。"[②] 弗格森说，古希腊与古罗马人爱他们的城邦，而商业社会就只有自私、孤立的个人，这与人的联盟天性是相背离的。他强调，社会的存在与维系不是靠利益算计，而是靠爱与憎的情感。

弗格森对人的社会性的肯定，针对的是霍布斯、卢梭对人的社会性的质

---

① [英]弗格森：《文明社会史论》，林本椿、王绍祥译，辽宁教育出版社1999年版，第26页。
② 同上书，第20页。

疑。卢梭在《论人类不平等的起源》中，勾画了自然状态中孤立的人，这一学说在1750—1780年间遭遇到的最大的反对，就是它"摧毁了解释道德和社会的可能，除非诉诸那种霍布斯式的'人造物'体系"①。弗格森基于历史考察来诠释人的社会性，则可避开霍布斯等契约论思想家关于自然与"人造物"的区分，从而可望克服卢梭的怀疑论。②

## 美德强国

在人性论的基础上，弗格森提出了美德强国的理论。他认为，美德是民族力量的必要组成部分。重视公民美德，并把民族的兴衰与公民美德联系起来，这是弗格森政治哲学的特色。

弗格森说："人与人的主要差别不在于他们的财富和地位，而在于他们的品格。"③ 针对彼时盛行的伊壁鸠鲁主义式常常把欲望的满足视为快乐的观点（如霍布斯），弗格森认为，快乐在于有所追求，它"依赖于我们心智适当地发挥作用的程度"。他说："快乐不等于连续不断地一味享受肉体愉悦。除了人们在职业和朋友方面所花的时间外，肉体的愉悦只占据了人生很少的时光，如果重复得过于频繁，这些肉体愉悦就会让人发腻，令人作呕。过分纵欲，很伤身体。肉体的愉悦就像夜空里的闪电，只能使闪电偶尔划破的天空变得更加黑暗。"④

弗格森重视人的美德，在政治哲学层面，他认为国家的盛衰根本上与国民的美德相连，与财富无关。他的学说特色，在于将政治与经济做严格的区分。这在苏格兰启蒙思想家中，当属异类。他说："一个国家的力量来自于道义，而不是财富，也不是来自人口众多。"⑤ 弗格森说，国家的财富，是美德的结果。国家变得贫穷衰朽，也出于该国人民美德的丧失。他崇尚古代斯巴达以美德立国，认为国家应是一个美德共同体。他认为，国家是由人民组成的，由腐化堕落、贪生怕死的人民组成的国家是弱小的；由精力充沛、富有公益精神、坚韧不拔的人民组成的国家是强大的。"当其他有利条件相同

---

① Iain Mcdaniel, *Adam Ferguson in the Scottish Enlightenment: The Roman Past and Europe's Future*, Cambridge, Massachusetts and London: Harvard University Press, 2013, p. 66.
② Ibid. .
③ ［英］弗格森：《文明社会史论》，林本椿、王绍祥译，辽宁教育出版社1999年版，第42页。
④ 同上书，第53页。
⑤ 同上书，第66页。

图 39　勇敢是古代公民的重要美德

时，决定竞争胜负的是战争资源。但是，战争资源一旦掌握在不会运用这些资源的人手中，就白费了。"① 不过，弗格森也指出，国家富强后，人民很可

---

① ［英］弗格森：《文明社会史论》，林本椿、王绍祥译，辽宁教育出版社 1999 年版，第 248—249 页。

能腐化堕落，结果丧失了美德，财富也不可保。弗格森讲的美德，是古希腊人、古罗马人所践行的保家卫国的美德，是某种愿意为国家努力奋斗的精神。

弗格森承认社会要向前发展，很多事情并非人的理性设计，与书房里哲学家的愿望也没什么大的关系。但他认为，越是这样，人们就越应当有"生于忧患、死于安乐"的公民意识。弗格森重视人的美德，重视美德之于民族存亡兴衰的力量，这与他的社会演化论并不矛盾。苏格兰启蒙运动有一个历史背景，就是1707年苏格兰与英格兰合并。弗格森虽然常常讲古代人的美德，但他并不拘泥于小国寡民的理想，他赞同合并。他说："当西班牙各小王国统一起来时，当法国大采邑都被国王吞并时，大不列颠各国继续保持分裂就不适宜了。"①

## "优雅年代"的隐忧

苏格兰启蒙运动时期的思想家，身处社会大变革的时代，对于新兴商业社会的出现，多有讨论，而弗格森的观察与思考，尤其值得注意。他特别重视考察经济的社会与政治后果，其理论视角，或可称为经济社会学的视角。

如前所述，弗格森一方面接受商业社会，认为它与之前阶段的狩猎、农耕社会相比，显然更为进步、开化。商业社会高度发达的分工，促进了技艺的专业化，带来诸多益处，例如产量的提升、利润的提高。肯定分工、交换带来财富，弗格森要早于亚当·斯密若干年。亚当·斯密《国富论》出版，也把得到爱丁堡大学弗格森教授的肯定，视为成功的一个标志。弗格森的不少观点，在亚当·斯密著作中，得到了再次重申。

例如，关于促进分工的动因，弗格森写道："享有太平这一乐事，以及期望互换商品渐渐使猎手、斗士变成了工艺师和商人。生存之需分配不均的偶然性、倾向性和有利的机遇确定了人类不同的职业。并且，实用意识又导致将这些职业无穷无尽地分为各种专业。"②关于个人自利而有益于公众，弗格森写道，分工后从事各个专业的人"无须关注国家利益就能为保存和扩大各自的国家作贡献"③。关于分工的好处，弗格森说："艺术和专业分工后，

---

① [英]弗格森：《文明社会史论》，林本椿、王绍祥译，辽宁教育出版社1999年版，第65页。
② 同上书，第199页。
③ 同上书，第200页。

图40 商人

财富的源泉大开。每一种原料都能加工到尽善尽美，每一种商品都能大量生产。国家可以根据人数估计利润和税收。国家依靠财富获得了举足轻重的地位和力量，而野蛮人则需要付出血的代价才能获得这一切。"[1] 在高层政府与军事部门，分工也发挥着它的作用，例如公务员，弗格森写道："任何部门的公务员尽管对处理国家事务并不熟练，但他们只要能遵守已建立在他人经验之上的形式，就能获得成功。他们就像是一台发动机上的零件，不约而同地为一个目的而运作。虽然和商人一样对总体一无所知，但他们却和他一道，一起为国家提供资源、管理方式和力量。"[2] 在知识方面，弗格森说，虽然分工使得有些部门的人不需要能力、不需要思考，事实上缩小、限制了他们的视野，但是，在另一方面它却可以引导人们进行全面的、专业的思考，

---

[1] ［英］弗格森：《文明社会史论》，林本椿、王绍祥译，辽宁教育出版社1999年版，第200页。
[2] 同上。

## 第七章 苏格兰启蒙运动时期的经济与政治

例如工人不必思考,企业主则不然;公务员无须思考,政治家却要求更全面的思考,科学家则是要对各行各业进行专门的思考。故而表面看来,分工带来了森林里野蛮人想要的"知识、安定和财富"。

然而,初步肯定社会分工之后,弗格森笔锋一转,表明了他对商业社会深深的忧虑。他写道:

> 商业技艺和谋利技艺可能会一直繁荣下去,但是它们所赢得的优势是以牺牲其他追求作为代价的。对利润的渴望压抑了对完美的热爱。私利使想象力冷却了,使心灵变得冷酷无情。依据工作是否有利可图、是否有可靠收入来决定工作是否可取,将会把人们的聪明才智、雄心壮志推向柜台和车间。
>
> ……归根结底,它会在某种程度上破坏社会纽带,以单纯的技艺形式和规则来代替聪明才智,并且使个人退出共同的职业活动,而共同的职业活动能使个人的情感和思想获得最惬意的感受。①

弗格森指出,商业社会中,人们萎靡不振,耽于私人享受,美德衰落,这是民族衰败的征兆。商业社会是一个分工甚细的社会,这种分工使古风式的公民难以存活。商业社会中,人们收起刀剑,和平共处,但这个时候,"我们又不得不为人类感到惋惜,惋惜人类在追求完美的过程中将每个管理部门都置于幕后,竟用职员和账房先生取代政治家和斗士"②。

弗格森以传统中国为反面教材,指出这种在政治与军事方面高度分工、由专业文官统治的大帝国,在国家事务管理方面却处于最低劣的水平,注重表面的威严仪式,不能奏效则动用武力与酷刑。"每个阶层的人们头上都悬着鞭子和棍棒,每一个官员都使用鞭子和棍子,但也都害怕它们。"③ 中华帝国政府的"伟大目标"不是其他,而是种植和消费土地的果实,事实上,中华帝国还处在颇"弱小"的状态。他不无讽刺意味地说,在中国有千千万万个研究政治、战争的士人及研究军事技术的专家,然而却"找不到任何一个人会在国家危难时挺身而出,能组建一支抵抗力量来抵御以没教养、卑鄙著

---

① [英]弗格森:《文明社会史论》,林本椿、王绍祥译,辽宁教育出版社1999年版,第240—241页。
② 同上书,第249页。
③ 同上书,第250页。

称的敌人的不断入侵"①。弗格森之意，概括起来就是说，中华帝国靠高度分工的文官统治，无一个公民，故而难以抵挡蛮族入侵。

弗格森此论包含着对"文明人何以抵御野蛮人入侵、征服"的思考。揆诸历史，此论并非危言耸听。弗格森接着以古罗马为例指出，正是军人职业化，导致罗马人遭蛮族入侵时不能保卫自己。他说："罗马人一心想以军队侵犯别国人民的自由，同时有保存自己的自由。但他们忘了，招募富家子弟充军，随便让哪个将领来指挥军纪严明的部队，事实上就等于放弃了自己的政治权利，任由他人成为自己的主宰。"② 文明社会必以高度的分工（例如战士与公民的分离）为基础，然而，分工是否会最终摧毁造就分工的文明社会？恰如恩斯特·盖尔纳所言，这正是弗格森"焦虑之核心"所在。③

《文明社会史论》中如下两段话，常为学者引用。我们可以看到，弗格森对商业社会自身问题之担忧，落实为两个方面：一是对民族自身安全的考虑（外来侵略的威胁），二是对公民自由的考虑（专制主义的威胁）。这两点，恰为公民人文主义之要义。而弗格森对公民与军人分工、军人职业化消极后果的担忧，也具有公民人文主义的特点。这两段话分别为：

> 裁缝和糅皮匠分工后，我们就穿上了更好的鞋子和衣服。但是，将造就公民的艺术和造就政治家的艺术区别开来，将制定政策和进行战争的艺术区别开来，无异于试图分解人类性格，摧毁我们恰恰试图改进的艺术。有了这种分工，我们事实上剥夺了保证自由民族安全的必不可少的因素。有人说我们为防御外敌入侵做好了准备。但是，这种防御可能导致篡权行为，而且国内也有成立军政府的危险。④

> 优雅年代大肆渲染的文明成就也并非真的能够安然无恙。它们打开了一扇通往灭顶之灾的大门，这扇门正如它们关闭的任何一扇门一样，宽阔而又畅通无阻。只要他们兴建了城墙、堡垒，就会使奉命防守城墙、堡垒的人们无精打采；只要他们将剑指向他们并不欣赏的民政制

---

① [英]弗格森：《文明社会史论》，林本椿、王绍祥译，辽宁教育出版社1999年版，第250页。
② 同上书，第255页。
③ Ernest Gellner, *Conditions of Liberty*, New York: The Penguin Press, 1994, p. 63.
④ [英]弗格森：《文明社会史论》，林本椿、王绍祥译，辽宁教育出版社1999年版，第254页。

度,就会为人类提供一个武力统治的政府。①

波考克称弗格森为"马基雅维里",极言他们二人在公民人文主义立场上的一致,自然有其道理。不过,弗格森是在商业社会的语境中阐发人文主义,这与马基雅维里是不同的。弗格森关于商业社会隐忧的思考,为人们提出了一系列十分重要的问题:现代人如何讲美德?高度分工的"优雅"年代政治生活如何可能?这些问题,实开现代性反思之先河,以致有学者不无夸张地视其为"反现代"的思想家。②

## 罗马兴衰之鉴

弗格森在 1770 年前后开始写《罗马共和国进步与终结史》,1783 年,该书出版,此时距离《文明社会史论》已有 15 年。弗格森写史,强调其道德意义,重在分析。他在这本书中,处理了《文明社会史论》未解决的问题。弗格森试图通过对罗马共和国兴衰的历史分析,揭示"人类权力的最大限度"。他试图说明罗马何以从共和政体(混合政体)走向了一个不自由的帝国。

弗格森著书时期,思想界探讨罗马共和兴衰的问题,蔚然成风,这多半是受孟德斯鸠《罗马盛衰原因论》之影响。如亚当·斯密、阿兰·拉姆西(Allan Ramsay)、约翰·米勒,皆有关于罗马历史的论述。英格兰人爱德华·吉本(Edward Gibbon)的《罗马帝国衰亡史》也创作于这个时期。③ 吉本在其著作中提到,西罗马帝国和平的代价,是自由和尚武精神的消亡。此为罗马衰亡的重要原因之一。④ 弗格森一方面把孟德斯鸠的分析往前推进,一方面提出自己的看法。他认为,罗马人走向一个不自由的帝国,并非对共和国的背叛,而是共和国本身发展的高潮,其原因在于共和国经由提比略·格拉古提出的一系列平民化激进改革措施,变成了民主、平等的共

---

① [英]弗格森:《文明社会史论》,林本椿、王绍祥译,辽宁教育出版社 1999 年版,第 256 页。
② Iain Mcdaniel, *Adam Ferguson in the Scottish Enlightenment: The Roman Past and Europe's Future*, Cambridge, Massachusetts and London: Harvard University Press, 2013, p. 2.
③ 1776 年 2 月,吉本的《罗马帝国衰亡史》第一卷出版。吉本(1737—1793)是英格兰人,他是弗格森的好友。
④ [英]爱德华·吉本:《罗马帝国衰亡史》,下册,黄宜思、黄雨石译,商务印书馆 1997 年版,第 143 页。

和国。随着人民因素的不断增强,混合政体也就失去了平衡。当市民力量与军事力量联手,一个专制、黩武的帝国便诞生了。弗格森告诉人们,帝国实有民主根源。自由的威胁来自于民主化。罗马共和的终结,正是"共和民主"所致。①

弗格森的分析,与公民人文主义通常着眼于美德丧失、奢靡之风弥漫与不平等加剧来考察罗马的衰落,是极其不同的。②弗格森的理论还意味着帝国与自由是不能兼容的。1640—1750 年,大量的英国作者惯于认为自由与帝国可以同时并存,英帝国的政策与正义、自由、人道等原则并不冲突。针对此种"共和帝国"论,弗格森希望以罗马历史说明,帝国扩张极易摧毁自由。③

## 法国革命与欧洲的未来

法国大革命发生后,弗格森高度关注。晚年弗格森写了若干论文,其中《论政治家与军人》《论法国革命》都是讨论法国革命的作品。

《论政治家与军人》主要讨论法国革命的原因。弗格森认为,法国革命的爆发,固然是多种因素造成,如启蒙哲学、宫廷的奢侈挥霍、公共财政的混乱状态、征税制度中的滥权等,但旧制度中市民制度与军事制度(civil and military institutions)间产生的矛盾,以及法国贵族道德和政治上的衰落,尤其关键。他指出,大革命前,法国的军队最不忠心、最不爱国。军队里面按出身论高低,高度不平等,这就摧毁了普通士兵所有上升的道路。士兵缺乏激励机制,晋升无望。在法国的等级社会中,底层人士被排除在国家的"荣誉与保护"之外,这使得法国国王无法成为爱国的对象,无法充当统一国家的代表。"革命发现了法国的军人。"法国贵族自身的堕落也让底层人民认识到,原来贵族只是空名。当手执刀剑的人意识到自己的重要性时,他们就推翻了君主制,与此同时,所有的特权秩序也灰飞烟灭了。④

《论法国革命》讨论的是法国革命的后果,特别是拿破仑普世帝国给欧

---

① Iain Mcdaniel, *Adam Ferguson in the Scottish Enlightenment: The Roman Past and Europe's Future*, Cambridge, Massachusetts and London: Harvard University Press, 2013, p. 121.
② Ibid., p. 120.
③ Ibid., p. 142.
④ Ibid., pp. 208 – 209.

洲秩序带来的冲击。弗格森首先肯定了法国军队改革的成功。革命后的法国军队里面，看重的是天分和能力，而非出身与财富。共和革命激发了人们的爱国心。他称法国军队改革为"现代欧洲军事体系中的革命"。法国共和走向军事帝国的经历，再次印证了他关于共和走向帝制的理论：市民权力与军事权力的结合，民主的压力，带来了专制的军事帝国。他认为法兰西帝国的维持依赖于不断进行扩张战争。而一旦进入和平时期，帝国必将因内战而解体。①

针对拿破仑的军事扩张，弗格森建议英国务必守住海洋，确保对海洋的支配。他说：如果海权被法国人夺去，则从加利福尼亚到日本，世界各地，无不归拿破仑帝国了。② 或许令他稍感慰藉的是，英国人最终战胜了拿破仑，他在有生之年看到了拿破仑帝国的覆灭。

把弗格森看作古典共和主义者，并无不妥，然而弗格森具体见解之独特之处，更需注意。实际上，弗格森是苏格兰启蒙运动思想家中的"另类"。苏格兰启蒙运动的主流是将经济引入政治哲学视野，乃至以经济消解、终结政治，形成所谓的"政治经济学"，弗格森则试图划清政治与经济的界限。弗格森支持美德立国，但他讨论的问题，公民美德并非重点。他更为看重的是混合均衡的宪政架构以及自由的维系。弗格森论商业社会，并不如卢梭那样一概反对，也不如亚当·斯密那样乐观，他的态度，是小心而谨慎地看待其正反两方面后果。他不赞同把"商业"等同于"文明"的流行做法。他对共和走向帝制成因的分析，堪称独到。他关于古代罗马与现代英国和欧洲大陆军事帝国的类比，也不无启发意义。他之看重理性，又使他的伦理观与亚当·斯密的情感伦理观区分开来。弗格森的重要性在于，他是苏格兰启蒙运动中最讲"政治"的一位思想家，这从他对市民力量与军事力量关系的重视，便可看出。而作为一名史学家，他的历史意识则为克服契约论的局限开辟了一条新路。

## 从斯密到米勒

约翰·米勒（John Millar，1735—1801）是亚当·斯密的学生，但其思

---

① Iain Mcdaniel, *Adam Ferguson in the Scottish Enlightenment: The Roman Past and Europe's Future*, Cambridge, Massachusetts and London: Harvard University Press, 2013, p. 211.

② Ibid., p. 212.

想终被他的老师淘汰。他写了一些书，但终未成为西方思想史上的必读经典。如若以戏剧为喻，米勒至多只能算一个小小的配角。至19世纪约翰·斯图亚特·密尔成长的时期，米勒还拥有颇多读者。密尔父亲詹姆斯·密尔即曾在密尔小时候教他读米勒的《对英国政府的历史考察》一书。[①] 詹姆斯·密尔对米勒尚有较高评价，他曾写过米勒该书的书评。[②] 但如今，若不是研究苏格兰启蒙运动的思想史家有意地翻检，他的著作早已湮没在历史的尘埃之中。这种局面，与时代知识氛围的改变有关，也与他的作品本身有关。他虽不是一位特别出色的思想家，但也不能说贡献全无。实际上，他被称为现代社会学之父，马克思的先驱，历史唯物主义的先驱，苏格兰启蒙运动时期的公民人文主义者，最后一位具有18世纪典型特征的哲学性历史（philosophy history）作家。晚近西方学者研究苏格兰启蒙运动，指出当时存在自然法理学（以正义为关键词）、公民人文主义者（以美德、腐化为关键词）以及政治经济学（以财富为关键词）三大话语体系。[③] 米勒的著作，恰好同时三者兼具。从米勒的著作中，实可见这三种话语体系之间的对立。米勒并不试图调和这三种话语。但他更为着意于反思商业社会的消极后果，足可以让我们视其为弗格森的同道。总体上，在评价商业社会方面，他比弗格森更悲观。

米勒1735年出生于苏格兰，其父为苏格兰教会总长。米勒是家中长子。家人盼望他子承父业，他却有意以法律为业。米勒就读于格拉斯哥大学，他是斯密的学生，后来成了斯密的同事。自1761年起至他去世前一年（1800年），他一直任格拉斯哥大学的民法教授。他的讲座，在当时全国闻名。格拉斯哥因为不是苏格兰政治中心，大学里学法律的学生本来很少，但米勒的精彩课程，竟致那里的法学热门起来，法学院学生大增，法学也成了格拉斯哥大学的著名专业。米勒与卡默斯法官有经常的交流，18世纪50年代，有两年时间，米勒担任了卡默斯法官儿子的家庭教师，吃住都在卡默斯法官家中。卡默斯法官是当时特别卓越的法律史研究专家。米勒成了"儿子的老师，父亲的学生"，从卡默斯法官那里所学甚多。[④] 米勒的著作主要有《等

---

[①] John Stuart Mill, *Autobiography*, edited by J. Stillinger, Boston: Houghton Milton, 1969, p. 7.
[②] Ibid., p. xix.
[③] ［匈］伊什特万·洪特、［加］米凯尔·伊格纳季耶夫编：《财富与德性：苏格兰启蒙运动中政治经济学的发展》，李大军等译，浙江大学出版社2013年版，第10页。
[④] Mark Salber Phillips, "Introduction", in John Millar, *An Historical View of the England Government*, Vol. 1, Indianapolis: Liberty Fund, 2006, p. xii.

级区分的起源》(1778)以及《对英国政府的历史考察》(1787)。①《对英国政府的历史考察》主要是针对休谟的《英国史》。在方法论上,米勒与休谟皆注重社会背景,并且都以一种"哲学"的方式撰写历史,分析事件的原因与结果,这区别于过去人文主义围绕英雄人物政治行动写历史的做法。但他与休谟对英国历史的解释,截然相反。休谟认为都铎王朝是绝对王权,大可与法国绝对王权乃至土耳其的专制统治相当。辉格派诉诸的古代英国的自由,并不存在。米勒则告诉人们,从封建贵族统治,到封建王权统治,再到商业政府统治,英国政府的历史经历了三个阶段,即使在都铎王朝鼎盛时期,国王也从来没有获得过绝对的统治权。英国司法一直不受王室的干预,议会在立法、征税方面的角色,也从来没有改变。针对斯图亚特王朝的革命,下议院要求的自由,没有任何新的内容。② 不过,他并不像流行的观点那样,认为1688年革命确立了下议院无可质疑的权威,相反,他指出,革命见证了王室及官僚机构日益上升的影响、政府的扩张、大家族对国家的依赖。他希望限制王室的影响,以"捍卫自由"。米勒所做的,是对辉格派立场的捍卫,对休谟"反动"史学的抨击。米勒关心现实政治,他是辉格派政治家的朋友。他坚决反对奴隶贸易,赞同法国革命,反对针对法国革命政权的战争。晚近的研究认为,小册子《克里同书信》(The Letters of Crito,其中米勒对法国革命表示了赞赏)与《悉德尼书信》(The Letters of Sidney)虽未标明作者是米勒,但其中观点,似可认定是米勒的观点。③

## 等级区分的起源及消亡

与其他苏格兰启蒙思想家一样,米勒也从历史去考察社会的起源以及社会的变迁,他探讨了社会从粗鲁到优雅(polished)的发展。与亚当·斯密一样,他以生产方式来划分社会阶段,认为社会分狩猎、游牧、农业、商业四种。现代社会,即为商业社会。

米勒《等级区分的起源》一书中所谓的等级(rank),不是今人所说的

---

① 《对英国政府的历史考察》前两卷于1787年出版。1801年米勒去世,人们在其手稿中发现了该书后两卷的草稿,于是汇编成四卷本的著作,于1803年出版。
② Mark Salber Phillips, "Introduction", in John Millar, *An Historical View of the England Government*, Vol. 1, Indianapolis: Liberty Fund, 2006, pp. xvi – xviii.
③ [丹]努德·哈孔森:《自然法与道德哲学:从格劳秀斯到苏格兰启蒙运动》,马庆、刘科译,浙江大学出版社2010年版,第159页。

阶级。但一种关于阶级的理论，不难从中引出。米勒著作有时也用"阶级"一词，值得注意的是，他已常常使用社会中"两大阶级"的提法。① 米勒关注"等级区分"，实质是从经济分化入手讨论权威关系何以确立。米勒认为，社会发展必然导致不平等，带来等级的区分。他认为，任何民族中，财产的分配都是让人接受文明政府统治的首要环境，是决定政治构造的首要环境。穷人自然依附于富人，从富人那里获取生计；依据个人财富占有的偶然差别，等级社会形成。低等级的人听命于高等级的人。②

米勒指出，在不同类型的社会中，权威的稳定性颇为不同。在前工业社会，社会等级的分化主要建立在功能之上。渔猎社会中，突出的个人禀赋，如勇气、力量、军事技艺，构成权威的基础，但此种权威不稳定，亦不能持久。随着农业社会的到来，由于谋生方式的改变，财产日益集中在私人手里，由此，持久的等级区分出现，权威变得稳定，并得以制度化。③

到了商业社会，情况又发生了变化。米勒指出，商业社会中，经济领域成了一个具有独立性的领域。功利原则代替了权威原则，每个人基于个人利益的计算考虑问题。工人与雇主的关系，只是基于自由契约，他们之间是一种交易关系。实际上，在商业社会中，此种交易关系已渗透到了家庭、经济、政治之中。④ 米勒的分析具有某些历史唯物主义的特点，他也因此被称为马克思的先驱。他教学生研究法律、社会与政治历史时说，务必找出一个从古至今贯穿社会历史的简单、必然性的原则，才算成功。⑤ 不过，米勒并不持经济决定论。

米勒首先肯定市场经济，肯定商业与制造业发达，视商业社会的形成为更高级社会阶段之体现。与其师亚当·斯密相类，米勒指出，封建贵族对奢侈品的追求，不经意地导致了封建秩序的解体。他尤其指出，英国自"光荣革命"以来，与手工业、制造业、技艺伴随的，是自由与独立精神的蔓延，他相信，这一趋势还将持续下去。不过，米勒更注重商业社会的消极后果。

---

① John Millar, *An Historical View of the England Government*, Vol. 4, Indianapolis: Liberty Fund, 2006, p. 758, p. 756, p. 737.
② Alan Swingewood, *A Short History of Sociological Thought*, New York: St. Martin's Press, 1991, p. 23.
③ Ibid..
④ [匈] 伊什特万·洪特、[加] 米凯尔·伊格纳季耶夫编：《财富与德性：苏格兰启蒙运动中政治经济学的发展》，李大军等译，浙江大学出版社2013年版，第363页。
⑤ Mark Salber Phillips, "Introduction", in John Millar, *An Historical View of the England Government*, Vol. 1, Indianapolis: Liberty Fund, 2006, p. x.

## 商业社会对人知识状况的影响

论证商业社会利于知识传播发展，并不缺乏理由。一种观点认为，上层阶级中科学与文艺的进步，将对普通民众有启蒙的作用，从而利于整个共同体知识的提升，因为社会中人人都有效仿名流的意愿。由此，上层人士之时尚、意见及思维方式，将很快被下层人民采用。再者，市场上的竞争，亦使得文教产品价格下降，从而使穷人有机会接受教育。商业社会中，读、写、算等技能将被每个人掌握。书籍之出版，对知识的增长也起到了同样的作用。在商业社会中，阅读成为上层阶级的一种休闲，这为下层阶级树立了好的榜样。当下层阶级爱上读书时，他们的想象力也可望获得拓展。

针对此种观点，米勒提出了他的质疑。他问道：上述好处，确能平衡商业社会中下层人民在知识与文化方面的劣势吗？他认为答案是否定的。

米勒说，艺术与科学中的分工，促进了它们自身的发展。如同体育运动员只专一项，分工使个人只是在某一方面的技能得以提升。这固然使人们在技能方面更专业，然其代价，则是总体知识（general knowledge）之摧毁。米勒写道，商业社会中的工人如同机械一样，在极狭窄的范围内活动，无从获得新的信息与观念，与从前的手艺人相比，他们也更少有机会或闲暇去观察、去思考。

> 由于他们的工作要求对同一个目标的持续关注，那个目标对他们的心灵提供不了多样的刺激，他们便极易进入一种习惯性的思想真空状态，不为任何前景所动，除了他们未来的劳动工资或身体上的休息与睡眠带来的令人感激的回报。像机器一样，他们变得由规则的力量推动，以无与伦比的精确性作确定的运动，局面限于极小的范围，无任何其他用途。在他们工作的间隔中，他们几乎不能从同伴社会中获得提升，因为他们的工作状态彼此相似，如果他们有很多交往，他们大多数时候也倾向于在豪饮与狂欢中寻求放松。[1]

米勒说，工人对职业对象的持续关注，与这些对象的狭隘性一道，有一

---

[1] John Millar, *An Historical View of the English Government*, Vol. 4, Indianapolis: Liberty Fund, p. 732.

种让他们变得无知与愚蠢的趋势。

米勒比较了粗鲁民族（rude nation）与商业社会中工人的状况。他指出，在粗鲁、简朴的时代，劳动分工不发达。一个工匠并不固定做某一营生，他自备多种工具，不断从事着多种毫不相干的职业，拥有多种技艺，制衣、建房、种地，像商人一样出售自己的劳动产品，讨价还价，皆其所能。作为公民，他还要习武打仗以卫国。此等工匠，与更高级社会中的工人十分不同，他们关注的对象十分丰富，其知识自然也成比例地得到扩充。在粗鲁民族中，没有人依赖他的邻居而生活，他的各方面禀赋皆得以开发。凭经验，他拥有原始的力量，能在不同的情况下应付自如，能处理各种风险。商业民族中的工人则不然。他们的禀赋在一个特定的方向上发展，余者皆毫无用处。他们"像机器的齿轮"一样，被一个复杂的运转系统联结起来。[①]

米勒指出，在不同的商业国家中，也可以看到，商业与制造业发展程度越高，其工人越显得愚蠢。就此点而论，苏格兰反较英格兰为优。他说，苏格兰商业制造业不发达，那里的人还没有完全被剥夺思考力，沦为"纯粹的劳动工具"。苏格兰底层人民中，来自教育的限制更少，他们也相应地更聪明、更敏捷，他们更精于辨别自己的私利，并以更为狡猾的方法去追求它们。

米勒进一步表明，在同一国家的不同职业中，同样可见工人知识状况与其工作之间的类似关系。他将农民与工厂里的工人相比，认为农民技多，工人则不然。不过他也指出，工人生活在城镇，衣着时尚，与农民相比，更受女性青睐。

米勒总结说，人类社会中一个不那么令人愉快的事情是，人们原以为财富与知识携手并进，前者的获得将导致后者的拥有。对于一国整体来说确实如此，但对于个人而言，则是另一种状况。米勒再次基于上层人士与底层人士的区分来讨论问题。他说，处于底层的工人与劳动阶级，将笼罩在"更加浓厚的无知与偏见的乌云中。普通人民享受了国家繁荣的好处，却陷入了丧失其重要性的危险之中，他们将变成优胜者欺骗的对象，他们在社会的等级中将一步步滑落"[②]。

米勒以我们并不陌生的句子写道，在中世纪"黑暗时代"，社会分裂为

---

① John Millar, *An Historical View of the English Government*, Vol. 4, Indianapolis: Liberty Fund, p. 734.
② Ibid., p. 737.

两大阶级：有知识的阶级与迷信、无知的阶级，前者为教士，由此教会的暴政得以确立。米勒担心，商业与制造业发达的社会中，同样会出现有知阶级与无知阶级的分化。不过，米勒并不认为有知阶级将有意压迫、欺骗无知阶级，相反，他指出，商业社会的有知阶级，较从前大不一样，他们不会用其知识上的优势去压迫无知阶级。但他也指出，劳工的无知状况并不利于一国的长治久安。米勒特别批评了那种认为愚民政策利于统治的谬论，他指出，劳工的无知对社会没有好处，它带来的稳定只是暂时的，极易被打破。[1]

米勒说，教育的发展或可平衡商业社会对底层劳工智力状况的破坏。不过欧洲的教育只惠及上层，即使如此，其师生多半也是不学无术之徒。他建议推行教育改革，发展"面向底层穷人的博雅教育"。[2] 米勒此论，是稍晚功利主义者重视平民教育之先声，颇具进步意义。米勒未曾虑及的是，西方企业后来亦可承担起培训工人的职责，米勒担心的劳工阶级的普遍弱智化现象并未出现。

## 商业社会对道德的影响

米勒认为，人的行为模式、道德状况，深受环境影响。在人类社会的不同阶段，其道德状况，十分不同。他不像卢梭那样认为野蛮人充满勇气，质朴纯真，相反，他认为，野蛮民族不仅懦弱，而且奸诈。他说，野蛮人不敢直接与敌人搏斗，他们素来惯于曲中求而非直中取。他们的战斗，不是出于对荣誉的热爱，而是出于对战利品的获得，或者是为了满足一种复仇心理。他们在友谊的面具下隐藏起仇恨，直到准备进攻才露出其真面目。

米勒认为，在农牧社会等较大规模的社会中，人们反而更有勇气，尚武之德亦得以发展。因为人们希望获得他人的称道。至商业社会时期，随着法治政府的建立，人与人避免相互的敌意，人们在平静状态中轻松地生活，致力于平和的生产与职业，他们不再暴露在危险中，不再承受种种痛苦与艰难。生活越是安全舒适，他们就越不想改变。人们言行之方式（manner）也变得温柔。米勒敏锐地发现，与粗鲁民族相比，优雅民族对痛苦特别敏感，不再如以前那样逆来顺受，不再如从前那样能够忍受持久的痛苦。[3] 他们对

---

[1] John Millar, *An Historical View of the English Government*, Vol. 4, Indianapolis: Liberty Fund, p. 738.
[2] Ibid..
[3] Ibid., p. 751.

社会地位的意识也已觉醒（马克思所说的"阶级觉悟"与此极为相似），并且，他们的行为也越来越向同一个标准看齐，人们可望更加关心同胞。

然而，商业社会中，英雄气概是没有用武之地了，相对于其他禀赋，军事才能不再受重视，军人的地位下降，勇气随着商业的发展而衰落，军事精神亦然。米勒担心，富国失去了武德，将面临被穷国打败的危险。

商业对家庭关系的影响，米勒亦有论述。米勒指出，在商业社会中，家庭关系也发生了不良的变化。父子为遗产条件讨价还价，女儿以甜言蜜语骗取嫁妆。米勒说，在上层社会，婚姻已退化为一场交易。在现代社会公共场合的"礼貌"与"文明"背后，米勒看到的是私人领域的纵欲与淫荡。

米勒写道：

> 在一个没有懒人、人人都渴望增加财富或改善自己境遇的国家，发生着数不胜数的竞争和对抗，使得人心狭窄，龃龉纷争，相应地，正如每个人都关心自己的进步，他在通往功成名就的道路上也会为每一处障碍所烦扰和折磨，并有动机怀着嫉妒、怨恨和其他恶毒的情感来看待他的竞争对手。
>
> 对财富的追求变成一种争夺；在这个过程中，每个人都竞争着。①

## 商业与财富对法律与政府的影响

米勒不从法律与政府出发讨论它们对经济增长的作用，相反，他从经济与社会出发，讨论它们作为环境、条件对法律与政府的影响。米勒的学说不能算作经济决定论，但他将社会经济因素放在极基础、极突出的地位，甚为鲜明。他关于商业对知识状况、对道德状况的影响的讨论，亦可见这一特点。

米勒认为，商业与文明的进步，将促进正义，由此促进法律科学的进步。关于政府，米勒的论述尤其值得关注。事实上，米勒相信商业时代将产生一门关于政府的科学。这门政府科学的成立，得益于政府权力上笼罩的神秘外衣之褪去，政府科学不是脱离社会环境而做的对理想政府的设想，而是

---

① ［英］米勒：《商业的影响》，转引自［匈］伊什特万·洪特、［加］米凯尔·伊格纳季耶夫编《财富与德性：苏格兰启蒙运动中政治经济学的发展》，李大军等译，浙江大学出版社2013年版，第381页。

着眼于社会所处阶段对政府性质、政府职能等问题的思考。

米勒写道，一切政府，都源于两个原则：一是权威原则，它的任务，是确立起一部分人对另一部分人的统治，建立秩序。此为英国托利党历来坚持的原则。另一原则，则是功利（utility）原则。它考虑的是政治制度带来的好处。① 此为英国辉格党的原则。权威原则旨在防止无序，它是一种绝对的、必然的原则，舍此，激情不同乃至相反的人便无从生活在一起。拜上帝所赐，人类惯于服从声望卓著者，从而社会秩序之形成，并不特别困难。功利原则，则一方面保护人的权利，另一方面要持续地提升社会总体的快乐（general happiness）。

在米勒关于功利原则的阐述中，人们熟悉的边沁式功利主义的主要概念，皆已出现。米勒这里的功利原则之特点在于它自身即已包含了权利原则。米勒反问：难道人的权利不是政府予以保障的东西吗？米勒提供了一种权利与功利毫无冲突的理论。他说，存在先于市民社会（文明社会）的天然权利，进入社会后，这些权利也未曾消失。我们对立法的服从，须以它们带来的好处做补偿。因此，法律对人的约束，必须恰到好处，它只能到总体繁荣与幸福必需的程度。米勒说，遗憾的是，此一标准，大多数政府皆不能满足，世界上大多数民族，皆处于受奴役的状态中。专制主义，从来不乏其诱惑力。滥用权威原则，号召忠诚、服从，实则超过了必需的程度，从而滋生出对人的奴役。

不过，米勒认为，商业时代，政府出现的趋势是，权威原则的重要性下降，功利原则的重要性上升。米勒说，并不是说商业时代权威原则不复存在，但十分明显的是，功利原则越来越成为政府的准则。他指出如今即使是托利党，为论证秩序与服从之必要，也会从社会幸福的角度去展开，而不再讲权威之神圣性。"当我们历史地观察托利与辉格原则的范围时，似乎明显的是，由于技艺与商业的进步，前者已持续收缩，而后者则以相同的比例在赢得其地盘。"②

米勒写道，依据辉格派功利原则，政府权力的每一次运用，皆要考虑到人权的保护以及人类社会幸福的增进，如与此目的不合，即为非法与犯罪。正是"社会的善"，构成了人们服从政府的基础。而人民"同意"（consent）

---

① John Millar, *An Historical View of the English Government*, Vol. 4, Indianapolis: Liberty Fund, p. 796.
② Ibid., p. 804.

原则，亦从功利原则派生而来，可以说是功利原则的附属条款。同意原则意味着特定的政府形式由一国居民决定，政府源于一个或多个明确或隐含的契约。好的政府，要能防止抢劫、谋杀与压迫。如若政府出现了相反的趋势，那么公民即有责任打破这一非法的契约，改革不正义的宪法。[1] 米勒指出，政府形式各民族自定，他国不得干预，这一原则预设了"多数的声音"之效力，不过它要求该民族有能力做出最好的判断，从而能从制定的宪法中获益，好的宪法排除了明显的暴政，也要求保证允许存在不同意见。

## 自由比财富更有价值

斯密认为正义是社会的首要价值，并不认为公民参与有助于人们幸福的提升。斯密的学说中从未表现出对政治参与的兴趣。米勒则不同。他认为正义对于一个社会而言固然重要，但仅有正义显然不够。他说："商业民族的正义不需要道德勇气。它仅仅是一种有用但却粗俗的德性，是契约和承诺的守护者；其向导是矩和规，其守卫者是绞刑架。"[2] 而美德，是比正义更重要的东西。米勒所说的美德，是共和主义的美德，它与政治参与联系在一起，与公民自由联系在一起。他主张扩大公民参与，认为公民参与要高于对财产的拥有。他对其学生说："自由比财富更有价值。"[3] 这样，斯密那里欠缺的"政治维度"，在米勒这里占有十分重要的位置。米勒推进了斯密关于民众解放的思想，并赋予民众一定的公民责任。[4] 政治被斯密从人类社会的前门清出去，其学生米勒又悄悄从后门迎回。不过，这种对政治维度的重视，并不损害米勒作为一个自由主义者的基本立场。

米勒的思想一方面来自其师斯密。他的《等级区分的起源》依赖于斯密的法理学，他的《对英国政府的历史考察》依赖的是斯密的《国富论》。另一方面，米勒又吸收了哈林顿的共和思想，此点尤其见于《悉德尼书信》。

作为斯密的学生，米勒属于苏格兰启蒙运动的又一代学者。他的著作，

---

[1] John Millar, *An Historical View of the English Government*, Vol. 4, Indianapolis: Liberty Fund, p. 803.
[2] [英] 米勒：《商业的影响》，转引自 [匈] 伊什特万·洪特、[加] 米凯尔·伊格纳季耶夫编《财富与德性：苏格兰启蒙运动中政治经济学的发展》，李大军等译，浙江大学出版社 2013 年版，第 371 页。
[3] 同上。
[4] [日] 佐佐木毅、[韩] 金泰昌主编：《欧美的公与私》，林美茂、徐滔译，人民出版社 2009 年版，第 22 页。

明显可见对上一代启蒙思想家理论成就的消化吸收、整理总结。然其自身特点，亦不难发现。米勒著作中包含大量功利主义与马克思主义的因素。特别是米勒强化了某种准社会经济环境决定论，从而对个体的选择基本不予考虑。在米勒那里，"形势逼人"，社会而非个体，成为他解析英国政府史的中心概念，尽管他也提到人的"自由"与"独立"。米勒比其师更重视商业社会之消极面，但他并未像弗格森那样依托古代共和经验展开其反思。他的思想与公民人文主义相去甚远。他重视"美德""勇气""政治参与"，但我们并不能因此将之归为公民人文主义传统。因为他重视的不是共和国理想，而是一个致力于保障人权而又能提升社会幸福的政府。他对底层人民疾苦的关心，亦是一大特色。基于大分化而成的阶级展开对商业社会的检讨，并且特别关注如何防止人沦为机器，沦为纯粹劳动之工具，米勒堪称第一人。米勒是西方政治思想史上阶级话语最早一批的提倡者之一。与后来的马克思主义之不同在于，米勒寄希望于中等阶级的壮大，并为中等阶级参与政治辩护。他对自由的捍卫，从未动摇。他曾言"自由比财富更有价值"。米勒未曾认识到，在阶级话语之下，声张个人权利必将显得苍白无力。方法论的个人主义之放弃，常会产生出可怕的后果。

## 英式保守主义

在近代政治思想的发展中，有一种思潮被人们称作"保守主义"，这一思潮强调传统、权威、秩序，反对抽象理性，批评大众民主，批评进步主义的历史观。激进的保守派可以被称为"反动派"，因为他们有逆潮流而动的倾向，想开历史的倒车。显然，"保守"是这种思潮的中心特征。在日常生活中，人们常常用"保守"一词来描述一个人的守旧、顽固与不开放。保守主义的气质多少与此接近，但作为一种政治思想的保守主义，还有其独特的内涵。

严格说来，保守主义体现的是一种立场、一种心态、一种气质。如果说激进主义主张激烈的社会变革，自由主义主张点滴改良，那么，保守主义主张的则是维持现状。保守主义者并不认为人类的努力一定能确保明天比今天更好。在他们看来，维持现状、防止变坏就已经十分不错了。不过，当现状混乱不堪时，保守主义者就会倾向于怀念从前。至于他们保守的内容是什么，要视具体情况而定，有时维护的是压迫性的旧制度，有时维护的却是自由传统。保守主义者较多地强调秩序、权威、宗教,但他们并不像自由主义那样,有一套较为完备的社会政治理想。

英国政治思想家爱德蒙·柏克是西方现代保守主义的先驱,常被称为"保守主义之父"。不过,柏克保守的是立宪君主制与英国的自由传统。在彼时欧洲大陆的人眼里,柏克是一个地道的"自由主义者"。柏克的保守主义,实具鲜明的英国性格。

## 资深议员柏克

爱德蒙·柏克(1729—1797)出生于爱尔兰首府都柏林市,父亲是一位信奉新教的律师,母亲则是天主教徒。柏克自小信奉英国国教,曾就读于都柏林的三一学院,后去伦敦学习法律。1756年,他开始发表作品。1765年,他成了"老辉格党人"罗金汉法官(Lord Rockingham)的私人秘书。1766年,他当选为下议院议员,自此做下议院议员近30年。柏克思想敏锐,且有演说才能。同时代的巴纳德博士在诗篇《献给乔舒亚·雷诺兹爵士和他的朋友们》中曾如此写道:

> 假如我有思想而不能表达,
> 吉本将教我字斟句酌、文笔简练,
> 琼斯教我朴实和希腊语,
> 斯密教我怎样思考,
> 柏克教我怎样讲演,
> 博克莱教我怎么样谈话。[①]

柏克从未刻意写过一篇政治哲学论文,但他的政治哲学本身有充分的理由表明他不需要这样做。事实上,柏克对哲学渗入政治向来反感。柏克最著名的著作就是他于1790年发表的《法国革命论》(*Reflections on the Revolution in France*)。这原是他写给一位法国年轻朋友查尔斯·德庞特(Charles Depont)的书信。法国革命爆发后,英国的舆论多表示同情。"雅各宾"价值被时人认为理所当然地正确。他们视法国革命是自然与理性对谬误的胜利。

---

[①] 转引自[英]加文·肯尼迪《亚当·斯密》,苏军译,华夏出版社2009年版,第60页。

## 第七章 苏格兰启蒙运动时期的经济与政治

柏克独树一帜，表达了他对法国革命的激烈批评。《法国革命论》让他名声大振，英王乔治三世也对柏克大加赞扬。① 此外，柏克的《美洲三书》② 也颇值得一读。在北美殖民地争取独立时，柏克支持北美殖民地。然而其见解，并不能影响国王及其宠臣。柏克的美学著作《论崇高与美丽概念起源的哲学探究》（A Philosophical Enquiry into the Origin of our Ideas of the Sublime and Beautiful），则使他可归入浪漫主义思想家行列。德国浪漫主义思想家亚当·缪勒，十分推崇柏克。③

柏克一生从政，与政治紧密联系。但他从未上升到权力的顶端。他的最高官职是财政部主计长。他在辉格党内最能干，又有杰出辩才，在实际事务中有极大的影响力，却时常为当时的政治家所不容，据说是由于他自命不凡的性格。

柏克政治生涯中做的一件重要的事情，是在下议院发起对瓦伦·黑斯廷斯（Warren Hastings）的控诉，此事历时7年。黑斯廷斯自小受过良好古典教育，还是一位语言学家。他原来是东印度公司的员工，十几岁即到印度，凭借其卓越才干，步步高升，在1773年担任了首任印度大总督。黑斯廷斯习惯以自己的权力独断地处理各种复杂问题，他有国王做靠山，置国会于不顾。这虽然有功于大英帝国，在其政敌看来，却也有各种"污点"，例如谋取巨额私利，中饱私囊，僭越权力，胡作非为，等等。诉黑斯廷斯，也是当时柏克卷入的党派斗争的一部分。柏克说黑斯廷斯是"印度的天灾……一个可怕的巨头"，东印度公司犯下的罪恶必须由他来承担责任。在柏克的积极推进下，1787年，黑斯廷斯最终被拘捕审判。④

柏克同时代的文人哥尔斯密（Oliver Goldsmith）曾为他的朋友们戏拟墓志铭。他如此对柏克的一生做了总结：

---

① Basil Willey, The Eighteenth Century Background, Studies on the Idea of Nature in the Thought of the Period, Boston: Beacon Press, 1961, p. 242.

② 该书是中国学者缪哲编选翻译的柏克文集，包括了柏克论美洲问题的三个作品：《论课税于美洲的演讲》《论与美洲和解的演讲》《致布里斯托城行政司法长官书》，并附有柏克的《论当前之不满情绪的根源》一文。参见 [英] 爱德蒙·柏克《美洲三书》，缪哲译，商务印书馆2003年版。

③ 把柏克看作德国浪漫主义的先驱，是一个较为常见的做法。但是，施米特区分了柏克与德国浪漫派的不同，认为柏克在政治上立场鲜明，不是浪漫派，而德国浪漫派则缺乏政治立场，回避政治决断。参见 [德] 卡尔·施米特《政治的浪漫派》，冯克利、刘锋译，上海人民出版社2004年版，第121页。卡尔·波普尔同样提到柏克思想的浪漫主义特征，参见 [英] 卡尔·波普尔《开放社会及其敌人》第二卷，郑一明、李惠斌等译，中国社会科学出版社1999年版，第110页。

④ 参见 [英] 杰西·诺曼《埃德蒙·柏克：现代保守政治教父》，田飞龙译，北京大学出版社2015年版，第140—143页。

这地里埋的，是我们善良的爱德蒙，他的才分，仰之而弥高，俯之则弥小；他生来是为天地立心，却自戕其心灵，本当给予人类的，反糟蹋给了政党。虽有满肚子学问，却非从嗓子里挤，以劝说汤米·汤申借他一票。对听众而言，他太高深，但他意犹嫌浅，他想劝服人家，人家想的，却是酒肉膏粱。他事事能来，事事做不好，做政客太高尚，做文人太骄傲，做爱国者，他太冷静，做胥吏，又太桀骜，他爱权力，容不得权宜。总之，他命不好，一辈子用非其所，剃刀锯木头，杀鸡用牛刀。①

## 抽象原则能指导政治实践吗？

理论能否指导政治实践，理性在多大程度上可以引导人们的政治行动，这是柏克政治思想直接面对的一个核心问题。在柏克那里，显然，理论不仅不能指导政治实践，反有害于政治实践。这种反对形而上学侵入政治实践的立场贯穿于他的许多作品中。他曾直接批评"我们这个思辨时代的思辨家"，批评只顾从抽象的教条去制定政策而不顾实际情况者。法国大革命，对柏克来说不是自由民主的胜利，而是理性主义罪恶的大曝光。

为什么不能从抽象的原则、理性的教条出发去进行政治活动呢？柏克的回答可以做如下概括：其一，按绝对的、普遍性的原则指导实践，往往好走极端，为了实现理想而变得铁石心肠，把人当作实验品，不惜破坏一切。其二，理论家错误地认为政治可以被理性地预期，而事实上恰恰相反。其三，理论往往以简单化的陈述掩盖了实际政治事务的复杂性、多样性、特殊性，排除了妥协、商谈、执中的可能，没有将他人的情绪和想法予以充分考虑。思辨哲学家本质上渴望一切事务按他们所宣称的"理性"原则去做，他们不承认自己的偏见，也不承认他人的偏见。其四，理论不受时间限制，可以随时被推翻重来，而政治实践则要考虑时机问题，危机时刻需要的是迅速决断而不是连篇累牍的推理。一旦做出，其后果则是覆水难收。其五，思辨活动基本上是私人性的事情，而政治活动则需要考虑舆论，考虑他人的意见。

柏克的思想一方面体现了他对政治实践复杂性之理解，另一方面也体现

---

① ［英］哥尔斯密：《哥尔斯密诗歌戏剧集》，转引自［英］爱德蒙·柏克《美洲三书》，缪哲译，商务印书馆 2003 年版，第 313 页。

了他对哲学侵入政治领域、理性主导政治实践的深深忧虑。他的立场可以从下列陈述中看出："政治学在性质上具有如此的实践性，其所谋求的目标具有如此的现实性，因而它是一门要求有丰富经验的学问。它所要求的经验甚至超出了个人终其一生可能获取的全部经验，再精明强干的人也难以在这方面达到圆满。"①

柏克说："政治应当与人性相适应，而非与人的理性（reasoning）相适应；理性只是人性的一部分，而且不是人性最大的一部分。"②

## 只存在"英国人的权利"

法国大革命激动人心的口号是天赋人权。《人权与公民权宣言》宣称，人有不可剥夺的自然权利。柏克说："对于真正的人权我在理论上决不会反对，在实际上也同样绝对不会不赞同。政府不是依靠自然权利而建立的。自然权利可能而且的确是独立于政府之外而存在的。而且这样存在得更清晰，从抽象的意义上讲来也更完整。但自然权利在抽象上的完整却正是实际上的缺陷。"③ 柏克指出，在实际上，只有英国人的权利、法国人的权利，没有抽象的普遍的人权。人就其自然存在而言，不过和其他动物一般，人权实际上就是动物权。柏克强调，人的权利离不开国家，离不开传统，它是进入文明社会之后才有的事物。抽象、空洞、极端的人权观，只会为暴力、野蛮提供依据。基于抽象人权的原则，也不能建立起任何国家。他宣称："那些所谓的人权成就了一场劫难！"柏克写道："高谈人的抽象的饮食权利或用药权利，这又有什么用呢？问题的关键是获取、创制他们的方法。在考虑这类问题时，我总建议人们去寻求农夫和医生的帮助而不是形而上学教授的帮助。"④ 柏克关于"英国人的权利"的见解，在西方政治思想史上具有十分重要的地位。

---

① ［英］爱德蒙·柏克：《自由与传统：柏克政治论文选》，蒋庆、王瑞昌、王天成译，商务印书馆2001年版，第71页。
② A. Cobban, "Edmund Burke and the Revolt Against the Eighteenth Century", 转引自 Basil Willey, *The Eighteenth Century Background, Studies on the Idea of Nature in the Thought of the Period*, Boston: Beacon Press, 1961, p. 243.
③ ［英］汉默顿编：《西方名著提要》，何宁译，中国青年出版社1957年版，第263页。
④ ［英］爱德蒙·柏克：《自由与传统：柏克政治论文选》，蒋庆、王瑞昌、王天成译，商务印书馆2001年版，第70页。

## 柏克的代际思维

柏克告诉我们，传统应当珍视，祖产不可破坏，能够流传至今的，一定包含着相当的合理性。在论传统这一问题上，柏克思想的保守主义特征体现得淋漓尽致。

柏克公开宣称，传统不是过时的东西，成见依然包含智慧。因为传统凝聚着数代人的智慧，是祖先智慧的结晶，远比个人理性更丰富更高明，人们应当很好地利用各个民族、各个时代的"公共银行和资本"。传统提供了一些方便的解决问题的途径，只有依据传统，人类才能集中精力解决新的问题。

他对传统的态度体现在政治上，表现为对国家权威的维护，他说，国家不是一个普通的契约，而是一个特殊的契约，我们应该以崇敬的态度看待它。它"不仅是我们活人的契约，还是活人、死人和即将出生之人的契约"[①]。由此，每一代人均不可妄言摧毁国家，因为它并非活着的一代人单独拥有。保守主义通常持有机体论的国家观或社会观，但柏克在这一点上，是有自己独特看法的。柏克认为，把国家比喻为有生命的机体，并不恰当，他视国家为一种道德的存在，是"人为的组合，它们产生的直接而充分的原因乃是人类心灵的决断"[②]。

对传统的无比重视，自然也使柏克反对激进的革命。柏克并不是主张一成不变，他赞同温和的、渐进的改良。关于革命，柏克也不是一概反对。他赞同旨在回复自由与传统的"革命"，例如英国的1688年革命，美国的1776年革命，他都表示赞同。显然，柏克主张的是英国式革命，而非法国式革命。他认为，法国革命的狂风暴雨难免导致玉石俱焚，传统必然遭到严重破坏。几分钟之内，百年巨树就可能被疯狂的人们砍掉，激进革命造成的毁灭性后果，无法弥补。柏克此论，正合中国古谚："百年成之不足，一旦坏之有余。"

## 议员不是"代表"

柏克反对大众民主，支持代议制政府。大众民主是指那种普遍参与、人

---

[①] [英]爱德蒙·柏克：《柏克文集》，廖红译，北京理工大学出版社2014年版，第190页。
[②] [英]爱德蒙·柏克：《自由与传统：柏克政治论文选》，蒋庆、王瑞昌、王天成译，商务印书馆2001年版，第74页。

人平等、事无巨细悉由大众决定的民主，代议制则是指选民选举议员，由议员进行统治，这种代议制，本质上是一种"自然贵族制"（natural aristocracy）。在柏克那里，代议制政府是因为它具有贵族统治的特点而受到支持的，而非如麦迪逊、密尔那样视之为民主在现代大国中实现的方式。他们支持的是同一种政府形式，但论证的理路，并不相同。何为"自然贵族制"？柏克有详细的描述，他写道：

> 真正的自然的贵族并不是国家中某一特别的利益群体，也不是与国家分离的利益阶层，这个阶层是任何公正建立起来的社会大团体中的基本组成部分。真正的自然的贵族由一个具有一些合理预设的品质的阶层构成。就一般情形而言，这些预设的品质必须被认为是真实的。真正的自然的贵族是这样的阶层：在一个值得尊崇的环境中长大，从胎儿起就不曾耳濡目染任何下流、肮脏的东西，受到过如何自我尊重的教导，惯于接受公众的批评和监督；很早就知道关注公众的舆论；站得高，看得远，对在广大的社会场景中涌现出来的、比比皆是的无限错综复杂的局面能够洞悉表里、从大处着眼；优游沉溺于读书沉思，切磋学问；由于品质不凡，不管出现在何处都能引起富有智慧的饱学之士的关爱和注意；习惯于在军队中指挥士卒和服从上级；被教导在追求道义、履行职责时要无所畏惧、不避艰险；出现任何失误时都必然遭受惩罚，对微不足道的过错就可能招致最严重的毁灭性后果这样的事态中，能够表现出最大程度的警觉、先见之明和慎重；能够意识到自己在同胞们最为关切的问题上是他们的指导者；能够意识到自己是作为神与人之间的调解人在行动，并在这样的责任感的驱动下戒慎恐惧，严于律己；能够膺任法律和正义的执行者，并因此优先纳入人类第一拯救者的行列；是高深学问，或是自由性和开放性学术的研究者；位居富裕商人之列，由其成功可以推断他们机敏而充沛的智力，并具有勤劳肯干、讲究秩序、不屈不挠、条理分明等美德，还具有关注商业正义的素养和习惯。——正是这些品质构成了我所说的自然的贵族制。没有这些人，就不会有民族和国家。①

---

① ［英］爱德蒙·柏克：《自由与传统：柏克政治论文选》，蒋庆、王瑞昌、王天成译，商务印书馆2001年版，第89—90页。

柏克认为,自由社会中天然形成的等级和分层是不应摧毁的,统治阶层必须具有高贵的特性。他们是民众的"指导者",是神、人之间的"调解人"。如此方能建立一个稳定的秩序,同时也能保证自由、美德及政府效能。当然,这并不是说基于继承、世袭特权而形成的封建等级是合理的。柏克特别著名的一段话是这么说的:"像理发师或杂货商等这样的职业,对任何人来说都不可能是一种荣誉——更别说其他一些卑屈的职业。这一类人不应该遭到国家的压迫,但是如果他们这样的人或集体被允许统治国家,那国家就要遭到压迫了。"[①] 柏克反对政治家讨好民众而不考虑普遍利益。他写道,如果政治领导人把自己视为在一场公众大拍卖中竞相出价的人,那么他们的智慧在国家建设中将毫无作用,"他们将变成阿谀奉承者而不是立法者,是人民的工具而不是向导"[②]。

柏克区分代表(ambassador/delegate)和代议员(representative)的不同,力陈代议员的独立性。他指出,代表不能有自己的意志,他必须表达他所代表的那些人的意志,代议员则是独立思考、自由判断、以公心来指导自己行动的人。代议员一旦当选,便不为选民所左右;选民如有不满,须等任期结束时将其换下。1774年,柏克当选为布里斯托议院议员。在获选后的演讲中,与他一同当选的人对选民说,他的所有行动,将按照选民的指示去做。柏克听了十分不高兴,他起而回答说,代议员不应当通过献媚来表示对选民的忠诚,而应当在公共问题上自己做出独立的、成熟的、不偏不倚的判断,甚至不惜与选民的意见相反。代议员是有美德和知识的人,不是民众的喉舌。柏克表示,议会在立法与决策方面具有独立性。议会是议员着眼于全国普遍性利益立法议事的地方,不是地方利益代表集会的地方。[③] 人们评论说:在万头攒动的选举中,公然不以选民的指示为权威,在人类的选举史上,柏克恐怕是第一人。

## 国际法与干预主义

柏克继承格劳秀斯、法特尔(Emmerich de Vattel)的自然法思想,不仅

---

① [英]爱德蒙·柏克:《柏克文集》,廖红译,北京理工大学出版社2014年版,第153页。
② 同上书,第300页。
③ [英]爱德蒙·柏克:《自由与传统:柏克政治论文选》,蒋庆、王瑞昌、王天成译,商务印书馆2001年版,第166页。

## 第七章 苏格兰启蒙运动时期的经济与政治

将自然法用于对国内实在法的检讨,反对议会按大众的要求盲目立法,也将之用于对国家间关系的理解。基于此种自然法学说,国家首要的目标在于自我保存。循此,当他国的变动威胁到本国生存时,发动战争就是合理的。具体到法国大革命问题上,柏克力辩他国干预、制裁、打击革命,与法国开战,符合国际法,符合自然法。

柏克认为,承认有条件的干预之有效,是欧洲维持均势之基础。而法国大革命发动的战争,是要打破国家间的均势,超越国界,其性质类似于宗教战争。柏克说:"目前的法国大革命看上去拥有全然不同的性格和面目;它同欧洲以往的那些仅仅关涉政治原则的革命毫无共同之处。它是一场'主义'的革命,是一场空洞教条的革命。它更类似于那些宗教性的变革,后者最根本的意图就是要改变他人的信仰。"[1] 他认为,法国人的政体,按其民族传统,只能是君主制,否则即不合法。[2] 柏克的观点,与共和主义的观点相反,后者主张民族国家自决,内政外交自主。柏克辨析出法国大革命的普世主义特征,把对法战争看作反对建立普世帝国、捍卫欧洲民族国家体系的保卫战。他得出结论:反法战争是正义的战争。显然,柏克不仅从理论上反思法国革命,亦主张从行动上以战争扑灭革命的烈火。

柏克在政治上的保守,与他的神学观相一致。柏克认为,存在的事物秩序内含着神圣的目的。无论存在的是什么,它都是正确的。现实中成形的,必定是正确的、自然的,因为上帝意志允许它如此存在。柏克肯定自然,但他这里,没有自然与人为的区分;人类社会与自然不是对立的关系,相反,人类社会与山川、森林、湖泊一样,皆是自然的一部分。自然背后,则是上帝的神秘意志。[3] 故而,柏克在本质上是一名基督教人文主义者。[4]

柏克开启了一个立场鲜明的政治传统,它警惕一切形式的雅各宾主义,抵制一切靠抽象口号煽动起的激进革命。柏克自知欧洲贵族时代的终结不可避免,新的社会力量正在崛起,平民时代的到来不可阻挡。但他属于那种敢

---

[1] [英] 爱德蒙·柏克:《法兰西时事随想录》,转引自 [美] 大卫·阿米蒂奇《埃德蒙·柏克与国家理性》,杨慧磊译,载许章润、翟志勇编《国家理性与现代国家》,清华大学出版社2012年版,第534页。

[2] [英] 爱德蒙·柏克:《自由与传统:柏克政治论文选》,蒋庆、王瑞昌、王天成译,商务印书馆2001年版,第297页。

[3] Basil Willey, *The Eighteenth Century Background*, *Studies on the Idea of Nature in the Thought of the Period*, Boston: Beacon Press, 1961, p. 244.

[4] John H. Hallowell, "Foreword", in P. Francis, S. J. Canavan, *The Political Reason of Edmund Burke*, Durham, The Duke University Press, 1960, p. vii.

于与时代新潮抗衡的人。"宁愿握剑而死，不愿跪地而生。"此为柏克式保守主义的写照。保守意味着坚持，而不是无原则的退让、妥协或得过且过、安于现状。柏克深知他得罪了激进革命派。他担心死后被从坟墓中挖出，被割下头颅挂在街头示众，所以他令人将其葬于一个秘密的墓地，至今人们仍不知其准确地点。柏克的思想对北美殖民地亦有巨大影响。美国《独立宣言》采用的是法国启蒙思想家关于自然权利的话语。1787年制宪会议背后，则是具有相当程度柏克色彩的宪政话语。从独立革命到制宪立国，美国人在政治上的中心任务发生变化，与之相匹配的政治理论，也相应发生了变化。美国学者拉塞尔·阿莫斯·柯克（Russell Amos Kirk）指出，柏克以及休谟、布莱克斯通所标示的保守主义，为1787年的制宪者们奠定了基调。[①]

---

[①] ［美］拉塞尔·阿莫斯·柯克：《保守主义传统》，载［美］肯尼思·W. 汤普森编《宪法的政治理论》，张志铭译，生活·读书·新知三联书店1997年版，第51页。

# 第八章　美国的共和之路

美国全称是美利坚合众国，它被称为西方自由民主的大本营，也被称为新罗马、新帝国。"美国梦"迄今仍激发着世界各地许多人的想象。18世纪法国经济学家罗伯特·雅克·杜尔哥（Robert Jacques Turgot）在1778年论美国时写道："这个民族是人类的希望。它将是一个典范。它用事实向世界表明：人能够是既自由而又和平的，可以把各种各样的暴君和恶棍借公共利益而擅加在他们身上的锁链解除掉。美国人应成为政治、宗教、商业和手工业等方面的自由的一个榜样。他们向每个国家的被压迫者所提供的避难所，他们所开放的逃亡之路，将迫使各国政府变得公正而开明。"① 19世纪法国政治思想家托克维尔在30年代到美国考察时，便看出了美国将称雄世界，至少主宰世界的一半。他以美国为实践自由的成功范例，因为在一个普遍追求平等的时代，有些国家走向了专制，在共同受奴役的政体中实现平等，而美国人则以其独特的一系列制度，在追求平等的过程中保存了自由。② 美国在建国时，即被认为是新世界的代表。

事实上，不少学者都以美国为一个"例外"。20世纪初，在社会主义席卷欧洲诸国时，美国这个"资本主义"世界反倒安然无恙，德国经济学家、社会学家维纳·桑巴特就曾专门讨论"美国为什么没有社会主义"。桑巴特指出，美国是资本主义的黄金国度，按马克思的理论，这里最应该有工人反抗资本家的斗争。然而，美国的社会主义运动从来没有成气候，美国工人阶级不革命，社会民主党在竞选中亦从无希望获胜。桑巴特分析了导致此种状况的诸多原因，其中颇为重要的，他以为是美国独特的宪政民主结构以及非意识形态的两党制，不仅使工人能够参与政治，其利益得到表达与满足，亦

---

① 转引自［美］塞缪尔·埃利奥特·莫里森等《美利坚共和国的成长》上卷，南开大学历史系美国史研究室译，纪琨校，天津人民出版社1980年版，第358—359页。
② ［法］托克维尔：《论美国的民主》上卷，董果良译，商务印书馆1988年版，第481页。

提供充分的社会流动性，并保证每个公民的尊严。美国工人从小接受"我们，自由的美国人民"之理念，将自己看作国王，好像他是国家的主人，他作为一个公民，受到法律的善待。桑巴特写道："一个美国工人，当他看到自己的地位时，完全有资格骄傲地拍着胸脯昂着头说：'我是美国公民。'"[①]汉娜·阿伦特在《论革命》中，也指出美国人发明了一种旧世界的欧洲人完全不理解的权力概念，[②]并在革命的过程中自始至终保持了对自由的忠诚，不让社会问题的"必然性"逻辑侵入政治领域。[③]当然，阿伦特也指出，美国存在着真正的社会问题——种族问题。当代美国学者罗伯特·卡根（Robert Kagen）则宣称，美国人来自火星，欧洲人来自金星，二者持不同的理念，身处不同的世界。欧洲人信奉康德式道德、规则与合作，美国人则依然遵循着"丛林法则"。历史在欧洲已经终结，在美国则不然，美国依然保持着与世间一切暴政做斗争的激情，武力仍是美国人解决问题时诉诸的重要手段。[④]

美国人的独特从何而来？美利坚民族何以成就了令人瞩目的不凡成就？这几百年时间，他们是如何一步步走来的？要了解美国，就要了解美国立国之原则，了解美国人的思想世界。

## 清教与美国的起源

17 世纪 20 年代以来，英格兰的清教徒屡遭迫害，于是，不少清教徒漂洋过海，去了北美。如此，加尔文教便在新大陆得到了极其广泛的传播。北美殖民地政府，实有强烈的宗教背景，特别是加尔文教，北美殖民地移民大多有加尔文教的背景。美国独立前夕，北美殖民地的人口只有三百万，其中 2/3 都相信加尔文教或清教教义。有人甚至宣称，美国之父不是华盛顿，而是加尔文。按加尔文教义建立神圣的基督教共和国，在北方新英格兰诸殖民地体现得最为典型。

清教徒漂洋过海，安全抵达北美的概率并不高。在当时的航海条件下，

---

① ［德］维纳·桑巴特：《为什么美国没有社会主义》，赖海榕译，社会科学文献出版社 2003 年版，第 104 页。
② Hannah Arendt, *On Revolution*, New York: Penguin Books, 1990, p. 166.
③ Ibid., p. 114.
④ ［美］罗伯特·卡根：《天堂与权力：世界新秩序中的美国与欧洲》，刘坤译，社会科学文献出版社 2013 年版，第 222 页。

许多人葬身鱼腹。于是，安全抵达北美大陆的人，往往发自内心地感谢上帝；而来到新大陆，面对完全陌生的环境，面对各方面的挑战，孤独无助的人们更有赖上帝为他们提供精神力量。搭乘"五月花号"来到北美的威廉·布雷德福说："现在除了上帝的精神号召外，还有什么能够支持他们呢？"他们在上帝面前立约，要建立符合其宗教教义的"山上之城"。不少学者都强调17世纪的自然法思想和18世纪的启蒙运动对美国建国的影响，但其实，美国立国之前殖民地政府有其宗教渊源。

不过，清教毕竟继承了很多中世纪遗产，清教徒的思想与实践并非全都与美国的自由传统相一致。我们在前面谈论加尔文时已经提到，加尔文主张政教合一的神权政体，对异端毫不宽容。北美的13个殖民地，在宪法中公开主张宗教宽容、信仰自由的，只有罗得岛州。但清教徒的实践仍包含了导向自由民主宪政的多种因素。这些因素很多，如契约观念、自治传统、主权在民等。清教思想十分重视契约，他们认为移民是与上帝专立之约，他们的社会组织也是契约的产物。这种契约观念与绝对王权、王权神授的观念是截然不同的。著名的"五月花号"公约即是因上帝的绝对权威而发挥效力。公约写道：

> 以上帝的名义，阿门！
> 
> 我们这些在这个文件上签名的人，威严的、无上的君主詹姆斯王的臣民，在大不列颠、法兰西和爱尔兰王这些信仰保卫者们的上帝的恩典下，为了上帝的荣耀，为了树立基督教信仰事业，为了我们的国王和国家的荣誉，进行了这项旨在前往弗吉尼亚北部地区开垦第一个殖民地的航行。为了使我们的生活井然有序，为了保持并促进我们前述的目的，在上帝和诸位的见证下，根据本文件，我们庄严地、诚恳地立约，愿将吾人联结为一个公民政治体；凭此文件，如若我们认为有助益于殖民地的公共福祉，我们将不时地草拟、制定、颁布公正平等的法律、法规、条约、宪法和公职，并承诺遵守和顺从它们。
> 
> 为了见证，我们在此签名，地点是科德角，时间是11月11日，是年正值我们无上的君主詹姆斯国王在位，他是英格兰、法兰西和爱尔兰的第十八世国王，苏格兰的第五十四世国王。耶稣纪元1620年。

"五月花号"上的41个移民，他们原是逃避本国政府的迫害而生活在荷兰，后来决定从荷兰移居到北美。他们原计划是去纽约哈得逊河畔；由于赶上了冬天，被迫在科德角普利茅斯登陆。按照当时的惯例，建立殖民地政府需要有国王颁发的特许状。但他们既然是意外到一个地方开辟新生活，也就只能靠相互之间立约，以防止上岸后处于无政府状态之中。理论家们设想的基于契约而成立政府，并非虚构，他们以行动表明了如何通过立约产生政府。"五月花号"公约所确立的，显然是一个"民主政体"。

权力产生于契约，政府基于人民的同意而存在，公职人员必须守法，这些理念在北美殖民地得到了实践，其后是英国的政体模式。实际上，殖民地诸政府，在独立战争以前的相当长的时间内，是极其忠于英王的。殖民地政府的合法性，最终也需要英王的特许状来提供。不过，特许状本身，就是确立自治的一个契约。如同近代早期意大利城市国家靠特许状获得自治一样。他们奉行的法律，也是英国的习惯法。例如，如何确定土地所有权，如何处理财产继承，如何惩罚犯罪，等等。1776年的美国革命，不过是重申早已存在的自由。美国的宪政并非像通常所说的那样，全然是人类理性设计的结果，宪政的实践远在立国之前已在各殖民地存在了百余年。

值得指出的是，北美大陆原来并不是没有人住，那里有印第安土著，他们以部落的方式过着游猎生活。英国人到来之前，也有荷兰人、法国人在那里殖民。殖民者与印第安部落，既有毛皮贸易，也有暴力冲突。印第安部落袭击新来的殖民者，殖民者反过来屠杀印第安人，都是常事。就财产权而言，殖民地时期的观念，并不认为印第安人拥有北美的土地所有权。因为"他们在上面游荡，为他们暂时的和流浪的目的而使用的土地，被认为好像仅仅是由野兽居住的"。故而他们不被看作北美的"主人"。殖民者依据的是欧洲通行的惯例，即对于无主土地，哪个国家先发现先得，而非靠武力征服就可以取得所有权。北美殖民地对英国来说，在法律上属于古老帝国新增的国土，由此，移民自身即拥有英国人的权利。[1]

## 走向共和

至1763年《巴黎和约》签订，英、法、西班牙在北美争夺殖民地的战争结束，英国不必再担心法国的威胁，其海上霸权得以确立，自称"海洋王

---

[1] ［美］约瑟夫·斯托里：《美国宪法评注》，毛国权译，上海三联书店2006年版，第66—67页。

## 第八章　美国的共和之路

子"的英国人充满了自信,全球性的帝国建立起来。然而,帝国的建立带来了内部的统治问题。具有野心的英王乔治三世以及英国托利派政治家所主导的政治,终致北美十三殖民地去意渐起。

不过,我们切不可以为美国建国是什么历史的必然或人民的一致意见所致。无论是独立,还是1787年制宪,都是在激烈的冲突、妥协中完成的,这种冲突,既体现为思想上的交锋、利益上的互动,也表现为政治中的斗争。例如独立,最终还要靠战场上的胜利来取得。这其中每一步,都充满着偶然性。

英帝国对北美殖民地的统治是通过派出的总督来完成的,北美殖民地虽然历来有自治的传统,但这种地方自治,并不与英帝国的统治相矛盾。殖民地人士以享有英国人的权利而自豪,他们对英王的效忠,直到战争爆发前,在小册子作家的宣传攻势下才出现了分化。而效忠派的群众基础,其实是十分深厚的,甚至在1776年独立之后的几十年里,仍有大量民众忠于英王,他们会在独立日纪念那天拉上窗帘,以示对独立的反感。

北美殖民地的独立战争以反对暴君、捍卫自由的名义进行。英王乔治三世被斥为暴君,而革命者则要捍卫从前的自由。事实上,殖民地原先斗争的目标,是回到过去英帝国与殖民地之间的关系。那时殖民地高度自治,在英帝国的保护下从事商业活动。然而英帝国在北美的胜利带来的新问题,要求采取新措施。这新问题,主要是西部边界的安全保卫问题以及印第安人带来的治安问题;由此引出驻军所需要的军费问题。英国议会认为,北美殖民地既享有安全,就应当分担部分防御费用,为此向殖民地征新税并无不妥。此外,西部开垦所涉及的土地政策,也是时人关心的问题。英国议会推出的缺乏远见的新政策,积聚在一起,超过了殖民地人民忍耐的限度。

英国的宪政在18世纪70年代已经蜕化。国王乔治三世,很像一个大陆上的国王,内阁需讨好国王,服从国王的意见,否则就要倒台,而国王及其亲信,已控制了下议院。下议院中反对向北美征税的老辉格党人,不能左右政策。乔治国王1760年继位,当时仅22岁。他的母亲是德意志的一个公主,母亲常对他说:"乔治,要像个国王!"他的私人生活并没什么问题,年轻而有个性,殖民地人民很喜欢他。但他确有建立强大王权的想法,他的初衷,原是让英国摆脱党派政治,由一个全心全意为人民服务的全民党来统治。几经周折,国王终于如愿,他的好友诺思勋爵领导的内阁,不再与国王唱反调。①

　　国王及诺思内阁，对殖民地均持有善意，他们都不是坏人，但是他们几乎全不称职，缺乏政治家必需的才干。如柏克那样的政治家，在乔治三世那里根本得不到重用，毕生居于低级职务。出了想专权的君主，政治家才干就不必要了，人人学会磕头就是。可是一旦遇到问题，这帮人的无知、迟钝就暴露出来了。②

　　1765年英国议会通过《印花税法案》。法案规定，殖民地的一切公文、契约、单据、广告、杂志、报纸，皆需贴上政府发行的印花税票才能生效流通。此法案实行的第一天，即引起骚乱。在纽约，暴民冲进总督府，冲进英国官员的住宅，砸烂家具、瓷器，喝光他的酒，铲平他的花园。《印花税法案》根本无法落实，弗吉尼亚的帕特里克·亨利（Patrick Henry, 1736—1799）热心于独立，他充满杀气地发表演说："恺撒有他的布鲁图斯，查理一世有他的克伦威尔。""不自由，毋宁死！"他宣称只有弗吉尼亚议会才有权通过征税法令。人们成立"自由之子"社团，号召抵制英货。英国议会并非不通情理，国王也并不一意孤行。1766年，《印花税法案》撤销。殖民地人民取得了胜利。自此，殖民地人民安居乐业，处于平静、繁荣的状态。

　　这种状态，反而令激进人士十分担忧，例如特别喜欢搞破坏的塞缪尔·亚当斯（约翰·亚当斯之兄），他看到太平无事，深感闹独立没有由头，便专门等待着英国议会那边的失策，伺机出击。东印度公司从英国政府获得了向殖民地出售茶叶的垄断权，这大大损害了殖民地独立商人的利益，各地纷纷抵制东印度公司贩来的茶叶。塞缪尔·亚当斯见民心可用，便在波士顿策划了一个事件。1773年12月16日晚，"自由之子"社团的人化装成印第安人登上三艘运茶船，将其全倒入大海，是为"波士顿倾茶"事件。塞缪尔·亚当斯的目的，不是解决矛盾，而是激化矛盾。英王的愤怒及英国议会对波士顿采取的报复措施，正中其下怀。"自由之子"又可以说他们的自由受到威胁了。英国议会的权力，变得令人憎恶。在这样的氛围中，马萨诸塞提议，殖民地需联合起来。1774年9月5日，十二个殖民地代表齐集费城开会，这被称作第一届大陆会议。集会产生权力，新的政权，正要从这里诞生。

---

　　① [美]塞缪尔·埃利奥特·莫里森等：《美利坚共和国的成长》上卷，南开大学历史系美国史研究室译，纪琨校，天津人民出版社1980年版，第179页。
　　② 同上书，第181页。

1775年,在康科德的莱克星顿村,民兵与英军在晨雾中遭遇,打响了美国独立战争的第一枪。1776年7月4日,第二届大陆会议通过了《独立宣言》,宣告美利坚合众国诞生。在法国的援助下,大陆军最终打败了英军,1783年,英军投降。

## 《独立宣言》:自由的美国

《独立宣言》是由托马斯·杰斐逊、约翰·亚当斯、本杰明·富兰克林等人组成的委员会负责起草的,杰斐逊在宣言的成文中起了最主要的作用。《独立宣言》的中心主旨,是为向英国开战、建立新国家提供理论上的依据,争取世界各国的同情。为此,他们既要列举英王的罪状,更要提出一种政府理论,以证明他们是革命者,而非破坏和平的反叛者。颇具悖论意味的是,他们的理论来自他们所反抗的宗主国英国,《独立宣言》所包含的政府理论,正是英国内战时期悉德尼、约翰·洛克等人的理论。这理论的核心概括说来,不外天赋人权与主权在民两条。宣言本来还有强烈谴责英国支持奴隶贸易的条款,因南方各殖民地及新英格兰代表的反对,这些文字在定稿前被删掉了。《独立宣言》的第二段第一节写道:

> 我们认为这些真理是不证自明的:人人生而平等,他们从造物主那里被赋予了某些不可转让的权利,其中包括生命、自由和对幸福的追求(Life, Liberty and the pursuit of Happiness)。政府的成立,是为了保障这些权利,它们的正当权力,来自于被统治者的同意。无论何时,当某一形式的政府变得有损于这些目的时,人民就有权改变或废除它,建立新的政府,把它建立在那些原则之上,以特定的形式组织其权力,以便它们看起来最有益于他们的安全和幸福。①

这段文字是《独立宣言》中最常被引用的话。宣言中没有写生命权、自由权、财产权,而是将财产权改成了追求幸福的权利。其区别在于,以杰斐逊之见,财产权一词仅指私人权利,而追求幸福的权利,则可将私人性质的幸福与公共性质的幸福皆包括在内。而公共性质的幸福,只有在公民参与政

---

① *American Historical Documents*, edited by Charles W. Eliot, 万卷出版公司2006年版,第122页。

治生活、自己处理自己的事务时才能体会。18世纪美国人所论的公共事项,法国人称为"公共自由"。这便意味着建立一个能够允许公民有广泛参政机会的共和国。对于此点,汉娜·阿伦特在《论革命》中曾有精彩的解释。阿伦特援引建国者之一约翰·亚当斯的话对幸福的概念进行了说明。亚当斯曾说:"是行动,而不是休息,构成了我们的幸福。"[1]

根据《独立宣言》,革命者是在为自由而战,而这自由,并非仅存于想象中的美好未来,而是指百余年来早已扎根于北美殖民地的自由。如此,革命实是为了维护既有的自由,防止暴政的压迫。"革命"一词,在此将其原有之意充分展示,"革命"是"回复"到曾经的自由状态。而自由,在共和主义的传统中,首先意味着政治共同体的独立。美国人通过独立战争,摆脱与宗主国的政治关系,为自由奠基,完成了革命。独立战争时期流行的一首歌《自由的亚美利加》,充分表达了革命者的豪情与抱负。它由独立战争时期大陆军陆军少将约瑟夫·华伦(1740—1775)作词,歌词如下:

> 从暴君的世界分裂出来,
> 在这西方的天空下,
> 我们建立起新的政权,
> 一个自由的国家,
> 世界将承认我们是这里的主人,
> 抓住时机莫迟延,
> 反抗,反抗,反抗!
> 为了自由的亚美利加!
> 科学的中心地——雅典,
> 世界傲慢的统治者——罗马!
> 他们的荣誉今何在?
> 你连他们的坟墓也找不见。
> 保卫你们的权利吧!亚美利加人,
> 别屈从于不法的权势,
> 反抗,反抗,反抗!
> 为了北亚美利加!

---

[1] Hannah Arendt, *On Revolution*, New York: Penguin Books, 2006, p. 24.

骄傲的英格兰曾屈服于恺撒，
以及以前无数的君主，
向皮克特人、丹麦人、诺曼人
和许许多多统治者投过降。
但我们亚美利加人可以夸口，
我们从未成为他们的战犯，
哈沙，哈沙，哈沙，
为了自由的亚美利加！
……
总有一天我们会被尊为海洋的主人，
我们的舰队将以雷鸣般的炮声，
震撼西班牙、法兰西和英格兰。
大洋彼岸的各国，
都将颤抖，惟命是从。
儿女们，儿女们，儿女们，
英勇的亚美利加的儿女们！[1]

## "常识先生"潘恩

托马斯·潘恩（Thomas Paine）1737 年生于英国诺福克的一个工匠家庭。由于家境贫寒，他的知识主要源于自学。潘恩十三岁时，就开始做工。他后来任小税吏，因被同事推为代表向议会请求加薪而于 1774 年被免职。

1774 年，他经富兰克林介绍，迁居北美。1776 年 1 月，他发表小册子《常识》，号召北美人民拿起武器反抗英国人的统治，争取独立。这个小册子短期内就行销了将近五十万份。同年 4—5 月，他以"林中居民"的笔名，先后写了四篇《林中居民的信札》，驳斥亲英分子威廉·史密斯博士（Dr. William Smith）对《常识》的攻击。在 1776—1783 年美国独立战争期间，他先后发表了以《美国危机》为总标题的十三篇文章，针对独立战争的不同阶段，鼓励北美人民克服困难，坚持斗争。这些文章落款皆为"常识"，故而他也被称作"常识先生"。华盛顿将军在部队士气低落时，曾朗读潘恩

---

[1] 钱仁康等编：《欧美革命历史歌曲选释》，文化艺术出版社 1989 年版，第 22—24 页。

的文字,以为激励。潘恩显然是美国革命当之无愧的宣传家。

1777年,潘恩任大陆会议外交委员会书记;1779年,他任宾夕法尼亚州议会书记。独立战争结束以后,纽约州将一个被没收的农场送给潘恩,以感谢"他的文字工作,特别是《常识》和《美国危机》"。

潘恩在农场一直住到1787年。同年4月,他回到欧洲。不久,法国革命爆发,他受邀前往法国,参与了《人权宣言》的起草和制宪工作。1790年,潘恩回到英国,着手撰写《人权》,驳斥柏克的"反革命"言论,支持法国革命。他称柏克爱惜鸟的羽毛,却忘记鸟儿已经奄奄一息。这个小册子遭到英国政府查禁,潘恩也被控告犯了诽谤罪。幸得友人的帮助,他于1792年逃出英国,前往法国,在法国,他受到热烈欢迎,被接收为法国公民,并被选入国民议会。不过,潘恩反对雅各宾派的激进措施,他支持的是吉伦特派。吉伦特派被清除后,潘恩于1793年12月被捕,一年后才获释。1794年,他写成《理性时代》,此书针对当时美国的浸礼会教徒而作,在书中,潘恩主张对《圣经》进行批判,把基督教说成是旧帝国的迷信。这样的思想,过于激进,潘恩因此而被美国读者抛弃。

1801年,杰斐逊任美国总统后,致函潘恩,邀请他回国。但潘恩一回到美国,教会人士和联邦党人就发起了对他的大规模攻击,人们因此鲜与其往来。这位有功于美国革命的作家,最后在贫困中度过了余生。1809年6月8日,潘恩去世。

近获诺贝尔文学奖的美国诗人、摇滚歌手鲍勃·迪伦(Bob Dylan)的代表作《答案在风中飘扬》("Blowing in the Wind"),正是为纪念托马斯·潘恩而作。[①] 其词如下:

> 一个男人要走过多少路
> 才能被称为真正的男人
> 一只白鸽要飞过多少片大海
> 才能在沙丘安眠
> 炮弹要多少次掠过天空
> 才能被永远禁止
> 答案啊 我的朋友 在风中飘扬

---

[①] [美]托马斯·潘恩:《美国危机》,柯岚编译,上海三联书店2007年版,第19页。

答案它在这风中飘扬

一座山要伫立多少年
才能被冲刷入海
一些人要存在多少年
才能获得自由
一个人要多少回转过头去
才能假装什么都没看见
答案啊 我的朋友 在风中飘扬
答案它在这风中飘扬

一个人要仰望多少次
才能望见天空
一个人有多少耳朵
才能听见身后人的哭泣
要牺牲多少条生命
才能知道太多的人已经死去
答案啊 我的朋友 在风中飘扬
答案它在这风中飘扬

## 政府的起源和目的

潘恩首先区分社会和政府。他指出，社会和政府不是一回事，二者的起源也不同。社会是由我们的欲望产生的，政府是由我们的邪恶产生的；前者使我们一体同心，从而积极地增进我们的幸福，后者制止我们的恶行，从而消极地增进我们的幸福。一个是鼓励交往，另一个是制造差别。前面一个是奖励者，后面一个是惩罚者。

潘恩说，假定有第一批移民来到一个荒岛上，他们出于应对困难，解决问题，或者克服内心的寂寞，自然地就形成了社会。如果他们一直真诚地彼此相待，原可以不要法律和政府，只是，人不是上帝，总是避免不了作恶，这样，就要求具有强制性的法律和政府，来维持秩序以保障人的自由与安全。他写道：

某一棵地点适中的大树将供给他们一座大礼堂。全体移民区的人可以在树荫下聚会，讨论公共问题。很可能，他们第一批的法律只是称之为条例，在推行的时候至多以公众的鄙视作为违反条例的惩罚。在这第一次的会议中，人人自然都有权利占据一个席位。

可是，随着移民区的发展，公众所关心的事情也增加了，同时成员间彼此可能离得很远，不便像从前那样大家每次都聚在一起，而当初他们的人数不多，住处很近，公众所关心的事情是寥寥无几的和琐碎的。这种情况表明，他们同意从全体成员中选出一些优秀的人来专门管理立法工作，是有其方便的地方的；这些人应该关心那些选派他们的人所关心的事情，一切做法同全体成员亲自出席所采取的一样。如果移民区继续发展，就有必要扩大代表的名额，使移民区的各部分的利益都可以受到照顾，同时最好是把整个区域分成若干适当的部分，每一个部分派出相应的人数，这样一来，当选人就永远不会独自关心一种与选举人毫不相关的利益，并且为了审慎起见，时常举行选举是适当的：通过这种方式，当选人有可能在几个月以后回去再同群众混杂在一起，他们就不敢自找苦吃，从而他们对于公众的忠实也就会有所保证。因为这种不时的互换会同社会的每一部分建立起共同的利害关系，各部分就会自然地相互支持，正是基于这一点（不是基于帝王的无意义的名号），才产生政府的力量和被统治者的幸福。

这便是政府的起源和兴起；也就是说，这是由于人们德行的软弱无力而有必要采用的治理世界的方式；由此也可看出政府的意图和目的，即自由和安全。①

## 共和政体优于君主政体

潘恩为共和政体辩护，反对君主政体。他认为，共和政体体现了符合人性的状态，而君主政体体现的则是不平等的权力。他的理据如下。

其一，共和政体能和平实现领导者的撤换。在共和政体之下，人民的领袖假使不称职，可以通过投票撤换，而国王只能通过武力撤换；在前一种场

---

① ［美］潘恩：《常识》（1776年1月10日），载［美］潘恩《潘恩选集》，马清槐译，商务印书馆1981年版，第5页。

合，即使投票失败，投票者的安全是不受影响的；但在后一种场合，如果尝试失败，那就是死亡。他说："说起来奇怪，在一个场合成为我们权利的东西，在另一个场合竟会是我们的毁灭。从这一点感想，我得出了以下结论：把我们的权利变成我们的毁灭的那种政体，必然不可能是一个正确的政体。即使一切人性都是败坏的，也不需要建立一系列世袭的君王来加强这份败坏性——他们无论怎样下流，人民却依然必须服从他们。因为宫廷的一举一动，永远是影响着人民的品德的。"①

其二，共和政府比君主政府有更多的真正的威严。对人民大众来说，选任他们的统治者要比接受一个天生的统治者更符合他们的自由，而在统辖者这方面说来，做一个公众选出来的统治者要比做一个偶然出生于王室的君主尊贵得多。潘恩写道，每一个忠实的人民代表，都比君王更富有尊严。

其三，君主政体本身是骚乱的根源。他说，在所有的国家里都不可避免地会发生骚乱，但是在君主政体之下，因为欠缺平衡，骚乱是最易发生的。以英国为例，自征服（即1066年诺曼底公爵威廉征服英国）以来，英国曾发生十九次叛乱、八次内战。而在共和国之中，不论发生怎样的骚乱，都不是共和精神的产品，而是由企图消灭这种精神的人们所造成的。共和国不会去制造自己的毁灭，它只能被毁灭。

其四，理性的人绝不会同意将所有的权力都托付给一个人。他写道："没有一个国家的人民，在神志清醒的时候，当他们认真地考虑上帝授予他们的地位以及他们被赋予的理解力的时候，会自愿地给予任何一个人以反对全体的权力；自从人类堕落（即《圣经》上所载的因亚当之罪而导致的人类的堕落）以来，还从未有过一个人是配受这份信任的；因此我们如果把这份权力托付给他们，就等于是失去了理性；而在这个意义上，所有曾经得到过它的人都因滥施职权而使我们清醒了过来。"②

其五，人天生是个共和主义者，这从陪审团制度备受颂扬便可看出。潘恩写道，陪审团制度是人权伟大而又几乎是唯一留存的堡垒，它是建立在一个纯粹的共和基础之上的。在这里，君王的权利是被关在门外了。任何皇室的否决绝对到不了这个法庭。在这里居于至高地位的陪审委员团就是一个共和国，一个从人民当中选举出来的法官团体。人只因习俗才会成为保王党

---

① ［美］潘恩：《林中居民的信札》（1776年4月24日），载［美］潘恩《潘恩选集》，马清槐译，商务印书馆1981年版，第86页。

② 同上。

人,他的自然本性总是共和主义的。①

潘恩与同时代的爱国者不一样,在于他未受过高等教育,这是短处,却也因此成就了他。就是他写作不顾忌很多背景理论,而只将一些利于北美自由与独立的道理,充满激情、简明扼要地表达出来。这正是《常识》畅销的原因。一方面通俗易懂,一方面又表达某个社会群体的心声。他所讲的君主制,就是指英国的制度,他所讲的共和,一定是"无君共和"。他抨击英国宪法,抨击一切传统与习俗,要求人们斩断与英国的联系。他直接斥英王乔治三世为戴着王冠的"大坏蛋",为禽兽,说他还不如一个诚实的平民。他宣称与英王和解是荒谬的梦想,一个大陆受小岛统治,违反自然法。②

## 国父华盛顿

乔治·华盛顿是第一届大陆会议来自弗吉尼亚的代表。随着战争的推进,他被大陆会议授予指挥军队的全权,担任独立战争的总司令。史学家指出,独立战争并非团结一致对外的民族战争,而是激进派与效忠派之间的内战。效忠派靠英军的支持,激进派靠法军的援助。③ 英法的宿仇积怨,自此又充分暴露出来。开战以来,双方都经历过多次失败。华盛顿的部队人员有限,装备不足,连制服都要他用自己的私财来购买。此外,各州产生的将军之间,还经常闹矛盾,华盛顿不得不做协调工作。有时他还面临失去指挥权的危险。然而,他具有足够的优秀品质,如毅力、决断力、质朴等,使他能够渡过难关,在各种不利环境中进行战斗。英国人并未认真地投入战斗,英国派来的德意志雇佣兵,打仗也不卖力,战斗的波及面与惨烈程度,皆十分有限。华盛顿的民兵在收获的季节要回乡收玉米,华盛顿本人即使在战争期间,也从未放弃对农庄经营状况的关心,虽然委托给了他人。华盛顿夫人则在军中做些必要的后勤服务,为消磨时间,她还编织长筒袜送给士兵。

华盛顿初时并无关于自由民主的美国共和国构想,但当他认识到强有力的中央政府的重要性时,便坚定地支持,推动它的建立。他写下许多书信,

---

① [美]潘恩:《林中居民的信札》(1776年4月24日),载[美]潘恩《潘恩选集》,马清槐译,商务印书馆1981年版,第87页。
② [美]潘恩:《常识》(1776年1月10日),载[美]潘恩《潘恩选集》,马清槐译,商务印书馆1981年版,第29页。
③ [美]塞缪尔·埃利奥特·莫里森等:《美利坚共和国的成长》上卷,南开大学历史系美国史研究室译,纪琨校,天津人民出版社1980年版,第231页。

与政治要人交流意见，表达他的看法。战争胜利后，他向大陆会议交出所有权力，回到他热爱的弗农山庄，从事他的农庄管理。1782年，鲁易士·尼可拉上校上书给华盛顿，请他实行兵变，建立君主制，遭华盛顿拒绝。1787年，他受邀请做代表，参与费城制宪，并且任主席。新宪法通过后，他当选为美国首任总统。华盛顿在一封私人书信中透露了他当时的感受。他称就任政府首脑，有"罪犯走向刑场之感"。他说：

> 我的一生，为公务消耗殆尽，而在此风烛残年，又须舍弃恬静生活，投身于困难的海洋。而我本人又不具备掌舵所不可或缺的政治手腕、能力和兴趣，出任此职，殊非所愿。我知道，我此次是载着人民的愿望和我自己的声誉出航的。[1]

第一任期结束后，他考虑不再参选，在友人劝说下，经他反复思考，才决定参选，凭其巨大威望，自然连任。第二任任期一结束，他即向下任当选的新总统约翰·亚当斯交出权力，净身而退。

那时欧洲大陆法国大革命正在进行，政权更替时血雨腥风，新大陆这边，美国总统更替以如此和平的方式进行，其制度之优良，足见一斑；华盛顿不贪恋权力，不为一己之私而从政，其品质之卓越，也令万人钦佩。难怪其事迹传到尚处于清朝的中国，开明大儒盛赞其为尧舜再世。到任即和平离去，让与贤者，岂非传说中的"禅让"。[2] 而西方优良的政治制度，也被具有新思想的文人，看作儒家千年来渴求的三代之治理想实现的制度工具。[3] 故而在具有新思想的儒者那里，学习西方自由民主，与儒家三代理想的乌托邦主义，甚为契合，并无中西对立。

华盛顿即使有如此功勋，他也不认为自己是天才或神祇。总统任期内，并不乏对他恶语相加者。著名的托马斯·潘恩就曾攻击华盛顿，但华盛顿并无任何报复之意。退出政坛的华盛顿，在他的弗农山庄过着质朴的生活。当

---

[1] 华盛顿：《致亨利·诺克斯的信》（1789年4月1日），见 [美] 乔治·华盛顿《华盛顿选集》，聂崇信等译，商务印书馆1983年版，第254页。
[2] 参见徐继畬《北亚墨利加米利坚合众国》，《瀛寰志略》卷九。徐继畬曾任福建省布政使、巡抚、总理衙门行走。
[3] 晚清19世纪70年代以来，国人视西方政体有三：君主之国、民主之国、君民共主之国。英国是君民共主之国。王韬即以此体制兼顾君意与民意、君权与民权，体现的正是上古"三代之治"的精神。参见王韬《纪英国政治》。

时的历史学家要为他做传,他表示待他去世后再说,否则即要背负爱慕虚荣的名声。画家前来给他画像,他就坐着半天不动。一位前来拜访的客人住在他家不幸感冒在床,华盛顿竟亲手奉汤过来,嘱其好好休息。

华盛顿任总统时,汉密尔顿任财政部部长,其施政理念与政策主张,国务卿杰斐逊十分反对,二人每每针锋相对,剑拔弩张。华盛顿竭力从中调停。他希望双方"互相忍让、克制和妥协,在探索出正确道路之前,采取折中的道路"①,以避免让内部纠纷妨碍政府前进,让敌人获胜。他并不压制别人的不同意见,鼓励开诚布公讨论问题,对别人的才干从不嫉妒,因而能将那个时代一流的政治家团结在一起。

第二任期结束他退休后不久,法、美关系恶化,战争一触即发。总统亚当斯与当时的陆军部部长即请求华盛顿出山,亚当斯问他:"在这个十分可怕而重要的危及关头,你愿意担任全军的统帅吗?"华盛顿回信给总统说:

> 我过去根本没有考虑到在我退休期间会有任何欧洲强国前来侵犯合众国,也根本没有考虑到在我在世期间有发生这种事件的可能性,因此,我也没有想到在这样短的时间内会发生这类事件,使我不能在弗农山庄一心一意隐居林下,安享天年……万一由于某种不可抗拒的力量,敌人真的入侵我国,只要祖国要求我为击退入侵而效力,我绝不会把年龄和退休当做藉口予以推辞。②

华盛顿此言,今日读来,不免令人浮想联翩。

## 联邦党人:为"大共和国"辩护

美利坚合众国最初八年实行的是松散的邦联制,在这种制度框架下,各州具有极大的独立性,中央政府形同虚设。至1787年,邦联制的弊病已经暴露无遗。人与人之间缺乏信任,公共信用体系付之阙如,契约不能得到有

---

① 华盛顿:《致国务卿托马斯·杰斐逊的私函》(1792年8月23日);《致财政部长汉密尔顿的私函》(1792年9月26日),载[美]乔治·华盛顿《华盛顿选集》,聂崇信等译,商务印书馆1983年版,第275—277页。
② [美]华盛顿·欧文:《华盛顿传》,张今、刘炳章、王季良等译,新华出版社1984年版,第749页。

效地执行，外交上软弱不堪，经济生活面临种种危机，国家有贫困化的征兆，一些州局部动乱频现。用汉密尔顿的话来说："现在几乎达到国家蒙受耻辱的最后阶段了。"在这种情况下，华盛顿主持召开了全国代表会议，准备修订《邦联条例》。会议在费城举行，经过几个月的激烈辩论，会议最终决定制定一部新宪法，以重新规定全国的政治结构。这次会议，遂成为一次制宪会议。

新宪法草案议定后，便交由十三个州的市民代表会议表决，依约定只要有九个州通过，宪法即可生效。在各州考虑批准与否的过程中，便产生了对新宪法的不同意见。新宪法的核心，是以更加紧凑的联邦制取代原有的邦联制，这也意味着构建一个强有力的中央政府，这对于维护州权的人而言，殊难接受。而制宪活动一直私密进行，突然出此方案，民众一时难明其理。宪法能否在各州得到批准，令人担忧。这时，有三位政治精英，拿起笔来，在报刊上写文章，教育"人民"，为新宪法辩护，为新体制造舆论。这三位就是亚历山大·汉密尔顿、约翰·杰伊与詹姆斯·麦迪逊。称他们为政治精英，并不为过，事实上他们享有"建国之父"的美誉，美国之独立，他们都是亲历者、见证人，他们也是新宪法的议定者；如今，他们要继续努力，为使这个新国家成为一个真正强大的共和国而立言。他们主张联邦制，自称联邦党人，三人共用笔名"普布利乌斯"发表文章。从1787年10月21日至1788年8月16日，他们共发表85篇短文，这些短文合而成集，即享有盛誉的《联邦党人文集》（或译《联邦论》）。

## 通过联邦制构建现代"国家"

《联邦党人文集》十分重要，但学界长期以来却流行着一种对它的误读。这种误读便是，《联邦党人文集》既为美国宪政做注脚，其主旨便是为自由主义宪政理念立论。他们所理解的宪政，核心是"限政"，是对政府权力的限制。于是，他们从《联邦党人文集》中，看到的便是"分权""制衡"，是对政府的悲观估计，对公共权力的不信任。这种看法，对于那些试图通过革命推翻中央集权的旧制度、建立自由民主宪政的民族来说，尤其顺理成章。但是，笔者在这里要强调的是，这种解读并不正确。阿伦特在《论革命》中对美国革命有过深刻而生动的分析，依她之见，我们当着眼于权力构建的角度去理解美国制宪。美国人在摆脱英帝国的控制后，要做的不是去限制、约束暴虐的政府权力，而是要在地方自治权力的基础上，通过进一步整合，克服涣散与分裂，构建一个强大的国家。① 确实，如果我们充分考虑到1787年制宪者亟须处理的问题，便不难理解"国家构建"同样是《联邦党人文集》的主旨。联邦制乃相对于邦联制而论，而非相对于单一制。从邦联到联邦，美国人在尽可能尊重地方自主性的前提下，有效地完成了现代国家构建中至关重要的一步。美利坚民族的政治统一体，最终获得了具体的形式，且以成文宪法确定下来。

从"限政""分权"的角度解读《联邦党人文集》，其主要依据是文集的第51篇。该篇有一段关于"人不是天使"的论述，大概是全书最为著名的段落。这段文字是这么说的：

> 防止把某些权力逐渐集中于同一部门的最可靠办法，就是给予各部门的主管人抑制其他部门侵犯的必要法定手段和个人的主动。在这方面，如同其他各方面一样，防御规定必定与攻击的危险相称。野心必须用野心来对抗。人的利益必然是与当地的法定权利相联系。用这种方法来控制政府的弊病，可能是对人性的一种耻辱。但是政府本身若不是对人性的最大耻辱，又是什么呢？如果人都是天使，就不需要任何政府了。如果是天使统治人，就不需要对政府有任何外来的或内在的控制了。在组织一个人统治人的政府时，最大困难在于必须首先使政府能控制被统治者，然后再使政府控制自身。毫无疑问，依靠人民是对政府的主要控制；但是经验教导人们，必须有辅助性的预防措施。②

的确，"联邦党人"都是熟读孟德斯鸠的人。以权力制约权力，以野心对抗野心，这一孟德斯鸠曾经阐发的道理，已被他们作为政治学的公认原理而接受。权力制衡的技术，对联邦党人来说是一种应予采用的新工具。但是，这种机制的目的，却不是人为制造对抗，促进分权，而是通过权力的相互制约来加强权力，使之不至腐化堕落。

而关于"人不是天使"的说法，固然表达了麦迪逊等人对人性悲观估计的一面，却不是用来导出"限制政府"这一片面结论的。原文的意思首先

---

① [美]汉娜·阿伦特：《论革命》，陈周旺译，译林出版社2007年版。
② [美]汉密尔顿、杰伊、麦迪逊：《联邦党人文集》，程逢如、在汉、舒逊译，商务印书馆1980年版，第264页。译文略有修正。

是，人因为不是天使，所以才需要政府，天使不需要政府。汉密尔顿写道："究竟为什么要组织政府呢？因为如果没有约束，人的情感就不会听从理智和正义的指挥。"① 这里，首先强调的是政府存在的必要性。因为被统治者的非理性激情、个人利益的欲求，会损害被治者自身的利益，所以，必须有政府来统治被统治者。在政府存在、有效运作的前提下，才有控制政府的问题，因为政府中人也不是"天使"，他们同样有腐化的可能。这一句话十分重要："在组织一个人统治人的政府时，最大困难在于必须首先使政府能管理被统治者，然后再使政府管理自身。"②

实际上，说"人不是天使"，并非只有悲观的一面，它的潜台词也包括"人不是野兽"的意思。一句话，政府是人的事务。如果人是野兽，政府亦不可能成立。人有理性，这使得人有可能规划自己的未来。《联邦党人文集》的作者对人类凭理性能力设计优良制度充满信心。看看《联邦党人文集》第一篇提出的问题，便可见他们"设计宪法"，构建万世基业的抱负。这问题是："人类社会是否真正能够通过深思熟虑和自由选择来建立一个良好的政府，还是他们永远注定要靠机遇和武力来决定他们的政治组织。"③ 显然，他们相信的是前者。这种抱负，既体现启蒙理性主义的精神，排斥政治中的武力与野蛮，不屑对人民拿着枪杆子进行统治，又体现了一种古典共和主义的精神，他们不愿听任命运的摆布。

## 大共和，新共和

"共和"是《联邦党人文集》中频频出现的词汇。联邦党人直言，他们赞同联邦制，并且要在大的范围内建立共和国。他们明确表示：古代希腊和近代早期意大利一些小共和国，长期骚乱不安，让人感到"恐怖和厌恶"，而大不列颠的体制的某些方面，则值得学习。美国独立虽然针对的是英国，但他们反对的只是英王。

汉密尔顿等人以"普布利乌斯"这一古罗马人的名字为笔名，意味深长。联邦党人并未用加图、布鲁图斯等名字，而是选择了普布利乌斯。普布

---

① ［美］汉密尔顿、杰伊、麦迪逊：《联邦党人文集》，程逢如、在汉、舒逊译，商务印书馆1980年版，第75页。
② 同上书，第264页。
③ 同上书，第3页。译文略有修正。

利乌斯历史上确有其人。他是公元前6世纪古罗马的政治家,他比加图、布鲁图斯更伟大。因为他不仅是一位推翻王政建立共和国的政治家,还是一位较多站在平民一边的伟大立法者。

普布利乌斯,全名为 Publius Valerius。因为他深得平民的支持,平民称他为"波普利柯拉"(Poplicola),波普利柯拉的意思是"爱民如子的人"。普鲁塔克在《希腊罗马名人传》中,将他与梭伦并举,归为"政治革新者"。普布利乌斯联合布鲁图斯,驱逐了暴君塔尔昆,建立了共和国。他的改革措施包括,完善元老院,制定法律以加强平民的权力,规定执政官判决的罪犯可以向平民大会提出上诉。规定未经平民同意擅自行使公权应予处死,免除贫民的捐税,等等。他的改革更有一条:任何人有野心成为僭主,可以不经审判,合法取其性命,只要就僭主的罪行提出证据,杀人者无罪赦免。① 普布利乌斯担任了执政官,并且作为军事统帅,立有战功。普鲁塔克称,与梭伦相比,普布利乌斯在德行方面,与之不相上下,但在拥有好运气与政治实干能力方面,更胜梭伦一筹,他推行的改革,其成果巩固。普鲁塔克称普布利乌斯为"罗马名声最为响亮的人物"②。

显然,联邦党人有意声称他们是古罗马共和的继承者。他们这样做,既出于对古代历史经验的思考,也充分虑及当时的语境。在他们以普布利乌斯的名字发表论文之前,曾出现过一批署名"恺撒"同样是捍卫新宪法的文章,结果遭到了冷遇,可见时人心中是不欢迎"恺撒"这位共和国终结者的角色的。须知反联邦党人讲共和讲得最多。汉密尔顿三人,以普布利乌斯为名,符合时人的心态。殖民地人民用武力推翻了英王这个"暴君"的统治,建立了人民的共和国。这与普布利乌斯的光辉事迹相符,更为重要的是,普布利乌斯还是一个伟大的立法者。他为罗马共和国奠定了基本的制度架构。

何为共和?"普布利乌斯"是通过与民主的对照来界定的。在《联邦党人文集》中,共和制与民主是相互区别的,采用共和制意味着对民主制的否定。民主制在普布利乌斯那里"指的是由多数公民亲自组织和管理政府的社会","亲自组织和管理"是民主制的关键,共和制则全然不同。"在民主政体下,人民会合在一起,亲自管理政府;在共和政府下,他们通过代表和代

---

① [古罗马]普鲁塔克:《希腊罗马名人传》卷1,席代岳译,吉林出版集团有限责任公司2011年版,第190页。
② 同上书,第201页。

## 第八章　美国的共和之路

理人组织和管理政府。"① 显然，联邦党人认为，共和制即指通常所谓的代议制。民主制要求人民直接参政议政，这便只能实行于范围狭小的地区，而实行代议制的共和制，则能行之于广阔的地区。

反联邦党人常引用孟德斯鸠，认为共和只能于狭小地域才能实行。针对这一状况，"普布利乌斯"以子之矛攻子之盾。他指出，首先，孟德斯鸠所言的小共和国，比美国各州要小得多，如要套用孟德斯鸠的说法，则各州要么只能实行君主制，要么分成许多互相嫉妒、互相冲突的小州。更何况，此种对孟德斯鸠的解读，只知其一，不知其二。恰恰正是孟德斯鸠，论证了通过联邦制建立大共和国的可能性、优越性。孟德斯鸠在《论法的精神》中说："假如人类没有创造出一种政体，它既具有共和政体的内在优点，又具有君主政体的对外力量，那么很有可能，人类早已被迫永远生活在一人统治的政体之下了。我说的政体就是联邦共和国。"② 普布利乌斯在《联邦党人文集》第 9 篇大段引用了孟德斯鸠的话，表明联邦共和国实际上结合了小共和国与大君主国的优点。③

《联邦党人文集》中普布利乌斯对"大共和国可以有效消除党争危害"的论述颇为著名。在纯粹的民主政体中，党争会导致很多负面的结果，比如多数人对少数人权利的侵害，公益得不到保障，等等。但在大共和国，情况就不同了。普布利乌斯认为，人有不同的意见、情感，形成党争不可避免，自由社会必然存在各种不同的利益团体与党派。政府不应当致力于消灭这些多样的团体，事实上政府也做不到使整个社会只有一种利益、一种想法。政府当做的，应是控制党争带来的不良后果，维护公益。普布利乌斯指出，实行代议制的大共和国，能有效地补救党争导致的弊端。这是因为，一方面，大共和国选出一定数目的代议员，他们更有可能是全国德才兼备的优秀人物。小共和国里容易出现不道德的选举，大共和国则不然。另一方面，大共和国内派系无限多，不容易产生一个占绝对优势的多数，如此，公民的利益便不致受到侵害。而小共和国中，"组成多数的人数愈少，他们所处的范围就愈小，他们就更容易结合起来，执行他们的压迫人民的计划"④。

---

① [美]汉密尔顿、杰伊、麦迪逊：《联邦党人文集》，程逢如、在汉、舒逊译，商务印书馆 1980 年版，第 66 页。
② [法]孟德斯鸠：《论法的精神》（上卷），张雁深译，商务印书馆 1961 年版，第 130 页。
③ [美]汉密尔顿、杰伊、麦迪逊：《联邦党人文集》，程逢如、在汉、舒逊译，商务印书馆 1980 年版，第 42—43 页。
④ 同上书，第 50 页。

最后值得指出的是，普布利乌斯构建的共和是一种新共和。在西方政治思想史上，《联邦党人文集》是一部新共和主义的著作。新共和主义之"新"，在于这种共和国走的是以商立国的路线，而非以"美德"立国的路线。新共和是现代商业社会背景中的政体，它承认个体追求私利的合法，承认并鼓励多样性，本身也服务于商业的繁荣。这有别于古典共和主义作家所主张的讲究利他美德的小共和国。《联邦党人文集》向世人表明了现代社会人们到底该如何讲共和。

## 邦联时期自由事业的危机

北美 13 个殖民地在赶走英国统治者的独立战争中，尚能团结一致，但在战争胜利之后，各州便日益倾向于为自己的私利着想，少有全局性考虑。第二届大陆会议通过的《邦联条款》，于 1781 年生效。它确立了一种由各州组成的松散联合体，徒有美利坚合众国之名。邦联议会由各州派 2—7 名代表组成，议员由各州支薪，开会时代表本州发言。在此种体制中，各州基本上是一个独立的邦国，只是凭盟约联结在一起，在一些需共同面对的问题上达成协议。议会开会时，一州一票，如若达不到 2/3 多数票（即 9 票），一项决议再重要，也无法通过。在决议执行方面，邦联缺乏有效的强制手段。邦联议会原本应具无上尊严，"但在向各州提出要求时，却过多使用恳求与谦逊之辞，即使如此，国会提出的要求也与废纸无异，因独立自主而且不统一的十三州，已习于随心所欲地对所提出的要求争论不休或加以拒绝。国会的要求，在全国各地无异于戏言或笑柄"[1]。邦联条例不能算宪法，它仅具友邦盟约的性质。在财政税收方面，邦联议会没有征税权。邦联政府用度靠对内对外举债、发行纸币以及向各州摊派。而各州往往拖拉延误，少交漏交。邦联政府时期要求各州上交 1600 万美元，实际收到的只有 600 万美元。邦联议会几次想通过新的征税方案，皆因达不到多数而不能通过。

几年下来，在外交、内政及经济贸易发展方面，邦联体制的无能暴露无遗。北美独立后原处于十分不利的外交环境，法国虽然与之友好，但问题出在邦联自身，因为邦联的外事代表做出的表态，十三个州是否认可，是否能执行，十分值得怀疑。约翰·亚当斯当时是美国驻英大使，在与英国的贸易

---

[1] [美]乔治·华盛顿：《华盛顿选集》，聂崇信等译，商务印书馆 1983 年版，第 230 页。

谈判中，英国人不屑地对他说：和你谈没用，要和十三个州一个一个地谈。①明智之士不难发现，美国要在国际舞台上大显身手，受人尊敬，目前的体制，绝对不行。

在国内事务中，各邦之间缺乏互信，各自为政，相互竞争，展开恶性的贸易战。1787年初，华盛顿在给约翰·杰伊的信中写道："对权势的欲望和我称之为维护州权的魔怪已紧紧缠住各州。"② 1786年秋，马萨诸塞州还发生了由前陆军上尉丹尼尔·谢斯领导的农民起义。当马萨诸塞州向邦联政府求援时，邦联却无计可施，最后不得不从东部城市调集民兵，总算平息了叛乱。谢斯起义对当时的舆论造成巨大震动，一方面，它提醒各州考虑武备之不足；另一方面，它提示人们：自由正在被滥用而走向无政府主义。此外，西部土地开发以及与印第安人的贸易与交往，也要求一个强有力的中央政府的存在。拓荒者希望政府以武力对付印第安人，确保边疆新垦土地的所有权。

而各州自身的治理，也出现了各种腐化与问题，它们特别体现为约翰·亚当斯所说的某种"民主的专制主义"（democractic despotism）。③ 具有野心的政客与腐化的选民勾结，导致了一系列不正义政策法律的出台，政府受冲动、易变、容易被利用的大多数民众挟持。此种图景，与革命时期对自由共和国的展望，落差过大。正在被证明的似乎是这样一个为暴政做辩护的惯常说法：人们不善于自己管理自己。华盛顿说，经验表明，"我们在组成邦联时对人的本性可能估计过高"④。史学家戈登·伍德（Gordon S. Wood）指出："推动强有力的全国政府的行动不仅仅是一种对明显软弱无力的《邦联条款》的反应，同时也是对州政府所存在的问题的一种回应。阻碍美利坚'成为一个国家'的战争的'腐化之源'，绝非单单是软弱无力的邦联，更有'糟糕透顶的州政府'。正是'各州立法会的腐化及变化无常'，以及'在各州兴风作浪的邪恶势力'，事实上导致了1787年联邦政府的革新。"⑤

1787年制宪会议，发端于之前因解决实际问题自发召集的州际会议。可见制宪实为形势所迫。1785年，为解决波他梅河主权问题，马里兰州与弗吉

---

① [美]塞缪尔·埃利奥特·莫里森等：《美利坚共和国的成长》，南开大学历史系美国史研究室译，天津人民出版社1980年版，第310页。
② [美]乔治·华盛顿：《华盛顿选集》，聂崇信等译，商务印书馆1983年版，第233页。
③ [美]戈登·伍德：《美利坚共和国的缔造》，朱妍兰译，译林出版社2016年版，第373页。
④ [美]乔治·华盛顿：《华盛顿选集》，聂崇信等译，商务印书馆1983年版，第224页。
⑤ [美]戈登·伍德：《美利坚共和国的缔造》，朱妍兰译，译林出版社2016年版，第420—430页。

尼亚州派代表召开了一次会议。在会议中，他们决定在第二年召集一次由各州参加的全国性州际会议。会议地点是安提波里士。翌年会议如期召开，到会的只有5个州的代表，在汉密尔顿、麦迪逊的推动下，与会者决定于1787年到宾夕法尼亚州的费城开会，初拟任务是修改《邦联条款》，以从根本上找到解决问题的方案。1787年5月，费城会议召开。经过激烈的辩论，多数代表觉得修改《邦联条款》无济于事，必须重新设计政府架构，另起炉灶，制定新宪。费城会议，遂成一次制宪会议。美国1787年宪法，即是此次会议之成果。

## 费城制宪

1787年费城制宪是美国历史上最重大的事件之一，也是西方文明史上的一件大事。它不仅为美国崛起奠定了坚实的政体基础，亦向人类展示了一种和平、理性地处理政治问题之成功范例。1787年美国宪法是理性设计之产物。但这种设计并非单独凭借某种书本上的理论，亦非靠某个立法家单个人的智慧，而是牢牢依赖于各州的政治实践以及与会者自身的经验及识见。在此过程中，天赋人权、分权制衡、混合政体、共和学说、契约论与实际利益与经验的考虑紧密地结合在一起，殊难分开。

会议始于1787年5月14日，终于同年9月17日。历时四个月，秘密进行，不允许记者旁听，不对外发布会议进展，以避免舆情对制宪造成影响。此一做法甚有道理，因为制定宪法与政治不同，它是前政治之事，本质上是一种技术性工作。制宪会议若成各州利益博弈的会议，则即使一时可以取得共识，却不能制定一部具有长期生命力的宪法。会议开始后，十三个州除罗德岛外，均派出了自己的代表团。会议主席是当时美国最具威望的乔治·华盛顿。他与詹姆斯·麦迪逊一样，都是弗吉尼亚州的代表。各会议代表到达，并不准时。为此，华盛顿还抱怨说："这些迟到严重妨碍了大家的行动，并影响了那些按时到达的人的心情。"[1] 不过，麦迪逊却利用这几天延误的时间，与同来的代表拟定了《弗吉尼亚方案》，旨在建立一个强有力的全国性政府，削减各州权力。此方案成为会议前两周讨论的基础，极大地影响了宪

---

[1] 转引自［美］杰克·N.雷克夫（Jack N. Rakove）《宪法的原始含义：美国制宪中的政治与理念》，王晔、柏亚琴等译，江苏人民出版社2008年版，第61页。

法的基调。

各州派出的代表，皆为本地名人。他们多为律师、政要，也包括若干商人，其中 3/4 原为邦联议会议员。他们的平均年龄为 42 岁，年纪最长者是 81 岁的宾夕法尼亚州州长富兰克林。富兰克林坚持全程出席会议，由于他年事已高，体力不济，会议安排专人代念其发言稿。年龄最小的才 20 多岁，会议代表中，有三位不到 30 岁的年轻代表。汉密尔顿刚刚 30 岁。埃德蒙·伦道夫（Edmund Jennings Randolph）是弗吉尼亚州的州长，大约 32 岁。詹姆斯·威尔逊（James Wilson）是宾夕法尼亚的代表之一，他是麦迪逊的盟友，在制宪辩论中发挥了重要作用。威廉·塞缪尔·约翰逊（William Samuel Johnson）是康涅狄格的代表之一，他拥有牛津大学法学博士学位，人称约翰逊博士，为当时美国公认最有影响的人。

英美政治家常有举重若轻的本领，此点在 1787 年费城会议中即可看到。开会迟到，中途请假回家若干天，或者完全退出，甚为寻常，仿佛为全美立宪，不算什么大事。[①] 当然，尽心尽责，并为一个理想中的宪法而努力者，例如麦迪逊，也是大有人在。会议按严格的规则进行，每一个提议皆以投票来确定是否采纳。如何发言，如何设立委员会处理具体事务，在开会初始即先行议定。发言中直抒己见，不同观点正面交锋，相互举证，辩驳，不搞人身攻击，不意气用事，非已有多年的民主政治实践经验，非对理性、规则有十分的尊重，断然做不到。华盛顿主持全场会议，从不参与辩论，当然他支持麦迪逊的建议，众人亦知。他在最后一天做了一个提议，建议将众议院四万人中选一名代表改为三万人中选一名代表，随即获得同意。[②] 他的主持，对于新宪法的诞生，实有不可或缺的作用。他的威望而造成的影响，实是无言的。

宪法辩论持续日久，影响制宪的核心分歧日渐清晰，它们包括：各州在多大程度上拥有主权，或者说，联邦政府是否具有主权性质。一方主张在人民的基础上直接建立强有力的全国性总体政府，他们可称为联邦党人；另一方则认为，与英国脱离关系后，各州即进入自然状态，拥有各自的主权，联邦政府应基于州权敷设，此方即所谓的反联邦党人。在议院设计方面，大小州的差别，南方蓄奴州与北方自由州的差别（由于后来美国南北战争的爆

---

① 制宪会议代表的出勤情况，见［美］马克斯·法仑德《设计宪法》，董成美译，上海三联书店 2006 年版，第 203 页。

② ［美］马克斯·法仑德：《设计宪法》，董成美译，上海三联书店 2006 年版，第 161 页。

发,此点在制宪时的重要性往往被后世学者夸大),东部城市与西部新垦地区的差别,不仅涉及各州利益,更影响到未来宪法草案是否能通过,代表们经过激烈的辩论,最终拟定了一个尽可能兼顾不同诉求的方案。在新宪法中,除参议院、众议院的两院制设计之外,值得注意的有两条:一是参议院议员不直接从人民中产生,而是基于州权,即各州平等拥有议席,此为联邦党人对州权维护者的让步。二是在众议院议员议席产生办法(按各州人口比例分配议席)上,计算各州人口时,黑人奴隶按 3/5 折算。由于有些代表反对在这样一部承载着理想与希望的伟大宪法中出现奴隶字样,宪法中相关表述为"各邦人口总数,为自由人人数之和,包括按契约服劳役一定年限的人,不算未被征税的印第安人,所有其他人的五分之三。"(《联邦宪法》第一条第二款第三点)不过,3/5 折算原则并非此次制宪会议中的创举,它源自邦联时期的惯常做法。①

在行政权方面,宪法确立了总统制。总统不是由国会产生,而是由人民按一定的方式选举产生。总统任期为 4 年,可以连任。总统制的设立,使得联邦党人在参议院设计上对州权的让步得到了弥补,它确保未来中央政府具有足够的行动能力,并使政府与人民在情感上能够息息相通。总统就职前需向国民宣誓,其辞为:"我谨在此庄严宣誓(或保证):我将忠实履行联邦总统职责,尽自己的最佳判断和能力,保持、保护、保卫联邦宪法。"(《联邦宪法》第二条第一款第六项)总统、副总统、全体文官皆需依法行政,"如因叛国、贪污、其他重罪或严重轻罪被弹劾并被确认有罪,应予罢免。"联邦的司法权则属于最高法院及国会设立的下级法院。

会议决定,一旦 9 个邦的宪法会议批准这部宪法,邦联议会即应指定一天,由批准宪法的各邦产生出它们的选举人,再指定一天,由选举人选举总统。关于会议记录是销毁还是保存,代表们投票决定,交由会议主席华盛顿保存。会议结束后,代表们在一个酒店聚餐,然后各自道别。

宪法草案最后完成,交由代表签名,以为见证。有几位先生拒绝签名。签名行将结束时,富兰克林望着华盛顿的座椅,椅子后面正好是一幅日出油画,他对身边的代表说:"油画家们发现,很难使自己画的旭日区别于落日。在会议进行途中,我是反复地注视主席身后的那幅油画,我对这个问题的希望和担心,反复翻腾,无法判定,画中的太阳,究竟是在升起,还是在落

---

① [美]马克斯·法伦德:《设计宪法》,董成美译,上海三联书店 2006 年版,第 94 页。

下；现在我终于有幸知道，这个太阳是在升起，而不是落下。"①

召开修改邦联条款的会议是否合法，会产生何种效果，虽为形势所迫，却仍然令人担忧。华盛顿本不想参与，因为他已公开宣布退出政坛，但还是被选举为代表。他在1787年3月10日给约翰·杰伊的信颇能说明当时的情况，他写道：

> 我认为善于思考的人大多已开始认识到，我们的制度在理论上要比实践上完善，而且尽管我们极力吹嘘美国的优点，很可能我们将提供最终可悲的证明，证明没有高压的政治，人类是没有能力自己管理自己的。
>
> 但是，我愿意看看计划召开的这次大会将提出什么样的建议，看看他们的委员会将采取什么样的措施。这可能是最后一次用和平的方式，在不致延误我们的事务的情况下，考验我们的现行制度是否可行。从严格的意义上讲，这样举行的会议可能是不合法的。不过国会可以提出召开会议的建议，进行修饰，使它趋于得体，就可以免于追究权限问题。②

华盛顿在制宪会议过程中，从未参加辩论，但他对建立强有力的政府有坚定的想法，他的努力应是暗中的。从他在1787年7月10日给已经离开费城的汉密尔顿的信中，可见他的政治倾向。当时会议尚在进行，汉密尔顿因见自己的主张无法在会议中发挥影响，退出了会议。华盛顿告诉汉密尔顿，自汉密尔顿走后，情况变得更糟，他几乎感到绝望："这次大会不会产生好的结果，因此我为参与此事而深感遗憾。"他接着说："在我看来，那些反对建立强有力政府的人都是些目光短浅的政客，或者他们都是受到了地方狭隘观念的影响。他们表示担心民众不会赞成这种政府形式，但这只不过是虚伪的借口，而不是他们反对的真正意图。"③ 他希望汉密尔顿回到会场，并表示"在签字之前，任何反对意见都不能阻止我们继续努力"④。

宪法拟定完成后，华盛顿甚感欣慰。他认为，各州代表虽代表着众多的

---

① [美]麦迪逊：《辩论：美国制宪会议记录》下册，尹宣译，辽宁教育出版社2003年版，第782页。
② [美]乔治·华盛顿：《华盛顿文集》，吴承义等译，辽宁教育出版社2005年版，第553页。
③ 同上书，第560页。
④ 同上。

派别、利益和意见，终能心平气和，完成对邦联政府体系的大改革，制定出新宪，实为一"奇迹"，为天佑美国人民之标志。宪法虽有其缺点，但在事关确立新的共和政府的关键问题方面，颇能胜任。他说："新宪法至少有一点可取之处，就是采取了比人类迄今所建立的任何政府所采取的还要多的防范和其他难以逾越的措施，以防止走向暴政。在凡人的世界中，不能期望完美无缺，但是现代的人类在国家治理方面已有明显进步。即使目前呈现给美国民众的政府体制在实验中发现未能达到应有的完美程度，还可以根据宪法随时加以改进。"[①] 华盛顿乐观地认为，宪法规定的联邦政府的权力未超出一个健全政府行使职能不可或缺的范围。政府也绝无蜕化为君主制、贵族制、寡头制或其他任何压迫性体制的危险。

在为1787年宪法草案辩护方面，汉密尔顿、麦迪逊、约翰·杰伊步调一致，共用一个笔名发表文章，站在"联邦"一边，与反联邦党人进行论战。然而，就各自政治思想而言，三人之间，实有重要差别。宪法是"妥协"的产物，此种妥协，并非单单是与会者可能代表的利益间的妥协，更是不同政治意见之间的妥协。虽然宪法制定出来，大体可令联邦党人松一口气，但与汉密尔顿等人所持的政治主张，并不完全一致。汉密尔顿、麦迪逊都是富有经验、注重实效的政治家。虽然年轻，他们却对宪法的最终方案，并不抱完美的期待。至于约翰·杰伊，他未参加制宪会议，但对美国建国同样发挥着重要作用。他两度任纽约州州长，亦担任过美国最高法院院长。《联邦党人文集》中有他5篇论文，皆基于外交政策的考虑为新宪法辩护。其基本政治立场，我们在上文论及《联邦党人文集》时已有论述，此处不再专门讨论。在此，我们只对汉密尔顿与麦迪逊的政治思想分别进行介绍。

## 汉密尔顿：死于决斗的开国元勋

亚历山大·汉密尔顿1757年出生于西印度群岛的纳维斯岛的一个苏格兰商人家庭。他童年丧母，父亲破产后，他的生活由母亲那边的一个亲属照料。13岁时，他便在西印度群岛谋得一份工作，自谋生路。他还时常给报社写稿。在亲友资助下，他被送到波士顿学习。不久，他申请去纽约州的国王学院学习，最终于该校肄业。独立战争前夕，汉密尔顿站在殖民地一边，并

---

① [美]乔治·华盛顿：《华盛顿选集》，聂崇信等译，商务印书馆1983年版，第239页。

因其风采飞扬的爱国文章引人注目。1776 年，他受命指挥一个炮兵连。他在军事方面的才能，得到上级的器重，因此被推荐给华盛顿将军，成了华盛顿的秘书。有一次，他与华盛顿发生了些争执。华盛顿指责汉密尔顿执行命令有延误，汉密尔顿则称事出有因，并非有意怠慢，既然不受信任，不如辞去。华盛顿极力挽留，但汉密尔顿去意已决。实际上，担任军中文书与参谋，不合汉密尔顿马革裹尸、征战沙场的英雄理想，他是早有去前线作战的想法了。在约克镇与英军作战时，汉密尔顿带领他的士兵，勇猛异常，十分钟即拿下了阵地。

战争结束后，汉密尔顿辞去军职，开始研究财政问题，不久被选为邦联议会议员。此时，他已经娶了纽约一个将军之女，算是做了豪门的女婿。一年后，他辞去议员职务，在纽约涉足律师事务。1782 年，他最终接受了任命，任纽约州的收税官。他后来亦任过纽约州议会的议员。1786 年，他担任纽约州代表之一，参加弗吉尼亚州的麦迪逊召集的旨在协调各州、寻求解决当时危机对策的安提波里士会议。1787 年，他作为纽约州的代表之一，前往费城参加了后世所谓的制宪会议。在制宪会议中，汉密尔顿为宪法的诞生做出了重要贡献。他极力推动会议不能止步于对《邦联条款》的修订，而应另起炉灶，奠定未来强而有力的美国之基础。其在论辩策略上，有"取法乎上，得乎其中，取法乎中，得乎其下"之意。不过，由于同行的其他两位代表与他意见相反，他在各州投票时无法发挥作用，他中途便退出了会议，至最后签名时，他才重新回到会议中。

1787 年宪法草案公布后，他联络麦迪逊、杰伊，以"普布里乌斯"之名撰文，为联邦宪法争取舆论支持，由此而成《联邦党人文集》。汉密尔顿又积极活动，成功促成纽约州批准宪法。就《联邦党人文集》而言，尽管其余两位作者的文章自有其价值，但汉密尔顿的贡献无疑最大。有学者称，如果麦迪逊、杰伊所写的部分遗失，仅存汉密尔顿的文稿，则《联邦党人文集》依可保持其理论上的完善性。[①]

1789 年，汉密尔顿任美国第一任财政部部长。1796 年，亚当斯总统时期，他因政策上的分歧辞职。1804 年，他死于与政敌阿荣·布尔的决斗。

汉密尔顿并不好斗，但他不能接受对方对他的侮辱。阿荣·布尔竞选总

---

① *The Nature of the Republic: Political Writings of Alexander Hamilton*, edited by Bower Aly, New York: Pryamid Publicationgs, Inc., p. 192.

统失败，谋求纽约州州长的选举又因汉密尔顿的活动而失败。他发出邀请，要与汉密尔顿进行决斗。他有心置汉密尔顿于死地，于是天天练枪法。而汉密尔顿虽然应战，却无意杀人。他赴约前立下遗嘱，并且希望布尔在最后一刻放弃决斗的念头。在他人的见证、主持下，他们相距十步，各自拿枪向对方射去。第一次令下，汉密尔顿中弹倒下，布尔则安然无恙。当天下午 2：00，汉密尔顿与世长辞。国人闻之，为之扼腕。

在他的手稿中，汉密尔顿对参与决斗的理由做了说明。他写道：

> 对于那些和我一样厌恶决斗的人也许会认为，我没有理由添加到决斗的糟糕案例名录中去。我的回答是：不管于公还是于私，这个相互关联的局面强迫着产生了所有的考量，这些考量构成了这个世界上男人称为荣誉的东西。这些考量正如我想的那样，在我身上强加了一种特殊的必要性，对于决斗的要求不能拒绝。将来这种能力至关重要，不管是抵抗伤害还是有益的影响，在我们公共事务的那些危机中，它们似乎可能会发生，尤其是极有可能不可分割地和各种偏见紧密相连。①

对汉密尔顿来说，参与此次决斗，并非私事，实为他献身国家事务的一个部分。

传记作家如此描述汉密尔顿："他身材单薄，腰杆笔挺，举止威严，但身高却比一般人矮很多。他的演说激情澎湃、庄严高雅，因而朋友们都习惯于称他为'小狮子'。他的优势是头型优美，大而对称，皮肤白皙，面颊红润，尽管鼻子硕大，却称得上相貌堂堂。他的眼睛乌黑深邃，与人争论时即被点燃，发出耀眼光芒，不仅震慑住大量的观众，对手也不禁为之胆寒。"②

参与制宪会议的代表威廉·皮尔斯（William Pierce，1740—1789）在会议中见过汉密尔顿，他对汉密尔顿的描述是："汉密尔顿上校的才能受到器重，可谓当之无愧。他是一名开业律师，享有学识渊博的名声。他把想象的光华和清澈有力的判断熔于一炉。他的能干，善于说服，侃侃而谈，心脑并用，令人心悦诚服。不过，他的声音微弱，抵不上他的言语激流；依我之见，与其说他是喜欢说服别人的演讲者，不如说他是以言词的光彩照

---

① ［美］查尔斯·亚瑟·科南特：《亚历山大·汉密尔顿》，欧亚戈译，北京大学出版社 2014 年版，第 103—104 页。
② 同上书，第 6 页。

人者。"①

汉密尔顿有政治上的敌人，也有大量的挚友与支持者。他的人格是一流的、高贵的。他智勇双全，华盛顿夸其为同龄人中首屈一指的人才。据云华盛顿与他情同父子。不喜欢他的政见与政策的人把所有的缺点都加在他身上。他被政敌攻击为"独裁者""人民的敌人"。赞夸者则将他视为那个时代最杰出的人才之一，甚至是"最伟大的美国人"②。有的学者称，那一代人中，只有拿破仑、福克斯（Charles James Fox）③ 能与汉密尔顿相提并论。④ 有的学者充分肯定其建设方面的天才，称他扮演了古希腊大立法家梭伦这样的角色。

## 强国家理念

汉密尔顿对于在美洲大陆构建一个强有力的全国政府的信念十分坚定。这或许与他来自别处，没有乡土情结与狭隘地方观念有关。虽然他是纽约州派出的代表，但他的目光总是全国，他的主张与其他两位纽约州代表并不相同。他的政治思想，大体可视为霍布斯式的。他有"一个主权"的概念，有"强国家"的主张，有对人性的悲观主义看法。他以"精强之政府即美满之政府"。他理解的自由，是政治权威统治之下的消极自由。他把这些具有欧洲色彩的政治观念运用于美国的制宪，以期构建一个强大的美国。他对邦联的问题有十分清楚的认识。不过，强国家主张并不等同于绝对主权。在这一点上，汉密尔顿与霍布斯区别开来。汉密尔顿尤其抨击那些抱住州权观念不放的与会者，他与麦迪逊成为制宪会议中的盟友，共同作战。在原则问题上，他表示绝不让步。新宪法最终包含了各种不同意见的妥协，但在最根本的原则——建立强有力的全国政府，终结过去的邦联状态——上，汉密尔顿从未退让。在草案上签名时，他动员依然不满意的人说：这个方案与他心目

---

① ［美］麦迪逊：《辩论：美国制宪会议记录》下册，尹宣译，辽宁教育出版社2003年版，第832—833页。

② 美国记者阿瑟·范登堡曾著《亚历山大·汉密尔顿：最伟大的美国人》一书，参见［美］丹尼尔·G. 兰格《亚历山大·汉密尔顿及其追随者：政治理论与政治遗产》，载［美］肯尼斯·W. 汤普森编《宪法的政治理论》，张志铭译，生活·读书·新知三联书店1997年版，第109页。

③ 福克斯（Charles James Fox, 1749—1806）是英国辉格党领袖，著名政治家，下议院资深议员。

④ *The Nature of the Republic*: *Political Writings of Alexander Hamilton*, edited by Bower Aly, New York: Pyramid Publicationgs, Inc., p. 188.

中的理想方案差别最大，但时下危急，新政府能够建立起来总比无政府状态好；而且，有影响力的人不签名，将导致民间猜测与议论，后果不堪设想。①

针对1787年会议中讨论的弗吉尼亚方案与新泽西方案，汉密尔顿表示均不满意，尤其是新泽西方案。因为后者希望在《邦联条款》的基础上修改，认为要做的不过是加强邦联会议的权力。汉密尔顿认为此种方案根本行不通。

麦迪逊在美国制宪会议记录中描述了汉密尔顿的出场：

> 汉密尔顿先生对制宪会议上的大事一直保持缄默，一则，是出于对其他能力、资历居长的先生们的尊敬，不愿提出与众不同的想法，二则，也是因为他在纽约代表团内的微妙处境，实在不愿追随纽约另外两位代表的情绪。可是，局势既然已经到了危急存亡之际，既然出席，就不能再袖手旁观，不能回避代表背负的义务，必须挺身而出，为公众的安全和幸福立言。②

汉密尔顿着眼于建立一个稳定的全国性政府。他说，一个政府要想站稳脚跟，需有若干基本原则支撑，它们包括：（1）支持这个政府的积极和持久的兴趣；（2）对政府的爱，不希望它垮掉；（3）人民在情感上的习惯依附；（4）强制力量，包括法律强制与武力强制两种形式，在大社会里，它要求装备一支军队；（5）从政府领薪水的公职人员对政府的依附。然而，他指出，这五个方面，在当时皆利于州政府。

基于州政府主权而形成的邦联政府，软弱无力。他认为，克服所有弊端的方法是"把全部主权集中到一个总体政府，让上述所有的强大原则和激情都集中到总体政府这一边来"③。他说："总体权力不论采取何种形式，要想维持下去，必须吞并各邦权力。否则，它就会被各邦瓜分……在同一疆域以内，不可能并存两个主权。"④他主张以英国政府为榜样，做到把国家的强盛与个人的安全结合在一起。要有优秀的宪法，既不能让少数人压迫多

---

① ［美］麦迪逊：《辩论：美国制宪会议记录》下册，尹宣译，辽宁教育出版社2003年版，第778页。
② ［美］麦迪逊：《辩论：美国制宪会议记录》上册，尹宣译，辽宁教育出版社2003年版，第136—137页。
③ 同上书，第142页。
④ 同上书，第133—134页。

数,也不能让多数人压迫少数。他特别提醒要防止民众多数的力量带来的危害。

他主张众议院议员任期3年,参议员、行政长官则实行终身制,除非不称职、违法犯罪或身体状况不允许,他仍应一直在任,以维护政府的稳定,保证议员与行政长官不至于堕落,制约民众激情、易变带来的危害。

## 政治经济学

汉密尔顿十分注重政治与经济的关系。他主张发挥中央政府在鼓励、促进工业特别是制造业方面的积极作用,主张设立国家银行,发行公债,增加联邦政府的财力,以巩固统一的国家。他特别提出,对于本国处于幼童时期的工业,国家应提供扶持政策。在汉密尔顿眼里,强大的共和国将以发达的工商业为支柱。从他的这些思想,颇能看到苏格兰启蒙思想对他的影响。古典共和主义的"美德立国"话语,在汉密尔顿那里是不存在的。"商业立国",是汉密尔顿政治经济学的主旨。他认为,美国人要克服重视农业的传统心理,效法英国,走工业化的道路。他甚至鼓励妇女、儿童进入工厂,以为制造业提供充足的劳动力。

汉密尔顿的这些思想,遭到托马斯·杰斐逊的反对。杰斐逊接受了重农学派的思想,他希望在地产的基础上,建立自耕农的自由生活。汉密尔顿是"城市人",对工业发展甚感兴趣,杰斐逊则对农村的土地和树木散发的气息恋恋不舍。他反对任何多余的来自国家的干预,反对工业化,他甚至主张"把车间留在欧洲",学习中国以农为本。[①] 汉密尔顿关于设立国家银行的主张,被杰斐逊指责为违宪。总统华盛顿问汉密尔顿如何应对,汉密尔顿以国家主权论为依据,指出国家设立银行、公司,皆是主权者可做的事,不存在违宪一说。汉密尔顿致力于推动的工业革命,杰斐逊视之为英国人为美国人提供的反面教材。杰斐逊不希望美国出现拥挤的城市、贫困的工人。

站在今日美国人的角度,回顾1787年以来美国发展的历史,我们可知汉密尔顿之高瞻远瞩。他为美国国家构建打下牢固的基础,特别是在美国公共财政与税收体系的建设方面,贡献极大,唯有在这些前提下,共和国

---

[①] [美]理查德·霍夫斯塔特:《美国政治传统及其缔造者》,崔永禄、王忠和译,商务印书馆2010年版,第34页。

的各种修补矫正方可展开。汉密尔顿的政治卓见,可以后来的历史来检验。杰斐逊的关怀听起来很动人,我们也不必怀疑其真诚,但却与时代的精神相悖。

## 汉密尔顿主义

自 20 世纪早期美国"进步时期"以来,由于詹姆斯·阿兰·史密斯(James Allen Smith)对汉密尔顿的解释,汉密尔顿常被称作"保守主义者",[①] 他所代表的联邦党,被称为美国革命后的反动势力。[②] 有的作者称,反民主是汉密尔顿政治思想一以贯之的宗旨。国际政治研究者汉斯·摩根索则称汉密尔顿为美国政治思想传统中现实主义的代表人物。

这些说法似是而非,它们未能凸显汉密尔顿政治思想的中心关怀,未能突出汉密尔顿思想中最卓越的地方。汉密尔顿有宏伟的抱负,但这抱负,不是就他个人的政治生涯而说的。他没有些政治家所具有的权力欲,也从来无心获得高位。他的抱负,属于美国。他把握时代之精神,着眼于未来,一心为美国的繁荣强大谋划。他使美国自立国起便有了一个在世界民族之林中称雄的远大目标。此等一流之远见,绝非"反民主""现实主义""保守"等字眼所能概括。

汉密尔顿自言"一直都不像地道的美国人"。端赖美国的熔炉文化及兼收并蓄,他能在美国政治中发挥巨大影响。他的异域风格,亦得以汇入美国政治传统之主流,俾使美国民主政治生活中多了一种调节与平衡的力量。汉密尔顿身后,并不缺乏追随者。维护全国政府权力,抵制各州的离心倾向;增强政府的行政力量,强化总统权力;推进贸易保护主义,实行积极的经济政策——持此类意见者常援引汉密尔顿作为理论依据。美国学者丹尼尔·G. 兰格写道:

> 汉密尔顿是为数不多的成为一种政治象征的美国政治家之一;人们逐渐用他的名字作为对一组复杂观念的简洁描述,因而"汉密尔顿主义

---

[①] 詹姆斯·阿兰·史密斯著有《美国政府的精神》(*The Spirit of American Government*,1907)。参见[美]哈维·曼斯菲尔德、乔治·凯利《政治哲学、美国政治思想》,朱晓宇译,浙江大学出版社 2015 年版,第 54—55 页。

[②] [美]梅里亚姆:《美国政治学说史》,朱曾汶译,商务印书馆 1988 年版,第 51 页。

者"已成一种可以识别的看待政治的方法。①

## 宪法之父麦迪逊

与汉密尔顿不同,无论在思想,还是在公共事务的处理方面,麦迪逊均代表另一种风格。在1787年制宪会议前后,他与汉密尔顿是政治上的盟友,他们致力于推动1787年会议的召开,推动一个旨在建立全国政府的新宪法的诞生。之后,他们二人又与杰伊一道,发表报刊文章,为各州批准宪法草案造舆论。自20世纪以来,麦迪逊还被称为"宪法之父"。他在制宪方面的贡献,既包括为弗吉尼亚州制宪,亦包括1787年制宪。参与1787年制宪者甚多,而独麦迪逊有此称号,足见人们对他在制宪中重要贡献的承认。1787年,甚至被学者称为美国的"麦迪逊时刻"。②

麦迪逊与汉密尔顿初时属于同一个政治阵营,及新宪法批准后,目睹汉密尔顿任职期间的政策及主张,有强烈国家主义色彩,遂与之渐行渐远。特别是在杰斐逊明确表示对汉密尔顿的反对之时,麦迪逊站在了杰斐逊一边,这固然有私人情谊上的考虑,杰斐逊任弗吉尼亚州州长时,年轻的麦迪逊即为其助理与参谋。另一方面,麦迪逊确实在政见上与汉密尔顿出现了分歧。麦迪逊为人谨慎、稳重。法国的雅克·布里索(Jacques-Pierre Brissot,1754—1793)在北美游历时,曾见过麦迪逊。他写道:"他的外貌像一个审查员,他的谈吐表明他善于学习,他沉默少言,对自己能力和职责有着清醒认识。"③汉密尔顿参加决斗,这在麦迪逊那里是不可想象的。

麦迪逊(James Madison,1751—1836)来自北美南部的弗吉尼亚州一个普通的种植园主家庭。他是家中长子,下面还有弟弟、妹妹六人。麦迪逊初时受教育于弗吉尼亚。1769年,他得以进入普林斯顿大学学习。由于他极其用功,一天24小时,仅用3个小时来睡觉。④ 他用一年的时间就学完了通常

---

① [美]丹尼尔·G. 兰格:《亚历山大·汉密尔顿及其追随者:政治理论与政治遗产》,载[美]肯尼斯·W. 汤普森编《宪法的政治理论》,张志铭译,生活·读书·新知三联书店1997年版,第102页。
② [美]杰克·N. 雷克夫:《宪法的原始含义:美国制宪中的政治与理念》,王晔、柏亚琴等译,江苏人民出版社2008年版,第36页。
③ [美]西德尼·霍华德·盖伊:《詹姆斯·麦迪逊》,欧亚戈译,北京大学出版社2014年版,第90页。
④ 同上书,第19页。

要三四年才能完成的课程。期间，他集中研习神学与希伯来文。离校后，他潜心法律与政治的学习，涉猎甚广。这为他将来步入政坛能够有所作为，做了充分的准备。1776年始，麦迪逊涉足公共政治生活。他最重要的政治活动包括：出席大陆会议，参加1787年制宪，任国会议员；1801年杰斐逊当总统时，他任国务卿，在任8年；1808年，他当选为美国总统，四年后连任。1836年，麦迪逊逝世，享年85岁。

自与汉密尔顿分道扬镳后，麦迪逊即为美国共和党最重要的政治思想家与活动家之一。他所撰写的《辩论：美国制宪会议记录》，再现当时历史场景，翔实记录各方观点，作为史料或政治、法律思想读物，皆具极重要价值，麦迪逊也因此被称为"美国历史的守护神"[1]。

## 麦迪逊政治思想之独特方面

鉴于前文对《联邦党人文集》已有介绍，此处我们只需说明麦迪逊政治思想之独特方面。

其一，麦迪逊对构建美国的国家形式，有自己的看法。按汉密尔顿的想法，主权在全国政府，州政府是地方政府。在新宪法实施后，即没有主权可言。各州保留之权限，均从属于联邦政府主权。反联邦党人则只承认各州主权，认为联邦政府之权力来自各州政府，而非美国人民。在此意义上，联邦每做一事，皆要得到大多数州的同意。麦迪逊则持一种中间立场。他认为，新宪法确立之体系，一半是单一制，一半是联邦制。州权与联邦政府皆有主权，因为它们分布于不同的事务领域。这些划分，依宪法而得到明确界定。如此，则全国政府是强大而统一的，州政府亦然。于全国政府而言，它的权力来源是人民，其税收直接征自国民，而不是由各州分摊。在上下两院，皆要实行比例代表制，而非在参院实行大小州席位平等的做法。[2] 在立法方面，各州立法的权力须受到限制，以避免中央政府不断萎缩。

其二，麦迪逊式民主。与汉密尔顿思想中较明显的对民众的不信任倾向不同，麦迪逊不否定人民在政治生活中的作用。不过，他希望探讨一种新的

---

[1] [美]杰克·N. 雷克夫（Jack N. Rakove）：《宪法的原始含义：美国制宪中的政治与理念》，王晔、柏亚琴等译，江苏人民出版社2008年版，第2页。

[2] [美]麦迪逊：《辩论：美国制宪会议记录》上册，尹宣译，辽宁教育出版社2003年版，第334页。

制度，能够限制民主之弊，发扬其利。麦迪逊式民主即代议制民主，它与卢梭式直接民主（反联邦党人捍卫的是州立法权，这与卢梭理念相一致）不同。关于派系竞争，麦迪逊亦持一种较平衡的立场。在麦迪逊思想深处，一种古典共和主义关于公共利益的诉求仍然存在。在他看来，总体政府的中心是致力于公益，它绝不是各种局部利益、狭隘利益、特殊利益的交易平台。然而，这种公益的实现，并不依赖公民直接参与。他认为，宪法设计，要考虑到把卓越之士吸引到政府机构中来。这样，麦迪逊所主张的，既不是古典共和主义的公民政治，也不是利益集团博弈的政治多元主义，而是一种适应大国需求的新型共和主义。它在政治上以史上"混合政体"为样板，强调政体之稳定性，又比古典共和主义更重视政权基础的人民性。

麦迪逊式民主，与其说是民主，不如说是共和。他十分重视每个公民权利之保护，认为暴政可能来自少数，亦可能来自多数，二者皆不可取。一方面，他指出，一个稳定存在的政府，必须以人民的支持、信心为基础，必须在情感上与人民息息相通。[①] 同时，成功人士、显贵阶层，亦需考虑到"富不过三代"，如若有一天自己家族沦为社会底层，将面临何种局面，由此，设计宪法，绝不能忽视底层民众之福祉。另一方面，宪法必须考虑到，任何多数联合起来，均会对少数人之权利造成侵害与压迫。此为历史上一再发生之事。由此，共和国必须有多种补救措施，以防止此种人民的暴政。他在制宪会议中说："一个稳定坚强的政府，按共和原则组成，但坚持不向人民让步，这点至关紧要。"[②]

## 反联邦党人与古典共和主义

在当时的美国制宪争论中，联邦党人最终胜出。一个强大的、富裕的美国建立、发展，持存至今。但如果把美国制宪与立国全然归功于联邦党人，则是极大的不公。反联邦党人，同样功不可没。事实上，反联邦党人的不少主张被吸收进了美国的宪法和政治制度中。

1787年5月25日至9月17日，北美大陆制宪会议在费城召开，来自北美12个州（罗得岛州拒绝参加）的55名代表，反复辩论，历时四个月，订

---

① ［美］麦迪逊：《辩论：美国制宪会议记录》上册，尹宣译，辽宁教育出版社2003年版，第28页。

② 同上书，第116页。

出联邦宪法草案，之后交由各州人民代表会议表决，议定有9个州同意，宪法即生效。围绕新宪法，一场持久而激烈的公共辩论在北美大陆展开了。在这场辩论中，形成所谓的"联邦党人"（Federalists）和"反联邦党人"（Anti-Federalists）之区分。

反联邦党人，即指公开批评和反对新宪法的那些人，他们不能说是一个政党，只是政见相对比较一致的一批作者，他们中有些人曾参与了制宪，因不同意最后的草案，而拒绝在宪法上签字。在反联邦党人的阵营中，"联邦自耕农"（The Federal Farmer）、辛提内尔（Centinel）、布鲁图斯（Brutus）、加图（Cato）、约翰·德·威特（John De Witt）、帕特里克·亨利（Patrick Henry）、梅兰克顿·斯密（Melancton Smith）等人为主要代表。署名"联邦自耕农"的系列文章被认为出自弗吉尼亚州的理查德·亨利·李之手。理查德·亨利·李是最著名的反联邦党人之一，他是两届大陆会议的弗吉尼亚州代表、《独立宣言》的签署人之一。后来学者将他们的文章收录汇编，形成《反联邦党人文集》。①

如前文所述，联邦党人，以汉密尔顿最为突出，其实是当时具有某种国家主义（霍布斯主义）倾向的一批人；反联邦党人，则是地道的联邦主义者。② 不过联邦党的名号，被前者抢占了。联邦党人展望的新国家很像一个辉煌的帝国，其中央政府拥有强大的权力。

反联邦党人认为，大帝国会加重人们的赋税负担，中央政府权力过大，损害了地方各州县的自由，对个人的自由与权利也会造成威胁。并且，宪法草案中，总统的权力看起来不受制约，具有潜在的走向专制的危险。另外，参议院与最高法院这些非民主的机构力量过分强大。整个政府具有明显的贵族化倾向。他们认为，美国革命的目标，是为了实现人民的共和理想。这种共和与联邦党人讲的共和，指涉的制度设计，颇不相同。联邦党人按政治与商业的野心来设计制度，而反联邦党人则认为，当着眼于提升公民的美德、保全人们直接参政议政意义上的政治自由来设计制度。联邦党人背离了革命

---

① 《反联邦党人文集》最早由莫顿·博顿在1965年编辑出版。该书收录反联邦党人最具代表性的85篇作品，与《联邦党人文集》的85篇相对应。1981年，由芝加哥大学政治学教授赫伯特·斯托林编辑的七卷本的《反联邦党人全集》出版（Herbert J. Storing, *The Complete Anti-Federalist*, University of Chicago Press, 1981）。斯托林的编辑工作始于1963年，到1977年去世时基本完成，该文集后来由他的学生默里·德里最终编辑整理完工。

② David J. Siemers, *Ratifying the Republic: Antifederalists and Federalists in Constitutional Time*, Stanford, Calif.: Stanford University Press, 2002, preface, p. xvii.

的宗旨，肯定的是一种逐利之心。故而，反联邦党人表达了一种"有美德的、自治的公民"理想，公民在地方处理自己的事务，在邻里关系中体会共同体带来的认同与情感。由此，地方政府的活力、州权，是反联邦党人特别关心的议题。

联邦党人赞同"政府要基于同意"的理念，反联邦党人认为，基于同意的政府，不是美国革命的理想。关键是要有民众参政议政的地方。联邦党人倡导的方案，必然带来腐化、贪婪以及对权力的过度追求。不难看出，反联邦党人的思想，是一种古典共和主义的政治思想。

联邦党人宣称："美利坚帝国的建筑应该奠立在人民同意这一牢固的基础上。国家权力的河流应该直接来自一切合法权力的洁净的原始的源泉。"[①] 现代国家的理念，确实是消除各种中间权力，让国家与个人直接发生联系，国家权力的合法性建立在人民同意的基础上。这种理念，是欧洲国家主义的理念。宪法草案以"我们，美利坚合众国的人民"（We, the people of the United States）开头，反联邦党人帕特里克·亨利斥责道："他们有什么权力说'我们人民'？谁授权他们讲'我们人民'而不是'我们各州'？州是联邦的特征和灵魂。"[②]

联邦党人以建立强大的国防和繁荣的商业为联邦政府的权力辩护，在反联邦党人看来，这同样违背了美国革命的理念。因为美国立国的原则是自由，而非国家的富强和荣耀。帕特里克·亨利告诫民众："你们最应关心的不是商业如何增长，也不是国家的荣耀，而是如何保障自身的权利；因为组建政府的指导原则应是自由。"[③] 而联邦宪法草案，并未包括公民权利清单，之所以如此，实因制宪会议持续得太久，长期演说辩论，众人疲惫不堪，只就当下最要紧的条款进行了讨论。而且，制宪者们也不想把一切未来可能发生之事全都考虑进去，只就当前最需要确定的部分进行商议。

反联邦党人的着眼点是高度的地方自治，直至今日，关于审议民主的讨论，依然可以看到反联邦党人政治思想的余绪。自由、美德、共和，而非专制、财富、帝国，是反联邦党人政治思想的关键词。考虑到18世纪80年代

---

① ［美］历山大·汉密尔顿、詹姆斯·麦迪逊、约翰·杰伊：《联邦党人文集》，程逢如、在汉、舒逊译，商务印书馆2012年版，第113—114页。
② Herbert Storing, *The Anti-Federalist*, The University of Chicago Press, 1985, p. 297.
③ 转引自［美］赫伯特·J. 斯托林《反联邦党人赞成什么——宪法反对者的政治思想》，汪庆华译，北京大学出版社2006年版，第56页。

北美政治思想的语境，要注意的是，联邦党人与反联邦党人虽然政治见解多有不同，却共享一些基本的理念，这就是，在立宪君主制、共和制与民主制（意味着市政会议风格的地方民主以及人民的声音主导政府）三种政体选择中，他们都是第二条路线——共和制路线上的人。[①]

　　新宪法草案的支持者与反对者之间，争论甚为激烈，即使在通过宪法的州，也只是以微弱多数取胜，往往还要靠支持新宪的政治家们的积极活动。以后见之明的眼光来看，联邦宪法在当时是十分必要的，它能否通过，事关北美自由共和国能否建立并维持。就当时北美大陆来说，建立一个具有独立行动能力的中央政府，迫在眉睫。反联邦党人维护的州权与"民主"，在联邦党人看来皆为维护见不得光的私利之美妙遁词。反宪法的人希望在地方政府的频繁更替中做投机买卖，希望本州滥发纸币以获取不正当利益。

　　不过，反联邦党人指责宪法过于贵族化，并非误读。联邦党人制宪时，十分重要的一条就是防止民粹主义（或者说是纯粹的民主）。一方面，宪法要保证主权掌握在人民手里。我们要相信这些制宪者，没有一个想当皇帝，也没有一个想拥戴一个皇帝。这些制宪者们都是具有现代民主共和意识的一流的政治家、法学家，也是一批具有美德的人士。另一方面，宪法并不赋予国会、总统、最高法院中任何一方以完全的主权。它通过复杂的制度设计，确保每部分皆基于人民授权而具有合法性。分权制衡、人民主权、代议制，在这个宪法中以不同于英国的方式体现出来。人们常说，美国宪法规定的政体以功能代表原则取代了英国宪法中的阶级代表原则。这一说法虽不准确，却也部分道出了其突出的特点。美国宪法没有采用英国宪政中议会主权的理念。宪法制定者们了解古代民主制的弊病。在新的政体中，如果织布工人、酒馆伙计都成了议员，掌握国家的命运，宪法制定者以为这样的政府，必定不能保证人们财产的安全。事实上，自独立以来，在各州县民选议会，已频频发生通过议会决议剥夺有产者或随意免除债务这样的事。

　　早在独立战争爆发伊始，约翰·亚当斯即意识到"北美将来由谁来统治"是一个需要认真思考的问题。他开完大陆会议，骑马回家，路遇一个马贩。在交谈中，那人冲他高喊："我们对你们永远感激不尽，这个土地上现在没有法庭了，我希望永远不会再有法庭。"亚当斯说："我当时自问，难道

---

[①] *The Anti-Federalist Papers and the Constitutional Convention Debates*, edited and with Introduction by Ralph Ketcham, Penguin Books Ltd., 2003, p. 6.

这就是我一直在争取实现的目标吗？……这类人心情就是如此吗？他们在全国共有多少人？……如果国家权力落入这类人手中——确有发生这种事情的危险，那么，我们牺牲了自己的时间、健康和其他一切，究竟为的是什么呢？"[1] 如果我们责美国宪法不够"民主"，并非不对。然而问题在于，之所以设计得如此不够"民主"，恰是当时美国政治家们杰出的政治智慧之体现。然而，这个不够"民主"的宪法，又防止了独裁者的出现。政治中的审慎、公众长远利益的考虑、国家的富强、商业的繁荣、少数人自由与权利的保障，皆要求摒弃纯粹、简单的民主制。

## 杰斐逊与共和帝国

托马斯·杰斐逊（Thomas Jefferson）是美国"国父"之一。他首先因参与起草1776年《独立宣言》而世界闻名，又是美国连任两届的总统，在美国建国的过程中，发挥了重要作用。他的政治思想，属于共和主义的传统，却具有自己的风格。实际上，杰斐逊学问甚广，他首先是个律师，他的知识范围除政治、法律之外，涉及地理、植物、古人类、人种、教育、哲学等多个方面。他还是弗吉尼亚大学的主要创建人与设计者。

杰斐逊1743年出生于北美弗吉尼亚州一个种植园主家庭。1760年，他入"威廉和马利学院"，学习政治、法律、哲学、文学、自然科学等科，兴趣甚广。1762年，杰斐逊毕业。1767年，杰斐逊获得律师资格。杰斐逊反对英帝国对北美的统治，主张独立。他后来作为弗吉尼亚州的代表参加了大陆会议。他不擅演说，但长于写作，因而被推为《独立宣言》的起草人。

《独立宣言》不仅是北美独立、摆脱英帝国宗主国统治的宣言，也是激励世界人民追求自由与权利的宣言，杰斐逊写道："但愿《独立宣言》像我相信的那样，成为唤起人们的信号，唤起他们去打碎他们在僧侣式的愚昧和迷信的蒙蔽之下而给自己套上的锁链，享有自治的幸福和安全（这在某些地方要快些，某些地方慢些，但最后一切地方都会实现）。我们用来代替旧事物的那种形式，恢复了不受拘束地运用理智和言论自由的充分权利。所有的人都看到这样一个明显的真理：广大人类不是生来在背上就有一副鞍子，少

---

[1] 转引自［美］塞缪尔·埃利奥特·莫里森等《美利坚共和国的成长》上卷，南开大学历史系美国史研究室译，纪琨校，天津人民出版社1980年版，第228页。

数幸运儿也不是生来就穿着装有马刺的马靴,得到上帝的恩宠,可以随时理所当然地骑在别人身上的。这就是我对别人抱有希望的理由。"①

1779年,杰斐逊当选为弗吉尼亚州州长。1784—1789年,他担任美国驻法大使。法国革命爆发后,杰斐逊对之表示同情,他认为法国革命是由于旧的统治者抱残守缺、拒绝跟上时代的步伐进行全面改革,由此迫使民众起来寻求粗暴的变革。②1790年,杰斐逊回国任国务卿。不久,他同当时任财政部部长的亚历山大·汉密尔顿在政见上发生激烈冲突,遂于1793年底辞职。1796年,杰斐逊当选为副总统。1801年,他当选为总统。在竞选演说中,他表示要给美国带来一场革命。杰斐逊四年后连任。在任期间,他力排众议,推动美国从法国购买了路易斯安那,使国境扩张到与墨西哥接壤。1826年,杰斐逊去世。

杰斐逊在生活中给人的印象是比较散漫的。杰斐逊比汉密尔顿年长12岁。在思想与气质上,他与汉密尔顿截然不同。论者比较杰斐逊与汉密尔顿的个性时写道:女人们都情不自禁地为汉密尔顿所倾倒,对杰斐逊则不甚重视。参议院议员麦克莱在1790年不无失望地写道:"杰斐逊全身有一种散漫松懈而令人感到碍手碍脚的神气。我原指望看到态度严肃,但在他的四周似乎散发着一种举止放纵的习性。"③他去世前一年,在给一位年轻人的信中提出了十条忠告,今日读来仍然有其意义。这十条忠告是:

1. 你今天能做的事不要推迟到明天。2. 你自己能做的事不要麻烦别人。3. 在你有钱以前不要花钱。4. 不要因为便宜而买你不需要的东西,对你来说那将是昂贵的。5. 骄傲比饥饿、口渴和寒冷更使我们蒙受损失。6. 我们绝不后悔吃得过少。7. 我们愿意做的事情就不感觉麻烦。8. 杞人忧天,是自寻苦吃。9. 办事总要从易处着手。10. 在发怒时,要数10个数然后再说话;如果暴怒,则要数100个数。④

---

① 选自1826年6月24日给韦特曼的信,见菲·方纳编《杰斐逊文选》,纽约,1943年,第40页。转引自《资产阶级政治家关于人权、自由、平等、博爱言论选录》,世界知识出版社1963年版,第58页。
② [美]杰斐逊:《杰斐逊集》(下),刘祚昌、邓红风译,生活·读书·新知三联书店1993年版,第1643页。
③ [美]塞缪尔·埃利奥特·莫里森等:《美利坚共和国的成长》上卷,南开大学历史系美国史研究室译,纪琨校,天津人民出版社1980年版,第378页。
④ [美]杰斐逊:《杰斐逊集》(下),刘祚昌、邓红风译,生活·读书·新知三联书店1993年版,第1766页。

# 第八章 美国的共和之路

杰斐逊虽富有,却常着敝衣,颇为简朴。他的品德是极其高尚的。他起草《独立宣言》时最初提出废除奴隶制,因南方蓄奴州反对,才将之从宣言中删去。他做总统时,给自己立下的规矩是"决不把一项任命送给任何一位亲戚"[1]。他十分反对把裙带关系引入政治。他说,要取得人民的信任,处理公务时务必处处着眼于公共利益,而不是自己和家人的财富,任命官员只看他是否是最合适人选,而不能因为他是否是亲戚。他勤于阅读和写作,他留下的书信札记,多出于私下交流之用,并不拿去发表。他对柏拉图、亚里士多德、西塞罗、培根、柯克、博林布鲁克、霍布斯、洛克、悉德尼、普利斯特利、斯密、萨伊、休谟、孟德斯鸠等人的政治哲学著作,甚为熟悉。

## 人民是政府唯一可靠的保护人

杰斐逊倡导建立人民的共和国,认为美国革命的精神,是要给人民以自由。他反对君主制,也反对贵族制,认为人民更可依靠。他说:"人民,而不是富人,是我们继续享受自由的靠山。"[2] 当然,他也提出要发展公共教育,提高人民的素质。他承认人民会犯错误,但他认为,不应以此否定人民的政治权利。他认为:"世界上每一个政府都带有人类弱点的某种痕迹,带有腐化堕落的某种胚芽……任何政府如果单纯托付给人民的统治者,就一定蜕化。所以,只有人民本身才是政府唯一可靠的保护人。"[3] "一切政府的官吏都有任意支配选民的自由和财产的倾向。只有人民自己才是自由和财产的可靠的保管者;但是人民没有知识也不会安全可靠。如果有出版自由,而人人又有阅读能力,那就一切都安全可靠了。"[4] 他坚持认为:"左右政府的力量必须为全体人民所共有。如果人民群众的每一分子都分享最终的权威,政府就会安全;因为要向全体群众行贿是任何私人的财力办不到的,而公共财源又只能来自向人民课税。在后一种情况下,那就是人人自己收

---

[1] [美]杰斐逊:《杰斐逊集》(下),刘祚昌、邓红凤译,生活·读书·新知三联书店1993年版,第1414页。

[2] 同上书,第1642页。

[3] 选自《弗吉尼亚州札记》(1782年),见 S. K. 帕多弗尔编《杰斐逊全书》,纽约,1943年,第668—669页。转引自《资产阶级政治家关于人权、自由、平等、博爱言论选录》,世界知识出版社1963年版,第58页。

[4] 选自1816年给查理·杨塞的信,见约翰·杜威编《杰斐逊的活的思想》,伦敦,1941年,第108页,转引自《资产阶级政治家关于人权、自由、平等、博爱言论选录》,世界知识出版社1963年版,第84页。

买自己了。"① 由此，他主张人人都有选举权。

他写道："我自己已经深信不疑，人民的良知将永远被证明是最好的卫国干城。他们也会暂时被引上歧途，但是很快就会纠正自己。人民是统治者的唯一监督人；甚至他们的错误也会促使统治者遵守他们的制度的正确原则。苛责这些错误，就是使公众自由的唯一保障受到压制。"②

欧洲大陆的国家理论、专断政府的辩护士经常说，人的天性使得他们必须接受暴力统治，否则就将胡作非为。杰斐逊认为，这种观点毫无依据。杰斐逊把社会分为三种：(1) 没有政府的社会，以从事狩猎活动的印第安人为代表；(2) 生活在每个人的意志都能发挥适当作用的政府之下的社会，以英国和美国为代表；(3) 生活在暴力政府之下的社会，如多数的君主国与共和国。此种社会中，暴力统治的政府是"狼统治羊"的政府。他认为第二种社会最好，这种社会的优点是里面的人享有高度的自由与幸福，缺点是容易出现混乱。但与暴力政府下的社会相比，其缺点就不算什么了。他引用拉丁谚语说："宁要自由中的危险，不要奴役中的安宁。"③

美国革命与立国背后的理念，与当时欧洲流行的思想，属于两种不同的理念。阿伦特在解读美国革命时，特别指出美国人发明了全新的"权力"概念，这种权力概念基于人民互动而形成，完全不同于欧洲自上而下支配意义上的所谓"权力"。④ 这两种理论的差别，在杰斐逊那里有清楚的描述。杰斐逊写道：

> 事实是，在组织我们的政府的时候，许多人是根据欧洲的著作和实践形成自己的见解的……欧洲的理论是，人类在其频繁的交往中，除非由不以他们的意志为转移的权威对他们施加精神和物质的暴力，否则就不可能使他们遵守秩序和正义。他们所以有帝王、世袭贵族和教士这一

---

① 选自《弗吉尼亚州札记》（1782 年），见 S. K. 帕多弗尔编《杰斐逊全书》，纽约，1943 年，第 668—669 页。转引自《资产阶级政治家关于人权、自由、平等、博爱言论选录》，世界知识出版社 1963 年版，第 58 页。

② 选自 1787 年给爱德华·卡林顿的信，见约翰·杜威编《杰斐逊的活的思想》，伦敦，1941 年，第 111—112 页。转引自《资产阶级政治家关于人权、自由、平等、博爱言论选录》，世界知识出版社 1963 年版，第 63 页。

③ 选自 1787 年 1 月 30 日给麦迪逊的信，见威廉·派克和乔纳斯·维勒斯合编《杰斐逊书信讲演集》，纽约，1903 年，第 53—55 页。转引自《资产阶级政治家关于人权、自由、平等、博爱言论选录》，世界知识出版社 1963 年版，第 64 页。

④ Hannah Arendt, *On Revolution*, New York: Penguin Books, 2006, p. 166.

整套机构，原因就在这里。为了进一步约束人民野蛮的力量，欧洲的理论认为有必要用沉重的劳动、贫穷和愚昧把他们压得转不过身来，而且有必要像蜜蜂采蜜那样取走他们的一大部分劳动果实，使他们只有不停地辛勤劳动才能有一点剩余来维持贫苦的生活。我们的理论恰恰相反，我们主张遵守代表大会和人民本身多数的意志。我们认为人是理智的动物，具有天赋的权利和固有的正义感；只要把适度的权力交给人们自己选择的并由于依赖人们的意志而必须履行职责的人，就可以约束人们不做错事并保护人们正确的行为。我们认为，帝王、贵族和教士这套复杂的机构，对于实现结为群体的人的幸福来说，既不是最明智的，也不是最好的；智慧和美德并不是遗传的；这种体制的排场由于靡费过多，恰恰把本身所应保护的成果耗费掉了，又由于造成不平等而使自由遭到践踏。当时我们认为，如果人们能顺利地、安全地充分享有自己的劳动果实，使他的全部利益都同法律和秩序站在一边，并养成独立思考、把自己的理智当做指南的习惯，那么，他们就会比欧洲那些被愚昧、贫穷和压迫所败坏腐蚀的惯于走上邪路的人更容易治理。所以，亲近人民就成了我们的原则，而欧洲人的原则是怀疑和害怕人民。[1]

两种政府理论，对应着两种政府原则，一是怀疑与害怕人民，一是亲近人民。进一步说，一种是国家理论，一种是共和理论。杰斐逊视前者为邪路，后者是正路。

## 意见自由的理据

杰斐逊为宗教自由、意见多样辩护，提倡推理与自由讨论，反对政府通过强制的手段维持一种信仰、一种意见。他写道："一个人的行为只有在损害到其他人的时候，政府才有合法的权力加以过问。但是，我的邻居说有二十个上帝也好，说没有上帝也好，都于我无损。这既没有偷走我口袋里的财物，也没有折断我的腿。如果说，他在法庭上提出的证据不可靠，尽可予以驳斥，使他蒙受羞辱。强制手段只会使他心口不一而变得更坏，决不会使他

---

[1] 选自1823年给威廉·塞缪尔·约翰逊的信，见约翰·杜威编《杰斐逊的活的思想》，伦敦，1941年，第34—35页。转引自《资产阶级政治家关于人权、自由、平等、博爱言论选录》，世界知识出版社1963年版，第88—89页。

变成更诚实的人。这只会使他坚持错误,决不会使他悔改。推理和自由探讨是防止错误的唯一有效的手段。只要放手发挥两者的作用,就会使一切假宗教在两者面前受到裁判,在两者的查究之下受到考验,而使真宗教得到维护。两者是错误的天然敌人,而且只是以错误为敌。"[1]

杰斐逊信奉启蒙理想,相信真理在自由论争中必定胜出,真理是自立的。他写道:"理性和实验一有活动的天地,错误便望风而逃。唯有错误才需要政府支持。真理是能够自立的。你要用强制手段来控制意见,可是你叫谁来当裁判者呢?只有凡人——受邪恶情绪支配的人,受公私双重动机支配的人。而且,为什么要对意见实行强制呢?为了达到一致。但是,意见的一致是不是好事呢?这并不比面容和身材的一致更好。把普罗克鲁斯提(希腊民间故事中的一个草莽英雄,睡在他床上的人,个子长的被砍短,个子短的被压长)的床搬来吧,既然大个子有打倒小个子的危险,那么把大个子砍短,把小个子拉长,把我们都变成一样大小好了。其实,意见的分歧在宗教上是有益的。不同教派可以发挥彼此监督的作用。意见一致做得到吗?自从基督教传播以来,已经有千百万无辜的男人、妇女和儿童被烧死,被拷打,被罚款,被监禁,然而在统一意见方面我们没有前进一寸。强制的结果是什么呢?使世界上的人一半成了傻子,一半成了伪君子。使全世界的坏事和错误都有了靠山。我们可以设想世界上有十亿人口。如果其中只有一种宗教是正确的,而那一种又恰恰是我们的宗教,我们当然愿意那九百九十九种邪教都走上正道。但是,众寡如此悬殊,我们是不可能以力取胜的。唯有推理和说服才是行得通的方式。为了运用这两种方式,就必须容许自由讨论;但是,如果我们自己就禁止自由探讨,我们又怎么能希望旁人容许自由探讨呢?"[2]

杰斐逊对自由的界定以及他为意见自由提供的论证,属于典型的自由主义思想。19世纪的约翰·斯图亚特·密尔的《论自由》,在原则上无出其右。如前文所引,杰斐逊说"一个人的行为只有在损害到其他人的时候,政府才有合法的权力加以过问",密尔则说"对于文明群体中的任一成员,所

---

[1] 选自《弗吉尼亚州札记》(1782年),见 S. K. 帕多弗尔编《杰斐逊全书》,纽约,1943年,第669页。转引自《资产阶级政治家关于人权、自由、平等、博爱言论选录》,世界知识出版社1963年版,第59页。

[2] 选自《弗吉尼亚州札记》(1782年),见 S. K. 帕多弗尔编《杰斐逊全书》,纽约,1943年,第675—676页。转引自《资产阶级政治家关于人权、自由、平等、博爱言论选录》,世界知识出版社1963年版,第60页。

以能够施用一种权力以反其意志而不失为正当,唯一的目的只是要防止对他人的伤害"①。密尔的自由主义理论图式中,不过是将政府换成了"社会"。

## 代议制民主、街区制度与联邦主义

杰斐逊的政治主张,属于共和帝国的方案。在他的第一次总统就职演说中,他说:"让我们以我们的勇气和信心来奉行我们自己的联邦和共和原则以及对联邦和代议制政府的忠诚。"②

杰斐逊支持代议制民主,认为这是在幅员广阔的地方实行民主的方式。他说,有了这个原则,亚里士多德或任何古人的政治著作失传也没关系。民主决策中,少数服从多数,只有依据这个原则,才可以避免诉诸暴力。他写道:"共和主义的第一个原则——多数法则——应当是由权利平等的个人所组成的一切社会的根本法则;把一次投票中的大多数人表达的社会意志看成像全体一致表达的那样神圣,乃是所有课程中最重要的一课,然而又总是学得最不透彻的一课。这个法则一旦抛弃,剩下的就只有暴力的法则,而暴力的结果势必是军事专制主义。"③

如何让共和国强大?杰斐逊在晚年对此问题仍念兹在兹。他认为有两个重大措施是必不可少的:一是普及教育,使每个人都能够自己判断何物能保障或危及他的自由。二是把县再分为街区(ward),建立"街区"制度。这种街区制度,旨在由基层小共和国层层拓展,构建大的共和帝国,每一个街区就是一个小共和国。他认为这些小共和国将是大共和国的主要力量。因为县太大,根本无法像一个人那样积极行动。而街区则可以快速集合行动,一旦中央下达命令,全国就可以立刻朝向一个方向行动起来。杰斐逊称这种制度的建成是"共和国得救的开始"。④

杰斐逊推动他所在的弗吉尼亚州修改州宪法,落实上述措施,也就是

---

① [英]约翰·斯图亚特·密尔:《论自由》,程崇华译,商务印书馆1959年版,第10页。
② 1801年3月4日杰斐逊第一次就职演说。转引自[美]彼得·S. 奥鲁夫《杰斐逊的帝国:美国国家的语言》,余华川译,华东师范大学出版社2011年版,第10页。
③ 选自1817年给匈波耳特的信,见约翰·杜威编《杰斐逊的活的思想》,伦敦,1941年,第60页。转引自《资产阶级政治家关于人权、自由、平等、博爱言论选录》,世界知识出版社1963年版,第86页。
④ [美]杰斐逊:《杰斐逊集》(下),刘祚昌、邓红风译,生活·读书·新知三联书店1993年版,第1429页。

"把我们的县再划分为区。前者估计平均为24平方英里；后者应该大约每个6平方英里，相当于撒克逊王阿尔弗列德治下的百户村。在每个区都可以设置：1. 一所初级学校。2. 一连民兵（及其军官）3. 一名治安法官和警官。4. 每个区都应该照看他们自己的穷人。5. 他们自己的道路。6. 他们自己的治安。7. 在他们自己中间选出一名或更多的陪审委员出席审判法庭。8. 选举一切保留给他们选举的官吏。这样，每个区本身就是一个小共和国，而国内的每一个人这样就成为共同管理机构的一名代理成员，亲身处理它的大部分权利和义务，这固然是从属的，却很重要，而且完全在他的权限之内。人的才智不可能为一个自由、耐久而政治清明的共和国设计出一个更为坚实的基础了。"①

杰斐逊认为，街区自治的设想，有新英格兰市镇自治经验为基础，如此设计政府体系，方能切实保障人们的自由，确保共和国的强大。基于这种街区，全国政府由如下层级构成：(1) 总的联邦共和国，管理对外事务和联邦事务；(2) 州共和国，管理与州内公民有关的事务；(3) 县共和国，管理县内的事务；(4) 区共和国，管理街坊琐碎而数量众多的与每个人有直接利害关系的事务。②而且，在这个体系中，人民的意见，可以自下而上得到充分表达。他说："每个区的区长在……一个问题上，会把区的居民召集在一起，征求每个人的是或否的简单意见，把这些意见带到县政府，而县政府会把所有区的意见传递到上级当局；于是整个人民的意见就会这样公正地、充分地并且和平地表达出来，被讨论，并且由社会共通的理性来决定。"③这里，杰斐逊重视的是民意上达渠道的畅通。他告诫说："如果这个渠道被关闭而听不到苦难的呼声，这个呼声将通过暴力的渠道发出来，于是我们就和其它国家一样陷入压迫、叛乱、改革的无休止的循环之中。"④

杰斐逊认为，街区制度，配合联邦主义原则，便可在大的范围内建立共和国，更可防止共和精神的衰退。因为这种共和，本身即具有拓展性，必定是一种受人欢迎的制度。杰斐逊不属于当时的"联邦党"，当时的汉密尔顿等联邦党人，反而是主张中央较多集权的"国家主义"者，他们是杰斐逊强

---

① [美] 杰斐逊：《杰斐逊集》（下），刘祚昌、邓红风译，生活·读书·新知三联书店1993年版，第1756—1757页。
② 同上书，第1641页。
③ 同上书，第1645页。
④ 同上。

劲的敌人（准确说来，应是杰斐逊与汉密尔顿等联邦党人为敌），杰斐逊随时注意着汉密尔顿思想中具有的君主制与贵族制倾向。并且，联邦党人反对过度的扩张，例如在购买路易斯安那的问题上，他们认为，此举会阻碍国家的充分整合；而杰斐逊的"联邦主义"，则是要充分考虑州县与乡镇的政治自由，完全立足于自由平等的人民。包括对印第安人，他也是主张让他们成为美国公民，摆脱被英国人利用的状况，结束狩猎生活，向自耕农转变。政治自由与公民美德、公共快乐，是杰斐逊思考美国政治大框架时的重要考虑。杰斐逊受古典共和主义的影响是极深的。他的自由观是古典共和主义的自由观。他的公民理想，亦源于古希腊。美国学者加勒特·沃德·谢尔登指出，古典理论，特别是亚里士多德的政治哲学，很大程度上形塑了杰斐逊的政治思想。杰斐逊把人看作政治动物，他设想的街区相当于古代的城邦。有证据表明，杰斐逊晚年时床边书桌上即放着亚里士多德的《政治学》，他的书房里还有《尼各马可伦理学》。[①] 不过，杰斐逊结合美国的特点以及时代新精神，对古典共和主义政治观进行了改造、丰富。这样，他的理论便呈现出新的面貌，具有了大国风范及帝国抱负。此点即与汉密尔顿一致了。当然，杰斐逊构想并致力于建设的，是"一个自由的帝国，一个通过利益和情感的纽带团结在一起的由各个共和国组成的不断扩展的联邦"[②]。这种帝国，令人想到罗马，而其直接渊源，也可从美国人对抗的宗主国英国那里去找。正如彼得·S. 奥鲁夫所言："摆脱了宗主国的统治，独立的美国人以种种具体的、特殊的方式领会和运用帝国观。"[③]

---

[①] [美]加勒特·沃德·谢尔登：《杰斐逊先生的政治理论》，载[美]肯尼斯·W. 汤普森编《宪法的政治理论》，张志铭译，生活·读书·新知三联书店1997年版，第146页。
[②] [美]彼得·S. 奥鲁夫：《杰斐逊的帝国：美国国家的语言》，余华川译，华东师范大学出版社2011年版，第3页。
[③] 同上书，第70页。